OEUVRES

POLITIQUES

DE MACHIAVEL

TRADUCTION PÉRIÈS

AVEC UNE ÉTUDE, DES NOTICES ET NOTES

PAR M. CH. LOUANDRE

LE PRINCE
LES DÉCADES DE TITE-LIVE

PARIS

G. CHARPENTIER, ÉDITEUR

13, RUE DE GRENELLE-SAINT-GERMAIN, 13

ŒUVRES

POLITIQUES

DE MACHIAVEL

Paris. — Imp. E. Capiomont et V. Renault, rue des Poitevins, 6.

OEUVRES

POLITIQUES

DE MACHIAVEL

TRADUCTION PÉRIÈS

ÉDITION CONTENANT

LE PRINCE ET LES DÉCADES DE TITE-LIVE

AVEC UNE ÉTUDE, DES NOTICES ET DES NOTES

PAR M. CHARLES LOUANDRE

PARIS

G. CHARPENTIER, ÉDITEUR

13, RUE DE GRENELLE-SAINT-GERMAIN, 13

—

1881

AVERTISSEMENT

La politique de l'Italie est résumée tout entière par deux hommes, Dante et Machiavel : l'un qui représente le pacte de Charlemagne et tout le moyen âge ; l'autre qui représente la renaissance et les aspirations de l'Italie moderne. Dante fait partie depuis longtemps de cette bibliothèque. En donnant aujourd'hui les œuvres politiques de Machiavel, nous complétons en quelque sorte l'histoire de la tradition italienne; mais ce n'est pas seulement par l'influence posthume qu'il a exercée sur le mouvement de la péninsule que le publiciste de Florence a droit à l'intérêt des lecteurs français ; c'est aussi parce que, dans le livre du *Prince* et les *Discours sur les Décades de Tite-Live*, il a laissé une de ces œuvres qui, marquées jusque dans leurs erreurs au coin du génie, font date dans l'histoire de l'esprit humain.

L'ardeur extrême avec laquelle ces deux ouvrages ont été attaqués ou défendus témoigne de toute leur importance. On peut dire qu'ils n'ont pas vieilli; car, dans les jours agités comme dans les jours de calme, dans les monarchies comme dans les républiques, on y trouve toujours des vues profondes qui s'appliquent exactement à la situation présente; et à côté de cette curiosité qui s'attache aux productions justement célèbres, on y rencontre cet enseignement pratique qui ressort de l'observation des faits.

Par ces deux livres, le *Prince* et les *Discours sur Tite-Live*, on connaît tout entier le publiciste le plus étonnant qu'ait produit non-seulement l'Italie, mais l'Europe elle-même. Nous avons écarté de

ε

ces œuvres politiques les opuscules très-accessoires, tels que le *Discours sur la réforme du gouvernement de Florence* et d'autres du même genre, parce qu'ils se rattachent à des faits secondaires, et qu'ils n'ajoutent rien aux théories développées dans le *Prince* et dans les *Discours sur Tite-Live*. Nous avons également écarté les *Légations*, parce qu'elles ne présentent, quoi qu'on en ait dit, qu'un fort médiocre intérêt ; qu'elles auraient besoin, pour être comprises, d'un commentaire perpétuel, l'un au point de vue de l'histoire d'Italie, l'autre au point de vue de l'histoire de France, et que, même à l'aide de ce commentaire, on ne relirait pas volontiers, ainsi que l'a dit Ginguené, cette collection un peu diffuse.

Nous avons placé en tête de ce volume une *Vie de Machiavel*, composée, autant que possible, sur les documents eux-mêmes, et à la suite de cette *Vie* l'histoire des œuvres politiques et une appréciation de ces œuvres, dans laquelle nous nous sommes efforcé de résumer le plus succinctement possible, et toujours avec impartialité, les jugements qui en ont été portés par la critique ; enfin nous avons reproduit, sauf quelques corrections de langage, la traduction de M. Périès, parce qu'elle est toujours parfaitement exacte, et qu'elle a en Italie une autorité toute classique.

NICOLAS MACHIAVEL

I

Nicolo Machiavelli, Nicolas Machiavel, naquit à Florence au mois de mai 1469, le 3 selon quelques biographes, et le 5 selon d'autres. Sa famille, dont l'origine remontait au neuvième siècle, appartenait au parti guelfe, c'est-à-dire au parti pontifical. Les Machiavelli avaient abandonné Florence en 1260, après la défaite de Montaperti ; mais ils y rentrèrent plus tard, participèrent largement aux honneurs publics, et donnèrent à leur patrie, dans une succession de près de trois siècles, treize gonfaloniers de justice et cinquante-trois prieurs. Les prieurs, on le sait, formaient avec le gonfalonier la magistrature suprême [1].

Le père de Nicolas, Bernard Machiavelli, était jurisconsulte et trésorier de la Marche d'Ancône. Sa mère, Bartholomée Nelli, d'une souche antique et noble, se rattachait par ses ancêtres aux plus hautes illustrations de Florence ; mais la fortune des deux époux ne répondait point à l'ancienneté de leur race. Bernard, cependant, ne

---

[1] On peut consulter sur la vie de Machiavel : — Paul Jove, *Elogia ; in Machiavello ;* — la Notice qui se trouve en tête de la belle édition des œuvres de notre auteur, *Florence*, 1782, 4 vol. in-4° ; — l'Éloge de Machiavel de M. Baldelli, dans l'édition dite de *Philadelphie*. (Livourne), 1796, 6 v. in-8° ; — Ginguené, *Hist. litt. d'Italie*, t. VIII ; — *Machiavel, son génie et ses erreurs*, par A.-F. Artaud. Paris, 1833, 2 vol. in-8° ; — *Machiavel*, par M. Daunou, *Journal des savants*, nov. 1834, p. 690 et suiv. — On trouvera plus loin l'indication des ouvrages qui ont trait à la partie théorique ; car nous nous sommes efforcé, pour éviter la confusion, de séparer ce qui touche à la biographie de ce qui se rapporte aux doctrines.

négligea rien pour l'instruction de son fils. Il fut dignement secondé par sa femme Bartholomée, qui cultivait la poésie avec succès.

La première jeunesse de Machiavel n'a laissé aucun souvenir, même pour ses biographes les plus attentifs. On sait seulement qu'il fut placé, en 1494, auprès de Marcel Virgile, professeur de littérature grecque et latine, traducteur de Dioscoride et secrétaire de la république de Florence. Suivant Paul Jove, il remplissait auprès de Marcel Virgile les fonctions de copiste et d'expéditionnaire, *notarius et assecla.* Quelques années plus tard, — il était alors âgé de vingt-neuf ans, — il fut nommé successivement chancelier de la seconde chancellerie *dé signori* et secrétaire de l'*office des dix magistrats de liberté et de paix*, office qui constituait le gouvernement de la république. Il occupa ce poste pendant quatorze ans et cinq mois, « et, durant cet espace de temps, on lui confia, dit M. Périès, vingt-trois légations à l'extérieur, outre un grand nombre de missions dans l'intérieur de l'État [1]. »

[1] *Œuvres complètes de Machiavel*, trad. par J.-V. Périès. Paris, 1828 et suiv. — *Hist. de Machiavel*, t. Ier, p. 12. — Nous n'entrerons point dans le détail de ces diverses légations qui se rattachent pour la plupart à des objets d'une importance secondaire et qui demanderaient, pour être bien comprises, ainsi que nous l'avons dit dans l'avertissement, un très-long commentaire sur les affaires d'Italie, ainsi que sur les affaires de la France, dans leur rapport avec celles de la péninsule. Nous aurons occasion de démontrer plus loin que l'influence de Machiavel, comme homme pratique, a été singulièrement exagérée, et qu'on a voulu, bien à tort, le considérer comme un grand diplomate, lorsqu'il n'était en réalité qu'un simple chargé d'affaires. Le grand homme pratique de la politique italienne au seizième siècle, ce n'est point Machiavel, c'est Jules II. Nous allons donc nous borner à indiquer, par ordre de dates, les missions ou légations dont le souvenir est arrivé jusqu'à nous, en faisant remarquer que ces missions n'ont laissé aucune trace dans l'histoire; que jusqu'en 1760 on avait complétement ignoré que Machiavel eût accompli divers voyages pour les affaires publiques de son pays, et que c'est seulement à cette époque que les dépêches et autres pièces relatives à ces voyages ont été retrouvées par le docteur Ferdinand Fossi, préfet de la bibliothèque Magliabecchiana et directeur des archives de Florence. Voici l'indication des missions de Machiavel : 1498, première mission auprès du seigneur de Piombino ; — seconde mission près du même seigneur ; — 1499, légation auprès de Catherine Sforza, comtesse de Forli ; — 1500, première commission à l'armée qui assiégeait Pise ; — première légation à la cour de France ; — 1501, commission à Pistoja ; — 1502, commission à Arezzo, lors de la révolte de cette ville ; — légation auprès du duc de Valentinois, César Borgia. Cette légation, la plus importante de toutes celles qu'a remplies Machiavel, mais dans laquelle du reste il n'eut aucune influence sur les événements, se rattache à l'histoire de la restauration pontificale en Italie ; — 1503, première légation à Sienne ; — première légation à la cour de Rome ; — 1504,

Les circonstances alors étaient aussi grandes pour l'Italie que pour l'Europe entière. L'Allemagne, la France et le pape se disputaient la péninsule. La réforme menaçait le saint-siége. Savonarole proclamait l'avénement de la démocratie. Les Médicis, expulsés de Florence par le parti populaire, conspiraient pour ressaisir le pouvoir. L'idée de l'unité italienne, cette unité que Machiavel eut la gloire de formuler le premier, agitait sourdement les esprits, tandis que les vieux partis guelfe et gibelin travaillaient par la ruse, et au besoin par le crime, à la restauration du sacerdoce ou de l'empire. Les événements marchaient comme dans la tragédie antique ; et si Machiavel, placé sur le champ de bataille, ne sut pas toujours apprécier sûrement les péripéties du combat, il ressentit du moins cet ébranlement profond que les grandes crises impriment aux grands esprits. Employé du gouvernement de Florence, homme public ou privé, il reste toujours au second rang ; penseur, il marche à la tête de son siècle ; et, pour le juger sûrement, il faut distinguer en lui l'homme de l'écrivain.

Comme écrivain, il constitue une science nouvelle, celle de la politique, et dans cette science il résume tout l'esprit de la renaissance ; comme homme, il vit simplement, ignorant pour ainsi dire son génie, car ce n'est qu'à l'âge de quarante-quatre ans qu'il écrit son premier Traité, comme une simple confidence ou comme une requête, adressée à un protecteur ou à un ami. Sa vie s'écoule

seconde légation à la cour de France ; — mission auprès du seigneur de Piombino, Jacques V d'Appiano ; — 1505, légation auprès de Gianpagolo Baglioni ; — légation auprès du marquis de Mantoue, Jean-François II de Gouzaga ; — seconde légation à Sienne, auprès de Pandolfo Petrucci ; — seconde mission à l'armée qui assiégeait Pise ; — 1506, seconde légation à la cour de Rome ; — second envoi auprès du seigneur de Piombino, Jacques V d'Appiano ; — légation auprès de l'empereur Maximilien Ier ; — 1507, troisième légation à Sienne ; — 1508, seconde mission dans l'intérieur de l'État ; — 1509, troisième commission à l'armée qui assiégeait Pise ; — légation à Mantoue ; — 1510, troisième légation à la cour de France ; — 1511, trois différentes missions dans l'intérieur de l'État, à Sienne et auprès de Luciano Grimaldi, seigneur de Monaco ; — quatrième légation à la cour de France à l'occasion du concile de Pise ; — mission à Pise dans le temps du concile ; — — commission pour lever des troupes ; — 1512, mission à Pise et autres lieux ; — 1521, légation au chapitre des frères mineurs, à Carpi ; — 1525, légation à Venise ; — 1526, mission à l'armée des confédérés qui assiégeait Crémone ; — première mission auprès de François Guicciardini ; — 1527 seconde mission auprès du même.

dans une sorte de demi-jour, mêlée à un grand nombre d'affaires, et cependant toujours en dehors de la direction souveraine. Même comme secrétaire de l'*office des Dix*, Machiavel n'est pas un homme politique ; c'est un employé supérieur qui peut donner des avis, mais qui doit toujours exécuter des ordres ; en un mot, il vit bourgeoisement avec une part d'influence fort restreinte, sans autre ambition que celle d'un emploi qui le fasse vivre, et même avec d'assez maigres appointements, comme on le voit par plusieurs passages des *Légations*, où la question de ses finances, toujours embarrassées, l'occupe autant que la politique. Ainsi, dans une dépêche datée de Montargis, le 12 août 1500, il se plaint amèrement de n'avoir que quatre livres par jour, tandis que son compagnon de voyage, François Della-Casa, en a huit. « J'ai dépensé, dit-il, et je dépense autant que François. Je vous prie donc, magnifiques seigneurs, de permettre que je touche le même salaire, ou rappelez-moi ; sans cela, je serais exposé à m'appauvrir, et je sais que vous en seriez contrariés. » Évidemment, ce n'est point là le langage d'un homme qui joue un grand rôle politique. Les plaintes de ce genre sont répétées dans les dépêches du secrétaire florentin avec une insistance singulière et une servilité qui attriste dans un homme aussi éminent. Souvent même il entre à ce propos dans des détails de nature à faire rougir les plus hardis solliciteurs ; et au lieu d'une missive diplomatique, il adresse à la magistrature des Dix un véritable compte de ménage, expliquant, comme dans la lettre du 22 novembre 1503, qu'il a dépensé dix-huit ducats pour sa mule, onze ducats pour un manteau de velours, dix ducats pour un manteau contre la pluie ; qu'il est à l'auberge avec deux domestiques ; que les vivres sont chers, etc. Les *magnifiques seigneurs* répondaient le plus ordinairement à ces doléances par l'envoi d'une petite gratification, et le secrétaire, en les remerciant, ne manquait jamais de se ménager de loin des gratifications nouvelles.

Vers 1504 ou 1505, Machiavel épousa une Florentine, Mariette, fille de Louis Corsini. Était-ce l'amour ou des motifs d'intérêt qui avaient provoqué cette union ? Les commentateurs n'ont pas manqué de faire, à ce sujet, des suppositions nombreuses. Mais, par malheur, ils n'ont fait que des suppositions. Il est impossible de rien dire de précis, et M. Artaud s'est montré, ce nous semble, un peu trop pastoral en avançant qu'une inclination vive et partagée était le mobile de ce mariage. Quoi qu'il en soit, il ne parait pas que la dot de Mariette ait été considérable.

Dans les premières années qui suivirent son mariage, Machiavel, tout en remplissant les devoirs de sa charge, s'occupait d'études historiques, de poésie pour lui-même et ses amis, et d'organisation politique ou militaire pour la république de Florence. En 1505, il conçut le projet de substituer aux *condottieri* une armée nationale. Ce projet, soumis à l'*office des Dix*, fut approuvé, et l'année suivante on chargea officiellement Machiavel de procéder au recrutement; mais il rencontra dans l'exécution des difficultés presque insurmontables; car placé en dehors et en avant de son siècle, il parlait de patriotisme là où le sentiment de la patrie n'existait que dans quelques âmes d'élite, là où des partis toujours prêts à se déchirer ne pouvaient pas former une armée, par cela même qu'ils ne formaient point une nation. L'homme de la renaissance indiquait la route, et tentait de la suivre, mais sans pouvoir lui-même arriver au but. Ce fut en vain qu'il rédigea des instructions pour organiser la milice nationale, *provizzione per instituire milizie natio nali;* ce fut en vain que l'*office des Dix* créa les neuf officiers de la milice florentine; qu'il leur donna le droit de faire des levées d'hommes *au nom du tout-puissant Seigneur et de sa glorieuse mère, sainte Marie, toujours vierge, et du glorieux précurseur du Christ, Jean-Baptiste, avocat, protecteur et maître de la république.* Les Dix, en décrétant une armée italienne, n'étaient que des Gibelins, qui ordonnaient à leurs tambours de battre des marches empruntées aux Allemands, c'est-à-dire aux sujets de l'empereur. Machiavel, l'homme de l'Italie moderne, parlait encore à l'Italie du Dante.

Diverses missions à Pise, à Sienne, dans les domaines de la république et en France occupèrent le secrétaire florentin de 1506 à 1511. Il fut en outre chargé de quelques levées d'hommes et d'une inspection des forteresses florentines. Cette période de sa vie parait avoir été tranquille et douce. Dans les rares instants de loisir que lui laissaient ses fonctions, il vivait à la campagne et se distrayait du repos par des études littéraires; mais en 1511 sa santé jusqu'alors fort robuste s'altéra sensiblement, et craignant sans doute de mourir, il consigna ses volontés dernières dans un testament qui porte la date du 22 novembre de cette même année. « Dans ce testament, dit M. Artaud, il déclare qu'il laisse à Mariette, sa femme chérie, fille de feu Louis Corsini de Florence, ses dots énoncées dans un acte antérieur. Il déclare, en outre, qu'aussitôt après la mort du testateur, tous les colliers, les chaînes, les anneaux, tant de ladite Mariette que dudit Nicolas, tous les habits de laine, de lin, de soie servant à leur usage, — *ad usum et dorsum et pro usu et dorso tam dictæ dominæ Mariettæ quam dicti Nicolai,* — doivent être vendus. Le produit en sera employé en achats de crédits du Mont, — rentes payées par la république, — ou en biens immeubles. L'usufruit de la rente de ce produit appartiendra à Mariette, tant qu'elle sera veuve, et qu'elle mènera une vie de veuve, honnête et non autrement. La propriété sera aux enfants, et si Mariette se remarie, elle n'aura plus de droit à la rente. »

Au moment où il écrivait ces dispositions, au moment où, préoccupé de l'idée de la mort, il ne trouvait d'autres ressources pour assurer l'existence de sa femme que la vente de ses bijoux et de ses habits, Machiavel, sans aucun doute, était loin d'être riche. Sa place de secrétaire était évidemment pour lui le principal moyen d'existence; mais cette place elle-même, il devait bientôt la perdre par un de ces brusques revirements politiques si fréquents dans l'Italie du moyen âge et de la renaissance.

Forcée de battre en retraite après la victoire de Ravenne, l'armée française, envoyée par Louis XII au secours de Florence, avait laissé cette ville abandonnée à ses propres forces, en présence des troupes espagnoles, pontificales et vénitiennes, réunies sous le nom d'armée de la Ligue. Cette armée, après avoir reconquis, sur les Français, le duché de Milan, marcha sur Florence pour y rétablir l'autorité des Médicis. Soderini, qui gouvernait alors la république en qualité de gonfalonier, voulut tenter de résister après avoir confié à Machiavel le soin d'inspecter les forteresses du pays et d'organiser la défense. On fit quelques préparatifs, et l'on était décidé à attendre l'ennemi lorsque les Espagnols envoyèrent des ambassadeurs. « Ces ambassadeurs, dit Machiavel dans une lettre adressée à Alphonsine Orsini, lettre où se trouve tout le détail de cette

affaire, ces ambassadeurs exposèrent à la seigneurie qu'ils ne venaient pas en cette province comme ennemis; qu'ils ne voulaient
ni attaquer la liberté de la république, ni affaiblir sa puissance,
mais s'assurer de la ville; qu'on devait abandonner le parti français pour embrasser le parti de la Ligue; que Pierre Soderini étant
connu comme partisan des Français, la Ligue, aussi longtemps
qu'il serait au pouvoir, ne pouvait se confier aux promesses des
Florentins; que le vice-roi exigeait que Soderini résignât ses fonctions, et que le peuple de Florence élût à son gré un gonfalonier
nouveau. Soderini répondit qu'il tenait ses fonctions du peuple;
que quand bien même tous les rois de la terre lui commanderaient
de déposer son titre, il refuserait de se soumettre; mais que si le
peuple exigeait qu'il se retirât, il le ferait volontiers. »

La fierté de cette réponse exalta l'enthousiasme des Florentins.
Chacun offrit sa vie pour Soderini, et pendant ce temps l'armée espagnole s'avança jusqu'à Prato, à dix milles de Florence. Cette place
fut emportée d'assaut. Soderini, ne comptant plus sur une résistance
armée, essaya de négocier. La noblesse, qui regrettait les Médicis,
prit les armes pendant la nuit, et occupa tous les postes. Le gonfalonier dut quitter la ville, et l'ancien ordre de choses fut rétabli. « Les seigneurs, dit Machiavel, réunirent le peuple en parlement, et il fut porté une loi en vertu de laquelle les magnifiques
Médicis furent réintégrés dans tous les honneurs et les grades de
leurs ancêtres. »

Cette révolution, dont Machiavel nous a transmis le récit avec
une froideur impassible et sans le moindre regret pour un gouvernement qu'il avait servi pendant quatorze années, fut le signal
de sa chute. « La nouvelle seigneurie, dit M. Artaud, lança bientôt contre lui deux décrets, le 8 et le 10 novembre 1512; le premier porte que Nicolas Machiavel est cassé, privé et absolument
dépouillé de ses offices de secrétaire des *dix magistrats de liberté
et de paix.* Le second décret, du 10, signifié le 17, porte que Nicolas Machiavel, ci-devant secrétaire, est exilé pour un an sur le
territoire florentin, et qu'il n'en peut sortir sous des peines sévères. Un troisième décret, du 17, lui défend d'entrer dans le
palais des hauts et magnifiques seigneurs [1]. »

[1] Artaud, *Machiavel,* t. 1, p. 222.

Ce n'était là, cependant, pour l'auteur du *Prince*, que le prélude d'événements plus graves. Le 21 janvier 1513, le pape Jules étant mort, on assembla le conclave pour lui donner un successeur. Le cardinal Jean de Médicis, qui fut depuis Léon X, devait, pour se rendre à ce conclave, traverser le territoire toscan, lorsqu'on découvrit une conspiration qui avait pour but de l'assassiner en route. Impliqué à tort ou à raison dans ce complot, — c'est un point qui n'est pas suffisamment éclairci, — Machiavel fut arrêté et mis à la torture, sans qu'il eût été possible de lui arracher aucun aveu.

Dans l'espoir d'adoucir son sort, le prisonnier adressa une supplique à Julien de Médicis qui gouvernait Florence. Les Médicis aimaient les vers; Machiavel fait des vers. En homme habile il ne parle pas du passé qui pourrait le compromettre; il ne parle que du présent qui peut attendrir en sa faveur. Ce n'est point l'ami de Soderini, le secrétaire du gouvernement déchu qui se met en scène : c'est le poëte captif qui présente un sonnet.

« Julien, j'ai autour des jambes une paire de chaînes avec six tours de corde sur les épaules. Je ne veux pas compter mes autres misères, puisqu'on traite ainsi les poëtes. Ces murailles sont tapissées de vermine, et d'une vermine si bien nourrie qu'on dirait une nuée de papillons. Jamais il n'y eut à Roncevaux, ni dans les forêts de la Sardaigne une infection pareille à celle de l'agréable réduit que j'habite. Le bruit est si grand qu'il semble que Jupiter et Mont-Gibel foudroient la terre; on enchaîne celui-ci, on déferre celui-là; c'est un fracas continuel de coins et de clous rivés. Un autre crie qu'il est attaché trop loin de la terre. Ce qui m'a fait le plus de mal, c'est qu'en dormant aux approches de l'aurore, j'entendis qu'on disait en chantant : On prie pour vous. Qu'ils aillent au diable, pourvu que votre compassion se tourne vers moi, père bienfaisant, et me délivre de ces fers indignes. »

Cette première requête étant restée sans réponse, Machiavel ne tarda point à en adresser une seconde :

« Cette nuit je priais les Muses d'aller avec leurs lyres et leurs chants visiter Votre Magnificence pour me consoler et lui offrir ma justification. L'une d'elles m'apparut et me confondit en disant : Qui es-tu, toi qui oses me parler ainsi? J'articulai mon nom; alors, pour m'outrager, elle me frappa le visage et me ferma la bouche

en disant : Non, tu n'es pas Nicolas, tu es le *Dazzo*[1] puisqu'on t'a
lié les jambes et les pieds. Tu es enchaîné comme un insensé. Je
voulais donner des explications; elle répliqua : Va rejoindre les
bouffons avec ton histoire dans les poches. Magnifique Julien, au
nom du Dieu tout-puissant, soyez garant que je ne suis pas le
Dazzo[2]. »

On ne sait comment fut accueilli ce second sonnet, mais toujours est-il que le prisonnier ne tarda point à recouvrer sa liberté
après une détention qui, du reste, n'avait guère duré plus de vingt
jours. Il fut compris dans l'amnistie promulguée par Léon X à
l'occasion de son avénement au pontificat, sous la réserve toutefois qu'il resterait exilé pendant un an aux environs de Florence.

Heureux d'être libre quand tant d'autres avaient été décapités,
Machiavel courtisa ses nouveaux maîtres et sollicita de nouveaux
emplois; mais en temps de révolution ceux qui distribuent les faveurs oublient moins vite que ceux qui les demandent, et les rares
amis que Machiavel avait gardés malgré sa disgrâce ne lui pré-
taient qu'un appui timide et réservé. L'un de ces amis, Vettori, lui
conseillait d'attendre en cherchant à le consoler par des offres qui
pouvaient lui plaire, mais non contenter ses espérances. « Nous verrons, lui disait Vettori, si nous pouvons ramer de manière à arriver
quelque part; si nos projets ne réussissent pas, nous ne manque-
rons pas de trouver une jeune fille, qui est près de ma maison, pour
passer le temps avec elle; cela me paraît le parti qu'il faut prendre,
et bientôt nous saurons à quoi nous en tenir. » Machiavel fut attristé
par cette lettre, et dans sa réponse il débute en citant des vers du
Dante dont voici le sens : « Et moi qui m'étais aperçu de ce re-
froidissement, je dis comment viendra-t-il si tu hésites, toi qui es
le consolateur de mon affliction? » Cependant il sollicitait toujours,
et cherchait à faire parvenir à la cour de Rome des plans politiques
qui étaient toujours repoussés. Le découragement le gagnait. En
1514, il écrivait à Vettori :

« Je resterai donc au milieu de mes haillons sans trouver un

[1] C'était sans doute un fou ou un brigand célèbre à Florence.
[2] Artaud, *Machiavel*, t. 1, p. 224 et suiv. — Les deux sonnets que nous
venons de citer ont été trouvés, il y a quelques années, écrits de la main
même de l'auteur sur un livre qui lui avait appartenu.

homme qui se souvienne de mes services et qui croie que je puisse
être bon à quelque chose. Il est impossible que je demeure plus
longtemps dans un tel état. Je me consume, et je crois que si Dieu
ne se montre pas plus favorable, je serai un jour forcé de sortir de
la maison et de me placer comme receveur ou secrétaire d'un *con-
nestabile*, si je ne puis faire autre chose; ou j'irai me planter dans
quelque désert pour enseigner à lire aux enfants, en abandonnant
ici ma *brigade* qui s'imaginera que je suis mort. Ma famille sera
plus heureuse sans moi; je lui suis à charge, étant accoutumé à
dépenser et ne sachant point ne pas dépenser. Je ne vous écris pas
pour vous engager à prendre de l'embarras pour moi, mais seulement pour me soulager et ne plus rien dire sur ce sujet qui m'est
aussi odieux que possible. »

Vettori répond en entretenant son ami d'aventures galantes, et
Machiavel à son tour lui adresse la confidence d'une bonne fortune:

« Étant à ma villa, j'ai eu une aventure si agréable, si délicate,
si noble par sa nature et les circonstances qui l'ont accompagnée,
que je ne saurais la louer et l'aimer autant qu'elle le mérite. Je
devrais, comme vous l'avez fait avec moi, vous raconter les commencements de cet amour, dans quels rets il me prit, où il les
tendit et de quelle nature ils étaient. Vous verriez que ce sont des
rets d'or, tissus parmi les fleurs, tressés par Vénus, si suaves, si
doux qu'un cœur malhonnête seul eût pu les rompre. Je ne le voulus pas, et m'y laissai prendre de telle sorte que les fils, d'abord
délicats, sont devenus plus forts et se sont resserrés par des nœuds
qu'il n'est plus possible de briser... Qu'il vous suffise de savoir que,
bien que je sois voisin de cinquante ans, je ne suis arrêté ni par
les soleils, ni par les chemins sauvages, ni par l'obscurité des
nuits; toute voie me paraît droite, et je m'accommode à toute habitude différente des miennes, à celles même qui leur sont le plus
contraires. Je me suis jeté, je le sens, dans un grand embarras,
mais j'éprouve tant de douceurs, soit par le bonheur que me pro-
cure ce regard merveilleux et enivrant, soit par les consolations
qui éloignent de moi le souvenir de mes douleurs, que, pouvant
redevenir libre, je ne consentirais pas à reprendre ma liberté. J'ai
laissé de côté les pensées élevées et graves; je n'ai plus de plaisir
à lire les choses antiques, ni à raisonner des choses modernes.

Tout se borne pour moi à des conversations délicieuses dont je rends grâce à Vénus et à Chypre tout entière. »

Cette lettre et l'aventure qu'elle mentionne ont excité la susceptibilité de quelques écrivains qui, après avoir fait de Machiavel un auteur très-orthodoxe, ont aussi voulu en faire à tout prix le modèle de la fidélité conjugale. Quelques-uns même ont été jusqu'à dire que Vénus et Chypre n'étaient qu'une allégorie par laquelle le secrétaire florentin exprimait la poésie et l'étude ; d'autres, comme M. Artaud, *ne voulant point signaler légèrement un époux sans réserve, un père donnant de mauvais exemples à ses enfants,* se sont bornés à féliciter Machiavel *d'avoir su trouver un secret pour oublier ses désastres.* Cela justifie pleinement cette opinion de l'un des auteurs de l'*Anthologie de Florence,* M. Montani, que, » pour les uns, Machiavel est un être demi-fabuleux, et pour d'autres, au moins un être énigmatique. » Nous ajouterons que, pour quiconque veut juger sans prévention et sans se laisser égarer par cette manie des commentaires qui obscurcit les choses les plus claires, Machiavel est tout simplement un homme de génie, unissant, comme il arrive trop souvent, la grandeur de la pensée aux faiblesses de la nature humaine. Il n'est pas besoin de remonter au seizième siècle pour trouver ces sortes de contradictions non-seulement chez les poëtes ou les historiens, mais même chez les philosophes qui ne se bornent pas toujours à courtiser la sagesse.

Si vive qu'ait été la passion du secrétaire florentin, elle ne suffisait point cependant à consoler ses ennuis, ou peut-être lui causat-elle des ennuis nouveaux ; car nous le voyons bientôt demander des distractions à l'étude et à la retraite. Au mois de décembre 1513, il habitait une maison de campagne appelée *la Strada,* auprès de S. Casciano, sur le chemin de Florence à Rome. Que faisait-il dans cette habitation qui était encore pour lui la demeure de l'exil ? Il nous l'apprend dans une lettre adressée à Vettori. « Quiconque se gêne pour autrui, dit-il au début de cette lettre, se sacrifie lui-même sans qu'on lui en sache le moindre gré, » et, fidèle à cette maxime, Machiavel vit sans se gêner, en petit propriétaire plus encore qu'en sage. Il se lève le matin avant le soleil pour tendre comme Horace des piéges aux grives, *turdis edacibus* et il en prend chaque jour de deux à sept. Il va dans ses

b

bois causer avec les bûcherons et faire émonder des arbres ou couper des taillis pour vendre à ses voisins, qui ne le payent pas toujours. De ses bois il se rend auprès d'une fontaine, et de là à ses gluaux avec Dante, Pétrarque, *ou l'un des petits poëtes, Tibulle, Ovide ou Catulle.* « Je lis, dit-il, leurs plaintes passionnées ou leurs amoureux transports; je me rappelle les miens, et je jouis de ces doux souvenirs. Je vais ensuite à l'hôtellerie qui est sur le grand chemin; je cause avec les passants, je leur demande des nouvelles de leur pays, j'apprends un grand nombre de choses et je remarque la diversité qui existe entre les goûts et les esprits de la plupart des hommes. Sur ces entrefaites arrive l'heure du dîner. Je mange avec ma famille le peu de mets que me fournissent ma petite villa et mon chétif patrimoine. Le repas fini, je retourne à l'hôtellerie, j'y retrouve ordinairement l'hôte ainsi qu'un meunier, un boucher et deux chaufourniers avec lesquels je passe familièrement la journée, jouant à *cricca* et au trictrac. Il s'élève mille disputes; le plus souvent c'est pour un quatrain, et cependant on nous entend crier de *S. Casciano...* Le soir venu, je retourne chez moi, et j'entre dans mon cabinet. Je me dépouille sur la porte de mes habits de paysan, souillés de poussière et de boue; je me revêts d'habits de cour ou de mon costume, et je pénètre dans l'antique sanctuaire des grands hommes des temps passés; accueilli par eux avec bonté et bienveillance, je me repais de cette nourriture qui seule est faite pour moi et pour laquelle je suis né. Je m'entretiens avec eux, je leur demande compte de leurs actions, ils me répondent avec bonté, et pendant quatre heures j'échappe à tout ennui; j'oublie mes chagrins, je ne crains plus la pauvreté, et la mort elle-même ne saurait m'épouvanter; et comme Dante a dit : *Il n'y a point de science si l'on ne retient ce que l'on a entendu,* j'ai noté dans leur conversation tout ce qui m'a paru de quelque importance, et j'en ai composé un opuscule, *De principatibus,* où je me plonge autant que je peux dans les profondeurs de mon sujet. »

Dès ce moment, Machiavel entra de plain-pied dans les grandes compositions littéraires et prit pour ainsi dire possession de son génie. Le *Traité du prince,* les *Discours sur Tite-Live,* les *Comédies,* les *Sept livres sur l'art de la guerre,* la *Vie de Castruccio* l'occupèrent en même temps que des œuvres plus légères qui devaient assurer sa renommée dans tous les genres. Ce repos forcé que lui firent les événements, ce repos contre lequel il ne cessait de protester fut l'occasion de sa gloire, et, sans nul doute, s'il était resté secrétaire, sa pensée eût été étouffée par cet esclavage des fonctions publiques qu'on décore souvent bien à tort du nom de dévouement, et qui n'est pour un grand nombre que la mort de l'intelligence.

La *Mandragore*, le seul des ouvrages de Machiavel qui ait été publié de son vivant, avait reçu du public l'accueil le plus empressé, et si l'on oubliait encore le fonctionnaire, on commençait à s'occuper de l'écrivain. Léon X, en passant à Florence, demanda qu'on représentât devant lui cette comédie déjà célèbre, qui flattait, comme le dit heureusement M. Magnin, son épicuréisme papal, et tout singulier que fût pour un pontife ce programme de spectacle, la *Mandragore* fut jouée avec un grand succès. Plus tard Machiavel accepta du cardinal Jules de Médicis la proposition d'écrire l'histoire de Florence avec un traitement qui devait être continué aussi longtemps que durerait la composition de l'ouvrage. Fidèle à la maxime qu'il a consignée dans une de ses lettres que plus on obtient des grands, plus il faut demander, il demanda à être employé de nouveau dans la diplomatie. En 1521, on lui confia une mission auprès des frères mineurs de Carpi. Il eut ordre ensuite de surveiller les fortifications de Florence, et de traiter quelques affaires avec François Guicciardin, gouverneur de la Romagne; enfin il fut employé dans l'armée de la ligue contre Charles-Quint. Ce fut là sa dernière légation.

Machiavel, à cette date, se plaint moins vivement que par le passé de sa situation pécuniaire. C'est qu'en effet cette situation s'était améliorée, comme on le voit par un second testament qui porte la date du 27 novembre 1522. Les héritiers sont, d'une part, Mariette Corsini, qu'il appelle sa femme bien-aimée, ce qui ne prouve pas, comme le veulent quelques commentateurs, qu'il ait toujours été époux fidèle; et de l'autre, cinq enfants, dont une fille, Bartholomée, et quatre fils, Bernard, Louis, Guido et Pierre. Les parts, qui forment contraste avec celles du premier codicille, sont assez importantes, et se composent de quatre maisons de campagne, d'une maison à Florence, située rue des Guicciardini, d'habitations de *facteurs*, de champs séparés et de vignes.

Machiavel pouvait espérer encore plusieurs années de calme et de travail; mais, en 1527, au retour d'un voyage à Civita-Vecchia, il sentit tout à coup sa santé s'altérer. Empirique en médecine comme en politique, il s'était habitué depuis longtemps à se traiter avec des pilules dont voici la recette, telle qu'il l'a transmise dans une lettre à Guicciardin :

RECIPE :

Drachm.

Aloe patico	1 1/2
Cardam. dios.	1 »
Zafferano	» 1/2
Mirra detta	» 1/2
Bettonica.	» 1/2
Pinpinella	» 1/2
Bolo armenico	» 1/2

Quoique assez inoffensives, ces pilules, prises à contre-temps et peut-être à trop forte dose, déterminèrent une crise, et Machiavel, saisi de violentes douleurs d'entrailles, mourut le 22 juin 1527, « après avoir confessé tous ses péchés au frère Matthieu, qui resta près de lui jusqu'au moment où il cessa de vivre [1]. »

Ses restes furent déposés dans l'église de Sainte-Croix, près de ceux des membres de sa famille, et ils y restèrent pendant deux siècles et demi, « ignorés, dit M. Périès, du plus grand nombre de ses concitoyens, sans que rien distinguât sa tombe de celle du Florentin le plus obscur; mais, en 1787, le grand-duc Léopold fit ériger en son honneur un monument en marbre auprès des sépultures de Galilée et de Michel-Ange, et sur ce tombeau on grava cette inscription:

Tanto nomini nullum par elogium.
Nicolaus MACHIAVELLI
Obiit anno A. P. V. m.d.xxvii [2].

[1] Lettre de Pierre Machiavel, fils de Nicolas, dans laquelle il annonce la mort de son père à François Nelli. — Périès, *Hist. de Machiavel*, p. 269.

[2] Voici les vers inspirés à lord Byron par la vue du tombeau dont nous

II

Telle est, réduite aux simples détails des faits positifs, dégagée des hypothèses qui l'ont défigurée, des événements extérieurs auxquels elle est étrangère, la vie du secrétaire de Florence. Il nous reste maintenant, avant d'arriver à l'histoire et à l'appréciation de ses œuvres, à déterminer quelle fut dans les affaires de son pays sa véritable part d'influence. Ici nous nous trouvons en présence d'un préjugé qui n'a fait que grandir avec le temps. On a présenté le secrétaire florentin comme l'oracle de la politique italienne au seizième siècle; on lui a attribué une prépondérance souveraine; on l'a, pour ainsi dire, fait entrer de force dans les événements, et pour confirmer son importance, on a cherché à mettre en relief les détails les plus insignifiants. L'illusion était logique, car il était naturel de croire que l'homme qui avait dévoilé tous les mystères de l'art de gouverner, que l'homme qui était lu par tous les héros de l'histoire moderne, avait exercé sur ses contemporains une véritable fascination, et sur les affaires de son pays une pression irrésistible. C'est là une erreur grave, dans laquelle sont tombés, comme les moutons de Panurge, — qu'on nous pardonne la comparaison, nous sommes en plein seizième siècle, — la plupart des biographes français et des biographes italiens. C'est contre cette erreur qu'il importe de protester, en laissant toutefois le mérite de la rectification à l'un des penseurs les plus éminents de l'Italie moderne, M. J. Ferrari qui, dans sa profonde analyse de Machiavel, établit la vérité avec une force de critique qui ne laisse aucune place à la contradiction sérieuse [1], et dont le beau travail nous a servi de guide, pour rectifier une foule de préjugés

venons de parler : « Dans l'enceinte sacrée de Sainte-Croix sont renfermées des cendres qui la rendent plus sainte; poussière qui même à elle seule est une immortalité, quand il n'y aurait rien là que le passé, et ces particules mortelles de ces génies sublimes qui sont tombés dans le chaos. Ici reposent les ossements d'Angelo, d'Alfieri, et Galilée avec ses malheurs; c'est ici que le corps de Machiavel est retourné à la terre d'où il avait été tiré. »

Byron, *Childe Harold*, ch. IV.

[1] Voyez : *Machiavel juge des révolutions de notre temps*, par J. Ferrari. Paris, Joubert, 1849, in-8°, et plus particulièrement pour la prétendue influence exercée par Machiavel sur les événements de son temps, le chap. IV intitulé : *Machiavel, homme politique*.

b

traditionnels, et apprécier plus sûrement le génie du grand homme qui fait le sujet de cette étude.

Nous l'avons déjà dit, Machiavel a vécu bourgeoisement, en exerçant des fonctions qui, malgré la pompeuse apparence du titre, n'en étaient pas moins fort secondaires. Cette influence personnelle qu'on lui a attribuée, il ne l'a pas recherchée, il ne l'a point obtenue, et il est impossible de trouver, en dehors des hypothèses des commentateurs, la preuve positive qu'elle ait existé réellement.

Laissons de côté les biographies modernes, en réservant toutefois le judicieux Ginguené, qui a vu sur ce point, comme sur beaucoup d'autres, d'une manière plus exacte et plus sûre; car, dans la plupart de ces biographies, nous rencontrerons presque toujours des écrivains placés à la distance des siècles, prévenus par l'esprit de parti ou troublés par cette vanité des savants dont parle Vico, vanité qui transforme la biographie en légende.

Interrogeons l'histoire; elle est muette à l'égard du rôle politique de Machiavel. Silence absolu des écrivains de tous les partis Guelfes ou Gibelins, de toutes les nationalités italiennes, Florentins, Lombards, Napolitains, Romagnols. Interrogeons les historiens français, allemands, espagnols du seizième siècle; c'est toujours et partout le même silence. Le nom de Machiavel, dans le temps même où il a vécu, n'est mentionné que deux fois. La première par Guicciardin, dans une phrase très-insignifiante; la seconde, et ici la mention est inévitable, sur la liste des personnes arrêtées lors de la conspiration de 1513. Certes, l'histoire n'a pas de ces réticences envers ceux qui ont réellement dominé les destinées de leur pays; elle peut maudire, mais elle n'oublie pas.

Interrogeons les écrits de Machiavel : ses *Légations*, sa correspondance, sa vie et ses œuvres répondent comme l'histoire. Jamais dans ses *Légations*, dit justement M. Ferrari, il ne décida un succès qui le rendit indispensable, et dans la plus célèbre de ses missions, celle qu'il remplit auprès de César Borgia, duc de Valentinois, il sollicitait lui-même le gouvernement d'envoyer des hommes plus prépondérants, plus au courant des affaires et qui pussent mieux parler [1].

---

[1] Ferrari, *Machiavel juge des révolutions de notre temps*, p. 90 et 91.

Ginguené dit à son tour : « On a vu que dans toutes les légations qu'il avait remplies, il ne paraissait qu'avec son titre ordinaire sans porter jamais celui d'ambassadeur, et tantôt pour aider des ambassadeurs en titre dans des affaires difficiles, tantôt en attendant qu'un ambassadeur parti ou rappelé fût remplacé par un autre [1]. » En d'autres termes, Machiavel faisait des *intérim*.

C'est en vain que le secrétaire cherche à fixer l'attention en multipliant les projets de gouvernement et de réforme. Ses projets ne dépassent pas la portée d'une œuvre littéraire ; ses plans restent sur le papier, et tout se borne pour Florence à l'organisation de quelques compagnies d'infanterie. Il n'est ni l'homme d'un parti, ni l'homme d'un événement. Il sert tour à tour la république ou le gouvernement des Médicis ; mais dans l'un et l'autre cas, quoique tourmenté du besoin de parvenir, il passe sa vie au milieu des grands sans pouvoir jamais grandir lui-même. Son rôle, au milieu des conspirations qui agitent son pays, est tellement effacé qu'on ne sait pas même s'il a été conspirateur, et, s'il a réellement conspiré, les Médicis, qui sacrifient ses complices, l'épargnent, sinon comme un homme insignifiant, du moins comme un homme peu dangereux ou seulement compromis par imprudence.

Il y a plus encore. Machiavel, ce génie si profond, qui, s'emparant de tous les faits de l'histoire, pénètre dans tous les secrets de la politique, et qui réduit en une sorte d'algèbre l'art de gouverner ou plutôt de réussir dans le gouvernement ; Machiavel, placé au milieu des événements de son temps, perd complétement la notion des effets et des causes, parce qu'il reste toujours l'homme du fait, l'homme du succès, étranger à toute foi et à tout principe. Le premier il entrevoit le système de l'unité italienne ; le premier il pousse le cri de guerre : Il faut chasser les barbares ! et par une singulière défaillance de son génie, il n'aperçoit pas la double restauration impériale et pontificale qui s'accomplit autour de lui, et qui brise cette unité pour laquelle, trois siècles plus tard, l'Italie doit donner encore le sang de ses plus nobles enfants. Il accuse la papauté de tous les maux qui pèsent sur la péninsule, et il ne soupçonne pas la puissance du parti guelfe. Il veut qu'on chasse les

[1] Ginguené, *Hist. litt. d'Italie.* Paris, 1828, in-8º, t. VIII, p. 38.

barbares, et en 1502, à Rouen, dans l'une de ses légations en France, il exhorte le premier ministre de Louis XII, le cardinal d'Amboise, à étendre la conquête française en Italie. Il veut plus encore : il veut que Louis XII dépossède les Lombards de leurs terres, qu'il les chasse de leurs villes, et qu'il donne leurs biens à des colons français. Aussi, après l'avoir entendu, le cardinal d'Amboise disait-il : Les Italiens n'entendent rien aux affaires de la guerre. Homme de la renaissance italienne, il assiste au triomphe de la papauté et de l'Empire, favorisé par une double insurrection guelfe et gibeline, et par deux guerres étrangères, sans saisir jamais la raison des événements, et quand il veut prévoir, il se trompe toujours. « Dans la première de ces guerres, dit M. Ferrari, la France releva les Guelfes et restaura la papauté; dans la seconde, la papauté restaurée releva les Gibelins et constitua l'Empire. Louis XII décida du premier mouvement, Jules II du second, Charles-Quint fixa le résultat. Machiavel s'est abusé sur tout. Pendant la guerre française, il n'a pas vu les Guelfes, il n'a pas pressenti les pontifes; il fallait favoriser la conquête française, il voulait agrandir les conquêtes des Borgia. Pendant la guerre pontificale, il n'a pas vu les Gibelins, il n'a pas pressenti les empereurs : en présence de Jules II, il rêvait les coups d'État des seigneurs; en présence de la ligue de Cambrai, il croyait aux forces de Venise; en présence de la restauration florentine, il voulait tuer le tyran. Lorsque Maximilien Ier exerçait ses droits, en 1513, Machiavel ne redoutait que les Suisses; quand Charles-Quint triomphait, il voulait défendre la renaissance par un pape; quand la renaissance était aux abois, il conseillait au pape de la trahir [1]. » M. Ferrari ajoute avec raison que Machiavel a complétement méconnu son époque, et il le compare à ces damnés qu'une légende du moyen âge nous montre connaissant le passé et l'avenir, mais ignorant le présent. C'est aussi l'opinion de Ginguené, suivant lequel « il fut, malgré tout son génie, comme ces écrivains qui mettent toute leur expérience dans leurs livres et n'en convertissent point les fruits à leur usage. » Ce n'est donc point dans sa vie, mais dans ses œuvres qu'il faut chercher sa grandeur et le secret de sa gloire.

Machiavel juge des révolutions, p. 74, 75.

III

Les œuvres de Machiavel, très-variées et toujours éminentes, se composent d'histoire, de politique, de poésies, de comédies, d'opuscules moraux, de contes, de traités sur l'art militaire, de lettres familières et de relations diplomatiques.

Dans l'histoire, Machiavel est l'un des plus grands écrivains de l'Italie; personne ne le surpasse dans l'exposition et la mise en scène des faits; personne ne saisit avec une habileté plus pénétrante la physionomie des événements. Le drame marche et se déroule à travers un récit calme et impassible. L'historien assiste aux crimes du moyen âge comme Grégoire de Tours aux crimes des mérovingiens, sans surprise et sans pitié, et sous cette froideur animée seulement par l'éclat d'un grand style, il y a comme une sombre ironie contre l'humanité. Machiavel, par l'astrologisme, recule jusqu'à la fatalité antique; c'est la marche des sphères qui gouverne le monde; mais à côté de cette influence mystérieuse, il place un dieu nouveau, le dieu des temps modernes, l'intelligence. On croirait lire Tacite, mais Tacite cessant de s'indigner contre le crime, de s'attendrir sur les malheurs de la vertu.

Dans ses comédies, et surtout dans la *Mandragore*, Machiavel, au jugement de Voltaire, se place à côté d'Aristophane, comme dans ses contes il se place à côté de Boccace, et le *vis comica* des anciens se trouve heureusement mêlé et fondu avec la verve railleuse des trouvères; enfin dans son *Traité sur l'art militaire*, il se montre un critique intelligent de la tactique du seizième siècle, en même temps qu'un commentateur éclairé de la tactique romaine, et toujours dans ces genres si divers il reste un esprit supérieur, mais avant tout un esprit du seizième siècle, dominé d'un côté par les traditions de l'antiquité, et de l'autre par les aspirations hardies de la renaissance.

Histoire, comédies, poésies, chacun des écrits de Machiavel suffirait à la gloire d'un seul homme; mais c'est surtout le livre du *Prince* et les *Discours sur Tite-Live* qui ont assuré à son nom un retentissement impérissable. Ce sont ces deux ouvrages qui l'ont fait tour à tour, et souvent dans le même parti et dans la même époque, admirer et maudire, par les uns comme le précepteur des hommes d'État et des historiens, par les autres comme le théoricien du crime.

Dans le *Traité du prince*, Machiavel écrivit pour les Médicis. Dans ses *Discours sur Tite-Live*, il écrit pour la république de Florence, et de la sorte il donne tout à la fois la théorie du despotisme et la théorie de la liberté.

L'auteur du *Prince* était mort dans l'obscurité, méconnu en Italie, ignoré de l'Europe. Ses écrits politiques, qui n'étaient point destinés à la foule, avaient été composés comme les traités d'une science occulte qui demandait le mystère. Mais, peu d'années après sa mort, ils furent publiés, ainsi que l'*Histoire de Florence*, revêtus d'un privilége du pape Clément VII et sortant des presses de la chambre pontificale. Dès ce moment, Machiavel, arraché au silence de sa tombe, fut ballotté par tous les partis au nom de la politique, de la morale et de la religion, entre l'infamie et la gloire. Montaigne, dans ses *Essais*, avait déjà le pressentiment de cette longue controverse qui s'est prolongée jusqu'à notre temps, et il l'annonçait en ces termes : « Les Discours de Machiavel, pour exemple, estoient assez solides pour le subject : si y a-t-il grand' aysance à les combattre : et ceux qui l'ont faict, n'ont pas laissé moins de facilité à combattre les leurs : il s'y trouveroit toujours à un tel argument, de quoy y fournir à responces, dupliques, répliques, tripliques, quadrupliques, et cette infinie contexture de débats que notre chicane a alongés, tant qu'elle a peu, en faveur des procez :

« *Cædimur, et totidem plagis consumimus hostem.* »

Machiavel, qu'un pape avait reconnu orthodoxe, déclarait qu'une religion nouvelle était possible ; que la fondation d'un dogme était une affaire d'intelligence et d'habileté, et il plaçait Moïse, Numa et Jésus-Christ sur la même ligne. Or, au seizième siècle, de nouveaux apôtres enlevaient à la Rome pontificale l'Angleterre et l'Allemagne. Henri VIII, en se révoltant contre la papauté, envoyait à l'échafaud ceux de ses sujets qui s'étaient révoltés contre sa couronne au nom du catholicisme. La famille du cardinal Polo avait été sacrifiée : ce prélat avait pris la fuite en invoquant contre l'Angleterre les foudres de l'Église, et en lançant contre Henri VIII une imprécation dans laquelle ce prince est traité de Machiavel. C'est dans cette imprécation que le Florentin est signalé pour la première fois comme un ennemi du genre humain qui avait écrit le livre du *Prince avec les doigts de Satan*. L'éveil était donné. Un théologien dominicain, Catarino, archevêque de Conza, lança bientôt un nouvel anathème dans un opuscule intitulé : *De libris a christiano detestandis et a christianismo penitùs eliminandis.*

En 1559, le pape Paul IV, sans se préoccuper du privilége de Clément VII, fit inscrire les œuvres de Machiavel sur l'index des ouvrages prohibés. En 1564, cette prohibition fut confirmée par le concile de Trente. Dès ce moment, ces ouvrages que vient de frapper l'Église semblent grandir par la réprobation. Sixte-Quint, qui maintient contre le secrétaire de Florence l'anathème de ses prédécesseurs, le commente et le pratique en secret. Les Médicis, qui retrouvent dans le *Prince* un livre composé comme un traité spécial pour leur famille, s'en inspirent en dirigeant les affaires de France. Machiavel a développé la casuistique des grands crimes d'État; il ordonne au prince qui veut se débarrasser de ses ennemis *de frapper sans menacer, d'exterminer sans que la persécution traîne.* Catherine, dans la nuit de la Saint-Barthélemy, frappe sans avoir menacé; elle extermine un parti comme on tue un homme, d'un seul coup. Évidemment Catherine a lu Machiavel. Elle a appris, dans le livre de sa famille, dans le *bréviaire de sa cour, comment on se débarrasse de ses ennemis sans que la persécution traîne.* Aux yeux des protestants, c'est Machiavel qui a sonné le *tocsin du massacre*, et la réforme s'arme de ses livres pour déclarer avec Gentillet que c'est Machiavel et sa doctrine qui règnent dans le catholicisme. — De leur côté, les *papistes*, partout où le protestantisme s'insurge contre Rome, partout où la réforme obtient un triomphe, accusent Machiavel d'avoir enseigné la révolte aux disciples de la nouvelle Église.

Machiavel a osé attribuer à la cour de Rome non-seulement le morcellement de l'Italie, ses longues agitations, mais même la perte de ses mœurs et celle de sa religion. Rome est pour lui, comme pour Luther, la prostituée de l'Apocalypse. Ici, il est le complice de Luther, comme il était le complice de Catherine dans la Saint-Barthélemy. L'auteur du *Prince* avait rencontré les potestants pour adversaires ; cette fois ce sont les jésuites qu'il rencontre. Osorio, Possevin, Ribadeneira, Bosio continuent contre lui la croisade commencée par Gentillet. Les jésuites d'Ingolstadt le brûlent en effigie, et cependant Machiavel, maudit et insulté, n'en est encore que plus puissant. Il règne avec Henri III sur la cour de France [1]. Ses admirateurs sont aussi nombreux que ses adversaires. Trois traductions successives, précédées chacune d'une apologie, le popularisent en France, de 1553 à 1577, en même temps que Conringius, dans la traduction latine du *Prince*, prend ouvertement et très-vivement sa défense. Ainsi, dans le seizième siècle, il fut tour à tour ou simultanément approuvé par la cour de Rome, proscrit par cette même cour et par un concile, attaqué par les protestants, attaqué par les jésuites, consulté comme un guide infaillible par les rois et les gens de cour, et défendu par les écrivains qui représentaient alors l'école des publicistes royalistes.

Sous Richelieu, sous Louis XIV, l'école protestante et les jésuites continuent leurs attaques, et par une bizarrerie singulière ces derniers adressent à Machiavel les reproches que Pascal leur adresse à eux-mêmes. Des défenseurs nouveaux se dressent encore en face des nouveaux antagonistes. Un attaché à l'ambassade française de Venise, Amelot de la Houssaye, publie une quatrième traduction précédée d'une apologie pompeuse, dans laquelle, tout en élevant la raison d'État au-dessus de la morale, il présente le secrétaire florentin comme le maître dans l'art de régner [2]. « Bientôt,

---

[1] « Henri III, dit le père Daniel, avait pris grand goût aux livres de Machiavel, dont un gentilhomme nommé Du Guast, qui tenait un des premiers rangs parmi ses favoris, l'avait fort entêté, et sur lesquels ce prince avait commencé à se faire un système de politique, même avant que d'aller prendre possession de la couronne de Pologne. » Le père Daniel ajoute : « Une profonde et constante dissimulation et la maxime d'aller à ses fins par les voies qui paraissent s'en écarter davantage, sont deux grands principes du machiavélisme. L'usage renfermé dans de certaines bornes pourrait n'en être pas criminel ; tout dépend de l'application qu'on en fait et de la qualité des moyens que les princes emploient pour cacher leurs vices à leurs ennemis. » *Hist. de France*, Paris, 1756, in-4°, t. XI, p. 38.

[2] Il existe du dix-septième siècle une autre apologie de Machiavel généralement attribuée à Naudé et restée inédite. Elle se trouve dans la bibliothèque

dit M. Ferrari, Bayle arrive; il cite l'apologie d'Amelot, et il n'a qu'à la développer pour l'anéantir. En suivant les maximes de Machiavel, les plus innocents, dit Bayle, par le seul exercice de la royauté, apprendront le crime... Ces maximes sont très-mauvaises; le public en est si persuadé que le machiavélisme et l'art de régner tyranniquement sont deux termes de même signification. — Voilà le mot de *machiavélisme* qui paraît pour la première fois. C'est Bayle qui le prononce, c'est une révolution qui s'annonce. La monarchie de Louis XIV réhabilite Machiavel, et la philosophie se sert de Machiavel pour fronder la monarchie [2]. » On le voit, Montaigne a raison, *la chicane s'alonge.* La guerre recommence au dix-huitième siècle, et cette fois les plus illustres combattants descendent dans la lice. Voltaire proclame l'auteur du *Prince* et des *Discours sur Tite-Live* un législateur immortel. Le grand Frédéric, qui n'était encore que le prince royal de Prusse, proteste contre ce jugement; il conçoit le projet de réfuter Machiavel, et pour cette œuvre il réclame la collaboration de Voltaire lui-même. Celui-ci, courtisan à l'excès, ne crut point devoir refuser son concours; et de ce double travail, du philosophe qui approuvait souvent et du prince qui blâmait toujours, il résulta un livre insignifiant, l'*Antimachiavel*, qui n'a pas même, comme celui de Gentillet, le mérite d'être une œuvre d'à-propos, inspirée par une colère sincère; car, ainsi que le remarque avec raison Ginguené, « le roi de Prusse, dans les affaires politiques, parut se rappeler quelquefois l'auteur qu'il avait réfuté, bien plus que la réfutation qu'il en avait faite. » Le livre de Frédéric n'eut aucune portée, et la société sceptique du dix-huitième siècle, après l'avoir lu, se contenta de dire que la politique de Machiavel était celle des *personnes de qualité.* Tout à coup une voix puissante s'élève et domine. « L'intérêt personnel des princes, dit Rousseau, est que le peuple soit faible, misérable et qu'il ne puisse jamais leur résister... Les princes donnent toujours la préférence à la maxime qui leur est le plus immédiatement utile. C'est ce que Samuel représentait fortement aux Hébreux; c'est ce que Machiavel a fait voir

nationale, fonds du roi, n° 7109. M. Artaud en a donné de longs extraits. Voyez *Machiavel*, t. II, p. 836.

[2] *Machiavel juge des révolutions*, p. 97 et 98.

avec évidence; en feignant de donner des leçons aux rois, il en a
donné de grandes aux peuples. *Le Prince* de Machiavel est le rêve
du républicain... Machiavel était un honnête homme et un bon
citoyen ; mais, attaché à la maison de Médicis, il était forcé, dans
l'oppression de sa patrie, de déguiser son amour pour la liberté.
Le choix seul de son exécrable héros manifeste assez son intention secrète, et l'opposition des maximes de son livre du *Prince*
à celles de ses *Discours sur Tite-Live* et de son *Histoire de Florence*, démontre que ce profond politique n'a eu jusqu'ici que des
lecteurs superficiels ou corrompus. La cour de Rome a sévèrement
défendu son livre; je le crois bien, c'est elle qu'il dépeint le plus
clairement[1]. »

Rousseau se rencontrait ici avec le chancelier Bacon, qui avait
dit du secrétaire florentin : « Cet homme n'apprend rien aux tyrans;
ils savent trop bien ce qu'ils ont à faire; mais il instruit les peuples
de ce qu'ils ont à redouter. » Le citoyen de Genève s'était-il inspiré directement du chancelier d'Angleterre? nous ne le pensons
pas. Mais dans quelques-unes des théories gréco-romaines du secrétaire de Florence il avait retrouvé une partie de ses propres
théories. « Quel est, en effet, dit M. Ferrari, l'idéal de Rousseau?
C'est la cité antique, la ville républicaine où les citoyens se gouvernent eux-mêmes; où chaque citoyen, dit Machiavel, tient la
main sur le gouvernement. Quel est, d'après Rousseau, le peuple
élu de l'Europe? C'est la Suisse à laquelle Machiavel présageait
une destinée romaine. Pourquoi cette apothéose de la Suisse?
Parce que Rousseau admire comme Machiavel la probité antique
et la sainte ignorance de l'Helvétie... D'après Machiavel, la vieille
civilisation était méprisable à cause de sa faiblesse; d'après Rousseau, elle était faible à cause de son iniquité[2]. »

Dès que Rousseau eut parlé, la polémique fut transportée sur un
terrain nouveau. Aux protestants et aux catholiques succédèrent
les royalistes et les républicains; et depuis lors Machiavel a été
loué, admiré, déchiré par tous les partis, ici, comme républicain,
là, comme monarchiste, et la divergence des opinions est telle

[1] *Contrat social*, liv. III, ch. 6.

[2] *Machiavel juge des révolutions*, p. 101.

que l'illustre historien démocrate, Jean de Muller, s'est rencontré dans l'éloge avec M. Artaud, qui, à force d'exagérer l'orthodoxie politique et religieuse de l'auteur du *Prince*, en est arrivé à le traiter avec toute la considération que méritait à ses yeux un *défenseur de l'autel et du trône*.

On le voit, la postérité a épuisé pour Machiavel l'admiration et la haine. Faut-il se ranger du côté de ceux qui admirent ou de ceux qui maudissent? Il nous semble qu'on peut à la fois maudire et admirer, parce qu'il y a dans le secrétaire de Florence deux hommes entièrement distincts, l'homme de la renaissance et le courtisan des Médicis.

Homme de la renaissance, Machiavel entrevoit le premier l'unité de l'Italie; le premier il brise avec cette politique qui remonte jusqu'au pacte de Charlemagne, et qui place la péninsule, comme une proie toujours déchirée, entre l'ambition des papes et l'ambition des empereurs. Contemporain de Luther et de Pomponat, il engage à côté d'eux une guerre à outrance contre la tradition du moyen âge; il crée la politique expérimentale en la formulant comme un théorème géométrique; il analyse avant Montesquieu les causes de la grandeur de Rome, et, dépassant le but qu'il se propose, il écrit par anticipation l'histoire de l'avenir, et trace à son insu la théorie des révolutions modernes avec une telle puissance, une intuition si profonde, une connaissance si parfaite des instincts et des passions des hommes, que les événements, à la distance de trois siècles, se développent d'après les lois qu'il a fixées.

Courtisan des Médicis, il donne dans le livre du *Prince* une théorie complète du succès à l'usage de ceux qui veulent tromper les peuples; il enseigne comment l'égoïsme, aidé par l'intelligence et l'habileté, peut exploiter, dans l'art du gouvernement, la religion, la vertu, la crédulité, la bonne foi et les diverses classes, les plus élevées comme les plus humbles, qui constituent un État; enfin, il nomme de son nom cette politique de l'astuce et de la ruse, qui fut de son temps celle de son pays, et qui substitue l'intérêt d'un seul à l'intérêt de tous.

Ainsi le *Prince* et les *Discours sur Tite-Live* ne sont en réalité qu'une casuistique en partie double où se trouve analysé, discuté, prévu, prophétisé tout ce qui peut surgir dans les affaires humaines, dans les républiques aussi bien que dans les monarchies. L'auteur enseigne à Tarquin comment on rive des fers, à Brutus, comment on les brise. Le mal et le bien, la vertu et le vice ne sont point pour le secrétaire de Florence des notions absolues, invariables, supérieures aux questions de nationalité et aux circonstances. Suivant les temps, les lieux et les hommes, le mal devient le bien, le bien devient le mal, selon que l'un ou l'autre triomphe. Sceptique enfant du grand siècle du scepticisme, Machiavel se place en observateur impassible au dessus des républiques et des monarchies, au-dessus de tous les dévouements et de toutes les ambitions. Il ne voit que les faits, et prenant les choses les plus saintes comme des instruments que l'habileté doit manier à son gré, il ne demande à l'histoire qu'une seule leçon, l'art de réussir. C'est cet athéisme du fait qui a frappé sa mémoire d'une solennelle réprobation, et cependant c'est là ce qui fait sa force et sa grandeur. Génie pénétrant et solitaire, isolé de tous ceux qui l'ont précédé comme de tous ceux qui l'ont suivi, en cherchant à montrer comment l'homme se fait à lui-même sa destinée, il a mis à nu tous les mystères des secrets immoraux ; dans son indiscrétion, il a tracé une effrayante satire de la perversité humaine ; et comme la profondeur de sa pensée dépassait toujours ses intentions, en écrivant le code des parvenus du genre humain, il a déchiré tous les voiles de l'imposture.

CHARLES LOUANDRE.

LE PRINCE

AVANT-PROPOS

En rappelant dans l'*Introduction* les divers jugements portés sur le *Prince*, nous avons montré combien les intentions de Machiavel et sa pensée secrète à l'égard de ce livre ont été diversement interprétées, et combien de commentaires officieux ont été faits pour excuser quelques-unes de ses maximes politiques. L'auteur, dans une lettre intime, s'est chargé de nous apprendre lui-même le but qu'il se proposait d'atteindre. « Dans cet ouvrage, dit-il, j'examine ce que c'est que principauté; combien il y en a d'espèces, comment on les acquiert, comment on s'y maintient, comment on les perd. » Or, dans l'Italie du seizième siècle, c'était le plus souvent par la ruse, par le crime même qu'on s'élevait au pouvoir, qu'on parvenait à le garder. Machiavel écrivait pour les hommes de son époque, et, comme le dit avec raison Ginguené, le langage qu'il parlait était celui de son siècle. Il s'adressait aux intérêts et à l'égoïsme de ses contemporains. De là ces maximes qui ont laissé sur la mémoire du secrétaire florentin comme une tache ineffaçable, maximes qui se retrouvent dans le *Prince* plus nombreuses et plus terribles que dans ses autres œuvres.

Qu'il y ait dans le *Prince* une partie éternellement condamnable, que cet ouvrage ait exercé sur la politique une influence funeste, c'est là un fait qu'on ne peut contester, et nous ne sommes pas de ceux qui, se passionnant pour le génie et la gloire d'un homme, cherchent à l'absoudre, quand la conscience universelle réprouve quelques-uns de ses actes ou quelques-unes de ses pensées. Trois siècles nous séparent de Machiavel, et l'histoire a prononcé sans appel. Mais, tout en se soumettant à ce jugement irrévocable, il faut s'incliner devant ce génie supérieur qui a su le premier, depuis Aristote et Cicéron, et au sortir du moyen âge, jeter un coup d'œil si profond sur le mystère des sociétés humaines. Aucun livre, on peut le dire, n'est mêlé d'autant de mal et de bien que le livre du *Prince*, et c'est tout à la fois, dans la rigoureuse acception du mot, une œuvre de ténèbres et de lumière. Si d'un côté l'auteur s'égare, lorsqu'il

part de ce principe absolu qu'il faut quelquefois recourir au mal,
parce que les hommes sont méchants; de l'autre, il marche toujours droit et d'un pas ferme quand il pénètre dans l'analyse et l'exposition des faits, et son esprit positif touche souvent à la réalité
d'une manière si saisissante qu'on a pu croire qu'il avait voulu
écrire une satire. Lui-même d'ailleurs avait provoqué cette opinion
par ces lignes empreintes d'un désenchantement si profond : « Bien
des gens ont imaginé des républiques et des principautés telles qu'on
n'en a jamais vu ni connu. Mais à quoi servent ces imaginations?
il y a si loin de la manière dont on vit à celle dont on devrait vivre,
qu'en n'étudiant que cette dernière, on apprend plutôt à se ruiner
qu'à se conserver. »

Le livre du *Prince*, composé en 1513, au moment où l'auteur fut exclu des affaires publiques, ne parut qu'après sa mort
en 1532. Machiavel l'avait dédié d'abord, non point à Laurent
le Magnifique, comme l'ont dit à tort certains historiens littéraires,
mais à Laurent, duc d'Urbin, usurpateur de la liberté florentine.
« C'est la nécessité, dit-il dans une de ses lettres, qui me force à
dédier ce livre; c'est elle qui me pousse; je me consume, et ne puis
rester longtemps comme je suis sans tomber dans un état de pauvreté qui m'exposerait au mépris. Je voudrais que les seigneurs de
Médicis commençassent à se servir de moi, dussent-ils m'employer
d'abord aux choses les plus communes; car si je ne pouvais pas me
les rendre favorables, je m'en ferais ensuite un reproche..... On
devrait aimer à se servir d'un homme qui a acquis aux dépens d'autrui une si longue expérience. » En d'autres termes, le secrétaire
de Florence avait dédié, et peut-être aussi composé son ouvrage,
pour obtenir, comme on dit de nos jours, une *position*. La position,
cependant, lui fit défaut; et il ne retira aucun fruit de son œuvre,
quelque opinion qu'en ait eue Laurent, qui mourut en 1519 sans avoir
récompensé l'auteur.

Nous n'entrerons point ici dans le détail des nombreuses éditions ou
traductions qui ont été faites du livre du *Prince*, nous bornant à
renvoyer le lecteur, pour ces détails bibliographiques, au *Manuel du
Libraire* de M. Brunet (Paris, 1843, in-8), au mot « Machiavel »,
t. III, p. 221, et à *La France littéraire* de M. Quérard, t. V, p. 411
et suiv., au mot « Machiavelli ».

NICOLAS MACHIAVEL

AU

MAGNIFIQUE LAURENT

FILS DE PIERRE DE MÉDICIS

Ceux qui ambitionnent d'acquérir les bonnes grâces d'un prince ont ordinairement coutume de lui offrir, en l'abordant, quelques-unes des choses qu'ils estiment le plus entre celles qu'ils possèdent, ou auxquelles ils le voient se plaire davantage. Ainsi on lui offre souvent des chevaux, des armes, des pièces de drap d'or, des pierres précieuses, et d'autres objets semblables, dignes de sa grandeur.

Désirant donc me présenter à Votre Magnificence avec quelque témoignage de mon dévouement, je n'ai trouvé, dans tout ce qui m'appartient, rien qui me soit plus cher ni plus précieux que la connaissance des actions des hommes élevés en pouvoir, que j'ai acquise, soit par une longue expérience des affaires des temps modernes, soit par une étude assidue de celle des temps anciens, que j'ai longuement roulée dans ma pensée et très-attentivement examinée, et qu'enfin j'ai rédigée dans un petit volume que j'ose adresser aujourd'hui à Votre Magnificence.

Quoique je regarde cet ouvrage comme indigne de paraître devant vous, j'ai la confiance que votre indulgence daignera l'agréer, lors-

que vous voudrez bien songer que le plus grand présent que je
pusse vous faire était de vous donner le moyen de connaître en très-
peu de temps ce que je n'ai appris que dans un long cours d'années,
et au prix de beaucoup de peines et de dangers.

Je n'ai orné cet ouvrage ni de grands raisonnements, ni de
phrases ampoulées et magnifiques, ni, en un mot, de toutes ces
parures étrangères dont la plupart des auteurs ont coutume d'em-
bellir leurs écrits : j'ai voulu que mon livre tirât tout son lustre de
son propre fond, et que la variété de la matière et l'importance du
sujet en fissent le seul agrément.

Je demande d'ailleurs que l'on ne me taxe point de présomption
si, simple particulier, et même d'un rang inférieur, j'ai osé discourir
du gouvernement des princes et en donner des règles. De même
que ceux qui veulent dessiner un paysage descendent dans la plaine
pour obtenir la structure et l'aspect des montagnes et des lieux
élevés, et montent au contraire sur les hauteurs lorsqu'ils ont à
peindre les plaines : de même, pour bien connaître le naturel des
peuples, il est nécessaire d'être prince ; et pour connaître également
les princes, il faut être peuple.

Que Votre Magnificence accepte donc ce modique présent dans le
même esprit que je le lui adresse. Si elle l'examine et le lit avec
quelque attention, elle y verra éclater partout l'extrême désir que
j'ai de la voir parvenir à cette grandeur que lui promettent la fortune et ses autres qualités. Et si Votre Magnificence, du faîte de
son élévation, abaisse quelquefois ses regards sur ce qui est si au-
dessous d'elle, elle verra combien peu j'ai mérité d'être la victime
continuelle d'une fortune injuste et rigoureuse.

LE PRINCE[1]

CHAPITRE PREMIER.

Combien il y a de sortes de principautés, et par quels moyens on peut les acquérir.

Tous les États, toutes les dominations qui ont tenu et tiennent encore les hommes sous leur empire, ont été et sont ou des républiques ou des principautés.

Les principautés sont ou héréditaires ou nouvelles.

Les héréditaires sont celles qui ont été longtemps possédées par la famille de leur prince.

Les nouvelles, ou le sont tout à fait, comme Milan le fut pour Francesco Sforza, ou elles sont comme des membres ajoutés aux États héréditaires du prince qui les a acquises; et tel a été le royaume de Naples à l'égard du roi d'Espagne.

D'ailleurs, les États acquis de cette manière étaient accoutumés ou à vivre sous un prince ou à être libres : l'acquisition en a été faite avec les armes d'autrui, ou par celles de l'acquéreur lui-même, ou par la faveur de la fortune, ou par l'ascendant de la vertu.

CHAPITRE II.

Des principautés héréditaires.

Je ne traiterai point ici des républiques[2], car j'en ai parlé amplement ailleurs : je ne m'occuperai que des

---

[1] Voir la note à la fin du *Prince*.

[2] Malgré cette réticence, Machiavel parle très-distinctement des républiques

principautés ; et, reprenant le fil des distinctions que je viens d'établir, j'examinerai comment, dans ces diverses hypothèses, les princes peuvent se conduire et se maintenir.

Je dis donc que, pour les États héréditaires et façonnés à l'obéissance envers la famille du prince, il y a bien moins de difficultés à les maintenir que les États nouveaux : il suffit au prince de ne point outre-passer les bornes posées par ses ancêtres, et de temporiser avec les événements. Aussi, ne fût-il doué que d'une capacité ordinaire, il saura se maintenir sur le trône, à moins qu'une force irrésistible et hors de toute prévoyance ne l'en renverse ; mais alors même qu'il l'aura perdu, le moindre revers éprouvé par l'usurpateur le lui fera aisément recouvrer. L'Italie nous en offre un exemple dans le duc de Ferrare : s'il a résisté, en 1484, aux attaques des Vénitiens, et, en 1510, à celles du pape Jules II, c'est uniquement parce que sa famille était établie depuis longtemps dans son duché.

En effet, un prince héréditaire a bien moins de motifs et se trouve bien moins dans la nécessité de déplaire à ses sujets : il en est par cela même bien plus aimé ; et, à moins que des vices extraordinaires ne le fassent haïr, ils doivent naturellement lui être affectionnés. D'ailleurs, dans l'ancienneté et dans la longue continuation d'une puissance, la mémoire des précédentes innovations s'efface ; les causes qui les avaient produites s'évanouissent : il n'y a donc plus de ces sortes de pierres d'attente qu'une révolution laisse toujours pour en appuyer une seconde.

entre autres dans le chapitre V. M. Artaud pense que ce passage a été soumis à la censure, et par conséquent altéré, lorsque les Médicis ont permis l'impression de ce livre.

CHAPITRE III.

Des principautés mixtes.

C'est dans une principauté nouvelle que toutes les difficultés se rencontrent.

D'abord, si elle n'est pas entièrement nouvelle, mais ajoutée comme un membre à une autre, en sorte qu'elles forment ensemble un corps qu'on peut appeler mixte, il y a une première source de changement dans une difficulté naturelle inhérente à toutes les principautés nouvelles : c'est que les hommes aiment à changer de maître dans l'espoir d'améliorer leur sort ; que cette espérance leur met les armes à la main contre le gouvernement actuel ; mais qu'ensuite l'expérience leur fait voir qu'ils se sont trompés et qu'ils n'ont fait qu'empirer leur situation : conséquence inévitable d'une autre nécessité naturelle où se trouve ordinairement le nouveau prince d'accabler ses sujets, et par l'entretien de ses armées, et par une infinité d'autres charges qu'entraînent à leur suite les nouvelles conquêtes.

La position de ce prince est telle que, d'une part, il a pour ennemis tous ceux dont il a blessé les intérêts en s'emparant de cette principauté ; et que, de l'autre, il ne peut conserver l'amitié et la fidélité de ceux qui lui en ont facilité l'entrée, soit par l'impuissance où il se trouve de les satisfaire autant qu'ils se l'étaient promis, soit parce qu'il ne lui convient pas d'employer contre eux ces remèdes héroïques dont la reconnaissance le force de s'abstenir ; car, quelque puissance qu'un prince ait par ses armées, il a toujours besoin, pour entrer dans un pays, d'être aidé par la faveur des habitants.

Voilà pourquoi Louis XII, roi de France, se rendit

maître en un instant du Milanais, qu'il perdit de même, et que d'abord les seules forces de Lodovico Sforza suffirent pour le lui arracher. En effet, les habitants qui lui avaient ouvert les portes, se voyant trompés dans leur espoir, et frustrés des avantages qu'ils avaient attendus, ne purent supporter les dégoûts d'une nouvelle domination.

Il est bien vrai que lorsqu'on reconquiert des pays qui se sont ainsi rebellés, on les perd plus difficilement : le conquérant, se prévalant de cette rébellion, procède avec moins de mesure dans les moyens d'assurer sa conquête, soit en punissant les coupables, soit en recherchant les suspects, soit en fortifiant toutes les parties faibles de ses États.

Voilà pourquoi aussi il suffit, pour enlever une première fois Milan à la France, d'un duc Lodovico excitant quelques rumeurs sur les confins de cette province. Il fallut, pour la lui faire perdre une seconde, que tout le monde se réunît contre elle, que ses armées fussent entièrement dispersées, et qu'on les chassât de l'Italie ; ce qui ne put avoir lieu que par les causes que j'ai développées précédemment : néanmoins, il perdit cette province et la première et la seconde fois.

Du reste, c'est assez pour la première expulsion d'en avoir indiqué les causes générales ; mais, quant à la seconde, il est bon de s'y arrêter un peu plus, et d'examiner les moyens que Louis XII pouvait employer, et dont tout autre prince pourrait se servir en pareille circonstance, pour se maintenir un peu mieux dans ses nouvelles conquêtes que ne fit le roi de France.

Je dis donc que les États conquis pour être réunis à ceux qui appartiennent depuis longtemps au conquérant, sont ou ne sont pas dans la même contrée que ces derniers, et qu'ils ont ou n'ont pas la même langue.

Dans le premier cas, il est facile de les conserver, surtout lorsqu'ils ne sont point accoutumés à vivre li-

bres : pour les posséder en sûreté, il suffit d'avoir éteint
la race du prince qui était le maître ; et si, dans tout le
reste, on leur laisse leur ancienne manière d'être,
comme les mœurs y sont les mêmes, les sujets vivent
bientôt tranquillement. C'est ainsi que la Bretagne, la
Bourgogne, la Gascogne et la Normandie, sont restées
unies à la France depuis tant d'années ; et quand même
il y aurait quelques différences dans le langage, comme
les habitudes et les mœurs se ressemblent, ces États
réunis pourront aisément s'accorder. Il faut seulement
que celui qui s'en rend possesseur soit attentif à deux
choses, s'il veut les conserver : l'une est, comme je viens
de le dire, d'éteindre la race de l'ancien prince ; l'autre,
de n'altérer ni les lois ni le mode des impositions : de
cette manière, l'ancienne principauté et la nouvelle ne
seront, en bien peu de temps, qu'un seul corps.

Mais, dans le second cas, c'est-à-dire quand les États
acquis sont dans une autre contrée que celui auquel on
les réunit, quand ils n'ont ni la même langue, ni les
mêmes mœurs, ni les mêmes institutions, alors les difficultés sont excessives, et il faut un grand bonheur et
une grande habileté pour les conserver. Un des moyens
les meilleurs et les plus efficaces serait que le vainqueur
vînt y fixer sa demeure personnelle : rien n'en rendrait
la possession plus sûre et plus durable. C'est aussi le
parti qu'a pris le Turc à l'égard de la Grèce, que certainement, malgré toutes ses autres mesures, il n'aurait
jamais pu conserver s'il ne s'était déterminé à venir l'habiter.

Quand il habite le pays, le nouveau prince voit les
désordres à leur naissance, et peut les réprimer sur-le-
champ. S'il en est éloigné, il ne les connaît que lorsqu'ils
sont déjà grands, et qu'il ne lui est plus possible d'y remédier.

D'ailleurs, sa présence empêche ses officiers de dévo-
rer la province ; et, en tout cas, c'est une satisfaction

pour les habitants d'avoir pour ainsi dire sous la main leur recours au prince lui-même. Ils ont aussi plus de raisons, soit de l'aimer, s'ils veulent être de bons et fidèles sujets, soit de le craindre, s'ils veulent être mauvais. Enfin, l'étranger qui voudrait assaillir cet État s'y hasarde bien moins aisément ; d'autant que le prince y résidant, il est très-difficile de le lui enlever.

Le meilleur moyen qui se présente ensuite est d'établir des colonies dans un ou deux endroits qui soient comme les clefs du pays : sans cela, on est obligé d'y entretenir un grand nombre de gens d'armes et d'infanterie. L'établissement des colonies est peu dispendieux pour le prince ; il peut, sans frais ou du moins presque sans dépense, les envoyer et les entretenir ; il ne blesse que ceux auxquels il enlève leurs champs et leurs maisons pour les donner aux nouveaux habitants. Or les hommes ainsi offensés n'étant qu'une très-faible partie de la population, et demeurant dispersés et pauvres, ne peuvent jamais devenir nuisibles ; tandis que tous ceux que sa rigueur n'a pas atteints demeurent tranquilles par cette seule raison ; ils n'osent d'ailleurs se mal conduire, dans la crainte qu'il ne leur arrive aussi d'être dépouillés. En un mot, ces colonies, si peu coûteuses, sont plus fidèles et moins à charge aux sujets ; et, comme je l'ai dit précédemment, ceux qui en souffrent étant pauvres et dispersés, sont incapables de nuire. Sur quoi il faut remarquer que les hommes doivent être ou caressés ou écrasés : ils se vengent des injures légères ; ils ne le peuvent quand elles sont très-grandes ; d'où il suit que, quand il s'agit d'offenser un homme, il faut le faire de telle manière qu'on ne puisse redouter sa vengeance [1].

Mais si, au lieu d'envoyer des colonies, on se déter-

---

[1] Machiavel revient à plusieurs reprises sur cette pensée ; il dit encore dans le livre IV de l'*Histoire de Florence* : « Quant aux hommes puissants, ou il ne faut pas les toucher, ou quand on les touche, il faut les tuer. » Cette maxime est l'une de celles qui ont été le plus vivement attaquées.

mine à entretenir des troupes, la dépense qui en résulte s'accroît sans bornes, et tous les revenus de l'État sont consommés pour le garder. Aussi l'acquisition devient une véritable perte, qui blesse d'autant plus que les habitants se trouvent plus lésés; car ils ont tous à souffrir, ainsi que l'État, et des logements et des déplacements des troupes. Or, chacun se trouvant exposé à cette charge, tous deviennent ennemis du prince, et ennemis capables de nuire, puisqu'ils demeurent injuriés dans leurs foyers. Une telle garde est donc de toute manière aussi inutile que celle des colonies serait profitable.

Mais ce n'est pas tout. Quand l'État conquis se trouve dans une autre contrée que l'État héréditaire du conquérant, il est beaucoup d'autres soins que celui-ci ne saurait négliger : il doit se faire chef et protecteur des princes voisins les moins puissants de la contrée, travailler à affaiblir ceux d'entre eux qui sont les plus forts, et empêcher que, sous un prétexte quelconque, un étranger aussi puissant que lui ne s'y introduise; introduction qui sera certainement favorisée; car cet étranger ne peut manquer d'être appelé par tous ceux que l'ambition ou la crainte rend mécontents. C'est ainsi, en effet, que les Romains furent introduits dans la Grèce par les Étoliens, et que l'entrée de tous les autres pays où ils pénétrèrent leur fut ouverte par les habitants.

A cet égard, voici quelle est la marche des choses : aussitôt qu'un étranger puissant est entré dans une contrée, tous les princes moins puissants qui s'y trouvent s'attachent à lui et favorisent son entreprise, excités par l'envie qu'ils nourrissent contre ceux dont la puissance était supérieure à la leur. Il n'a donc point de peine à gagner ces princes moins puissants, qui tous se hâtent de ne faire qu'une seule masse avec l'État qu'il vient de conquérir. Il doit seulement veiller à ce qu'ils ne prennent trop de force ou trop d'autorité : avec leur aide et ses propres moyens, il viendra sans peine à bout d'abaisser les plus puissants, et de se rendre seul arbitre de la contrée. S'il néglige, en ces circonstances, de se bien conduire, il perdra bientôt le fruit de sa conquête; et tant qu'il le gardera, il y éprouvera toute espèce de difficultés et de dégoûts.

Les Romains, dans les pays dont ils se rendirent les maîtres, ne négligèrent jamais rien de ce qu'il y avait à faire. Ils y envoyaient des colonies, ils y protégeaient les plus faibles, sans toutefois accroître leur puissance; ils y abaissaient les grands; ils ne souffraient pas que des étrangers puissants y acquissent le moindre crédit. Je n'en veux pour preuve qu'un seul exemple. Qu'on voie ce qu'ils firent dans la Grèce : ils y soutinrent les Achéens et les Étoliens; ils y abaissèrent le royaume de Macédoine, ils en chassèrent Antiochus; mais quelques services qu'ils eussent reçus des Achéens et des Étoliens, ils ne permirent pas que ces deux peuples accrussent leurs États; toutes les sollicitations de Philippe ne purent obtenir d'eux qu'ils fussent ses amis, sans qu'il y perdît quelque chose; et toute la puissance d'Antiochus ne pût jamais les faire consentir à ce qu'il possédât le moindre État dans ces contrées.

Les Romains, en ces circonstances, agirent comme doivent le faire des princes sages, dont le devoir est de penser non-seulement aux désordres présents, mais encore à ceux qui peuvent survenir, afin d'y remédier par tous les moyens que peut leur indiquer la prudence. C'est, en effet, en les prévoyant de loin, qu'il est bien plus facile d'y porter remède; au lieu que si on les a laissés s'élever, il n'en est plus temps, et le mal devient incurable. Il en est alors comme de l'étisie, dont les médecins disent que, dans le principe, c'est une maladie facile à guérir, mais difficile à connaître, et qui, lorsqu'elle a fait des progrès, devient facile à connaître, mais difficile à guérir. C'est ce qui arrive dans toutes les affaires d'État : lorsqu'on prévoit le mal de loin, ce qui n'est donné qu'aux hommes doués d'une grande sagacité, on le guérit bientôt; mais lorsque, par défaut de lumière, on n'a su le voir que lorsqu'il frappe tous les yeux, la cure se trouve impossible. Aussi les Romains, qui savaient prévoir de loin tous les inconvénients, y remédièrent toujours à temps, et ne les laissèrent jamais suivre leur cours pour éviter une guerre : ils savaient bien qu'on ne l'évite jamais, et que, si on la diffère, c'est à l'avantage de l'ennemi. C'est ainsi que, quoiqu'ils pussent alors s'en abstenir, ils voulurent la faire à Philippe et à Antiochus, au sein de la Grèce même, pour ne pas avoir à la soutenir contre eux en Italie. Ils ne goûtèrent jamais ces paroles que l'on entend sans cesse sortir de la bouche des sages de nos jours : *Jouis du bénéfice du temps*; ils préférèrent celui de la valeur et de la prudence ; car le temps chasse également toute chose devant lui, et il apporte à sa suite le bien comme le mal, le mal comme le bien.

Mais revenons à la France, et examinons si elle a fait aucune des choses que je viens d'exposer. Je parlerai seulement du roi Louis XII, et non de Charles VIII, parce que le premier ayant plus longtemps gardé ses conquêtes en Italie, on a pu mieux connaître ses manières de procéder. Or on a dû voir qu'il fit tout le contraire de ce qu'il faut pour conserver un État tout différent de celui auquel on a dessein de l'ajouter.

Le roi Louis XII fut introduit en Italie par l'ambition des Vénitiens, qui voulaient, par sa venue, acquérir la moitié du duché de Lombardie. Je ne prétends point blâmer le parti qu'embrassa le roi : puisqu'il voulait commencer à mettre un pied en Italie, où il ne possédait aucun ami, et dont la conduite de Charles VIII lui avait même fermé toutes les portes, il était forcé d'embrasser les premières amitiés qu'il put trouver ; et le parti qu'il prit pouvait même être heureux, si d'ailleurs, dans le surplus de ses expéditions, il n'eût commis aucune autre erreur. Ainsi, après avoir conquis la Lombardie, il regagna bientôt la réputation que Charles lui avait fait perdre : Gênes se soumit ; les Florentins devinrent ses alliés ; le marquis de Mantoue, le duc de Ferrare, les Bentivogli, la dame de Forli, les seigneurs de Faenza, de Pesaro, de Rimini, de Camerino, de Piombino, les Lucquois, les Pisans, les Siennois, tous coururent au devant de son amitié. Aussi les Vénitiens durent-ils reconnaître quelle avait été leur imprudence lorsque, pour acquérir deux villes dans la Lombardie, ils avaient rendu le roi de France souverain des deux tiers de l'Italie.

Dans de telles circonstances, il eût été sans doute facile à Louis XII de conserver dans cette contrée tout son ascendant, s'il eût su mettre en pratique les règles de conduite exposées ci-dessus ; s'il avait protégé et défendu ces nombreux amis, qui, faibles et tremblant les uns devant l'Église, les autres devant les Vénitiens, étaient obligés de lui rester fidèles, et au moyen desquels il pouvait aisément s'assurer de tous ceux auxquels il restait encore quelque puissance.

Mais il était à peine arrivé dans Milan, qu'il fit tout le contraire, en aidant le pape Alexandre VI à s'emparer de la Romagne. Il ne comprit pas qu'il s'affaiblissait lui-même, en se privant des amis qui s'étaient jetés dans ses bras, et qu'il agrandissait l'Église, en ajoutant au pouvoir spirituel, qui lui donne déjà tant d'autorité, un pouvoir temporel aussi considérable.

Cette première erreur en entraîna tant d'autres, qu'il fallut que le roi vînt lui-même en Italie pour mettre une borne à l'ambition d'Alexandre, et l'empêcher de se rendre maître de la Toscane.

Ce ne fut pas tout. Non content d'avoir ainsi agrandi l'Église, et de s'être privé de ses amis, Louis, brûlant de posséder le royaume de Naples, se détermine à le partager avec le roi d'Espagne : de sorte que, tandis qu'il était seul arbitre de l'Italie, il y introduisit lui-même un rival auquel purent recourir tous les ambitieux et tous les mécontents; et lorsqu'il pouvait laisser sur le trône un roi qui s'estimait heureux d'être son tributaire, il l'en renversa pour y placer un prince qui était en état de l'en chasser lui-même.

Le désir d'acquérir est sans doute une chose ordinaire et naturelle; et quiconque s'y livre, quand il en a les moyens, en est plutôt loué que blâmé : mais en former le dessein sans pouvoir l'exécuter, c'est encourir le blâme et commettre une erreur. Si donc la France avait des forces suffisantes pour attaquer le royaume de Naples, elle devait le faire; si elle ne les avait pas, elle ne devait point le partager.

Si le partage de la Lombardie avec les Vénitiens pouvait être excusé, c'est parce qu'il donna à la France le moyen de mettre le pied en Italie; mais celui du royaume de Naples, n'ayant pas été pareillement déterminé par la nécessité, demeure sans excuse. Ainsi Louis XII avait fait cinq fautes en Italie : il y avait ruiné les faibles, il y avait augmenté la puissance d'un puissant, il y avait introduit un prince étranger très-puissant, il n'était point venu y demeurer, et n'y avait pas envoyé des colonies.

Cependant, tant qu'il vécut, ces cinq fautes auraient pu ne pas lui devenir funestes, s'il n'en eût commis une sixième, celle de vouloir dépouiller les Vénitiens de leurs États. En effet, il eût été bon et nécessaire de les affaiblir, si d'ailleurs il n'avait pas agrandi l'Église et appelé l'Espagne en Italie; mais ayant fait l'un et l'autre, il ne devait jamais consentir à leur ruine, parce que, tant qu'ils seraient restés puissants, ils auraient empêché les ennemis du roi d'attaquer la Lombardie. En effet, d'une part, ils n'y auraient consenti qu'à condition de devenir les maîtres de ce pays; de l'autre, personne n'aurait voulu l'enlever à la France pour le leur donner; et enfin il eût paru trop dangereux d'attaquer les Français et les Vénitiens réunis.

Si l'on me disait que Louis n'avait abandonné la Romagne au pape Alexandre, et partagé le royaume de Naples avec l'Espagne, que pour éviter la guerre, je répondrais ce que j'ai déjà dit, qu'il ne faut jamais, pour un pareil motif, laisser subsister un désordre; car on n'évite point la guerre, on ne fait que la retarder à son propre désavantage.

Si l'on alléguait encore la promesse que le roi avait faite au pape de conquérir cette province pour lui, afin d'en obtenir la dissolution de son mariage et le chapeau de cardinal pour l'archevêque de Rouen (appelé ensuite le cardinal d'Amboise), je répondrais par ce qui sera dit dans la suite, touchant les promesses des princes, et la manière dont ils doivent les garder.

Louis XII a donc perdu la Lombardie pour ne s'être conformé à aucune des règles que suivent tous ceux qui, ayant acquis un État, veulent le conserver. Il n'y a là aucun miracle; c'est une chose toute simple et toute naturelle.

Je me trouvais à Nantes à l'époque où le Valentinois (c'est ainsi qu'on appelait alors César Borgia, fils du pape Alexandre VI) se rendait maître de la Romagne : le cardinal d'Amboise, avec lequel je m'entretenais de cet événement, m'ayant dit que les Italiens ne comprenaient rien aux affaires de guerre, je lui répondis que les Français n'entendaient rien aux affaires d'État, parce que, s'ils y avaient compris quelque chose, ils n'auraient pas laissé l'Église s'agrandir à ce point. L'expérience, en effet, a fait voir que la grandeur de l'Église et celle de l'Espagne en Italie ont été l'ouvrage de la France, et ensuite la cause de sa ruine dans cette contrée. De là aussi on peut tirer cette règle générale qui trompe rarement, si même elle trompe jamais : c'est que le prince qui en rend un autre puissant travaille à sa propre ruine; car cette puissance est produite ou par l'adresse ou par la force : or l'une et l'autre de ces deux causes rendent quiconque les emploie suspect à celui pour qui elles sont employées.

CHAPITRE IV.

Pourquoi les États de Darius, conquis par Alexandre, ne se révoltèrent point contre les successeurs du conquérant après sa mort.

Lorsque l'on considère combien il est difficile de conserver un État nouvellement conquis, on peut s'étonner de ce qui se passa après la mort d'Alexandre le Grand. Ce prince s'était rendu maître en peu d'années de toute l'Asie, et mourut presque aussitôt. Il était probable que l'empire profiterait de son trépas pour se révolter; néanmoins ses successeurs s'y maintinrent, et ils n'éprouvèrent d'autre difficulté que celle qui naquit entre eux de leur propre ambition.

Je répondrai à cela que toutes les principautés que l'on connaît, et dont il est resté quelque souvenir, sont gouvernées de deux manières différentes : ou par un prince et des esclaves, qui ne l'aident à gouverner, comme ministres, que par une grâce et une concession qu'il veut bien leur faire; ou par un prince et des barons, qui tiennent leur rang non de la faveur du souverain, mais de l'ancienneté de leur race; qui ont des États et des sujets qui leur appartiennent et les reconnaissent pour seigneurs, et qui ont pour eux une affection naturelle.

Dans les principautés gouvernées par un prince et par des esclaves, le prince possède une bien plus grande autorité, puisque, dans toute l'étendue de ses États, lui seul est reconnu pour supérieur, et que si les sujets obéissent à quelque autre, ils ne le regardent que comme son ministre ou son officier, pour lequel ils ne ressentent aucun attachement personnel.

On peut de nos jours citer, comme exemple de l'une et de l'autre sorte de gouvernement, la Turquie et le royaume de France.

Toute la Turquie est gouvernée par un seul maître, dont tous les autres Turcs sont esclaves, et qui, ayant divisé son empire en plusieurs *sangiacs*, y envoie des gouverneurs qu'il révoque et qu'il change au gré de son caprice.

En France, au contraire, le roi se trouve au milieu d'une foule de seigneurs de race antique, reconnus pour tels par leurs sujets, qui en sont aimés, et qui jouissent de prérogatives que le roi ne pourrait leur enlever sans danger pour lui.

Si l'on réfléchit sur la nature de ces deux formes de gouvernement, on verra qu'il est difficile de conquérir l'empire des Turcs; mais qu'une fois conquis, il est très-aisé de le conserver.

La difficulté de conquérir l'empire turc vient de ce que le conquérant ne peut jamais être appelé par les grands de cette monarchie, ni espérer d'être aidé dans son entreprise par la rébellion de quelques-uns de ceux qui entourent le monarque. J'en ai déjà indiqué les raisons. Tous, en effet, étant également ses esclaves, tous lui devant également leur fortune, il est bien difficile de les corrompre; et quand même on y parviendrait, il faudrait en attendre peu d'avantages, parce qu'ils ne peuvent pas entraîner les peuples dans leur révolte. Celui donc qui voudrait attaquer les Turcs doit s'attendre à les trouver réunis contre lui, espérer peu d'être favorisé par des désordres intérieurs, et ne compter guère que sur ses propres forces.

Mais la conquête une fois faite et le monarque vaincu en bataille rangée, de manière à ne pouvoir plus refaire ses armées, on n'a plus à craindre que sa race, qui, une fois éteinte, ne laisse plus personne à redouter, parce qu'il n'y a plus personne qui conserve quelque ascendant sur le peuple; de sorte que si, avant la victoire, il n'y avait rien à espérer des sujets, de même, après l'avoir remportée, il n'y a plus rien à appréhender de leur part.

Il en est tout autrement des États gouvernés comme la France. Il peut être facile d'y entrer en gagnant quelques-uns des grands du royaume; et il s'en trouve toujours de mécontents, qui sont avides de nouveautés et de changements, et qui d'ailleurs peuvent effectivement, par les raisons que j'ai déjà dites, ouvrir les chemins du royaume et faciliter la victoire; mais, s'agit-il ensuite de se maintenir, c'est alors que le conquérant éprouve toutes sortes de difficultés, et de la part de ceux qui l'ont aidé, et de la part de ceux qu'il a dû opprimer.

Là, il ne lui suffit pas d'éteindre la race du prince, car il reste toujours une foule de seigneurs qui se mettront à la tête de nouveaux mouvements; et comme il ne lui est possible ni de les contenter tous ni de les détruire, il perdra sa conquête dès que l'occasion s'en présentera.

Maintenant, si nous considérons la nature du gouvernement de Darius, nous trouverons qu'il ressemblait à celui de la Turquie : aussi Alexandre eut-il à combattre contre toutes les forces de l'empire, et dut-il d'abord défaire le monarque en pleine campagne ; mais, après sa victoire et la mort de Darius, le vainqueur, par les motifs que j'ai exposés, demeura tranquille possesseur de sa conquête. Et si ses successeurs étaient restés unis, ils en auraient joui également au sein du repos et des voluptés ; car on ne vit s'élever dans tout l'empire que les troubles qu'eux-mêmes y excitèrent.

Mais, quant aux États gouvernés comme la France, il s'en faut bien qu'il soit possible de s'y maintenir avec autant de tranquillité. Nous en avons la preuve dans les fréquents soulèvements qui se formèrent contre les Romains, soit dans l'Espagne, soit dans les Gaules, soit dans la Grèce. Ces rébellions eurent pour cause les nombreuses principautés qui se trouvaient dans ces contrées, et dont le seul souvenir, tant qu'il subsista, fut pour les vainqueurs une source de troubles et d'inquiétudes. Il fallut que la puissance et la durée de la domination romaine en eussent éteint la mémoire, pour que les possesseurs fussent enfin tranquilles.

Il y a même plus. Lorsque, dans la suite, les Romains furent en guerre les uns contre les autres, chacun des partis put gagner et avoir pour soi celles de ces anciennes principautés où il avait le plus d'influence, et qui, après l'extinction de la race de leurs princes, ne connaissaient plus d'autre domination que celle de Rome.

Quiconque aura réfléchi sur toutes ces considérations, ne s'étonnera plus sans doute de la facilité avec laquelle Alexandre se maintint en Asie, et de la peine, au contraire, que d'autres, tel que Pyrrhus, eurent à conserver leurs conquêtes. Cela ne tint point à l'habileté plus ou moins grande du conquérant, mais à la différente nature des États conquis.

CHAPITRE V.

Comment on doit gouverner les États ou principautés qui, avant la conquête, vivaient sous leurs propres lois.

Quand les États conquis sont, comme je l'ai dit, accoutumés à vivre libres sous leurs propres lois, le conquérant peut s'y prendre de trois manières pour s'y maintenir : la première est de les détruire; la seconde, d'aller y résider en personne; la troisième, de leur laisser leurs lois, se bornant à exiger un tribut, et à y établir un gouvernement peu nombreux qui les contiendra dans l'obéissance et la fidélité : ce qu'un tel gouvernement fera sans doute; car, tenant toute son existence du conquérant, il sait qu'il ne peut la conserver sans son appui et sans sa protection; d'ailleurs, un État accoutumé à la liberté est plus aisément gouverné par ses propres citoyens que par d'autres.

Les Spartiates et les Romains peuvent ici nous servir d'exemple.

Les Spartiates se maintinrent dans Athènes et dans Thèbes, en n'y confiant le pouvoir qu'à un petit nombre de personnes; néanmoins ils les perdirent par la suite. Les Romains, pour rester maîtres de Capoue, de Carthage et de Numance, les détruisirent et ne les perdirent point. Ils voulurent en user dans la Grèce comme les Spartiates : ils lui rendirent la liberté, et lui laissèrent ses propres lois; mais cela ne leur réussit point. Il fallut, pour conserver cette contrée, qu'ils y détruisissent un grand nombre de cités; ce qui était le seul moyen sûr de posséder. Et, au fait, quiconque, ayant conquis un État accoutumé à vivre libre, ne le détruit point, doit s'attendre à en être détruit. Dans un tel État, la rébellion est sans cesse excitée par le nom de la liberté et par le souvenir des anciennes institutions, que ne peuvent jamais effacer de sa mémoire ni la longueur du temps ni les bienfaits d'un nouveau maître. Quelque précaution que l'on prenne, quelque chose que l'on fasse, si l'on ne dissout point l'État, si l'on n'en disperse les habitants, on les verra, à la première occasion, rappeler, invoquer leur liberté, leurs institutions perdues, et s'efforcer de les ressaisir. C'est ainsi qu'après plus de cent années d'esclavage Pise brisa le joug des Florentins.

Mais il en est bien autrement pour les pays accoutumés à vivre sous un prince. Si la race de ce prince est une fois éteinte, les habitants, déjà façonnés à l'obéissance, ne pouvant s'accorder dans le choix d'un nouveau maître, et ne sachant point vivre libres, sont peu empressés de prendre les armes; en sorte que le conquérant peut sans difficulté ou les gagner ou s'assurer d'eux. Dans les républiques, au contraire, il existe un principe de vie bien plus actif, une haine bien plus profonde, un désir de vengeance bien plus ardent, qui ne laisse ni ne peut laisser un moment en repos le souvenir de l'antique liberté : il ne reste alors au conquérant d'autre parti que de détruire ces États ou de venir les habiter.

CHAPITRE VI.

Des principautés nouvelles acquises par les armes et par l'habileté de l'acquéreur.

Qu'on ne s'étonne point si, en parlant de principautés tout à fait nouvelles de princes et d'État, j'allègue de très-grands exemples. Les hommes marchent presque toujours dans des sentiers déjà battus ; presque toujours ils agissent par imitation ; mais il ne leur est guère possible de suivre bien exactement les traces de celui qui les a précédés, ou d'égaler la vertu de celui qu'ils ont entrepris d'imiter. Ils doivent donc prendre pour guides et pour modèles les plus grands personnages, afin que, même en ne s'élevant pas au même degré de grandeur et de gloire, ils puissent en reproduire au moins le parfum. Ils doivent faire comme ces archers prudents, qui, jugeant que le but proposé est au delà de la portée de leur arc et de leurs forces, visent encore plus loin, pour que leur flèche arrive au point qu'ils désirent atteindre.

Je dis d'abord que, pour les principautés tout à fait nouvelles, le plus ou le moins de difficulté de s'y maintenir dépend du plus ou du moins d'habileté qui se trouve dans celui qui les a acquises : aussi peut-on croire que communément la difficulté ne doit pas être très-grande. Il y a lieu de penser que celui qui, de simple particulier, s'est élevé au rang de prince, est un homme habile ou bien secondé par la fortune : sur quoi j'ajouterai, que moins il devra à la fortune, mieux il saura se maintenir. D'ailleurs, un tel prince n'ayant point d'autres États, est obligé de venir vivre dans son acquisition; ce qui diminue encore la difficulté.

Mais, quoi qu'il en soit, pour parler d'abord de ceux qui sont devenus princes par leur propre vertu et non par la fortune, les plus remarquables sont : Moïse, Cyrus, Romulus, Thésée, et quelques autres semblables[1].

Que si l'on doit peu raisonner sur Moïse, parce qu'il ne fut qu'un simple exécuteur des ordres de Dieu, il y a toujours lieu de l'admirer, ne fût-ce qu'à cause de la grâce qui le rendait digne de s'entretenir avec la Divinité. Mais en considérant les actions et la conduite, soit de Cyrus, soit des autres conquérants et fondateurs de royaumes, on les admirera également tous, et on trouvera une grande conformité entre eux et Moïse, bien que ce dernier eût été conduit par un si grand maître.

On verra d'abord que tout ce qu'ils durent à la fortune, ce fut l'occasion qui leur fournit une matière à laquelle ils purent donner la forme qu'ils jugèrent con-

---

[1] Frédéric II, au chap. VI de l'*Antimachiavel*, dit à propos de ce passage :

« Il me semble que Machiavel place assez inconsidérément Moïse avec Romulus, Cyrus et Thésée. Ou Moïse était inspiré, ou il ne l'était point. S'il ne l'était point, ce qu'on n'a garde de supposer, on ne pourrait le regarder alors que comme un imposteur qui se servait de Dieu, à peu près comme les poëtes emploient leurs dieux pour machine quand il leur manque un dénoûment. Moïse était d'ailleurs si peu habile, à raisonner humainement, qu'il conduisit le peuple juif pendant quarante années par un chemin qu'ils auraient très-commodément fait en six semaines; il avait très-peu profité des lumières des Égyptiens, et il était en ce sens-là bien inférieur à Romulus, et à Thésée et à ces héros. Si Moïse était inspiré de Dieu, comme il se voit dans tout, on ne peut le regarder que comme l'organe aveugle de la toute-puissance divine; et le conducteur des Juifs était en ce sens bien inférieur, comme homme, au fondateur de l'empire romain, au monarque des Perses et aux héros qui faisaient, par leur propre valeur et par leurs propres forces, de plus grandes actions que l'autre n'en faisait avec l'assistance immédiate de Dieu. »

venable. Sans cette occasion, les grandes qualités de leur âme seraient demeurées inutiles; mais aussi, sans ces grandes qualités, l'occasion se serait vainement présentée. Il fallut que Moïse trouvât les Israélites esclaves et opprimés en Égypte, pour que le désir de sortir de l'esclavage les déterminât à le suivre. Pour que Romulus devînt le fondateur et le roi de Rome, il fallut qu'il fût mis hors d'Albe et exposé aussitôt après sa naissance. Cyrus eut besoin de trouver les Perses mécontents de la domination des Mèdes, et les Mèdes amollis et efféminés par les délices d'une longue paix. Enfin Thésée n'aurait point fait éclater sa valeur, si les Athéniens n'avaient pas été dispersés. Le bonheur de ces grands hommes naquit donc des occasions; mais ce fut par leur habileté qu'ils surent les connaître et les mettre à profit pour la grande prospérité et la gloire de leur patrie. Ceux qui, comme eux, et par les mêmes moyens, deviendront princes, n'acquerront leur principauté qu'avec beaucoup de difficultés, mais ils la maintiendront aisément.

En cela, leurs difficultés viendront surtout des nouvelles institutions, des nouvelles formes qu'ils seront obligés d'introduire pour fonder leur gouvernement et pour leur sûreté; et l'on doit remarquer qu'en effet il n'y a point d'entreprise plus difficile à conduire, plus incertaine quant au succès, et plus dangereuse que celle d'introduire de nouvelles institutions. Celui qui s'y engage a pour ennemis tous ceux qui profitaient des institutions anciennes, et il ne trouve que de tièdes défenseurs dans ceux pour qui les nouvelles seraient utiles. Cette tiédeur, au reste, leur vient de deux causes : la première est la peur qu'ils ont de leurs adversaires, lesquels ont en leur faveur les lois existantes; la seconde est l'incrédulité commune à tous les hommes, qui ne veulent croire à la bonté des choses nouvelles que lorsqu'ils en ont été bien convaincus par l'expérience. De là vient aussi que si ceux qui sont ennemis trouvent l'occasion d'attaquer, ils le font avec toute la chaleur de l'esprit de parti, et que les autres se défendent avec froideur, en sorte qu'il **y** a du danger à combattre avec eux.

Afin de bien raisonner sur ce sujet, il faut considérer si les innovateurs sont puissants par eux-mêmes, ou s'ils dépendent d'autrui, c'est-à-dire si, pour conduire leur entreprise, ils en sont réduits à prier, ou s'ils ont les moyens de contraindre.

Dans le premier cas, il leur arrive toujours malheur, et ils ne viennent à bout de rien ; mais dans le second, au contraire, c'est-à-dire quand ils ne dépendent que d'eux-mêmes, et qu'ils sont en état de forcer, ils courent bien rarement le risque de succomber. C'est pour cela qu'on a vu réussir tous les prophètes armés, et finir malheureusement ceux qui étaient désarmés. Sur quoi l'on doit ajouter que les peuples sont naturellement in-constants, et que, s'il est aisé de leur persuader quelque chose, il est difficile de les affermir dans cette persua-sion : il faut donc que les choses soient disposées de ma-nière que, lorsqu'ils ne croient plus, on puisse les faire croire par force.

Certainement Moïse, Cyrus, Thésée et Romulus n'au-raient pu faire longtemps garder leurs institutions, s'ils avaient été désarmés ; et ils auraient eu le sort qu'a éprouvé de nos jours le frère Jérôme Savonarola, dont toutes les institutions périrent aussitôt que le grand nombre eut commencé de ne plus croire en lui, attendu qu'il n'avait pas le moyen d'affermir dans leur croyance ceux qui croyaient encore, ni de forcer les mécréants à croire.

Toutefois, répétons que les grands hommes tels que ceux dont il s'agit rencontrent d'extrêmes difficultés ; que tous les dangers sont sur leur route ; que c'est là qu'ils ont à les surmonter ; et que lorsqu'une fois ils ont traversé ces obstacles, qu'ils ont commencé à être en vénération, et qu'ils se sont délivrés de ceux de même rang qui leur portaient envie, ils demeurent puissants, tranquilles, honorés et heureux.

A ces grands exemples que j'ai cités, j'en veux joindre quelque autre d'un ordre inférieur, mais qui ne soit point trop disproportionné; et j'en choisis un seul qui suffira: c'est celui de Hiéron de Syracuse. Simple particulier, il devint prince de sa patrie, sans rien devoir de plus à la fortune que la seule occasion. En effet, les Syracusains opprimés l'élurent pour leur général, et ce fut par ses services en cette qualité qu'il mérita d'être encore élevé au pouvoir suprême. D'ailleurs, dans son premier état de citoyen, il avait montré tant de vertus, qu'il a été dit de lui que pour bien régner il ne lui manquait que d'avoir un royaume. Au surplus, Hiéron détruisit l'ancienne milice et en établit une nouvelle; il abandonna les anciennes alliances pour en contracter d'autres : ayant alors et des soldats et des alliés entièrement à lui, il put, sur de pareils fondements, élever l'édifice qu'il voulut; de sorte que, s'il n'acquit qu'avec beaucoup de peine, il n'en trouva point à conserver.

CHAPITRE VII.

Des principautés nouvelles qu'on acquiert par les armes d'autrui et par la fortune.

Ceux qui, de simples particuliers, deviennent princes par la seule faveur de la fortune, le deviennent avec peu de peine; mais ils en ont beaucoup à se maintenir. Aucune difficulté ne les arrête dans leur chemin : ils y volent; mais elles se montrent lorsqu'ils sont arrivés.

Tels sont ceux à qui un État est concédé, soit moyennant une somme d'argent, soit par le bon plaisir du concédant. C'est ainsi qu'une foule de concessions eurent lieu dans l'Ionie et sur les bords de l'Hellespont, où Darius établit divers princes, afin qu'ils gouvernassent ces États pour sa sûreté et pour sa gloire. C'est encore ainsi que furent créés ceux des empereurs qui, du rang de simples citoyens, furent élevés à l'empire par la corruption des soldats. L'existence de tels princes dépend entièrement de deux choses très-incertaines, très-variables : de la volonté et de la fortune de ceux qui les ont créés; et ils ne savent ni ne peuvent se maintenir dans leur élévation. Ils ne le savent, parce qu'à moins qu'un homme ne soit doué d'un grand esprit et d'une grande valeur, il est peu probable qu'ayant toujours vécu simple particulier, il sache commander; ils ne le peuvent, parce qu'ils n'ont point de forces qui leur soient attachées et fidèles.

De plus, des États subitement formés sont comme toutes les choses qui, dans l'ordre de la nature, naissent et croissent trop promptement : ils ne peuvent avoir des racines assez profondes et des adhérences assez fortes pour que le premier orage ne les renverse point; à moins, comme je viens de le dire, que ceux qui en sont devenus princes n'aient assez d'habileté pour savoir se préparer sur-le-champ à conserver ce que la fortune a mis dans leurs mains, et pour fonder, après l'élévation de leur puissance, les bases qui auraient dû être établies auparavant.

Relativement à ces deux manières de devenir prince, c'est-à-dire par habileté ou par fortune, je veux alléguer deux exemples qui vivent encore dans la mémoire des hommes de nos jours : ce sont ceux de Francesco Sforza et de César Borgia.

Francesco Sforza, par une grande valeur et par le seul emploi des moyens convenables, devint, de simple particulier, duc de Milan; et ce qui lui avait coûté tant de travaux à acquérir, il eut peu de peine à le conserver.

Au contraire, César Borgia, vulgairement appelé le

3.

duc de Valentinois, devenu prince par la fortune de son père, perdit sa principauté aussitôt que cette même fortune ne le soutint plus, et cela quoiqu'il n'eût rien négligé de tout ce qu'un homme prudent et habile devait faire pour s'enraciner profondément dans les États que les armes d'autrui et la fortune lui avaient donnés. Il n'est pas impossible, en effet, comme je l'ai déjà dit, qu'un homme extrêmement habile pose, après l'élévation de son pouvoir, les bases qu'il n'aurait point fondées auparavant ; mais un tel travail est toujours très-pénible pour l'architecte, et dangereux pour l'édifice.

Au surplus, si l'on examine attentivement la marche du duc, on verra tout ce qu'il avait fait pour consolider sa grandeur future ; et c'est sur quoi il ne paraît pas inutile de m'arrêter un peu ; car l'exemple de ses actions présente sans doute les meilleures leçons qu'on puisse donner à un prince nouveau, et si toutes ses mesures n'eurent en définitive aucun succès pour lui, ce ne fut point par sa faute, mais par une contrariété extraordinaire et sans borne de la fortune.

Alexandre VI, voulant agrandir le duc son fils, y trouva pour le présent et pour l'avenir beaucoup de difficultés. D'abord, il voyait qu'il ne pouvait le rendre maître que de quelque État qui fût du domaine de l'Église ; et il savait que le duc de Milan et Venise n'y consentiraient point, d'autant plus que Faenza et Rimini étaient déjà sous la protection des Vénitiens. Il voyait de plus toutes les forces de l'Italie, et spécialement celles dont il aurait pu se servir, dans les mains de ceux qui devaient redouter le plus l'agrandissement du pape ; de sorte qu'il ne pouvait compter nullement sur leur fidélité, car elles étaient sous la dépendance des Orsini, des Colonna, et de leurs partisans. Il ne lui restait donc d'autre parti à prendre que celui de tout brouiller et de semer le désordre entre tous les États de l'Italie, afin de pouvoir en saisir quelques-uns à la faveur des troubles. Cela ne

lui fut point difficile. Les Vénitiens, en effet, s'étant
déterminés, pour d'autres motifs, à rappeler les Français
en Italie, non-seulement il ne s'opposa point à ce dessein, mais encore il en facilita l'exécution par la dissolution du mariage déjà bien ancien du roi Louis XII
avec Jeanne de France. Ce prince vint donc en Italie
avec l'aide des Vénitiens et le consentement du pape ;
et à peine fut-il arrivé à Milan, qu'Alexandre en obtint
des troupes pour une expédition dans la Romagne, qui
lui fut aussitôt abandonnée par l'effet seul de la réputation du roi. Le duc de Valentinois, ayant ainsi acquis
cette province, trouva son dessein de s'affermir et de
faire des progrès ultérieurs contrarié par deux difficultés : l'une venait de ce que les troupes qu'il avait ne
lui paraissaient pas bien fidèles ; l'autre tenait à la
volonté du roi, c'est-à-dire que, d'un côté, il craignait
que les troupes des Orsini, dont il s'était servi, ne lui
manquassent au besoin, et non-seulement ne l'empê-
chassent de faire de nouvelles acquisitions, mais ne lui
fissent même perdre celles qu'il avait déjà faites ; de
l'autre, il appréhendait que le roi n'en fît tout autant.
Quant aux troupes des Orsini, il avait déjà fait quelque
épreuve de leurs dispositions, lorsque, après la prise de
Faenza, étant allé attaquer Bologne, il les avait vues se
conduire très-froidement ; et, pour ce qui est du roi, il
avait pu lire le fond de sa pensée, lorsque, ayant voulu,
après s'être emparé du duché d'Urbin, tourner ses armes
contre la Toscane, ce prince l'avait obligé à se désister
de son entreprise.

Dans ces circonstances, le duc forma le dessein de se
rendre indépendant des armes et de la volonté d'autrui.
Pour cela, il commença par affaiblir dans Rome les partis des Orsini et des Colonna, en gagnant tous ceux de
leurs adhérents qui étaient nobles, les faisant ses gentilshommes, leur donnant, selon leur qualité, de riches
traitements, des honneurs, des commandements de

troupes, des gouvernements de places : aussi arriva-t-il qu'en peu de mois l'affection de tous les partis se tourna vers le duc.

Ensuite, lorsqu'il eut dispersé les partisans de la maison Colonna, il attendit l'occasion de détruire ceux des Orsini; et cette occasion s'étant heureusement présentée pour lui, il sut en profiter plus heureusement encore. En effet, les Orsini, ayant reconnu un peu tard que l'agrandissement du duc et de l'Église serait la cause de leur ruine, tinrent une sorte de diète dans un endroit des États de Pérouse, appelé *la Magione*; et de cette assemblée s'ensuivirent la révolte d'Urbin, les troubles de la Romagne, et une infinité de dangers que le duc surmonta avec l'aide des Français. Ayant par là rétabli sa réputation, et ne se fiant plus ni à la France ni à aucune autre force étrangère, il eut recours à la ruse, et il sut si bien dissimuler ses sentiments, que les Orsini se réconcilièrent avec lui par l'entremise du seigneur Pagolo, dont il s'était assuré par toutes les marques d'amitié possibles, en lui donnant des habits, de l'argent, des chevaux. Après cette réconciliation, ils eurent la simplicité d'aller se mettre entre ses mains à Sinigaglia.

Ces chefs une fois détruits, et leurs partisans gagnés par le duc, il avait d'autant mieux fondé sa puissance, que, d'ailleurs, maître de la Romagne et du duché d'Urbin, il s'était attaché les habitants en leur faisant goûter un commencement de bien-être. Sur quoi sa conduite pouvant encore servir d'exemple, il n'est pas inutile de la faire connaître.

La Romagne, acquise par le duc, avait eu précédemment pour seigneurs des hommes faibles, qui avaient plutôt dépouillé que gouverné, plutôt divisé que réuni leurs sujets; de sorte que tout ce pays était en proie aux vols, aux brigandages, aux violences de tous les genres. Le duc jugea que, pour y rétablir la paix et l'obéissance envers le prince, il était nécessaire d'y former un bon gouvernement : c'est pourquoi il y commit messer Ramiro d'Orco, homme cruel et expéditif, auquel il donna les plus amples pouvoirs. Bientôt, en effet, ce gouvernement fit naître l'ordre et la tranquillité; et il acquit par là une très-grande réputation. Mais ensuite le duc, pensant qu'une telle autorité n'était plus nécessaire, et que même elle pourrait devenir odieuse, établit au centre de la province un tribunal civil, auquel il donna un très-bon président, et où chaque commune avait son avocat. Il fit bien davantage : sachant que la rigueur d'abord exercée avait excité quelque haine, et désirant éteindre ce sentiment dans les cœurs, pour qu'ils lui fussent entièrement dévoués, il voulut faire voir que si quelques cruautés avaient été commises, elles étaient venues, non de lui, mais de la méchanceté de son ministre. Dans cette vue, saisissant l'occasion, il le fit exposer un matin sur la place publique de Césène, coupé en quartiers, avec un billot et un coutelas sanglant à côté. Cet horrible spectacle satisfit le ressentiment des habitants, et les frappa en même temps de terreur. Mais revenons.

Après s'être donné des forces telles qu'il les voulait, et avoir détruit en grande partie celles de son voisinage qui pouvaient lui nuire, le duc, se trouvant très-puissant, se croyait presque entièrement assuré contre les dangers actuels; et voulant poursuivre ses conquêtes, il était encore retenu par la considération de la France : car il savait que le roi, qui enfin s'était aperçu de son erreur, ne lui permettrait point de telles entreprises. En conséquence, il commença à rechercher des amitiés nouvelles et à tergiverser avec les Français, lorsqu'ils marchaient vers le royaume de Naples contre les Espagnols, qui faisaient le siége de Gaëte; il projetait même de les mettre hors d'état de le contrarier; et il en serait venu bientôt à bout, si Alexandre avait vécu plus longtemps.

Telles furent ses mesures par rapport à l'état présent des choses. Pour l'avenir, il avait d'abord à craindre qu'un nouveau pape ne fût mal disposé à son égard, et ne cherchât à lui enlever ce qu'Alexandre, son père, lui avait donné. C'est à quoi aussi il voulut pourvoir par les quatre moyens suivants : premièrement, en éteignant complétement les races des seigneurs qu'il avait dépouillés, et ne laissant point ainsi au pape les occasions que l'existence de ces races lui aurait fournies; secondement, en gagnant les gentilshommes de Rome, afin de tenir par eux le pontife en respect; troisièmement, en s'attachant, autant qu'il le pouvait, le sacré collége; quatrièmement, en se rendant, avant la mort du pape qui vivait alors, assez puissant pour se trouver en état de résister par lui-même à un premier choc. Au moment où Alexandre mourut, trois de ces choses étaient consommées, et il regardait la quatrième comme l'étant à peu près. Il avait effectivement fait périr tous ceux des seigneurs dépouillés qu'il avait pu atteindre; et fort peu d'entre eux lui avaient échappé : il avait gagné les gentilshommes romains; il s'était fait un très-grand parti dans le sacré collége; et enfin, quant à l'accroissement de sa puissance, il projetait de se rendre maître de la Toscane : ce qui lui semblait facile, puisqu'il l'était déjà de Pérouse et de Piombino, et qu'il avait pris sous sa protection la ville de Pise, sur laquelle il allait se jeter, sans être retenu par la considération de la France, qui ne lui imposait plus; car déjà les Français avaient été dépouillés du royaume de Naples par les Espagnols; en sorte que tous les partis se trouvaient dans la nécessité de rechercher l'amitié du duc. Après cela, Lucques et Sienne devaient aussitôt se soumettre, soit par crainte, soit par envie contre les Florentins; et ceux-ci demeuraient alors sans ressources. S'il avait mis tout ce plan à exécution (et il en serait venu à bout dans le courant de l'année où le pape mourut), il se serait trouvé assez de forces et assez de réputation pour se soutenir par lui-même et ne plus dépendre que de sa propre puissance et de sa propre valeur. Mais la mort d'Alexandre survint lorsqu'il n'y avait encore que cinq ans que le duc avait tiré l'épée; et, en ce moment, ce dernier se trouva n'a-voir que le seul État de la Romagne bien établi : dans tous les autres, son pouvoir était encore chancelant; il était placé entre deux armées ennemies, et attaqué d'une maladie mortelle.

Cependant, il était doué d'une telle résolution et d'un si grand courage, il savait si bien l'art de gagner les hommes et de les détruire, et les bases qu'il avait don-nées à sa puissance étaient si solides, que s'il n'avait pas eu deux armées sur le dos, ou s'il n'avait pas été malade, il eût surmonté toutes les difficultés. Et ce qui prouve bien la solidité des bases qu'il avait posées, c'est que la Romagne attendit plus d'un mois pour se décider contre lui; c'est que, bien qu'à demi mort, il demeura en sûreté dans Rome, et que les Baglioni, les Vitelli, les Orsini, accourus dans cette ville, ne purent s'y faire un parti contre lui; c'est qu'il put, sinon faire nommer pape qui il voulait, du moins empêcher qu'on ne nommât qui il ne voulait pas. Si sa santé n'eût point éprouvé d'atteinte au moment de la mort d'Alexandre, tout lui aurait été facile. Aussi, me disait-il, lors de la nomina-tion de Jules II, qu'il avait pensé à tout ce qui pouvait arriver si son père venait à mourir, et qu'il avait trouvé remède à tout; mais que seulement il n'avait jamais imaginé qu'en ce moment il se trouverait lui-même en danger de mort.

En résumant donc toute la conduite du duc, non-seu-lement je n'y trouve rien à critiquer, mais il me semble qu'on peut la proposer pour modèle à tous ceux qui sont parvenus au pouvoir souverain par la faveur de la fortune et par les armes d'autrui. Doué d'un grand cou-rage et d'une haute ambition, il ne pouvait se conduire autrement; et l'exécution de ses desseins ne put être arrêtée que par la brièveté de la vie de son père Alexandre, et par sa propre maladie. Quiconque, dans une principauté nouvelle, jugera qu'il lui est nécessaire de s'assurer contre ses ennemis, de se faire des amis, de vaincre par force ou par ruse, de se faire aimer et craindre des peuples, suivre et respecter par les soldats, de détruire ceux qui peuvent et doivent lui nuire, de remplacer les anciennes institutions par de nouvelles, d'être à la fois sévère et gracieux, magnanime et libéral, de former une milice nouvelle et dissoudre l'ancienne, de ménager l'amitié des rois et des princes, de telle manière que tous doivent aimer à l'obliger et craindre de lui faire injure : celui-là, dis-je, ne peut trouver des exemples plus récents que ceux que présente la vie politique du duc de Valentinois.

La seule chose qu'on ait à reprendre dans sa conduite, c'est la nomination de Jules II, qui fut un choix funeste pour lui. Puisqu'il ne pouvait pas, comme je l'ai dit, faire élire pape qui il voulait, mais empêcher qu'on n'élût qui il ne voulait pas, il ne devait jamais consentir qu'on élevât à la papauté quelqu'un des cardinaux qu'il avait offensés, et qui, devenu souverain pontife, aurait eu sujet de le craindre ; car le ressentiment et la crainte sont surtout ce qui rend les hommes ennemis.

Ceux que le duc avait offensés étaient, entre autres, les cardinaux de Saint-Pierre ès liens, Colonna, Saint-Georges et Ascanio Sforza ; et tous les autres avaient lieu de le craindre, excepté le cardinal d'Amboise, et les Espagnols : ceux-ci, à cause de certaines relations et obligations réciproques, et d'Amboise, parce qu'il avait pour lui la France, ce qui lui donnait un grand pouvoir. Le duc devait donc de préférence faire nommer un Espagnol ; et s'il ne le pouvait pas, consentir plutôt à l'élection de d'Amboise qu'à celle du cardinal de Saint-Pierre ès liens. C'est une erreur d'imaginer que, chez les grands personnages, les services récents fassent oublier les anciennes injures. Le duc, en consentant à cette élection de Jules II, fit donc une faute qui fut la cause de sa ruine totale.

CHAPITRE VIII.

De ceux qui sont devenus princes par des scélératesses.

On peut encore devenir prince de deux manières qui ne tiennent entièrement ni à la fortune ni à la valeur, et que par conséquent il ne faut point passer sous silence; il en est même une dont on pourrait parler plus longuement, s'il s'agissait ici de républiques.

Ces deux manières sont, ou de s'élever au pouvoir souverain par la scélératesse et les forfaits, ou d'y être porté par la faveur de ses concitoyens.

Pour faire connaître la première, qu'il n'est pas question d'examiner ici sous les rapports de la justice et de la morale, je me bornerai à citer deux exemples, l'un ancien, l'autre moderne; car il me semble qu'ils peuvent suffire pour quiconque se trouverait dans la nécessité de les imiter.

Agathocle, Sicilien, parvint non-seulement du rang de simple particulier, mais de l'état le plus abject, à être roi de Syracuse. Fils d'un potier, il se montra scélérat dans tous les degrés que parcourut sa fortune; mais il joignit à sa scélératesse tant de force d'âme et de corps, que, s'étant engagé dans la carrière militaire, il s'éleva de grade en grade jusqu'à la dignité de préteur de Syracuse. Parvenu à cette élévation, il voulut être prince, et même posséder par violence, et sans en avoir obligation à personne, le pouvoir souverain qu'on avait consenti à lui accorder. Pour atteindre ce but, s'étant concerté avec Amilcar, général carthaginois qui commandait une

armée en Sicile, il convoqua un matin le peuple et le
sénat de Syracuse, comme pour délibérer sur des affaires
qui concernaient la république ; et, à un signal donné,
il fit massacrer par ses soldats tous les sénateurs et les
citoyens les plus riches, après quoi il s'empara de la
principauté, qu'il conserva sans aucune contestation.
Dans la suite, battu deux fois par les Carthaginois, et
enfin assiégé par eux dans Syracuse, non-seulement il
put la défendre ; mais encore, laissant une partie de ses
troupes pour soutenir le siége, il alla avec l'autre porter
la guerre en Afrique ; de sorte qu'en peu de temps il sut
forcer les Carthaginois à lever le siége, et les réduire aux
dernières extrémités : aussi furent-ils contraints à faire
la paix avec lui, à lui abandonner la possession de la
Sicile, et à se contenter pour eux de celle de l'Afrique.

Quiconque réfléchira sur la marche et les actions d'A-
gathocle n'y trouvera presque rien, si même il y trouve
quelque chose, qu'on puisse attribuer à la fortune. En effet,
comme je viens de le dire, il s'éleva au pouvoir suprême,
non par la faveur, mais en passant par tous les grades
militaires, qu'il gagna successivement à force de travaux
et de dangers ; et quand il eut atteint ce pouvoir, il sut
s'y maintenir par les résolutions les plus hardies et les
plus périlleuses.

Véritablement on ne peut pas dire qu'il y ait de la
valeur à massacrer ses concitoyens, à trahir ses amis, à
être sans foi, sans pitié, sans religion : on peut, par de
tels moyens, acquérir du pouvoir, mais non de la gloire.
Mais si l'on considère avec quel courage Agathocle sut
se précipiter dans les dangers et en sortir, avec quelle
force d'âme il sut et souffrir et surmonter l'adversité,
on ne voit pas pourquoi il devrait être placé au-dessous
des meilleurs capitaines. On doit reconnaître seulement
que sa cruauté, son inhumanité et ses nombreuses scélératesses, ne permettent pas de le compter au nombre
des grands hommes. Bornons-nous donc à conclure

qu'on ne saurait attribuer à la fortune ni à la vertu l'élévation qu'il obtint sans l'une et sans l'autre.

De notre temps, et pendant le règne d'Alexandre VI, Oliverotto da Fermo, demeuré plusieurs années auparavant orphelin en bas âge, fut élevé par un oncle maternel nommé Jean Fogliani, et appliqué, dès sa première jeunesse, au métier des armes, sous la discipline de Paolo Vitelli, afin que, formé à une aussi bonne école, il pût parvenir à un haut rang militaire. Après la mort de Paolo, il continua de servir sous Vitelozzo, frère de son premier maître. Bientôt, par son talent, sa force corporelle et son courage intrépide, il devint un des officiers les plus distingués de l'armée. Mais, comme il lui semblait qu'il y avait de la servilité à être sous les ordres et à la solde d'autrui, il forma le projet de se rendre maître de Fermo, tant avec l'aide de quelques citoyens qui préféraient l'esclavage à la liberté de leur patrie, qu'avec l'appui de Vitelozzo. Dans ce dessein, il écrivit à Jean Fogliani, qu'éloigné depuis bien des années de lui et de sa patrie, il voulait aller les revoir, et en même temps reconnaître un peu son patrimoine; que d'ailleurs tous ses travaux n'ayant pour objet que l'honneur, et désirant que ses concitoyens pussent voir qu'il n'avait pas employé le temps inutilement, il se proposait d'aller se montrer à eux avec une certaine pompe, et accompagné de cent hommes de ses amis et de ses domestiques, à cheval; qu'en conséquence il le priait de vouloir bien faire en sorte que les habitants de Fermo lui fissent une réception honorable, d'autant que cela tournerait non-seulement à sa propre gloire, mais encore à celle de lui, son oncle, dont il était l'élève. Jean Fogliani ne manqua point de faire tout ce qu'il put pour obliger son neveu. Il le fit recevoir honorablement par les habitants; il le logea dans sa maison, où, après quelques jours employés à faire les préparatifs nécessaires pour l'accomplissement de ses forfaits, Oliverotto donna un magnifique

festin, auquel il invita et Jean Fogliani et les citoyens
les plus distingués de Fermo. Après tous les services et
les divertissements qui ont lieu dans de pareilles fêtes,
il mit adroitement la conversation sur des sujets graves,
parlant de la grandeur du pape Alexandre, de César,
son fils, ainsi que de leurs entreprises. Jean Fogliani et
les autres ayant manifesté leur opinion sur ce sujet, il
se leva tout à coup, en disant que c'était là des objets
à traiter dans un lieu plus retiré ; et il passa dans une
autre chambre, où les convives le suivirent. Mais à peine
furent-ils assis, que des soldats, sortant de divers lieux
secrets, les tuèrent tous, ainsi que Jean Fogliani. Aussitôt après ce meurtre, Oliverotto monta à cheval, parcourut le pays, et alla assiéger le magistrat suprême
dans son palais ; en sorte que la peur contraignit tout
le monde à lui obéir et à former un gouvernement dont
il se fit le prince. Du reste, tous ceux qui, par mécontentement, auraient pu lui nuire ayant été mis à mort,
il consolida tellement son pouvoir par de nouvelles institutions civiles et militaires, que, dans le cours de l'année
durant laquelle il le conserva, non-seulement il vécut
en sûreté chez lui, mais encore il se rendit formidable à
ses voisins ; et il n'eût pas été moins difficile à vaincre
qu'Agathocle, s'il ne se fût pas laissé tromper par César
Borgia, et attirer à Sinigaglia, où, un an après le parricide qu'il avait commis, il fut pris avec les Orsini et les
Vitelli, comme je l'ai dit ci-dessus, et étranglé, ainsi que
Vitelozzo, son maître de guerre et de scélératesse.

Quelqu'un pourra demander pourquoi Agathocle, ou
quelque autre tyran semblable, put, malgré une infinité
de trahisons et de cruautés, vivre longtemps en sûreté
dans sa patrie, se défendre contre ses ennemis extérieurs, et n'avoir à combattre aucune conjuration formée
par ses concitoyens ; tandis que plusieurs autres, pour
avoir été cruels, n'ont pu se maintenir ni en temps de
guerre, ni en temps de paix. Je crois que la raison de

cela est dans l'emploi bon ou mauvais des cruautés. Les cruautés sont bien employées (si toutefois le mot bien peut être jamais appliqué à ce qui est mal), lorsqu'on les commet toutes à la fois, par le besoin de pourvoir à sa sûreté, lorsqu'on n'y persiste pas, et qu'on les fait tourner, autant qu'il est possible, à l'avantage des sujets. Elles sont mal employées, au contraire, lorsque, peu nombreuses dans le principe, elles se multiplient avec le temps au lieu de cesser.

Ceux qui en usent bien peuvent, comme Agathocle, avec l'aide de Dieu et des hommes, remédier aux conséquences ; mais, pour ceux qui en usent mal, il leur est impossible de se maintenir.

Sur cela, il est à observer que celui qui usurpe un État doit déterminer et exécuter tout d'un coup toutes les cruautés qu'il doit commettre, pour qu'il n'ait pas à y revenir tous les jours, et qu'il puisse, en évitant de les renouveler, rassurer les esprits et les gagner par des bienfaits. Celui qui, par timidité ou par de mauvais conseils, se conduit autrement, se trouve dans l'obligation d'avoir toujours le glaive en main, et il ne peut jamais compter sur ses sujets, tenus sans cesse dans l'inquiétude par des injures continuelles et récentes. Les cruautés doivent être commises toutes à la fois, pour que leur amertume se faisant moins sentir, elles irritent moins ; les bienfaits, au contraire, doivent se succéder lentement, pour qu'ils soient savourés davantage.

Sur toutes choses, le prince doit se conduire envers ses sujets de telle manière qu'on ne le voie point varier selon les circonstances bonnes ou mauvaises. S'il attend d'être contraint par la nécessité à faire le mal ou le bien, il arrivera, ou qu'il ne sera plus à temps de faire le mal, ou que le bien qu'il fera ne lui profitera point ; car on le croira fait par force, et on ne lui en saura aucun gré.

CHAPITRE IX.

De la principauté civile.

Parlons maintenant du particulier devenu prince de sa patrie, non par la scélératesse ou par quelque violence atroce, mais par la faveur de ses concitoyens : c'est ce qu'on peut appeler principauté civile, à laquelle on parvient, non par la seule habileté, non par la seule vertu, mais plutôt par une adresse heureuse.

A cet égard, je dis qu'on est élevé à cette sorte de principauté, ou par la faveur du peuple, ou par celle des grands. Dans tous les pays, en effet, on trouve deux dispositions d'esprit opposées : d'une part, le peuple ne veut être ni commandé ni opprimé par les grands ; de l'autre, les grands désirent de commander et opprimer le peuple ; et ces dispositions contraires produisent un de ces trois effets : ou la principauté, ou la liberté, ou la licence.

La principauté peut être également l'ouvrage soit des grands, soit du peuple, selon ce que fait l'occasion. Quand les grands voient qu'ils ne peuvent résister au peuple, ils recourent au crédit, à l'ascendant de l'un d'entre eux, et ils le font prince, pour pouvoir, à l'ombre de son autorité, satisfaire leurs désirs ambitieux ; et pareillement, quand le peuple ne peut résister aux grands, il porte toute sa confiance vers un particulier, et il le fait prince, pour être défendu par sa puissance.

Le prince élevé par les grands a plus de peine à se maintenir que celui qui a dû son élévation au peuple. Le premier, effectivement, se trouve entouré d'hommes qui se croient ses égaux, et qu'en conséquence il ne peut ni commander ni manier à son gré ; le second, au contraire, se trouve seul à son rang, et il n'a personne autour de lui, ou presque personne, qui ne soit disposé à lui obéir. De plus, il n'est guère possible de satisfaire les grands sans quelque injustice, sans quelque injure pour les autres ; mais il n'en est pas de même du peuple, dont le but est plus équitable que celui des grands. Ceux-ci veulent opprimer, et le peuple veut seulement n'être point opprimé. Il est vrai que si le peuple devient ennemi, le prince ne peut s'en assurer, parce qu'il s'agit d'une trop grande multitude ; tandis qu'au contraire la chose lui est très-aisée à l'égard des grands, qui sont toujours en petit nombre. Mais, au pis aller, tout ce qu'il peut appréhender de la part du peuple, c'est d'en être abandonné, au lieu qu'il doit craindre encore que les grands n'agissent contre lui ; car, ayant plus de prévoyance et d'adresse, ils savent toujours se ménager de loin des moyens de salut, et ils cherchent à se mettre en faveur auprès du parti auquel ils comptent que demeurera la victoire. Observons, au surplus, que le peuple avec lequel le prince doit vivre est toujours le même, et qu'il ne peut le changer ; mais que, quant aux grands, le changement est facile ; qu'il peut chaque jour en faire, en défaire ; qu'il peut, à son gré, ou accroître ou faire tomber leur crédit : sur quoi il peut être utile de donner ici quelques éclaircissements.

Je dis donc que, par rapport aux grands, il y a une première et principale distinction à faire entre ceux dont la conduite fait voir qu'ils attachent entièrement leur fortune à celle du prince, et ceux qui agissent différemment.

Les premiers doivent être honorés et chéris, pourvu qu'ils ne soient point enclins à la rapine : quant aux autres, il faut distinguer encore. S'il en est qui agissent ainsi par faiblesse et manque naturel de courage, on peut les employer, surtout si, d'ailleurs, ils sont hommes de bon conseil, parce que le prince s'en fait honneur dans les temps prospères, et n'a rien à en craindre dans l'adversité. Mais pour ceux qui savent bien ce qu'ils font, et qui sont déterminés par des vues ambitieuses, il est visible qu'ils pensent à eux plutôt qu'au prince. Il doit donc s'en défier et les regarder comme s'ils étaient ennemis déclarés; car, en cas d'adversité, ils aident infailliblement à sa ruine.

Pour conclure, voici la conséquence de tout ce qui vient d'être dit. Celui qui devient prince par la faveur du peuple doit travailler à conserver son amitié, ce qui est facile, puisque le peuple ne demande rien de plus que de n'être point opprimé. Quant à celui qui le devient par la faveur des grands, contre la volonté du peuple, il doit, avant toutes choses, chercher à se l'attacher, et cela est facile encore, puisqu'il lui suffit de le prendre sous sa protection. Alors même le peuple lui deviendra plus soumis et plus dévoué que si la principauté avait été obtenue par sa faveur; car, lorsque les hommes reçoivent quelque bien de la part de celui dont ils n'attendaient que du mal, ils en sont beaucoup plus reconnaissants. Du reste, le prince a plusieurs moyens de gagner l'affection du peuple; mais, comme ces moyens varient suivant les circonstances, je ne m'y arrêterai point ici : je répéterai seulement qu'il est d'une absolue nécessité qu'un prince possède l'amitié de son peuple, et que, s'il ne l'a pas, toute ressource lui manque dans l'adversité.

Nabis, prince de Sparte, étant assiégé par toute la Grèce et par une armée romaine qui avait déjà remporté plusieurs victoires, pour résister et défendre sa patrie et son pouvoir contre de telles forces, n'eut à s'assurer, dans un si grand danger, que d'un bien petit nombre de personnes; ce qui, sans doute, eût été loin de lui suffire, s'il avait eu contre lui l'inimitié du peuple.

Qu'on ne m'objecte point le commun proverbe : *Qui se fonde sur le peuple se fonde sur la boue.* Cela est vrai pour un particulier qui compterait sur une telle base, et qui se persuaderait que, s'il était opprimé par ses ennemis ou par les magistrats, le peuple embrasserait sa défense ; son espoir serait souvent déçu, comme le fut celui des Gracques à Rome, et de messer Giorgio Scali à Florence. Mais, s'il s'agit d'un prince qui ait le droit de commander, qui soit homme de cœur, qui ne se décourage point dans l'adversité ; qui, d'ailleurs, n'ait point manqué de prendre les autres mesures convenables, et qui sache, par sa fermeté, dominer ses sujets, celui-là ne se trouvera point déçu, et il verra qu'en comptant sur le peuple, il s'était fondé sur une base très-solide.

Les princes dont il est question ne sont véritablement en danger que lorsque, d'un pouvoir civil, ils veulent faire un pouvoir absolu, soit qu'ils l'exercent par eux-mêmes, soit qu'ils l'exercent par l'organe des magistrats. Mais, dans ce dernier cas, ils se trouvent plus faibles et en plus grand péril, parce qu'ils dépendent de la volonté des citoyens à qui les magistratures sont confiées, et qui, surtout dans les temps d'adversité, peuvent très-aisément détruire l'autorité du prince, soit en agissant contre lui, soit seulement en ne lui obéissant point. En vain ce prince voudrait-il alors reprendre pour lui seul l'exercice de son pouvoir, il ne serait plus temps, parce que les citoyens et les sujets, accoutumés à recevoir les ordres de la bouche des magistrats, ne seraient pas disposés, dans des moments critiques, à obéir à ceux qu'il donnerait lui-même. Aussi, dans ces temps incertains, aura-t-il toujours beaucoup de peine à trouver des amis auxquels il puisse se confier.

Un tel prince, en effet, ne doit point se régler sur ce qui se passe dans les temps où règne la tranquillité, et lorsque les citoyens ont besoin de son autorité : alors tout le monde s'empresse, tout le monde se précipite et jure de mourir pour lui, tant que la mort ne se fait voir que dans l'éloignement ; mais dans le moment de l'adversité, et lorsqu'il a besoin de tous les citoyens, il n'en trouve que bien peu qui soient disposés à le défendre : c'est ce que lui montrerait l'expérience ; mais cette expérience est d'autant plus dangereuse à tenter qu'elle ne peut être faite qu'une fois. Le prince doit donc, s'il est doué de quelque sagesse, imaginer et établir un système de gouvernement tel, qu'en quelque temps que ce soit, et malgré toutes les circonstances, les citoyens aient besoin de lui : alors il sera toujours certain de les trouver fidèles.

CHAPITRE X.

Comment, dans toute espèce de principauté, on doit mesurer ses forces.

En parlant des diverses sortes de principautés, il y a encore une autre chose à considérer : c'est de savoir si le prince a un État assez puissant pour pouvoir, au besoin se défendre par lui-même, ou s'il se trouve toujours dans la nécessité d'être défendu par un autre.

Pour rendre ma pensée plus claire, je regarde comme étant capables de se défendre par eux-mêmes les princes qui ont assez d'hommes et assez d'argent à leur disposition pour former une armée complète et livrer bataille à quiconque viendrait les attaquer ; et au contraire, je regarde comme ayant toujours besoin du secours d'autrui ceux qui n'ont point les moyens de se mettre en campagne contre l'ennemi, et qui sont obligés de se réfugier dans l'enceinte de leurs murailles et de s'y défendre.

J'ai déjà parlé des premiers, et dans la suite je dirai encore quelques mots de ce qui doit leur arriver.

Quant aux autres, tout ce que je puis avoir à leur dire, c'est de les exhorter à bien munir, à bien fortifier la ville où est établi le siége de leur puissance, et à ne faire aucun compte du reste du pays. Toutes les fois que le prince aura pourvu d'une manière vigoureuse à la défense de sa capitale, et aura su gagner, par les autres actes de son gouvernement, l'affection de ses sujets, ainsi que je l'ai dit et que je le dirai encore, on ne l'attaquera qu'avec une grande circonspection ; car les hommes, en général, n'aiment point les entreprises qui présentent de grandes difficultés ; et il y en a sans doute beaucoup à attaquer un prince dont la ville est dans un état de défense respectable, et qui n'est point haï de ses sujets.

Les villes d'Allemagne jouissent d'une liberté très-étendue, quoiqu'elles ne possèdent qu'un territoire très-borné ; cependant elles n'obéissent à l'empereur qu'autant qu'il leur plaît, et ne craignent ni sa puissance ni celle d'aucun des autres États qui les entourent : c'est qu'elles sont fortifiées de manière que le siége qu'il faudrait en entreprendre serait une opération difficile et dangereuse ; c'est qu'elles sont toutes entourées de fossés et de bonnes murailles, et qu'elles ont une artillerie suffisante ; c'est qu'elles renferment toujours, dans les magasins publics, des provisions d'aliments, de boissons, de combustibles, pour une année ; elles ont même encore, pour faire subsister les gens du menu peuple, sans perte pour le public, des matières en assez grande quantité pour leur fournir du travail pendant toute une année dans le genre d'industrie et de métier dont ils s'occupent ordinairement, et qui fait la richesse et la vie du pays ; de plus, elles maintiennent les exercices militaires en honneur, et elles ont sur cet article un grand nombre de règlements.

Ainsi donc, un prince dont la ville est bien fortifiée, et qui ne se fait point haïr de ses sujets, ne doit pas craindre d'être attaqué ; et s'il l'était jamais, l'assaillant s'en retournerait avec honte : car les choses de ce monde sont variables ; et il n'est guère possible qu'un ennemi demeure campé toute une année avec ses troupes autour d'une place.

Si l'on m'objectait que les habitants qui ont leurs

propriétés au dehors ne les verraient point livrer aux flammes d'un œil tranquille ; que l'ennui du siége et leur intérêt personnel ne les laisseraient pas beaucoup songer au prince, je répondrais qu'un prince puissant et courageux saura toujours surmonter ces difficultés, soit en faisant espérer à ses sujets que le mal ne sera pas de longue durée, soit en leur faisant craindre la cruauté de l'ennemi, soit en s'assurant avec prudence de ceux qu'il jugerait trop hardis.

D'ailleurs, si l'ennemi brûle et ravage le pays, ce doit être naturellement au moment de son arrivée, c'est-à-dire dans le temps où les esprits sont encore tout échauffés et disposés à la défense : le prince doit donc s'alarmer d'autant moins dans cette circonstance, que, lorsque ces mêmes esprits auront commencé à se refroidir, il se trouvera que le dommage a déjà été fait et souffert, qu'il n'y a plus de remède, et que les habitants n'en deviendront que plus attachés à leur prince, par la pensée qu'il leur est redevable de ce que leurs maisons ont été incendiées et leurs campagnes ravagées pour sa défense. Telle est, en effet, la nature des hommes, qu'ils s'attachent autant par les services qu'ils rendent, que par ceux qu'ils reçoivent. Aussi, tout bien considéré, on voit qu'il ne doit pas être difficile à un prince prudent, assiégé dans sa ville, d'inspirer de la fermeté aux habitants, et de les maintenir dans cette disposition tant que les moyens de se nourrir et de se défendre ne leur manqueront pas.

CHAPITRE XI.

Des principautés ecclésiastiques.

Il reste maintenant à parler des principautés ecclésiastiques, par rapport auxquelles il n'y a de difficultés qu'à s'en mettre en possession. En effet, on les acquiert, ou par la faveur de la fortune, ou par l'ascendant de la vertu ; mais ensuite on n'a besoin, pour les conserver, ni de l'une ni de l'autre : car les princes sont soutenus par les anciennes institutions religieuses, dont la puissance est si grande, et la nature est telle, qu'elles les maintiennent en pouvoir, de quelque manière qu'ils gouvernent et qu'ils se conduisent.

Ces princes seuls ont des États, et ils ne les défendent point ; ils ont des sujets, et ils ne les gouvernent point. Cependant leurs États, quoique non défendus, ne leur sont pas enlevés ; et leurs sujets, quoique non gouvernés, ne s'en mettent point en peine, et ne désirent ni ne peuvent se détacher d'eux. Ces principautés sont donc exemptes de péril et heureuses. Mais, comme cela tient à des causes supérieures, auxquelles l'esprit humain ne peut s'élever, je n'en parlerai point. C'est Dieu qui les élève et les maintient ; et l'homme qui entreprendrait d'en discourir serait coupable de présomption et de témérité.

Cependant, si quelqu'un demande d'où vient que l'Église s'est élevée à tant de grandeur temporelle, et que, tandis qu'avant Alexandre VI, et jusqu'à lui, tous ceux qui avaient quelque puissance en Italie, et non-seulement les princes, mais les moindres barons, les moindres seigneurs, redoutaient si peu son pouvoir, quant au temporel, elle en est maintenant venue à faire trembler le roi de France, à le chasser d'Italie, et à ruiner les Vénitiens ; bien que tout le monde en soit instruit, il ne me paraît pas inutile d'en rappeler ici jusqu'à un certain point le souvenir.

Avant que le roi de France Charles VIII vînt en Italie, cette contrée se trouvait soumise à la domination du pape, des Vénitiens, du roi de Naples, du duc de Milan, et des Florentins. Chacune de ces puissances avait à s'occuper de deux soins principaux : l'un était de mettre obstacle à ce que quelque étranger portât ses armes dans

l'Italie ; l'autre d'empêcher qu'aucune d'entre elles
agrandît ses États. Quant à ce second point, c'était surtout au pape et aux Vénitiens qu'on devait faire attention. Pour contenir ces derniers, il fallait que toutes les
autres puissances demeurassent unies, comme il arriva
lors de la défense de Ferrare ; et, pour ce qui regarde le
pape, on se servait des barons de Rome, qui, divisés en
deux factions, savoir, celle des Orsini et celle des Colonna, excitaient continuellement des tumultes, avaient
toujours les armes en main, sous les yeux mêmes du pontife, et tenaient sans cesse son pouvoir faible et vacil-
lant. Il y eut bien de temps en temps quelques papes
résolus et courageux, tels que Sixte IV ; mais ils ne furent
jamais ni assez habiles ni assez heureux pour se délivrer
du fâcheux embarras qu'ils avaient à souffrir. D'ailleurs,
ils trouvaient un nouvel obstacle dans la brièveté de
leur règne : car, dans un intervalle de dix ans, qui est
le terme moyen de la durée des règnes des papes, il était
à peine possible d'abattre entièrement l'une des factions
qui divisaient Rome ; et si, par exemple, un pape avait
abattu les Colonna, il survenait un autre pape qui les
faisait revivre, parce qu'il était ennemi des Orsini ; mais
celui-ci, à son tour, n'avait pas le temps nécessaire
pour détruire ces derniers. Voilà pourquoi l'Italie res-
pectait si peu les forces temporelles du pape.

Vint enfin Alexandre VI, qui, de tous les souverains
pontifes qui aient jamais été, est celui qui a le mieux
fait voir tout ce qu'un pape pouvait entreprendre pour
s'agrandir avec les trésors et les armes de l'Église. Profitant de l'invasion des Français, et se servant d'un instrument tel que le duc de Valentinois, il fit tout ce que
j'ai raconté ci-dessus en parlant des actions de ce dernier. Il n'avait point sans doute en vue l'agrandissement
de l'Église, mais bien celui du duc ; cependant ses entreprises tournèrent au profit de l'Église, qui, après sa
mort et la ruine du duc, hérita du fruit de leurs travaux.

Bientôt après régna Jules II, qui, trouvant que l'É-
glise était puissante et maîtresse de toute la Romagne ;
que les barons avaient été détruits, et leurs factions
anéanties par les rigueurs d'Alexandre ; que d'ailleurs
des moyens d'accumuler des richesses jusqu'alors incon-
nus avaient été introduits, non-seulement voulut suivre
ces traces, mais encore aller plus loin, et se proposa
d'acquérir Bologne, d'abattre les Vénitiens, et de chasser les Français de l'Italie ; entreprises dans lesquelles
il réussit avec d'autant plus de gloire, qu'il s'y était
livré, non pour son intérêt personnel, mais pour celui
de l'Église.

Du reste, il sut contenir les partis des Colonna et des
Orsini dans les bornes où Alexandre était parvenu à les
réduire ; et, bien qu'il restât encore entre eux quelques
ferments de discorde, néanmoins ils durent demeurer
tranquilles, d'abord parce que la grandeur de l'Église
leur imposait ; et, en second lieu, parce qu'ils n'avaient
point de cardinaux parmi eux. C'est aux cardinaux, en
effet, qu'il faut attribuer les tumultes ; et les partis ne
seront jamais tranquilles tant que les cardinaux y seront engagés : ce sont eux qui fomentent les factions,
soit dans Rome, soit au dehors, et qui forcent les barons
à les soutenir ; de sorte que les dissensions et les troubles qui éclatent entre ces derniers sont l'ouvrage de
l'ambition des prélats.

Voilà donc comment il est arrivé que le pape Léon X
a trouvé la papauté toute-puissante ; et l'on doit espérer
que si ses prédécesseurs l'ont agrandie par les armes, il
la rendra encore par sa bonté, et par toutes ses autres
vertus, beaucoup plus grande et plus vénérable.

CHAPITRE XII.

Combien il y a de sortes de milices et de troupes mercenaires.

J'ai parlé des qualités propres aux diverses sortes de principautés sur lesquelles je m'étais proposé de discourir; j'ai examiné quelques-unes des causes de leur mal ou de leur bien-être; j'ai montré les moyens dont plusieurs se sont servis, soit pour les acquérir, soit pour les conserver : il me reste maintenant à les considérer sous le rapport de l'attaque et de la défense.

J'ai dit ci-dessus combien il est nécessaire à un prince que son pouvoir soit établi sur de bonnes bases, sans lesquelles il ne peut manquer de s'écrouler. Or, pour tout État, soit ancien, soit nouveau, soit mixte, les principales bases sont de bonnes lois et de bonnes armes. Mais, comme là où il n'y a point de bonnes armes, il ne peut y avoir de bonnes lois, et qu'au contraire il y a de bonnes lois là où il y a de bonnes armes, ce n'est que des armes que j'ai ici dessein de parler.

Je dis donc que les armes qu'un prince peut employer pour la défense de son État lui sont propres, ou sont mercenaires, auxiliaires, ou mixtes, et que les mercenaires et les auxiliaires sont non-seulement inutiles, mais même dangereuses.

Le prince dont le pouvoir n'a pour appui que des troupes mercenaires, ne sera jamais ni assuré ni tranquille; car de telles troupes sont désunies, ambitieuses, sans discipline, infidèles, hardies envers les amis, lâches contre les ennemis; et elles n'ont ni crainte de Dieu, ni probité à l'égard des hommes. Le prince ne tardera d'être ruiné qu'autant qu'on différera de l'attaquer. Pendant la paix, il sera dépouillé par ces mêmes troupes; pendant la guerre, il le sera par l'ennemi.

La raison en est, que de pareils soldats servent sans aucune affection, et ne sont engagés à porter les armes que par une légère solde; motif sans doute incapable de les déterminer à mourir pour celui qui les emploie. Ils veulent bien être soldats tant qu'on ne fait point la guerre; mais sitôt qu'elle arrive ils ne savent que s'enfuir et déserter.

C'est ce que je devrais avoir peu de peine à persuader. Il est visible, en effet, que la ruine actuelle de l'Italie vient de ce que, durant un long cours d'années, on s'y est reposé sur des troupes mercenaires, que quelques-uns avaient d'abord employées avec certain succès, et qui avaient paru valeureuses tant qu'elles n'avaient eu affaire que les unes avec les autres; mais qui, aussitôt qu'un étranger survint, se montrèrent telles qu'elles étaient effectivement. De là s'est ensuivi que le roi de France Charles VIII a eu la facilité de s'emparer de l'Italie *la craie à la main* [1]; et celui qui disait que nos péchés en avaient été cause avait raison; mais ces péchés étaient ceux que je viens d'exposer, et non ceux qu'il pensait. Ces péchés, au surplus, avaient été commis par les princes; et ce sont eux aussi qui en ont subi la peine.

Je veux cependant démontrer de plus en plus le malheur attaché à cette sorte d'armes. Les capitaines mercenaires sont ou ne sont pas de bons guerriers : s'ils le sont, on ne peut s'y fier, car ils ne tendent qu'à leur propre grandeur, en opprimant, soit le prince même qui les emploie, soit d'autres contre sa volonté; s'ils ne le sont pas, celui qu'ils servent est bientôt ruiné.

Si l'on dit que telle sera pareillement la conduite de tout autre chef, mercenaire ou non, je répliquerai que la guerre est faite ou par un prince ou par une répu-

---

[1] *Col gesso*, mot d'Alexandre VI, qui signifie que le roi Charles n'avait ou rien de plus à faire qu'un maréchal des logis qui marquerait les logements sur les portes avec de la craie.

blique; que le prince doit aller en personne faire les
fonctions de commandant; et que la république doit y
envoyer ses propres citoyens : que si d'abord celui qu'elle
a choisi ne se montre point habile, elle doit le changer;
et que s'il a de l'habileté elle doit le contenir par les
lois, de telle manière qu'il n'outre-passe point les bornes
de sa commission.

L'expérience a prouvé que les princes et les républiques qui font la guerre par leurs propres forces obtenaient
seuls de grands succès, et que les troupes mercenaires
ne causaient jamais que du dommage. Elle prouve aussi
qu'une république qui emploie ses propres armes court
bien moins risque d'être subjuguée par quelqu'un de
ses citoyens, que celle qui se sert d'armes étrangères.

Pendant une longue suite de siècles Rome et Sparte
vécurent libres et armées; la Suisse, dont tous les habitants sont soldats, vit parfaitement libre.

Quant aux troupes mercenaires, on peut citer, dans
l'antiquité, l'exemple des Carthaginois, qui, après leur
première guerre contre Rome, furent sur le point d'être
opprimés par celles qu'ils avaient à leur service, quoique
commandées par des citoyens de Carthage.

On peut remarquer encore qu'après la mort d'Épaminondas, les Thébains confièrent le commandement de
leurs troupes à Philippe de Macédoine, et que ce prince
se servit de la victoire pour leur ravir leur liberté.

Dans les temps modernes, les Milanais, à la mort de
leur duc Philippe Visconti, se trouvaient en guerre contre les Vénitiens; ils prirent à leur solde Francesco
Sforza : celui-ci, ayant vaincu les ennemis à Carravaggio,
s'unit avec eux pour opprimer ces mêmes Milanais qui
le tenaient à leur solde.

Le père de ce même Sforza, étant au service de la
reine Jeanne de Naples, l'avait laissée tout à coup sans
troupes; de sorte que, pour ne pas perdre son royaume,

cette princesse avait été obligée de se jeter dans les bras
du roi d'Aragon.

Si les Vénitiens et les Florentins, en employant de
telles troupes, accrurent néanmoins leurs États, et si
les commandants, au lieu de les subjuguer, les défendirent, je réponds, pour ce qui regarde les Florentins,
qu'ils en furent redevables à leur bonne fortune, qui fit
que, de tous les généraux habiles qu'ils avaient et qu'ils
pouvaient craindre, les uns ne furent point victorieux;
d'autres rencontrèrent des obstacles; d'autres encore
tournèrent ailleurs leur ambition.

L'un des premiers fut Giovanni Acuto, dont la fidélité,
par cela même qu'il n'avait pas vaincu, ne fut point
mise à l'épreuve; mais on doit avouer que, s'il avait
remporté la victoire, les Florentins seraient demeurés à
sa discrétion.

Sforza fut contrarié par la rivalité des Braccio; rivalité qui faisait qu'ils se contenaient les uns les autres.

Enfin Francesco Sforza et Braccio tournèrent leurs
vues ambitieuses, l'un sur la Lombardie, l'autre sur
l'Église et sur le royaume de Naples.

Mais voyons ce qui est arrivé il y a peu de temps.

Les Florentins avaient pris pour leur général Paolo
Vitelli, homme rempli de capacité, et qui, de l'état de
simple particulier, s'était élevé à une très-haute réputation. Or, si ce général avait réussi à se rendre maître
de Pise, on est forcé d'avouer qu'ils se seraient trouvés
sous sa dépendance; car s'il passait à la solde de leurs
ennemis, il ne leur restait plus de ressource; et s'ils
continuaient de le garder à leur service, ils étaient contraints de se soumettre à ses volontés.

Quant aux Vénitiens, si l'on considère attentivement
leurs progrès, on verra qu'ils agirent heureusement et
glorieusement tant qu'ils firent la guerre par eux-mêmes,
c'est-à-dire avant qu'ils eussent tourné leurs entreprises vers la terre ferme. Dans ces premiers temps,

c'étaient les gentilshommes et les citoyens armés qui combattaient; mais, aussitôt qu'ils eurent commencé à porter leurs armes sur la terre ferme, ils dégénérèrent de cette ancienne vertu, et ils suivirent les usages de l'Italie. D'abord, et dans le principe de leur agrandissement, leur domaine étant peu étendu, et leur réputation très-grande, ils eurent peu à craindre de leurs commandants; mais, à mesure que leur État s'accrut, ils éprouvèrent bientôt l'effet de l'erreur commune : ce fut sous Carmignuola. Ayant connu sa grande valeur par les victoires remportées sous son commandement sur le duc de Milan; mais voyant, d'un autre côté, qu'il ne faisait plus que très-froidement la guerre, ils jugèrent qu'ils ne pourraient plus vaincre, tant qu'il vivrait; car ils ne voulaient ni ne pouvaient le licencier, de peur de perdre ce qu'ils avaient conquis, et en conséquence ils furent obligés, pour leur sûreté, de le faire périr.

Dans la suite, ils eurent pour commandants Bartolommeo de Bergame, Roberto da San Severino, le comte de Pittigliano, et autres capitaines semblables. Mais tous donnèrent bien moins lieu d'appréhender de leurs victoires, que de craindre des défaites semblables à celle de Vailà, qui, dans une seule journée, fit perdre aux Vénitiens le fruit de huit cents ans de travaux; car, avec les troupes dont il s'agit, les progrès sont lents, tardifs et faibles, les pertes sont subites et prodigieuses.

Mais, puisque j'en suis venu à citer des exemples pris dans l'Italie, où le système des troupes mercenaires a prévalu depuis bien des années, je veux reprendre les choses de plus haut, afin qu'instruit de l'origine et des progrès de ce système, on puisse mieux y porter remède.

Il faut donc savoir que lorsque, dans les derniers temps, l'empire eut commencé à être repoussé de l'Italie, et que le pape eut acquis plus de crédit, quant au

temporel, elle se divisa en un grand nombre d'États.
Plusieurs grandes villes, en effet, prirent les armes contre leurs nobles, qui, à l'ombre de l'autorité impériale,
les tenaient sous l'oppression, et elles se rendirent indépendantes, favorisées en cela par l'Église, qui cherchait
à accroître le crédit qu'elle avait gagné. Dans plusieurs
autres villes, le pouvoir suprême fut usurpé ou obtenu
par quelque citoyen qui s'y établit prince. De là s'ensui-
vit que la plus grande partie de l'Italie se trouva sous
la dépendance, et en quelque sorte sous la domination
de l'Église ou de quelque république ; et comme des prêtres, des citoyens paisibles, ne connaissaient nullement
le maniement des armes, on commença à solder des
étrangers. Le premier qui mit ce genre de milice en honneur fut Alberigo da Como, natif de la Romagne : c'est
sous sa discipline que se formèrent, entre autres, Braccio
et Sforza, qui furent, de leur temps, les arbitres de
l'Italie, et après lesquels on a eu successivement tous
ceux qui, jusqu'à nos jours, ont tenu dans leurs mains le
commandement de ses armées ; et tout le fruit que cette
malheureuse contrée a recueilli de la valeur de tous ces
guerriers, a été de se voir prise à la course par Charles VIII, ravagée par Louis XII, subjuguée par Ferdinand,
et insultée par les Suisses.

La marche qu'ils ont suivie pour se mettre en réputation a été de décrier l'infanterie. C'est que, d'un côté,
un petit nombre de fantassins ne leur aurait point acquis une grande considération, et que, de l'autre, ne
possédant point d'état, et ne subsistant que de leur industrie, ils n'avaient pas les moyens d'en entretenir
beaucoup. Ils s'étaient donc bornés à avoir de la cavalerie, dont une médiocre quantité suffisait pour qu'ils
fussent bien soldés et honorés : par là, les choses en
étaient venues au point que, sur une armée de vingt
mille hommes, il n'y en avait pas deux mille d'infanterie.

De plus, ils employaient toutes sortes de moyens pour
s'épargner à eux-mêmes, ainsi qu'à leurs soldats, toute
fatigue et tout danger : ils ne se tuaient point les uns
les autres dans les combats, et se bornaient à faire des
prisonniers qu'ils renvoyaient sans rançon; s'ils assiégeaient une place, ils ne faisaient aucune attaque de
nuit ; et les assiégés, de leur côté, ne profitaient pas des
ténèbres pour faire des sorties : ils ne faisaient autour
de leur camp ni fossés, ni palissades; enfin ils ne tenaient jamais la campagne durant l'hiver. Tout cela
était dans l'ordre de leur discipline militaire; ordre qu'ils
avaient imaginé tout exprès pour éviter les périls et les
travaux, mais par où aussi ils ont conduit l'Italie à l'esclavage et à l'avilissement [1].

CHAPITRE XIII.

Des troupes auxiliaires, mixtes et propres.

Les armes auxiliaires que nous avons dit être également inutiles, sont celles de quelque État puissant qu'un
autre État appelle à son secours et à sa défense. C'est
ainsi que, dans ces derniers temps, le pape Jules II ayant
fait, dans son entreprise contre Ferrare, la triste expérience des armes mercenaires, eut recours aux auxiliaires
et traita avec Ferdinand, roi d'Espagne, pour que celui-
ci l'aidât de ses troupes.

[1] L'idée de substituer des troupes nationales aux troupes mercenaires a été
longuement développée par Machiavel, dans les livres I et II de son traité sur
l'Art de la guerre. On peut voir pour l'appréciation de notre auteur, comme
tacticien, le colonel Carion-Nisas : *Essai sur l'histoire de l'art militaire*,
Paris, 1824, chap. II, *de Machiavel considéré comme écrivain militaire et
observateur de l'état de l'Europe, sous le rapport de la guerre, au sortir du moyen âge*. Le comte Algarotti, ami de Frédéric II, a aussi composé un
ouvrage sur les *Sept livres de l'art de la guerre*.

Les armes de ce genre peuvent être bonnes en elles-mêmes; mais elles sont toujours dommageables à celui qui les appelle; car si elles sont vaincues, il se trouve lui-même défait, et si elles sont victorieuses, il demeure dans leur dépendance.

On en voit de nombreux exemples dans l'histoire ancienne; mais arrêtons-nous un moment à celui de Jules II, qui est tout récent.

Ce fut sans doute une résolution bien peu réfléchie que celle qu'il prit de se livrer aux mains d'un étranger pour avoir Ferrare. S'il n'en éprouva point toutes les funestes conséquences, il en fut redevable à son heureuse étoile, qui l'en préserva par un accident qu'elle fit naître : c'est que ses auxiliaires furent vaincus à Ravenne, et qu'ensuite survinrent les Suisses, qui, contre toute attente, chassèrent les vainqueurs ; de sorte qu'il ne demeura prisonnier ni de ceux-ci, qui étaient ses ennemis, ni de ses auxiliaires, qui enfin ne se trouvèrent victorieux que par les armes d'autrui.

Les Florentins, se trouvant désarmés, prirent à leur solde dix mille Français qu'ils conduisirent à Pise, dont ils voulaient se rendre maîtres; et par là ils s'exposèrent à plus de dangers qu'ils n'en avaient couru dans le temps de leurs plus grandes adversités.

Pour résister à ses ennemis, l'empereur de Constantinople introduisit dans la Grèce dix mille Turcs, qui, lorsque la guerre fut terminée, ne voulurent plus se retirer : ce fut cette mesure funeste qui commença à courber les Grecs sous le joug des infidèles.

Voulez-vous donc vous mettre dans l'impuissance de vaincre; employez des troupes auxiliaires, beaucoup plus dangereuses encore que les mercenaires. Avec les premières, en effet, votre ruine est toute préparée ; car ces troupes sont toutes unies et toutes formées à obéir à un autre que vous; au lieu que, quant aux mercenaires, pour qu'elles puissent agir contre vous, et vous nuire après avoir vaincu, il leur faut et plus de temps et une occasion plus favorable : elles ne forment point un seul corps; c'est vous qui les avez rassemblées, c'est par vous qu'elles sont payées. Quel que soit donc le chef que vous leur ayez donné, il n'est pas possible qu'il prenne à l'instant sur elles une telle autorité qu'il puisse s'en servir contre vous-même. En un mot, ce qu'on doit craindre des troupes mercenaires, c'est leur lâcheté; avec des troupes auxiliaires, c'est leur valeur. Aussi les princes sages ont-ils toujours répugné à employer ces deux sortes de troupes, et ont-ils préféré leurs propres forces, aimant mieux être battus avec celles-ci que victorieux avec celles d'autrui ; et ne regardant point comme une vraie victoire celle dont ils peuvent être redevables à des forces étrangères.

Ici, je n'hésiterai point à citer encore César Borgia et sa manière d'agir. Ce duc entra dans la Romagne avec des forces auxiliaires composées uniquement de troupes françaises, avec lesquelles il s'empara d'Imola et de Forli ; mais jugeant bientôt que de telles forces n'étaient pas bien sûres, il recourut aux mercenaires, dans lesquelles il voyait moins de péril ; et, en conséquence, il prit à sa solde les Orsini et les Vitelli. Trouvant néanmoins, en les employant, que celles-ci étaient incertaines, infidèles et dangereuses, il embrassa le parti de les détruire et de ne plus recourir qu'aux siennes propres.

La différence entre ces divers genres d'armes fut bien démontrée par la différence entre la réputation qu'avait le duc lorsqu'il se servait des Orsini et des Vitelli, et celle dont il jouit quand il ne compta plus que sur lui-même et sur ses propres soldats : celle-ci alla toujours croissant, et jamais il ne fut plus considéré que lorsque tout le monde le vit maître absolu de ses armes.

Je voulais m'en tenir aux exemples récents fournis par l'Italie ; mais je ne puis passer sous silence celui d'Hiéron de Syracuse, dont j'ai déjà parlé. Celui-ci, mis par les Syracusains à la tête de leur armée, reconnut bientôt l'inutilité des troupes mercenaires qu'ils soldaient, et dont les chefs ressemblaient en tout aux *condottieri* que nous avons eus en Italie. Convaincu d'ailleurs qu'il ne pouvait sûrement ni conserver ces chefs, ni les licencier, il prit le parti de les faire tailler en pièces ; après, il fit la guerre avec ses propres armes, et non avec celles d'autrui.

Qu'il me soit permis de rappeler encore ici un trait que l'on trouve dans l'Ancien Testament, et que l'on peut regarder comme une figure sur ce sujet. David s'étant proposé pour aller combattre le Philistin Goliath, qui défiait les Israélites, Saül, afin de l'encourager, le revêtit de ses propres armes ; mais David, après les avoir essayées, les refusa, en disant qu'elles gêneraient l'usage de ses forces personnelles, et qu'il voulait n'affronter l'ennemi qu'avec sa fronde et son coutelas. En effet, les armes d'autrui, ou sont trop larges pour bien tenir sur votre corps, ou le fatiguent de leur poids, ou le serrent et en gênent les mouvements.

Charles VII, père de Louis XI, ayant par sa fortune et par sa valeur délivré la France des Anglais, reconnut la nécessité d'avoir des forces à soi, et forma dans son royaume des compagnies réglées de gendarmes et de fantassins. Dans la suite, Louis, son fils, supprima l'infanterie et commença de prendre des Suisses à sa solde ; mais cette erreur, qui en entraîna d'autres, a été cause, comme nous le voyons, des dangers courus par la France. En effet, en mettant ainsi les Suisses en honneur, Louis a en quelque sorte anéanti toutes ses propres troupes : d'abord il a totalement détruit l'infanterie ; et quant à la gendarmerie, il l'a rendue dépendante des armes d'autrui, en l'accoutumant tellement à ne combattre que conjointement avec les Suisses, qu'elle ne croit plus pouvoir vaincre sans eux. De là vient aussi que les Français ne peuvent tenir contre les Suisses, et que sans les Suisses ils ne tiennent point contre d'autres troupes. Ainsi les armées françaises sont actuellement mixtes, c'est-à-dire composées en partie de troupes mercenaires, et en partie de troupes nationales; composition qui les rend sans doute beaucoup meilleures que des armées formées en entier de mercenaires ou d'auxiliaires, mais très-inférieures à celles où il n'y aurait que des corps nationaux.

Si l'ordre établi par Charles VII avait été conservé et amélioré, la France serait devenue invincible. Mais la faible prudence humaine se laisse séduire par l'apparente bonté qui, dans bien des choses, couvre le venin qu'elles renferment, et qu'on ne reconnaît que dans la suite, comme dans ces fièvres d'étisie dont j'ai précédemment parlé. Cependant le prince qui ne sait voir le mal que lorsqu'il se montre à tous les yeux, n'est pas doué de cette habileté qui n'est donnée qu'à un petit nombre d'hommes.

Si l'on recherche la principale source de la ruine de l'empire romain, on la trouvera dans l'introduction de l'usage de prendre des Goths à sa solde : par là, en effet, on commença à énerver les troupes nationales, de telle sorte que toute la valeur qu'elles perdaient tournait à l'avantage des barbares.

Je conclus donc qu'aucun prince n'est en sûreté s'il n'a des forces qui lui soient propres : se trouvant sans défense contre l'adversité, son sort dépend en entier de la fortune. Or les hommes éclairés ont toujours pensé et dit qu'il n'y a rien d'aussi frêle et d'aussi fugitif qu'un crédit qui n'est pas fondé sur notre propre puissance.

J'appelle, au surplus, forces propres, celles qui sont composées de citoyens, de sujets, de créatures du prince. Toutes les autres sont ou mercenaires ou auxiliaires.

Et quant aux moyens et à la manière d'avoir ces forces propres on les trouvera aisément, si l'on réfléchit sur les établissements dont j'ai eu l'occasion de parler. On verra comment Philippe, père d'Alexandre le Grand, comment une foule d'autres princes et de républiques, avaient su se donner des troupes nationales et les orga-niser. Je m'en rapporte à l'instruction qu'on peut tirer de ces exemples.

CHAPITRE XIV.

Des fonctions qui appartiennent au prince, par rapport à la milice.

La guerre, les institutions et les règles qui la concernent sont le seul objet auquel un prince doive donner ses pensées et son application, et dont il lui convienne de faire son métier : c'est là la vraie profession de quiconque gouverne ; et par elle, non-seulement ceux qui sont nés princes peuvent se maintenir, mais encore ceux qui sont nés simples particuliers peuvent souvent devenir princes. C'est pour avoir négligé les armes, et leur avoir préféré les douceurs de la mollesse, qu'on a vu des souverains perdre leurs États. Mépriser l'art de la guerre, c'est faire le premier pas vers sa ruine ; le posséder par-faitement, c'est le moyen de s'élever au pouvoir. Ce fut par le continuel maniement des armes que Francesco Sforza parvint de l'état de simple particulier au rang de duc de Milan ; et ce fut parce qu'ils en avaient craint les dégoûts et la fatigue que ses enfants tombèrent du rang de ducs à l'état de simples particuliers.

Une des fâcheuses conséquences, pour un prince, de la négligence des armes, c'est qu'on vient à le mépriser ; abjection de laquelle il doit sur toute chose se préser-ver, comme je le dirai ci-après. Il est, en effet, comme un homme désarmé, entre lequel et un homme armé la disproportion est immense. Il n'est pas naturel non plus que le dernier obéisse volontiers à l'autre ; et un maître sans armes ne peut jamais être en sûreté parmi des serviteurs qui en ont : ceux-ci sont en proie au dépit, l'autre l'est aux soupçons ; et des hommes qu'animent de tels sentiments ne peuvent pas bien vivre ensemble. Un prince qui n'entend rien à l'art de la guerre peut-il se faire estimer de ses soldats et avoir confiance en eux ? Il doit donc s'appliquer constamment à cet art, et s'en occuper principalement durant la paix, ce qu'il peut faire de deux manières, c'est-à-dire en y exerçant également son corps et son esprit. Il exercera son corps, d'abord en bien faisant manœuvrer ses troupes, et, en second lieu, en s'adonnant à la chasse, qui l'endurcira à la fatigue, et qui lui apprendra en même temps à connaître l'assiette des lieux, l'élévation des montagnes, la direction des vallées, le gisement des plaines, la nature des rivières et des marais, toutes choses auxquelles il doit donner la plus grande attention.

Il trouvera en cela deux avantages : le premier est que, connaissant bien son pays, il saura beaucoup mieux le défendre ; le second est que la connaissance d'un pays rend beaucoup plus facile celle d'un autre qu'il peut être nécessaire d'étudier ; car, par exemple, les montagnes, les vallées, les plaines, les rivières de la Toscane ont une grande ressemblance avec celles des autres contrées. Cette connaissance est d'ailleurs très-importante, et le prince qui ne l'a point manque d'une des premières qualités que doit avoir un capitaine ; car c'est par elle qu'il sait découvrir l'ennemi, prendre ses logements, diriger la marche de ses troupes, faire ses dispositions pour une bataille, assiéger les places avec avantage.

Parmi les éloges qu'on a faits de Philopœmen, chef des Achéens, les historiens le louent surtout de ce qu'il ne pensait jamais qu'à l'art de la guerre ; de sorte que, lorsqu'il parcourait la campagne avec ses amis, il s'arrêtait souvent pour résoudre des questions qu'il leur proposait, telles que les suivantes : « Si l'ennemi était sur « cette colline, et nous ici, qui serait posté plus avan-

« tageusement? Comment pourrions-nous aller à lui
« avec sûreté et sans mettre le désordre dans nos rangs?
« Si nous avions à battre en retraite, comment nous y
« prendrions-nous? S'il se retirait lui-même, comment
« pourrions-nous le poursuivre? » C'est ainsi que, tout
en allant, il s'instruisait avec eux des divers accidents
de guerre qui peuvent survenir ; qu'il recueillait leurs
opinions ; qu'il exposait la sienne, et qu'il l'appuyait par
divers raisonnements. Il était résulté aussi de cette continuelle attention, que, dans la conduite des armées, il
ne pouvait se présenter aucun accident auquel il ne sût
remédier sur-le-champ.

Quant à l'exercice de l'esprit, le prince doit lire les
historiens, y considérer les actions des hommes illustres,
examiner leur conduite dans la guerre, rechercher les
causes de leurs victoires et celles de leurs défaites, et
étudier ainsi ce qu'il doit imiter et ce qu'il doit fuir. Il
doit faire surtout ce qu'ont fait plusieurs grands hommes, qui, prenant pour modèle quelque ancien héros
bien célèbre, avaient sans cesse sous leurs yeux ses actions et toute sa conduite, et les prenaient pour règles.
C'est ainsi qu'on dit qu'Alexandre le Grand imitait
Achille, que César imitait Alexandre, et que Scipion
prenait Cyrus pour modèle. En effet, quiconque aura lu
la vie de Cyrus dans Xénophon trouvera dans celle de
Scipion combien l'imitation qu'il s'était proposée contribua à sa gloire, et combien, quant à la chasteté, l'affabilité, l'humanité, la libéralité, il se conformait à tout
ce qui avait été dit de son modèle par Xénophon dans
sa Cyropédie.

Voilà ce que doit faire un prince sage, et comment,
durant la paix, loin de rester oisif, il peut se prémunir
contre les accidents de la fortune, en sorte que, si elle
lui devient contraire, il se trouve en état de résister à
ses coups.

CHAPITRE XV.

Des choses pour lesquelles tous les hommes, et surtout les princes,
sont loués ou blâmés.

Il reste à examiner comment un prince doit en user
et se conduire, soit envers ses sujets, soit envers ses
amis. Tant d'écrivains en ont parlé, que peut-être on me
taxera de présomption si j'en parle encore ; d'autant plus
qu'en traitant cette matière je vais m'écarter de la route
commune. Mais, dans le dessein que j'ai d'écrire des
choses utiles pour celui qui me lira, il m'a paru qu'il
valait mieux m'arrêter à la réalité des choses que de me
livrer à de vaines spéculations.

Bien des gens ont imaginé des républiques et des
principautés telles qu'on n'en a jamais vu ni connu. Mais
à quoi servent ces imaginations ? Il y a si loin de la manière dont on vit à celle dont on devrait vivre, qu'en
n'étudiant que cette dernière on apprend plutôt à se
ruiner qu'à se conserver ; et celui qui veut en tout et
partout se montrer homme de bien ne peut manquer de
périr au milieu de tant de méchants.

Il faut donc qu'un prince qui veut se maintenir ap-
prenne à ne pas être toujours bon, et en user bien ou
mal, selon la nécessité.

Laissant, par conséquent, tout ce qu'on a pu imaginer
touchant les devoirs des princes, et m'en tenant à la
réalité, je dis qu'on attribue à tous les hommes, quand
on en parle, et surtout aux princes, qui sont plus en vue,
quelqu'une des qualités suivantes, qu'on cite comme un
trait caractéristique, et pour laquelle on les loue ou on
les blâme. Ainsi l'un est réputé généreux et un autre
misérable (je me sers ici d'une expression toscane, car,
dans notre langue, l'*avare* est celui qui est avide et enclin

à la rapine, et nous appelons *misérable* (*misero*) celui qui s'abstient trop d'user de son bien); l'un est bienfaisant, et un autre avide; l'un cruel, et un autre compatissant; l'un sans foi, et un autre fidèle à sa parole; l'un efféminé et craintif, et un autre ferme et courageux; l'un débonnaire, et un autre orgueilleux; l'un dissolu, et un autre chaste; l'un franc, et un autre rusé; l'un dur, et un autre facile; l'un grave, et un autre léger; l'un religieux, et un autre incrédule, etc.

Il serait très-beau, sans doute, et chacun en conviendra, que toutes les bonnes qualités que je viens d'énoncer se trouvassent réunies dans un prince. Mais, comme cela n'est guère possible, et que la condition humaine ne le comporte point, il faut qu'il ait au moins la prudence de fuir ces vices honteux qui lui feraient perdre ses États. Quant aux autres vices, je lui conseille de s'en préserver, s'il le peut; mais s'il ne le peut pas, il n'y aura pas un grand inconvénient à ce qu'il s'y laisse aller avec moins de retenue; il ne doit pas même craindre d'encourir l'imputation de certains défauts sans lesquels il lui serait difficile de se maintenir; car, à bien examiner les choses, on trouve que, comme il y a certaines qualités qui semblent être des vertus et qui feraient la ruine du prince, de même il en est d'autres qui paraissent être des vices, et dont peuvent résulter néanmoins sa conservation et son bien-être.

CHAPITRE XVI.

De la libéralité et de l'avarice.

Commençant par les deux premières qualités énoncées ci-dessus, je dis qu'il serait bon pour un prince d'être réputé libéral; cependant la libéralité peut être exercée de telle manière qu'elle ne fasse que lui nuire sans au-

cun profit; car si elle l'est avec distinction, et selon les
règles de la sagesse, elle sera peu connue, elle fera peu
de bruit, et elle ne le garantira même point de l'imputation de la qualité contraire.

Si un prince veut se faire dans le monde la réputation
de libéral, il faut nécessairement qu'il n'épargne aucune
sorte de somptuosité; ce qui l'obligera à épuiser son trésor par ce genre de dépenses; d'où il s'ensuivra que,
pour conserver la réputation qu'il s'est acquise, il se
verra enfin contraint à grever son peuple de charges extraordinaires, à devenir fiscal, et à faire, en un mot,
tout ce qu'on peut faire pour avoir de l'argent. Aussi
commencera-t-il bientôt à être odieux à ses sujets, et à
mesure qu'il s'appauvrira, il sera bien moins considéré.
Ainsi, ayant, par sa libéralité, gratifié bien peu d'individus, et déplu à un très-grand nombre, le moindre embarras sera considérable pour lui, et le plus léger revers
le mettra en danger : que si, connaissant son erreur, il
veut s'en retirer, il verra aussitôt rejaillir sur lui la
honte attachée au nom d'avare.

Le prince, ne pouvant donc, sans fâcheuse conséquence,
exercer la libéralité de telle manière qu'elle soit bien
connue, doit, s'il a quelque prudence, ne pas trop appréhender le renom d'avare, d'autant plus qu'avec le temps
il acquerra de jour en jour celui de libéral. En voyant,
en effet, qu'au moyen de son économie ses revenus lui
suffisent, et qu'elle le met en état, soit de se défendre
contre ses ennemis, soit d'exécuter des entreprises utiles,
sans surcharger son peuple, il sera réputé libéral par
tous ceux, en nombre infini, auxquels il ne prendra rien;
et le reproche d'avarice ne lui sera fait que par ce peu
de personnes qui ne participent point à ses dons.

De notre temps, nous n'avons vu exécuter de grandes
choses que par les princes qui passaient pour avares;
tous les autres sont demeurés dans l'obscurité. Le pape
Jules II s'était bien fait, pour parvenir au pontificat, la

réputation de libéralité; mais il ne pensa nullement ensuite à la consolider, ne songeant qu'à pouvoir faire la guerre au roi de France; guerre qu'il fit, ainsi que plusieurs autres, sans mettre aucune imposition extraordinaire; car sa constante économie fournissait à toutes les dépenses. Si le roi d'Espagne actuel avait passé pour libéral, il n'aurait ni formé, ni exécuté autant d'entreprises.

Un prince qui veut n'avoir pas à dépouiller ses sujets pour pouvoir se défendre, et ne pas se rendre pauvre et méprisé, de peur de devenir rapace, doit craindre peu qu'on le taxe d'avarice, puisque c'est là une de ces mauvaises qualités qui le font régner.

Si l'on dit que César s'éleva à l'empire par sa libéralité, et que la réputation de libéral a fait parvenir bien des gens aux rangs les plus élevés, je réponds : ou vous êtes déjà effectivement prince, ou vous êtes en voie de le devenir. Dans le premier cas, la libéralité vous est dommageable; dans le second, il faut nécessairement que vous en ayez la réputation : or c'est dans ce second cas que se trouvait César, qui aspirait au pouvoir souverain dans Rome. Mais si, après y être parvenu, il eût encore vécu longtemps et n'eût point modéré ses dépenses, il aurait renversé lui-même son empire.

Si l'on insiste, et que l'on dise encore que plusieurs princes ont régné et exécuté de grandes choses avec leurs armées, et quoiqu'ils eussent cependant la réputation d'être très-libéraux, je répliquerai : le prince dépense ou de son propre bien et de celui de ses sujets, ou du bien d'autrui : dans le premier cas il doit être économe; dans le second il ne saurait être trop libéral.

Pour le prince, en effet, qui va conquérant avec ses armées, vivant de dépouilles, de pillage, de contributions, et usant du bien d'autrui, la libéralité lui est nécessaire, car sans elle il ne serait point suivi par ses soldats. Rien ne l'empêche aussi d'être distributeur génereux, ainsi que le furent Cyrus, César et Alexandre, de ce qui n'appartient ni à lui-même ni à ses sujets. En prodiguant le bien d'autrui, il n'a point à craindre de diminuer son crédit; il ne peut, au contraire, que l'accroître : c'est la prodigalité de son propre bien qui pourrait seule lui nuire.

Enfin la libéralité, plus que toute autre chose, se dévore elle-même; car, à mesure qu'on l'exerce, on perd la faculté de l'exercer encore : on devient pauvre, méprisé, ou bien rapace et odieux. Le mépris et la haine sont sans doute les écueils dont il importe le plus aux princes de se préserver. Or la libéralité conduit infailliblement à l'un et à l'autre. Il est donc plus sage de se résoudre à être appelé avare, qualité qui n'attire que du mépris sans haine, que de se mettre, pour éviter ce nom, dans la nécessité d'encourir la qualification de rapace, qui engendre le mépris et la haine tout ensemble.

CHAPITRE XVII.

De la cruauté et de la clémence, et s'il vaut mieux être aimé que craint.

Continuant à suivre les autres qualités précédemment énoncées, je dis que tout prince doit désirer d'être réputé clément et non cruel. Il faut pourtant bien prendre garde de ne point user mal à propos de la clémence. César Borgia passait pour cruel, mais sa cruauté rétablit l'ordre et l'union dans la Romagne; elle y ramena la tranquillité et l'obéissance. On peut dire aussi, en considérant bien les choses, qu'il fut plus clément que le peuple florentin, qui, pour éviter le reproche de cruauté, laissa détruire la ville de Pistoie.

Un prince ne doit donc point s'effrayer de ce reproche, quand il s'agit de contenir ses sujets dans l'union et la fidélité. En faisant un petit nombre d'exemples de ri-

gueur, vous serez plus clément que ceux qui, par trop
de pitié, laissent s'élever des désordres d'où s'ensuivent
les meurtres et les rapines; car ces désordres blessent
la société tout entière, au lieu que les rigueurs ordonnées par le prince ne tombent que sur des particuliers.

Mais c'est surtout à un prince nouveau qu'il est impossible de faire le reproche de cruauté, parce que, dans
les États nouveaux, les dangers sont très-multipliés.
C'est cette raison aussi que Virgile met dans la bouche
de Didon, lorsqu'il lui fait dire, pour excuser la rigueur
de son gouvernement :

> Res dura et regni novitas me talia cogunt
> Moliri, et latè fines custode tueri.
> VIRGILE, Æneid., lib. I.

Il doit toutefois ne croire et n'agir qu'avec une grande
maturité, ne point s'effrayer lui-même, et suivre en tout
les conseils de la prudence, tempérés par ceux de l'humanité; en sorte qu'il ne soit point imprévoyant par trop
de confiance, et qu'une défiance excessive ne le rende
point intolérable.

Sur cela s'est élevée la question de savoir : *S'il vaut
mieux être aimé que craint, ou être craint qu'aimé?*

On peut répondre que le meilleur serait d'être l'un
et l'autre. Mais, comme il est très-difficile que les deux
choses existent ensemble, je dis que, si l'une doit manquer, il est plus sûr d'être craint que d'être aimé. On
peut, en effet, dire généralement des hommes qu'ils sont
ingrats, inconstants, dissimulés, tremblants devant les
dangers, et avides de gain; que, tant que vous leur faites
du bien, ils sont à vous; qu'ils vous offrent leur sang,
leurs biens, leur vie, leurs enfants, tant, comme je l'ai
déjà dit, que le péril ne s'offre que dans l'éloignement;
mais que, lorsqu'il s'approche, ils se détournent bien
vite. Le prince qui se serait entièrement reposé sur leur
parole, et qui, dans cette confiance, n'aurait point pris

d'autres mesures, serait bientôt perdu; car toutes ces amitiés, achetées par des largesses, et non accordées par générosité et grandeur d'âme, sont quelquefois, il est vrai, bien méritées, mais on ne les possède pas effectivement; et, au moment de les employer, elles manquent toujours. Ajoutons qu'on appréhende beaucoup moins d'offenser celui qui se fait aimer que celui qui se fait craindre; car l'amour tient par un lien de reconnaissance bien faible pour la perversité humaine, et qui cède au moindre motif d'intérêt personnel; au lieu que la crainte résulte de la menace du châtiment, et cette peur ne s'évanouit jamais.

Cependant le prince qui veut se faire craindre doit s'y prendre de telle mnière que, s'il ne gagne point l'affection, il ne s'attire pas non plus la haine; ce qui, du reste, n'est point impossible; car on peut fort bien tout à la fois être craint et n'être pas haï; et c'est à quoi aussi il parviendra sûrement, en s'abstenant d'attenter, soit aux biens de ses sujets, soit à l'honneur de leurs femmes. S'il faut qu'il en fasse périr quelqu'un, il ne doit s'y décider que quand il y en aura une raison manifeste, et que cet acte de rigueur paraîtra bien justifié. Mais il doit surtout se garder, avec d'autant plus de soin, d'attenter aux biens, que les hommes oublient plutôt la mort d'un père même que la perte de leur patrimoine, et que d'ailleurs il en aura des occasions plus fréquentes. Le prince qui s'est une fois livré à la rapine trouve toujours, pour s'emparer du bien de ses sujets, des raisons et des moyens qu'il n'a que plus rarement pour répandre leur sang.

C'est lorsque le prince est à la tête de ses troupes, et qu'il commande à une multitude de soldats, qu'il doit moins que jamais appréhender d'être réputé cruel; car, sans ce renom, on ne tient point une armée dans l'ordre et disposée à toute entreprise.

Entre les actions admirables d'Annibal, on a remarqué

particulièrement que, quoique son armée fût très-nom-
breuse, et composée d'un mélange de plusieurs espèces
d'hommes très-différents, faisant la guerre sur le territoire d'autrui, il ne s'y éleva, ni dans la bonne ni dans
la mauvaise fortune, aucune dissension entre les troupes,
aucun mouvement de révolte contre le général. D'où
cela vient-il? si ce n'est de cette cruauté excessive qui,
jointe aux autres grandes qualités d'Annibal, le rendit
tout à la fois la vénération et la terreur de ses soldats,
et sans laquelle toutes ses autres qualités auraient été
insuffisantes. Ils avaient donc bien peu réfléchi, ces écrivains, qui, en célébrant d'un côté les actions de cet
homme illustre, ont blâmé de l'autre ce qui en avait été
la principale cause.

Pour se convaincre que les autres qualités d'Annibal
ne lui auraient pas suffi, il n'y a qu'à considérer ce qui
arriva à Scipion, homme tel qu'on n'en trouve presque
point de semblable, soit dans nos temps modernes, soit
même dans l'histoire de tous les temps connus. Les
troupes qu'il commandait en Espagne se soulevèrent
contre lui, et cette révolte ne put être attribuée qu'à sa
clémence excessive, qui avait laissé prendre aux soldats
beaucoup plus de licence que n'en comportait la discipline militaire. C'est aussi ce que Fabius Maximus lui
reprocha en plein sénat, où il lui donna la qualification
de corrupteur de la milice romaine.

De plus, les Locriens, tourmentés et ruinés par un de
ses lieutenants, ne purent obtenir de lui aucune vengeance, et l'insolence du lieutenant ne fut point réprimée; autre effet de son naturel facile. Sur quoi quelqu'un,
voulant l'accuser dans le sénat, dit : « Qu'il y avait des
« hommes qui savaient mieux ne point commettre de
« fautes que corriger celles des autres. » On peut croire
aussi que cette extrême douceur aurait enfin terni la
gloire et la renommée de Scipion, s'il avait exercé durant quelque temps le pouvoir suprême ; mais heureuse-

ment il était lui-même soumis aux ordres du sénat ; de sorte que cette qualité, nuisible de sa nature, demeura en quelque sorte cachée, et fut même encore pour lui un sujet d'éloges.

Revenant donc à la question dont il s'agit, je conclus que les hommes, aimant à leur gré, et craignant au gré du prince, celui-ci doit plutôt compter sur ce qui dépend de lui, que sur ce qui dépend des autres : il faut seulement que, comme je l'ai dit, il tâche avec soin de ne pas s'attirer la haine.

CHAPITRE XVIII.

Comment les princes doivent tenir leur parole.

Chacun comprend combien il est louable pour un prince d'être fidèle à sa parole et d'agir toujours franchement et sans artifice. De notre temps, néanmoins, nous avons vu de grandes choses exécutées par des princes qui faisaient peu de cas de cette fidélité et qui savaient en imposer aux hommes par la ruse. Nous avons vu ces princes l'emporter enfin sur ceux qui prenaient la loyauté pour base de toute leur conduite.

On peut combattre de deux manières : ou avec les lois, ou avec la force. La première est propre à l'homme, la seconde est celle des bêtes ; mais comme souvent celle-là ne suffit point, on est obligé de recourir à l'autre : il faut donc qu'un prince sache agir à propos, et en bête et en homme. C'est ce que les anciens écrivains ont enseigné allégoriquement, en racontant qu'Achille et plusieurs autres héros de l'antiquité avaient été confiés au centaure Chiron, pour qu'il les nourrît et les élevât.

Par là, en effet, et par cet instituteur moitié homme et moitié bête, ils ont voulu signifier qu'un prince doit avoir en quelque sorte ces deux natures, et que l'une a besoin d'être soutenue par l'autre. Le prince, devant donc agir en bête, tâchera d'être tout à la fois renard et lion : car, s'il n'est que lion, il n'apercevra point les piéges ; s'il n'est que renard, il ne se défendra point contre les loups ; et il a également besoin d'être renard pour connaître les piéges, et lion pour épouvanter les loups. Ceux qui s'en tiennent tout simplement à être lions sont très-malhabiles.

Un prince bien avisé ne doit point accomplir sa promesse lorsque cet accomplissement lui serait nuisible, et que les raisons qui l'ont déterminé à promettre n'existent plus : tel est le précepte à donner. Il ne serait pas bon sans doute, si les hommes étaient tous gens de bien ; mais comme ils sont méchants, et qu'assurément ils ne vous tiendraient point leur parole, pourquoi devriez-vous leur tenir la vôtre? Et d'ailleurs, un prince peut-il manquer de raisons légitimes pour colorer l'inexécution de ce qu'il a promis?

A ce propos on peut citer une infinité d'exemples modernes, et alléguer un très-grand nombre de traités de paix, d'accords de toute espèce, devenus vains et inutiles par l'infidélité des princes qui les avaient conclus. On peut faire voir que ceux qui ont su le mieux agir en renard sont ceux qui ont le plus prospéré.

Mais pour cela, ce qui est absolument nécessaire, c'est de savoir bien déguiser cette nature de renard, et de posséder parfaitement l'art et de simuler et de dissimuler. Les hommes sont si aveuglés, si entraînés par le besoin du moment, qu'un trompeur trouve toujours quelqu'un qui se laisse tromper.

Parmi les exemples récents, il en est un que je ne veux point passer sous silence.

Alexandre VI ne fit jamais que tromper ; il ne pensait pas à autre chose, et il en eut toujours l'occasion et le moyen. Il n'y eut jamais d'homme qui affirmât une chose avec plus d'assurance, qui appuyât sa parole sur plus de serments, et qui les tint avec moins de scrupule : ses tromperies cependant lui réussirent toujours, parce qu'il en connaissait parfaitement l'art.

Ainsi donc, pour en revenir aux bonnes qualités énoncées ci-dessus, il n'est pas bien nécessaire qu'un prince les possède toutes ; mais il l'est qu'il paraisse les avoir. J'ose même dire que s'il les avait effectivement, et s'il les montrait toujours dans sa conduite, elles pourraient lui nuire, au lieu qu'il lui est toujours utile d'en avoir l'apparence. Il lui est toujours bon, par exemple, de paraître clément, fidèle, humain, religieux, sincère ; il l'est même d'être tout cela en réalité : mais il faut en même temps qu'il soit assez maître de lui pour pouvoir et savoir au besoin montrer les qualités opposées.

On doit bien comprendre qu'il n'est pas possible à un prince, et surtout à un prince nouveau, d'observer dans sa conduite tout ce qui fait que les hommes sont réputés gens de bien, et qu'il est souvent obligé, pour maintenir l'État, d'agir contre l'humanité, contre la charité, contre la religion même. Il faut donc qu'il ait l'esprit assez flexible pour se tourner à toutes choses, selon que le vent et les accidents de la fortune le commandent ; il faut, comme je l'ai dit, que tant qu'il le peut il ne s'écarte pas de la voie du bien, mais qu'au besoin il sache entrer dans celle du mal.

Il doit aussi prendre grand soin de ne pas laisser échapper une seule parole qui ne respire les cinq qualités que je viens de nommer ; en sorte qu'à le voir et à l'entendre on le croie tout plein de douceur, de sincérité, d'humanité, d'honneur, et principalement de religion, qui est encore ce dont il importe le plus d'avoir l'apparence : car les hommes, en général, jugent plus par leurs yeux que par leurs mains, tous étant à portée de voir, et peu de toucher. Tout le monde voit ce que vous paraissez ; peu connaissent à fond ce que vous êtes, et ce petit nombre n'osera point s'élever contre l'opinion de la ma-

jorité, soutenue encore par la majesté du pouvoir souverain.

Au surplus, dans les actions des hommes, et surtout
des princes, qui ne peuvent être scrutées devant un tribunal, ce que l'on considère, c'est le résultat. Que le
prince songe donc uniquement à conserver sa vie et son
État : s'il y réussit, tous les moyens qu'il aura pris seront jugés honorables et loués par tout le monde. Le vulgaire est toujours séduit par l'apparence et par l'événement : et le vulgaire ne fait-il pas le monde? Le petit
nombre n'est écouté que lorsque le plus grand ne sait
quel parti prendre ni sur quoi asseoir son jugement.

De notre temps, nous avons vu un prince [1] qu'il ne
convient pas de nommer, qui jamais ne prêcha que paix
et bonne foi, mais qui, s'il avait toujours respecté l'une
et l'autre, n'aurait pas sans doute conservé ses États et
sa réputation.

CHAPITRE XIX.

Qu'il faut éviter d'être méprisé et haï.

Après avoir traité spécialement, parmi les qualités
que j'avais d'abord énoncées, celles que je regarde comme
les principales, je parlerai plus brièvement des autres,
me bornant à cette généralité, que le prince doit éviter
avec soin toutes les choses qui le rendraient odieux et
méprisable, moyennant quoi il aura fait tout ce qu'il
avait à faire, et il ne trouvera plus de danger dans les
autres reproches qu'il pourrait encourir.

Ce qui le rendrait surtout odieux, ce serait, comme je
l'ai dit, d'être rapace, et d'attenter, soit au bien de ses
sujets, soit à l'honneur de leurs femmes. Pourvu que

[1] L'auteur veut parler de Ferdinand le Catholique, roi d'Aragon et de Castille.

7.

ces deux choses, c'est-à-dire les biens et l'honneur, soient respectées, le commun des hommes est content, et l'on n'a plus à lutter que contre l'ambition d'un petit nombre d'individus, qu'il est aisé et qu'on a mille moyens de réprimer.

Ce qui peut faire mépriser, c'est de paraître inconstant, léger, efféminé, pusillanime, irrésolu, toutes choses dont le prince doit se tenir loin comme d'un écueil, faisant en sorte que dans toutes ses actions on trouve de la grandeur, du courage, de la gravité, de la fermeté ; que l'on soit convaincu, quant aux affaires particulières de ses sujets, que ses décisions sont irrévocables, et que cette conviction s'établisse de telle manière dans leur esprit, que personne n'ose penser ni à le tromper ni à le circonvenir.

Le prince qui a donné de lui cette idée est très-considéré, et il est difficile que l'on conspire contre celui qui jouit d'une telle considération ; il l'est même qu'on l'attaque quand on sait qu'il a de grandes qualités et qu'il est respecté par les siens.

Deux craintes doivent occuper un prince : l'intérieur de ses États et la conduite de ses sujets sont l'objet de l'une ; le dehors et les desseins des puissances environnantes sont celui de l'autre. Pour celle-ci, le moyen de se prémunir est d'avoir de bonnes armes et de bons amis ; et l'on aura toujours de bons amis quand on aura de bonnes armes : d'ailleurs, tant que le prince sera en sûreté et tranquille au dehors, il le sera aussi au dedans, à moins qu'il n'eût été déjà troublé par quelque conjuration ; et si même au dehors quelque entreprise est formée contre lui, il trouvera dans l'intérieur, comme j'ai déjà dit que Nabis, tyran de Sparte, les trouva, les moyens de résister à toute attaque, pourvu toutefois qu'il se soit conduit et qu'il ait gouverné conformément à ce que j'ai observé, et que de plus il ne perde point courage.

Pour ce qui est des sujets, ce que le prince peut en craindre, lorsqu'il est tranquille au dehors, c'est qu'ils ne conspirent secrètement contre lui : mais, à cet égard, il est déjà bien garanti quand il a évité d'être haï et méprisé, et qu'il a fait en sorte que le peuple soit content de lui ; chose dont il est absolument nécessaire de venir à bout, ainsi que je l'ai établi. C'est là, en effet, la plus sûre garantie contre les conjurations ; car celui qui conjure croit toujours que la mort du prince sera agréable au peuple : s'il pensait qu'elle l'affligeât, il se garderait bien de concevoir un pareil dessein, qui présente de très-grandes et de très-nombreuses difficultés.

On sait par l'expérience que beaucoup de conjurations ont été formées, mais qu'il n'y en a que bien peu qui aient eu une heureuse issue. Un homme ne peut pas conjurer tout seul : il faut qu'il ait des associés ; et il ne peut en chercher que parmi ceux qu'il croit mécontents. Or, en confiant un projet de cette nature à un mécontent, on lui fournit le moyen de mettre un terme à son mécontentement ; car il peut compter qu'en révélant le secret, il sera amplement récompensé : et comme il voit là un profit assuré, tandis que la conjuration ne lui présente qu'incertitude et péril, il faut qu'il ait, pour ne point trahir, ou une amitié bien vive pour le conspirateur, ou une haine bien obstinée pour le prince. En peu de mots, le conspirateur est toujours troublé par le soupçon, la jalousie, la frayeur du châtiment ; au lieu que le prince a pour lui la majesté de l'empire, l'autorité des lois, l'appui de ses amis, et tout ce qui fait la défense de l'État ; et si à tout cela se joint la bienveillance du peuple, il est impossible qu'il se trouve quelqu'un d'assez téméraire pour conjurer ; car, en ce cas, le conspirateur n'a pas seulement à craindre les dangers qui précèdent l'exécution, il doit encore redouter ceux qui suivront, et contre lesquels, ayant le peuple pour ennemi, il ne lui restera aucun refuge.

Sur cela on pourrait citer une infinité d'exemples, mais je me borne à un seul dont nos pères ont été les témoins.

Messer Annibal Bentivogli, aïeul de messer Annibal actuellement vivant, étant prince de Bologne, fut assassiné par les Canneschi, à la suite d'une conspiration qu'ils avaient tramée contre lui : il ne resta de sa famille que messer Giovanni, jeune enfant encore au berceau. Mais l'affection que le peuple bolonais avait en ce temps-là pour la maison Bentivogli fut cause qu'aussitôt après le meurtre il se souleva, et massacra tous les Canneschi. Cette affection alla même encore plus loin : comme, après la mort de messer Annibal, il n'était resté personne qui pût gouverner l'État, et les Bolonais ayant su qu'il y avait un homme né de la famille Bentivogli qui vivait à Florence, où il passait pour le fils d'un artisan, ils allèrent le chercher, et lui confièrent le gouvernement, qu'il garda en effet jusqu'à ce que messer Giovanni fût en âge de tenir lui-même les rênes de l'État.

Encore une fois donc, un prince qui est aimé de son peuple a peu à craindre les conjurations ; mais s'il en est haï, tout, choses et hommes, est pour lui à redouter. Aussi les gouvernements bien réglés et les princes sages prennent-ils toujours très-grand soin de satisfaire le peuple et de le tenir content sans trop chagriner les grands : c'est un des objets de la plus haute importance.

Parmi les royaumes bien organisés de notre temps, on peut citer la France, où il y a un grand nombre de bonnes institutions propres à maintenir l'indépendance et la sûreté du roi ; institutions entre lesquelles celle du parlement et de son autorité tient le premier rang. En effet, celui qui organisa ainsi la France, voyant, d'un côté, l'ambition et l'insolent orgueil des grands, et combien il était nécessaire de les réprimer ; considérant, le l'autre, la haine générale qu'on leur portait, haine enfantée par la crainte qu'ils inspiraient, et voulant en conséquence qu'il fût aussi pourvu à leur sûreté, pensa qu'il était à propos de n'en pas laisser le soin spécialement au roi, pour qu'il n'eût pas à encourir la haine des grands en favorisant le peuple, et celle du peuple en favorisant les grands. C'est pourquoi il trouva bon d'établir la tierce autorité d'un tribunal qui pût, sans aucune fâcheuse conséquence pour le roi, abaisser les grands et protéger les petits. Une telle institution était sans doute ce qu'on pouvait faire de mieux, de plus sage et de plus convenable pour la sûreté du prince et du royaume.

De là aussi on peut tirer une autre remarque : c'est que le prince doit se décharger sur d'autres des parties de l'administration qui peuvent être odieuses, et se réserver exclusivement celles des grâces ; en un mot, je le répète, il doit avoir des égards pour les grands, mais éviter d'être haï par le peuple.

En considérant la vie et la mort de plusieurs empereurs romains, on croira peut-être y voir des exemples contraires à ce que je viens de dire, car on en trouvera quelques-uns qui, s'étant toujours conduits avec sagesse, et ayant montré de grandes qualités, ne laissèrent pas de perdre l'empire, ou même de périr victimes de conjurations formées contre eux.

Pour répondre à cette objection, je vais examiner le caractère et la conduite de quelques-uns de ces empereurs, et faire voir que les causes de leur ruine ne présentent rien qui ne s'accorde avec ce que j'ai établi. Je ferai d'ailleurs quelques réflexions sur ce que les événements de ces temps-là peuvent offrir de remarquable à ceux qui lisent l'histoire. Je me bornerai cependant aux empereurs qui se succédèrent depuis Marc-Aurèle jusqu'à Maximin, et qui sont : Marc-Aurèle, Commode son fils, Pertinax, Didius Julianus, Septime-Sévère, Antonin-Caracalla, son fils, Macrin, Héliogabale, Alexandre-Sévère et Maximin.

La première observation à faire est que, tandis que
dans les autres États le prince n'a à lutter que contre
l'ambition des grands et l'insolence des peuples, les empereurs romains avaient encore à surmonter une troisième difficulté, celle de se défendre contre la cruauté et
l'avarice des soldats; difficulté telle, qu'elle fut la cause
de la ruine de plusieurs de ces princes. Il est très-difficile, en effet, de contenter tout à la fois les soldats et les
peuples; car les peuples aiment le repos, et par conséquent un prince modéré : les soldats, au contraire, demandent qu'il soit d'humeur guerrière, insolent, avide
et cruel; ils veulent même qu'il se montre tel envers le
peuple, afin d'avoir une double paye, et d'assouvir leur
avarice et leur cruauté. De là vint aussi la ruine de tous
ceux des empereurs qui n'avaient point, soit par leurs
qualités naturelles, soit par leurs qualités acquises,
l'ascendant nécessaire pour contenir à la fois et les peuples et les gens de guerre. De là vint encore que la plupart, et ceux surtout qui étaient des princes nouveaux,
voyant la difficulté de satisfaire des humeurs si opposées, prirent le parti de contenter les soldats, sans s'inquiéter de l'oppression du peuple.

Ce parti, au reste, était nécessaire à prendre; car les
princes, qui ne peuvent éviter d'être haïs par quelqu'un,
doivent d'abord chercher à ne pas l'être par la multitude; et, s'ils ne peuvent y réussir, ils doivent faire tous
leurs efforts pour ne pas l'être au moins par la classe la
plus puissante. C'est pour cela aussi que les empereurs,
qui, comme princes nouveaux, avaient besoin d'appuis
extraordinaires, s'attachaient bien plus volontiers aux
soldats qu'au peuple; ce qui pourtant ne leur était utile
qu'autant qu'ils savaient conserver sur eux leur ascendant.

C'est en conséquence de tout ce que je viens de dire,
que des trois empereurs Marc-Aurèle, Pertinax et Alexandre-Sévère, qui vécurent avec sagesse et modération,

qui furent amis de la justice, ennemis de la cruauté, humains et bienfaisants, il n'y eut que le premier qui ne finit point malheureusement. Mais s'il vécut et mourut toujours honoré, c'est qu'ayant hérité de l'empire par droit de succession, il n'en fut redevable ni aux gens de guerre ni au peuple, et que d'ailleurs ses grandes et nombreuses vertus le firent tellement respecter, qu'il put toujours contenir tous les ordres de l'État dans les bornes du devoir, sans être ni haï ni méprisé.

Quant à Pertinax, les soldats, contre le gré de qui il avait été nommé empereur, ne purent supporter la discipline qu'il voulait rétablir après la licence dans laquelle ils avaient vécu sous Commode : il en fut donc haï. A cette haine se joignit le mépris qu'inspirait sa vieillesse, et il périt presque aussitôt qu'il eut commencé à régner. Sur quoi il y a lieu d'observer que la haine est autant le fruit des bonnes actions que des mauvaises ; d'où il suit, comme je l'ai dit, qu'un prince qui veut se maintenir est souvent obligé de n'être pas bon ; car lorsque la classe de sujets dont il croit avoir besoin, soit peuple, soit soldats, soit grands, est corrompue, il faut à tout prix la satisfaire pour ne l'avoir point contre soi ; et alors les bonnes actions nuisent plutôt qu'elles ne servent.

Enfin, pour ce qui concerne Alexandre-Sévère, sa bonté était telle, que, parmi les éloges qu'on en a faits, on a remarqué que, pendant les quatorze ans que dura son règne, personne ne fut mis à mort sans un jugement régulier. Mais, comme il en était venu à passer pour un homme efféminé, qui se laissait gouverner par sa mère, et que par là il était tombé dans le mépris, son armée conspira contre lui et le massacra.

Si nous venons maintenant aux empereurs qui montrèrent des qualités bien opposées, c'est-à-dire à Commode, Septime-Sévère, Antonin-Caracalla et Maximin, nous verrons qu'ils furent très-cruels et d'une insatiable avidité ; que, pour satisfaire les soldats, ils n'épargnèrent au peuple aucune sorte d'oppression et d'injure, et qu'ils eurent tous une fin malheureuse, à l'exception seulement de Sévère, qui, par la grandeur de son courage et d'autres qualités éminentes, put, en se conservant l'affection des soldats, et bien qu'il accablât le peuple d'impôts, régner toujours heureusement ; car cette grandeur le faisait admirer des uns et des autres, de telle manière que les peuples demeuraient frappés comme d'étonnement et de stupeur, et que les soldats étaient respectueux et satisfaits. Sévère, au surplus, se conduisit très-habilement comme prince nouveau : c'est pourquoi je m'arrêterai un moment à faire voir comment il sut bien agir en renard et en lion, deux animaux dont, comme je l'ai dit, un prince doit savoir revêtir les caractères.

Connaissant la lâcheté de Didius Julianus, qui venait de se faire proclamer empereur, il persuada aux troupes à la tête desquelles il se trouvait alors en Pannonie, qu'il était digne d'elles d'aller à Rome pour venger la mort de Pertinax, que la garde impériale avait égorgé ; et, sans découvrir les vues secrètes qu'il avait sur l'empire, il saisit ce prétexte, se hâta de marcher vers Rome avec son armée, et parut en Italie avant qu'on y eût appris son départ. Arrivé à Rome, il fut proclamé empereur par le sénat épouvanté, et Julianus fut massacré. Ce premier pas fait, il lui restait, pour parvenir à être maître de tout l'État, deux obstacles à vaincre : l'un en Orient, où Niger s'était fait proclamer empereur par les armées d'Asie qu'il commandait ; l'autre en Occident, où Albin aspirait également à l'empire. Comme il voyait trop de danger à se déclarer en même temps contre ces deux compétiteurs, il se proposa d'attaquer Niger et de tromper Albin. En conséquence, il écrivit à ce dernier que, nommé empereur par le sénat, son intention était de partager avec lui la dignité impériale : il lui envoya donc le titre de César et se le fit adjoindre comme collègue, par un décret du sénat. Albin se laissa séduire

par ces démonstrations, qu'il crut sincères. Mais lorsque
Sévère eut fait mourir Niger, après l'avoir vaincu et que
les troubles de l'Orient furent apaisés, il revint à Rome
et se plaignit dans le sénat de la conduite d'Albin, l'accusa d'avoir montré peu de reconnaissance de tous les
bienfaits dont il l'avait comblé, et d'avoir tenté secrètement de l'assassiner; et il conclut en disant qu'il ne
pouvait éviter de marcher contre lui pour le punir de
son ingratitude. Il alla soudain l'attaquer dans les Gaules, où il lui ôta et l'empire et la vie.

Telle fut la conduite de ce prince. Si l'on en suit pas
à pas toutes les actions, on y verra partout éclater et
l'audace du lion et la finesse du renard; on le verra
craint et révéré de ses sujets, et chéri même de ses soldats : on ne sera par conséquent point étonné de ce que,
quoique homme nouveau, il pût se maintenir dans un
si vaste empire; car sa haute réputation le défendit toujours contre la haine que ses continuelles exactions auraient pu allumer dans le cœur de ses peuples.

Antonin-Caracalla, son fils, eut aussi comme lui d'éminentes qualités qui le faisaient admirer du peuple et
chérir par les soldats. Son habileté dans l'art de la guerre,
son mépris pour une nourriture recherchée et les délices de la mollesse, lui conciliaient l'affection des troupes;
mais sa cruauté, sa férocité inouïe, les meurtres nombreux et journaliers dont il frappa une partie des citoyens
de Rome, le massacre général des habitants d'Alexandrie, le rendirent l'objet de l'exécration universelle :
ceux qui l'entouraient eurent bientôt à trembler pour
eux-mêmes; et un centurion le tua au milieu de son
armée.

Une observation importante résulte de ce fait : c'est
qu'un prince ne peut éviter la mort lorsqu'un homme
ferme et endurci dans sa vengeance a résolu de le faire
périr; car quiconque méprise sa vie est maître de celle
des autres. Mais comme ces dangers sont rares, ils sont,

par conséquent, moins à appréhender. Tout ce que le prince peut et doit faire à cet égard, c'est d'être attentif à n'offenser grièvement aucun de ceux qu'il emploie et qu'il a autour de lui pour son service ; attention que n'eut point Caracalla, qui avait fait mourir injustement un frère du centurion, par lequel il fut tué, qui le menaçait journellement lui-même, et qui néanmoins le conservait dans sa garde. C'était là sans doute une témérité qui ne pouvait qu'occasionner sa ruine, comme l'événement le prouva.

Pour ce qui est de Commode, fils et héritier de Marc-Aurèle, il avait certes toute facilité de se maintenir dans l'empire : il n'avait qu'à suivre les traces de son père pour contenter le peuple et les soldats. Mais, s'abandonnant à son caractère cruel et féroce, il voulut impunément écraser le peuple par ses rapines ; il prit le parti de caresser les troupes et de les laisser vivre dans la licence. D'ailleurs, oubliant tout le soin de sa dignité, on le voyait souvent descendre dans l'arène pour combattre avec les gladiateurs, et se livrer aux turpitudes les plus indignes de la majesté impériale. Il se rendit vil aux yeux mêmes de ses soldats. Ainsi, devenu tout à la fois l'objet de la haine des uns et du mépris des autres, on conspira contre lui, et il fut égorgé.

Il ne me reste plus qu'à parler de Maximin. Il possédait toutes les qualités qui font l'homme de guerre. Après la mort d'Alexandre-Sévère, dont j'ai parlé tout à l'heure, les armées, dégoûtées de la faiblesse de ce dernier prince, élevèrent Maximin à l'empire ; mais il ne le conserva pas longtemps. Deux choses contribuèrent à le faire mépriser et haïr. La première fut la bassesse de son premier état : gardien de troupeaux dans la Thrace, cette extraction, connue de tout le monde, le rendait vil à tous les yeux. La seconde fut la réputation de cruauté qu'il se fit aussitôt ; car, sans aller à Rome pour prendre possession du trône impérial, il y fit commettre par ses lieutenants, ainsi que dans toutes les parties de l'empire, des actes multipliés de rigueur. D'un côté, l'État, indigné de la bassesse de son origine, et, de l'autre, excité par la crainte qu'inspiraient ses barbaries, se souleva contre lui. Le signal fut donné par l'Afrique. Aussitôt le sénat et le peuple suivirent cet exemple, qui ne tarda pas à être imité par le reste de l'Italie. Bientôt à cette conspiration générale se joignit celle de ses troupes : elles assiégeaient Aquilée; mais, rebutées par les difficultés du siége, lassées de ses cruautés, et commençant à le moins craindre depuis qu'elles le voyaient en butte à une multitude d'ennemis, elles se déterminèrent à le massacrer.

Je ne m'arrêterai maintenant à parler ni d'Hiéliogabale, ni de Macrin, ni de Didius Julianus, hommes si vils qu'ils ne firent que paraître sur le trône. Mais, venant immédiatement à la conclusion de mon discours, je dis que les princes modernes trouvent dans leur administration une difficulté de moins : c'est celle de satisfaire extraordinairement les gens de guerre. En effet, ils doivent bien, sans doute, avoir pour eux quelque considération; mais il n'y a en cela nul grand embarras, car aucun de ces princes n'a les grands corps de troupes toujours subsistants, et amalgamés en quelque sorte par le temps avec le gouvernement et l'administration des provinces, comme l'étaient les armées romaines. Les empereurs étaient obligés de contenter les soldats plutôt que les peuples, parce que les soldats étaient les plus puissants; mais aujourd'hui ce sont les peuples que les princes ont surtout à satisfaire. Il ne faut excepter à cet égard que le Grand Seigneur des Turcs et le soudan.

J'excepte le Grand Seigneur, parce qu'il a toujours autour de lui un corps de douze mille hommes d'infanterie et de quinze mille de cavalerie; que ces corps font sa sûreté et sa force, et qu'en conséquence il doit sur toutes choses, et sans songer au peuple, ménager et conserver leur affection.

J'excepte le soudan, parce que ses États étant entièrement entre les mains des gens de guerre, il faut bien qu'il se concilie leur amitié, sans s'embarrasser du peuple.

Remarquons, à ce propos, que l'État du soudan diffère de tous les autres, et qu'il ne ressemble guère qu'au pontificat des chrétiens, qu'on ne peut appeler ni principauté héréditaire, ni principauté nouvelle. En effet, à la mort du prince, ce ne sont point ses enfants qui héritent et règnent après lui; mais son successeur est élu par ceux à qui appartient cette élection; et du reste, comme cet ordre de choses est consacré par son ancienneté, il ne présente point les difficultés des principautés nouvelles : le prince, à la vérité, est nouveau, mais les institutions sont anciennes, ce qui le fait recevoir tout comme s'il était prince héréditaire. Revenons à notre sujet.

Quiconque réfléchira sur tout ce que je viens de dire, verra qu'en effet la ruine des empereurs dont j'ai parlé eut pour cause la haine ou le mépris, et il comprendra en même temps pourquoi les uns agissant d'une certaine manière, et les autres d'une manière toute différente, un seul, de chaque côté, a fini heureusement, tandis que tous les autres ont terminé leurs jours d'une façon misérable. Il concevra que ce fut une chose inutile et même funeste pour Pertinax et pour Alexandre-Sévère, princes nouveaux, de vouloir imiter Marc-Aurèle, prince héréditaire; et que, pareillement, Caracalla, Commode et Maximin se nuisirent en voulant imiter Sévère, parce qu'ils n'avaient pas les grandes qualités nécessaires pour pouvoir suivre ses traces.

Je dis aussi qu'un prince nouveau peut et doit, non pas imiter, soit Marc-Aurèle, soit Sévère, mais bien prendre, dans l'exemple de Sévère, ce qui lui est nécessaire pour établir son pouvoir, et dans celui de Marc-Aurèle ce qui peut lui servir à maintenir la stabilité et la gloire d'un empire établi et consolidé depuis long-temps.

CHAPITRE XX.

Si les forteresses, et plusieurs autres choses que font souvent les princes, leur sont utiles ou nuisibles.

Les princes ont employé différents moyens pour maintenir sûrement leurs États. Quelques-uns ont désarmé leurs sujets; quelques autres ont entretenu, dans les pays qui leur étaient soumis, la division des partis : il en est qui ont aimé à fomenter des inimitiés contre eux-mêmes; il y en a aussi qui se sont appliqués à gagner ceux qui, au commencement de leur règne, leur avaient paru suspects ; enfin quelques-uns ont construit des forteresses, et d'autres les ont démolies. Il est impossible de se former, sur ces divers moyens, une opinion bien déterminée, sans entrer dans l'examen des circonstances particulières de l'État auquel il serait question d'en appliquer quelqu'un. Je vais néanmoins en parler généralement et comme le sujet le comporte.

Il n'est jamais arrivé qu'un prince nouveau ait désarmé ses sujets; bien au contraire, celui qui les a trouvés sans armes leur en a donné, car il a pensé que ces armes seraient à lui; qu'en les donnant, il rendrait fidèles ceux qui étaient suspects; que les autres se maintiendraient dans leur fidélité, et que tous, enfin, deviendraient ses partisans. A la vérité, tous les sujets ne peuvent pas porter les armes; mais le prince ne doit pas craindre, en récompensant ceux qui les auront prises, d'indisposer les autres de manière qu'il ait quelque lieu de s'en inquiéter : les premiers, en effet, lui sauront gré de la récompense; et les derniers trouveront à propos qu'il

8.

traite mieux ceux qui auront plus servi et se seront exposés à plus de dangers.

Le prince qui désarmerait ses sujets commencerait à les offenser, en leur montrant qu'il se défie de leur fidélité ; et cette défiance, quel qu'en fût l'objet, inspirerait de la haine contre lui. D'ailleurs, ne pouvant pas rester sans armes, il serait forcé de recourir à une milice mercenaire ; et j'ai déjà dit ce que c'est que cette milice, qui, lors même qu'elle serait bonne, ne pourrait jamais être assez considérable pour le défendre contre des ennemis puissants et des sujets irrités. Aussi, comme je l'ai déjà dit, tout prince nouveau dans une principauté nouvelle n'a jamais manqué d'y organiser une force armée. L'histoire en présente de nombreux exemples.

C'est quand un prince a acquis un État nouveau, qu'il adjoint à celui dont il était déjà possesseur, qu'il lui importe de désarmer les sujets du nouvel État, à l'exception toutefois de ceux qui se sont déclarés pour lui au moment de l'acquisition : encore convient-il qu'il leur donne la facilité de s'abandonner à la mollesse et de s'efféminer, et qu'il organise les choses de manière qu'il n'y ait plus d'armée que ses soldats propres, vivant dans son ancien État et auprès de sa personne.

Nos ancêtres, et particulièrement ceux qui passaient pour sages, disaient communément qu'il fallait contenir Pistoie au moyen des partis, et Pise par celui des forteresses. Ils prenaient soin aussi d'entretenir la division dans quelques-uns des pays qui leur étaient soumis, afin de les maintenir plus aisément. Cela pouvait être bon dans le temps où il y avait une sorte d'équilibre en Italie ; mais il me semble qu'on ne pourrait plus le conseiller aujourd'hui ; car je ne pense pas que les divisions pussent être bonnes à quelque chose. Il me paraît même que, quand l'ennemi approche, les pays divisés sont infailliblement et bientôt perdus ; car le parti faible se joindra aux forces extérieures, et l'autre ne pourra plus résister. Les Vénitiens, qui, je crois, pensaient à cet égard comme nos ancêtres, entretenaient les partis guelfe et gibelin dans les villes soumises à leur domination. A la vérité, ils ne laissaient pas aller les choses jusqu'à l'effusion du sang, mais ils fomentaient assez la division et les querelles pour que les habitants en fussent tellement occupés qu'ils ne songeassent point à sortir de l'obéissance. Cependant ils s'en trouvèrent mal ; et quand ils eurent perdu la bataille de Vailà, ces mêmes villes devinrent aussitôt audacieuses, et secouèrent le joug de l'autorité vénitienne.

Le prince qui emploie de pareils moyens décèle sa faiblesse ; et un gouvernement fort ne tolérera jamais les divisions : si elles sont de quelque utilité durant la paix, en donnant quelques facilités pour contenir les sujets, dès que la guerre s'allume, elles ne sont que funestes.

Les princes deviennent plus grands, sans doute, lorsqu'ils surmontent tous les obstacles qui s'opposaient à leur élévation. Aussi, quand la fortune veut agrandir un prince nouveau, qui a plus besoin qu'un prince héréditaire d'acquérir de la réputation, elle suscite autour de lui une foule d'ennemis contre lesquels elle le pousse, afin de lui fournir l'occasion d'en triompher, et lui donne ainsi l'occasion de s'élever au moyen d'une échelle que ses ennemis eux-mêmes lui fournissent. C'est pourquoi plusieurs personnes ont pensé qu'un prince sage doit, s'il le peut, entretenir avec adresse quelque inimitié, pour qu'en la surmontant il accroisse sa propre grandeur.

Les princes, et particulièrement les princes nouveaux, ont éprouvé que les hommes qui, au moment de l'établissement de leur puissance, leur avaient paru suspects, leur étaient plus fidèles et plus utiles que ceux qui d'abord s'étaient montrés dévoués. Pandolfo Petrucci, prince de Sienne, employait de préférence dans son gouvernement ceux que d'abord il avait suspectés.

Il serait difficile, sur cet objet, de donner des règles générales, et tout dépend des circonstances particulières. Aussi me bornerai-je à dire que, pour les hommes qui, au commencement d'une principauté nouvelle, étaient ennemis, et qui se trouvent dans une position telle, qu'ils ont besoin d'appui pour se maintenir, le prince pourra toujours très-aisément les gagner, et que, de leur côté, ils seront forcés de le servir avec d'autant plus de zèle et de fidélité, qu'ils sentiront qu'ils ont à effacer, par leurs services, la mauvaise idée qu'ils lui avaient donné lieu de prendre d'eux. Ils lui seront par conséquent plus utiles que ceux qui, n'ayant ni les mêmes motifs ni la même crainte, peuvent s'occuper avec négligence de ses intérêts.

Et, puisque mon sujet m'y amène, je ferai encore observer à tout prince nouveau, qui s'est emparé de la principauté au moyen d'intelligences au dedans, qu'il doit bien considérer par quels motifs ont été déterminés ceux qui ont agi en sa faveur; car, s'ils ne l'ont pas été par une affection naturelle, mais seulement par la raison qu'ils étaient mécontents de son gouvernement actuel, le nouveau prince aura une peine extrême à conserver leur amitié, car il lui sera impossible de les contenter.

En réfléchissant sur les exemples que les temps anciens et les modernes nous offrent à cet égard, on verra qu'il est beaucoup plus facile au prince nouveau de gagner ceux qui d'abord furent ses ennemis, parce qu'ils étaient satisfaits de l'ancien état des choses, que ceux qui se firent ses amis et le favorisèrent, parce qu'ils étaient mécontents.

Les princes ont été généralement dans l'usage, pour se maintenir, de construire des forteresses, soit afin d'empêcher les révoltes, soit afin d'avoir un lieu sûr de refuge contre une première attaque. J'approuve ce système, parce qu'il fut suivi par les anciens. De nos jours, cependant, nous avons vu Niccolò Vitelli démolir deux forteresses à Città di Castello, afin de se maintenir en possession de ce pays. Pareillement, le duc d'Urbin Guido Ubaldo, rentré dans son duché, d'où il avait été expulsé par César Borgia, détruisit jusqu'aux fondements toutes les citadelles qui s'y trouvaient, pensant qu'au moyen de cette mesure il risquerait moins d'être dépouillé une seconde fois. Enfin les Bentivogli, rétablis dans Bologne, en usèrent de même. Les forteresses sont donc utiles ou non, selon les circonstances, et même, si elles servent dans un temps, elles nuisent dans un autre. Sur quoi voici ce qu'on peut dire.

Le prince qui a plus de peur de ses sujets que des étrangers doit construire des forteresses ; mais il ne doit point en avoir s'il craint plus les étrangers que ses sujets : le château de Milan, construit par Francesco Sforza, a plus fait de tort à la maison de ce prince qu'aucun désordre survenu dans ses États. La meilleure forteresse qu'un prince puisse avoir est l'affection de ses peuples : s'il est haï, toutes les forteresses qu'il pourra avoir ne le sauveront pas ; car si ses peuples prennent une fois les armes, ils trouveront toujours des étrangers pour les soutenir.

De notre temps, nous n'avons vu que la comtesse de Forli tirer avantage d'une forteresse, où, après le meurtre de son mari, le comte de Girolamo, elle put trouver un refuge contre le soulèvement du peuple, et attendre qu'on lui eût envoyé de Milan le secours au moyen duquel elle reprit ses États. Mais, pour lors, les circonstances étaient telles, qu'aucun étranger ne put soutenir le peuple. D'ailleurs, cette même forteresse lui fut peu utile dans la suite, lorsqu'elle fut attaquée par César Borgia, et que le peuple, qui la détestait, put se joindre à cet ennemi. Dans cette dernière occasion, comme dans la première, il lui eût beaucoup mieux valu de n'être point haïe que d'avoir des forteresses.

D'après tout cela, j'approuve également ceux qui con-

struiront des forteresses et ceux qui n'en construiront
point; mais je blâmerai toujours quiconque, comptant
sur cette défense, ne craindra point d'encourir la haine
des peuples.

CHAPITRE XXI.

Comment doit se conduire un prince pour acquérir de la réputation.

Faire de grandes entreprises, donner par ses actions
de rares exemples, c'est ce qui illustre le plus un prince.
Nous pouvons, de notre temps, citer comme un prince
ainsi illustré Ferdinand d'Aragon, actuellement roi d'Espagne, et qu'on peut appeler en quelque sorte un prince
nouveau, parce que, n'étant d'abord qu'un roi bien peu
puissant, la renommée et la gloire en ont fait le premier
roi de la chrétienté.

Si l'on examine ses actions, on les trouvera toutes
empreintes d'un caractère de grandeur, et quelques-unes
paraîtront même sortir de la route ordinaire. Dès le
commencement de son règne, il attaqua le royaume de
Grenade; et cette entreprise devint la base de sa grandeur. D'abord il la fit étant en pleine paix avec tous les
autres États, et sans crainte, par conséquent, d'aucune
diversion : elle lui fournit d'ailleurs le moyen d'occuper
l'ambition des grands de la Castille, qui, entièrement
absorbés dans cette guerre, ne pensèrent point à inno-
ver; tandis que lui, de son côté, acquérait sur eux, par
sa renommée, un ascendant dont ils ne s'aperçurent pas.
De plus, l'argent que l'Église lui fournit et celui qu'il
leva sur les peuples le mirent en état d'entretenir des
armées qui, formées par cette longue suite de guerres,
le firent tant respecter par la suite. Après cette entreprise, et se couvrant toujours du manteau de la religion
pour en venir à de plus grandes, il s'appliqua avec une

pieuse cruauté à persécuter les Maures et à en purger
son royaume : exemple admirable, et qu'on ne saurait
trop méditer. Enfin, sous ce même prétexte de la religion, il attaqua l'Afrique ; puis il porta ses armes dans
l'Italie ; et, en dernier lieu, il fit la guerre à la France :
de sorte qu'il ne cessa de former et d'exécuter de grands
desseins, tenant toujours les esprits de ses sujets dans
l'admiration et dans l'attente des événements. Toutes
ces actions, au surplus, se succédèrent et furent liées
les unes aux autres, de telle manière qu'elles ne laissaient ni le temps de respirer, ni le moyen d'en interrompre le cours.

Ce qui peut servir encore à illustrer un prince, c'est
d'offrir, comme fit messer Barnabò Visconti, duc de Milan, dans son administration intérieure, et quand l'occasion s'en présente, des exemples singuliers, et qui donnent
beaucoup à parler, quant à la manière de punir ou de
récompenser ceux qui, dans la vie civile, ont commis de
grands crimes ou rendu de grands services ; c'est d'agir,
en toute circonstance, de telle façon qu'on soit forcé de
le regarder comme supérieur au commun des hommes.

On estime aussi un prince qui se montre franchement
ami ou ennemi, c'est-à-dire qui sait se déclarer ouvertement et sans réserve pour ou contre quelqu'un ; ce
qui est toujours un parti plus utile à prendre que de
demeurer neutre.

En effet, quand deux puissances qui vous sont voisines
en viennent aux mains, il arrive de deux choses l'une :
elles sont ou elles ne sont pas telles que vous ayez
quelque chose à craindre de la part de celle qui demeurera victorieuse. Or, dans l'une et l'autre hypothèse, il
vous sera utile de vous être déclaré ouvertement et d'a-
voir fait franchement la guerre. En voici les raisons.

Dans le premier cas : ne vous êtes-vous point déclaré,
vous demeurez la proie de la puissance victorieuse, et
cela à la satisfaction et au contentement de la puissance

vaincue, qui ne sera engagée par aucun motif à vous défendre ni même à vous donner asile. La première, effectivement, ne peut pas vouloir d'un ami suspect, qui ne
sait pas l'aider au besoin ; et, quant à la seconde, pourquoi vous accueillerait-elle, vous qui aviez refusé de
prendre les armes en sa faveur et de courir sa fortune?

Antiochus étant venu dans la Grèce, où l'appelaient
les Étoliens, dans la vue d'en chasser les Romains, envoya des orateurs aux Achéens, alliés de ce dernier
peuple, pour les inviter à demeurer neutres. Les Romains leur en envoyèrent aussi pour les engager au contraire à prendre les armes en leur faveur. L'affaire étant
mise en discussion dans le conseil des Achéens, et les
envoyés d'Antiochus insistant pour la neutralité, ceux
des Romains répondirent, en s'adressant aux Achéens :
« Quant au conseil qu'on vous donne de ne prendre au-
« cune part dans notre guerre, et qu'on vous présente
« comme le meilleur et le plus utile pour votre pays, il
« n'y en a point qui pût vous être plus funeste ; car si
« vous le suivez, vous demeurez le prix du vainqueur
« sans vous être acquis la moindre gloire, et sans qu'on
« vous ait la moindre obligation. »

Un gouvernement doit compter que toujours celle des
deux parties belligérantes qui n'est point son amie lui
demandera qu'il demeure neutre, et que celle qui est
amie voudra qu'il se déclare en prenant les armes.

Ce parti de la neutralité est celui qu'embrassent le
plus souvent les princes irrésolus, qu'effrayent les dangers présents, et c'est celui qui, le plus souvent aussi,
les conduit à leur ruine.

Vous êtes-vous montré résolûment et vigoureusement
pour une des deux parties, elle ne sera point à craindre
pour vous si elle demeure victorieuse, alors même
qu'elle serait assez puissante pour que vous vous trou-
vassiez à sa discrétion ; car elle vous sera obligée : elle
aura contracté avec vous quelque lien d'amitié ; et les

hommes ne sont jamais tellement dépourvus de tout sentiment d'honneur, qu'ils veuillent accabler ceux avec qui ils ont de tels rapports, et donner ainsi l'exemple de la plus noire ingratitude. D'ailleurs, les victoires ne sont jamais si complètes que le vainqueur puisse se croire affranchi de tout égard, et surtout de toute justice. Mais si cette partie belligérante, pour laquelle vous vous êtes déclaré, se trouve vaincue, du moins vous pouvez compter d'en être aidé autant qu'il lui sera possible, et d'être associé à une fortune qui peut se rétablir.

Dans la seconde hypothèse, c'est-à-dire quand les deux puissances rivales ne sont point telles que vous ayez à craindre quelque chose de la part de celle qui demeurera victorieuse, la prudence vous conseille encore plus de vous déclarer pour l'une des deux. Que s'ensuivra-t-il, en effet? C'est que vous aurez ruiné une de ces puissances par le moyen et avec le secours d'une autre, qui, si elle eût été sage, aurait dû la soutenir, et qui se trouvera à votre discrétion après la victoire que votre appui doit infailliblement lui faire obtenir.

Sur cela, au reste, j'observe qu'un prince ne doit jamais, ainsi que je l'ai déjà dit, s'associer à un autre plus puissant que lui pour en attaquer un troisième, à moins qu'il n'y soit contraint par la nécessité, car la victoire le mettrait à la discrétion de cet autre plus puissant; et les princes doivent, sur toutes choses, éviter de se trouver à la discrétion d'autrui. Les Vénitiens s'associèrent avec la France contre le duc de Milan; et de cette association, qu'ils pouvaient éviter, résulta leur ruine.

Que si une pareille association est inévitable, comme elle le fut pour les Florentins, lorsque le pape et l'Espagne firent marcher leurs troupes contre la Lombardie, il faut bien alors qu'on s'y détermine, quoi qu'il en puisse arriver.

9

Au surplus, un gouvernement ne doit point compter qu'il ne prendra jamais que des partis bien sûrs : on doit penser, au contraire, qu'il n'en est point où il ne se trouve quelque incertitude. Tel est effectivement l'ordre des choses, qu'on ne cherche jamais à fuir un inconvénient sans tomber dans un autre ; et la prudence ne consiste qu'à examiner, à juger les inconvénients, et à prendre comme bon ce qui est le moins mauvais.

Un prince doit encore se montrer amateur des talents, et honorer ceux qui se distinguent dans leur profession. Il doit encourager ses sujets, et les mettre à portée d'exercer tranquillement leur industrie, soit dans le commerce, soit dans l'agriculture, soit dans tous les autres genres de travaux auxquels les hommes se livrent ; en sorte qu'il n'y en ait aucun qui s'abstienne ou d'améliorer ses possessions, dans la crainte qu'elles ne lui soient enlevées, ou d'entreprendre quelque négoce de peur d'avoir à souffrir des exactions. Il doit faire espérer des récompenses à ceux qui forment de telles entreprises, ainsi qu'à tous ceux qui songent à accroître la richesse et la grandeur de l'État. Il doit de plus, à certaines époques convenables de l'année, amuser le peuple par des fêtes, des spectacles ; et, comme tous les citoyens d'un État sont partagés en communautés d'arts ou en tribus, il ne saurait avoir trop d'égards pour ces corporations ; il paraîtra quelquefois dans leurs assemblées, et montrera toujours de l'humanité et de la magnificence, sans jamais compromettre néanmoins la majesté de son rang, majesté qui ne doit l'abandonner dans aucune circonstance.

CHAPITRE XXII.

Des secrétaires des princes.

Ce n'est pas une chose de peu d'importance pour un prince que le choix de ses ministres, qui sont bons ou mauvais selon qu'il est plus ou moins sage lui-même. Aussi, quand on veut apprécier sa capacité, c'est d'abord par les personnes qui l'entourent que l'on en juge. Si elles sont habiles et fidèles, on présume toujours qu'il est sage lui-même, puisqu'il a su discerner leur habileté et s'assurer de leur fidélité; mais on en pense tout autrement si ces personnes ne sont point telles; et le choix qu'il en a fait ayant dû être sa première opération, l'erreur qu'il y a commise est d'un très-fâcheux augure. Tous ceux qui apprenaient que Pandolfo Petrucci, prince de Sienne, avait choisi messer Antonio da Venafro pour son ministre, jugeaient par là même que Pandolfo était un prince très-sage et très-éclairé.

On peut distinguer trois ordres d'esprit, savoir : ceux qui comprennent par eux-mêmes, ceux qui comprennent lorsque d'autres leur démontrent, et ceux enfin qui ne comprennent ni par eux-mêmes, ni par le secours d'autrui. Les premiers sont les esprits supérieurs, les seconds les bons esprits, les troisièmes les esprits nuls. Si Pandolfo n'était pas du premier ordre, certainement il devait être au moins du second, et cela suffisait; car un prince qui est en état, sinon d'imaginer, du moins de juger de ce qu'un autre fait et dit de bien et de mal, sait discerner les opérations bonnes ou mauvaises de son ministre, favoriser les unes, réprimer les autres, ne laisser aucune espérance de pouvoir le tromper, et contenir ainsi le ministre lui-même dans son devoir.

Du reste, si un prince veut une règle certaine pour

connaître ses ministres, on peut lui donner celle-ci : Voyez-vous un ministre songer plus à lui-même qu'à vous, et rechercher son propre intérêt dans toutes ses actions, jugez aussitôt qu'il n'est pas tel qu'il doit être, et qu'il ne peut mériter votre confiance ; car l'homme qui a l'administration d'un État dans les mains doit ne jamais penser à lui-même, mais doit toujours penser au prince, et ne l'entretenir que de ce qui tient à l'intérêt de l'État.

Mais il faut aussi que, de son côté, le prince pense à son ministre, s'il veut le conserver toujours fidèle ; il faut qu'il l'environne de considération, qu'il le comble de richesses, qu'il le fasse entrer en partage de tous les honneurs et de toutes les dignités, pour qu'il n'ait pas lieu d'en souhaiter davantage ; que, monté au comble de la faveur, il redoute le moindre changement, et qu'il soit bien convaincu qu'il ne pourrait se soutenir sans l'appui du prince.

Quand le prince et le ministre sont tels que je le dis, ils peuvent se livrer l'un à l'autre avec confiance : s'ils ne le sont point, la fin sera également fâcheuse pour tous les deux.

CHAPITRE XXIII.

Comment on doit fuir les flatteurs.

Je ne négligerai point de parler d'un article important, et d'une erreur dont il est très-difficile aux princes de se défendre, s'ils ne sont doués d'une grande prudence, et s'ils n'ont l'art de faire de bons choix ; il s'agit des flatteurs, dont les cours sont toujours remplies.

Si, d'un côté, les princes aveuglés par l'amour-propre ont peine à ne pas se laisser corrompre par cette peste, de l'autre, ils courent un danger en la fuyant : c'est celui de tomber dans le mépris. Ils n'ont effectivement qu'un bon moyen de se prémunir contre la flatterie, c'est de faire bien comprendre qu'on ne peut leur déplaire en leur disant la vérité : or, si toute personne peut dire librement à un prince ce qu'elle croit vrai, il cesse bientôt d'être respecté.

Quel parti peut-il donc prendre pour éviter tout inconvénient? Il doit, s'il est prudent, faire choix dans ses États de quelques hommes sages, et leur donner, mais à eux seuls, liberté entière de lui dire la vérité, se bornant toutefois encore aux choses sur lesquelles il les interrogera. Il doit, du reste, les consulter sur tout, écouter leurs avis, résoudre ensuite par lui-même ; il doit encore se conduire, soit envers tous les conseillers ensemble, soit envers chacun d'eux en particulier, de manière à leur persuader qu'ils lui agréent d'autant plus qu'ils parlent avec plus de franchise ; il doit enfin ne vouloir entendre aucune autre personne, agir selon la détermination prise, et s'y tenir avec fermeté.

Le prince qui en use autrement est ruiné par les flatteurs, ou il est sujet à varier sans cesse, entraîné par la diversité des conseils ; ce qui diminue beaucoup sa considération. Sur quoi je citerai un exemple récent. Le prêtre Lucas, agent de Maximilien, actuellement empereur, disait de ce prince « qu'il ne prenait jamais con- « seil de personne, et qu'il ne faisait jamais rien d'après « sa volonté. » Maximilien, en effet, est un homme fort secret, qui ne se confie à qui que ce soit, et ne demande aucun avis ; mais ses desseins venant à être connus à mesure qu'ils sont mis à exécution, ils sont aussitôt contredits par ceux qui l'entourent, et par faiblesse il s'en laisse détourner : de là vient que ce qu'il fait un jour, il le défait le lendemain ; qu'on ne sait jamais ce qu'il désire ni ce qu'il se propose, et qu'on ne peut compter sur aucune de ses déterminations.

Un prince doit donc toujours prendre conseil, mais il doit le faire quand il veut, et non quand d'autres le veulent; il faut même qu'il ne laisse à personne la hardiesse de lui donner son avis sur quoi que ce soit, à moins qu'il ne le demande; mais il faut aussi qu'il ne soit pas trop réservé dans ses questions, qu'il écoute patiemment la vérité, et que lorsque quelqu'un est retenu, par certains égards, de la lui dire, il en témoigne du déplaisir.

Ceux qui prétendent que tel ou tel prince qui paraît sage ne l'est point effectivement, parce que la sagesse qu'il montre ne vient pas de lui-même, mais des bons conseils qu'il reçoit, avancent une grande erreur; car c'est une règle générale, et qui ne trompe jamais, qu'un prince qui n'est point sage par lui-même ne peut pas être bien conseillé, à moins que le hasard ne l'ait mis entièrement entre les mains de quelque homme trèshabile, qui seul le maîtrise et le gouverne; auquel cas, du reste, il peut, à la vérité, être bien conduit, mais pour peu de temps, car le conducteur ne tardera pas à s'emparer du pouvoir. Mais hors de là, et lorsqu'il sera obligé d'avoir plusieurs conseillers, le prince qui manque de sagesse les trouvera toujours divisés entre eux, et ne saura point les réunir. Chacun de ces conseillers ne pensera qu'à son intérêt propre, et il ne sera en état ni de les reprendre, ni même de les juger : d'où il s'ensuivra qu'il n'en aura jamais que de mauvais, car ils ne seront point forcés par la nécessité à devenir bons. En un mot, les bons conseils, de quelque part qu'ils viennent, sont le fruit de la sagesse du prince, et cette sagesse n'est point le fuit des bons conseils.

CHAPITRE XXIV.

Pourquoi les princes d'Italie ont perdu leurs États.

Le prince nouveau qui conformera sa conduite à tout

ce que nous avons remarqué sera regardé comme ancien, et bientôt même il sera plus sûrement et plus solidement établi que si son pouvoir avait été consacré par le temps. En effet, les actions d'un prince nouveau sont beaucoup plus examinées que celles d'un prince ancien; et quand elles sont jugées vertueuses, elles lui gagnent et lui attachent bien plus les cœurs que ne pourrait faire l'ancienneté de la race; car les hommes sont bien plus touchés du présent que du passé; et quand leur situation actuelle les satisfait, ils en jouissent sans penser à autre chose; ils sont même très-disposés à maintenir et à défendre le prince, pourvu que d'ailleurs il ne se manque point à lui-même.

Le prince aura donc une double gloire, celle d'avoir fondé un État nouveau, et celle de l'avoir orné, consolidé par de bonnes lois, de bonnes armes, de bons alliés et de bons exemples; tandis qu'au contraire il y aura une double honte pour celui qui, né sur le trône, l'aura laissé perdre par son peu de sagesse.

Si l'on considère la conduite des divers princes d'Italie qui, de notre temps, ont perdu leurs États, tels que le roi de Naples, le duc de Milan et autres, on trouvera d'abord une faute commune à leur reprocher, c'est celle qui concerne les forces militaires, et dont il a été parlé au long ci-dessus. En second lieu, on reconnaîtra qu'ils s'étaient attiré la haine du peuple, ou qu'en possédant son amitié, ils n'ont pas su s'assurer des grands. Sans de telles fautes, on ne perd point des États assez puissants pour mettre une armée en campagne.

Philippe de Macédoine, non pas le père d'Alexandre le Grand, mais celui qui fut vaincu par T. Quintus Flaminius, ne possédait qu'un petit État en comparaison de la grandeur de la république romaine et de la Grèce, par qui il fut attaqué; néanmoins, comme c'était un habile capitaine, et qu'il avait su s'attacher le peuple et s'assurer des grands, il se trouva en état de soutenir la guerre durant plusieurs années; et si, à la fin, il dut perdre quelques villes, du moins il conserva son royaume.

Que ceux de nos princes qui, après une longue possession, ont été dépouillés de leurs États, n'en accusent donc point la fortune, mais qu'ils s'en prennent à leur propre lâcheté. N'ayant jamais pensé, dans les temps de tranquillité, que les choses pouvaient changer, semblables en cela au commun des hommes qui, durant le calme, ne s'inquiètent point de la tempête, ils ont songé, quand l'adversité s'est montrée, non à se défendre, mais à s'enfuir, espérant être rappelés par leurs peuples, que l'insolence du vainqueur aurait fatigués. Un tel parti peut être bon à prendre quand on n'en a pas d'autre; mais il est bien honteux de s'y réduire : on ne se laisse pas tomber, dans l'espoir d'être relevé par quelqu'un. D'ailleurs, il n'est pas certain qu'en ce cas un prince soit ainsi rappelé; et, s'il l'est, ce ne sera pas avec une grande sûreté pour lui, car un tel genre de défense l'avilit, et ne dépend pas de sa personne. Or il n'y a pour un prince de défense bonne, certaine et durable, que celle qui dépend de lui-même et de sa propre valeur.

CHAPITRE XXV.

Combien, dans les choses humaines, la fortune a de pouvoir, et comment on peut y résister.

Je n'ignore point que bien des gens ont pensé et pensent encore que Dieu et la fortune régissent les choses de ce monde de telle manière que toute la prudence humaine ne peut en arrêter ni en régler le cours: d'où l'on peut conclure qu'il est inutile de s'en occuper avec tant de peine, et qu'il n'y a qu'à se soumettre et à laisser tout conduire par le sort. Cette opinion s'est surtout propagée de notre temps par une conséquence de

cette variété de grands événements que nous avons cités, dont nous sommes encore témoins, et qu'il ne nous
était pas possible de prévoir : aussi suis-je assez enclin
à la partager.

Néanmoins, ne pouvant admettre que notre libre arbitre soit réduit à rien, j'imagine qu'il peut être vrai
que la fortune dispose de la moitié de nos actions, mais
qu'elle en laisse à peu près l'autre moitié en notre pouvoir. Je la compare à un fleuve impétueux qui, lorsqu'il
déborde, inonde les plaines, renverse les arbres et les
édifices, enlève les terres d'un côté et les emporte vers
un autre : tout fuit devant ses ravages, tout cède à sa
fureur; rien n'y peut mettre obstacle. Cependant, et
quelque redoutable qu'il soit, les hommes ne laissent
pas, lorsque l'orage a cessé, de chercher à pouvoir s'en
garantir par des digues, des chaussées et autres travaux ; en sorte que, de nouvelles crues survenant, les
eaux se trouvent contenues dans un canal, et ne puissent
plus se répandre avec autant de liberté et causer d'aussi
grands ravages. Il en est de même de la fortune, qui
montre surtout son pouvoir là où aucune résistance n'a
été préparée, et porte ses fureurs là où elle sait qu'il n'y
a point d'obstacle disposé pour l'arrêter.

Si l'on considère l'Italie, qui est le théâtre et la source
des grands changements que nous avons vus et que nous
voyons s'opérer, on trouvera qu'elle ressemble à une vaste
campagne qui n'est garantie par aucune sorte de défense. Que si elle avait été prémunie, comme l'Allemagne, l'Espagne et la France, contre le torrent, elle
n'en aurait pas été inondée, ou du moins elle n'en aurait pas autant souffert.

Me bornant à ces idées générales sur la résistance
qu'on peut opposer à la fortune, et venant à des observations plus particularisées, je remarque d'abord qu'il
n'est pas extraordinaire de voir un prince prospérer un
jour et déchoir le lendemain, sans néanmoins qu'il ait

changé, soit de caractère, soit de conduite. Cela vient,
ce me semble, de ce que j'ai déjà assez longuement établi, qu'un prince qui s'appuie entièrement sur la fortune tombe à mesure qu'elle varie. Il me semble encore
qu'un prince est heureux ou malheureux, selon que sa
conduite se trouve ou ne se trouve pas conforme au
temps où il règne. Tous les hommes ont en vue un même
but : la gloire et les richesses ; mais, dans tout ce qui
a pour objet de parvenir à ce but, ils n'agissent pas
tous de la même manière : les uns procèdent avec circonspection, les autres avec impétuosité; ceux-ci emploient la violence, ceux-là usent d'artifice ; il en est
qui sont patients, il en est aussi qui ne le sont pas du
tout : ces diverses façons d'agir, quoique très-différentes,
peuvent également réussir. On voit d'ailleurs que de
deux hommes qui suivent la même marche, l'un arrive
et l'autre n'arrive pas; tandis qu'au contraire deux
autres qui marchent très-différemment, et, par exemple,
l'un avec circonspection et l'autre avec impétuosité,
parviennent néanmoins pareillement à leur terme :
or d'où cela vient-il, si ce n'est de ce que les manières
de procéder sont ou ne sont pas conformes aux temps?
C'est ce qui fait que deux actions différentes produisent un même effet, et que deux actions pareilles ont
des résultats opposés. C'est pour cela encore que ce qui
est bien ne l'est pas toujours. Ainsi, par exemple, un
prince gouverne-t-il avec circonspection et patience : si
la nature et les circonstances des temps sont telles que
cette manière de gouverner soit bonne, il prospérera ;
mais il décherra, au contraire, si la nature et les circonstances des temps changeant, il ne change pas lui-même
de système.

Changer ainsi à propos, c'est ce que les hommes
même les plus prudents ne savent point faire, soit parce
qu'on ne peut agir contre son caractère, soit parce que,
lorsqu'on a longtemps prospéré en suivant une certaine

route, on ne peut se persuader qu'il soit bon d'en prendre une autre. Ainsi l'homme circonspect, ne sachant point être impétueux quand il le faudrait, est lui-même l'artisan de sa propre ruine. Si nous pouvions changer de caractère selon le temps et les circonstances, la fortune ne changerait jamais.

Le pape Jules II fit toutes ses actions avec impétuosité; et cette manière d'agir se trouva tellement conforme aux temps et aux circonstances, que le résultat en fut toujours heureux. Considérez sa première entreprise, celle qu'il fit sur Bologne, du vivant de messer Giovanni Bentivogli : les Vénitiens la voyaient de mauvais œil, et elle était un sujet de discussion pour l'Espagne et la France; néanmoins, Jules s'y précipita avec sa résolution et son impétuosité naturelles, conduisant lui-même en personne l'expédition; et, par cette hardiesse, il tint les Vénitiens et l'Espagne en respect, de telle manière que personne ne bougea : les Vénitiens, parce qu'ils craignaient, et l'Espagne, parce qu'elle désirait recouvrer le royaume de Naples en entier. D'ailleurs, il entraîna le roi de France à son aide; car ce monarque, voyant que le pape s'était mis en marche, et souhaitant gagner son amitié, dont il avait besoin pour abaisser les Vénitiens, jugea qu'il ne pouvait lui refuser le secours de ses troupes sans lui faire une offense manifeste. Jules obtint donc, par son impétuosité, ce qu'un autre n'aurait pas obtenu avec toute la prudence humaine; car s'il avait attendu, pour partir de Rome, comme tout autre pape aurait fait, que tout eût été convenu, arrêté, préparé, certainement il n'aurait pas réussi. Le roi de France, en effet, aurait trouvé mille moyens de s'excuser auprès de lui, et les autres puissances en auraient eu tout autant de l'effrayer.

Je ne parlerai point ici des autres opérations de ce pontife, qui, toutes conduites de la même manière, eurent pareillement un heureux succès. Du reste, la brièveté de sa vie ne lui a pas permis de connaître les revers, qu'il eût probablement essuyés s'il était survenu dans un temps où il eût fallu se conduire avec circonspection ; car il n'aurait jamais pu se départir du système de violence auquel ne le portait que trop son caractère.

Je conclus donc que, la fortune changeant, et les hommes s'obstinant dans la même manière d'agir, ils sont heureux tant que cette manière se trouve d'accord avec la fortune ; mais qu'aussitôt que cet accord cesse, ils deviennent malheureux.

Je pense, au surplus, qu'il vaut mieux être impétueux que circonspect ; car la fortune est femme : pour la tenir soumise, il faut la traiter avec rudesse ; elle cède plutôt aux hommes qui usent de violence qu'à ceux qui agissent froidement : aussi est-elle toujours amie des jeunes gens, qui sont moins réservés, plus emportés, et qui commandent avec plus d'audace.

CHAPITRE XXVI.

Exhortation à délivrer l'Italie des barbares.

En réfléchissant sur tout ce que j'ai exposé ci-dessus, et en examinant en moi-même si aujourd'hui les temps seraient tels en Italie, qu'un prince nouveau pût s'y rendre illustre, et si un homme prudent et courageux trouverait l'occasion et le moyen de donner à ce pays une nouvelle forme, telle qu'il en résultât de la gloire pour lui et de l'utilité pour la généralité des habitants, il me semble que tant de circonstances concourent en faveur d'un pareil dessein, que je ne sais s'il y eut jamais un temps plus propice que celui-ci pour ces grands changements.

Et si, comme je l'ai dit, il fallait que le peuple d'Israël fût esclave des Égyptiens, pour connaître la vertu de Moïse; si la grandeur d'âme de Cyrus ne pouvait éclater qu'autant que les Perses seraient opprimés par les Mèdes; si enfin, pour apprécier toute la valeur de Thésée, il était nécessaire que les Athéniens fussent désunis : de même, en ces jours, pour que quelque génie pût s'illustrer, il était nécessaire que l'Italie fût réduite au terme où nous la voyons parvenue; qu'elle fût plus opprimée que les Hébreux, plus esclave que les Perses, plus désunie que les Athéniens, sans chefs, sans institutions, battue, déchirée, envahie, et accablée de toute espèce de désastres.

Jusqu'à présent, quelques lueurs ont bien paru lui annoncer de temps en temps un homme choisi de Dieu pour sa délivrance; mais bientôt elle a vu cet homme arrêté par la fortune dans sa brillante carrière, et elle en est toujours à attendre, presque mourante, celui qui pourra fermer ses blessures, faire cesser les pillages et les saccagements que souffre la Lombardie, mettre un terme aux exactions et aux vexations qui accablent le royaume de Naples et la Toscane, et guérir enfin ses plaies si invétérées qu'elles sont devenues fistuleuses.

On la voit aussi priant sans cesse le ciel de daigner lui envoyer quelqu'un qui la délivre de la cruauté et de l'insolence des barbares. On la voit d'ailleurs toute disposée, toute prête à se ranger sous le premier étendard qu'on osera déployer devant ses yeux. Mais où peut-elle mieux placer ses espérances qu'en votre illustre maison, qui, par ses vertus héréditaires, par sa fortune, par la faveur de Dieu et par celle de l'Église, dont elle occupe actuellement le trône, peut véritablement conduire et opérer cette heureuse délivrance.

Elle ne sera point difficile, si vous avez sous les yeux la vie et les actions de ces héros que je viens de nommer. C'étaient, il est vrai, des hommes rares et merveilleux;

mais enfin c'étaient des hommes ; et les occasions dont
ils profitèrent étaient moins favorables que celle qui se
présente. Leurs entreprises ne furent pas plus justes que
celle-ci, et ils n'eurent pas plus que vous ne l'avez, la
protection du ciel. C'est ici que la justice brille dans
tout son jour, car la guerre est toujours juste lorsqu'elle
est nécessaire, et les armes sont sacrées lorsqu'elles sont
l'unique ressource des opprimés. Ici, tous les vœux du
peuple vous appellent ; et, au milieu de cette disposition unanime, le succès ne peut être incertain : il suffit
que vous preniez exemple sur ceux que je vous ai pro-
posés pour modèles.

Bien plus, Dieu manifeste sa volonté par des signes
éclatants : la mer s'est entr'ouverte, une nue lumineuse
a indiqué le chemin, le rocher a fait jaillir des eaux de
son sein, la manne est tombée dans le désert ; tout favorise ainsi votre grandeur. Que le reste soit votre ouvrage : Dieu ne veut pas tout faire, pour ne pas nous
laisser sans mérite et sans cette portion de gloire qu'il
nous permet d'acquérir.

Qu'aucun des Italiens dont j'ai parlé n'ait pu faire ce
qu'on attend de votre illustre maison ; que, même au milieu de tant de révolutions que l'Italie a éprouvées, et
de tant de guerres dont elle a été le théâtre, il ait semblé que toute valeur militaire y fût éteinte, c'est de quoi
l'on ne doit point s'étonner : cela est venu de ce que les
anciennes institutions étaient mauvaises, et qu'il n'y a
eu personne qui sût en trouver de nouvelles. Il n'est
rien cependant qui fasse plus d'honneur à un homme
qui commence à s'élever que d'avoir su introduire de
nouvelles lois et de nouvelles institutions : si ces lois,
si ces institutions posent sur une base solide, et si elles
présentent de la grandeur, elles le font admirer et respecter de tous les hommes.

L'Italie, au surplus, offre une matière susceptible des
réformes les plus universelles. C'est là que le courage

éclatera dans chaque individu, pourvu que les chefs n'en manquent pas eux-mêmes. Voyez dans les duels et les combats entre un petit nombre d'adversaires combien les Italiens sont supérieurs en force, en adresse, en intelligence. Mais faut-il qu'ils combattent réunis en armée, toute leur valeur s'évanouit. Il faut en accuser la faiblesse des chefs; car, d'une part, ceux qui savent ne sont point obéissants, et chacun croit savoir ; de l'autre, il ne s'est trouvé aucun chef assez élevé, soit par son mérite personnel, soit par la fortune, au-dessus des autres, pour que tous reconnussent sa supériorité et lui fussent soumis. Il est résulté de là que, pendant si longtemps, et durant tant de guerres qui ont eu lieu depuis vingt années, toute armée uniquement composée d'Italiens n'a éprouvé que des revers, témoins d'abord le Taro, puis Alexandrie, Capoue, Gênes, Vailà, Cologne et Mestri.

Si votre illustre maison veut imiter les grands hommes qui, en divers temps, délivrèrent leur pays, ce qu'elle doit faire avant toutes choses, et ce qui doit être la base de son entreprise, c'est de se pourvoir de forces nationales, car ce sont les plus solides, les plus fidèles, les meilleures qu'on puisse posséder : chacun des soldats qui les composent étant bon personnellement, deviendra encore meilleur lorsque tous réunis se verront commandés, honorés, entretenus par leur prince. C'est avec de telles armes que la valeur italienne pourra repousser les étrangers.

L'infanterie suisse et l'infanterie espagnole passent pour être terribles; mais il y a dans l'une et dans l'autre un défaut tel, qu'il est possible d'en former une troisième, capable non-seulement de leur résister, mais encore de les vaincre. En effet, l'infanterie espagnole ne peut se soutenir contre la cavalerie, et l'infanterie suisse doit craindre toute autre troupe de même nature qui combattra avec la même obstination qu'elle. On a vu aussi, et l'on verra encore, la cavalerie française défaire l'infanterie espagnole, et celle-ci détruire l'infanterie suisse ; de quoi il a été fait, sinon une expérience complète, au moins un essai dans la bataille de Ravenne, où l'infanterie espagnole se trouva aux prises avec les bataillons allemands, qui observent la même discipline que les Suisses : on vit les Espagnols, favorisés par leur agilité et couverts de leurs petits boucliers, pénétrer par dessous les lances dans les rangs de leurs adversaires, les frapper sans risque et sans que les Allemands pussent les en empêcher; et ils les auraient détruits jusqu'au dernier, si la cavalerie n'était venue les charger eux-mêmes à leur tour.

Maintenant que l'on connaît le défaut de l'une et de l'autre de ces deux infanteries, on peut en organiser une nouvelle qui sache résister à la cavalerie et ne point craindre d'autres fantassins. Il n'est pas nécessaire pour cela de créer un nouveau genre de troupe; il suffit de trouver une nouvelle organisation, une nouvelle manière de combattre; et c'est par de telles inventions qu'un prince nouveau acquiert de la réputation et parvient à s'agrandir.

Ne laissons donc point échapper l'occasion présente. Que l'Italie, après une si longue attente, voie enfin paraître son libérateur! Je ne puis trouver de termes pour exprimer avec quel amour, avec quelle soif de vengeance, avec quelle fidélité inébranlable, avec quelle vénération et quelles larmes de joie il serait reçu dans toutes les provinces qui ont tant souffert de ces inondations d'étrangers! Quelles portes pourraient rester fermées devant lui? Quels peuples refuseraient de lui obéir? Quelle jalousie s'opposerait à ses succès? Quel Italien ne l'entourerait de ses respects? Y a-t-il quelqu'un dont la domination des barbares ne fasse bondir le cœur?

Que votre illustre maison prenne donc sur elle ce noble fardeau avec ce courage et cet espoir du succès qu'inspire une entreprise juste et légitime; que, sous sa bannière, la commune patrie ressaisisse son ancienne splendeur, et que, sous ses auspices, ces vers de Pétrarque puissent enfin se vérifier!

> Virtù contra furore
> Prenderì. l'arme, e fia 'l combatter corto;
> Che l' antico valore
> Negl' italici cor non è ancor morto.

PETRARCA, Canz. XVI, V. 93-96.

FIN DU PRINCE.

NOTE.

Il faudrait plusieurs volumes pour reproduire les points principaux de la polémique soulevée par le livre du *Prince;* mais le public cherchera dans cette édition Machiavel, et non ses commentateurs. Nous avons pensé cependant qu'il serait utile d'offrir quelques indications bibliographiques aux personnes qui voudraient étudier et suivre en détail la longue et vive controverse à laquelle a donné lieu le livre célèbre du secrétaire florentin. Voici, depuis le seizième siècle jusqu'à nos jours, l'indication des ouvrages les plus remarquables qui se rattachent à cette controverse : J. Osorii *De regis institutione et disciplina libri VIII;* Coloniæ, 1574, in-8°. — Innocent Gentillet, *Discours sur les moyens de bien gouverner et maintenir en bonne paix un royaume ou autre principauté, contre Nicolas Machiavel;* 1576; in-8°, traduit en latin, souvent réimprimé, et connu aussi sous le nom de *l'Antimachiavel.* — Antonii Possevini *Judicium de Nuæ militis galli,* etc. , *et Nicolai Machiavelli quibusdam scriptis;* Lugduvini, 1593, in-8°. — Davidis Humii *Apologia basilica seu Machiavelli ingenium examinatum in libro quem inscripsit;* Parisiis, 1626, in-4°. — H. Coringius,

10.

Animadversiones politicæ in Machiavelli principem; Helmstadii, 1686, in-4°. — *Saggio delle Sciocchezze di Nic. Machiavelli*; Rome, 1697, in-4°. — *Apologie pour Machiavel*, attribuée à Gabriel Naudé, et dont le manuscrit est conservé à la bibliothèque nationale. — Giov. Maria Muti, *Il trono di Salomone o sia politica di governo a tutte le nazioni del mondo, dove s'impugna il Machiavelli*, etc.; Venise, 1725. — Joh. Frederici Christi *de Nicolao Machiavello libri tres*; Leipzig, 1731, in-4°. — *L'Antimachiavel*, par Frédéric II, roi de Prusse; La Haye, 1740, in-8°; réimprimé dans les œuvres complètes, Postdam, 1805, 24 vol. in-8°, et dans la traduction de Périès, à la suite du *Prince*. On sait que cet ouvrage a été retouché par Voltaire. — *Discours* (*sur Machiavel et ses doctrines*) en tête de la *traduction des œuvres*, publiées en 1798 par Guiraudet. — *Machiavel commenté par Napoléon Bonaparte, manuscrit trouvé dans le carrosse de Bonaparte après la bataille de Mont-Saint-Jean, le 18 juin* 1815; Paris, 1816, in-8°; ouvrage composé par M. l'abbé Aimé Guillon. — *De Machiavel et de l'influence de sa doctrine sur les opinions, les mœurs et la politique de la France pendant la révolution*, par M. Mazères; Paris, 1816, in-8°. — Le marquis de Bouillé, *Commentaires politiques et historiques sur le Traité du Prince de Machiavel et l'Antimachiavel de Frédéric II.* — *Machiavel, son génie et ses erreurs*, par A.-F. Artaud; Paris, 1833, 2 vol. in-8°. — *Machiavel juge des révolutions de notre temps*, par J. Ferrari; Paris, 1849, in-8°. — On consultera également avec intérêt l'histoire de Machiavel en tête de l'édition in-8° de Périès; Paris, 1824 et suiv. — Ginguené, *Histoire littéraire d'Italie*, t. VIII, et un article d'Hoffman sur Machiavel dans les œuvres de F.-B. Hoffman; Paris, 1834, in-8°, t. V, p. 201-269.

Nous ajouterons, d'après Ginguené, que le *Prince*, traduit dans toutes les langues, l'a été même en langue turque par ordre de Mustapha III, pour servir à son instruction et à celle de son fils, et que cette traduction se conserve encore aujourd'hui dans la bibliothèque du sérail.

DISCOURS

DE

NICOLAS MACHIAVEL

SUR

LA PREMIÈRE DÉCADE DE TITE-LIVE

AVANT-PROPOS

Florence, au seizième siècle, avait, comme Athènes, ses jardins d'Académe ; car, dans cette grande époque de la renaissance, l'antiquité, qui sortait jeune et brillante de ses ruines, laissait son empreinte, non-seulement sur les œuvres de l'esprit, mais encore sur les institutions et les habitudes de la vie civile. A Athènes on causait des dieux, de l'âme, de la nature, des mystères éternels, et tout citoyen libre, eût-il même un manteau troué, pouvait s'asseoir auprès du maître et se mêler à ses discours. A Florence, au contraire, quelques citoyens riches et privilégiés assistaient seuls au cénacle dans les magnifiques jardins *Oricellari* ; et comme si déjà le monde trop vieux avait désespéré d'atteindre cet idéal que poursuivaient les sages de la Grèce, on quittait les études abstraites et rêveuses qui marquent la jeunesse des peuples, pour s'arrêter à celles qui marquent leur virilité, l'histoire et la politique. Machiavel présidait à ces entretiens, entouré des Buondelmonti, des Alamanni, des Della Palla, des Rucellai, ses amis et ses compatriotes, les admirateurs de son génie, les disciples de sa pensée. On causait de la grandeur éclipsée de l'Italie, de son abaissement présent, de ses espérances. Une science nouvelle jaillit des lèvres du maître. Machiavel écrivait après avoir causé, et, regardant l'avenir en même temps qu'il interrogeait le passé, il composa le plus profond de ses livres, les *Discours sur la première Décade de Tite-Live.*

Dans ce livre, les horizons de Machiavel se sont singulièrement élargis. « Ce n'est plus, dit avec raison Ginguené, sur les violentes usurpations de quelques petits tyrans de l'Italie moderne que l'auteur fixe ses regards pour apprendre à d'autres usurpateurs à les déposséder et à s'affermir à leur place ; mais sur les maitres de l'Italie ancienne, qui devinrent les maitres du monde... Depuis que les historiens de l'antiquité avaient été rendus à la lumière, les érudits en épuraient le texte, en surveillaient les copies et les éditions. Les philologues y étudiaient les propriétés et les beautés du langage; les savants y cherchaient des dates et des concordances chronologiques; le commun des lecteurs y trouvait le plaisir que procurent le récit des faits et la variété des événements. Mais personne encore n'avait songé a y puiser des leçons de politique et de conduite pour les peuples et les gouvernements. Machiavel eut le premier cette grande vue [1]. »— «Les faits historiques, dit à son tour Hoffman, rapportés dans les trois premiers livres de la *Première Décade de Tite-Live*, sont le prétexte plutôt que le texte des cent quarante-deux chapitres ou discours de Machiavel. Il élève successivement des questions de politique, d'administration ou d'art militaire, et il confirme les décisions qu'il prononce par des exemples pris non-seulement dans l'histoire romaine, mais dans celle de tous les peuples anciens et modernes. Il est vrai de dire que les faits contenus dans la *Première Décade de Tite-Live* sont cités bien plus souvent, et voilà sans doute ce qui a déterminé le titre de cet ouvrage. Mais il invoque souvent aussi le témoignage de Xénophon, de Tacite, etc., et il puise également dans l'histoire de Florence, dans celle des papes, dans celle de Venise, et même dans les annales de l'Empire, de la France et de l'Espagne. Ce livre pourrait donc s'appeler *Discours sur l'histoire générale*, et le titre n'en serait que plus juste. J'ai cru devoir faire cette observation pour que les lecteurs à qui cet ouvrage est inconnu n'aillent pas s'imaginer qu'un si grand nombre de discours se renferment dans le cadre étroit des premiers siècles de Rome. On voit au contraire que, malgré le titre, la matière et la méthode de l'auteur présentent la plus grande variété, qualité bien nécessaire dans une discussion de longue haleine... On ne peut donner une idée plus juste de cet ouvrage qu'en disant qu'il est le contraire de toutes les utopies. L'auteur ne se crée point un monde imaginaire; il ne rêve point un nouvel âge d'or; il ne se figure pas des peuples tels qu'il n'en peut exister pour obéir à des princes tels qu'il n'y en a point. Partant toujours du principe que tous les hommes ne cherchent que leur bien personnel, lors même qu'ils se vantent de ne vouloir que le bien général, il les voit toujours disposés à s'affranchir de la gène des lois, quoiqu'ils veuillent que leurs semblables y restent soumis. D'après

[1] *Histoire littéraire d'Italie*, t. VIII, p. 125 et 126.

AVANT-PROPOS.   119

une expérience de six mille ans, il n'a pas l'espérance que la race
humaine change de nature. Il ne croit ni à la perfectibilité, ni à la
dégradation croissante, mais il pense que les hommes ont été, sont
et seront toujours les mêmes dans les mêmes circonstances. Il enseigne aux gouvernements à les employer tels que la nature les a
faits [1]. »

Ici, comme dans le livre du *Prince*, on trouve encore plus d'une
maxime que réprouvent la morale et la saine politique ; mais, en
général, le sentiment égoïste du livre du *Prince* s'efface devant les
notions de la justice universelle. L'auteur y trace également l'art
de réussir, et cependant le but est beaucoup plus élevé, parce qu'en
parlant à des peuples libres, ou du moins qui voudraient être
tels, il leur enseigne plus particulièrement la politique du bon sens,
au lieu de celle de la ruse dont il avait dévoilé tous les préceptes à
l'usage des Borgia.

La puissance avec laquelle le secrétaire florentin s'empare des
faits pour les analyser dans leurs moindres détails, ses vues profondes sur les secrets de la force ou de la faiblesse des gouvernements, donnent aux *Discours sur les Décades* un caractère politique
qui est de toutes les époques et de tous les pays. Appliquées aux
événements de l'histoire moderne, les décisions de Machiavel ont
souvent un caractère frappant d'infaillibilité, et c'est là ce qui fait
la force et la grandeur des *Discours* ; car, tout en y cherchant dans
le passé les leçons de l'histoire, on y trouve réduites en formules,
toujours saisissantes et précises, l'image du présent, l'expérience
anticipée de l'avenir. Tout ce qui, depuis l'apparition des *Décades*,
a été publié de plus profond sur la politique, est né des premières
méditations de Machiavel, méditations qui forment les prolégomènes
indispensables des écrits de ceux qui, comme Bossuet, Vico, Montesquieu, Herder, ont cherché à deviner l'énigme de la destinée des
nations.

[1] *Œuvres de F. B. Hoffman*, 1834, in-8, Paris, t. V, p 240 et 241.

NICOLAS MACHIAVEL

A ZANOBI BUONDELMONTI

ET

A COME RUCCELLAI

SALUT.

Je vous envoie un présent qui, s'il ne répond point à toutes les obligations que j'ai contractées envers vous, est tel sans doute que Nicolas Machiavel ne pouvait vous adresser rien de plus précieux ; car j'y ai exprimé tout ce que je sais, et tout ce qu'ont pu m'apprendre une longue pratique et une étude continuelle des affaires du monde. Mais ni vous, ni les autres, ne pouvez attendre de moi plus que je ne vous offre ; et vous n'êtes point en droit de vous plaindre si je ne vous ai pas donné davantage. Vous pourrez être rebutés de la stérilité de mon esprit quand mes récits seront arides, et de la fausseté de mes jugements lorsque, discutant un si grand nombre de sujets, je tomberai dans quelque erreur ; mais, dans ce cas même, je ne sais qui de nous aurait des reproches à faire à l'autre, ou moi, de ce que vous m'avez forcé à traiter une matière que je n'eusse jamais choisie de mon propre mouvement ; ou vous, de ce que mes écrits pourraient ne pas entièrement vous satisfaire. Acceptez donc cet ouvrage comme on doit prendre tout ce qui

11

vient d'un ami, où l'on considère toujours plus l'intention de celui
qui donne que la valeur du présent.

Et soyez convaincus que j'éprouve dans cette circonstance une
véritable satisfaction, quand je songe que, me fussé-je trompé en
beaucoup d'occasions, il en est cependant une dans laquelle je n'ai
point commis d'erreur, c'est de vous avoir choisis entre tous pour
vous adresser mes *Discours*. Car, en agissant de la sorte, je pense
avoir montré quelque reconnaissance des bienfaits que j'ai reçus,
et avoir abandonné le sentier vulgairement battu par ceux qui font
métier d'écrire, et dont la coutume est de dédier leurs ouvrages à
quelque prince auquel, dans l'aveuglement de leur ambition ou de
leur avarice, et dans l'effusion de leurs louanges banales, ils pro-
diguent toutes les vertus, au lieu de le faire rougir de ses vices.

Pour ne point tomber dans cette erreur commune, j'ai fait choix,
non d'un prince en effet, mais de ceux qui, par tant de belles qualités, mériteraient de l'être; non de ceux qui pourraient me combler
de titres, d'honneurs et de richesses, mais de ceux qui, n'ayant pas
ces biens en leur pouvoir, ont du moins le désir de me les prodiguer. Car les hommes, pour porter un jugement sain, doivent
savoir discerner ceux qui sont véritablement généreux de ceux qui
n'ont que le pouvoir de l'être; ceux qui sauraient gouverner, de
ceux qui, sans en avoir la science, se trouvent cependant à la tête
d'un empire.

Aussi les historiens font plus d'estime d'Hiéron, simple citoyen
de Syracuse, que de Persée, roi de Macédoine; car il ne manquait
à Hiéron, pour être prince, que le pouvoir suprême; Persée n'a-
vait des qualités d'un roi que la royauté.

Jouissez donc du bien et du mal que vous avez cherchés vous-
mêmes; et si vous pouvez vous abuser au point de croire que mes
recherches vous soient agréables, je m'efforcerai de poursuivre le
reste de cette histoire, selon la promesse que je vous en ai faite en
commençant. VALETE.

DISCOURS

SUR LA

PREMIÈRE DÉCADE DE TITE-LIVE

LIVRE PREMIER

Quoique l'homme par sa nature envieuse ait toujours rendu la découverte des méthodes et des systèmes nouveaux aussi périlleuse que la recherche des terres et des mers inconnues, attendu que son essence le rend toujours plus prompt à blâmer qu'à louer les actions d'autrui ; toutefois, excité par ce désir naturel qui me porta toujours à entreprendre ce que je crois avantageux au public, sans me laisser retenir par aucune considération, j'ai formé le dessein de m'élancer dans une route qui n'a pas encore été frayée ; et s'il est vrai que je doive y rencontrer bien des ennuis et des difficultés, j'espère y trouver aussi ma récompense dans l'approbation de ceux qui jetteront sur mon entreprise un regard favorable. Et si la stérilité de mon esprit, une expérience insuffisante des événements contemporains, de trop faibles notions de l'antiquité, pouvaient rendre ma tentative infructueuse et peu utile, elles ouvriront du moins la voie à celui qui, plus vigoureux, plus éloquent et plus éclairé, pourra accomplir ce que j'essaye ; et si mon travail ne parvient point à me mériter la gloire, il ne doit pas non plus m'attirer le mépris.

Quand je considère, d'une part, la vénération qu'inspire l'antiquité, et, laissant de côté une foule d'autres exemples, combien souvent on achète au poids de l'or un fragment de statue antique pour l'avoir sans cesse sous les yeux, pour en faire l'honneur de sa maison, pour le donner comme modèle à ceux qui font leurs délices de ce bel art, et comme ensuite ces derniers s'efforcent de le reproduire dans leurs ouvrages ; quand, d'une autre, je vois que les actes admirables de vertu dont les histoires nous offrent le tableau, et qui furent opérés dans les royaumes et les républiques antiques, par leurs rois, leurs capitaines, leurs citoyens, leurs législateurs, et par tous ceux qui ont travaillé à la grandeur de leur patrie, sont plutôt froidement admirés qu'imités ; que bien loin de là chacun semble éviter tout ce qui les rappelle, de manière qu'il ne reste plus le moindre vestige de l'antique vertu , je ne puis m'empêcher tout à la fois de m'en étonner et de m'en plaindre ; je vois avec plus d'étonnement encore que dans les causes civiles qui s'agitent entre les citoyens, ou dans les maladies qui surviennent parmi les hommes, on a toujours recours aux jugements que les anciens ont rendus, ou aux remèdes qu'ils ont prescrits ; et cependant les lois civiles sont-elles autre chose que les sentences prononcées par les jurisconsultes de l'antiquité, et qui, réduites en code, apprennent aux jurisconsultes d'aujourd'hui à juger ? La médecine elle-même n'est-elle pas l'expérience faite par les médecins des anciens temps, et d'après laquelle les médecins de nos jours établissent leurs jugements ? Toutefois, lorsqu'il s'est agi d'asseoir l'ordre dans une république, de maintenir les États, de gouverner les royaumes, de régler les armées, d'administrer la guerre, de rendre la justice aux sujets, on n'a encore

vu ni prince, ni république, ni capitaine, ni citoyens
s'appuyer de l'exemple de l'antiquité. Je crois en trouver
la cause moins encore dans cette faiblesse où les vices de
notre éducation actuelle ont plongé le monde, et dans
ces maux qu'a faits à tant d'États et de villes chrétiennes
une paresse orgueilleuse, que dans l'ignorance du véritable esprit de l'histoire, qui nous empêche en la lisant
d'en saisir le sens réel et de nourrir notre esprit de la
substance qu'elle renferme. Il en résulte que ceux qui
lisent se bornent au plaisir de voir passer sous leurs yeux
cette foule d'événements qu'elle dépeint, sans jamais
songer à les imiter, jugeant cette imitation non-seulement difficile, mais même impossible ; comme si le ciel,
le soleil, les éléments, les hommes n'étaient plus les
mêmes qu'autrefois, et que leur cours, leur ordre et leur
puissance eussent éprouvé des changements.

Résolu d'arracher les hommes à cette erreur, j'ai cru
nécessaire d'écrire, sur chacun des livres de Tite-Live
que l'injure du temps a épargnés, tout ce qu'en compa-
rant les événements anciens et les modernes je jugerais
propre à en faciliter l'intelligence, afin que ceux qui
liraient mes *Discours* pussent retirer de ces livres l'utilité que l'on doit rechercher dans l'étude de l'histoire. Et
quoique cette entreprise soit difficile, j'espère cependant
qu'aidé par ceux qui m'ont engagé à me charger de ce
fardeau, je parviendrai à le porter assez loin pour qu'il
reste bien peu de chemin à faire à celui qui voudrait
atteindre le but désigné.

CHAPITRE PREMIER.

Quels ont été, en général, les commencements de la plupart des villes,
et en particulier ceux de Rome.

Ceux qui liront ce qu'était Rome à sa naissance, les
législateurs qu'elle eut, et l'ordre qu'ils établirent dans

son gouvernement, ne seront point étonnés de voir toutes les vertus se maintenir dans cette ville pendant une si longue suite de siècles, et devenir la base de cet empire immense auquel elle parvint par la suite.

Et pour parler d'abord de son origine, je dis que toutes les villes sont fondées, ou par les naturels du pays où elles s'établissent, ou par des étrangers.

Le premier cas a lieu quand les habitants, disséminés en une foule de peuplades peu nombreuses, se voient dans l'impossibilité de vivre avec sécurité, les localités et le petit nombre ne permettant à aucune d'entre elles de résister par ses propres forces à l'agression de ceux qui les attaqueraient. A l'approche de l'ennemi ils n'ont pas le temps de se réunir pour la défense commune ; s'ils y parviennent, ils n'en sont pas moins contraints de lui abandonner la plupart de leurs asiles, et ils deviennent ainsi la proie soudaine de leur ennemi. C'est donc pour fuir ces dangers, que, de leur propre mouvement, ou poussés par ceux qui ont obtenu dans la tribu le plus d'autorité, ils se déterminent à habiter ensemble un lieu de leur choix, plus commode pour vivre et plus facile à défendre. Athènes et Venise entre autres nous en offrent l'exemple. La première de ces villes, sous l'autorité de Thésée, fut bâtie pour y rassembler les habitants épars de l'Attique. L'autre, réunissant les nombreuses populations qui s'étaient réfugiées dans la multitude de petites îles placées à la pointe de la mer Adriatique, pour fuir les guerres qu'enfantaient chaque jour en Italie, depuis la décadence de l'empire romain, les invasions des barbares, commença, sans qu'aucun prince particulier lui donnât un gouvernement, à vivre sous les lois qu'elle crut les plus propres à la maintenir. Le succès couronna son entreprise, favorisée par une longue paix et sa position au sein d'une mer sans issue, que le défaut de vaisseaux de transport ne permettait pas aux barbares qui désolaient l'Italie de venir infester. C'est ainsi qu'elle a pu élever sur des fondements aussi faibles la grandeur où nous la voyons aujourd'hui parvenue.

Le second cas, celui d'une ville fondée par des étrangers, a lieu par le fait d'hommes libres, ou d'hommes dépendants d'un autre État. On doit mettre dans cette dernière classe les colonies envoyées par une république ou par un prince, pour débarrasser leurs États du superflu de la population, ou pour maintenir leurs nouvelles conquêtes d'une manière plus sûre et moins dispendieuse. Le peuple romain a fondé un grand nombre de ces villes dans toute l'étendue de son empire.

Il est une autre espèce de villes : ce sont celles bâties par un prince, non dans l'intention d'y fixer sa demeure, mais pour sa seule gloire; telle fut la ville d'Alexandrie fondée par Alexandre. Comme ces cités n'ont point une origine libre, il est rare que leur puissance acquière une grande extension, et qu'on doive les compter parmi les capitales d'un empire. Florence eut une origine de ce genre; et soit qu'elle doive sa naissance aux soldats de Sylla, ou aux habitants de Fiesole, qui, séduits par la longue paix qu'Octave donna à l'univers, se réunirent pour habiter la plaine qu'arrose l'Arno, sa fondation fut dépendante de l'empire romain; aussi ne put-elle, dans les commencements, recevoir d'autres accroissements que ceux qui lui furent concédés par la munificence du prince.

Une ville doit son existence à des hommes libres, lorsqu'un peuple contraint par la contagion, la famine ou la guerre, à délaisser la patrie de ses pères, va de lui-même, ou sous la conduite de ses princes, chercher un nouveau séjour. Ce peuple fixe sa demeure au sein des villes qu'il trouve dans les pays conquis par ses armes, comme fit Moïse; ou il en édifie de nouvelles, ainsi qu'Énée. C'est dans ce dernier cas que se manifestent la sagesse du fondateur et la fortune de son établissement, plus ou moins merveilleuse, suivant qu'a été plus ou

moins grande la sagesse de celui qui en fut le principe.
L'étendue de cette sagesse se connaît à deux choses : la
première est le choix du site ; la seconde l'ordonnance
des lois.

Et comme les hommes agissent ou par nécessité ou
par choix, et qu'on a toujours vu que le courage brille
d'un plus vif éclat là où le choix fut plus indépendant, il
y a à examiner s'il ne serait pas plus avantageux de choisir, pour asseoir l'emplacement d'une ville, des lieux
stériles où les hommes, contraints à se livrer à l'industrie, moins adonnés à l'oisiveté, vivraient plus unis et
comme attachés à la concorde par la pauvreté et leur
situation, ainsi que le prouve l'exemple de Raguse, et
d'une foule d'autres villes bâties dans de semblables contrées. Ce choix serait sans aucun doute plus sage et plus
utile, si les hommes se contentaient pour vivre de ce
qu'ils possèdent, et ne cherchaient point à étendre leur
domination. Mais comme ils ne peuvent assurer leur sort
que par une véritable puissance, il est nécessaire de fuir
les pays trop stériles et de se fixer dans ces contrées fécondes, où la richesse du sol leur permette de s'agrandir,
où ils puissent se défendre contre ceux qui les attaqueraient, et réprimer quiconque voudrait s'opposer à leur
agrandissement.

Quant à la mollesse que pourrait inspirer le pays, il
faut que les lois imposent les travaux auxquels le sol
ne contraindrait pas. Il faut imiter ces sages qui, forcés
d'habiter des pays fertiles et riants, et qui n'enfantent
que des hommes efféminés et inhabiles à tout exercice
généreux, ont su obvier à ces inconvénients produits
par l'influence d'un climat voluptueux, en imposant à
ceux qui étaient destinés à porter les armes la nécessité
d'un exercice continuel ; de sorte que, grâce à ces règlements, ils ont formé de meilleurs soldats que dans
des contrées naturellement âpres et stériles. Telle fut
entre autres l'Égypte, où l'influence d'une terre pleine

de délices fut tellement modifiée par la vigueur des institutions, qu'elle produisit les hommes les plus éminents en tout genre; et si la longue succession des temps n'avait pas éteint la mémoire de leur nom, on verrait combien ils étaient plus dignes de louanges qu'Alexandre le Grand et tant d'autres dont le souvenir fleurit encore. Quiconque eût examiné l'empire du soudan, l'organisation des mameluks et la discipline de leur milice, avant que le sultan Sélim l'eût détruite, aurait vu à combien d'exercices militaires ses soldats étaient obligés; et il aurait connu dans le fait combien ils redoutaient cette oisiveté où la douceur du climat pouvait les plonger, s'ils n'en avaient détourné les effets par les lois les plus vigoureuses. Je dis donc que le choix le plus prudent est celui d'une contrée fertile, lorsque les lois peuvent en renfermer l'influence dans les bornes convenables.

Alexandre le Grand avait formé le dessein d'élever une ville comme monument de sa gloire; l'architecte Dinocrate vint le trouver, et lui montra qu'il pouvait facilement la fonder sur le mont Athos : outre la force naturelle du lieu, on pourrait, disait-il, tailler la montagne de manière à lui donner la forme humaine, entreprise rare, merveilleuse, digne de sa puissance. Alexandre lui demanda alors de quoi vivraient les habitants; il répondit qu'il n'y avait pas pensé. Le prince rit, et laissant de côté le mont Athos, jeta les fondements d'Alexandrie, où les habitants devaient avec plaisir fixer leur demeure, séduits par la fécondité du sol et par le double avantage de la mer et du Nil.

Si l'on remonte donc à l'origine de Rome, et que l'on considère Énée comme son premier fondateur, ce sera une ville édifiée par des étrangers; si c'est Romulus, elle devra sa naissance aux naturels du pays : mais, de toute manière, son origine aura été libre et indépendante. On verra encore, ainsi qu'il sera dit plus tard, à combien de contraintes les lois établies par Romulus, par Numa et par d'autres législateurs, asservirent le peuple : aussi, ni la fertilité du sol, ni la commodité de la mer, ni les fréquentes victoires, ni la grandeur même de l'empire, ne purent, dans le cours de plusieurs siècles, corrompre ses mœurs, et Rome vit fleurir dans son sein toutes ces vertus dont jamais nulle autre république ne fut ornée plus qu'elle.

Et comme les grandes choses qu'elle a opérées, et qu'a célébrées Tite-Live, ont été la suite de délibérations publiques ou particulières, qu'elles eurent lieu dans le sein de la cité, ou au dehors, je commencerai à parler de ce qui s'est passé au dedans par suite de délibérations publiques, m'arrêtant à ce que je jugerai le plus digne d'attention, et y ajoutant toutes les circonstances qui en dépendent. Ce sera l'objet des discours de ce premier livre, ou plutôt de cette première partie

CHAPITRE II.

Combien il y a de sortes de républiques, et de quelle espèce fut la république romaine.

Je m'abstiendrai de parler des villes dont l'origine est due à un autre État, et je parlerai seulement de celles dont les commencements furent libres de toute dépendance étrangère, et qui se sont immédiatement gouvernées d'après leur volonté, soit comme république, soit comme monarchie, et qui, à raison de cette double origine, ont eu une législation et une constitution différentes. Les unes, dès le moment de leur naissance ou peu de temps après, ont reçu leurs lois des mains d'un seul homme, et en une seule fois, telles que les donna Lycurgue à Lacédémone. Les autres les ont reçues à diverses reprises, et selon les événements : telle fut Rome.

On peut appeler heureuse la république à qui le destin

accorde un homme tellement prudent, que les lois qu'il lui donne sont combinées de manière à pouvoir assurer la tranquillité de chacun sans qu'il soit besoin d'y porter la réforme. Et c'est ainsi qu'on voit Sparte observer les siennes pendant plus de huit siècles, sans altération et sans désordre dangereux.

Au contraire, on peut considérer comme malheureuse la cité qui, n'étant pas tombée aux mains d'un sage législateur, est obligée de rétablir elle-même l'ordre dans son sein. Parmi les villes de ce genre, la plus malheureuse est celle qui se trouve plus éloignée de l'ordre; et celle-là en est plus éloignée, dont les institutions se trouvent toutes détournées de ce droit chemin qui peut la conduire à son but parfait et véritable, car il est presque impossible qu'elle trouve dans cette position quelque événement heureux qui rétablisse l'ordre dans son sein. Celles, au contraire, dont la constitution est imparfaite, mais dont les principes sont bons et susceptibles de s'améliorer, peuvent, suivant le cours des événements, s'élever jusqu'à la perfection. Mais on doit être persuadé que jamais les réformes ne se feront sans danger; car la plupart des hommes ne se plient pas volontiers à une loi nouvelle, lorsqu'elle établit dans la cité un nouvel ordre de choses auquel ils ne sentent pas la nécessité de se soumettre; et cette nécessité n'arrivant jamais sans périls, il peut se faire aisément qu'une république périsse avant d'avoir atteint à un ordre parfait. Celle de Florence en est une preuve frappante : réorganisée après la révolte d'Arezzo, en 1502, elle a été bouleversée de nouveau après la prise de Prato, en 1512.

Voulant faire connaître quelles furent les formes du gouvernement de Rome, et par quel concours de circonstances elles atteignirent à la perfection, je dirai comme ceux qui ont écrit sur l'organisation des États, qu'il existe trois espèces de gouvernements, appelés monarchique, aristocratique ou populaire, et que tous ceux qui veulent établir l'ordre dans la cité doivent choisir entre ces trois espèces celle qui convient le mieux à leurs desseins.

D'autres plus éclairés, suivant l'opinion générale, pensent qu'il existe six formes de gouvernements, dont trois sont tout à fait mauvaises ; les trois autres sont bonnes en elles-mêmes, mais elles dégénèrent si facilement, qu'il arrive aussi qu'elles deviennent dangereuses. Les bons gouvernements sont les trois que nous avons précédemment indiqués ; les mauvais sont ceux qui en dérivent ; et ces derniers ont tant de ressemblance avec ceux auxquels ils correspondent, qu'ils se confondent sans peine. Ainsi la monarchie se change en despotisme, l'aristocratie tombe dans l'oligarchie, et la démocratie se convertit promptement en licence. En conséquence, tout législateur qui adopte pour l'État qu'il fonde un de ces trois gouvernements, ne l'organise que pour bien peu de temps ; car aucun remède ne peut l'empêcher de se précipiter dans l'État contraire, tant le bien et le mal ont dans ce cas de ressemblance.

Le hasard seul a fait naître parmi les hommes cette variété de gouvernements ; car, au commencement du monde, les habitants de la terre étaient en petit nombre, et ils vécurent longtemps dispersés comme les animaux ; la population s'étant accrue, ils se réunirent ; et, afin de se mieux défendre, ils commencèrent à distinguer celui qui parmi eux était le plus robuste et le plus courageux ; ils en firent comme leur chef et lui obéirent. De là résulta la connaissance de ce qui était utile et honnête, en opposition avec ce qui était pernicieux et coupable. On vit que celui qui nuisait à son bienfaiteur faisait naître chez les hommes la haine pour les oppresseurs et la pitié pour leurs victimes ; on détesta les ingrats ; on honora ceux qui se montraient reconnaissants ; et, dans la crainte d'éprouver à son tour les mêmes injures qu'avaient reçues les autres, on s'avisa d'opposer à ces maux la barrière des lois, et d'infliger des punitions à ceux qui tenteraient d'y contrevenir. Telles furent les premières notions de la justice.

Alors, quand il fut·question d'élire un chef, on cessa d'aller à la recherche du plus courageux, on choisit le plus sage, et surtout le plus juste; mais, le prince venant ensuite à régner par droit de succession et non par le suffrage du peuple, les héritiers dégénérèrent bientôt de leurs ancêtres; négligeant tout acte de vertu, ils se persuadèrent qu'ils n'avaient autre chose à faire qu'à surpasser leurs semblables en luxe, en mollesse et en tout genre de voluptés. Le prince commença dès lors à exciter la haine; la haine l'environna de terreur; mais, passant promptement de la crainte à l'offense, la tyrannie ne tarda pas à naître. Telles furent les causes de la chute des princes; alors s'ourdirent contre eux les conjurations, les complots, non plus d'hommes faibles ou timides, mais où l'on vit entrer surtout ceux qui surpassaient les autres en générosité, en grandeur d'âme, en richesse, en naissance, et qui ne pouvaient supporter la vie criminelle d'un tel prince.

La multitude, entraînée par l'exemple des grands, s'armait contre le souverain, et après son châtiment elle leur obéissait comme à ses libérateurs. Ces derniers, haïssant jusqu'au nom de prince, organisaient entre eux un gouvernement, et, dans les commencements, retenus par l'exemple de la précédente tyrannie, ils conformaient leur conduite aux lois qu'ils avaient données : préférant le bien public à leur propre avantage, ils gouvernaient avec justice et veillaient avec le même soin à la conservation des intérêts communs et particuliers. Lorsque le pouvoir passa dans les mains de leurs fils, comme ces derniers ignoraient les caprices de la fortune, et que le malheur ne les avait point éprouvés, ils ne voulurent point se contenter de l'égalité civile; mais, se livrant à l'avarice et à l'ambition, arrachant

12

les femmes à leurs maris, ils changèrent le gouvernement, qui jusqu'alors avait été aristocratique, en une oligarchie qui ne respecta plus aucun des droits des citoyens. Ils éprouvèrent bientôt le même sort que le tyran : la multitude, fatiguée de leur domination, se fit l'instrument de quiconque voulait la venger de ses oppresseurs, et il ne tarda pas à s'élever un homme qui, avec l'appui du peuple, parvint à les renverser.

La mémoire du prince et de ses outrages vivait encore, l'oligarchie venait d'être détruite, et l'on ne voulait pas rétablir le pouvoir d'un seul : on se tourna vers l'état populaire, et on l'organisa de manière que ni le petit nombre des grands, ni le prince, n'y obtinrent aucune autorité. Comme tout gouvernement inspire à son origine quelque respect, l'état populaire se maintint d'abord, mais pendant bien peu de temps, surtout lorsque la génération qui l'avait établi fut éteinte; car on ne fut pas longtemps sans tomber dans un état de licence où l'on ne craignit plus ni les simples citoyens, ni les hommes publics : de sorte que, tout le monde vivant selon son caprice, chaque jour était la source de mille outrages. Contraint alors par la nécessité, ou éclairé par les conseils d'un homme sage, ou fatigué d'une telle licence, on en revint à l'empire d'un seul, pour retomber encore de chute en chute, de la même manière et par les mêmes causes, dans les horreurs de l'anarchie.

Tel est le cercle dans lequel roulent tous les États qui ont existé ou qui subsistent encore. Mais il est bien rare que l'on revienne au point précis d'où l'on était parti, parce que nul empire n'a assez de vigueur pour pouvoir passer plusieurs fois par les mêmes vicissitudes et maintenir son existence. Il arrive souvent qu'au milieu de ses bouleversements une république, privée de conseils et de force, devient la sujette de quelque État voisin plus sagement gouverné; mais si cela n'arrivait point, un empire pourrait parcourir longtemps le cercle des mêmes révolutions.

Je dis donc que toutes ces formes de gouvernements offrent des inconvénients égaux : les trois premières, parce qu'elles n'ont pas d'éléments de durée ; les trois autres, par le principe de corruption qu'elles renferment. Aussi tous les législateurs renommés par leur sagesse, ayant reconnu le vice inhérent à chacun, ont évité d'employer uniquement un de ces modes de gouvernement ; ils en ont choisi un qui participait de tous, le jugeant plus solide et plus stable, parce que le prince, les grands et le peuple, gouvernant ensemble l'État, pouvaient plus facilement se surveiller entre eux. Parmi les législateurs qu'ont illustrés de semblables constitutions, le plus digne d'éloges est Lycurgue. Dans les lois qu'il donna à Sparte, il sut tellement contrebalancer le pouvoir du roi, des grands et du peuple, qu'à sa grande gloire l'État se maintint en paix pendant plus de huit cents années.

Il arriva le contraire à Solon, qui dicta des lois à Athènes, et qui, pour n'y avoir établi que le gouvernement populaire, ne lui assura qu'une existence tellement éphémère, qu'avant sa mort même il vit éclore la tyrannie de Pisistrate. Quoique ensuite les héritiers du tyran eussent été chassés au bout de quarante ans, et qu'Athènes eût recouvré sa liberté, comme on se borna à rétablir le gouvernement de Solon, il ne dura pas plus d'un siècle, malgré les amendements qu'on y fit pour le consolider et pour réprimer l'insolence des grands et la licence de la multitude, deux vices auxquels Solon n'avait point assez fait attention : aussi, comme il ne fit intervenir dans sa constitution ni l'autorité du prince, ni celle des grands, Athènes n'eut qu'une existence extrêmement bornée en comparaison de Lacédémone.

Mais venons à Rome. Cette ville, dans le principe, n'eut point, il est vrai, un Lycurgue pour lui donner

des lois et pour y établir un gouvernement capable de
conserver longtemps sa liberté : cependant, par suite
des événements que fit naître dans son sein la jalousie
qui divisa toujours le peuple et les grands, elle obtint
ce que le législateur ne lui avait pas donné. En effet, si
Rome ne jouit pas du premier avantage que j'ai d'abord
indiqué, elle eut du moins le second en partage ; et si
ses premières lois furent défectueuses, elles ne s'écar-
tèrent jamais du chemin qui pouvait les conduire à la
perfection. Romulus et les autres rois firent une multitude de bonnes lois, excellentes même pour un gouvernement libre ; mais comme leur but principal avait été
de fonder une monarchie et non une république, quand
cette ville recouvra son indépendance, on s'aperçut que
les besoins de la liberté réclamaient une foule de dispositions que les rois n'avaient point songé à établir. Et
quoique ces rois eussent perdu la couronne par les causes
et de la manière que nous avons indiquées ci-dessus,
ceux qui les chassèrent ayant aussitôt établi deux consuls
pour tenir lieu du roi, on ne fit que bannir de Rome le
titre et non l'autorité royale ; de sorte que la république,
renfermant dans son sein des consuls et un sénat, ne
présenta d'abord que le mélange de deux des trois éléments indiqués, c'est-à-dire la monarchie et l'aristocratie. Il ne restait plus à y introduire que le gouvernement populaire. La noblesse romaine, enorgueillie par
les causes que nous développerons ci-après, souleva
contre elle le ressentiment du peuple ; et, pour ne pas
tout perdre, elle fut contrainte à lui céder une partie de
l'autorité ; mais, d'un autre côté, le sénat et les consuls
en retinrent assez pour conserver dans l'État le rang
qu'ils y occupaient.

C'est à ces causes qu'est due l'origine des tribuns du
peuple, dont l'institution affermit la république, parce
que chacun des trois éléments du gouvernement obtint une part d'autorité. La fortune favorisa tellement

Rome, que, quoiqu'elle passât de la royauté et de l'aristocratie au gouvernement populaire, en suivant les gra-
dations amenées par les mêmes causes que nous avons
développées, cependant on n'enleva point au pouvoir
royal toute l'autorité pour la donner aux grands; on
n'en priva point non plus les grands en faveur du
peuple; mais l'équilibre des trois pouvoirs donna naissance à une république parfaite. Toutefois cette perfection n'eut sa source que dans la désunion du peuple et
du sénat, comme nous le ferons voir amplement dans
les deux chapitres suivants.

CHAPITRE III.

Des événements qui amenèrent à Rome la création des tribuns, dont l'institution
perfectionna le gouvernement de la république.

Ainsi que le démontrent tous ceux qui ont traité de la
politique, et les nombreux exemples que fournit l'histoire,
il est nécessaire à celui qui établit la forme d'un État et
qui lui donne des lois de supposer d'abord que tous les
hommes sont méchants et disposés à faire usage de leur
perversité toutes les fois qu'ils en ont la libre occasion. Si
leur méchanceté reste cachée pendant un certain temps,
cela provient de quelque cause inconnue que l'expérience n'a point encore dévoilée, mais que manifeste enfin le temps, appelé, avec raison, le père de toute vérité.

Après l'expulsion des Tarquins, il semblait que la plus
grande concorde régnât entre le peuple et le sénat, et
que les nobles, se dépouillant de leur orgueil, eussent
revêtu une âme plébéienne qui les rendait supportables
même aux dernières classes de la population. Cette union
apparente dura, sans que l'on en connût la cause, tant
que les Tarquins vécurent. La noblesse, qui les redoutait,
craignait également que le peuple, si elle l'offensait, ne se

12.

rapprochât d'eux, et elle se comportait à son égard avec modération. Mais à peine les Tarquins furent-ils morts et les nobles eurent-ils cessé de craindre, qu'ils commencèrent à verser sur le peuple le poison qu'ils retenaient dans leur cœur, et à l'accabler de toutes les vexations qu'ils pouvaient imaginer : preuve certaine de ce que j'ai avancé plus haut, que jamais les hommes ne font le bien que par nécessité; mais là où chacun, pour ainsi dire, est libre d'agir à son gré et de s'abandonner à la licence, la confusion et le désordre ne tardent pas à se manifester de toutes parts. C'est ce qui a fait dire que la faim et la pauvreté éveillaient l'industrie des hommes, et que les lois les rendaient bons. Là où une cause quelconque produit un bon effet sans le secours de la loi, la loi est inutile; mais quand cette disposition propice n'existe pas, la loi devient indispensable. Ainsi, quand les Tarquins, qui tenaient les grands enchaînés par la terreur qu'ils leur inspiraient, n'existèrent plus, il fallut chercher de nouvelles institutions qui produisissent le même effet que la présence des Tarquins. En conséquence, c'est après les troubles, les murmures continuels et les dangers auxquels donnèrent lieu les longs débats qui s'élevèrent entre les plébéiens et la noblesse, que l'on institua les tribuns pour la sécurité du peuple. L'autorité de ces nouveaux magistrats fut entourée de tant d'honneurs et de prérogatives, qu'ils purent tenir sans cesse la balance entre le peuple et le sénat, et mettre un frein aux prétentions insolentes des nobles.

CHAPITRE IV.

La désunion entre le peuple et le sénat de Rome fut cause de la grandeur et de la liberté de la république.

Je ne veux point passer sous silence les désordres qui

régnèrent dans Rome depuis la mort des Tarquins jusqu'à l'établissement des tribuns ; je m'élèverai en outre
contre les assertions de ceux qui veulent que Rome n'ait
été qu'une république tumultueuse et désordonnée, et
qu'on eût trouvée bien inférieure à tous les autres gouvernements de la même espèce, si sa bonne fortune et
ses vertus militaires n'avaient suppléé aux vices qu'elle
renfermait dans son sein. Je ne nierai point que la fortune et la discipline n'aient contribué à la puissance des
Romains ; mais on aurait dû faire attention qu'une discipline excellente n'est que la conséquence nécessaire des
bonnes lois, et que partout où elle règne, la fortune, à
son tour, ne tarde pas à faire briller ses faveurs.

Mais venons-en aux autres particularités de cette cité.
Je dis que ceux qui blâment les dissensions continuelles
des grands et du peuple me paraissent désapprouver
les causes mêmes qui conservèrent la liberté de Rome,
et qu'ils prêtent plus d'attention aux cris et aux rumeurs que ces dissensions faisaient naître, qu'aux effets
salutaires qu'elles produisaient. Ils ne veulent pas remarquer qu'il existe dans chaque gouvernement deux
sources d'opposition, les intérêts du peuple et ceux des
grands ; que toutes les lois que l'on fait au profit de la
liberté naissent de leur désunion, comme le prouve tout
ce qui s'est passé dans Rome, où, pendant les trois cents
ans et plus qui s'écoulèrent entre les Tarquins et les Gracques, les désordres qui éclatèrent dans ses murs pro-
duisirent peu d'exils, et firent couler le sang plus rarement encore. On ne peut donc regarder ces dissensions
comme funestes, ni l'État comme entièrement divisé,
lorsque durant un si long cours d'années ces différends
ne causèrent l'exil que de huit ou dix individus, les condamnations à l'amende de bien peu de citoyens, et la
mort d'un plus petit nombre. On ne peut en aucune
manière appeler désordonnée une république où l'on
voit éclater tant d'exemples de vertus ; car les bons

exemples naissent de la bonne éducation, la bonne éducation des bonnes lois, et les bonnes lois de ces désordres mêmes que la plupart condamnent inconsidérément. En effet, si l'on examine avec attention la manière dont ils se terminèrent, on verra qu'ils n'ont jamais enfanté ni exil ni violences funestes au bien public, mais au contraire qu'ils ont fait naître des lois et des règlements favorables à la liberté de tous.

Et si quelqu'un disait : Mais n'est-ce pas une conduite extraordinaire, et pour ainsi dire sauvage, que de voir tout un peuple accuser à grands cris le sénat, et le sénat, le peuple, les citoyens courir tumultueusement à travers les rues, fermer les boutiques, et déserter la ville? toutes choses qui épouvantent même à la simple lecture. Je répondrai que chaque État doit avoir ses usages, au moyen desquels le peuple puisse satisfaire son ambition, surtout dans les cités où l'on s'appuie de son influence pour traiter les affaires importantes. Parmi les États de cette espèce, Rome avait pour habitude, lorsque le peuple voulait obtenir une loi, de le voir se livrer aux extrémités dont nous venons de parler, ou refuser d'inscrire son nom pour la guerre; de sorte que, pour l'apaiser, il fallait le satisfaire sur quelque point. Le désir qu'ont les nations d'être libres est rarement nuisible à la liberté, car il naît de l'oppression ou de la crainte d'être opprimé. Et s'il arrivait qu'elles se trompassent, les harangues publiques sont là pour redresser leurs idées; il suffit qu'un homme de bien se lève et leur démontre par ses discours qu'elles s'égarent. Car les peuples, comme l'a dit Cicéron, quoique plongés dans l'ignorance, sont susceptibles de comprendre la vérité, et ils cèdent facilement lorsqu'un homme digne de confiance la leur dévoile.

Soyons donc avares de critiques envers le gouvernement romain, et faisons attention que tout ce qu'a produit de meilleur cette république provient d'une bonne cause. Si le tribunat doit son origine au désordre, ce désordre même devient digne d'éloges, puisque le peuple obtint par ce moyen sa part dans le gouvernement, et que les tribuns furent les gardiens des libertés romaines. C'est ce que l'on verra dans le chapitre suivant.

CHAPITRE V.

A qui peut-on plus sûrement confier la garde de la liberté, aux grands ou au peuple? et quels sont ceux qui ont le plus de motifs d'exciter des troubles, ceux qui veulent acquérir ou ceux qui veulent conserver?

Ceux qui, dans l'établissement d'un État, firent briller le plus leur sagesse, ont mis au nombre des institutions les plus essentielles la sauvegarde de la liberté, et selon qu'ils ont su plus ou moins bien la placer, les citoyens ont vécu plus ou moins longtemps libres. Et comme dans tout État il existe des grands et des plébéiens, on a demandé dans quelles mains était plus en sûreté le dépôt de la liberté. Les Lacédémoniens jadis, et de nos jours les Vénitiens, l'ont confié aux nobles; mais chez les Romains il fut remis entre les mains du peuple. Il est donc nécessaire d'examiner lesquelles de ces républiques ont fait un meilleur choix. Si l'on s'arrêtait aux motifs, il y aurait beaucoup à dire de chaque côté; mais si l'on examinait les résultats, on donnerait la préférence à la noblesse; car à Sparte et à Venise la liberté a vécu plus longtemps qu'à Rome.

Mais pour en venir aux raisons, et prenant d'abord les Romains pour exemple, je dirai que l'on doit toujours confier un dépôt à ceux qui sont le moins avides de se l'approprier. En effet, si l'on considère le but des grands et du peuple, on verra dans les premiers la soif de la domination, dans le dernier, le seul désir de n'être point abaissé, et par conséquent une volonté plus ferme de vivre libre; car il peut, bien moins que les grands, espérer d'usurper le pouvoir. Si donc les plébéiens sont chargés de veiller à la sauvegarde de la liberté, il est raisonnable de penser qu'ils y veilleront d'un œil plus jaloux, et que ne pouvant s'emparer pour eux-mêmes de l'autorité, ils ne permettront pas que les autres l'usurpent.

D'un autre côté, les défenseurs de l'ordre établi dans Sparte et dans Venise prétendent que ceux qui confient ce dépôt aux mains des plus puissants procurent à l'État deux avantages : le premier est d'assouvir en partie l'ambition de ceux qui ont une plus grande influence dans la république, et qui, tenant en main l'arme qui protége le pouvoir, ont, par cela même, plus de motifs d'être satisfaits de leur partage ; le dernier est d'empêcher le peuple, naturellement inquiet, d'employer la puissance qui lui serait laissée à produire dans un État des dissensions et des désordres capables de pousser la noblesse à quelque coup de désespoir, dont les funestes effets peuvent se faire apercevoir un jour. On cite Rome elle-même pour exemple. Lorsque les tribuns eurent obtenu l'autorité, le peuple ne se contenta point d'un consul plébéien, il voulut qu'ils le fussent tous deux. Bientôt après, il exigea la censure, puis la préture, puis tous les autres emplois du gouvernement. Bien plus encore, toujours poussé par la même haine du pouvoir, il en vint avec le temps à idolâtrer les hommes qu'il crut capables d'abaisser la noblesse. Telle fut l'origine de la puissance de Marius et de la ruine de Rome.

En examinant toutes les raisons qui dérivent de cette double question, il serait difficile de décider à qui la garde d'une telle liberté doit être confiée; car on ne peut clairement déterminer quelle est l'espèce d'hommes la plus nuisible dans une république, ou ceux qui désirent acquérir ce qu'ils ne possèdent pas, ou ceux qui veulent seulement conserver les honneurs qu'ils ont déjà obtenus. Peut-être qu'après un examen approfondi on en viendrait à cette conclusion : il s'agit ou d'une république qui veut acquérir un empire, telle que Rome par exemple, ou d'une république qui n'a d'autre but que sa propre conservation. Dans le premier cas, il faut nécessairement se conduire comme on le fit à Rome : dans le dernier, on peut imiter Sparte et Venise pour les motifs et de la manière dont nous parlerons dans le livre suivant.

Quant à la question de savoir quels sont les hommes les plus dangereux dans une république, ou ceux qui désirent d'acquérir, ou ceux qui veulent ne pas perdre ce qu'ils possèdent déjà, je dirai que Marcus Ménénius et Marcus Fulvius, tous deux plébéiens, ayant été nommés, le premier dictateur, le second maître de la cavalerie, pour rechercher tous les fils d'une conspiration qui s'était ourdie à Capoue contre la république romaine, le peuple les investit en outre du pouvoir d'examiner dans Rome la conduite de tous ceux qui, par brigue ou par des voies illégitimes, travaillaient à s'emparer du consulat ou des autres honneurs de l'État. La noblesse, convaincue que cette autorité donnée au dictateur n'était dirigée que contre elle, répandit dans Rome que ce n'étaient pas les nobles qui poursuivaient les honneurs par la brigue ou par la corruption, mais les plébéiens, qui, peu confiants en leur naissance ou en leur propre mérite, cherchaient, par les moyens les plus illégaux, à s'insinuer dans les grandeurs ; c'était surtout le dictateur qu'ils désignaient dans leurs discours. Cette accusation eut tant de pouvoir sur l'esprit de Ménénius, qu'il déposa la dictature, après avoir fait un discours où il se plaignait amèrement d'avoir été calomnié par la noblesse. Il demanda à être soumis au jugement du peuple ; sa cause fut plaidée, et il fut déclaré innocent. Dans les débats qui précédèrent le jugement, on examina plus d'une fois quel est le plus ambitieux, ou celui qui veut ne rien perdre, ou celui qui veut acquérir, attendu que ces deux passions peuvent être la source des plus grands désastres.

Cependant, les troubles sont le plus souvent excités par ceux qui possèdent : la crainte de perdre fait naître dans les cœurs les mêmes passions que le désir d'acquérir ; et il est dans la nature de l'homme de ne se croire tranquille possesseur que lorsqu'il ajoute encore aux biens dont il jouit déjà. Il faut considérer, en outre, que plus ils possèdent, plus leur force s'accroît, et plus il leur est facile le remuer l'État ; mais ce qui est bien plus funeste encore, leur conduite et leur ambition sans frein allument dans le cœur de ceux qui n'ont rien la soif de la possession, soit pour se venger en dépouillant leurs ennemis, soit pour partager ces honneurs et ces richesses dont ils voient faire un si coupable usage.

CHAPITRE VI.

Si l'on pouvait établir dans Rome un gouvernement qui fit cesser les inimitiés qui partageaient le peuple et le sénat.

Nous avons exposé précédemment les effets que produisaient les querelles entre le peuple et le sénat. En considérant actuellement celles qui s'élevèrent jusqu'au temps des Gracques, où elles causèrent la ruine de la liberté, on pourrait désirer que Rome eût exécuté les grandes choses qui l'ont illustrée, sans qu'il s'y fût mêlé de semblables inimitiés. Toutefois il me semble que c'est une chose digne de considération, de savoir si l'on pouvait fonder dans Rome un gouvernement qui pût ôter tout prétexte à ces dissensions. Pour asseoir un jugement certain, il faut nécessairement jeter un coup d'œil sur ces républiques, qui, exemptes de haine et de discorde, n'en ont pas moins joui d'une longue liberté ; voir quel était leur gouvernement, et si on pouvait l'introduire dans Rome.

Nous prendrons pour exemple Sparte chez les anciens, Venise parmi les modernes, ainsi que nous l'avons déjà fait.

Sparte fut gouvernée par un roi et un sénat peu nombreux :

Venise ne divisa point ainsi le pouvoir sous des noms différents ; tous ceux qui participaient au gouvernement furent compris sous la même dénomination de *gentils-hommes* ou *nobles*.

C'est au hasard plutôt qu'à la sagesse de ses législateurs, qu'elle dut ce mode de gouvernement. En effet, une foule d'habitants chassés des contrées voisines, par les causes rapportées plus haut, étant venus se réfugier sur les écueils où est maintenant assise la ville de Venise, les citoyens, voyant leur nombre tellement accru qu'il était nécessaire de s'imposer des lois pour pouvoir vivre ensemble, établirent une forme de gouvernement ; et comme ils se réunissaient fréquemment pour délibérer sur les intérêts de la cité, ils réfléchirent qu'ils étaient en assez grand nombre pour compléter leur existence politique, et ils refusèrent à tous ceux qui viendraient désormais se joindre à eux la faculté de participer au gouvernement. Par la suite, le nombre de ceux qui n'avaient pas ce privilége s'étant accru considérablement, pour donner plus de considération à ceux qui gouvernaient, on les nomma *gentilshommes*, et les autres *popolani*, ou *bourgeois*.

Cette forme de gouvernement put naître et se maintenir sans secousses, parce qu'à son origine tous ceux qui alors habitaient Venise furent appelés au pouvoir, de manière que personne n'eut de plaintes à former ; ceux qui vinrent par la suite y fixer leur demeure, trouvant le gouvernement complétement organisé, n'eurent ni le désir ni la possibilité d'exciter des tumultes. Le désir n'existait pas, puisqu'on ne leur avait rien enlevé. La possibilité n'y était pas davantage, parce que ceux qui gouvernaient les tenaient en bride d'une main ferme, et ne leur accordaient jamais aucun emploi qui pût leur donner la moindre autorité. D'un autre côté, ceux qui vinrent par suite s'établir à Venise n'étaient point assez nombreux pour rompre l'équilibre entre les gouvernants et les gouvernés; car le nombre des gentilshommes leur était au moins égal, s'il n'était supérieur. C'est ainsi que Venise put établir son gouvernement et maintenir son unité.

Sparte, comme je l'ai dit, gouvernée par un roi et un sénat peu nombreux, put également subsister durant plusieurs siècles. Le petit nombre de ses habitants, le refus de recevoir dans la ville des étrangers, le respect qu'on y avait pour les lois de Lycurgue et la soumission à ces lois, avaient écarté tous les désordres, et permirent longtemps de vivre dans l'union. Lycurgue, par ses institutions, avait établi dans Sparte l'égalité des richesses et l'inégalité des conditions, ou plutôt c'était l'égalité de la pauvreté. Aussi le peuple montrait d'autant moins d'ambition que moins de citoyens participaient aux dignités, et que jamais les nobles, par leur conduite, ne firent naître en lui le désir de les en dépouiller.

C'est à ses rois que Sparte dut cet avantage. Assis sur le trône et placés au milieu de la noblesse, ils n'avaient d'autre moyen pour conserver leur dignité dans toute sa force que de préserver le peuple de toute insulte. Il en résultait que le peuple ne craignait ni ne désirait le pouvoir, et que ne possédant ni ne convoitant la puissance, tout prétexte de discorde, tout germe de tumulte disparaissait entre lui et la noblesse, et ils purent vivre longtemps dans la plus parfaite union. Cette concorde eut deux causes principales : l'une, le petit nombre des habitants de Sparte, qui leur permit d'être gouvernés par des magistrats peu nombreux; l'autre, le refus d'admettre des étrangers au sein de la république, ce qui écartait du peuple toute cause de corruption, et empêchait la population de s'accroître, au point de rendre le poids du gouvernement à charge au petit nombre de ceux qui le supportaient.

Lorsqu'on examine toutes ces difficultés, on demeure convaincu que les législateurs de Rome auraient dû, pour parvenir à la rendre aussi paisible que les républiques dont nous venons de parler, ou ne point se servir du peuple à la guerre, comme firent les Vénitiens, ou ne point adopter les étrangers comme citoyens, ainsi que firent les Lacédémoniens. Mais ils employèrent au contraire ces deux moyens, ce qui accrut la force du peuple et le nombre de ses membres, et multiplia par conséquent les sources de troubles. Si la république romaine eût été plus paisible, il en serait résulté cet inconvénient, que sa faiblesse en eût été augmentée, et qu'elle se serait elle-même fermé les chemins à la grandeur où elle est parvenue dans la suite; de manière que si Rome eût voulu se préserver des tumultes, elle se fût ravi tous les moyens de s'accroître.

Si l'on examine avec attention les événements de ce monde, on demeurera persuadé qu'on ne peut détruire un inconvénient sans qu'il ne s'en élève un autre. Veut-on former un peuple nombreux et guerrier, qui étende au loin son empire; il faudra lui imprimer un caractère qui le rendra par la suite difficile à guider. Veut-on le renfermer dans d'étroites limites, ou le tenir désarmé, afin de pouvoir mieux le gouverner; il ne pourra, s'il en fait, conserver aucune de ses conquêtes, ou il deviendra si lâche, qu'il restera la proie du premier qui l'attaquera. Ainsi, dans toutes nos résolutions, il faut examiner quel est le parti qui présente le moins d'inconvénients, et l'embrasser comme le meilleur, parce qu'on ne trouve jamais rien de parfaitement pur et sans mélange ou d'exempt de dangers.

Rome, à l'exemple de Sparte, pouvait bien établir un roi électif, un sénat peu nombreux ; mais elle ne pouvait, comme cette dernière ville, ne pas accroître le nombre de ses habitants, puisqu'elle voulait obtenir une vaste domination ; alors un roi nommé à vie et le petit nombre de sénateurs auraient été d'un faible secours pour maintenir l'union parmi les citoyens.

Si donc quelqu'un voulait de nouveau fonder une république, il devrait examiner si son dessein est qu'elle puisse, comme Rome, accroître son empire et sa puissance, ou s'il désire qu'elle demeure renfermée dans de justes limites. Dans le premier cas, il doit l'organiser comme Rome, et laisser les désordres et les dissensions générales suivre leur cours de la manière qui paraît la moins dangereuse. Or, sans une population nombreuse et nourrie dans les armes, jamais une république ne pourra s'accroître ou se maintenir au point où elle sera parvenue.

Dans le dernier cas, on peut lui donner la constitution de Sparte ou de Venise ; mais, comme pour les républiques de cette espèce, la soif de s'agrandir est un poison, celui qui les fonde doit, par tous les moyens qui sont en son pouvoir, leur interdire les conquêtes ; car toute conquête qui n'est soutenue que par un État faible finit par en causer la ruine : Sparte et Venise en sont un exemple éclatant. La première, après avoir soumis presque toute la Grèce, montra, au premier revers, sur quels faibles fondements sa puissance était assise ; car, après la révolte de Thèbes, excitée par Pélopidas, toutes les autres villes, en se soulevant, renversèrent cette république. Venise également s'était rendue maîtresse d'une grande partie de l'Italie, mais plutôt par ses richesses et sa politique que par ses armes. Lorsqu'elle voulut faire l'épreuve de ses forces, elle perdit dans un seul combat tous les États qu'elle possédait.

Je croirais volontiers que, pour établir une république

dont. l'existence se prolongeât longtemps, le meilleur moyen serait de l'organiser au dedans comme Sparte ou Venise, de l'établir dans un lieu assez fort, et de la rendre assez puissante pour que personne ne crût pouvoir la renverser en s'y présentant. D'un autre côté, il ne faudrait pas que sa puissance fût assez grande pour devenir redoutable à ses voisins. C'est ainsi qu'elle pourrait jouir longtemps de son gouvernement ; car on ne fait la guerre à une république que par deux motifs : le premier, pour s'en rendre maître ; le dernier, pour l'empêcher de vous assujettir. Le moyen qu'on vient d'indiquer remédie à ces deux inconvénients : s'il est difficile de l'emporter d'assaut, et qu'elle soit toujours prête à la défense, ainsi que je le suppose, il arrivera rarement, si même cela arrive, que quelqu'un essaye de s'en rendre maître. Si elle se renferme constamment dans ses limites, si l'on voit par expérience qu'elle n'écoute pas l'ambition, la terreur n'excitera jamais ses voisins à lui déclarer la guerre. Et cette confiance serait bien plus puissante encore si sa constitution ou ses lois lui défendaient de reculer ses limites. Certes, je crois que si la balance pouvait ainsi se maintenir, ce serait la vie sociale la plus parfaite, et l'état de paix le plus désirable pour une ville. Mais, comme rien n'est permanent chez les mortels, et que les choses ne peuvent demeurer stables, il faut nécessairement qu'elles s'élèvent ou qu'elles tombent. Souvent la nécessité nous oblige à beaucoup d'entreprises que la raison nous ferait rejeter. Ainsi, après avoir fondé une république propre à se maintenir sans faire de conquêtes, s'il arrivait que la nécessité la contraignît à s'agrandir, on la verrait bientôt s'écrouler sur ses bases, faute de lui avoir donné les fondements nécessaires. Mais, d'un autre côté, quand le ciel lui serait assez favorable pour écarter de son sein les désastres de la guerre, il arriverait que l'oisiveté enfanterait au milieu d'elle ou la mollesse ou la discorde, et ces deux fléaux

13.

réunis, si un seul ne suffisait pas, seraient la source de sa perte.

Cependant, comme on ne peut à mon avis tenir ici la balance parfaitement égale, ni maintenir un juste équilibre, il faut, dans l'établissement d'une république, embrasser le parti le plus honorable, et l'organiser de manière que si la nécessité la portait à s'agrandir, elle pût conserver ce qu'elle aurait conquis. Et, pour en revenir à mon premier raisonnement, je pense qu'il est nécessaire d'imiter la constitution romaine et non celle des autres républiques, parce que je ne crois pas qu'il soit possible de choisir un terme intermédiaire entre ces deux modes de gouvernement, et qu'il faut tolérer les inimitiés qui peuvent s'élever entre le peuple et le sénat, les regardant comme un mal nécessaire pour parvenir à la grandeur romaine. Outre les motifs que j'ai déjà allégués, et par lesquels j'ai démontré que l'autorité tribunitienne était indispensable à la conservation de la liberté, on peut reconnaître aisément l'avantage que produisait dans les républiques le pouvoir d'accuser, qui faisait partie des attributions des tribuns, ainsi qu'on le développera dans le chapitre suivant.

CHAPITRE VII.

Combien les accusations sont nécessaires dans une république pour maintenir la liberté.

On ne peut donner aux gardiens de la liberté d'un État un droit plus utile et plus nécessaire que celui de pouvoir accuser, soit devant le peuple, soit devant un magistrat ou tribunal quelconque, les citoyens qui auraient commis un délit contre cette liberté. Cette mesure a dans une république deux effets extrêmement importants : le premier est que les citoyens, dans la crainte

d'être accusés, n'osent rien entreprendre contre la sûreté
de l'État; ou que, s'ils tentent quelque entreprise, ils
reçoivent sur-le-champ, et sans ménagement, le châtiment de leur forfait : l'autre est de fournir un moyen
de s'exhaler à ces passions qui, de manière ou d'autre,
fermentent sans cesse dans l'État contre quelque citoyen.
Quand ces passions ne peuvent se répandre d'une manière légalement autorisée, elles prennent des voies
extraordinaires qui renversent la république jusqu'en
ses fondements. Rien ne l'affermit tant, au contraire,
que de l'organiser de manière à ce que la fermentation
des passions qui l'agitent puisse trouver pour s'échapper
une issue que les lois autorisent. C'est ce qu'on peut
prouver par de nombreux exemples, et surtout par ce
que Tite-Live rapporte de Coriolan.

Il raconte que la noblesse romaine était irritée contre
le peuple, qui lui paraissait avoir acquis trop d'autorité
depuis la création des tribuns défenseurs de ses droits.
Rome, comme il arrivait fréquemment, éprouvait à cette
époque une grande disette de vivres, et le sénat avait
envoyé chercher en Sicile les grains dont la ville avait
besoin. Alors Coriolan, ennemi du parti populaire, fit
sentir que le moment était venu de châtier le peuple et
de lui arracher cette autorité qu'il avait usurpée au préjudice de la noblesse ; que le moyen était de l'affamer
en lui refusant les distributions de blé. Ce discours étant
parvenu aux oreilles du peuple, il l'enflamma d'une telle
indignation contre Coriolan, qu'il l'aurait mis tumultueusement à mort, si les tribuns ne l'eussent cité à
comparaître et à venir défendre sa cause.

C'est sur cet événement qu'est fondé ce qu'on a dit
plus haut, qu'il est utile et nécessaire que les lois d'une
république donnent à la masse du peuple un moyen lé-
gal de manifester la colère qu'il nourrit contre un citoyen : lorsque les moyens ordinaires n'existent plus, il
faut recourir aux voies extraordinaires ; et il est hors de

doute que ces dernières produisent des maux plus grands
que ne pourraient faire les autres. En effet, si un citoyen
est puni dans les formes, le fût-il même injustement, il
n'en résulte que peu ou point de désordre dans la république; car cette oppression a lieu sans qu'on ait recours à la force particulière ou à celle des étrangers,
causes ordinaires de la ruine de la liberté : elle ne se
sert que de la force de la loi et de l'ordre public, dont on
connaît les bornes particulières, et dont l'action n'est
jamais assez violente pour renverser la république.

Et, pour appuyer mon opinion d'un exemple, je n'en
veux point d'autre que celui même de Coriolan chez les
anciens. Que l'on considère, en effet, tous les maux qui
seraient résultés pour la république romaine s'il eût été
massacré dans une émeute populaire. C'était une injure
de particulier à particulier : or l'injure engendre la
peur; la peur cherche les moyens de défense; la défense
appelle les partisans; les partisans produisent les factions
qui divisent les villes, et les factions à leur tour enfantent la ruine des États. Mais cette cause ayant été dirigée par l'autorité légitime, on prévint le développement
de tous les maux qui auraient pu naître si la seule force
particulière s'en fût mêlée.

Nous avons vu de notre temps les innovations qu'à
introduites dans la république de Florence l'impossibilité où se trouva la multitude, de pouvoir répandre d'une
manière légale le courroux qu'elle nourrissait contre
Francesco Valori, un de ses concitoyens, dont l'autorité
dans la ville était celle d'un prince; la plupart des Florentins le soupçonnaient d'ambition, et lui reprochaient
de vouloir s'élever au-dessus des lois par son audace et
ses emportements. La république n'avait d'autre moyen
de résister à ses projets que de lui opposer une faction
contraire : Valori, à son tour, ne redoutant que les
moyens extraordinaires, commença dès lors à s'entourer
de complices dévoués à sa défense. De leur côté, ceux

qui le combattaient, ne pouvant le réprimer par la force des lois, employèrent les voies illégales, et l'on en vint aux armes. Si l'on avait pu lui opposer les moyens légitimes, lui seul eût payé le renversement de son autorité ; mais, comme il fallut le vaincre avec les forces que ne donnait point la loi, il entraîna dans sa chute un grand nombre de nobles citoyens.

Ces réflexions acquièrent une nouvelle force de ce qui s'est passé à Florence, à l'égard de Pierre Soderini, et qui n'eut lieu que parce qu'il n'existait dans la république aucun moyen suffisant d'accusation contre l'ambition des citoyens revêtus d'un trop grand pouvoir, car peut-on considérer comme tel la faculté d'accuser un homme puissant devant un tribunal composé simplement de huit juges. Ces juges doivent être nombreux, car le petit nombre se plie facilement à la volonté du petit nombre. Si l'État, en effet, avait eu ces moyens de défense, et que Soderini eût mené une conduite coupable, les citoyens auraient pu satisfaire leur animosité contre lui, sans implorer l'appui de l'armée espagnole ; ou si sa conduite, au contraire, eût été légitime, ils n'auraient point osé le poursuivre, dans la crainte d'être accusés eux-mêmes ; et de cette manière se serait éteinte la fureur de ce ressentiment qui fut la source de tant de désordres.

On peut conclure de ce que je viens de dire, que toutes les fois qu'on voit un des partis qui divisent une ville implorer le secours des forces étrangères, on ne doit l'attribuer qu'aux vices de sa constitution, et à ce qu'il n'existe dans son sein aucune institution qui permette l'explosion régulière de ces ressentiments qui agitent trop souvent les hommes. On préviendrait tous ces inconvénients, si l'on établissait un tribunal assez nombreux pour recevoir les accusations et pour leur donner une grande importance. A Rome, ces institutions étaient si bien réglées, qu'au milieu de ces longues dissensions entre le peuple et le sénat, jamais ni le sé-

nat, ni le peuple, ni un simple citoyen ne songea à se
prévaloir des forces de l'étranger. Possédant chez eux le
remède, ils n'avaient pas besoin de l'aller chercher au
dehors.

Quoique les exemples précédents suffisent pour prouver ce que j'avance, je veux pourtant en rapporter un
autre que me fournit encore l'Histoire de Tite-Live. Il
raconte qu'à Clusium, l'une des villes les plus renom-
mées de la Toscane, un certain Lucumon avait violé
la sœur d'Arons, et que celui-ci, ne pouvant se venger d'un ennemi trop puissant, passa chez les Gaulois
qui occupaient alors cette contrée que l'on nomme aujourd'hui Lombardie, et les engagea à envoyer une armée contre Clusium, en leur faisant voir combien il leur
serait avantageux de prendre en main le soin de sa vengeance. Il est clair que si Arons avait pu se venger suivant les lois de sa patrie, il n'eût point eu recours aux
forces des barbares.

Mais autant ces accusations sont utiles dans une république, autant les calomnies sont dangereuses et sans
but. C'est ce qui fera l'objet du chapitre suivant.

CHAPITRE VIII.

Autant les accusations sont utiles dans une république, autant les calomnies
sont dangereuses.

Quoique Furius Camille, dont le courage avait affranchi Rome du joug des Gaulois, eût, par son mérite,
forcé tous les citoyens à le reconnaître en quelque sorte
pour leur supérieur, sans qu'ils crussent par là s'être
rabaissés devant lui, cependant Manlius Capitolinus
souffrait impatiemment qu'on attribuât à ce grand
homme tant d'honneur et de gloire. Sauveur du Capitole, il pensait avoir contribué autant que Camille au

salut de la ville, et sous le rapport des autres talents militaires, il ne se croyait en rien inférieur à son rival. Dévoré du poison de l'envie, irrité sans relâche par la gloire de Camille, et voyant qu'il ne pouvait semer la discorde parmi les sénateurs, il se jeta dans les bras du peuple, répandant parmi les citoyens les soupçons les plus odieux. Il disait entre autres que les trésors rassemblés pour assouvir l'avidité des Gaulois, trésors qu'on ne leur avait pas donnés, avaient été le partage de quelques citoyens; que si on les reprenait pour les employer à l'utilité publique, on pourrait soulager le peuple d'une partie de ses tributs, ou les faire servir à acquitter quelques-unes de ses dettes.

Ces discours eurent assez d'influence sur le peuple pour l'exciter d'abord à se rassembler, et à commettre des désordres dans la ville. Le sénat, irrité, et croyant l'État en danger, créa un dictateur pour prendre connaissance de ces événements, et réprimer l'audace de Manlius. Le dictateur l'ayant fait citer devant lui, on les vit tous deux s'avancer sur la place publique, où ils se rencontrèrent, le dictateur entouré de toute la noblesse et Manlius au milieu du peuple. On somma Manlius de déclarer auprès de qui se trouvait le trésor dont il parlait, parce que le sénat était aussi jaloux de le savoir que le peuple. Manlius, sans rien dire de positif, répondit d'une manière évasive qu'il était inutile de leur apprendre ce qu'ils savaient tous aussi bien que lui : sur cette réponse, le dictateur le fit traîner sur-le-champ en prison.

Ce fait démontre clairement combien dans les villes qui vivent sous l'empire de la liberté, et même dans tous les gouvernements, on doit détester la calomnie, et combien il est urgent de ne négliger aucune institution capable de la réprimer. Mais il n'est pas de moyen plus propre à la détruire que d'ouvrir les voies les plus larges aux accusations : autant ces accusations sont propices à la république, autant les calomnies lui deviennent nuisibles. Il faut faire attention que la calomnie n'a besoin ni de témoin ni de preuves, et que tout citoyen peut être en butte aux attaques du premier venu. Il n'en est pas de même des accusations qui ont besoin de preuves exactes, et de circonstances précises qui en démontrent l'évidence. On accuse les citoyens devant les magistrats, devant le peuple, devant les tribunaux; on les calomnie sur les places publiques, dans les assemblées particulières. C'est surtout dans les États où l'accusation est le moins en usage, et dont les institutions ne sont point en harmonie avec ce système, que l'on use le plus de la calomnie.

Ainsi le fondateur d'une république doit établir pour principe qu'on pourra y accuser tout citoyen, sans crainte et sans danger; mais ce droit établi et bien observé, les calomniateurs doivent être rigoureusement punis, et ils ne pourront se plaindre de la punition, s'il existe les tribunaux ouverts pour entendre leurs accusations contre ceux qu'ils se seraient bornés à calomnier dans les assemblées particulières. Partout où cette disposition n'est pas bien établie, on voit toujours naître les plus grands désordres. La calomnie, en effet, irrite les hommes et ne les corrige pas, et ceux qui sont irrités ne pensent qu'à poursuivre leur carrière, car ils détestent la calomnie plus qu'ils ne la redoutent.

Cette mesure était une des dispositions les mieux entendues du gouvernement de Rome; mais elle a toujours été mal organisée dans notre ville de Florence. Comme l'ordre établi dans Rome y a produit les plus grands biens, de même à Florence le désordre contraire a été la source des maux les plus funestes. Celui qui lira l'histoire de cette ville verra combien la calomnie a poursuivi de tout temps les citoyens qui se sont trouvés mêlés dans les affaires de quelque importance. On disait de l'un, qu'il avait détourné les deniers de l'État ; de l'autre, qu'il n'avait point remporté la victoire pour s'être laissé corrompre ; et de celui-ci, que son ambition avait été cause de tel ou tel malheur. Il en résultait de chaque côté de l'animosité ; on en venait bientôt à une rupture ouverte, de la rupture aux factions, et des factions à la ruine de l'État.

S'il y avait eu dans Florence une loi qui eût permis d'accuser les citoyens, en punissant les calomniateurs, on n'eût point vu tous les désordres qui, par la suite, éclatèrent dans cette ville. Que ces citoyens eussent été condamnés ou absous, ils n'auraient pu devenir dangereux pour l'État ; d'ailleurs le nombre des accusés eût été toujours moins considérable que celui des calomniés ; car on ne peut, ainsi que je l'ai dit, accuser aussi facilement que calomnier. Parmi les moyens dont s'est prévalu plus d'un ambitieux pour arriver aux grandeurs, la calomnie ne fut pas un des moins efficaces. Ces ambitieux la répandaient avec adresse contre les hommes puissants qui s'opposaient à leur avidité, et elle servait merveilleusement leurs projets ; car en prenant le parti du peuple, dont ils entretenaient ainsi la jalousie contre tout ce qui s'élève, ils parvenaient sans peine à capter son affection. Je pourrais citer plusieurs exemples à l'appui de ce que j'avance, je me contenterai d'un seul.

L'armée de Florence faisait le siége de Lucques sous le commandement de messer Giovanni Guicciardini, commissaire de la république. Soit par suite des mauvaises dispositions qu'on avait prises, soit que le malheur poursuivit les Florentins, le sort voulut qu'on ne pût prendre Lucques. De quelque manière que cet événement fût arrivé, on en rejeta la faute sur messer Giovanni ; on lui reprocha de s'être laissé corrompre par les Lucquois ; et ses ennemis ayant appuyé cette calomnie, il en tomba presque dans le désespoir. En vain, pour se justifier, il offrit de se constituer prisonnier entre les mains du ca-

pitaine du peuple, il ne put jamais parvenir à se discul-
per entièrement, parce qu'il n'existait pas dans cette
république de moyen propre à y réussir. Il en résulte
une profonde irritation entre les amis de messer Giovanni, qui se composaient de la plupart des grands de
Florence, et ceux qui voulaient des changements dans le
gouvernement. Ces inimitiés, attisées chaque jour par
ces causes ou par d'autres semblables, allumèrent enfin
un incendie qui dévora la république entière.

Manlius Capitolinus était donc calomniateur et non accusateur, et dans cette occurrence les Romains donnèrent
un exemple éclatant de la manière dont la calomnie doit
être réprimée : c'est d'obliger le calomniateur à devenir
accusateur, de le récompenser, ou du moins de ne pas le
punir, lorsque ses plaintes sont fondées; et lorsqu'elles
sont fausses, de sévir contre lui comme on sévit contre
Manlius.

CHAPITRE IX.

Il est nécessaire d'être seul quand on veut fonder une nouvelle république,
ou lorsqu'on veut rétablir celle qui s'est entièrement écartée de ses an-
ciennes institutions.

On trouvera peut-être que j'ai été trop avant dans
l'histoire romaine sans avoir encore fait mention de ceux
qui établirent la république, et des institutions qui ont
rapport à la religion ou à la discipline militaire. Ne voulant donc pas tenir plus longtemps en suspens l'esprit
de ceux qui voudraient entendre discuter ces matières,
je dirai que plusieurs personnes regardent comme un
mauvais exemple, que le fondateur d'un gouvernement
libre, tel que fut Romulus, ait d'abord tué son frère, et
consenti ensuite à la mort de Titus Tatius, avec lequel
il avait lui-même partagé le trône. Ils pensent que les
citoyens, encouragés par l'exemple du prince, pourraient,

par ambition ou par la soif de commander, opprimer ceux qui s'opposeraient à leur autorité.

Cette opinion serait fondée si l'on ne considérait le motif qui porta Romulus à commettre cet homicide. C'est, pour ainsi dire, une règle générale, que presque jamais une république ou un royaume n'ont été bien organisés dès le principe, ou entièrement réformés lorsqu'ils s'étaient totalement écartés de leurs anciennes institutions, s'ils ne recevaient leurs lois d'un seul législateur. Il est nécessaire que ce soit un seul homme qui leur imprime la forme, et de l'esprit duquel dépende entièrement toute organisation de cette espèce.

Ainsi, tout sage législateur animé de l'unique désir de servir non ses intérêts personnels, mais ceux du public, de travailler non pour ses propres héritiers, mais pour la commune patrie, ne doit rien épargner pour posséder lui seul toute l'autorité. Et jamais un esprit éclairé ne fera un motif de reproche à celui qui se serait porté à une action illégale pour fonder un royaume ou constituer une république. Il est juste, quand les actions d'un homme l'accusent, que le résultat le justifie; et lorsque ce résultat est heureux, comme le montre l'exemple de Romulus, il l'excusera toujours. Il ne faut reprendre que les actions dont la violence a moins pour but de réparer que de détruire.

Un prince doit avoir assez de sagesse et de vertu pour ne pas laisser comme héritage à un autre l'autorité dont il s'était emparé, parce que les hommes ayant plus de penchant au mal qu'au bien, son successeur pourrait user ambitieusement du pouvoir dont lui-même ne s'était servi que d'une manière vertueuse. D'un autre côté, si un seul homme est capable de régler un État, l'État ainsi réglé durera peu de temps, s'il faut qu'un seul homme continue à en supporter tout le fardeau; il n'en est point ainsi quand la garde en est confiée au grand nombre, et que le grand nombre est chargé de sa con-

servation. Et de même que plusieurs hommes sont incapables de fonder une institution faute d'en discerner les
avantages, parce que la diversité des opinions qui s'agitent entre eux obscurcit leur jugement, de même après
qu'ils en ont reconnu l'utilité ils ne s'accorderont jamais
pour l'abandonner.

Ce qui prouve que Romulus mérite d'être absous du
meurtre de son frère et de son collègue, et qu'il avait
agi pour le bien commun et non pour satisfaire son ambition personnelle, c'est l'établissement immédiat d'un
sénat dont il rechercha les conseils et qu'il prit pour
guide de sa conduite. En examinant avec attention l'autorité que Romulus se réserva, on verra qu'il se borna
à retenir le commandement des armées lorsque la guerre
était déclarée, et le droit de convoquer le sénat. C'est
ce qu'on vit clairement lorsque Rome, par l'expulsion
des Tarquins, eut recouvré sa liberté. On ne fut obligé
d'apporter aucune innovation dans la forme de l'ancien
gouvernement, on se borna à établir deux consuls an-
nuels à la place d'un roi perpétuel : preuve évidente que
les premières institutions de cette ville étaient plus conformes à un régime libre et populaire qu'à un gouvernement absolu et tyrannique.

Je pourrais citer à l'appui de mon opinion une multitude d'exemples, tels que ceux de Moïse, de Lycurgue, de Solon, et de quelques autres fondateurs de
royaumes ou de républiques, qui tous ne réussirent à
établir des lois favorables au bien public que parce qu'ils
obtinrent sur le peuple l'autorité la plus absolue ; mais
j'abandonne ces exemples, car ils sont connus de tout
le monde. Je me contenterai d'en rapporter un seul,
moins célèbre, mais sur lequel doivent réfléchir ceux qui
auraient le projet de devenir de profonds législateurs.
Voici cet exemple. Agis, roi de Sparte, voulut tenter de
remettre en vigueur parmi les Lacédémoniens les lois
que Lycurgue leur avait données; il lui semblait que

Sparte, en s'en ecartant, n'avait que trop perdu de ses antiques vertus, et par conséquent de sa force et de sa puissance. Dès les premières tentatives, il fut massacré par les éphores, comme aspirant à la tyrannie. Cléomènes, son successeur, se montra animé du même désir Mais éclairé par les instructions d'Agis et les écrits dans lesquels ce prince avait développé ses idées et l'esprit qui le dirigeait, il vit clairement qu'il ne pourrait faire jouir sa patrie d'un semblable bienfait, s'il ne réunissait dans ses mains toute l'autorité, convaincu que l'ambition des hommes ne permet pas de faire le bien général lorsque l'intérêt du plus petit nombre y met obstacle. Saisissant en conséquence une occasion qui lui parut favorable, il fit massacrer tous les éphores et quiconque aurait pu s'opposer à ses projets; alors il remit en vigueur les lois de Lycurgue. Cette entreprise, capable de relever la puissance de Sparte, aurait procuré à Cléomènes la même gloire qu'à Lycurgue, si la puissance des Macédoniens et la faiblesse des autres républiques de la Grèce ne l'avaient fait échouer. Mais, aussitôt après cette réforme, il fut attaqué par les Lacédémoniens auxquels il était inférieur en forces : ne sachant à quel appui recourir, il fut vaincu, et son dessein, tout juste et tout louable qu'il était, ne put être accompli.

Après avoir bien pesé toutes ces considérations, je crois pouvoir conclure que pour instituer une république il ne faut qu'un seul homme, et que Romulus, loin de mériter le blâme, doit être absous de la mort de Rémus et de Tatius.

CHAPITRE X.

Autant les fondateurs d'une république ou d'un royaume sont dignes de louanges, autant sont blâmables ceux qui établissent la tyrannie.

Parmi tous les mortels qui ont mérité des louanges, les plus dignes de mémoire sont les chefs ou les fon-

dateurs des religions. Après eux viennent les fondateurs des républiques ou des royaumes. On célèbre
ensuite ceux qui, placés à la tête des armées, ont
étendu la domination de leur royaume ou celle de leur
patrie. On doit y joindre les hommes instruits dans les
lettres; et comme il en est de plusieurs espèces, chacun
obtient la gloire réservée au rang qu'il occupe. Enfin,
dans le nombre infini des humains, nul ne perd la portion
de louange que lui mérite son art ou sa profession. On
voue au contraire à la haine et à l'infamie les destruc-
teurs des religions, ceux qui ont vu périr dans leurs
mains les républiques ou les royaumes confiés à leurs
soins; les ennemis de la vertu, des lettres et des arts
utiles et honorables à l'espèce humaine; tels sont les
impies, les furieux, les ignorants, les oisifs, les lâches et
les hommes nuls.

Et il n'est personne de si insensé ou de si sage, de si
corrompu ou de si vertueux, qui, si on lui demande
de choisir entre ces deux espèces d'hommes, ne comble
de louanges celle qui est digne d'être louée, et ne couvre
de blâme celle qui mérite en effet d'être détestée;
et cependant presque tous, frappés par l'attrait d'un
faux bien, ou d'une vaine gloire, se laissent séduire,
volontairement ou par ignorance, à l'éclat trompeur de
ceux qui méritent le mépris plutôt que la louange. Et
ceux qui pourraient obtenir un honneur immortel en
fondant une république ou un royaume, se plongent
dans la tyrannie, sans s'apercevoir combien en embras-
sant ce parti ils perdent de renommée, de gloire, d'honneur, de sécurité, de paix et de satisfaction d'esprit, et
à combien d'infamie, de reproches, de blâme, de périls
et d'inquiétudes ils se dévouent.

Il est impossible que les simples citoyens d'une république, ou ceux que la fortune ou le courage en rend
princes, s'ils lisaient l'histoire, et tiraient quelque fruit
de la mémoire des événements passés, ne préférassent

point, les premiers, vivre dans leur patrie, plutôt comme des Scipions, que comme des Césars; et les derniers, plutôt comme les Agésilas, les Timoléon et les Dion, que comme les Nabis, les Phalaris et les Denys : ils verraient les uns couverts de honte, et les autres éclatants de gloire; ils verraient en outre que Timoléon et ses émules n'obtinrent pas dans leur patrie une moindre autorité que les Denys et les Phalaris, et qu'ils jouirent d'une sécurité bien plus grande.

Que personne ne se laisse éblouir par la gloire de César, et surtout par les louanges dont l'ont accablé les écrivains. Ceux qui l'ont célébré furent corrompus par sa fortune, ou effrayés par la durée d'un empire, qui, gouverné toujours sous l'influence de son nom, ne permettait pas aux écrivains de s'expliquer librement sur son compte. Mais qui voudra connaître ce qu'en auraient dit des écrivains libres, n'a qu'à voir ce qu'ils ont écrit de Catilina; et César aurait encouru d'autant plus d'exécration, que celui qui commet le crime est plus coupable que celui qui le projette. Que l'on examine encore toutes les louanges prodiguées à Brutus, et l'on verra que ne pouvant flétrir le tyran à cause de sa puissance, on a exalté la gloire de son ennemi.

Que celui qui, dans une république, s'élève au rang suprême, considère, de son côté, de quelles louanges Rome, changée en empire, combla les empereurs qui, soumis aux lois, méritèrent le titre d'excellents princes, de préférence à ceux qui se conduisirent d'une manière opposée; et il verra que Titus, Nerva, Trajan, Adrien, Antonin et Marc-Aurèle n'avaient besoin ni des soldats prétoriens, ni de la multitude des légions pour se défendre, parce que leur manière de vivre, l'affection du peuple et l'amour du sénat, étaient leur plus ferme rempart. Il verra encore que les forces de l'Orient et de l'Occident ne purent sauver les Caligula, les Néron, les Vitellius, et tant d'autres scélérats couronnés, de la ven-

geance des ennemis que leurs mœurs exécrables et leur
férocité avaient soulevés contre eux. Si l'histoire de ces
monstres était bien étudiée, elle servirait d'enseignement aux princes et leur montrerait le chemin de la
gloire ou de la honte, de la sécurité ou de la terreur. On
y voit en effet que sur les vingt-six empereurs qui régnèrent depuis César jusqu'à Maximin, seize furent as-
sassinés, dix moururent de mort naturelle. Si au nombre de ceux qu'on massacra, on en compte quelques-uns
de bons, tels que Galba et Pertinax, ils expirèrent victimes de la corruption que leurs prédécesseurs avaient
introduite dans les armées. Si au contraire parmi ceux
qui moururent naturellement il se trouve un méchant
tel que Sévère, il le dut à un bonheur inouï et à son
grand courage, deux circonstances qui se réunissent
rarement pour favoriser les humains.

La lecture de cette histoire leur apprendra encore
comment on peut fonder un bon gouvernement, car les
empereurs qui montèrent sur le trône par droit d'hérédité furent tous méchants, excepté Titus; tandis que
ceux qui régnèrent par adoption furent tous excellents,
comme on peut le voir par les cinq empereurs qui se
succédèrent de Nerva à Marc-Aurèle. Dès que l'empire
redevint héréditaire il se précipita de nouveau vers sa
ruine. Qu'un prince ait donc sans cesse devant les yeux
les temps qui s'écoulèrent de Nerva à Marc-Aurèle; qu'il
les compare avec ceux qui précédèrent ou qui suivirent;
et qu'il choisisse ensuite ceux dans lesquels il eût désiré
naître et régner.

Qu'apercevra-t-il sous le règne des bons empereurs?
un prince en sûreté au milieu de ses paisibles sujets, le
monde en paix, gouverné par la justice; il verra le sénat
jouissant de son autorité, les magistrats de leur dignité,
et les citoyens opulents de leurs richesses; la noblesse
honorée ainsi que la vertu; partout le bonheur et la
tranquillité. D'un autre côté tout ressentiment, toute

licence, toute corruption, toute ambition contenue; il verra renaître cet âge d'or où chacun peut exprimer et soutenir sans crainte son opinion. Enfin il verra le monde triomphant, le prince environné de respect et de gloire, et les peuples heureux l'entourer de leur amour.

S'il examine ensuite dans tous leurs détails les règnes des autres empereurs, il les verra ensanglantés par des guerres atroces, bouleversés par les séditions, et remplis de désastres, soit dans la paix, soit dans les combats; la plupart des princes égorgés par le fer; en tous lieux des guerres civiles ou des guerres étrangères; l'Italie dans les pleurs, et chaque jour en proie à de nouvelles infortunes; ses villes ravagées et tombant en ruine. Il verra Rome en cendres, le Capitole renversé par les citoyens eux-mêmes; les temples antiques profanés, les cérémonies religieuses corrompues, les villes peuplées d'adultères; il verra les mers pleines d'exilés, et les rochers souillés de sang; il verra Rome effrayée par des cruautés sans cesse renaissantes; la noblesse, les honneurs, les richesses, et par-dessus tout la vertu, devenir autant d'arrêts de mort; il verra les dénonciateurs récompensés, les esclaves corrompus pour trahir les maîtres, les affranchis leurs patrons, et ceux qui n'avaient pas d'ennemis, opprimés par leurs amis eux-mêmes; c'est alors qu'il connaîtra clairement quelles sont les obligations que Rome, l'Italie et le monde entier doivent à César. Et sans doute, s'il est né d'un homme, il s'épouvantera d'imiter ces règnes exécrables, et brûlera d'un immense désir de faire renaître les bons.

Certes un prince enflammé de l'amour de la gloire devrait désirer de régner sur un État corrompu, non comme César, pour achever sa ruine, mais comme Romulus, pour le réformer. En effet, le ciel ne peut donner aux hommes une plus belle occasion d'obtenir l'immortalité, et les hommes ne peuvent de leur côté en désirer une plus favorable. Toutefois si un prince, animé du désir de régénérer un État, se voyait menacé par là même de descendre du trône, et renonçait à ses projets de réforme dans la crainte de tomber du rang suprême, on pourrait peut-être l'excuser. Mais s'il peut à la fois conserver son trône et réformer l'État, il est impossible de l'absoudre.

Ainsi donc, que tous ceux à qui le ciel vient offrir une si belle occasion réfléchissent que deux conduites s'offrent à leur choix : l'une, après un règne heureux et paisible, leur fera trouver un trépas suivi d'une gloire éclatante ; l'autre, après les avoir forcés de vivre dans des terreurs continuelles, ne laissera d'eux, au delà de leur mort, que la mémoire d'une éternelle infamie.

CHAPITRE XI.

De la religion des Romains.

Rome eut Romulus pour premier fondateur, et lui dut, comme à un père, et sa naissance et son éducation ; néanmoins les cieux ne jugeant pas que les institutions de ce prince pussent suffire aux grandes destinées de cet empire, inspirèrent au sénat l'idée de choisir Numa pour lui succéder, afin que toutes les lois que Romulus n'avait pas données fussent établies par ce nouveau monarque.

Il trouva un peuple farouche, et il voulut le plier au joug de l'obéissance civile, en lui faisant goûter les arts de la paix. Il tourna ses regards vers la religion, comme vers l'auxiliaire le plus puissant pour maintenir la société, et il la fonda sur de telles bases, que nulle république ne montra jamais plus de respect pour les dieux, ce qui facilita toutes les entreprises que le sénat ou les grands hommes que cette république vit naître, dans son sein voulurent tenter dans la suite.

Quiconque examinera les hauts faits exécutés, ou par

tout le peuple romain réuni, ou par une foule de simples citoyens, verra qu'ils craignaient bien plus encore de violer leurs serments que les lois, convaincus de cette vérité, que la puissance des dieux l'emporte sur celle des hommes. Scipion et Manlius Torquatus en offrent deux exemples éclatants.

Le premier, après la victoire de Cannes, remportée sur les Romains par Annibal, apprend qu'une foule de citoyens, épouvantés de cette défaite, se sont réunis, et, dans leur terreur, forment le projet d'abandonner l'Italie, et de chercher un refuge en Sicile : aussitôt il court les trouver, et, le fer nu à la main, il les force à jurer de ne point délaisser la patrie. Lucius Manlius, père de Titus Manlius, qui reçut dans la suite le surnom de Torquatus, avait été accusé par Marcus Pomponius, tribun du peuple. Avant le jour du jugement, Titus va trouver Marcus et le menace de le poignarder s'il ne jure d'abandonner l'accusation dirigée contre son père. Il le force à prêter serment, et Pomponius effrayé, après avoir donné sa parole, ne poursuivit point l'accusation. On voit par ces deux faits, d'un côté, que les citoyens que l'amour de la patrie et la force des lois n'auraient pu retenir en Italie, y furent enchaînés par un serment que leur arracha la force ; et de l'autre, que Pomponius oublia et la haine qu'il avait contre le père, et l'injure qu'il avait reçue du fils, et son propre honneur, pour garder la foi donnée. Fidélité sublime qui tirait sa source de la religion introduite par Numa dans le gouvernement.

Lorsqu'on examine l'esprit de l'histoire romaine, on reconnaît combien la religion servait pour commander les armées, ramener la concorde parmi le peuple, veiller à la sûreté des bons, et faire rougir les méchants de leur infamie. De sorte que s'il fallait décider à qui Rome eut de plus grandes obligations, ou à Romulus, ou à Numa, je crois que ce dernier obtiendrait la préférence. Dans les États où la religion est toute-puissante,

on peut facilement introduire l'esprit militaire, au lieu
que chez un peuple guerrier, mais irréligieux, il est
difficile de faire pénétrer la religion. On voit en effet
que Romulus, pour organiser le sénat, établir l'ordre
civil et militaire, n'eut pas besoin de s'appuyer de l'autorité des dieux, tandis que Numa dut recourir à leur
intervention. Il feignit d'avoir des entretiens avec une
nymphe, qui lui dictait les conseils qu'il devait donner
au peuple, ce qui n'aurait point eu lieu s'il n'eût voulu
établir dans l'État des institutions nouvelles et inusi-
tées, et s'il n'eût douté que sa seule autorité pût lui
suffire.

En effet, jamais aucun législateur ne donna à son
peuple des lois hors de l'ordre commun, sans y faire intervenir la Divinité; car on ne les eût point acceptées. Il
est certain qu'il existe une foule d'avantages dont un
homme sage et prudent prévoit les conséquences, mais
dont l'évidence n'est cependant point assez frappante
pour convaincre immédiatement tous les esprits. Pour
résoudre cette difficulté, le sage a recours aux dieux.
C'est ce que firent Lycurgue, Solon et la plupart de ceux
qui se proposaient le même but.

Le peuple romain, admirateur des vertus et de la sagesse de Numa, s'empressa d'obéir à ses institutions. Il
est vrai que l'empire exercé à cette époque par la religion, et la grossièreté des hommes qu'avait à policer
Numa, lui donnèrent la facilité d'accomplir ses desseins,
tant les esprits étaient préparés à recevoir des impres-
sions nouvelles; aussi est-il hors de doute que le législateur qui voudrait à l'époque actuelle fonder un État
trouverait moins d'obstacles parmi les habitants grossiers des montagnes, où la civilisation est encore inconnue, que parmi ces peuples des villes, dont les mœurs
sont déjà corrompues. Ainsi un sculpteur tirera plutôt
une belle statue d'un bloc informe que d'un marbre
ébauché par une main malhabile.

Tout bien examiné, je conclus que la religion mise en honneur à Rome par Numa fut une des principales causes du bonheur de cette illustre cité, parce qu'elle introduisit dans son sein d'utiles règlements, qui enfantèrent à leur tour une heureuse fortune, et de cette fortune favorable découlèrent tous les succès qui couronnèrent ses entreprises. Et comme l'observance du culte divin est la source de la grandeur des États, de même la négligence pour le culte est la cause de la ruine des peuples. Où la crainte de Dieu n'existe pas, il faut que l'empire succombe, ou qu'il soit soutenu par celle d'un prince capable de tenir lieu de la religion. Et comme la vie d'un prince ne dure pas longtemps, ses États s'écroulent inévitablement sur leur base, aussitôt que l'appui de ses vertus vient à leur manquer. D'où il résulte que les gouvernements dont le sort dépend de la sagesse d'un seul homme sont de peu de durée, parce que cette vertu s'éteint avec la vie du prince, et que rarement sa vigueur épuisée reprend une nouvelle vie dans le successeur, ainsi que Dante l'a sagement exprimé dans les vers suivants :

« Rade volte discende per li rami
« L'umana probitate, e questo vuole
« Quel che la dà, perchè da lui si chiami. »

Il ne suffit donc point pour le bonheur d'une république ou d'un royaume d'avoir un prince qui gouverne avec sagesse pendant sa vie ; il est nécessaire d'en posséder un qui organise l'État de manière que même après sa mort le gouvernement demeure plein de vie. Quoiqu'il soit plus facile de faire goûter à des hommes encore barbares les douceurs de l'ordre et des institutions nouvelles, il n'est cependant pas impossible d'en inspirer l'amour à ceux qui sont civilisés ou qui se flattent de l'être. Les Florentins ne se croient ni ignorants ni grossiers ; et cependant le frère Jérôme Savonarola leur fit

15

accroire qu'il avait des entretiens avec Dieu. Je ne prétends pas décider s'il avait tort ou raison, car on ne doit
parler qu'avec respect d'un homme aussi extraordinaire.
Je dis seulement qu'une infinité de personnes le croyaient
sans avoir rien vu de surnaturel qui pût justifier leur
croyance; mais sa vie entière, sa science, le sujet de ses
discours, auraient suffi pour qu'on ajoutât foi à ses paroles. Toutefois il ne faudrait point s'étonner d'échouer
aujourd'hui dans des entreprises où tant d'autres ont
réussi jadis; car les hommes, ainsi que je l'ai dit dans
ma préface, naissent, vivent et meurent toujours d'après
les mêmes lois.

CHAPITRE XII.

Combien il importe de conserver l'influence de la religion, et comment l'Italie,
pour y avoir manqué, grâce à l'Église romaine, s'est perdue elle-même.

Les princes et les républiques qui veulent empêcher
l'État de se corrompre, doivent surtout y maintenir sans
altération les cérémonies de la religion et le respect
qu'elles inspirent; car le plus sûr indice de la ruine d'un
pays, c'est le mépris pour le culte des dieux : c'est à
quoi il sera facile de travailler efficacement, lorsque l'on
connaîtra sur quels fondements est établie la religion
d'un pays; car toute religion a pour base de son existence quelque institution principale.

Celle des païens était fondée sur les réponses des oracles, ainsi que sur l'ordre des augures et des aruspices :
c'est de là que dérivaient toutes leurs cérémonies, leurs
sacrifices, leurs rites. Ils croyaient sans peine que le
dieu qui pouvait prédire les biens ou les maux à venir
pouvait aussi les procurer. De là les temples, les sacrifices, les prières et toutes les autres cérémonies destinées

à honorer les dieux. C'est par les mêmes causes que l'oracle de Délos, le temple de Jupiter-Ammon, et d'autres non moins célèbres étaient admirés de l'univers et entretenaient sa dévotion. Mais quand ces oracles commencèrent à parler au gré des puissants, et que le peuple eut reconnu la fraude, alors les hommes devinrent moins crédules, et se montrèrent disposés à se soulever contre le bon ordre.

Que les chefs d'une république ou d'une monarchie maintiennent donc les fondements de la religion nationale. En suivant cette conduite, il leur sera facile d'entretenir dans l'État les sentiments religieux, l'union et les bonnes mœurs. Ils doivent en outre favoriser et accroître tout ce qui pourrait propager ces sentiments, fût-il même question de ce qu'ils regarderaient comme une erreur. Plus à cet égard leurs lumières sont étendues, plus ils sont instruits dans la science de la nature, plus ils doivent en agir ainsi.

C'est d'une telle conduite tenue par des sages et des hommes éclairés, qu'est née la croyance aux miracles qui a obtenu du crédit dans toutes les religions, même fausses. Les sages mêmes les propageaient, de quelque source qu'ils dérivassent, et leur autorité devenait une preuve suffisante pour le reste des citoyens. Rome eut beaucoup de ces miracles, entre lesquels je citerai le suivant. Les soldats romains saccageaient la ville de Véies; quelques-uns d'entre eux entrèrent dans le temple de Junon, et s'étant approchés de sa statue, ils lui demandèrent si elle voulait venir à Rome, *vis venire Romam?* Les uns crurent qu'elle faisait signe d'y consentir; d'autres, qu'elle avait répondu : *Oui.* Ces soldats, pleins de religion, ainsi que Tite-Live le démontre en faisant observer qu'ils entrèrent dans le temple sans désordre et pénétrés de respect et de dévotion, crurent aisément que la déesse faisait à leur demande la réponse qu'ils avaient probablement présumée; et Camille, ainsi que les autres chefs du gouvernement, ne manquèrent pas de favoriser et de propager encore cette croyance.

Certes, si la religion avait pu se maintenir dans la république chrétienne telle que son divin fondateur l'avait établie, les États qui la professent auraient été bien plus heureux qu'ils ne le sont maintenant. Mais combien elle est déchue! et la preuve la plus frappante de sa décadence, c'est de voir que les peuples les plus voisins de l'Église romaine, cette capitale de notre religion, sont précisément les moins religieux. Si l'on examinait l'esprit primitif de ses institutions, et que l'on observât combien la pratique s'en éloigne, on jugerait sans peine que nous touchons au moment de la ruine ou du châtiment.

Et comme quelques personnes prétendent que le bonheur de l'Italie dépend de l'Église de Rome, j'alléguerai contre cette Église plusieurs raisons qui s'offrent à mon esprit, et parmi lesquelles il en est deux surtout extrêmement graves, auxquelles, selon moi, il n'y a pas d'objection. D'abord, les exemples coupables de la cour de Rome ont éteint, dans cette contrée, toute dévotion et toute religion, ce qui entraîne à sa suite une foule d'inconvénients et de désordres; et comme partout où règne la religion on doit croire à l'existence du bien, de même où elle a disparu, on doit supposer la présence du mal. C'est donc à l'Église et aux prêtres que nous autres Italiens, nous avons cette première obligation d'être sans religion et sans mœurs; mais nous leur en avons une bien plus grande encore, qui est la source de notre ruine; c'est que l'Église a toujours entretenu et entretient incessamment la division dans cette malheureuse contrée. Et, en effet, il n'existe d'union et de bonheur que pour les États soumis à un gouvernement unique ou à un seul prince, comme la France et l'Espagne en présentent l'exemple.

La cause pour laquelle l'Italie ne se trouve pas dans la même situation, et n'est pas soumise à un gouvernement unique, soit monarchique, soit républicain, c'est l'Église seule, qui, ayant possédé et goûté le pouvoir temporel, n'a eu cependant ni assez de puissance, ni assez de courage pour s'emparer du reste de l'Italie, et s'en rendre souveraine. Mais d'un autre côté elle n'a jamais été assez faible pour n'avoir pu, dans la crainte de perdre son autorité temporelle, appeler à son secours quelque prince qui vînt la défendre contre celui qui se serait rendu redoutable au reste de l'Italie; les temps passés nous en offrent de nombreux exemples. D'abord, avec l'appui de Charlemagne, elle chassa les Lombards, qui étaient déjà maîtres de presque toute l'Italie; et de nos temps elle a arraché la puissance des mains des Vénitiens avec le secours des Français, qu'elle a repoussés ensuite à l'aide des Suisses.

Ainsi l'Église n'ayant jamais été assez forte pour pouvoir occuper toute l'Italie, et n'ayant pas permis qu'un autre s'en emparât, est cause que cette contrée n'a pu se réunir sous un seul chef et qu'elle est demeurée asservie à plusieurs princes ou seigneurs; de là ces divisions et cette faiblesse, qui l'ont réduite à devenir la proie non-seulement des barbares puissants, mais du premier qui daigne l'attaquer.

C'est à l'Église que l'Italie a cette obligation, et non à d'autres. Et quiconque voudrait acquérir la preuve de cette vérité par une expérience irrécusable, n'aurait besoin que d'avoir assez de puissance pour contraindre la cour de Rome à aller, avec toute l'autorité qu'elle a en Italie, habiter chez les Suisses, chez ce peuple, le seul de tous ceux existant de nos jours qui ressemble aux anciens, et quant à la religion et quant aux institutions militaires, et il verrait qu'en peu de temps les mœurs corrompues de cette cour enfanteraient dans cette contrée des désordres plus profonds que tous ceux que pourrait produire, en quelque temps que ce soit, l'événement le plus désastreux.

CHAPITRE XIII.

Comment les Romains se servirent de la religion pour organiser le gouvernement de la république, poursuivre leurs entreprises et arrêter les désordres.

Je ne crois pas hors de propos de rapporter ici quelques exemples de la manière dont les Romains se servirent de la religion pour opérer des réformes dans l'État, et pour l'exécution de leurs entreprises : Tite-Live en présente un grand nombre ; je me contenterai des suivants.

Quand aux consuls eurent succédé les tribuns militaires avec un pouvoir consulaire, il arriva une année que le peuple romain les choisit tous parmi les plébéiens, à l'exception d'un seul : cette année-là même une peste et une famine accompagnées de nombreux prodiges exercèrent leurs ravages. Les nobles, lors de la nouvelle élection des tribuns, profitant de cette circonstance, publièrent que les dieux étaient irrités contre Rome, parce qu'elle avait compromis la majesté de l'empire, et que le seul moyen de les apaiser était de choisir désormais les tribuns dans l'ordre où ils devaient être pris. Le peuple, épouvanté et craignant d'offenser la religion, choisit tous les nouveaux tribuns parmi les patriciens.

Le siége de Véies offre un exemple de la manière dont les généraux d'armée se prévalaient de la religion pour disposer leurs troupes à une entreprise. Le lac d'Albe avait crû cette année d'une manière prodigieuse ; et les Romains, fatigués de la longueur du siége, voulaient retourner à Rome, lorsque l'on fit courir le bruit qu'Apollon et d'autres oracles avaient prédit que la ville de Véies se rendrait l'année où les eaux du lac d'Albe s'élèveraient au-dessus de leurs bords. Cette espérance de prendre bientôt la ville rendit supportables aux soldats

les lenteurs de la guerre et les ennuis du siége. Ils poursuivirent donc leur entreprise avec plaisir, jusqu'au moment où Camille, nommé dictateur, s'empara de Véïes
après un siége de dix années. Ainsi l'intervention de la
religion, employée avec adresse, fut utile et pour conquérir cette ville et pour obliger à choisir les tribuns
dans l'ordre de la noblesse. Sans ce moyen, ces deux
événements auraient souffert sans doute de grandes difficultés.

Je ne veux pas laisser échapper un autre exemple.

Des désordres s'étaient élevés dans Rome à l'occasion
du tribun Térentillus, qui voulait promulguer une loi
dont nous dirons plus bas les motifs. Parmi les moyens
que la noblesse employa contre lui, la religion fut un
des plus puissants; et elle s'en servit dans un double
but. D'abord on consulta les livres sibyllins, auxquels
on fit prédire que la ville était menacée cette année
même de perdre sa liberté si l'on se livrait aux discordes
civiles. Cette supercherie, quoique découverte par les
tribuns, excita une si grande terreur parmi le peuple,
qu'elle glaça soudain toute son ardeur à les suivre.
L'autre avantage qu'ils en tirèrent est celui-ci. Un certain Appius Erdonius, suivi d'une foule de bannis et
d'esclaves, au nombre de plus de quatre mille, s'était
emparé de nuit du Capitole, en sorte que l'on pouvait
craindre que si les Èques ou les Volsques, éternels ennemis du nom romain, étaient venus attaquer Rome,
ils l'auraient emportée d'assaut; et cependant les tribuns ne cessaient d'insister avec opiniâtreté sur la nécessité de promulguer la loi Térentilla, disant que ce
danger dont on menaçait la ville n'avait pas le moindre
fondement. Un certain Publius Rubétius, homme grave
et considéré, sortit alors du sénat, et dans un discours
moitié flatteur, moitié menaçant, il exposa les dangers
qui environnaient la ville, montra au peuple combien
sa demande était hors de saison et parvint à lui faire

jurer de ne point s'écarter des ordres du consul. La
multitude obéit, et l'on reprit par force le Capitole.
Le consul Publius Valérius ayant été tué au milieu de
l'attaque, Titus Quintius fut sur-le-champ nommé à sa
place. Ce dernier ne voulut pas laisser respirer le peuple
ni lui donner le temps de penser à la loi Térentilla : il
lui ordonna donc de sortir de Rome et de marcher contre
les Volsques, disant que le serment qu'ils avaient prononcé, de ne point abandonner le consul, les forçait à le
suivre. Les tribuns s'y opposaient en disant que ce serment avait été fait au consul expiré et non point à lui.
Néanmoins, Tite-Live fait connaître comment le peuple,
dans la crainte de violer la religion du serment, aima
mieux obéir au consul que d'écouter ses tribuns, et il
ajoute ces paroles en faveur de l'antique religion : *Nondum
hæc, quæ nunc tenet sæculum, negligentia deûm vene-
rat, nec interpretando sibi quisque jusjurandum et leges
aptas faciebat.* Les tribuns, craignant alors de perdre leur
crédit, s'accordèrent avec le consul, consentirent à lui
obéir et s'engagèrent à laisser une année s'écouler sans
parler de la loi Térentilla, à condition que pendant cette
même année les consuls ne pourraient conduire le peuple
à la guerre. Et c'est ainsi que la religion offrit au sénat
les moyens de vaincre une difficulté qu'il n'eût jamais
surmontée sans un tel secours.

CHAPITRE XIV.

Les Romains interrogeaient les auspices suivant la nécessité, et mettaient la
plus grande prudence à paraître observer la religion, même quand ils
étaient contraints de la violer, et punissaient ceux qui témoignaient témérairement du mépris pour elle.

Ainsi que je l'ai dit plus haut, non-seulement les
augures étaient en grande partie le fondement de la

religion des gentils, mais ils furent une des sources de
a grandeur de la république romaine. Aussi c'était de
toutes les institutions religieuses celle à laquelle les
Romains attachaient le plus d'importance. L'ouverture
des comices, les commencements de toutes les entreprises, l'entrée des armées en campagne, le moment de
livrer bataille, enfin toute affaire importante, soit ci-
-vile, soit militaire, rien ne se faisait sans prendre les
auspices, et jamais on n'eût entrepris une expédition
sans persuader aux soldats que les dieux leur promet-
taient la victoire.

Parmi les augures, il y avait les gardiens des poulets
sacrés, qui suivaient toujours les armées. Lorsqu'on se
disposait à livrer bataille à l'ennemi, ces gardiens prenaient les auspices. Ils étaient bons si les poulets man-
geaient avec avidité, et alors on combattait avec confiance ; si au contraire ils refusaient la nourriture, on
s'abtenait d'en venir aux mains. Néanmoins, quand la
raison faisait sentir la nécessité d'une entreprise, quoique les auspices fussent contraires, on ne laissait pas
de l'exécuter ; mais on avait soin de s'y prendre de manière à ne pas être accusé de mépris pour la religion.

C'est ainsi que se conduisit le consul Papirius lors
d'une bataille très-importante contre les Samnites, qui
acheva d'affaiblir et d'abattre ce peuple redoutable.
Papirius était campé en face des Samnites ; la victoire
lui paraissait certaine s'il pouvait leur livrer bataille ;
impatient de profiter d'une circonstance aussi favorable, il ordonna aux gardiens des poulets sacrés de
prendre les auspices ; mais les poulets refusèrent de manger. Le chef des gardiens, voyant l'ardeur des troupes
pour le combat, et la conviction où étaient le général
et l'armée de vaincre, ne voulut pas faire perdre l'occasion d'un aussi grand succès ; il fit dire au consul que
les auspices étaient favorables. Mais tandis que Papirius rangeait son armée en ordre, quelques-uns des gar-

diens dirent à plusieurs soldats que les poulets n'avaient
pas mangé. Ceux-ci le redirent à Spurius Papirius,
neveu du consul, qui alla en instruire son oncle. Papirius lui répondit sur-le-champ qu'il eût à bien faire
son devoir, que quant à lui et à l'armée les auspices
étaient parfaitement en règle, et que si le chef des gardiens en avait imposé, c'était sur lui seul que devait
retomber la faute. Et pour que l'effet répondît aux promesses, il donna ordre à ses lieutenants de mettre les
gardiens des poulets sacrés au premier rang de l'armée.
Il arriva qu'en s'avançant contre l'ennemi, un javelot
lancé par un soldat romain atteignit par hasard le chef
des augures et le tua. Le consul, en apprenant cet accident, s'écria que tout allait bien, et que les dieux
étaient favorables, puisque l'armée s'était lavée de son
erreur par la mort de l'imposteur, et avait éteint dans
son sang la colère que les dieux pouvaient avoir contre
elle. C'est ainsi que, conciliant avec prudence ses projets et les oracles, il engagea le combat sans que l'armée
pût soupçonner qu'il eût négligé en rien les ordres sacrés de la religion.

Lors de la première guerre punique, Appius Pulcher
se conduisit en Sicile d'une manière tout opposée. Il
voulait livrer bataille aux Carthaginois. Il fit consulter
les poulets sacrés ; on lui répondit qu'ils refusaient de
manger : « Voyons s'ils voudront boire, » dit-il ; et il les
fit jeter à la mer. On se battit, et il fut vaincu. Sa conduite fut condamnée à Rome, tandis qu'on loua Papirius. Cette différence de traitement vint bien moins
de ce qu'un l'un avait été vaincu, et l'autre vainqueur,
que de ce que le premier avait usé avec prudence des
oracles, tandis que le dernier les avait témérairement
méprisés. Or cet usage de consulter les auspices n'avait
d'autre but que d'exciter les soldats à marcher au combat avec assurance, parce que la confiance enfante
presque toujours la victoire. Cette pratique n'était pas

suivie seulement par les Romains, mais par les étrangers. J'en citerai un exemple dans le chapitre suivant.

CHAPITRE XV.

Comment les Samnites eurent recours à la religion comme à un dernier remède dans leurs maux.

Les Samnites, après avoir été vaincus plusieurs fois par les Romains, venaient d'être totalement défaits en Toscane; leurs soldats, leurs capitaines, tout avait péri; leurs alliés, tels que les Toscans, les Gaulois, les Umbriens avaient partagé leur désastre. *Nec suis nec externis viribus jam stare poterant, tamen bello non abstinebant; adeo ne infeliciter quidem defensæ libertatis tædebat, et vinci quam non tentare victoriam malebant.* Ils résolurent de faire une dernière tentative. Mais comme ils savaient que le succès dépend en grande partie de l'opiniâtreté des soldats, et que, pour l'entretenir, le plus sûr moyen est de faire intervenir la religion, ils imaginèrent de renouveler un ancien sacrifice, en se servant à cet effet d'Ovius Paccius, grand prêtre, et ils en réglèrent les cérémonies de la manière suivante. Après un sacrifice solennel, on fit approcher tous les chefs de l'armée entre les corps des victimes égorgées et les autels allumés; on leur fit jurer de ne point abandonner un instant le combat; on appela ensuite tous les soldats les uns après les autres; puis, au milieu de ces autels et d'une foule de centurions qui tenaient l'épée nue à la main, on leur fit d'abord prêter serment de ne rien répéter de ce qu'ils verraient ou entendraient, après quoi on exigea d'eux de promettre devant les dieux avec des imprécations horribles et les formules de serment les plus épouvantables, de se précipiter partout où leurs chefs le leur commanderaient, de ne quitter le combat sous aucun prétexte, et de massacrer tous ceux qu'ils verraient fuir ; appelant la vengeance du ciel sur leur famille et leurs descendants s'ils trahissaient leur parole. Quelques-uns d'entre eux, effrayés, refusèrent de jurer : soudain leurs centurions leur donnèrent la mort ; de manière que ceux qui survinrent, épouvantés par l'horreur de ce spectacle, jurèrent unanimement. Et pour donner plus de pompe à cette assemblée, où plus de quarante mille hommes étaient réunis, ils en habillèrent la moitié de blanc, avec des aigrettes et des panaches sur leur casque, et ainsi disposés, ils allèrent camper près d'Aquilonia. Papirius vint à leur rencontre, et, pour animer ses soldats, il leur dit : *non erim cristas vulnera facere et picta atque aurata scuta transire romanum pilum*. Et, afin d'affaiblir la crainte que son armée aurait pu concevoir du serment de leurs ennemis, il dit qu'il contribuerait plutôt à répandre l'épouvante parmi eux qu'à enflammer leur courage, parce qu'ils auraient à redouter tout à la fois leurs concitoyens, les dieux et leurs ennemis. On en vint alors au combat, et les Samnites furent vaincus, car le courage des Romains et la terreur qu'inspiraient les défaites passées, éteignirent toute l'ardeur dont auraient pu les enflammer le pouvoir de la religion et la sainteté du serment. On voit néanmoins, par cette conduite des Samnites, qu'ils ne crurent point avoir une autre ressource, ni pouvoir tenter un autre remède pour réveiller leur courage abattu par les revers ; ce qui prouve toujours d'une manière évidente quelle confiance peut inspirer un bon emploi de la religion.

Quoique ce fait puisse être regardé comme étranger à l'histoire romaine, néanmoins, comme il tient à l'une des institutions les plus importantes de cette république, j'ai cru devoir le rapporter en ce lieu, pour ne pas diviser mon sujet et n'avoir plus à y revenir.

CHAPITRE XVI.

Le peuple accoutumé à vivre sous un prince, et qui devient libre par accident,
ne maintient qu'avec peine la liberté qu'il a conquise.

Une foule d'exemples démontrent à ceux qui consul-
tent les souvenirs de l'antiquité combien il est difficile à
un peuple, accoutumé à vivre sous les lois d'un prince,
de conserver sa liberté, lorsque quelque accident heureux
la lui a rendue, comme à Rome, après l'expulsion des
Tarquins. Cette difficulté est fondée sur la raison même.
Un tel peuple ressemble à un animal abruti, qui, bien
que d'une nature féroce et né dans les forêts, aurait
été toujours nourri dans une prison et dans l'esclavage,
et qui, venant par hasard à recouvrer sa liberté et à être
jeté au milieu des campagnes, ne saurait trouver ni la
pâture, ni l'abri d'une caverne, et deviendrait bientôt
la proie du premier qui voudrait l'enchaîner de nouveau.
C'est ce qui arrive à un peuple accoutumé à vivre sous
les lois d'autrui; ne sachant ni pourvoir à sa défense,
ni préserver la chose publique des atteintes de ses ennemis, et ne connaissant pas plus les princes qu'il n'est
connu d'eux, ce peuple retombe en peu de temps sous
un joug souvent plus intolérable que celui dont il vient
de se délivrer.

C'est le danger que court une nation dont la masse
n'est pas entièrement corrompue; car chez celle où le
poison a gagné toutes les parties du corps social, la liberté, loin de pouvoir vivre quelques instants, ne peut
pas même naître, comme je le prouverai ci-après. Aussi
je ne veux parler que des nations dont la corruption
n'est point invétérée, et chez lesquelles le bon l'emporte
sur le mauvais.

A cette difficulté que je viens de signaler, il faut en

16

joindre une autre ; c'est qu'un État qui recouvre sa liberté se fait des ennemis qui sont gens de parti, tandis
que ses amis ne le sont point. Il trouve pour ennemis
tous ceux qui, à l'ombre du gouvernement tyrannique,
se prévalaient de sa puissance pour se nourrir de la substance du prince, et qui, déchus des moyens d'en profiter, ne peuvent vivre tranquilles, et déploient tous leurs
efforts pour ressaisir la tyrannie afin de la faire servir à
recouvrer leur autorité. Les amis qu'il acquiert ne sont
point gens de parti ; car sous un gouvernement libre on
n'accorde des récompenses ou des honneurs que pour
des actions bonnes et déterminées, hors desquelles personne n'a droit à être récompensé ou honoré ; et quand
quelqu'un possède les honneurs ou les avantages qu'il
croit avoir mérités, il ne pense point devoir de reconnaissance à ceux de qui il les a obtenus. D'un autre côté,
cette utilité générale, qui appartient à une manière
d'exister égale pour tous, ne se fait point sentir tant
qu'on la possède ; elle consiste à pouvoir jouir librement
et sans crainte de son bien, à ne trembler ni pour l'honneur de sa femme, ni pour celui de ses enfants, et à ne
rien craindre pour soi : or personne n'avouera jamais
qu'il ait des obligations à celui qui ne l'offense pas.

Ainsi, tout gouvernement libre et qui s'élève nouvellement a des gens de parti pour ennemis, tandis que
ses amis ne le sont point. Pour remédier aux inconvénients et aux désordres que ces difficultés entraînent à
leur suite, il n'y a pas de remède plus puissant, plus
fort, plus sain, ni plus nécessaire, que de tuer les fils de
Brutus, qui, ainsi que nous l'enseigne l'histoire, ne furent entraînés avec d'autres jeunes Romains à conspirer
contre la patrie, que parce qu'ils ne pouvaient plus se
prévaloir, sous les consuls comme sous les rois, d'un
pouvoir illégitime. De manière que la liberté du peuple
était pour eux comme une servitude.

Celui qui veut gouverner la multitude, sous une forme

républicaine ou sous une forme monarchique, doit s'assurer de ceux qui se montrent ennemis du nouvel ordre de choses, s'il ne veut établir un gouvernement d'une existence éphémère. Il est vrai que je regarde comme réellement malheureux les princes qui, ayant la multitude pour ennemie, sont obligés, pour affermir leur puissance, d'employer des moyens extraordinaires. En effet, celui qui n'a d'ennemis que le petit nombre peut s'en assurer sans beaucoup de peine et sans éclat; tandis que celui qui est l'objet de la haine générale n'est jamais sûr de rien; et plus il se montre cruel, plus il affaiblit sa propre puissance. La voie la plus certaine est donc de chercher à gagner l'affection du peuple.

Ce que je viens de dire a peu de rapport, je le sais, avec le titre de ce chapitre, puisque je parle ici d'un prince et là d'une république; néanmoins, pour ne plus revenir sur le même sujet, je veux en dire encore quelques mots.

Ainsi donc, un prince qui voudrait s'attacher un peuple qui serait son ennemi, — et je parle ici des princes qui se sont emparés du pouvoir dans leur patrie, — devrait examiner d'abord ce que le peuple désire. Il trouvera toujours qu'il veut surtout deux choses : la première est de se venger de ceux qui ont appesanti sur lui les chaînes de l'esclavage; la dernière de recouvrer sa liberté.

Le prince peut remplir entièrement le premier de ces vœux, et satisfaire en partie au dernier. Quant au premier, je citerai l'exemple suivant.

Cléarque, tyran d'Héraclée, avait été chassé : pendant son exil, il s'éleva des dissensions entre le peuple et les grands. Ces derniers, se voyant les plus faibles, résolurent de favoriser Cléarque; et, après s'être concertés avec lui, ils le ramenèrent dans Héraclée, malgré l'opposition du parti populaire, auquel ils ravirent la liberté. Dans cette situation, Cléarque, placé entre l'or-

gueil des grands, qu'il ne pouvait contenir ni réprimer,
et la fureur du peuple profondément irrité de la perte
de sa liberté, résolut tout à la fois de se délivrer de la
gêne des grands et de gagner le peuple. Ayant saisi une
occasion favorable, il tailla en pièces tous les nobles, à
la grande joie de la multitude, dont il satisfaisait ainsi
l'un des désirs les plus ardents, celui de se venger.

Le prince, ne pouvant contenter qu'en partie le désir
qu'ont les peuples de recouvrer leur liberté, doit examiner les causes qui leur font désirer d'être libres : il
verra que le plus petit nombre ne désire la liberté que
pour commander, mais que le nombre infini des autres
citoyens l'implore pour vivre avec sécurité. A l'égard
des premiers, comme dans toutes les républiques, de
quelque manière qu'elles soient organisées, quarante
ou cinquante citoyens au plus peuvent parvenir au
pouvoir, et que c'est un bien petit nombre, il est facile
de s'en assurer, soit en les faisant disparaître, soit en
leur accordant assez d'honneurs pour qu'ils puissent
être satisfaits, jusqu'à un certain point, de leur situation présente. Quant à ceux qui ne veulent que vivre
avec sécurité, il n'est pas difficile non plus de les contenter ; il suffit d'établir des lois et des institutions où la
puissance du prince se trouve conciliée avec la sûreté de
tous. Si un prince suit cette route, et que le peuple soit
convaincu que lui-même ne cherche dans aucune circonstance à violer les lois, il commencera en peu de
temps à vivre heureux et tranquille. On en voit un
exemple frappant dans le royaume de France, dont la
tranquillité ne repose que sur l'obligation où sont ses
rois de se soumettre à une infinité de lois qui n'ont pour
but que la sécurité des sujets. Dans ce royaume, les législateurs ont voulu que ses rois pussent disposer à leur
gré des armées et des revenus, mais qu'en toute autre
chose ils fussent obligés de se conformer aux lois.

En conséquence, le prince ou la république qui, dès

le principe, n'a pas bien affermi son pouvoir, doit, ainsi que les Romains, saisir la première occasion favorable pour le faire. Quiconque laisse échapper cette occasion en éprouve bientôt un repentir tardif. Le peuple romain n'était point encore corrompu lorsqu'il recouvra sa liberté : il put la consolider, après la mort des fils de Brutus et la destruction des Tarquins, par tous les moyens et toutes les institutions que nous avons développés. Mais si ce peuple avait été corrompu, ni dans Rome, ni ailleurs, on n'eût trouvé de remèdes assez puissants pour la maintenir, ainsi que nous le démontrerons dans le chapitre suivant.

CHAPITRE XVII.

Un peuple corrompu qui recouvre sa liberté ne peut que très-difficilement se maintenir libre.

Il fallait nécessairement, à mon avis, ou que Rome cessât d'avoir des rois, ou qu'elle tombât en peu de temps dans une telle faiblesse, qu'elle serait devenue un État sans aucune importance : en considérant à quel degré de corruption ses rois étaient parvenus, si deux ou trois règnes nouveaux s'étaient succédé, et si cette corruption était passée du chef dans les membres, ces membres, une fois atteints du poison, il eût été impossible d'y porter remède. Mais la tête ayant été tranchée lorsque le tronc était encore intact, on put facilement asseoir l'ordre et la liberté.

Il est incontestable qu'une cité corrompue qui vit sous le pouvoir d'un prince ne recouvrera jamais sa liberté, quand même ce prince et sa race viendraient à être détruits ; il est même nécessaire à cette cité qu'un prince chasse l'autre, et qu'elle passe ainsi de maître en maître,

jusqu'à ce qu'il s'en trouve un plus vertueux et plus
éclairé qui la rende libre. Et ce bienfait encore ne s'é-
tendra pas au delà de la vie de ce prince. Dion et Timoléon, à Syracuse, en sont un exemple frappant. Aux diverses époques où ils vécurent, leur vertu fit fleurir la
liberté; mais le lendemain même de leur mort la ville
retomba sous la tyrannie.

L'exemple que Rome présente est plus convaincant
encore. Après l'expulsion des Tarquins, elle put conquérir soudain et conserver sa liberté. Mais après la
mort de César, de Caligula, de Néron, après l'extinction de tous les Césars, il lui fut impossible, je ne dis
pas de la conserver, mais d'en ranimer seulement la
moindre étincelle. Des résultats si opposés dans des événements semblables, et qui se sont passés dans la même
cité, viennent uniquement de ce que le peuple romain,
sous le règne des Tarquins, n'était point encore corrompu, tandis que, dans les derniers temps, une profonde corruption infectait tout l'empire. A la première
époque, pour affermir l'État et inspirer la haine des
rois, il suffit de faire jurer que Rome ne souffrirait
jamais de voir personne régner dans ses murs; tandis
qu'à la dernière, l'exemple et le stoïcisme d'un Brutus,
appuyé de toutes les légions de l'Orient, ne purent décider les Romains à conserver la liberté, qu'à l'exemple
du premier Brutus il venait de leur rendre. Cette corruption avait été introduite dans le corps de l'État par le
parti de Marius, et César, devenu chef suprême, sut tellement aveugler la multitude, qu'elle n'aperçut point le
joug qu'elle-même s'imposait.

Quoique l'exemple de Rome soit plus décisif qu'aucun
autre, je veux néanmoins, à ce propos, citer à mes lecteurs quelques peuples connus de notre temps : j'ose
donc avancer que quelque catastrophe, quelque sanglante
révolution qui arrive, jamais Milan ou Naples ne sauront
être libres; la corruption a trop gagné tous les membres

de l'État. On en a vu la preuve après la mort de Philippe Visconti, lorsque Milan, voulant recouvrer sa liberté, ne put ni ne sut la maintenir.

Ce fut un grand bonheur pour Rome, que ses rois
eussent dégénéré si promptement qu'on pût les chasser
avant que leur corruption eût pénétré les entrailles de
l'État; et cette corruption fut cause que les nombreux
désordres qui survinrent dans Rome, loin d'avoir des
résultats funestes, lui furent au contraire avantageux,
parce que les intentions des citoyens étaient bonnes.

On peut donc conclure que partout où la masse du
peuple est saine, les désordres et les tumultes ne sauraient être nuisibles; mais, lorsqu'elle est corrompue,
les lois même les mieux ordonnées sont impuissantes,
à moins que, maniées habilement par un de ces hommes
vigoureux dont l'autorité sait les faire respecter, elles
ne tranchent le mal jusque dans sa racine.

Je ne sais si ce prodige s'est jamais offert, ou s'il est
même possible qu'il arrive. S'il se faisait qu'une ville,
entraînée vers sa ruine par la corruption de ses habitants,
vînt à se relever de sa chute, ce n'est qu'à la vertu d'un
homme existant à cette époque qu'on pourrait attribuer
un tel bienfait, et non à la volonté générale du peuple
de voir régner de bonnes institutions; et à peine la
mort aurait-elle frappé ce réformateur, que la foule re-
viendrait à ses anciennes habitudes. C'est ce qu'on vit
à Thèbes. Tant qu'Épaminondas vécut, la vertu de ce
grand homme lui conserva l'empire de la Grèce et
une forme de gouvernement; mais à peine fut-il mort,
qu'elle retomba soudain dans ses premiers désordres.
En effet, il n'est point d'homme dont la vie soit assez
longue pour suffire à la réforme d'un gouvernement longtemps mal organisé; et si cette réforme n'est pas l'ouvrage d'un prince dont la vie se prolonge au delà du terme
ordinaire, ou de deux règnes également vertueux; si cette
hérédité de bons princes vient à manquer, il faut néces-

sairement que l'État soit promptement entraîné dans un
abîme dont il ne pourrait sortir qu'à force de dangers
et de sang répandu. En effet, la corruption et l'inapti-
tude à vivre libre proviennent de l'inégalité qui s'est
introduite dans l'État ; et, pour détruire cette inégalité
et y ramener tout au même niveau, il faut avoir recours
à ces remèdes tout à fait extraordinaires que peu d'hommes savent ou veulent employer. C'est ce que nous dirons
plus spécialement ailleurs.

CHAPITRE XVIII.

De quelle manière on peut maintenir dans une cité corrompue le gouvernement
libre, lorsqu'elle en jouit déjà, ou l'y établir lorsqu'il n'existe point.

Je ne crois pas qu'il soit hors de propos, ni étranger
à ce que j'ai avancé dans le chapitre précédent, d'examiner si l'on peut maintenir un gouvernement libre
dans une cité corrompue où il existe déjà, ou si l'on
peut l'y établir lorsqu'il n'y est point encore. L'une et
l'autre entreprise présentent d'égales difficultés ; et quoiqu'il soit presque impossible de donner sur ce point des
règles fixes, attendu la nécessité de procéder selon les
différents degrés de corruption, néanmoins, comme il
est bon de tout examiner, je ne veux pas laisser ce sujet
en arrière.

Je supposerai d'abord une cité parvenue au dernier
terme de la corruption, ce qui présente la question dans
toute sa difficulté ; car là où le déréglement est universel, il n'y a ni lois, ni institutions assez puissantes
pour le réprimer. En effet, si les bonnes mœurs ne peuvent se conserver sans l'appui des bonnes lois, de même
l'observation des lois exige de bonnes mœurs.

De plus, les institutions et les lois établies à l'origine
d'une république, et lorsque les citoyens étaient ver-

tueux, deviennent insuffisantes lorsqu'ils commencent
à se corrompre. Et si les événements déterminent des
changements dans les lois, comme le plus souvent les
institutions ne varient pas, les lois nouvelles restent
sans effet, parce que les institutions primitives qui demeurent debout les corrompent bientôt.

Pour mieux me faire entendre, je dirai qu'il y avait à
Rome des institutions qui réglaient le gouvernement, ou
plutôt l'État, et ensuite des lois qui, à l'aide des magistrats, refrénaient les désordres des citoyens.

Les institutions comprenaient l'autorité du peuple,
du sénat, des tribuns, des consuls, la manière d'élire les
magistrats, et la formation des lois. Les événements ap-
portèrent peu de changements dans les institutions.

Il n'en fut pas de même des lois qui réprimaient les
citoyens, telles que les lois sur les adultères, sur le luxe,
sur la brigue, et toutes celles qu'exigea l'altération successive des mœurs. Mais comme on conservait des institutions qui n'étaient plus bonnes au milieu de la corruption générale, les lois nouvelles ne suffisaient plus
pour maintenir les hommes dans la vertu. Pour les
rendre complétement utiles, il aurait fallu qu'en même
temps les institutions anciennes eussent également été
changées.

Et qu'il soit évident que les mêmes institutions ne
conviennent plus à une cité corrompue, c'est ce que
prouvent deux points capitaux : la création des magistrats et la formation des lois.

Le peuple romain ne donnait le consulat et les autres
principales magistratures de la république qu'à ceux qui
les demandaient. Cette institution était excellente dans
son principe, parce qu'il n'y avait que les citoyens qui
s'en croyaient dignes qui les sollicitassent, et que c'é-
tait une honte d'être rejeté ; de sorte que, pour les mériter, chaque citoyen s'efforçait de bien faire. Mais cette
méthode, lorsque la cité vit ses mœurs se dégrader, de-

vint extrêmement pernicieuse; les magistratures furent
briguées non par les plus vertueux, mais par les plus
puissants; et les citoyens sans crédit, quoique doués de
toutes les vertus, n'osèrent les demander, dans la crainte
d'être refusés. Ce vice ne se manifesta pas tout d'un
coup; on n'y tomba que par degrés, ainsi qu'il en arrive
de tous les inconvénients. Les Romains ayant dompté
l'Afrique et l'Asie, enchaîné à leurs lois une partie de la
Grèce, et se croyant désormais assurés de leur liberté, ne
redoutaient plus aucun ennemi. Cette sécurité et l'impuissance de leurs rivaux furent cause que les citoyens,
dans l'élection des consuls, ne s'arrêtèrent plus à la
vaillance, mais à la faveur, élevant à cette haute magistrature ceux qui savaient le mieux captiver les suffrages
du peuple, et non ceux qui savaient le mieux vaincre les
ennemis. Plus tard, on descendit encore de ceux qui
avaient un plus grand crédit à ceux qui avaient le plus
d'autorité; de sorte que, par ce vice des institutions, les
hommes de bien se trouvèrent exclus de toutes les dignités.

Un tribun, ou tout autre citoyen, pouvait proposer au
peuple une loi, et chacun avait le droit de l'appuyer ou
de la combattre, avant qu'on la mît en délibération.
Cette mesure était bonne lorsque les citoyens étaient
vertueux, parce qu'on doit regarder comme un bien que
chacun puisse proposer tout ce qu'il regarde comme utile
au bien public, et qu'il est bon également qu'il soit
permis de dire librement son avis sur ce que l'on propose, afin que le peuple, éclairé par cette discussion,
puisse adopter le parti qu'il regarde comme le meilleur.
Mais les citoyens s'étant corrompus, cette institution
devint sujette à de nombreux inconvénients : ce n'é-
taient plus que les hommes puissants qui proposaient
les lois, non dans l'intérêt de la liberté, mais dans celui
de leur pouvoir; et personne n'osait parler contre leurs
projets, parce qu'on était retenu par la crainte qu'ils

inspiraient; de manière que le peuple, ou trompé, ou contraint, se voyait obligé de décréter lui-même sa propre ruine.

Pour que Rome, au milieu de sa corruption, eût pu maintenir sa liberté, il eût fallu qu'aux diverses époques de son existence, en portant de nouvelles lois, elle eût en même temps établi de nouvelles institutions. Car, pour un peuple corrompu, il faut d'autres d'institutions que pour celui qui ne l'est pas, et la même forme ne peut convenir à des matières entièrement différentes.

Le changement des institutions peut s'opérer de deux manières, ou en les réformant toutes à la fois, lorsqu'il est reconnu qu'elles ne valent plus rien, ou peu à peu et à mesure qu'on en pénètre les inconvénients. Or l'une et l'autre manière présentent des difficultés presque insurmontables.

La réforme partielle et successive doit être provoquée par un homme éclairé qui sache voir de fort loin les inconvénients et aussitôt qu'ils apparaissent. Il est possible que de pareils hommes ne se produisent jamais dans une cité, et s'il s'en élevait un, il ne pourrait jamais convaincre ses concitoyens des vices que sa prévoyance lui découvre; car les hommes habitués à une manière de vivre n'en veulent point changer, surtout lorsqu'ils ne voient pas le mal en face et qu'on ne peut le leur montrer que par des conjectures.

Quant à la réforme totale et simultanée de la constitution, lorsque chacun est convaincu qu'elle est défectueuse, je crois qu'il est difficile de remédier à ce défaut, même quand il frappe tous les yeux; car, dans cette circonstance, les moyens ordinaires sont insuffisants: il devient indispensable de sortir de la voie commune, comme, par exemple, de recourir à la violence et aux armes, et le réformateur doit se rendre, avant toute chose, maître absolu de l'État, afin de pouvoir en disposer à son gré. Comme, d'un côté, pour réformer un État dans sa vie politique et civile, un homme de bien est nécessaire ; que, de l'autre, l'usurpation violente du pouvoir dans une république suppose un homme ambitieux et corrompu, il arrivera bien rarement ou qu'un citoyen vertueux veuille envahir la puissance par des moyens illégitimes, même dans les meilleures intentions, ou qu'un méchant, devenu prince, veuille opérer le bien, et qu'il lui vienne à l'esprit de faire un bon usage du pouvoir qu'il aurait mal acquis.

De tout ce que je viens d'exposer, naît la difficulté ou l'impossibilité de maintenir le gouvernement républicain dans une ville corrompue, ou de l'y établir. Dans l'un ou l'autre cas, il vaudrait encore mieux pencher vers la monarchie que vers l'état populaire, afin que ces hommes dont les lois seules ne peuvent réprimer l'insolence fussent au moins subjugués par une autorité pour ainsi dire royale. Vouloir les régénérer par un autre moyen, serait une entreprise atroce ou tout à fait impossible, ainsi que je l'ai déjà dit en parlant de Cléomène. Et si ce prince, pour réunir en ses mains toute l'autorité, massacra les éphores ; si Romulus, poussé par les mêmes motifs, fit mourir son frère et Titus Tatius ; et si tous deux firent ensuite un bon usage de l'autorité qu'ils avaient obtenue de cette manière, il faut remarquer qu'ils avaient affaire à des peuples qui n'étaient point encore souillés de cette corruption dont il est parlé dans ce chapitre. Ils purent donc se livrer sans obstacle à leurs desseins et les couvrir d'un voile favorable.

CHAPITRE XIX.

Un prince faible peut se maintenir après un prince ferme et sage ; mais un royaume ne peut subsister quand deux princes faibles succèdent l'un à l'autre.

Lorsque l'on considère les qualités diverses et la con-

duite de Romulus, de Numa et de Tullus, les trois premiers rois de Rome, on ne peut trop admirer son bonheur, qui lui donne d'abord un roi belliqueux et plein
de courage, puis un prince pacifique et religieux, et enfin un troisième monarque d'un courage égal à celui de
Romulus, et plus épris des dangers de la guerre que des
douceurs de la paix. Il fallait que, parmi les premiers
rois de Rome, il se rencontrât un législateur qui établît
les bases des institutions civiles; mais il était nécessaire que ses successeurs suivissent de nouveau les traces
de Romulus, si l'on ne voulait pas que Rome tombât
dans la mollesse, ou devînt la proie de ses voisins.

On peut donc conclure qu'un roi, quoique doué de
qualités moins éminentes que son prédécesseur, peut
cependant conserver un État par l'effet même des vertus du prince qui gouvernait avant lui, et jouir du fruit
de ses travaux. S'il arrive cependant que son existence se
prolonge, ou qu'après le trône soit occupé par un prince
qui ne rappelle plus les vertus du premier, la ruine de
l'État devient inévitable. Par une conséquence contraire,
si deux princes doués de grandes qualités se succèdent
immédiatement, ils exécutent les entreprises les plus
glorieuses, et acquièrent une renommée qui s'élève jusqu'au ciel.

David fut sans doute un prince éclairé et illustre dans
la guerre; sa sagesse et son courage l'élevèrent si haut,
qu'après avoir vaincu et terrassé tous ses voisins, il laissa
à Salomon son fils un royaume tranquille, dans lequel
celui-ci put cultiver les arts de la paix et de la guerre,
et jouir sans trouble de toutes les vertus de son père.
Mais Salomon ne put léguer le même héritage à Roboam
son fils, qui, ne possédant aucune des grandes qualités
de son aïeul, ni le bonheur de son père, ne parvint à
conserver qu'avec peine la sixième partie de son royaume.

Bajazet, sultan des Turcs, quoiqu'il préférât la paix à
la guerre, put profiter des fatigues de Mahomet son père,

17

qui, ayant, comme David, abattu tous ses voisins, lui laissa un trône affermi, qu'il était facile de conserver au milieu des délices de la paix. Si son fils Soliman eût ressemblé à son père, et non à son aïeul, cet empire se fût écroulé. Mais ce prince semble aujourd'hui vouloir surpasser la gloire même de son aïeul.

Je dirai donc, en m'appuyant sur ces exemples, qu'a-près un prince d'un grand caractère, un prince faible peut régner encore ; mais après un règne sans vigueur, un autre règne semblable ne peut subsister longtemps, à moins que de tels États, comme le royaume de France, ne soient soutenus par leurs anciennes institutions. Et j'appelle princes faibles ceux qui négligent les arts de la guerre.

Je conclus que le génie guerrier de Romulus conserva une assez longue influence pour permettre à Numa Pompilius de plier, pendant un grand nombre d'années, le peuple romain aux arts de la paix. Après lui régna Tullus, dont le caractère belliqueux rappela le souvenir de Romulus. Son successeur Ancus fut si heureusement traité par la nature, qu'il excellait également et dans la paix et dans la guerre. Il essaya d'abord de rester en paix avec ses voisins ; mais, ayant bientôt connu qu'ils le regardaient comme un prince efféminé, et paraissaient mépriser sa faiblesse, il vit que, s'il voulait maintenir Rome, il fallait se livrer à la guerre, et ressembler à Romulus plutôt qu'à Numa.

Que cet exemple éclaire tous les souverains qui occu-pent un trône. S'ils ressemblent à Numa, ils le conser-veront ou le perdront selon les temps ou les caprices de la fortune ; mais, s'ils ressemblent à Romulus, dont la prudence et le courage dirigèrent toujours les armes, ils sont assurés de le conserver malgré tous leurs ennemis, à moins qu'une force opiniâtre et invincible ne parvienne à les en précipiter. Il est évident que si le sort eût donné à Rome, pour son troisième roi, un homme dont les armes n'eussent pas su lui rendre sa considération, elle n'aurait jamais pu, dans la suite, du moins sans les plus grands efforts, prendre pied en Italie, ni exécuter aucune des grandes choses qui l'ont illustrée. Tant qu'elle vécut soumise à la puissance des rois, elle dut craindre de disparaître sous un prince faible ou souillé de tous les vices.

CHAPITRE XX.

Le règne successif de deux princes vertueux présente les plus heureux résultats ; et comme les républiques bien organisées ont nécessairement une succession de citoyens vertueux, leurs succès et leurs conquêtes doivent avoir plus d'extension.

Après que Rome eut expulsé ses rois, elle fut à l'abri des dangers dont elle portait le germe dans son sein si un prince faible ou vicieux eût monté sur le trône. L'autorité suprême passa en effet dans les mains des consuls, qui n'en recevaient le dépôt ni par héritage, ni par supercherie, ni par violence, mais par le libre suffrage des citoyens. C'étaient toujours les hommes les plus vertueux. Rome profita sans cesse de leurs vertus, quelquefois de leur fortune, et il ne lui fallut pas plus de temps pour parvenir aux dernières limites de sa grandeur, que celui pendant lequel elle vécut sous ses rois.

Pour prouver comment la succession de deux princes courageux suffit pour conquérir le monde, il ne faut que montrer Philippe de Macédoine et Alexandre le Grand. Cet avantage doit être d'autant plus le partage d'une république, que le système des élections lui offre le moyen d'avoir non-seulement deux successions, mais une suite de chefs vertueux qui se succèdent à l'infini : héritage propice, qui appartiendra toujours à une république bien organisée.

CHAPITRE XXI.

Combien sont dignes de blâme le prince ou la république qui n'ont point
d'armée nationale.

Les princes qui règnent de nos jours, et les modernes républiques qui n'ont point de soldats tirés de leurs propres États pour attaquer ou pour se défendre, devraient rougir, et voir, dans l'exemple que leur offre Tullus, que ce n'est pas au manque d'hommes propres à la guerre que cette erreur doit être imputée, mais que la faute en appartient à eux seuls, qui n'ont pas su faire des soldats de leurs sujets.

Rome, pendant quarante ans, avait joui des douceurs de la paix; aussi Tullus, en montant sur le trône, ne trouva pas un seul Romain qui eût porté les armes. Néanmoins, quoiqu'il eût l'intention de faire la guerre, il ne voulut se servir ni des Samnites ni des Toscans, ni d'aucun autre peuple accoutumé à combattre; mais, en prince éclairé, il résolut de ne s'aider que de ses propres sujets, et déploya dans ce projet une telle habileté, qu'en peu de temps il réussit à former d'excellents soldats.

C'est une des vérités les mieux démontrées, que si on manque de soldats là où il existe des hommes, la faute en est uniquement au prince, et que l'on ne doit en accuser ni le sol ni la nature. Nous en avons sous les yeux un exemple récent. Personne n'ignore que, dans ces derniers temps, le roi d'Angleterre ayant attaqué la France, ne tira ses troupes que du sein de son peuple; et comme son royaume avait joui de plus de trente ans de paix, il ne s'y trouvait ni soldat ni capitaine qui eût porté les armes. Cependant il ne craignit pas d'assaillir avec eux un royaume rempli de chefs habiles et d'armées exercées, qui n'avaient cessé de combattre en Italie. Mais tout cela provint de la sagesse de ce roi et de la bonne administration de son royaume, où, même pendant la paix, on cultivait les exercices de la guerre.

Épaminondas et Pélopidas, après avoir affranchi Thèbes, leur patrie, et l'avoir soustraite au joug que les Spartiates faisaient peser sur elle, virent qu'ils se trouvaient au milieu d'une ville façonnée à l'esclavage, et d'un peuple plongé dans la mollesse. Éclairés par leur propre courage, ils ne doutèrent pas de pouvoir former leurs concitoyens au métier des armes, d'entrer avec eux en campagne pour s'opposer aux progrès des Spartiates, et de parvenir à les vaincre. Les historiens rapportent en effet que ces deux illustres capitaines prouvèrent en peu de temps que ce n'était pas seulement à Lacédémone qu'on trouvait des guerriers, mais dans tous les lieux où il naît des hommes, pourvu qu'il y en ait un qui sache les plier au service militaire, comme on dit que Tullus sut instruire les Romains. Et Virgile ne pouvait mieux exprimer cette opinion, ni montrer qu'il la partageait également, que par ces vers où il dit :

« . . . . . Desidesque movebit
« Tullus in arma viros. »

CHAPITRE XXII.

Ce qu'il y a de remarquable dans le combat des Horaces et des Curiaces.

Tullus, roi de Rome, et Métius, roi d'Albe, étaient convenus que le peuple dont les trois guerriers désignés seraient vainqueurs donnerait des lois à l'autre. Les trois Curiaces, Albains, furent tués : du côté des Romains, un seul des Horaces resta vivant ; et c'est ainsi que Métius et son peuple demeurèrent sujets des Romains. Horace vainqueur, rentrant à Rome, rencontra une de ses sœurs qui était fiancée à l'un des trois Curiaces tués : elle pleurait la mort de son futur époux ; il la poignarda. On le mit en jugement pour ce crime : après de longs débats il fut absous ; mais il dut son salut bien plus aux prières de son père, qu'à ses propres services.

Il y a trois choses à remarquer ici :

La première, qu'il ne faut jamais hasarder toute sa fortune avec une partie de ses forces ;

La seconde, que dans un État bien gouverné les services rendus ne doivent jamais être la compensation d'un crime ;

La troisième, qu'il faut regarder une résolution comme peu sage, toutes les fois qu'on peut ou qu'on doit douter que les traités soient observés : car l'esclavage est une chose tellement funeste, qu'il était impossible de croire que ces deux rois ou ces deux peuples ne se repentiraient point par la suite d'avoir fait dépendre leur liberté du sort de trois de leurs concitoyens. Métius le fit bien voir quelque temps après. Quoique ce prince, après la victoire des Romains, s'avouât vaincu, et jurât d'obéir à Tullus, néanmoins, lorsqu'à la première expédition contre les Véiens il fut obligé de se joindre à ce dernier, on sait comment il chercha à le tromper, s'apercevant trop tard de l'imprudence du parti qu'il avait embrassé.

Comme je me suis assez étendu sur cette dernière remarque, je parlerai seulement des deux autres dans les chapitres suivants.

CHAPITRE XXIII.

On ne doit pas mettre en danger toute sa fortune sans déployer en même temps toutes ses forces; et c'est pourquoi il est souvent dangereux de garder les passages.

On doit regarder comme une extrême imprudence d'exposer toute sa fortune sans déployer en même temps toutes ses forces; ce qui a lieu de plusieurs manières.

L'une est d'agir comme Tullus et Métius, qui firent dépendre toute la fortune de leur patrie, et la valeur de tant de guerriers qui composaient leurs armées, du courage et du bonheur de trois de leurs concitoyens, bien faible portion des forces de chacune d'entre elles. Ils ne s'aperçurent pas que, par cette mesure, toutes les peines que s'étaient données leurs prédécesseurs pour établir l'État, lui assurer une existence libre et prolongée, et créer des citoyens défenseurs de leur propre liberté, s'évanouissaient pour ainsi dire, en remettant à un si petit nombre de mains toutes les chances de la fortune. Il était impossible à ces rois de prendre un parti plus imprudent.

Ce même inconvénient a presque toujours lieu encore, lorsque, pour arrêter la marche de l'ennemi, on se détermine à défendre les endroits difficiles, et à garder les passages. Une telle résolution sera dangereuse chaque fois que l'on ne pourra pas établir commodément toutes ses forces dans les lieux dont la défense est difficile. Si ce dernier parti est possible, il faut le suivre; mais si le lieu est d'un rude accès, et qu'on ne puisse y tenir toute une armée, ce parti devient dangereux. Ce qui m'a donné cette opinion, c'est l'exemple de tous ceux qui, attaqués par un ennemi puissant, dans un pays entouré de montagnes escarpées et de lieux arides, n'ont jamais essayé de combattre l'ennemi dans les défilés ou sur les montagnes, mais ont été à sa rencontre au delà, ou, lorsqu'ils n'ont pas voulu agir de la sorte, l'ont attendu en deçà dans les lieux ouverts et d'un facile accès. J'en ai déjà dit le motif. En effet, comme on ne peut employer un grand nombre d'hommes à la défense des lieux sauvages, tant à cause de la difficulté des vivres, que de la gêne du terrain, il est impossible de résister au choc d'un ennemi qui vient vous attaquer avec des forces considérables. Il est facile à l'ennemi de venir en grand nombre, car son dessein est de passer, et non de s'arrêter ; tandis que ceux qui l'attendent ne peuvent déployer des troupes nombreuses ; car ils doivent camper longtemps dans des lieux stériles et resserrés, et ils ignorent l'instant où l'ennemi voudra tenter le passage. Si l'on perd ce défilé, que l'on croyait pouvoir défendre, et dans lequel et le peuple et l'armée avaient mis toute leur confiance, la terreur, ainsi qu'il arrive souvent, s'empare des habitants et du reste de l'armée, et l'on demeure vaincu sans avoir pu faire l'essai de son courage : c'est ainsi que l'on court à sa perte pour n'avoir employé qu'une partie de ses forces.

Chacun sait avec quelles difficultés Annibal parvint à franchir les Alpes qui séparent la Lombardie de la France, et ces montagnes qui s'élèvent entre la Lombardie et la Toscane. Cependant les Romains crurent devoir l'attendre d'abord sur le Tésin, et ensuite dans les plaines d'Arezzo ; et ils préférèrent voir leur armée détruite par l'ennemi dans des lieux où du moins ils pouvaient le vaincre, que de la conduire sur des montagnes où l'âpreté des lieux l'aurait détruite. Celui qui lira l'histoire avec attention verra que peu d'illustres capitaines ont tenté de défendre de semblables passages, et par les motifs que j'ai déjà rapportés, et parce qu'on ne peut les fermer tous. Les montagnes ont, comme toutes les campagnes ouvertes, non-seulement des routes

connues et fréquentées, mais une foule de sentiers,
ignorés, il est vrai, des étrangers, mais connus des habitants du pays, qui sauront toujours vous en indiquer le
passage malgré ceux qui voudraient vous arrêter.

Nous en avons un exemple tout récent arrivé en 1515.
Lorsque François Ier, roi de France, résolut de passer en
Italie pour recouvrer la Lombardie, ceux qui s'opposaient à son entreprise fondaient les plus grandes espérances sur les Suisses, qu'ils croyaient capables d'interdire le passage des Alpes. Mais l'expérience leur prouva
bientôt combien leur confiance était vaine; car le roi,
ayant laissé de côté deux ou trois défilés que défendaient
les Suisses, s'en vint par un autre chemin entièrement
inconnu, pénétra en Italie, et se trouva devant ses ennemis avant qu'ils se fussent doutés de son passage.
Effrayées de son approche, leurs troupes se réfugièrent
dans Milan, et toute la population de la Lombardie se
réunit aux Français, lorsqu'elle vit s'évanouir l'espoir
d'arrêter leur armée à la descente des monts.

CHAPITRE XXIV.

Les États bien organisés établissent des peines et des récompenses pour les
citoyens, et ne font jamais des unes une compensation pour les autres.

Les services d'Horace avaient été bien grands lorsque
sa valeur vainquit les Curiaces; mais la mort de sa sœur
fut un crime horrible. Aussi cet homicide inspira une
telle horreur aux Romains, qu'ils intentèrent contre lui
une action capitale, malgré la grandeur de ses récents
services. Si l'on s'arrête à la superficie des choses, le
peuple paraîtra coupable d'ingratitude. Mais si l'on examine avec plus d'attention, et si l'on réfléchit plus mû-
rement aux vrais principes du gouvernement, on blâ-
mera plutôt ce peuple d'avoir absous le coupable que

d'avoir voulu le condamner. La raison en est que jamais,
dans un empire bien gouverné, les services d'un citoyen
n'ont effacé ses crimes, et que des récompenses étant
décernées aux belles actions, et des châtiments réservés
aux mauvaises, lorsqu'un citoyen a été récompensé pour
s'être bien conduit, si par la suite il se comporte mal,
on doit le punir sans égard pour ce qu'il a pu faire de
bon. Lorsque de pareilles institutions sont religieuse-
ment observées, un État jouit longtemps de sa liberté :
dans le cas contraire sa ruine est bientôt consommée.

En effet, si un citoyen illustré par une action éclatante joignait à l'audace que lui donnerait sa célébrité
la confiance de pouvoir tenter avec impunité une entreprise criminelle, son insolence monterait bientôt à un
tel excès, que toutes les lois seraient renversées. Mais si
l'on veut que la crainte des châtiments puisse effrayer
les criminels, il faut, en retour, que les services rendus
à l'État ne manquent jamais de récompense. C'est ainsi
que Rome se conduisit toujours. Quelque pauvre que
soit un État, quelque médiocres que soient ses récompenses, cette médiocrité ne doit pas le retenir ; car le
don le plus simple, quoique offert comme prix de la plus
belle action, acquiert aux yeux de celui qui le reçoit
la plus grande valeur.

Rien n'est plus connu que l'histoire d'Horatius Coclès et de Mutius Scævola. On sait que l'un contint
l'ennemi jusqu'à ce que le pont à la tête duquel il le re-
tenait fût rompu ; que l'autre se brûla la main pour
s'être trompé en voulant poignarder Porsenna. L'État,
pour les récompenser, leur décerna à chacun deux arpents de terre.

On connaît aussi l'histoire de Manlius Capitolinus. Il
avait sauvé le Capitole des Gaulois qui l'assiégeaient ;
ceux qui avaient partagé avec lui les dangers de la défense lui donnèrent une petite mesure de farine. Cette
récompense, si l'on considère la fortune de Rome à cette

époque, parut tellement glorieuse à Manlius, que cet ambitieux, excité par la jalousie, ou par ses penchants criminels, entreprit de faire naître une sédition dans Rome ; mais lorsqu'il cherchait à soulever le peuple, il fut, sans égard pour ses services passés, précipité du haut de ce Capitole qu'il avait sauvé jadis avec tant de gloire.

CHAPITRE XXV.

Quiconque veut réformer l'ancienne constitution dans un pays libre doit y conserver au moins l'ombre des antiques usages.

Celui qui, prétendant réformer le gouvernement d'un État, veut voir ses projets accueillis et ses nouvelles institutions soutenues par l'assentiment général, doit nécessairement conserver au moins l'ombre des antiques usages, afin que le peuple ne puisse soupçonner aucun changement, quand même, en effet, la nouvelle constitution différerait entièrement de l'ancienne ; car l'universalité des hommes se repaît de l'apparence aussi bien que de la réalité ; et souvent même l'erreur a plus de pouvoir que la vérité. Aussi, lorsqu'ils commencèrent à jouir des prémices de la liberté, les Romains, convaincus d'une telle nécessité, avaient créé deux consuls à la place d'un roi ; mais ils ne voulurent pas que ces consuls eussent plus de douze licteurs, pour ne pas outrepasser le nombre de ceux qui servaient les rois. Bien plus, lorsque l'on célébrait dans Rome un certain sacrifice annuel, qui ne pouvait être fait que par le roi en personne, les Romains, pour empêcher l'absence des rois de faire regretter au peuple quelques cérémonies des temps antiques, créèrent, pour présider à cette solennité, un chef auquel ils donnèrent le nom de roi du sacrifice, et le subordonnèrent au souverain pontife : de

sorte que le peuple, par ce moyen, put jouir de ce sacrifice, et n'eut point lieu de se servir du prétexte qu'on
l'en privait, pour désirer le retour des rois.

Telle est la conduite que doivent suivre tous ceux qui
veulent effacer jusqu'aux moindres traces des anciennes
mœurs d'un État, pour y substituer des institutions
nouvelles et un gouvernement libre. Car si les innovations finissent par changer entièrement l'esprit des
hommes, il faut s'efforcer de conserver à ces changements le plus qu'on peut de leur antique physionomie ;
et si les magistrats diffèrent des anciens par le nombre,
l'autorité et la durée de leurs fonctions, ils doivent conserver au moins leurs noms primitifs.

Voilà, dis-je, ce que doit observer quiconque prétend
établir la souveraine puissance, soit républicaine, soit
monarchique. Mais celui qui veut se borner à fonder
cette autorité absolue que les auteurs nomment tyrannie, doit changer entièrement la face des choses, ainsi
que je le dirai dans le chapitre suivant.

CHAPITRE XXVI.

*Un prince établi récemment dans une ville, ou dans une contrée qu'il a con-
quise, doit y renouveler la face de toutes les institutions.*

Quiconque obtient la souveraineté d'une ville ou d'un
État, surtout quand son pouvoir est assis sur de faibles
fondements et qu'il ne veut point d'un gouvernement
établi sur les lois monarchiques ou républicaines, n'a
pas de moyen plus sûr de se maintenir sur le trône que
de renouveler, dès le commencement de son règne,
toutes les institutions de l'État ; comme, par exemple,
d'établir dans les villes de nouveaux magistrats sous des
dénominations nouvelles, de rendre les pauvres riches,
ainsi que fit David lorsqu'il devint roi, *qui esurientes*

implevit bonis, et divites dimisit inanes. Il faut en outre qu'il bâtisse de nouvelles villes, qu'il renverse les anciennes, qu'il transporte les habitants d'un lieu dans un autre; en un mot, qu'il ne laisse rien d'intact dans ses nouveaux États, et qu'il n'y ait ni rang, ni ordre, ni emploi, ni richesses que l'on ne reconnaisse tenir de lui seul. Il doit avoir sans cesse les yeux sur Philippe de Macédoine, père d'Alexandre, qui, par une semblable politique, devint, de petit roi qu'il était, monarque souverain de la Grèce. Ses historiens disent de lui qu'il promenait les hommes de province en province, comme les pasteurs transportent leurs troupeaux.

Ces procédés sont tout à fait barbares et contraires à toute espèce de civilisation. Non-seulement le christianisme, mais l'humanité les repoussent. Tout homme doit les fuir, et préférer la vie d'un simple particulier à celle d'un roi qui règne par la ruine des humains. Néanmoins, quiconque, pour se maintenir, ne veut point marcher dans la route du bien que nous lui avons d'abord indiquée, doit entrer nécessairement dans cette carrière funeste. Mais la plupart des hommes croient pouvoir s'avancer entre ces deux routes, et s'exposent ainsi aux plus grands dangers; car ils ne savent être ni tout à fait bons, ni tout à fait méchants. L'exemple que nous allons rapporter dans le chapitre suivant éclaircira notre pensée.

CHAPITRE XXVII.

Les hommes savent être rarement ou entièrement bons ou entièrement mauvais.

Le pape Jules II, se rendant à Bologne, en 1505, pour en chasser la famille des Bentivogli, qui avait possédé la souveraineté de cette ville pendant cent années, voulait

encore éloigner de Pérouse Jean-Paul Baglioni, qui en
était le tyran, prétendant agir comme s'il eût résolu
la perte de tous les tyrans qui occupaient les possessions
de l'Église. Arrivé près de Pérouse, et rempli de cet esprit audacieux et délibéré que chacun lui a connu, il ne
voulut point attendre, pour entrer dans la ville, l'armée
qui l'aurait pu défendre, et y pénétra seul et désarmé,
quoique Jean-Paul s'y trouvât avec un assez grand
nombre de troupes réunies pour sa défense. Emporté
par cette impétuosité qui dirigeait toutes ses actions,
il se confia, avec sa simple garde, aux mains de son
ennemi, qu'il emmena ensuite avec lui, laissant dans la
ville un gouverneur pour y commander au nom de
l'Église.

Les gens éclairés qui suivaient le pape remarquèrent
la témérité du pontife et la lâcheté de Baglioni. Ils ne
pouvaient concevoir que ce dernier, par une action qui
l'eût à jamais rendu fameux, n'eût pas écrasé d'un seul
coup son ennemi, et ne se fût pas enrichi de la proie facile que lui présentaient les cardinaux, traînant à leur
suite tous les raffinements du luxe et de la volupté. On
ne pouvait croire qu'il se fût abstenu d'en agir ainsi par
bonté ou par conscience, car le cœur d'un homme assez
scélérat pour abuser de sa propre sœur, et pour avoir
fait mourir ses cousins et ses neveux afin de régner, ne
pouvait renfermer le moindre sentiment d'une piété
respectueuse; mais on en tira la conséquence que les
hommes ne savent conserver aucune dignité dans le
crime, ni être parfaitement bons; et que lorsque la scélératesse présente quelque apparence de grandeur ou de
générosité, ils tremblent de s'y livrer. Aussi Jean-Paul,
qui ne rougissait ni d'un inceste, ni d'un parricide reconnu, ne sut pas, ou, pour mieux dire, n'osa pas, lorsqu'il en avait une occasion légitime, tenter une entreprise où chacun eût admiré son courage, et qui eût laissé
de lui une mémoire éternelle, ayant le premier montré

aux chefs de l'Église le peu d'estime qu'on devait faire
de ceux qui gouvernaient comme eux, et exécuté une
action dont la grandeur eût effacé l'infamie et détourné
tous les périls qui auraient pu en résulter.

CHAPITRE XXVIII.

Pourquoi les Romains furent moins ingrats envers leurs concitoyens
que les Athéniens.

Lorsqu'on parcourt l'histoire des républiques, on voit
qu'elles ont toutes montré de l'ingratitude envers leurs
citoyens; mais on en trouvera moins d'exemples à
Rome que dans Athènes, et même que dans tout autre
gouvernement populaire. Et, pour parler de Rome et
d'Athènes, si l'on veut en trouver la cause, je crois
qu'elle dépend de ce que les Romains avaient moins de
motifs de craindre que les Athéniens l'ambition de leurs
concitoyens. Rome, en effet, depuis l'expulsion des rois,
jusqu'aux temps de Marius et de Sylla, ne vit aucun de
ses citoyens usurper la liberté. Elle n'avait donc contre
eux aucun motif de défiance, et par conséquent aucun
motif de les outrager gratuitement.

Il arriva tout le contraire dans Athènes : sous le voile
d'une fausse bonté, la liberté fut ravie à cette ville par Pisistrate, lorsqu'elle était encore dans toute sa fleur. Aussi
dès qu'elle fut redevenue libre, le souvenir de ses offenses
et de son esclavage la rendit extrêmement vindica-
tive, et elle punit ses citoyens, non-seulement de leurs
crimes, mais de l'ombre même d'une erreur. De là l'exil
et la mort de tant d'hommes illustres; de là l'institution de l'ostracisme; de là toutes les violences exercées
à tant d'époques diverses contre les habitants les plus
distingués.

Et rien n'est plus vrai que ce que disent quelques écrivains politiques, que les peuples sont plus âpres dans leurs vengeances, lorsqu'ils ont recouvré leur liberté, que quand ils ne l'ont jamais perdue.

Si l'on réfléchit à ce que j'ai dit précédemment, il ne faut ni blâmer Athènes ni louer Rome de leur conduite; il faut seulement en accuser la nécessité où les réduisirent les événements divers arrivés dans leur sein. On verra, en effet, si l'on examine attentivement la chose, que, si Rome s'était vue comme Athènes ravir sa liberté, elle n'eût pas été moins cruelle envers ses citoyens. Sa conduite à l'égard de Collatinus et de P. Valérius, lorsqu'elle eût chassé ses rois, en est une preuve évidente. Le premier, quoiqu'il eût contribué à la délivrance de Rome, fut envoyé en exil, seulement parce qu'il portait le nom de Tarquin; le second fut sur le point de subir le même sort, pour avoir fait bâtir sur le mont Cœlius une maison qui éveilla les soupçons de ses compatriotes. On peut conclure de la conduite soupçonneuse et sévère de Rome, envers ces deux grands personnages, qu'elle n'eût pas été moins ingrate qu'Athènes, si, dans l'origine de sa liberté et à la naissance de sa grandeur, elle eût reçu de ses citoyens les mêmes offenses.

Et pour ne plus revenir sur ce qui regarde l'ingratitude, j'en ferai encore l'objet du chapitre suivant.

CHAPITRE XXIX.

Quel est le plus ingrat d'un peuple ou d'un prince.

La matière que je traite me conduit naturellement à examiner lesquels, des peuples ou des princes, ont donné les exemples d'ingratitude les plus frappants et les plus nombreux. Pour mieux éclaircir la question, je dirai que le vice de l'ingratitude naît de l'avarice ou du soupçon.

Lorsqu'un peuple ou un prince a chargé un général d'une expédition importante et lointaine dans laquelle la victoire couvre ce général de gloire, le peuple ou le prince doit aussi le combler de récompenses ; si au contraire on le déshonore ou on l'outrage par une avarice secrète qui empêche de satisfaire à ses justes prétentions, on commet une faute qui n'a point d'excuse, et la honte reste attachée à une pareille conduite. Cependant elle est celle d'un grand nombre de princes. Cette sentence de Tacite en donne la raison : *Proclivius est injuriæ, quàm beneficio vicem exsolvere, quia gratia oneri, ultio in quæstu habetur.*

D'un autre côté, si l'on refuse une récompense, ou, pour mieux dire, si l'on offense le vainqueur, non par avarice, mais par défiance, alors et le peuple et le prince méritent quelque excuse. Les exemples de cette ingratitude remplissent toutes les histoires. En effet, le capitaine dont la valeur a conquis un empire à son maître, en triomphant de ses ennemis, en se couvrant de gloire et en comblant ses soldats de richesses, doit nécessairement acquérir auprès de ses soldats, des ennemis et de ses concitoyens une telle considération, que la victoire qu'il a remportée ne peut être agréable au prince qui l'avait employé. Or, comme l'ambition et la méfiance sont naturelles à l'homme, et qu'on met difficilement des bornes à sa fortune, il arrive nécessairement que les soupçons, éveillés tout à coup dans le cœur d'un prince par les succès de son général, ne peuvent manquer de s'accroître par suite de quelque action imprudente ou hautaine du vainqueur. Le prince est donc forcé de s'assurer de lui, et pour y parvenir il forme le dessein, ou de lui arracher la vie, ou d'affaiblir la réputation qu'il a obtenue parmi le peuple ou dans l'armée, en employant tous ses efforts à prouver que ce n'est point à lui que la

victoire est due, mais au hasard, mais à la lâcheté des
ennemis, mais au talent des autres capitaines qui ont
concouru au succès de l'entreprise.

Vespasien se trouvait en Judée lorsque son armée le
proclama empereur. Antonius Primus, qui était alors en
Illyrie à la tête d'une autre armée, embrassa soudain le
parti de Vespasien, et courut en Italie combattre Vitellius,
qui occupait le trône; il le défit complétement deux fois,
et se rendit maître de la capitale de l'empire, de manière
que quand Mutianus arriva à Rome, où Vespasien l'avait
envoyé, il trouva qu'Antonius s'était rendu maître de
l'Italie par son courage, et qu'il ne restait plus aucun
obstacle à surmonter. Pour récompenser le vainqueur,
Mutianus lui enleva d'abord le commandement de l'armée, et peu à peu toute l'autorité qu'il avait acquise
dans Rome. Alors Antonius, affligé de cette conduite,
se rendit en Asie auprès de Vespasien qui s'y trouvait
encore; mais il en reçut un tel accueil, que, rejeté bientôt au dernier rang, le désespoir abrégea ses jours.

L'histoire est féconde en pareils exemples. Toutes les
personnes actuellement vivantes savent avec quelle prudence et quel courage Gonzalve de Cordoue a conquis de
nos jours le royaume de Naples en combattant contre
les Français pour le roi Ferdinand d'Aragon. Quelle récompense a-t-il obtenue de sa victoire? A peine est-il
maître de Naples, que Ferdinand arrive d'Aragon, lui
ôte d'abord le commandement de ses hommes d'armes,
ensuite des places fortes, et finit par l'emmener à sa
suite en Espagne, où il le laisse mourir peu de temps
après dans l'oubli.

La méfiance est tellement naturelle aux princes, qu'ils
ne peuvent s'en préserver, et il leur est impossible de
payer de reconnaissance celui qui, conduisant leurs drapeaux à la victoire, s'est illustré par de vastes conquêtes.
Et si un prince ne peut résister à ses soupçons, est-ce
donc un miracle, et même une chose étonnante, que

tout un peuple s'y abandonne? Une ville qui jouit des bienfaits de la liberté est animée par deux passions : la première de s'agrandir, la seconde de rester libre; mais souvent ces passions l'égarent. A l'égard de la faute où la plonge le désir de s'agrandir, j'en parlerai en son lieu. Quant aux fautes que l'amour de la liberté lui fait commettre, elles consistent, entre autres, à outrager les citoyens qu'elle devrait récompenser, et à noircir de ses soupçons ceux qui sont les plus dignes de sa confiance.

Et quoique cette conduite dans une république qui a perdu ses mœurs puisse occasionner les plus grands désastres et donner trop souvent naissance à la tyrannie, comme on le vit dans Rome, lorsque César arracha par la force ce que l'ingratitude de ses concitoyens lui refusait, néanmoins dans une république vertueuse elle produit un grand bien; elle prolonge la liberté, parce que la crainte qu'inspire la honte du châtiment rend les hommes tout à la fois plus sages et moins ambitieux.

Il est vrai que, de tous les peuples qui ont obtenu l'empire, Rome, par les causes que j'ai rapportées, fut la moins ingrate; et l'on peut dire qu'elle n'offre d'exemple réel d'ingratitude que celui de Scipion. Coriolan et Camille furent exilés tous deux pour avoir offensé le peuple. La haine invétérée du premier contre les plébéiens ne put lui obtenir son pardon; l'autre, non-seulement fut rappelé, mais pendant le reste de sa vie il fut entouré de tous les respects dont on honore les princes.

Quant à l'ingratitude que Rome fit éclater envers Scipion, on doit l'attribuer aux soupçons que la haute renommée de ce grand homme éveilla contre lui, et qu'aucun citoyen n'avait jusqu'alors excités. La puissance et la grandeur de l'ennemi qu'il avait vaincu, la gloire qu'il s'était acquise en terminant une guerre si longue et si périlleuse, la rapidité de sa victoire, sa jeunesse, sa prudence, le crédit que lui attiraient tant d'autres vertus admirables, tout devait exciter contre lui la jalousie de ses compatriotes. Une si grande influence éveilla jusqu'aux craintes des magistrats, et les bons citoyens ne pouvaient voir sans épouvante une chose aussi inouïe jusqu'alors dans Rome. Son existence parut tellement hors des voies ordinaires, que Caton l'ancien, si respecté pour le sain teté de ses mœurs, fut le premier à s'élever contre lui et à déclarer qu'une ville ne pouvait se vanter d'être libre, dans laquelle un citoyen se faisait redouter des magistrats. Si donc le peuple en cette circonstance se rangea de l'avis de Caton, il doit être absous, parce que j'ai dit plus haut que les princes et les peuples sont dignes de pardon lorsqu'ils ne sont ingrats que par méfiance.

Je conclus donc de ce discours que l'ingratitude ayant pour principe l'avarice, ou la défiance, les peuples ne sont jamais ingrats par le premier sentiment; quant au dernier, ils y sont encore plus rarement sujets que les princes, attendu qu'ils ont moins de motifs de s'y abandonner. C'est ce que je développerai ci-après.

CHAPITRE XXX.

Moyens que doit employer un prince ou une république pour éviter le vice de l'ingratitude, et ceux dont doit user à son tour tel capitaine ou tel citoyen pour n'en être pas victime.

Un prince qui ne veut pas vivre dans des alarmes continuelles, ou qui craint d'être ingrat, doit marcher lui-même à la tête de toutes ses expéditions, comme firent dans les commencements les empereurs romains, comme fait de nos jours le Grand-Turc, comme ont fait et font encore tous les princes courageux. S'il demeure vainqueur, la gloire et la conquête, tout lui appartient en propre. Mais quand il ne commande pas lui-même, la victoire lui devient étrangère, et il ne croit pouvoir jouir de ses conquêtes qu'en éteignant dans autrui les rayons de cette gloire dont il n'a pu se couvrir, ce qui le rend de toute nécessité ingrat ou injuste, et certainement il a plus à perdre qu'à gagner en agissant ainsi. Quand, par indolence ou par imbécillité, il reste en son palais plongé dans la mollesse, et qu'il se fait remplacer par un de ses sujets, je n'ai d'autre conseil à lui donner que celui de suivre ce que lui inspire son propre instinct.

Mais je dirai à ce capitaine, certain de ne pouvoir éviter la morsure de l'ingratitude, qu'il n'a que deux partis à prendre. Aussitôt après la victoire, il faut qu'il quitte son armée et vienne se jeter dans les bras de son maître, évitant avec soin toute démarche qui marquerait de l'orgueil ou de l'ambition, afin que, dépouillant tout soupçon, son prince ait un motif de le récompenser ou du moins de ne point lui faire injure. S'il ne croit pas pouvoir suivre cette conduite, qu'il prenne sans délibérer et avec courage le parti contraire, que toutes ses actions tendent à prouver qu'il regarde ses conquêtes comme sa propriété et non comme celle de son prince, qu'il se rende affable aux soldats et aux sujets, qu'il contracte de nouvelles alliances avec ses voisins, qu'il fasse occuper les places fortes par des troupes qui lui soient dévouées, qu'il tâche de gagner les principaux chefs de son armée, qu'il s'assure de ceux qu'il ne peut corrompre, et qu'il cherche, par toute sa conduite, à punir son souverain de l'ingratitude dont il soupçonne qu'il pourrait user envers lui. Il n'y a pas ici d'autre chemin. Mais, comme je l'ai déjà dit, les hommes ne savent être ni tout à fait vertueux, ni entièrement criminels. Des généraux ne veulent point abandonner leur armée aussitôt qu'elle a vaincu; ils ne peuvent se comporter avec modération, et ne savent point hasarder une détermination violente, qui serait du moins glorieuse pour eux. Ainsi, toujours flottants dans le doute, ils balancent, ils diffè-

rent, et ils se trouvent opprimés au milieu de leurs in-
certitudes.

On ne peut conseiller aux républiques, ainsi qu'aux
princes pour éviter l'ingratitude, de commander par elles-
mêmes les armées et non par des lieutenants, puisqu'elles
sont dans la nécessité d'en confier la conduite à l'un de
leurs concitoyens. Mais je dois leur donner pour conseil
d'adopter les moyens qu'employait la république romaine
pour être moins ingrate que les autres, moyens qui té-
naient à la marche de son gouvernement. Ils verront
que Rome, employant indistinctement à la guerre et la
noblesse et le peuple, il en résultait qu'à toutes les époques elle voyait fleurir dans son sein tant d'hommes de
courage, tant de citoyens couronnés par la victoire,
qu'elle n'en craignait aucun en particulier, rassurée par
leur grand nombre et par la surveillance qu'ils exer-
çaient mutuellement sur leur conduite. Leur vertu ne
se laissait donc point corrompre, et ils veillaient avec
tant de soin à ne laisser paraître aucune ombre d'ambition, ni aucun motif qui pût porter le peuple à les punir
de leurs sentiments ambitieux, que celui qui parvenait
à la dictature obtenait une gloire d'autant plus grande,
qu'il se dépouillait plus promptement du pouvoir.

Une semblable conduite, ne pouvant donner naissance
aux soupçons, ne produisait point l'ingratitude. Ainsi,
une république qui veut fuir l'occasion de se montrer
ingrate doit imiter Rome, et le citoyen qui cherche à
éviter les atteintes de l'envie doit suivre dans toutes ses
actions l'exemple des citoyens romains.

CHAPITRE XXXI.

Quelques erreurs qu'eussent commises les Romains, ils ne furent jamais punis d'une manière extraordinaire; leur ignorance ou les mauvais partis qu'ils avaient pris ne leur attirèrent jamais aucun châtiment, même lorsque la république en avait éprouvé des dommages.

Non-seulement les Romains, comme je l'ai dit ci-dessus, furent moins ingrats que les autres républiques, mais ils furent plus humains et plus remplis d'égards dans les châtiments qu'ils crurent devoir infliger à leurs généraux. Si l'un d'entre eux commettait une erreur dans une intention criminelle, ils le punissaient, mais sans rigueurs inutiles; si c'était par ignorance, loin de le châtier, ils le récompensaient et lui décernaient des honneurs. Cette conduite leur paraissait bien vue, car ils pensaient qu'il était tellement important, pour ceux qui commandaient leurs armées, d'avoir l'esprit libre et exempt de craintes, et de pouvoir prendre un parti sans être retenus par aucune considération étrangère, qu'ils ne voulaient pas ajouter à une chose déjà si difficile et si périlleuse par elle-même, des difficultés et des périls nouveaux, persuadés que ces craintes continuelles empêcheraient de conduire jamais aucune entreprise avec la vigueur nécessaire. Par exemple, envoyent-ils une armée en Grèce contre Philippe de Macédoine, ou en Italie, soit contre Annibal, soit contre les peuples qu'ils avaient primitivement domptés, le général qui commandait l'expédition était tourmenté par tous les soins qu'entraînaient les mesures infiniment graves et importantes qu'exigeaient les circonstances. Si à de pareils soucis se fût mêlée l'idée de généraux romains crucifiés ou condamnés à quelque autre supplice pour avoir perdu une bataille, il eût été impossible à ce capitaine, au milieu des craintes qui l'auraient assiégé, de prendre son parti avec vigueur ; on pensait au contraire que la honte d'une défaite était un assez grand supplice, et on ne voulait pas l'épouvanter par la perspective d'une peine plus rigoureuse.

Voici un exemple d'une erreur qui n'eut pas l'ignorance pour principe. Sergius et Virginius étaient tous deux au camp devant la ville de Véies ; chacun commandait une division de l'armée. Sergius était campé du côté par lequel pouvaient venir les Toscans ; Virginius du côté opposé. Sergius, ayant été attaqué par les Falisques et d'autres peuples, aima mieux être battu et mis en fuite que de demander des secours à Virginius. De son côté, Virginius, attendant qu'il s'humiliât devant lui, aima mieux voir le déshonneur de sa patrie et la honte de son collègue, que de voler à son secours. Cette conduite, vraiment criminelle, méritait d'être vouée à une infamie éternelle, et aurait compromis l'honneur de la république romaine, si ces deux généraux n'avaient été punis. Cependant, lorsque toute autre république les eût punis de mort, Rome se contenta d'une amende. On se borna à une aussi faible punition, non parce que le délit n'en méritait pas une plus grande, mais parce que les Romains, dans cette circonstance, et par les motifs que j'ai déjà exposés, voulaient maintenir les maximes de leurs ancêtres.

Quant aux erreurs que produisit l'ignorance, on ne peut citer un exemple plus convaincant que celui de Varron. Sa témérité était cause qu'Annibal avait détruit entièrement l'armée romaine à Cannes, et mis en danger la liberté de la république ; néanmoins, comme il y avait dans son malheur de l'ignorance et non de la perfidie, loin de le punir, on le combla d'honneurs : à son arrivée à Rome, tout le sénat fut à sa rencontre, et, ne le pouvant le féliciter sur le succès de la bataille, on le remercia de ce qu'il était revenu dans

Rome et n'avait pas désespéré du salut de la république.

Quand Papirius Cursor voulut envoyer Fabius au supplice pour avoir, malgré son ordre, combattu les Samnites, parmi les raisons alléguées contre le dictateur par le père du coupable, la plus puissante fut que, dans leurs plus grands revers, les Romains n'avaient jamais traité leurs généraux vaincus avec la sévérité que Papirius voulait qu'on exerçât envers un homme qui avait remporté la victoire.

CHAPITRE XXXII.

Une république ou un prince ne doit jamais différer trop longtemps
à soulager le peuple dans ses besoins.

Les Romains réussirent une fois à se montrer sans inconvénient généreux envers le peuple, à l'instant même du danger; ce fut lorsque Porsenna vint assiéger Rome pour y remettre les Tarquins sur le trône. Le sénat, comptant peu sur la multitude, qu'il soupçonnait d'être prête à servir les rois plutôt qu'à soutenir la guerre, la déchargea de l'impôt sur le sel et des autres contributions, afin de se la rendre favorable, en disant « que les pauvres faisaient assez pour le bien public en « élevant leurs enfants; » le peuple, gagné par ce bienfait, ne balança pas à soutenir l'assaut, et à supporter la famine et la guerre.

Mais que cet exemple n'engage point à attendre jusqu'au moment du péril pour tâcher de gagner le peuple; ce qui réussit une fois aux Romains ne peut plus désormais réussir. La multitude ne dira pas que c'est de vous qu'elle tient un pareil bienfait, mais qu'elle le doit à vos ennemis; elle craindra sans cesse que le péril une fois passé vous ne lui retiriez le bienfait que

la contrainte avait arraché de vos mains, et elle croira
ne vous devoir aucune reconnaissance. Si les Romains
tirèrent un avantage du parti qu'ils avaient adopté,
c'est que l'État était encore dans sa nouveauté et à
peine affermi, et que le peuple avait vu comment déjà
plusieurs lois à son avantage avaient été rendues, telles
que celle de l'appel au jugement du peuple; de sorte
qu'il put croire que le nouveau bienfait qui lui était
accordé avait moins pour cause l'approche de l'ennemi,
que le penchant du sénat à faire son bonheur. D'ailleurs, le souvenir des outrages et du mépris dont ses
rois l'avaient accablé était encore vivant dans sa mémoire.

Mais, comme de pareilles causes se réunissent rarement, il est rare aussi que les mêmes remèdes puissent
être efficaces. En conséquence, république ou prince,
on doit examiner d'abord de quels orages on est menacé, et de quels hommes on peut avoir besoin au
moment du danger; ensuite on doit se conduire envers eux de la manière dont on s'y croirait obligé dans
le cas où quelque malheur surviendrait. Quiconque en
agit différemment (soit prince, soit république, mais
surtout un prince), et croit au moment du péril pouvoir regagner les hommes en les comblant de bienfaits,
se trompe profondément. Loin de s'assurer leur appui,
il ne fait que hâter sa ruine.

CHAPITRE XXXIII.

orsque quelque grand danger s'est élevé, soit au dedans, soit au dehor..
contre un État, il vaut mieux temporiser avec le mal que de le heu ..
de front.

A mesure que la république romaine croissait en puissance, en force et en étendue, ses voisins, qui d'abord

n'avaient pas prévu tous les dommages que pouvait leur
apporter cet état nouveau, commencèrent, mais trop
tard, à reconnaître leur erreur; ils voulurent remédier
alors à ce qu'ils n'avaient point su empêcher dès le
principe, et plus de quarante peuples conjurèrent la
perte de Rome. Les Romains alors, entre autres remèdes qu'ils avaient coutume d'employer dans leurs
dangers les plus pressants, prirent le parti de créer un
dictateur, c'est-à-dire de donner à un simple citoyen le
droit de prendre une résolution sans consulter l'avis de
personne, et de l'exécuter sans qu'on pût en appeler.
Cette mesure, qui fut utile en cette occasion et fit
surmonter les périls les plus imminents, fut également de la plus grande utilité dans toutes les circonstances critiques qu'amena l'agrandissement de l'empire, pour repousser les périls qui menacèrent tant de
fois l'existence de la république.

Cette circonstance me fournit d'abord l'occasion d'é-
tablir que, quelle que soit la cause des dangers qui menacent une république, soit au dedans, soit au dehors,
si ces dangers s'accroissent de manière à donner à tout
citoyen des motifs de trembler, c'est un parti plus sûr
de temporiser avec le mal que de chercher à l'étouffer
sur-le-champ. Les efforts qu'on fait pour le détruire ne
font qu'ajouter à ses forces et qu'en précipiter l'explosion.

Les accidents de cette nature que l'on signale au sein
des républiques dérivent plutôt de quelque source intérieure que d'une cause étrangère; ils naissent le plus
souvent ou de ce qu'on souffre qu'un citoyen prenne une
plus grande autorité qu'il n'est convenable, ou de ce
qu'on laisse altérer une loi qui était le nerf et la vie de
la liberté. On souffre que le mal s'étende au point qu'il
devient plus dangereux de tenter d'y remédier, que de
l'abandonner à son cours. Il est d'autant plus difficile de
discerner ces dangers à leur naissance, que les hommes
ont un penchant naturel qui les porte à favoriser toutes

les nouveautés. Cette faveur éclate surtout lorsqu'il
s'agit de ces entreprises qui annoncent du courage et
qu'exécutent des jeunes gens. En effet, si l'on voit s'élever au sein d'une république un jeune homme doué d'un
esprit noble et d'un courage extraordinaire, tous les
regards des citoyens commencent à se tourner sur lui;
on lui prodigue imprudemment les honneurs, et s'il
res ent l'aiguillon de l'ambition, profitant avec habileté
et des dons de la nature et de la faveur des circonstances, il arrive bientôt à un point où les citoyens, revenus
trop tard de leur erreur, ne peuvent lui opposer que de
faibles obstacles, dont l'emploi même ne fait que l'élever
au dernier degré du pouvoir. On pourrait en citer une
foule d'exemples; je me contenterai d'en rapporter un
seul qui s'est passé dans notre ville.

Côme de Médicis, qui jeta dans Florence les fondements de la grandeur de sa famille, parvint, par sa sagesse
et l'aveuglement de ses concitoyens, à un tel degré d'autorité qu'il commença à inspirer des craintes au gouvernement, de sorte que les autres citoyens pensaient que
s'il était dangereux de l'offenser, il l'était bien plus encore de le laisser se maintenir. Niccolò da Uzzano, qui
vivait à cette époque, et qui possédait une grande expérience des affaires, ne voulut point, tant qu'il vécut,
qu'à la première faute que l'on avait commise en s'aveu-
glant sur les dangers qui pouvaient résulter de l'influence
de Côme, on en ajoutât une seconde, en cherchant à le
renverser, convaincu que cette tentative serait la ruine
de l'État. Cette prédiction ne s'accomplit que trop après
sa mort; car les citoyens qui lui survécurent, loin de
suivre ses conseils, armèrent toutes leurs forces contre
Côme et le chassèrent de Florence, où bientôt son parti,
qu'avait irrité cette injure, le rappela et le fit pour ainsi
dire prince de la république; élévation à laquelle il n'eût
jamais pu atteindre sans l'opposition manifeste qui s'était
prononcée contre lui.

La même chose arriva dans Rome avec César. Pompée et les autres citoyens avaient d'abord favorisé son courage; mais leur bienveillance se changea bientôt en craintes, ainsi que le témoigne Cicéron, lorsqu'il dit que Pompée commença trop tard à se méfier de César. La crainte leur fit penser aux remèdes, mais ceux qu'ils employèrent ne firent qu'accélérer la ruine de la république.

Ainsi, puisqu'il est difficile de prévoir, à leur origine, des maux que cache l'illusion qui environne toutes les institutions nouvelles, il est plus prudent de les endurer avec patience lorsqu'ils deviennent manifestes, que de vouloir les combattre imprudemment. En prenant le temps pour auxiliaire, ces maux s'évanouissent d'eux-mêmes, ou du moins on recule la catastrophe. Il faut donc que les chefs de l'État aient toujours les yeux ouverts sur les dangers qu'ils cherchent à éloigner, ou dont ils veulent réprimer la force ou la violence. Qu'ils craignent, en cherchant à les affaiblir, de leur donner une nouvelle force, de les attirer sur leur tête en croyant les repousser, d'étouffer la plante en pensant l'arroser. Mais il faut bien sonder la profondeur de la plaie : si vous croyez pouvoir la guérir, que nulle considération ne vous arrête, sinon il faut l'abandonner à la nature et ne tenter aucun remède; autrement il en résulterait tous les inconvénients que j'ai déjà rapportés, et ce qui arriva aux peuples voisins de Rome.

Cette ville étant devenue pour eux trop puissante, il leur eût été bien plus avantageux de chercher à l'apaiser et à la retenir en arrière par les avantages de la paix, que de lui donner, par la guerre, la pensée d'employer de nouveaux moyens d'attaque et de défense. La ligue de tant de peuples contre sa liberté ne fit que fortifier dans Rome la concorde et le courage, et la porter à chercher de nouveaux moyens d'accroître le plus promptement possible sa puissance. La création d'un dictateur fut du nombre de ces moyens. Cette institution fit surmonter les dangers les plus imminents, et permit d'obvier à une infinité de malheurs dont la république eût été accablée sans un tel secours.

CHAPITRE XXXIV.

L'autorité du dictateur fut toujours avantageuse et jamais nuisible à la république romaine ; et c'est le pouvoir qu'usurpent les citoyens, non celui qu'ils obtiennent par de libres suffrages, qui peut nuire à la vie civile.

Quelques auteurs ont blâmé les Romains d'avoir créé un dictateur qu'ils ont regardé comme la cause de la tyrannie sous laquelle Rome fut enchaînée par la suite. Ils disent pour raison que le premier tyran qui asservit cette ville la gouverna sous ce titre de dictateur, et que si cette dignité n'eût pas existé, César n'aurait pu couvrir sa tyrannie d'un voile légitime.

Celui qui a avancé cette opinion n'a pas examiné les faits avec attention, et c'est à tort qu'il a été cru. Ce n'est ni le nom ni la dignité de dictateur qui plongèrent Rome dans les fers, mais ce fut le pouvoir usurpé par les citoyens pour se maintenir dans le commandement. Si le nom de dictateur n'eût point existé dans Rome, ils en auraient pris un autre. La force trouve aisément les titres, mais les titres ne donnent point la force.

Tant que la dictature fut décernée dans les formes légales, et qu'elle ne fut point usurpée par l'autorité privée des citoyens, cette institution fut le soutien de la république. En effet, ce ne sont que les magistrats créés par des moyens extraordinaires, et le pouvoir obtenu par des voies illégales qui sont dangereux pour l'État ; tout ce qui suit les voies légales ne peut jamais nuire. Si l'on examine la marche des événements dans les siècles pendant lesquels subsista la république romaine, on verra que

tous les dictateurs ne firent jamais que lui rendre d'éminents services. Et les raisons en sont de la dernière évidence.

Pour qu'un citoyen puisse nuire à l'État et usurper
un pouvoir extraordinaire, il faut d'abord le concours
d'une foule de circonstances qui ne se rencontrent jamais
dans une république qui a conservé la pureté de ses
mœurs. Il a besoin d'être extrêmement riche et d'avoir
un grand nombre de clients et d'amis, ce qui ne peut
avoir lieu là où règnent les lois ; et en supposant qu'un
pareil citoyen existât, il paraît tellement redoutable
qu'il ne peut obtenir les suffrages libres du peuple.

D'ailleurs le dictateur n'était nommé que pour un
temps limité, et sa puissance ne durait qu'autant que
les circonstances qui l'avaient créé. Son autorité consistait à pouvoir prendre par lui-même toutes les mesures
qu'il croyait convenables dans le danger présent ; il
n'avait besoin de consulter personne, et il pouvait punir sans appel ceux qu'il regardait comme coupables ;
mais il ne pouvait rien faire qui pût porter atteinte au
gouvernement établi, comme d'ôter leur autorité au
sénat ou au peuple, et de renverser les anciennes institutions de la république pour en établir de nouvelles ;
de sorte que la courte durée de sa dictature, les limites
dans lesquelles son pouvoir était resserré, les vertus du
peuple romain, le mettaient dans l'impuissance de sortir
des bornes de son autorité, et par là de nuire à l'État,
auquel on sait qu'il fut toujours utile.

Certes, parmi toutes les institutions romaines, il en
est peu qui méritent plus d'attention, et l'on doit compter
la dictature au nombre de celles qui ont le plus contribué
à la grandeur de ce vaste empire ; car il est difficile
qu'un État, sans un pareil ordre de choses, puisse se
défendre contre les événements extraordinaires. La
marche du gouvernement dans une république est ordinairement trop lente. Aucun conseil, aucun magistrat

ne pouvant prendre sur soi-même d'agir, il est besoin de se consulter mutuellement; et la nécessité de réunir toutes les volontés au moment nécessaire rend toutes les mesures extrêmement dangereuses quand il faut remédier à un mal inattendu et qui n'admet point de délai. Il est donc nécessaire, parmi les institutions d'une république, d'en avoir une semblable à la dictature.

La république de Venise, qui, dans les temps modernes, s'est rendue célèbre entre tous les gouvernements de ce genre, a confié à un petit nombre de citoyens le pouvoir d'agir de concert dans les besoins urgents et sans prendre de plus longs avis. Dans une république où manque un semblable pouvoir, il faut ou que l'État respecte toutes les formalités des lois, et sa chute alors est certaine, ou qu'il cherche son salut dans leur violation. Il serait à désirer qu'il ne survînt jamais dans une république d'événements auxquels on dût remédier par des moyens extraordinaires. Car, bien que les voies extralégales fussent utiles alors, l'exemple néanmoins en serait toujours dangereux. On commence d'abord par porter atteinte aux institutions existantes dans la vue de servir l'État, et bientôt, sous le même prétexte, on les renverse pour le perdre. Ainsi, une république ne sera jamais parfaite si ses lois n'ont point prévu tous les accidents, si elles n'ont point obvié à ceux qui pourraient survenir, et enseigné les moyens de les diriger. Je conclus donc en disant que les républiques qui, dans les périls imminents, ne peuvent recourir ni à un dictateur, ni à toute autre institution semblable, ne sauraient éviter leur ruine.

Une chose digne de remarque dans cette nouvelle institution, c'est la sagesse que montrèrent les Romains dans la manière de procéder à l'élection du dictateur. Comme cette dignité avait quelque chose d'offensant por les consuls, qui, de chefs du gouvernement, devaient, comme le reste des citoyens, reconnaître une au-

torité supérieure à la leur, on put supposer qu'elle ferait
naître le mécontentement, et l'on décréta que l'élection
serait faite par les consuls. On pensa que s'il arrivait
quelque événement où Rome eût besoin de s'appuyer de
ce pouvoir royal, ils y recourraient sans peine, et qu'ayant
à nommer eux-mêmes le dictateur, ce privilége adouci-
rait leur regret. En effet, les blessures que l'homme se
fait spontanément et de propos délibéré sont bien moins
douloureuses que les maux qui lui viennent d'une main
étrangère. Dans les derniers temps même, les Romains,
au lieu de créer un dictateur, confièrent une autorité
semblable au consul, en se servant de cette formule :
Videat consul ne respublica quid detrimenti capiat.

Pour en revenir à mon sujet, je conclus que les peuples voisins de Rome, en cherchant à la soumettre, lui
firent créer des institutions propres non-seulement à se
défendre contre eux, mais à lui permettre de les attaquer à son tour avec des forces plus nombreuses, une
plus grande puissance et des conseils mieux dirigés.

CHAPITRE XXXV.

Pourquoi la création du décemvirat fut nuisible dans Rome à la liberté de
  la république, quoique cette magistrature eût été établie par les suffrages
  libres du peuple.

Le choix de dix citoyens élus par le peuple romain
pour donner des lois à Rome paraîtra contraire à ce que
nous avons dit ci-dessus, que ce n'est que le pouvoir
usurpé par la violence, et non celui que confèrent les
suffrages de tout un peuple, qui peut nuire à un État.
En effet, ces décemvirs devinrent bientôt des tyrans, et
se jouèrent impudemment de la liberté. Sur cela, on doit
faire attention à la manière de conférer l'autorité, et au
temps pour lequel on l'accorde.

Si une autorité qui n'est limitée par aucune loi est accordée pour un long espace de temps, et j'appelle ainsi une année et davantage, elle sera toujours dangereuse. et les résultats nuisibles ou avantageux qu'elle pourra avoir dépendront de la perversité ou de la vertu des hommes auxquels on l'aura confiée.

Si l'on fait attention au pouvoir qu'avaient les décemvirs et à celui des dictateurs, on verra combien celui des premiers était incomparablement supérieur. Le dictateur, laissant subsister les tribuns, les consuls, le sénat, avec toute leur autorité, ne pouvait ravir cette autorité; et quand il aurait pu ôter le consulat à un citoyen, ou chasser un sénateur du sénat, il lui eût été impossible de détruire en entier cet auguste corps, et d'établir des lois nouvelles. Il en résultait que le sénat, les consuls et les tribuns, ayant toujours en main la même puissance, se trouvaient être comme ses surveillants, et l'empêchaient de s'écarter des bornes du devoir.

Mais la création des décemvirs offrit un spectacle tout opposé. A peine institués, ils abolirent les consuls et les tribuns, s'arrogèrent le droit de faire des lois, et affectèrent en tout l'autorité qui n'appartenait qu'au peuple. Placés seuls ainsi à la tête du gouvernement, délivrés des consuls, des tribuns, et de l'appel au peuple, aucun regard ne veilla plus sur leur conduite, et, dès la seconde année, l'ambition d'Appius suffit pour faire éclater toute leur insolence.

Il faut donc remarquer qu'en avançant qu'une autorité conférée par les libres suffrages d'un peuple ne pouvait offrir de dangers, je supposais l'exemple d'une république qui ne se décide à donner cette autorité qu'avec toutes les précautions nécessaires, et pour un temps toujours limité. Mais quand un peuple, ou séduit ou aveuglé, se résout à la confier aussi imprudemment que les Romains le firent aux décemvirs, on doit s'attendre aux mêmes conséquences.

La preuve en est facile à donner, si l'on veut considérer les causes qui maintinrent les dictateurs dans le
devoir, et celles qui corrompirent les décemvirs, ainsi
que la conduite qu'ont toujours tenue les républiques,
bien gouvernées, dans la délégation d'un long pouvoir,
tel qu'était celui que les Spartiates donnaient à leurs
rois, ou que les Vénitiens confèrent encore aujourd'hui
à leurs doges. On verra, dans ces deux derniers gouvernements, des surveillants établis pour empêcher les rois
ou les chefs d'abuser de leur autorité. Il ne suffit pas
dans ce cas que l'État ne soit pas infecté par la corruption : le pouvoir absolu a bientôt corrompu le gouvernement, et ne se fait que trop aisément des amis et des
complices. Peu importe au nouveau tyran d'être pauvre
ou sans famille; car toujours les richesses et les faveurs
du peuple courent au-devant de la puissance. C'est ce
que nous ferons voir spécialement en parlant de l'institution des décemvirs.

CHAPITRE XXXVI.

Les citoyens qui ont obtenu les premières dignités de l'État ne doivent pas
dédaigner les dernières.

Les Romains, sous le consulat de Marcus Fabius et de
Cn. Manlius, avaient remporté sur les Véiens et les
Étrusques une mémorable victoire dans laquelle périt le
frère du consul, Quintus Fabius, qui, lui-même, avait
obtenu la dignité consulaire trois ans auparavant.

Cet exemple prouve à quel point toutes les institutions de l'État servirent à sa grandeur, et combien
toutes les républiques qui s'éloignent de ce système
sont dans une grave erreur. En effet, quoique les Romains fussent épris de la gloire, ils ne regardaient pas
cependant comme un déshonneur d'obéir aujourd'hui à

ceux auxquels ils commandaient la veille, et de servir dans l'armée qui les avait eus pour généraux, coutume entièrement opposée à la manière de voir, aux institutions et aux mœurs des peuples de nos jours. Venise elle-même nourrit ce faux préjugé, qu'un citoyen se déshonore en acceptant un emploi inférieur, après en avoir rempli un plus important, et le gouvernement lui permet de le refuser. Cette conduite, fût-elle honorable dans un particulier, n'a rien d'avantageux pour le bien général, parce qu'une république doit concevoir plus d'espérances, et attendre davantage d'un citoyen qui, d'un rang supérieur, descend à un emploi moins élevé, que de celui qui, d'un emploi moins élevé, monte à un rang supérieur; car ce dernier ne peut raisonnablement inspirer la confiance qu'autant qu'on le verra environné d'hommes dont la vertu inspire un tel respect, que son inexpérience puisse être dirigée par la sagesse et l'autorité de leurs conseils.

Si, à Rome, comme à Venise et dans les autres États modernes, un citoyen, après avoir été consul, n'avait plus voulu servir dans l'armée qu'à ce même titre, que serait-il arrivé? Rome aurait vu naître une foule d'atteintes à la liberté, soit par l'effet des erreurs dans lesquelles des hommes sans expérience n'auraient pas manqué de tomber, soit parce que ces hommes nouveaux, délivrés de la présence des citoyens dont le regard leur eût fait craindre de commettre une faute, se seraient livrés avec moins de retenue à leur ambition. C'est ainsi qu'ils auraient bientôt commencé à relâcher les liens de la loi, et la république en aurait cruellement souffert.

CHAPITRE XXXVII.

Des tumultes qu'excita dans Rome la loi agraire, et combien il est dangereux de faire, dans une république, des lois qui aient des effets rétroactifs et qui choquent d'antiques coutumes.

C'est une remarque qu'on trouve dans les écrivains de l'antiquité : que les hommes se plaignent dans le mal et se tourmentent dans le bien : et que ces deux inclinations, quoique d'une nature différente, produisent cependant les mêmes résultats. S'ils ne combattent point par nécessité, c'est par ambition qu'ils combattent. Cette passion a de si profondes racines dans leur cœur, que, quelque élevé que soit le rang où ils montent, elle ne les abandonne jamais. C'est que la nature a créé les hommes avec la soif de tout embrasser et l'impuissance de tout atteindre ; et le désir d'avoir l'emportant sans cesse sur la faculté d'acquérir, il en résulte un dégoût secret de ce qu'ils possèdent, auquel se joint le mécontentement d'eux-mêmes. De là naissent les changements qu'éprouve leur fortune. Les uns, en effet, désirant acquérir davantage, les autres craignant de perdre ce qu'ils ont acquis, on en vient à la rupture, puis à la guerre, qui enfante à son tour la destruction d'un empire pour servir à l'élévation d'un autre.

Ce que je viens de dire m'a été inspiré par la conduite que tint le peuple romain lorsqu'il eut créé les tribuns pour s'opposer aux prétentions de la noblesse. Cette mesure, à laquelle il avait été poussé par la nécessité, lui était à peine accordée, qu'elle ne put suffire à son ambition, et il recommença le combat avec la noblesse, dont il voulut partager les richesses et les honneurs, les deux biens les plus estimés des hommes. De là ces dissensions qui, semblables à une épidémie, envahirent

toute la ville à l'occasion de la loi agraire, et qui, enfin,
entraînèrent la ruine de la république.

Comme dans un gouvernement bien organisé l'État
doit être riche et les citoyens pauvres, il fallait que cette
loi fût défectueuse dans Rome : soit que dès le principe
on ne l'eût point instituée de manière à n'être pas obligé
d'y revenir chaque jour, soit qu'on eût tant différé de
l'établir, qu'il aurait été dangereux de lui donner un
effet rétroactif, soit enfin que, quoique sagement com-
binée d'abord, la manière de l'exécuter eût fini par la
corrompre, jamais il ne fut question de cette loi dans
Rome, que tout l'État ne fût bouleversé.

Elle roulait sur deux points principaux : l'un établissait que nul citoyen ne pourrait posséder qu'un certain
nombre d'arpents de terre ; l'autre, que toutes les terres
dont on dépouillerait les ennemis seraient partagées
entre tout le peuple romain.

Cette loi blessait les nobles de deux manières : d'a-
bord ceux qui possédaient plus de bien que ne le voulait la
loi, et c'était le plus grand nombre, devaient être privés
de cet excédant ; en second lieu, le partage des terres
conquises devant être fait entre tout le peuple, ils ne
pouvaient plus accroître leurs richesses. Toutes ces attaques, dirigées contre des hommes revêtus de l'autorité,
et qui, en les repoussant, croyaient défendre l'État, excitaient dans Rome, chaque fois qu'on les renouvelait, des
troubles capables de renverser la république. Les nobles
s'efforçaient alors de détourner le danger par la patience
ou l'adresse. Ils mettaient tantôt une armée en campagne ; tantôt, au tribun qui proposait cette loi, ils opposaient un autre tribun ; tantôt ils cédaient en partie aux
désirs du peuple, ou bien ils envoyaient une colonie sur
le territoire qu'il s'agissait de partager. Ainsi, les contestations que faisait naître cette loi s'étant renouvelées à
l'occasion d'Antium, on y envoya une colonie tirée du sein
de Rome, et à laquelle on assigna la propriété de ce pays.

Tite-Live se sert à cette occasion d'une phrase remarquable, en disant qu'à peine si l'on trouva dans la ville un seul homme qui voulût donner son nom pour se rendre dans cette colonie, tant le peuple aimait mieux désirer dans Rome que posséder dans Antium.

Le torrent que déchaînait cette loi continua ses ravages jusqu'au moment où les Romains commencèrent à porter leurs armes dans les contrées les plus reculées de l'Italie; après cette époque, son cours parut se ralentir. On peut en attribuer la cause à l'éloignement où les terres des ennemis se trouvaient des yeux du peuple, et à leur situation dans des lieux où il ne lui était pas facile de les cultiver, ce qui affaiblissait en lui le désir de les obtenir. D'ailleurs, le peuple romain préférait punir ses enfants d'une autre manière, et quand il dépouillait une ville de son territoire, il y distribuait des colonies.

C'est à ces différentes causes qu'il faut attribuer le sommeil où cette loi parut plongée jusqu'au temps des Gracques; réveillée tout à coup par eux, elle entraîna dans l'abîme la liberté romaine. Elle avait trouvé la puissance de ses adversaires plus formidable que jamais; elle enflamma plus que jamais la haine qui divisait le peuple et le sénat; elle arma tous les bras, fit couler le sang, et renversa toutes les barrières élevées pour le maintien de l'ordre civil. Les magistrats ne pouvant plus s'opposer au désordre, ni les partis se reposer sur eux, on eut recours aux remèdes privés, et chacun chercha à se choisir un chef qui pût le défendre. Au milieu de ces troubles et de ces dissensions, le peuple, ébloui par la réputation de Marius, jeta les yeux sur lui et le nomma quatre fois consul; et ses consulats furent tellement rapprochés, qu'il put se faire lui-même consul trois autres fois. La noblesse, n'ayant point d'autre remède à opposer à ce fléau se tourna du côté de Sylla, le combla de ses faveurs, et l'ayant mis à sa tête, la guerre civile s'alluma,

le sang coula par torrents, et, après de nombreuses vicissitudes, la noblesse resta victorieuse. Ces commotions
agitèrent de nouveau la république au temps de César
et de Pompée, lorsque le premier, devenu chef du parti
de Marius, et le second, du parti de Sylla, César vit la
victoire se déclarer pour lui, et parvint à se rendre le
premier tyran de Rome. Dès ce moment la liberté fut
étouffée pour jamais.

Tels furent les commencements et la fin de la loi
agraire; et si ce que j'avance ici des résultats qu'eut
cette loi paraît en contradiction avec ce que j'ai prouvé
ailleurs, que les inimitiés qui régnaient entre le peuple
et le sénat maintinrent la liberté dans Rome, en faisant
naître les lois qui furent établies en sa faveur, je répondrai que je ne m'écarte en aucune manière de mon opinion; car l'ambition des grands est telle, que si dans un
État on ne s'efforce, par tous les moyens et par toutes
les voies, de l'écraser sans pitié, elle l'entraîne bientôt
dans sa chute. Et si la loi agraire travailla trois cents
ans à rendre Rome esclave, Rome serait bien plus tôt
tombée dans les chaînes, si le peuple, au moyen de cette
loi et de ses autres prétentions, n'eût toujours réussi à
refréner l'ambition des nobles.

Cet exemple prouve encore combien les hommes font
plus d'estime de la richesse que des honneurs mêmes.
En effet, la noblesse romaine céda toujours sans de trop
vives dissensions une partie de ses honneurs au peuple;
mais lorsqu'il fut question de ses richesses, son opiniâtreté à les défendre fut telle, que le peuple, pour satisfaire la soif de l'or qui le dévorait, fut contraint de recourir aux voies extraordinaires. Les Gracques furent
les moteurs de ces désordres; et l'on doit plutôt louer
leurs intentions que leur prévoyance. Tenter la destruction d'un abus qui s'est introduit dans le gouvernement
d'un État, en créant une loi dont les dispositions s'é-
tendent jusque dans le passé, est une mesure mal prise,

ainsi que je l'ai exposé longuement ci-dessus, et qui ne fait qu'accélérer le mal où ce désordre vous précipite déjà ; mais lorsque l'on emploie le remède du temps, ou le mal est lent dans sa marche, ou il s'éteint de lui-même avant d'arriver à son terme.

CHAPITRE XXXVIII.

Les républiques faibles sont irrésolues et ne savent point prendre un parti ; ou si elles parviennent à en adopter un, c'est plutôt à la nécessité qu'à leur choix qu'il faut l'attribuer.

Le fléau de la peste ravageait Rome ; les Èques et les Volsques crurent que le temps était arrivé de pouvoir la dompter ; ils rassemblèrent en conséquence une armée formidable, et attaquèrent d'abord les Latins et les Herniques, qui, voyant leur pays ravagé, furent contraints de faire connaître aux Romains leur fâcheuse position et d'implorer leur secours. Les Romains, accablés par la contagion, leur répondirent qu'ils n'avaient qu'à se défendre eux-mêmes et avec leurs propres armes, parce qu'ils ne pouvaient leur prêter aucun appui. La grandeur d'âme et la sagesse du sénat éclatent dans cette réponse. On y voit qu'en toutes les circonstances il voulut toujours être le maître des résolutions des peuples qui lui étaient soumis, et qu'il ne rougit jamais de prendre une résolution contraire à sa manière ordinaire d'agir, ou même à une détermination qu'il avait déjà embrassée, lorsque la nécessité le lui commandait.

Il faut remarquer en effet que précédemment il avait défendu à ces mêmes peuples de s'armer et de se défendre, de manière qu'un sénat moins éclairé aurait cru déchoir de son autorité en leur permettant de pourvoir à leur défense. Mais il porta toujours un jugement sain des choses ; il regarda toujours comme le meilleur le

parti le moins funeste. S'il lui était pénible de ne pouvoir défendre ses sujets, il lui paraissait également dur
de les voir s'armer sans sa permission, et par les motifs
que j'ai déjà exposés, et par une foule d'autres que l'on
comprend aisément. Convaincu que la nécessité contraindrait sans faute ces peuples à s'armer afin de se
soustraire à l'ennemi qui les pressait, il prit le parti le
plus honorable, et voulut que ce qu'ils avaient à faire
fût autorisé par lui, de peur qu'ayant désobéi une fois
par nécessité, ils ne s'habituassent dans la suite à désobéir par caprice. Il semble que dans de pareilles circonstances toute république aurait pris le même parti ;
mais les États faibles ou mal conseillés ne savent jamais
se résoudre, ni se faire honneur de la nécessité.

Le duc de Valentinois s'était emparé de Faenza et
avait forcé Bologne de traiter avec lui. Comme il se
disposait à traverser la Toscane pour retourner à Rome,
il envoya à Florence un de ses affidés, demander le passage pour lui et pour son armée. On délibéra dans la
ville sur le parti qu'il y avait à prendre, et personne ne
proposa d'accueillir sa demande. C'était s'éloigner entièrement de la politique des Romains ; car le duc avait
des forces redoutables, et les Florentins étaient trop
faibles pour l'empêcher de passer ; il eût été bien plus
honorable pour eux de paraître lui avoir accordé le passage, que de se le voir arracher par force. Toute la
honte en rejaillit sur eux, et ils s'en seraient préservés
en partie, s'ils s'étaient conduits d'une manière différente ; mais le plus grand vice de toutes les républiques
faibles, c'est l'irrésolution ; en sorte que chaque parti
qu'elles prennent leur est dicté par la force ; et s'il en
résulte quelque bien, c'est à la nécessité et non à leur
sagesse qu'elles doivent en rendre grâces.

Je veux en donner deux autres exemples contemporains, arrivés dans les États de notre république en
1500.

Après que le roi de France Louis XII se fut emparé de Milan, il désira de prendre Pise aux Florentins, pour en obtenir en retour cinquante mille ducats, qu'ils lui avaient promis pour prix de cette restitution : il envoya ses armées du côté de Pise, sous le commandement de monseigneur de Beaumont, qui, quoique Français, avait obtenu la confiance des Florentins. Ce général conduisit en effet son armée entre Cascina et Pise, dans l'intention d'attaquer cette dernière ville. Il y séjournait déjà depuis plusieurs jours pour diriger les apprêts du siége, lorsque des députés pisans vinrent le trouver, et offrirent de remettre la ville à l'armée francaise, si le roi voulait promettre de ne point la livrer avant quatre mois aux Florentins. Cette proposition fut rejetée sur tous les points par ces derniers ; on voulut prendre Pise par force, mais on ne retira de cette démarche que la honte de l'avoir entreprise.

Le refus d'écouter cette proposition venait de la méfiance que les Florentins avaient conçue contre le roi, entre les mains duquel ils avaient été obligés de se remettre par suite de la faiblesse de leurs résolutions. Ils ne s'apercevaient pas non plus qu'il valait bien mieux pour eux que le roi fût en position de leur restituer la ville de Pise après y être entré, ou, en ne la rendant pas, de dévoiler alors sa mauvaise foi, que de les obliger, en leur promettant une chose dont il n'était pas maître, à n'acheter que des promesses. Ils auraient bien mieux fait de consentir que Beaumont s'en fût emparé sous une condition quelconque, ainsi que l'expérience le fit voir en 1502.

Arezzo s'était révolté; le roi de France envoya au secours des Florentins une armée française commandée par monseigneur Imbault. Arrivé à peu de distance de la ville, Imbault entama des négociations avec les habitants, qui consentaient à livrer la place sous des conditions à peu près semblables à celles qu'avaient proposées les

Pisans. Cette proposition fut encore rejetée par les Florentins ; mais monseigneur Imbault, qui vit la faute où leur aveuglement allait les précipiter, commença à traiter en son nom avec les Aretins, sans y faire intervenir les commissaires de Forence ; et à la faveur du traité, qui fut bientôt conclu comme il le désirait, il entra dans Arezzo avec son armée, faisant sentir aux Florentins l'imprudence de leur conduite et leur peu d'expérience des affaires de ce monde. Il ajouta que s'ils désiraient Arezzo, ils n'avaient qu'à en instruire le roi, qui avait bien plus de facilité de leur donner cette ville, maintenant que ses troupes l'occupaient, que quand elles étaient encore hors de son sein. Cependant on ne laissait pas dans Florence de déchirer monseigneur Imbault et de l'accabler de reproches, jusqu'à ce qu'on reconnût enfin que si Beaumont eût agi comme ce dernier, Florence eût possédé Pise comme elle obtint Arezzo.

Ainsi, pour en revenir à notre sujet, les républiques dont les volontés sont incertaines ne savent jamais prendre un bon parti que quand la nécessité les y oblige ; parce que leur faiblesse les empêche de se déterminer dès qu'il y a le moindre doute ; et si ce doute n'était surmonté par une violence qui les précipite, elles flotteraient dans une éternelle incertitude.

CHAPITRE XXXIX.

On voit souvent arriver des événements semblables chez des peuples différents.

Quiconque étudie les événements contemporains et ceux qui se sont passés dans l'antiquité, s'aperçoit sans peine que les mêmes désirs et les mêmes passions ont régné et règnent encore sous tous les gouvernements et chez tous les peuples. Il est donc facile pour celui qui

approfondit les événements du passé de prévoir ceux
que l'avenir réserve à chaque État, d'y appliquer les
remèdes dont usaient les anciens, ou, s'il n'en existe
pas qui aient été employés, d'en imaginer de nouveaux
d'après la similitude des événements. Mais comme on
néglige ces observations, ou que celui qui lit ne sait
point les faire, ou que s'il les fait, elles restent inconnues à ceux qui gouvernent, il en résulte que les mêmes
désordres se renouvellent dans tous les temps.

Après l'année 1494, la ville de Florence ayant perdu
une partie de ses possessions, telles que Pise et quelques
autres villes, on se vit forcé de faire la guerre à ceux
qui s'en étaient rendus maîtres, et comme ces nouveaux possesseurs étaient puissants, il en résulta pour
l'État des frais énormes sans aucun avantage ; ces
grandes dépenses entraînèrent des charges plus pe-
santes encore, qui excitèrent de toutes parts les murmures du peuple. Comme cette guerre était dirigée par
un conseil de dix citoyens, que l'on nommait les *dix de
la guerre*, la multitude commença à concevoir contre
eux de violents soupçons, comme s'ils eussent été les
seuls moteurs des hostilités et des dépenses qu'elles
occasionnaient ; on crut que si l'on abolissait cette magistrature, on étoufferait les causes de la guerre ; en
conséquence, lorsqu'arriva l'époque du renouvellement
des dix, on ne procéda point aux élections, et après avoir
laissé expirer leur commission, on en confia les pouvoirs
à la seigneurie. Cette résolution eut les suites les
plus funestes ; car non-seulement elle ne mit point de
terme à la guerre, comme l'universalité des citoyens
l'espérait, mais elle éloigna les hommes qui la dirigeaient avec sagesse. C'est ainsi qu'outre la ville de
Pise on perdit Arezzo et une foule d'autres cités. Le
peuple reconnut alors son erreur ; il vit que la cause de
son mal était la fièvre, et non le médecin, et il rétablit
le conseil des dix.

La même méfiance éclata dans Rome contre le nom de consul, lorsque, voyant la guerre naitre de la guerre, et le repos fuir toujours devant ses vœux, le peuple, au lieu de penser que cet état d'hostilités continuelles prenait sa source dans la jalousie des peuples voisins, crut que la guerre naissait de l'ambition des nobles, qui, ne pouvant parvenir à le punir dans Rome, où il était défendu par la puissance des tribuns, voulaient que les consuls le conduisissent au loin pour l'opprimer à leur aise dans des lieux où il ne pouvait espérer d'appui. Il jugea, en conséquence, qu'il était de son intérêt, ou d'abolir le consulat, ou de limiter tellement son pouvoir, que cette autorité ne pût s'étendre sur le peuple, ni au dehors, ni dans les murs de Rome. Le premier qui proposa cette loi fut le tribun Terentillus; il demanda que l'on créât cinq citoyens chargés d'examiner l'autorité des consuls, et d'y imposer des limites. Cette proposition irrita profondément la noblesse, qui crut voir une véritable insulte à la majesté de l'empire dans l'abaissement auquel on voulait la réduire en l'écartant du gouvernement de la république. Néanmoins l'opiniâtreté des tribuns fut tellement puissante, que le nom de consul fut aboli; et après avoir essayé différentes mesures, on aima mieux établir des tribuns avec le pouvoir consulaire que de renommer des consuls; c'était plutôt leur nom qu'on avait pris en haine, que leur autorité. Cette nouvelle magistrature subsista de longues années; mais enfin le peuple, ayant reconnu son erreur, rétablit de nouveau ses consuls, comme les Florentins revinrent au conseil des dix.

CHAPITRE XL.

De la création du décemvirat à Rome; de ce que cette institution a de remarquable, et comment, entre une infinité d'autres considérations, le même événement peut sauver ou renverser un État.

Dans le dessein où je suis de m'étendre particulièrement sur les événements que produisit dans Rome l'établissement du décemvirat, je ne crois pas superflu de rapporter d'abord tout ce qui résulta de cette institution, et j'examinerai ensuite parmi tous ces résultats ceux qui me paraissent les plus dignes d'être remarqués; ils sont en grand nombre, et méritent une attention particulière de la part de ceux qui veulent maintenir une république dans sa liberté, et de ceux qui formeraient le projet de l'asservir; car la suite de mon discours mettra dans tout leur jour les nombreuses erreurs que le sénat et le peuple commirent au préjudice de la liberté, et les fautes non moins nombreuses par lesquelles Appius, chef des décemvirs, nuisit à la tyrannie qu'il croyait déjà pouvoir établir dans Rome.

Après des contestations infinies et des débats sans terme entre le peuple et la noblesse, pour établir dans Rome des lois capables de maintenir la liberté dans l'État, les deux partis convinrent d'un commun accord d'envoyer Spurius Posthumius, avec deux autres citoyens, à Athènes, afin d'y prendre pour modèle les lois de Solon, et de les faire servir de base à celles qu'il conviendrait de donner à la république romaine. Ces députés se rendirent à Athènes, et à leur retour on procéda à la nomination de ceux qui seraient chargés d'examiner et de rédiger ces lois; on choisit dix citoyens qui devaient rester en fonction pendant un an. Parmi eux se trouvait Appius Claudius, homme éclairé, mais turbulent. Afin qu'ils pussent procéder sans obstacle à la rédaction de ces nouvelles lois, on supprima dans Rome tous les autres magistrats, particulièrement les tribuns et les consuls; on abolit l'appel au peuple, en sorte que cette nouvelle magistrature vint à être maîtresse souveraine dans Rome.

Appius, comblé en toute occasion des faveurs du peuple, réunit bientôt dans ses seules mains l'autorité de ses collègues. Il affectait les manières les plus populaires, et chacun s'étonnait qu'il eût changé sitôt de nature et de caractère, après avoir passé jusqu'alors pour le persécuteur le plus impitoyable du peuple. Les décemvirs montrèrent d'abord une grande modération; ils n'avaient que douze licteurs qui précédaient ordinairement celui qu'ils choisissaient pour les présider. Quoiqu'ils fussent investis d'une autorité absolue, ayant eu à condamner un citoyen romain pour assassinat, ils le citèrent par-devant le peuple, auquel ils abandonnèrent le soin de le juger.

Ils écrivirent leurs lois sur dix tables, et ils commencèrent par les exposer en public, afin que le peuple pût les lire et les discuter, et que si l'on y remarquait quelque chose de défectueux, ils pussent les corriger avant de les promulguer. Sur cela, Appius fit circuler dans Rome le bruit que si à ces dix tables on en ajoutait deux nouvelles, on leur donnerait toute perfection; cette opinion, accréditée dans la ville, servit de prétexte au peuple pour prolonger le décemvirat d'une année, et il s'y porta d'autant plus volontiers, qu'il espérait ne plus voir le rétablissement des consuls, pouvoir se passer de l'appui des tribuns, et, comme nous venons de le dire, rester juge des affaires.

Lorsqu'on eut pris la résolution de renommer les décemvirs, toute la noblesse s'empressa pour obtenir cette magistrature. Appius se mit le premier sur les rangs: il affectait dans ses démarches une telle popularité, qu'il commença à devenir suspect à ses collègues : *Credebant enim haud gratuitam in tanta superbia comitatem fore.* Mais incertains de pouvoir lui résister ouvertement, ils résolurent d'employer l'artifice, et quoiqu'il fût le plus jeune de tous, ils lui donnèrent le pouvoir de proposer au peuple les décemvirs futurs. Ils croyaient que se conformant à la conduite des autres, il ne se proposerait point lui-même; démarche inusitée jusqu'à cette époque dans Rome, et qu'on y regardait comme une ignominie : *Ille vero impedimentum pro occasione arripuit.* Il se nomma le premier, au grand mécontentement de toute la noblesse, étonnée de son audace, et désigna ensuite ceux qu'il voulut pour collègues.

Cette nouvelle nomination, faite pour une autre année encore, commença à dessiller les yeux de la noblesse et du peuple; car aussitôt Appius (*finem fecit ferendæ alienæ personæ*) ne cacha plus son orgueil, et inspira bientôt aux autres décemvirs les sentiments qui l'animaient. Pour exciter plus d'épouvante parmi le peuple et le sénat, au lieu de douze licteurs, ils en prirent cent vingt. Les craintes furent générales pendant quelques jours. Ils commencèrent bientôt à tenir le sénat en alarmes et à opprimer le peuple; et si un citoyen maltraité par l'un d'entre eux en appelait aux autres, il encourait dans son appel une sentence plus rigoureuse encore que dans le premier jugement. Le peuple alors, reconnaissant sa faute, commença, dans son désespoir, à tourner ses regards vers les nobles : *et inde libertatis captare auram, unde servitutem timendo, in eum statum rempublicam adduxerant.* La noblesse jouissait de sa douleur, *ut ipsi, tædio præsentium, consules desiderarent.*

L'année venait de finir; les deux nouvelles tables des lois étaient terminées, mais non publiées. Les décemvirs saisirent ce prétexte pour se maintenir dans leur charge; ils retinrent le gouvernement par la violence,

et se firent des satellites de la jeune noblesse, en lui
donnant les biens de ceux qu'ils avaient condamnés :
*Quibus donis juventus corrumpebatur, et malebat licen-
tiam suam, quam omnium libertatem.*

Dans ces entrefaites, les Sabins et les Volsques déclarè
rent la guerre aux Romains. Les craintes que cette guerre
fit naître montrèrent aux décemvirs toute la faiblesse de
leur autorité ; ils ne pouvaient soutenir la lutte sans le
sénat, et réunir le sénat leur semblait la ruine de leur
puissance. Cependant, pressés par la nécessité, ils embrassèrent ce dernier parti. Lorsque les sénateurs furent
rassemblés, un grand nombre d'entre eux s'élevèrent
contre la tyrannie des décemvirs, particulièrement Valérius et Horatius.

Le décemvirat touchait à sa fin ; mais le sénat, toujours jaloux du peuple, ne voulut pas user de toute son
influence ; il espérait que si les décemvirs déposaient
volontairement leur magistrature, il serait possible de
ne point rétablir les tribuns du peuple. La guerre fut
donc résolue, et on mit en campagne deux armées commandées par une partie des décemvirs. Appius demeura dans Rome, chargé de la gouverner. C'est alors
qu'il s'éprit de Virginie, et que, voulant l'arracher par
force à sa famille, il réduisit son père Virginius à la poignarder lui-même pour la délivrer de ses mains. De là les
tumultes qui s'élevèrent dans Rome et dans les deux armées, qui, se réunissant au reste de la multitude, se retirèrent sur le Mont sacré, où elles restèrent jusqu'à ce
que les décemvirs eussent déposé leur charge, qu'on eût
rétabli les tribuns et les consuls, et que la république
eût recouvré les anciennes institutions protectrices de
sa liberté.

On peut conclure de ce passage que le malheur de
voir naître dans Rome une semblable tyrannie eut pour
origine les mêmes causes qui produisent presque toutes
les autres tyrannies dans un gouvernement, c'est-à-dire

le désir trop ardent du peuple d'être libre, et celui non moins vif de la noblesse de dominer. Lorsque les deux partis ne s'accordent point pour établir une loi en faveur de la liberté, mais que l'un d'entre eux se laisse emporter à favoriser un citoyen, la tyrannie élève soudain sa tête hideuse. Le peuple et le sénat s'entendirent pour instituer les décemvirs ; mais ils ne les revêtirent de tant d'autorité que parce que chaque parti avait l'espoir, l'un d'éteindre le nom de consul, l'autre le nom de tribun. Aussitôt qu'ils furent établis, le peuple, qui crut voir dans Appius le soutien de ses droits et le fléau de la noblesse, répandit sur lui toutes ses faveurs. Lorsqu'un peuple en est venu à se tromper au point de mettre en crédit un citoyen pour qu'il puisse abattre les objets de sa haine, si ce favori du peuple est habile, il ne peut manquer de devenir le tyran de l'État. Il se servira d'abord du peuple pour détruire la noblesse, ensuite ; mais seulement après l'avoir détruite, il entreprendra d'opprimer le peuple à son tour ; et le peuple alors se trouvera esclave, sans savoir à qui recourir.

Telle est la marche qu'ont suivie tous les tyrans pour enchaîner une république. Si Appius avait su s'y conformer, sa tyrannie aurait jeté de plus profondes racines, et elle n'eût point été si promptement renversée ; mais sa conduite fut toute différente, et l'on ne pouvait agir avec plus d'imprudence. Pour retenir la tyrannie, il se fit l'ennemi de tous ceux qui la lui avaient mise entre les mains, et qui pouvaient la lui conserver, et l'ami de ceux qui n'avaient concouru en aucune manière à la lui donner, et qui n'auraient jamais pu le maintenir. Il perdit ainsi l'amitié de ceux qui d'abord avaient été ses amis, et chercha à gagner l'affection de ceux qui ne pouvaient pas l'être. Et, en effet, quoique les nobles aiment à tyranniser, ceux d'entre eux qui ne participent pas à la tyrannie sont toujours ennemis du tyran, qui ne peut jamais les gagner entièrement, tant sont vastes leur ambition et leur insatiable avarice; car de quelques richesses, de quelques honneurs que puisse disposer un tyran, jamais il ne peut satisfaire au désir de tous. C'est ainsi qu'Appius, abandonnant le peuple pour se rapprocher de la noblesse, commit une erreur manifeste : pour retenir l'autorité par la force, il faut être plus fort que celui contre lequel on la dispute. Aussi les tyrans que favorise la multitude, et qui n'ont d'ennemis que la noblesse, jouissent d'une bien plus grande sécurité, parce que leur violence est soutenue par de plus grandes forces que ceux qui n'ont d'appui contre l'inimitié du peuple que l'amitié de la noblesse. Favorisés par le peuple, il leur suffit, pour se maintenir, des forces intérieures. C'est ainsi que Nabis, tyran de Sparte, attaqué par la Grèce entière et le peuple romain, put résister à leurs efforts. Après s'être assuré du petit nombre des nobles, et soutenu par l'affection du peuple, il ne craignit pas de se défendre. Il n'aurait osé l'entreprendre si le peuple avait été son ennemi.

D'un autre côté, lorsqu'on n'a que peu d'amis au dedans, les forces du pays ne peuvent suffire; il faut aller chercher des appuis au dehors. Il y en a de trois espèces: l'une consiste dans les satellites étrangers destinés à la garde de votre personne; l'autre dans les armes qu'on donne aux habitants des campagnes pour qu'ils rendent les mêmes services qu'auraient rendus les citoyens; la troisième enfin, dans l'alliance avec des voisins puissants qui vous défendent. Celui qui suivrait cette marche sans s'en écarter pourrait encore, quoiqu'il eût le peuple pour ennemi, parvenir à se sauver.

Mais Appius ne pouvait gagner les habitants de la campagne; car la montagne et Rome ne formaient qu'un même peuple, et ce qu'il pouvait, il ne sut point le faire: aussi son pouvoir s'écroula lorsqu'il s'élevait à peine.

Le peuple et le sénat commirent des erreurs graves dans l'institution des décemvirs. Et quoique, dans le

chapitre qui traite du dictateur, j'aie avancé que les
seuls magistrats dangereux pour la liberté sont ceux
qui s'emparent eux-mêmes du pouvoir, et non ceux que
nomme le peuple, néanmoins ce dernier, quand il établit de nouveaux magistrats, doit les instituer de manière
à ce qu'ils éprouvent quelque crainte à se laisser corrompre.

Une surveillance active aurait dû entourer sans
cesse les décemvirs, et les maintenir dans le devoir ; les
Romains ne les surveillèrent pas. Ils devinrent dans
Rome l'unique tribunal ; tous les autres furent abolis.
Et, comme nous l'avons déjà dit, c'est ainsi que l'extrême désir qu'avaient, et le sénat d'abolir les tribuns,
et le peuple de détruire les consuls, aveugla tellement
le peuple et le sénat, qu'ils ne balancèrent point à
concourir tous deux au désordre général.

Aussi, le roi Ferdinand disait que les hommes imitent
souvent ces faibles oiseaux de rapine, qui poursuivent
avec un tel acharnement la proie que la nature leur indique, qu'ils ne s'aperçoivent pas d'un autre oiseau plus
fort et plus puissant qui s'élance sur eux pour les déchirer.

On verra donc par ce que je viens de dire, ainsi que
je me l'étais proposé en commençant ce chapitre, dans
quelles fautes le désir de sauver la liberté précipita le
peuple romain, et celles que commit Appius pour s'emparer de la tyrannie.

CHAPITRE XLI.

Passer subitement de la modestie à l'orgueil, de la clémence à la cruauté,
sans intermédiaire, c'est une conduite imprudente et sans but.

Parmi les moyens dont Appius se servit imprudemment pour conserver la tyrannie, un des plus remarqua-

bles fut de changer trop subitement de caractère et de
direction. La dissimulation avec laquelle il sut tromper le peuple en feignant d'être son ami fut utile
à ses vues; il en est de même de la conduite qu'il tint
pour faire renouveler le décemvirat; on peut également
applaudir à l'audace qu'il déploya, en osant se désigner
lui-même, contre l'attente de la noblesse; il fit bien encore de s'adjoindre des collègues à son choix; mais il se
conduisit avec imprudence, lorsqu'ayant réussi il changea tout à coup de caractère, et se montra l'ennemi du
peuple, de son ami qu'il était; lui, qu'on avait vu affable
et accessible à tous, on le vit plein de roideur et d'orgueil,
et il se jeta si subitement dans des défauts contraires à
ses premières qualités, que la fausseté de son âme dut
frapper sans peine les yeux les plus prévenus: car celui
qui pendant un certain temps a paru vertueux, et prétend se livrer sans contrainte à sa perversité naturelle,
doit y parvenir par degrés. Il faut se servir de toutes les
facilités que présente l'occasion, de manière qu'avant
qu'une conduite tout à fait opposée vous ravisse les anciennes faveurs du peuple, vous en ayez acquis d'un
autre côté tant de nouvelles, que votre autorité n'en
souffre point d'atteinte. En vous conduisant d'une manière différente, vous vous trouvez à découvert, sans
amis, et votre perte est assurée.

CHAPITRE XLII.

Combien les hommes peuvent aisément se corrompre.

Le décemvirat nous fournira encore un exemple de la
facilité avec laquelle les hommes se laissent corrompre,
et avec quelle promptitude ils changent de caractère,
quoique d'un naturel heureux et cultivé par l'éducation.
Il suffit de considérer comment toute cette jeunesse

qu'Appius avait choisie pour l'avoir sans cesse autour
de lui se familiarisa bientôt avec la tyrannie, et s'en dé-
clara l'amie, séduite par les faibles avantages qu'elle en
retirait; il ne faut que voir également comment Quintus
Fabius, l'un des membres du second décemvirat, homme
renommé par ses vertus, mais que l'ambition aveugla
un moment, se laissa séduire par la perversité d'Appius,
abandonna la vertu pour se plonger dans le vice, et devint en tout l'émule de son collègue. Ces faits, mûre-
ment examinés, engageront plus vivement encore les
législateurs des républiques ou des royaumes à mettre un
frein aux passions des hommes, en leur ôtant l'espoir
de pouvoir impunément s'égarer.

CHAPITRE XLIII.

Ceux qui combattent pour leur propre gloire sont des soldats braves et fidèles

Le sujet que nous venons de traiter montre encore la
grande différence qui existe entre une armée satisfaite,
qui combat pour sa propre gloire, et celle qui, déjà mal
disposée, ne combat que pour servir l'ambition d'un
maître. Aussi, les armées romaines, qui, sous leurs consuls, avaient toujours été victorieuses, furent toujours
vaincues lorsqu'elles suivirent les décemvirs. Cet exemple peut démontrer également en partie l'inutilité des
soldats mercenaires, qui n'ont d'autre lien qui les attache à vos intérêts que le faible salaire qu'ils reçoivent
de vos mains. Ce motif n'est ni ne saurait être assez
puissant pour les rendre fidèles et leur faire pousser
l'attachement jusqu'à vouloir mourir pour vous. Les
armées qui ne portent pas à celui pour lequel elles combattent une affection capable de lui donner un partisan
dans chaque soldat, n'ont point assez de courage pour
résister à un ennemi qui montrerait la moindre valeur.

Et comme cet attachement et cette émulation ne peuvent exister que dans des sujets, il faut, lorsqu'on veut gouverner et maintenir un État, soit républicain, soit monarchique, armer ses peuples, ainsi que l'ont fait tous ceux dont les armées ont exécuté de grandes conquêtes.

Les Romains, sous les décemvirs, avaient bien le même courage; mais comme leurs sentiments n'étaient plus les mêmes, leurs succès étaient également bien différents. Aussi, après l'abolition du décemvirat, à peine eurent-ils recommencé à combattre sous l'influence de la liberté, qu'ils déployèrent leur ancienne valeur, et par conséquent leurs entreprises furent couronnées du succès, selon leur ancienne coutume.

CHAPITRE XLIV.

Une multitude sans chef n'est d'aucune utilité, et il ne faut pas d'abord menacer, et demander ensuite l'autorité.

Après la mort de Virginie, le peuple romain s'était réuni en armes sur le Mont sacré. Le sénat lui envoya des messagers pour s'informer par quels ordres il avait abandonné ses chefs et s'était retiré en ce lieu. On avait tant de respect pour l'autorité du sénat, que le peuple, n'ayant point de chef à sa tête, n'osait répondre à cette demande. Et Tite-Live ajoute que ce n'était pas les raisons qui lui manquaient, mais quelqu'un qui osât prendre sur lui de répondre. Ce fait montre évidemment l'incapacité d'une multitude sans chef.

Virginius comprit d'où venait cette confusion, et par son ordre on créa vingt tribuns militaires, que l'on reconnut comme chefs, et qui furent chargés de répondre et de conférer avec le sénat. Le peuple alors demanda qu'on députât vers lui Horatius et Valérius, pour leur faire part de ses prétentions; mais ces deux sénateurs ne voulurent se rendre sur le Mont sacré, que lorsque les décemvirs auraient déposé leur pouvoir; et lorsqu'ils arrivèrent au lieu où la multitude était réunie, on leur dit que l'intention du peuple était qu'on rétablît d'abord les tribuns; qu'on appelât devant lui de toutes les sentences des magistrats, et qu'on livrât en ses mains les décemvirs sans exception, afin qu'on pût les brûler vifs. Valérius et Horatius applaudirent aux premières demandes; mais ils blâmèrent la dernière comme impie, en disant : *Crudedelitatem damnatis, in crudelitatem ruitis.* Ils conseillèrent donc au peuple de ne plus parler des décemvirs; mais de chercher à reconquérir sur eux la puissance et l'autorité, ce qui lui fournirait des moyens certains de satisfaire sa vengeance.

On voit clairement par cet exemple combien il y a d'imprudence et de folie, en demandant une chose, de dire d'abord : Je veux m'en servir contre vos intérêts. Il ne faut point ainsi manifester tout à coup son dessein, mais s'efforcer d'obtenir à tout prix ce que l'on désire. C'est ainsi qu'en demandant ses armes à un homme, on ne doit pas lui dire : Je veux m'en servir pour te tuer; mais une fois qu'on les a en main, on peut satisfaire sans peine son désir.

CHAPITRE XLV.

C'est donner un mauvais exemple que de ne pas observer une loi, surtout lorsqu'on en est l'auteur; et renouveler chaque jour les offenses envers le peuple ne peut qu'offrir les plus grands dangers à celui qui gouverne.

Cet accord arrêté, et Rome rétablie dans son ancienne constitution, Virginius cita Appius devant le peuple pour y défendre sa cause. Il comparut accompagné d'une foule de nobles. Virginius ordonna qu'on le mît en prison. Appius commença à jeter des cris et à en appeler au peuple : Virginius prétend qu'il n'est pas digne d'avoir recours à cet appel qu'il a lui-même détruit, et d'obtenir pour défenseur ce peuple qu'il a si cruellement offensé. Appius répond à son tour qu'on ne doit pas violer cet appel, dont on a rétabli l'usage avec un si vif empressement. Cependant il fut mis en prison, et, avant le jour du jugement, il se tua lui-même. Quoique les crimes d'Appius méritassent les plus grands supplices, ce n'en était pas moins porter atteinte à la liberté que de violer les lois à son égard, et particulièrement celle qui venait d'être établie ; car le plus funeste exemple qu'on puisse, à mon avis, donner dans un État, c'est de créer une loi et de ne point l'observer, surtout quand elle est violée par ceux qui l'ont faite.

Après l'année 1494, la république de Florence avait réformé son gouvernement par l'influence du frère Jérôme Savonarola, homme dont les écrits témoignent la science, la sagesse et la vertu. Parmi les règlements établis pour assurer la liberté des citoyens, il y avait une loi qui permettait d'appeler au peuple de tous les jugements rendus pour crime d'État par le conseil des huit ou par la seigneurie. Cette loi, que Savonarola avait conseillée longtemps et qu'il n'obtint qu'avec difficulté, était à peine confirmée, que cinq citoyens furent mis à mort par la seigneurie pour attentat contre la sûreté de l'État. Ils voulurent former appel ; mais on ne le permit pas, et la loi fut violée. Cet événement, plus qu'aucun autre, diminua le crédit du frère Jérôme. S'il regardait l'appel comme utile, il devait faire observer la loi ; s'il lui paraissait inutile, il ne devait pas employer tant d'efforts pour la faire passer.

On fut d'autant plus frappé de cet événement, que, dans toutes les prédications que fit Savonarola après qu'on eut violé la loi, on ne l'entendit jamais ni blâmer ni excuser ceux qui l'avaient ainsi foulée aux pieds, parce qu'il ne voulait pas désapprouver une chose qui tournait à son avantage et qu'il ne pouvait excuser. C'est ainsi qu'il dévoila son caractère factieux et l'ambition de son âme, qu'il perdit tout son crédit, et s'attira le blâme général.

Rien encore n'est plus funeste dans un État que de réveiller chaque jour, dans le cœur des citoyens, de nouveaux ressentiments par des outrages prodigués sans cesse à tels ou tels d'entre eux, ainsi qu'il arriva dans Rome après le décemvirat. En effet, tous les décemvirs, ainsi qu'un grand nombre d'autres citoyens, furent, en divers temps, accusés et condamnés. L'épouvante était universelle parmi les nobles, qui ne voyaient de terme à ces condamnations que la destruction de toute la noblesse. Il en serait résulté pour la république les inconvénients les plus désastreux, si le tribun Marcus Duellius n'y eût mis un terme par un édit qui interdisait, pendant un an, à qui que ce fût, la faculté de citer ou d'accuser aucun citoyen romain, ce qui rendit aux nobles toute leur sécurité.

On voit par cet exemple combien il est dangereux pour une république ou pour un prince de tenir l'esprit des citoyens dans les terreurs continuelles, en faisant planer sans cesse sur eux les outrages et les supplices. Rien de plus dangereux qu'une pareille conduite; car les hommes qui commencent à trembler pour eux-mêmes se précautionnent à tout prix contre les dangers; leur audace s'accroît, et bientôt rien ne les arrête dans leurs tentatives.

Il est donc nécessaire ou de n'offenser personne, ou de satisfaire à la fois tous ses ressentiments, puis de rassurer les citoyens, et de leur rendre la confiance et la tranquillité.

CHAPITRE XLVI.

Les hommes se jettent d'une ambition dans une autre ; on cherche d'abord
à se préserver des offenses, et ensuite à opprimer ses rivaux

Le peuple romain avait recouvré sa liberté et repris
première place ; ses priviléges mêmes s'étaient étendus, grâce aux nombreuses lois dont on avait fortifié
sa puissance : on pouvait donc espérer avec raison que
Rome jouirait enfin de sa tranquillité. Cependant l'expérience prouva bientôt le contraire : chaque jour voyait
naître de nouveaux désordres ou de nouvelles dissensions. Et comme Tite-Live, avec sa sagesse ordinaire,
fait connaître les causes qui occasionnèrent ces troubles,
je crois à propos de répéter ici ses propres paroles. Le
peuple, ou la noblesse, dit-il, témoignait d'autant plus
d'orgueil que son adversaire montrait plus de modération. Le peuple jouissait-il tranquillement de ses droits,
la jeune noblesse commençait à l'insulter. Les tribuns,
dont le pouvoir même était outragé, ne pouvaient s'y
opposer que faiblement. De leur côté, les nobles, quoiqu'ils trouvassent un peu d'emportement dans la conduite des plus jeunes d'entre eux, voyaient sans peine,
puisqu'on devait passer les bornes, que les leurs se livrassent à ces excès plutôt que le peuple. C'est ainsi
que la chaleur avec laquelle chaque parti défendait sa
liberté était cause que toujours l'un d'entre eux était
opprimé ; car la marche ordinaire de ces événements,
c'est que les hommes, en cherchant à se mettre à l'abri
de la crainte, commencent dès lors à se faire redouter ;
l'offense qu'ils écartent loin d'eux, ils la rejettent sur
leurs adversaires, comme s'il fallait nécessairement être
oppresseur ou opprimé.

On voit par là de quelle manière les républiques se

détruisent, et comment les hommes n'abandonnent l'objet de leur ambition que pour en poursuivre un autre ; cela prouve également la vérité de cette sentence que Salluste met dans la bouche de César : *Quod omnia mala exempla bonis initiis orta sunt.*

Ainsi que nous l'avons dit plus haut, les citoyens, qui dans une république se livrent à toute leur ambition, cherchent d'abord à se mettre à l'abri des atteintes non-seulement des simples particuliers, mais même des magistrats. Ils essayent de se faire des amis, et, pour y parvenir, ils emploient des moyens en apparence légitimes ; ils leur prêtent de l'argent dans le besoin ; ils les défendent des attaques des hommes puissants ; ces moyens, qui offrent l'apparence de la vertu, trompent facilement tous les yeux, et l'on ne songe point à porter remède au mal. Parvenus sans obstacles, par une conduite persévérante, à ce degré d'élévation, les ambitieux acquièrent une telle importance, qu'ils se font redouter des simples citoyens et respecter des magistrats. Arrivés à ce point sans qu'on se soit d'abord opposé à leur puissance, ils se trouvent tellement affermis, qu'il devient extrêmement dangereux de chercher même à les ébranler ; et j'en ai déjà dit les raisons en parlant du danger qu'il peut y avoir à tenter de détruire un abus qui a déjà jeté de profondes racines dans un gouvernement ; car alors l'état des choses est tel qu'il faut ou tâcher de déraciner cet abus, au risque d'une ruine soudaine, ou le laisser croître, et se courber sous le joug d'une servitude inévitable, à moins que la mort ou quelque événement heureux ne vienne vous rendre à la liberté. Lorsque les citoyens et les magistrats mêmes tremblent devant un de leurs égaux, et qu'ils craignent de lui faire outrage, ainsi qu'à ses amis, ils sont bien près de rendre la justice ou de prodiguer les offenses au gré de ses caprices.

Ainsi, l'une des institutions les plus importantes d'un État doit être celle qui veille à ce que les citoyens, sous ombre de faire le bien, ne puissent se livrer au mal, et qu'ils ne jouissent que de ce crédit qui peut être utile et non nuisible à la liberté, ce que nous discuterons en son lieu.

CHAPITRE XLVII.

Les hommes, quoique sujets à se tromper sur les affaires générales, ne se trompent guère sur les affaires particulières.

Le peuple romain, fatigué, ainsi que nous l'avons dit, du nom de consul, voulait que les plébéiens pussent parvenir au consulat, ou qu'on en limitât l'autorité; la noblesse, pour ne point avilir le pouvoir consulaire en faisant droit à l'une de ces deux demandes, prit un terme moyen, et consentit à la création de quatre tribuns revêtus de l'autorité des consuls et tirés indifféremment du sein de la noblesse ou du peuple. Les plébéiens triomphants crurent avoir renversé le consulat, et s'être élevés eux-mêmes à ce haut degré de puissance. Mais un fait digne de remarque, c'est que lorsqu'on procéda à l'élection de ces tribuns, le peuple romain ne nomma que des nobles, quoiqu'il eût pu les choisir tous dans son sein. C'est à cette occasion que Tite-Live dit : *Quorum comitiorum eventus docuit alios animos in contentione libertatis et honoris, alios secundum deposita certamina, in incorrupto judicio esse.*

Si l'on examine d'où naît cette différence, on verra qu'elle procède, je pense, de ce que les hommes qui se trompent souvent sur les résultats généraux d'une mesure sont moins sujets à l'erreur sur un fait particulier. Les plébéiens étaient persuadés en général qu'ils méritaient le consulat, parce qu'ils étaient plus nombreux dans la ville, et exposés à plus de périls dans la guerre,

et parce que Rome ne devait sa liberté et sa puissance
qu'à leur bras. Cette prétention leur paraissait raisonnable; ils voulurent donc obtenir ce pouvoir par tous les
moyens. Mais lorsqu'il fallut peser en particulier le mérite de chacun, ils connurent toute leur faiblesse, et
jugèrent que nul ne méritait individuellement les honneurs dont tous ensemble ils se croyaient dignes. Alors
rougissant d'eux-mêmes, ils eurent recours à ceux qui
méritaient leur suffrage. Et Tite-Live, frappé à juste
titre d'admiration pour cette conduite, s'écriait : *Hanc
modestiam œquitatemque et altitudinem animi ubi nunc
in uno inveneris, quæ tunc populi universi fuit?*

Pour fortifier cet exemple, je puis en rapporter un autre
extrêmement remarquable; c'est ce qui se passa à Capoue
après qu'Annibal eut complétement battu les Romains
à Cannes. Cette défaite avait mis en flamme toute l'I-
talie; Capoue même était sur le point de se soulever,
tant était forte la haine qui animait le peuple contre le
sénat. Pacuvius Calanus occupait en ce moment la première magistrature : prévoyant l'imminence de la révolution qui menaçait la ville, il essaya par son crédit de
réconcilier le peuple et le sénat. Affermi dans cette résolution, il fit assembler les sénateurs, leur exposa la
haine que le peuple nourrissait contre eux, le danger
qu'ils couraient d'être massacrés, et de voir la ville livrée à Annibal, par suite des revers des Romains. Il
ajouta que, s'ils voulaient le laisser agir, il espérait parvenir à réconcilier les deux ordres; mais qu'il fallait qu'il
pût les enfermer dans le palais, parce que le moyen de
les sauver était de laisser croire au peuple qu'il pouvait
les punir.

Les sénateurs se rendirent à cette proposition; Pacuvius alors convoqua le peuple, et après avoir enfermé
le sénat dans le palais, il dit aux citoyens assem-
blés que le moment était enfin arrivé de dompter l'orgueil de la noblesse, et de se venger des injures qu'ils

en avaient reçues ; qu'en conséquence il avait renfermé tout le sénat sous sa garde ; mais que, comme il ne croyait pas que leur intention fût de laisser la ville sans gouvernement, il était nécessaire, puisqu'ils voulaient massacrer les anciens sénateurs, d'en créer de nouveaux ; qu'il avait mis les noms de tous les sénateurs dans une bourse ; qu'il allait commencer en leur présence à les en tirer, et qu'à mesure qu'il en sortirait un, on le ferait mourir aussitôt qu'on lui aurait trouvé un successeur.

Il commence alors à tirer le nom d'un sénateur : à ce nom un cri universel s'élève ; on l'accuse d'orgueil, d'arrogance et de cruauté. Pacuvius demande soudain qu'on le remplace : toute l'assemblée rentre dans le silence. Au bout de quelques instants, le nom d'un candidat est prononcé : en l'entendant, l'un commence à siffler, l'autre à rire ; chacun lui adresse un reproche. Après plusieurs épreuves successives, tous ceux qu'on avait désignés furent jugés indignes du rang de sénateur. Pacuvius en prit alors occasion de leur dire : « Puisque vous êtes persuadés « que cette ville serait en péril sans un sénat, et que « vous ne pouvez vous accorder pour choisir de nou- « veaux sénateurs, je crois qu'il vaudrait bien mieux « vous réconcilier avec les anciens ; car l'épouvante où « vous venez de les plonger les aura tellement humiliés, « que sans doute vous trouverez désormais en eux cette « douceur et cette modération que vous cherchez dans « d'autres. » Le peuple suivit cet avis, les deux partis se réconcilièrent, et il reconnut l'erreur dans laquelle il était, lorsqu'il fallut en venir à l'examen des individus.

Les peuples sont encore sujets à se tromper lorsqu'ils jugent les événements et leurs résultats d'une manière générale, et ne s'aperçoivent de leur erreur que lorsqu'ils les examinent en particulier.

En 1494, les principaux citoyens de la ville de Florence avaient été chassés ; il n'y avait plus de gouver-

nement régulier; c'était plutôt une anarchie livrée à
l'ambition du premier audacieux. Chaque jour l'État
s'enfonçait dans l'abîme, et la foule du peuple, effrayée
de sa chute, en accusait, ne soupçonnant pas une autre
cause, l'ambition de quelque homme puissant qui nourrissait les désordres dans l'espoir d'établir un gouvernement à sa convenance, et d'attenter ensuite à la liberté. Les mécontents, réunis sur les places et dans les
loges, médisaient d'une foule de citoyens et les menaçaient, si jamais ils pouvaient faire partie de la seigneurie, de découvrir leurs artifices et de les en punir.
Il arrivait souvent que l'un d'entre eux montait aux suprêmes magistratures; parvenu une fois à cette élévation, et voyant les choses de plus près, il apercevait les
sources du mal ainsi que les périls dont l'État était
menacé et la difficulté d'y remédier. Convaincu alors
que le désordre provenait, non de la faute des hommes,
mais de celle des temps, il changeait aussitôt de langage et de conduite, parce que la connaissance des
causes particulières le guérissait de cette erreur qu'il
avait adoptée en ne considérant que les effets en général; de sorte que ceux qui l'avaient d'abord entendu
parler lorsqu'il n'était que simple particulier, et qui le
voyaient si tranquille depuis qu'il était parvenu aux
suprêmes dignités, attribuaient ce changement, non à
une connaissance plus parfaite des affaires, mais à l'intrigue et à la corruption dont les grands avaient usé
envers lui. Ces changements furent si fréquents et se
firent remarquer chez tant de citoyens, qu'ils donnèrent
lieu à un proverbe qui disait : « Ces hommes ont deux
« façons de penser, l'une pour la place publique, l'autre
« pour le palais. »

Si l'on examine donc ce que je viens de dire, on verra
qu'il est aisé de faire ouvrir les yeux au peuple lorsqu'il
se trompe en examinant les objets en masse; il suffit de
lui donner le moyen de descendre à un jugement parti-

culier, ainsi que fit Pacuvius à Capoue, et le sénat à Rome.

Je crois encore pouvoir conclure qu'un homme sage ne doit point appréhender le jugement du peuple dans les affaires particulières, telles que la distribution des emplois et des dignités; car c'est en cela seul que le peuple ne se trompe point; ou si du moins il se trompe quelquefois, ces exemples sont si rares, qu'un petit nombre de citoyens seraient sujets à de bien plus fréquentes erreurs, si le soin de ces distributions leur était confié. Et je ne regarde pas comme une chose superflue de faire voir dans le chapitre suivant la conduite que tenait le sénat pour égarer le peuple dans les élections.

CHAPITRE XLVIII.

Pour empêcher qu'une magistrature ne soit donnée à un méchant ou à un homme incapable, il faut la faire briguer par un homme plus pervers et plus incapable encore, ou par l'homme le plus illustre et le plus vertueux.

Quand le sénat craignait que les tribuns armés de la puissance consulaire ne fussent tirés du sein du peuple, il usait de l'un de ces deux moyens : ou il faisait briguer cette dignité par les hommes les plus renommés de la république, ou bien il corrompait quelque plébéien sordide et sans aveu, et l'engageait à se mêler aux autres plébéiens d'un mérite supérieur qui la sollicitaient ordinairement, et à la demander ainsi qu'eux. Dans ce dernier cas le peuple aurait rougi d'accorder; dans le premier, il avait honte de refuser. Cela rentre encore dans le sujet du précédent chapitre, où j'ai prouvé que le peuple se trompe sur les objets généraux, mais qu'il est éclairé sur les particuliers.

CHAPITRE XLIX.

Si les villes libres dès leur naissance, telles que Rome, ont de la peine à établir des lois qui conservent leur liberté, cela est presque impossible pour celles qui sont nées dans la servitude.

La marche et les progrès de la république romaine prouvent combien il est difficile d'organiser un gouvernement libre, où toutes les lois ne tendent qu'au maintien de la liberté. Malgré la multitude de toutes celles qu'avaient d'abord données Romulus, Numa, Tullus Hostilius, puis Servius, et en dernier lieu les décemvirs, dont l'établissement n'avait pas d'autre objet, chaque jour la marche du gouvernement découvrait quelque nouveau besoin qui exigeait la création d'institutions nouvelles.

C'est ce qui arriva lorsqu'on établit les censeurs, que l'on peut regarder comme un des remparts les plus fermes que Rome ait élevés pour protéger sa liberté, tant que sa liberté exista; devenus en effet les suprêmes arbitres des mœurs des citoyens, ils furent une des causes les plus puissantes qui retardèrent la corruption du peuple romain.

On commit bien une faute dès l'origine même de cette magistrature en l'établissant pour cinq années; mais peu de temps après cette faute fut réparée par la sagesse de Mamercus, dictateur, qui par une nouvelle loi réduisit la durée de cette charge à dix-huit mois. Les censeurs qui se trouvaient alors en exercice furent tellement irrités de cette mesure, qu'ils exclurent Mamercus du sénat; conduite qui fut généralement désapprouvée et par le peuple et par les patriciens. Et comme on ne dit pas que Mamercus ait pu éviter cet outrage, il faut ou que l'histoire soit ici incomplète, ou que les lois ro-

maines fussent défectueuses en cette partie; car il ne
faut pas qu'une république soit organisée de manière à
ce qu'un citoyen, pour avoir osé promulguer une loi
conforme à un gouvernement libre, soit exposé à en
être puni sans pouvoir se défendre.

Mais pour en revenir à l'objet de ce chapitre, je dis
que, par la création de cette nouvelle magistrature, on
voit que si les États dont les commencements furent
libres, et qui, comme Rome, se sont gouvernés eux-
mêmes, ont eu tant de peine à trouver des lois propres
à maintenir leur liberté, il ne faut pas s'étonner si les
villes qui prirent naissance au sein de l'esclavage ont
rencontré, je ne dirai pas de la difficulté, mais de l'impossibilité à jamais organiser une constitution qui leur
assurât la liberté et la tranquillité. La ville de Florence en
est un exemple. Son origine fut dépendante de l'empire
romain : accoutumée à vivre sous le gouvernement d'un
maître, elle resta longtemps assujettie et sans s'occuper
de sa propre existence; ayant trouvé depuis l'occasion
de respirer, elle commença à établir une constitution
qui lui fût propre; mais ces nouvelles institutions, mê-
lées avec les anciennes, qui ne valaient rien, ne purent
pas non plus être bonnes. C'est ainsi que pendant une
période de deux cents ans, dont on possède des traditions certaines, elle languit sans avoir eu jamais de gouvernement qui ait pu lui faire donner avec raison le nom
de république.

Les difficultés qu'elle a trouvées dans son sein, on les
retrouve dans toutes les cités qui ont eu les mêmes
commencements; et quoique bien souvent les libres
suffrages du peuple aient confié à un petit nombre de
citoyens le pouvoir d'y établir la réforme, cette réforme
n'a jamais été organisée pour l'utilité commune, mais
elle l'a toujours été à l'avantage d'un parti; en sorte
qu'au lieu de remettre l'ordre dans la cité, on n'a fait
qu'accroître le désordre.

Pour citer à cet égard un exemple particulier, je dis que, parmi les considérations qui doivent fixer la pensée du fondateur d'un État, une des plus importantes est de savoir dans quelles mains il dépose le droit de punir de mort les citoyens. Les institutions romaines étaient admirables sur ce point : ordinairement on pouvait en appeler au peuple ; mais s'il arrivait une circonstance impérieuse où il fût dangereux d'accueillir l'appel et de surseoir à l'exécution, on nommait soudain un dictateur, qui faisait exécuter sur-le-champ la sentence ; remède auquel les Romains n'eurent jamais recours que dans une nécessité pressante.

Mais à Florence, et dans les autres villes d'une origine semblable, et habituées comme elle à la servitude, ce pouvoir terrible était confié à un étranger commis par l'État pour remplir cet office. Quand par la suite ces villes eurent conquis leur indépendance, elles continuèrent à confier ce droit à un étranger, auquel on donnait le titre de *capitaine*. Cet emploi présentait les plus grands dangers, par la facilité qu'avaient les citoyens puissants de corrompre celui qui le remplissait. Mais le temps ayant amené de nombreuses modifications dans le gouvernement de l'État, on établit huit citoyens pour remplir les fonctions du capitaine. Ce changement ne fit que rendre cette institution plus mauvaise encore, de mauvaise qu'elle était déjà, par la raison que nous avons déjà dite, que le petit nombre est toujours l'instrument du petit nombre et des citoyens puissants.

Venise a su se préserver de ce danger : elle a établi le conseil des Dix, qui peut sans appel punir tous les citoyens. Comme son autorité pourrait être trop faible contre des hommes puissants, quoiqu'il ait cependant le pouvoir de les punir, on a établi les *quaranties* ; et l'on a voulu de plus que le conseil des *pregadi*, qui est le sénat, eût le droit de punir les coupables ; de sorte que comme les accusateurs ne manquent pas, il se trouve

aussi toujours des juges pour contenir les hommes puissants.

Lorsqu'on voit donc la république romaine, qui dut à
sa propre sagesse et à celle de tant d'illustres citoyens
les belles institutions qui la régissaient, forcée chaque
jour par les événements d'établir de nouvelles lois en
faveur de la liberté, il ne faut pas s'étonner si dans
d'autres États dont les commencements furent plus
désordonnés, il s'élève de telles difficultés, qu'il soit toujours impossible d'y rétablir l'ordre.

CHAPITRE L.

Un conseil ni un magistrat ne doivent pouvoir entraver les affaires
d'un État.

T. Quintius Cincinnatus et Cn. Julius Mentus étaient
consuls, et leur désunion avait suspendu toutes les affaires de la république. Le sénat alors les pria instam-
ment de nommer un dictateur qui pût du moins exécuter ce que leur inimitié ne permettait pas de faire. Mais
les consuls, qui ne pouvaient s'accorder sur rien, n'é-
taient du même avis que sur un seul point, celui de ne
pas nommer de dictateur. Alors le sénat, n'ayant plus
d'autre recours, implora l'appui des tribuns, qui, soutenus de leur côté par l'autorité du sénat, forcèrent les
consuls d'obéir.

D'abord, il faut remarquer ici l'utilité du tribunat, qui
ne se bornait pas à mettre un frein aux prétentions que
les nobles déployaient contre le peuple, mais encore à
celles qu'ils élevaient entre eux.

En second lieu, il ne faut jamais, dans un État, que
l'on permette au petit nombre de prendre aucune de ces
résolutions qui sont ordinairement nécessaires au main-

tien de la république. Ainsi, par exemple, avez-vous donné à un conseil le pouvoir de distribuer des honneurs et des grâces, ou à un magistrat celui de traiter une affaire; il faut ou lui imposer l'obligation de la terminer d'une manière quelconque, ou pourvoir à ce qu'un autre puisse ou doive remplir son devoir s'il refuse de l'accomplir; sans cela cette institution deviendrait défectueuse et pleine de danger, comme il serait arrivé à Rome, si l'on n'avait pu opposer le pouvoir des tribuns à l'obstination des deux consuls.

Dans la république de Venise, c'est le grand conseil qui distribue les honneurs et les emplois. Il arrivait quelquefois que tout le conseil, par ressentiment ou par quelque fausse suggestion, ne voulait donner de successeurs ni aux magistrats qui gouvernaient la ville, ni à ceux qui au dehors administraient l'État. C'était une source de désordres sans cesse renaissants, parce que toutes les villes dépendantes, et la capitale elle-même, manquaient tout à la fois de magistrats légitimes; et l'on ne pouvait sortir de cette confusion qu'en parvenant à satisfaire la majorité de ce conseil ou à la tromper. Cette institution funeste eût entraîné la chute de l'État, si des citoyens sages n'y eussent remédié. Ils saisirent une occasion favorable, et firent passer une loi qui portait que tous les magistrats qui existaient au dedans ou au dehors de la ville ne cesseraient jamais leurs fonctions que lorsqu'ils auraient été remplacés. C'est par cette mesure qu'on arracha au conseil la facilité d'exposer la république à un péril certain, en entravant la marche des affaires publiques.

CHAPITRE LI.

Une république ou un prince doivent paraître exécuter par grandeur d'âme ce qu'ils font par nécessité.

Les hommes que la prudence dirige savent se faire un mérite de toutes leurs actions, même de celles auxquelles la nécessité les contraint. Le sénat de Rome se conduisit avec sagesse lorsqu'il décida qu'on entretiendrait aux dépens du public les hommes qui combattaient pour l'État, et qui jusqu'alors avaient fait la guerre à leurs frais. Le sénat voyait bien qu'en maintenant ce dernier usage, il ne pourrait faire de longues guerres, ni par conséquent assiéger aucune ville, ni conduire les armées loin de Rome, entreprises dont la nécessité était évidente à ses yeux : il ne balança pas à donner aux troupes une solde; mais il s'y prit de manière à se faire un mérite de la nécessité qui l'y contraignait. Cette faveur fut tellement agréable à la multitude, que Rome entière se livra aux transports de la joie la plus effrénée; ce bienfait parut si important à ses yeux, qu'elle n'aurait jamais osé l'espérer, qu'elle n'aurait même jamais cherché à l'obtenir d'elle-même. Et quoique les tribuns s'efforçassent d'atténuer cette faveur en faisant voir qu'une semblable mesure, loin d'alléger les charges du peuple, ne faisait qu'aggraver son sort, puisqu'il serait nécessaire d'établir de nouveaux impôts pour subvenir à cette solde, néanmoins ils ne purent empêcher le peuple de l'accepter avec reconnaissance. Le sénat même sut encore ajouter à ce bienfait, par la manière dont l'impôt fut réparti, car les charges les plus considérables furent imposées à la noblesse, et elles furent les premières acquittées.

CHAPITRE LII.

Le moyen le plus sûr et le moins tumultueux de réprimer l'ambition d'un
citoyen qui devient tout-puissant dans un État, c'est de le devancer dans
les voies mêmes qu'il a prises pour parvenir à la grandeur.

On voit, par le chapitre précédent, quel crédit le
sénat acquit sur le peuple en se parant, comme d'un
bienfait, de la paye qu'il lui avait accordée, ainsi que de
la manière dont il avait assis les impôts. Si la noblesse
eût toujours persévéré dans les mêmes sentiments,
toute cause de trouble disparaissait à jamais de la ville;
les tribuns perdaient l'influence qu'ils avaient auprès
du peuple, et, par une conséquence nécessaire, toute
leur autorité. Il est d'ailleurs certain que dans une république, et surtout dans celles qui sont corrompues,
on ne peut employer un moyen plus sûr, plus facile,
plus exempt de tumulte, pour s'opposer à l'ambition
d'un citoyen, que de le devancer dans tous les chemins
par lesquels on le voit marcher au but qu'il s'est marqué. Si l'on se fût servi de ces mesures contre Côme de
Médicis, ses adversaires s'en seraient bien mieux trouvés
que de le chasser de Florence; et si les citoyens qui lui
disputaient le pouvoir avaient pris comme lui le parti
d'être les bienfaiteurs du peuple, ils seraient parvenus
sans bruit et sans violence à faire tomber de ses mains
les armes dont il se prévalait le plus.

Pierre Soderini s'était acquis la plus haute réputation
dans Florence par les seuls soins qu'il mettait à protéger le peuple, et il passait dans l'esprit de la multitude
pour l'ami le plus sincère de la liberté. Certes il était
bien plus facile, bien plus généreux aux citoyens auxquels sa puissance portait ombrage, il était bien moins
dangereux pour eux et pour l'État même de le devancer

dans les chemins par lesquels il s'élevait à la grandeur,
que de chercher à le heurter de front, afin d'entraîner
dans sa ruine le reste de la république. S'ils avaient
rendu nulles entre ses mains les armes qui faisaient
toute sa force, et cela leur était bien facile, ils auraient
pu, dans tous les conseils, dans toutes les assemblées
publiques, s'opposer à lui sans crainte, et sans être retenus par aucune considération. On dira peut-être que
si les citoyens, que la haine animait contre Soderini,
commirent une erreur grave en ne le devançant pas
dans l'emploi des moyens par lesquels il étendait son
influence parmi le peuple, Pierre, de son côté, ne fit
pas une faute moins grande en négligeant à son tour
de prévenir ses adversaires en tournant contre eux
les armes dont ils le menaçaient. Mais Soderini mérite qu'on l'excuse sur ce point, et parce qu'il lui
était difficile de suivre cette conduite, et parce qu'il
n'eût pu le faire avec honneur : en effet, les moyens dont
on se servit pour le renverser, et avec lesquels, après
l'avoir combattu, on finit par précipiter sa ruine, consistaient à favoriser les Médicis. L'honneur s'opposait à
ce qu'il prît ce parti, parce qu'il n'aurait pu, sans se
perdre de réputation, aider à la ruine de cette liberté,
dont la garde lui était confiée. De plus, il aurait fallu
favoriser les Médicis ouvertement et tout d'un coup, et
ce parti l'aurait exposé à de plus grands périls encore ;
car, de quelque manière qu'il se fût montré l'ami des
Médicis, il serait devenu suspect et odieux au peuple,
et ses ennemis, plus que jamais, auraient eu l'occasion
de le perdre.

Ainsi, les hommes doivent considérer un parti sous
toutes ses faces, et en peser avec soin les inconvénients
et les dangers, et ne point l'embrasser lorsqu'ils y voient
plus de périls que d'utilité, alors même qu'ils seraient
certains de faire adopter leur résolution. En agissant
d'une manière différente, on s'exposerait au danger

qu'éprouva Cicéron lorsque, voulant détruire l'influence d'Antoine, il ne fit que l'augmenter. Antoine avait été déclaré ennemi du sénat ; il rassembla soudain une armée formidable, composée en grande partie de soldats qui avaient marché sous les aigles de César. Cicéron, pour lui enlever ses soldats, exhorta le sénat à donner toute sa confiance à Octave, et à l'envoyer avec l'armée de la république et les consuls contre Marc-Antoine, alléguant pour motif qu'à peine les soldats, qui suivaient leur ennemi, auraient entendu le nom d'Octave, neveu du dictateur, et qui se faisait aussi nommer César, ils déserteraient le parti opposé et se réuniraient à Octave, de manière que Marc-Antoine, dépouillé de tous ses partisans, serait facilement renversé. L'avis de Cicéron eut une issue tout opposée à celle qu'on présumait. Marc-Antoine sut gagner Octave, et tous deux se réunirent aux dépens de Cicéron et du sénat ; alliance funeste, qui perdit pour jamais le parti des grands. Rien n'était plus facile à prévoir. Ce n'était pas le conseil de Cicéron qu'il fallait suivre ; mais c'était le nom de César qu'on devait craindre, ce nom dont la gloire avait dissipé tous ses ennemis, et qui lui avait acquis dans Rome un pouvoir suprême ; et l'on ne devait attendre des héritiers du dictateur ou de ses complices rien de favorable à la liberté.

CHAPITRE LIII.

Souvent le peuple désire sa ruine, trompé par la fausse apparence ; et rien n'est plus facile que de l'entraîner par de vastes espérances et des promesses éblouissantes.

Après la prise de Véies, le bruit se répandit parmi le peuple romain qu'il serait avantageux pour Rome que la moitié de ses habitants allât habiter Véies. On faisait

valoir la richesse du pays où était située la ville, le
grand nombre de ses édifices, son voisinage de Rome;
cette mesure pouvait facilement enrichir la moitié du
peuple romain, et, vu la proximité de Rome, elle n'apportait aucun délai dans le cours des affaires civiles.
Cette proposition, au contraire, parut au sénat et aux
citoyens les plus éclairés, non-seulement sans avantage,
mais tellement dangereuse, qu'ils disaient hautement
qu'ils aimaient mieux souffrir la mort que de donner
leur assentiment à une telle mesure. Les plus violents
débats s'élevèrent bientôt, et le peuple, indigné contre
le sénat, allait prendre les armes et répandre du sang,
si le sénat ne s'était fait un bouclier de plusieurs citoyens respectables par leur âge et par leurs lumières;
le respect que le peuple avait pour eux arrêta sa fureur,
et il ne poussa pas plus loin l'insolence de ses prétentions.

Il faut ici remarquer deux choses : la première, que
le peuple, séduit par l'image d'un bien trompeur, désire
trop souvent sa propre ruine; et que si quelqu'un qui
mérite toute sa confiance ne l'éclaire pas sur ce qui
peut lui nuire ou lui être avantageux, l'État se trouve
exposé aux dangers les plus imminents. Si le sort voulait que le peuple ne se fiât à personne, ainsi qu'il est
quelquefois arrivé, pour avoir été trompé, ou par les
hommes, ou par les événements, l'État ne pourrait éviter sa ruine. C'est à cette occasion que Dante, dans
son livre *De monarchiá*, dit que souvent le peuple a crié:
Vive ma mort! et périsse ma vie!

De ce défaut de confiance il arrive parfois qu'une république n'ose prendre un parti avantageux, comme je
l'ai fait voir en parlant des Vénitiens, quand, assaillis
par des ennemis trop nombreux, ils ne purent se résoudre, pour prévenir leur ruine, à en gagner quelques-uns
par la restitution de ce qu'ils avaient eux-mêmes enlevé aux autres; conquêtes qui étaient la cause de
la guerre et de la ligue de tant de princes contre eux.

En examinant cependant ce qu'il est facile ou ce qu'il est difficile de persuader à un peuple, on doit faire une distinction. Par exemple, dans le parti qu'on veut lui faire embrasser, le peuple voit au premier coup d'œil une perte ou un gain, de la grandeur ou de la lâcheté. Si, dans les projets qu'on lui soumet, il aperçoit un avantage réel, s'ils lui semblent magnanimes, il sera facile ʀe les lui faire embrasser, quand même sa propre ruine et celle de l'État seraient cachées sous ces apparences trompeuses. De même, il sera toujours difficile de lui faire prendre un parti qui ait l'apparence de la lâcheté ou du dommage, quand même il cacherait un gain véritable ou le salut de l'État.

Des exemples tirés de l'histoire des Romains et de celle des barbares, des temps anciens et des modernes, se présentent en foule. C'est de là que vint l'opinion désavantageuse qui s'éleva dans Rome contre Fabius Maximus, qui ne pouvait persuader au peuple romain qu'il fût utile à la république de temporiser pendant la guerre et de s'opposer aux efforts d'Annibal sans lui livrer bataille. Le peuple voyait de la lâcheté dans cette conduite, et n'en apercevait pas l'utilité; et Fabius, de son côté, n'avait pas de raisons assez puissantes pour le convaincre. Et ce qui prouve avec quel aveuglement les hommes embrassent toujours les partis où semble briller le courage, c'est que, quoique le peuple romain eût commis la grave erreur de donner pouvoir au général de la cavalerie de Fabius, de combattre, malgré l'opposition du consul, et que, par cette autorisation, l'armée romaine eût été mise en déroute si Fabius n'y avait remédié par sa prudence, cependant cette expérience ne lui suffit pas, et il créa dans la suite Varron consul, non à cause de son propre mérite, mais parce qu'il parcourait les places et les lieux publics de Rome, promettant de vaincre Annibal si on lui permettait de combattre. La défaite de Cannes et presque la ruine de Rome furent les suites de cette conduite.

Je veux à ce sujet rapporter encore un autre fait tiré
de l'histoire romaine. Il y avait déjà huit ou dix ans
qu'Annibal combattait en Italie; cette contrée était de
toutes parts inondée du sang des Romains, quand un
certain M. Centenius Penula, homme du caractère le
plus vil, quoiqu'il eût occupé jadis quelque grade dans
les armées, se présenta devant le sénat, et offrit, si on
lui donnait le pouvoir de former un corps de volontaires
dans toute l'étendue de l'Italie, de livrer en peu de
temps Annibal mort ou prisonnier. Cette promesse parut téméraire au sénat : réfléchissant néanmoins que s'il
la rejetait, et que le peuple en eût connaissance par la
suite, il pourrait en résulter du tumulte et des plaintes,
et qu'on pourrait en savoir mauvais gré aux sénateurs,
on accueillit la proposition de Penula, et l'on aima
mieux exposer ceux qui consentiraient à le suivre, qu'irriter de nouveau les ressentiments du peuple, sachant
avec quel empressement il accepterait ce parti, et combien il serait difficile de l'en dissuader. Cet insensé,
suivi d'une multitude sans ordre et sans discipline,
marcha donc au-devant d'Annibal; mais à la première
rencontre, lui et tous ceux qui l'accompagnaient furent
défaits ou tués.

Nicias, en dépit de sa prévoyance et de sa sagesse, ne
put jamais convaincre les habitants d'Athènes du danger de porter la guerre en Sicile. Cette entreprise, exé-
cutée malgré les conseils des citoyens les plus éclairés,
entraîna la ruine totale d'Athènes.

Lorsque Scipion fut nommé consul, il briguait le dé-
partement de l'Afrique et promettait de renverser Carthage; mais le sénat, retenu par Fabius Maximus, lui
refusait son suffrage : il menaça alors de s'adresser au
peuple, parce qu'il savait combien de semblables propositions lui sont toujours agréables.

Notre ville pourrait à ce sujet servir encore d'exemple.

Messer Hercule Bentivogli, commandant des troupes de Florence, conjointement avec Antoine Giacomini, après avoir battu Berthelemi d'Alviano à San-Vincenti, alla mettre le siége devant Pise. Cette entreprise fut décidée par le peuple, qu'avaient séduit les magnifiques assurances de Bentivogli, malgré les représentations d'une foule de citoyens éclairés qui la blâmaient hautement; mais tous leurs efforts furent vains et repoussés par la volonté générale, trop confiante aux vastes promesses du commandant.

Ainsi, le moyen le plus facile d'entraîner la ruine d'un État où le peuple tient toute l'autorité en main, c'est de lui faire entreprendre des expéditions hardies; car partout où le peuple aura quelque influence, il les embrassera toujours avec enthousiasme, et les hommes sages qui seraient d'un avis contraire ne pourront jamais s'y opposer.

Mais si la ruine de l'État est le résultat inévitable d'une telle conduite, on en voit naître bien plus souvent encore la perte des citoyens chargés de diriger de semblables entreprises : car le peuple, trouvant la défaite là où il comptait sur la victoire, n'en accuse ni la fortune ni les faibles moyens de celui qui dirigeait la guerre, mais sa lâcheté et son ignorance ; et trop souvent il lui fait payer sa propre faute de la mort, des fers ou de l'exil. Une foule de généraux de Carthage et d'Athènes en offrent la preuve : quelques victoires qui eussent couronné leurs entreprises, un seul revers suffisait pour tout effacer. C'est ce qui arriva à Antoine Giacomini, notre concitoyen : n'ayant pu s'emparer de Pise, comme le peuple l'espérait et comme lui-même l'avait promis, il encourut tellement la défaveur populaire, que, malgré tous les services qu'il avait autrefois rendus à la patrie, il dut la vie plutôt à l'humanité de ceux qui avaient en main l'autorité, qu'à tout autre motif qui le défendît auprès du peuple.

CHAPITRE LIV.

Quel est le pouvoir d'un grand homme pour retenir dans le devoir
un peuple soulevé.

Le second point important que nous avons indiqué
dans le chapitre précédent, c'est que rien n'est plus
propre à réprimer la multitude soulevée que le respect
qu'elle porte à quelque homme sage dont la vertu est
une autorité, et qui se présente tout à coup devant elle.
C'est avec raison que Virgile a dit:

Tum, pietate gravem ac meritis si forte virum quem
Conspexere, silent, arrectisque auribus adstant.

VIRG., Æneid., lib. I., v. 151, 152.

En conséquence, tout chef d'une armée, tout magistrat d'une ville où s'élève une sédition, doit sur-le-champ
se présenter au milieu du tumulte, user avec le plus
d'adresse qu'il peut de son influence et de sa considération, et s'entourer de toutes les marques de sa dignité,
afin d'imprimer plus de respect pour sa personne.

Florence, il y a peu d'années, était divisée en deux
factions, nommées *fratesche* et *arrabiate*. On prit les
armes, et les fratesques furent vaincus. On distinguait
parmi eux Paul-Antoine Soderini, l'un des citoyens les
plus recommandables de la république : le peuple armé
se précipitait en foule vers sa maison pour la piller ;
messer Francesco, son frère, alors évêque de Volterre,
et aujourd'hui cardinal, s'y trouvait en ce moment. Au
premier bruit qu'il entend, à l'aspect de la foule irritée,
il revêt ses habits les plus magnifiques, met par-dessus
le rochet épiscopal, et s'avance à la rencontre de ces furieux : sa présence, ses discours, tout les arrête ; et, peu

dant plusieurs jours, sa conduite ferme et courageuse fit l'entretien de toute la ville.

Je conclus donc qu'il n'existe pas de moyen plus puissant et plus nécessaire pour réprimer une multitude soulevée, que la présence d'un homme qui paraisse respectable ou qui le soit réellement.

On voit, en outre, pour en revenir à mon sujet, que l'opiniâtreté du peuple romain à vouloir se transporter à Véies, provenait de ce qu'il croyait cette mesure utile et ne voyait pas les inconvénients qu'elle cachait ; et que les tumultes qui s'étaient déjà élevés se seraient changés en troubles sérieux, si le sénat n'avait opposé à la fureur du peuple des hommes dont la sagesse et les vertus inspiraient le respect.

CHAPITRE LV.

On gouverne sans peine un État dont le peuple n'est pas corrompu : là où l'égalité existe il ne peut se former une principauté, et là où elle ne se trouve point on ne peut établir de république.

Quoique je me sois déjà étendu sur ce qu'on doit espérer ou craindre d'une ville corrompue, cependant il ne me paraît pas hors de propos de m'arrêter sur une délibération du sénat relativement à un vœu qu'avait fait Camille, de consacrer à Apollon la dixième partie des dépouilles de Véies. Ce butin était tombé entre les mains du peuple romain, et, comme il était désormais impossible d'en connaître le montant, le sénat rendit un décret pour obliger chaque citoyen à rapporter au trésor public la dixième partie de ce qu'il avait enlevé. Quoique ce décret fût demeuré sans exécution, et que le sénat s'y fût pris d'une autre manière pour satisfaire tout à la fois Apollon et le peuple, néanmoins une telle résolution prouve combien on comptait sur la vertu de ce dernier, et jusqu'à quel point on était convaincu que personne n'oserait retenir la moindre partie de ce que la loi lui ordonnait de rapporter. D'un autre côté, on voit que jamais l'intention du peuple ne fut d'éluder la loi en donnant moins qu'il ne devait, mais d'échapper à ce qu'elle prescrivait en témoignant publiquement son indignation contre ce décret. Cet exemple, et plusieurs autres que j'ai déjà rapportés font éclater les vertus et l'esprit religieux de ce peuple, et tout ce qu'on pouvait en espérer de bien.

Certes, là où cette vertu n'existe pas, on ne peut rien attendre de bon : c'est ainsi que de notre temps il ne faut nullement compter sur tant de contrées où règne la corruption, particulièrement sur l'Italie, quoique la France et l'Espagne soient loin d'être à l'abri de cette licence de mœurs. Si l'on ne voit pas dans ces deux royaumes autant de désordres qu'en enfante chaque jour l'Italie, il ne faut pas l'attribuer à des vertus qui leur sont en grande partie étrangères, mais à la présence d'un roi dont le bras maintient l'union dans l'État, et aux institutions non encore corrompues qui le régissent.

C'est en Allemagne surtout que ces vertus et cet esprit de religion éclatent à un haut degré parmi le peuple, et font que plusieurs États indépendants y vivent en liberté, observant leurs lois de manière à ce qu'elles ne redoutent ni les entreprises des étrangers, ni celles des habitants. Et pour prouver que la plupart des vertus antiques règnent encore dans ce pays, je veux en rapporter un exemple analogue à celui que j'ai cité plus haut du sénat et du peuple romain.

Lorsqu'il arrive que les républiques allemandes ont besoin d'obtenir une certaine somme d'argent pour les dépenses de l'État, il est d'usage que les magistrats ou les conseils chargés du gouvernement imposent tous les habitants de la ville à un ou à deux pour cent de ce que chacun possède. Cette mesure adoptée suivant les formes usitées dans l'État, chacun se présente devant le receveur des impositions ; il prête d'abord le serment de payer la taxe imposée, et il jette ensuite dans un coffre destiné à cet usage ce que, suivant sa conscience, il lui semble juste de payer, et il n'y a de témoin de ce payement que celui-là seul qui paye.

On peut conjecturer, par cet exemple, combien il existe encore parmi ces hommes de vertu et de religion. On doit en conclure également que chacun paye la véritable somme ; car s'il ne la donnait pas, la contribution n'atteindrait pas la quantité déterminée et communément obtenue : si quelqu'un s'exemptait de payer, la fraude ne serait pas longtemps sans être découverte ; et dès qu'on s'en apercevrait, on aurait bientôt adopté quelque autre mesure.

Cette probité est d'autant plus admirable de nos jours, qu'elle est plus rare, et qu'elle n'existe plus, pour ainsi dire, que dans ces pays seuls. Il y en a deux raisons : la première est qu'ils n'ont point eu de grand commerce avec leurs voisins, qui ne sont point venus chez eux, et chez lesquels ils ne sont point allés : contents des biens qu'ils possèdent, ils se nourrissent des aliments, se vêtissent des laines que produit leur sol natal ; ils n'ont eu ainsi aucun motif de rechercher ces relations, principe de toute corruption ; ils n'ont pu prendre les mœurs ni des Français, ni des Espagnols, ni des Italiens, toutes nations qu'on peut regarder comme les corruptrices de l'univers.

La dernière cause à laquelle ces républiques doivent la pureté de leurs mœurs et l'existence politique qu'elles ont conservée, c'est qu'elles ne sauraient souffrir qu'aucun de leurs sujets se prétende gentilhomme ou vive comme s'il l'était. Ces sujets maintiennent au contraire parmi eux la plus parfaite égalité, et sont les ennemis déclarés de tous les seigneurs ou gentilshommes qui pourraient exister dans le pays ; et si le hasard en fait tomber quelques-uns entre leurs mains, ils les massacrent sans pitié, comme une source de corruption et de désordres.

Pour éclaircir ce que j'entends par le mot de gentil-homme, je dirai que l'on appelle ainsi ceux qui vivent, dans l'oisiveté, des produits de leurs biens ; qui coulent leurs jours dans l'abondance, sans nul souci pour vivre, ni d'agriculture, ni d'aucun autre travail. Ces hommes sont dangereux dans toutes les républiques et dans tous les États ; mais on doit redouter par-dessus tout ceux qui, outre les avantages que je viens de détailler, com-mandent à des châteaux et ont des vassaux qui leur obéis-sent. Le royaume de Naples, les terres de l'Église, la Romagne et la Lombardie offrent de toutes parts ces deux espèces d'hommes ; c'est pourquoi il n'y a jamais eu dans ces contrées aucun gouvernement régulier, ni aucune existence politique, parce qu'une telle race est ennemie déclarée de toute institution civile. Vou-loir introduire un gouvernement dans un pays ainsi organisé, ce serait tenter l'impossible. Mais s'il était possible à quelqu'un d'y établir l'ordre, il ne le pour-rait qu'en créant un roi. La raison en est que là où il existe tant de causes de corruption, la loi leur op-pose une trop faible digue, il faut lui prêter l'appui d'une force plus irrésistible : c'est dans la main d'un roi qu'elle réside ; c'est son pouvoir absolu et sans limites qui peut mettre un frein à l'ambition excessive et à la corruption des hommes puissants.

L'exemple de la Toscane peut servir de preuve à ce que j'avance. Dans un espace de terrain très-resserré, trois républiques ont subsisté pendant de longues années, Florence, Sienne et Lucques. Les autres villes de cette contrée n'ont point été tellement esclaves, qu'aidées de leur courage et des institutions qu'on y remarque encore, elles n'aient su maintenir leur liberté, ou entretenir du moins le désir de la conserver ; ce qui vient de ce qu'il n'existe dans ce pays aucun propriétaire de château, et

qu'on n'y voit aucun gentilshomme, ou du moins qu'on
en voit très-peu, et qu'il y règne une telle égalité, qu'un
homme sage et instruit de la constitution des anciennes
républiques y introduirait facilement une existence légale. Mais le destin de cette contrée a été tellement
malheureux que, jusqu'à ce jour, le sort n'a fait naître
dans son sein aucun homme qui ait pu ou qui ait su
tenter une aussi belle entreprise.

On peut donc conclure de ce que je viens de dire
que celui qui veut établir une république dans un pays
où il existe un grand nombre de gentilshommes ne
pourra y parvenir s'il ne les anéantit tous; et que celui
qui prétend établir un royaume ou une principauté là
où règne l'égalité, ne pourra réussir qu'en élevant au-
dessus du niveau ordinaire les hommes d'un esprit ambitieux et remuant, et en les faisant gentilshommes de
fait, et non pas de nom seulement; en leur donnant des
châteaux et des terres, en les environnant de faveurs,
de richesses et de sujets : de sorte que, placé au milieu
d'eux, il puisse appuyer sur eux son pouvoir, comme
ils appuient sur lui leur ambition; et que le reste soit
contraint à souffrir un joug que la force, et nul autre
sentiment, peut seule leur faire supporter. La force de
l'oppresseur se trouvant en proportion avec celle de l'opprimé, chacun reste à la place où l'a jeté le sort.

Mais comme établir une république dans un pays
propre à faire un royaume, ou un royaume dans une
contrée susceptible de devenir une république, est l'entreprise d'un homme d'un rare génie ou d'une puissance sans bornes, beaucoup d'hommes l'ont tenté, peu
d'entre eux ont su réussir. La grandeur de l'entreprise
épouvante la plupart des hommes, ou leur suscite de tels
embarras, qu'ils échouent dès les commencements.

Peut-être regardera-t-on comme une chose contraire
à ce que j'avance, — qu'on ne peut établir de république
là où il existe un grand nombre de gentilshommes, —

l'exemple de Venise, où l'on n'élève aux charges de l'État que ceux qui sont gentilshommes.

Mais je répondrai que cet exemple n'est point une objection, parce que dans cette république les gentilshommes le sont plus de nom que de fait, attendu qu'ils n'ont point de grands revenus en biens-fonds, toutes leurs plus grandes richesses consistant en marchandises et en biens mobiliers; d'ailleurs nul d'entre eux ne possède de châteaux, et n'a de sujets sous sa juridiction; ce nom de gentilhomme n'est pour eux qu'un titre de dignité et de considération, qui n'est fondé sur aucun de ces avantages que dans les autres villes on attache au titre de gentilhomme. Et comme dans toutes les autres républiques les rangs de la société sont marqués par des dénominations diverses, ainsi Venise se divise en gentilshommes et en bourgeois, et veut que les uns possèdent ou du moins puissent posséder tous les honneurs, et que les autres en soient entièrement exclus. J'ai expliqué les causes pour lesquelles il n'en résulte aucun désordre dans l'État.

Que celui qui veut fonder une république l'établisse donc là où règne ou peut régner une grande égalité; qu'il fonde, au contraire, une principauté là où l'inégalité existe; autrement il donnera naissance à un État sans proportions dans son ensemble, et qui ne pourra subsister longtemps.

CHAPITRE LVI.

Les grands changements qui arrivent dans une cité ou dans une province sont toujours précédés de signes qui les annoncent ou d'hommes qui les prédisent.

Je ne sais d'où cela provient, mais on voit, par les exemples tirés des temps anciens et des modernes, qu'il n'arrive jamais, dans une cité ou un pays, un événement important qui n'ait été prédit, ou par des devins, ou par des révélations, ou par des prodiges, ou par d'autres signes célestes. Pour ne point nous éloigner de chez nous, chacun ne sait-il pas que l'arrivée du roi de France Charles VIII en Italie avait été prédite depuis longtemps par le frère Jérôme Savonarola, et le bruit ne se répandit-il pas en outre, dans toute la Toscane, qu'on avait entendu dans les airs et vu au-dessus d'Arezzo deux armées qui combattaient ensemble?

Personne n'ignore également que quelque temps avant la mort de Laurent de Médicis l'ancien, l'église du Dôme fut frappée à son sommet le plus élevé d'un coup de tonnerre qui endommagea considérablement cet édifice. Chacun sait encore que, peu de temps avant que Pierre Soderini, nommé par le peuple de Florence gonfalonier à vie, eût été chassé et dépouillé de sa dignité, le tonnerre avait également frappé le palais. Je pourrais rapporter une foule d'autres exemples semblables; je les laisse de côté pour ne point fatiguer mes lecteurs. Je raconterai seulement ce que Tite-Live dit qui eut lieu avant l'arrivée des Gaulois à Rome. Un certain Marcus Séditius, plébéien, vint rapporter au sénat que, passant au milieu de la nuit dans la rue Neuve, il avait entendu une voix plus qu'humaine, qui lui ordonnait d'annoncer aux magistrats que les Gaulois marchaient sur Rome. Je crois que, pour expliquer la cause de ces prodiges, il faudrait un homme qui eût des choses naturelles et surnaturelles une connaissance que nous ne possédons point. Il pourrait se faire cependant que les airs, suivant l'opinion de quelques philosophes, soient remplis d'intelligences célestes, qui, par leur nature, connaissent l'avenir, et qui, touchées de pitié pour les hommes, les avertissent par de tels pronostics, afin qu'ils puissent se préparer à la défense. Quoi qu'il en soit, il n'en est pas moins vrai que, toujours après de semblables prodiges, les empires ont éprouvé des révolutions extraordinaires et inattendues.

CHAPITRE LVII.

Le peuple en masse est fort; il est faible individuellement.

Après la ruine de Rome par les Gaulois, une foule de citoyens étaient allés s'établir à Véïes, malgré la constitution et les édits du sénat, qui, pour mettre un terme à ce désordre, décréta publiquement que chaque citoyen, dans un certain espace de temps, et sous les peines portées par la loi, eût à revenir habiter Rome. Ceux contre lesquels ce décret était dirigé commencèrent par en plaisanter; mais lorsque arriva le terme prescrit pour s'y soumettre, personne n'osa désobéir. Et Tite-Live dit à ce sujet : *Ex ferocibus universis, singuli, metu suo, obedientes fuere.*

Il est impossible de citer un exemple où le caractère de la multitude se manifeste plus clairement. Les hommes poussent souvent l'audace jusqu'à se plaindre hautement des mesures prises par leurs princes; mais lorsqu'ils voient le châtiment en face, ils perdent la confiance qu'ils avaient l'un dans l'autre, et ils se précipitent pour obéir.

Il est certain qu'on ne doit point attacher trop d'importance à tout ce que dit un peuple de ses bonnes ou de ses mauvaises dispositions, pourvu toutefois que lorsqu'il est bien disposé vous puissiez le maintenir dans ces bonnes dispositions, et que, lorsqu'il l'est mal, vous puissiez l'empêcher de devenir dangereux. On entend par mauvaises dispositions des peuples celles qui ont une autre source que la perte de leur liberté, ou d'un prince objet de leur affection et qui existe encore; car celles qui naissent de ces causes sont par-dessus tout formidables, et l'on ne peut prendre de trop grandes précautions pour y mettre un frein. Mais le mécontentement est facile à dissiper lorsque les peuples n'ont pas de chef auquel ils puissent recourir; car si, d'un côté, rien n'est plus redoutable qu'une multitude sans frein et sans chef, rien, d'un autre côté, n'est plus faible; et quoiqu'elle ait les armes à la main, il est aisé de la réduire, pourvu qu'il existe un asile où l'on puisse se mettre à l'abri de son premier mouvement. En effet, lorsque les esprits sont refroidis, et que chacun voit qu'il faut retourner chez soi, on commence à perdre la confiance qu'on avait dans ses propres forces, on pense à son propre salut, et l'on se décide à fuir ou à traiter.

Une multitude mise ainsi en mouvement, et qui veut éviter de semblables périls, doit choisir dans son sein un chef qui la dirige, qui la tienne unie, et qui pourvoie à sa défense. C'est ainsi qu'agit le peuple romain, lorsqu'il déserta Rome après la mort de Virginie, et qu'il choisit dans son sein vingt tribuns pour veiller à sa sûreté. S'il se conduit différemment, il arrivera toujours ce que dit Tite-Live dans les paroles que nous avons rapportées, que, réunis, les hommes sont remplis de courage, mais que lorsque chacun vient à réfléchir à son propre danger, il devient faible et lâche.

CHAPITRE LVIII.

La multitude est plus sage et plus constante qu'un prince.

Tite-Live et tous les autres historiens affirment qu'il n'y a rien de plus inconstant et de plus léger que la multitude. Souvent dans le récit qu'ils font des actions des hommes, on voit la multitude, après avoir condamné quelqu'un à mort, le pleurer bientôt, et l'appeler de tous ses regrets. C'est ainsi que Rome se con-

duisit envers Manlius Capitolinus, qu'elle regretta amèrement après lui avoir arraché la vie. Voici quelles sont
à ce sujet les paroles de l'historien : *Populum brevi,
posteaquam ab eo periculum nullum erat, desiderium
ejus tenuit.* Et dans un autre endroit, lorsqu'il raconte
les événements qui suivirent à Syracuse la mort d'Hiéronyme, petit-fils d'Hiéron, il dit : *Hæc natura multitu-
dinis est, aut humiliter servit, aut superbè domi-
natur.*

Je ne sais si ce n'est point entreprendre une tâche
pénible et tellement remplie de difficultés, que je sois
obligé ou de l'abandonner honteusement, ou de la poursuivre au risque de succomber sous le fardeau, que de
m'efforcer de défendre une cause qui, ainsi que je viens
de le dire, a été attaquée par tous les historiens. Mais,
quoi qu'il en soit, je ne regarderai jamais comme un tort
de s'appuyer de la raison pour combattre une opinion,
lorsqu'on n'y veut employer ni l'autorité ni la force.

Je dirai donc que le défaut dont les historiens accusent
la multitude peut être imputé aux hommes en général,
et aux princes en particulier : en effet, tous ceux que ne
retient pas l'autorité des lois se livreraient aux mêmes
erreurs que la multitude sans frein. On peut facilement
s'en convaincre : il y a eu et il existe encore beaucoup de
princes, mais on en compte parmi eux bien peu de bons
ou de sages. Je parle ici des princes qui pouvaient briser
tous les freins qui auraient été capables de les retenir.
Je n'y comprends pas les rois que vit naître l'Égypte,
lorsque ce royaume si ancien se gouvernait sous l'empire
des lois ; ni ceux que Sparte a produits ; ni ceux qui de
notre temps ont vu la lumière en France, dans ce
royaume où les lois ont plus de puissance que dans aucun des empires qui existent de nos jours.

Les rois qui naissent sous de semblables institutions
ne sauraient être comptés parmi ceux dont on puisse
examiner le caractère naturel pour le comparer à celui

de la multitude, parce qu'on ne saurait leur opposer qu'une multitude également soumise aux lois, dont les bonnes qualités seront aussi grandes que les leurs, et qui ne montrera ni orgueil dans le pouvoir, ni bassesse dans la servitude. C'est ainsi que parut le peuple romain tant que la république eut des mœurs pures; jamais il n'obéit d'une manière vile et lâche, et ne commanda avec orgueil; mais, dans ses rapports avec les différents ordres et avec ses magistrats, il sut garder honorablement le rang qu'il tenait dans l'État. Fallait-il se soulever contre un factieux puissant; il ne balançait pas. Manlius, les décemvirs, tous ceux qui tentèrent d'opprimer la république, en offrent une preuve. Fallait-il obéir, pour le salut commun, au dictateur ou aux consuls; les magistrats étaient assurés de son obéissance.

Il ne faut pas s'étonner si le peuple romain regretta la mort de Manlius Capitolinus. C'était ses grandes qualités dont il déplorait la perte, ces qualités si éclatantes, et dont le souvenir excitait les regrets universels. Elles auraient eu le même empire sur un prince; car tous les historiens s'accordent à penser qu'on admire et qu'on loue la vertu jusque dans ses ennemis mêmes. Si Manlius, au milieu de tant de regrets, avait revu le jour, le peuple romain aurait encore rendu contre lui le même jugement; il l'eût, comme alors, arraché de sa prison et livré au supplice. On a vu néanmoins des princes réputés sages se souiller du sang de ceux qu'ils aimaient, et se livrer ensuite aux plus amers regrets : comme Alexandre, après la mort de Clytus et de quelques autres de ses amis; comme Hérode, après celle de Mariamne.

Mais ce que dit notre historien du caractère de la multitude ne concerne pas celle que gouvernent les lois, comme on le voit des Romains, mais celle qui s'abandonne sans frein à tous ses mouvements, comme le peuple de Syracuse, et qui se précipite dans tous les excès où se plongent des hommes effrénés et furieux, tels qu'Alexandre et Hérode dans les circonstances dont j'ai parlé.

Ainsi l'on ne doit pas accuser le caractère de la multitude plus que celui des princes : tous sont sujets aux mêmes erreurs quand rien ne les empêche de se livrer à leurs passions. Et combien ne pourrais-je pas encore citer d'exemples à l'appui de tous ceux que j'ai déjà rapportés! Combien d'empereurs romains, de tyrans et de rois ont déployé plus d'inconstance et de légèreté dans le cours de leur vie, que n'en offre le peuple le plus frivole!

Ainsi, je conclus contre cette opinion générale, qui veut que les peuples, lorsqu'ils sont les maîtres, soient toujours légers, inconstants et ingrats, en soutenant que ces défauts ne leur sont pas plus naturels qu'aux princes. Accuser à la fois et le peuple et les princes, c'est avancer une vérité; mais on se trompe si l'on excepte les princes. Un peuple qui commande, sous l'empire d'une bonne constitution, sera aussi stable, aussi prudent, aussi reconnaissant qu'un prince; que dis-je? il le sera plus encore que le prince le plus estimé pour sa sagesse. D'un autre côté, un prince qui a su se délivrer du joug des lois sera plus ingrat, plus mobile, plus imprudent que le peuple. La différence qu'on peut remarquer dans leur conduite ne provient pas du caractère, qui est semblable dans tous les hommes, et qui sera même meilleur dans le peuple; mais de ce que le respect pour les lois sous lesquelles ils vivent réciproquement est plus ou moins profond. Si l'on étudie le peuple romain, on le verra pendant quatre cents ans ennemi de la royauté, mais passionné pour la gloire et la prospérité de sa patrie; et l'on trouvera dans toute sa conduite une foule d'exemples qui viennent à l'appui de ce que j'avance.

On m'objectera peut-être l'ingratitude dont il usa envers Scipion; mais je ne ferai que répéter ce que j'ai déjà exposé au long sur ce sujet dans un des précédents

chapitres, où j'ai prouvé que les peuples sont moins ingrats que les princes. Quant à la sagacité et à la constance, je soutiens qu'un peuple est plus prudent, moins
volage et d'un sens plus droit qu'un prince. Et ce n'est
pas sans raison que l'on dit que la voix du peuple est la
voix de Dieu. On voit, en effet, l'opinion universelle produire des effets si merveilleux dans ses prédictions, qu'il
semble qu'une puissance occulte lui fasse prévoir et les
biens et les maux. Quant au jugement que porte le
peuple sur les affaires, il est rare, lorsqu'il entend deux
orateurs qui soutiennent des opinions opposées, mais
dont le talent est égal, qu'il n'embrasse pas soudain la
meilleure, et ne prouve point ainsi qu'il est capable de
discerner la vérité qu'il entend. Si, comme je l'ai dit, il
se laisse quelquefois séduire par les résolutions qui montrent de la hardiesse, ou qui présentent une apparence
d'utilité, combien plus souvent encore un prince n'est-il
pas entraîné par ses propres passions, qui sont bien plus
nombreuses et plus irrésistibles que celles du peuple!
Dans l'élection de ses magistrats, on voit encore ce dernier faire de bien meilleurs choix qu'un prince; et jamais on ne persuadera au peuple d'élever à une dignité
un homme corrompu et signalé par l'infamie de ses
mœurs, tandis qu'il y a mille moyens de le persuader à
un prince. Lorsqu'un peuple a pris quelque institution
en horreur, on le voit persister des siècles dans sa haine:
cette constance est inconnue chez les princes; et sur
ces deux points le peuple romain me servira encore
d'exemple.

Pendant cette longue suite de siècles qui furent témoins de tant d'élections de consuls et de tribuns, on
n'en connaît pas quatre dont Rome ait eu lieu de se repentir. Et, comme je l'ai dit, sa haine pour le nom de
roi était tellement invétérée, que quelque éclatants que
fussent les services d'un citoyen, dès qu'il tenta d'usurper ce nom, il ne put échapper aux supplices.

D'ailleurs, les États gouvernés populairement font en bien moins de temps des conquêtes plus rapides et bien plus étendues que ceux où règne un prince : comme on le voit par l'exemple de Rome après l'expulsion des rois et par celui d'Athènes dès qu'elle eut brisé le joug de Pisistrate. Cela ne provient-il pas de ce que le gouvernement des peuples est meilleur que celui des rois? Et qu'on ne m'oppose point ici ce que dit notre historien dans le texte que j'ai déjà cité, et dans une foule d'autres passages; mais qu'on parcoure tous les excès commis par les peuples, et ceux où les princes se sont plongés, toutes les actions glorieuses exécutées par les peuples, et celles qui sont dues à des princes, et l'on verra combien la vertu et la gloire des peuples l'emportent sur celles des princes. Si les derniers se montrent supérieurs aux peuples pour former un code de lois, créer les règles de la vie civile, établir des institutions ou des ordonnances nouvelles, les peuples à leur tour sont tellement supérieurs dans leur constance à maintenir les constitutions qui leur sont données, qu'ils ajoutent même à la gloire de leurs législateurs.

Enfin, et pour épuiser ce sujet, je dirai que si des monarchies ont duré pendant une longue suite de siècles, des républiques n'ont pas existé moins longtemps, mais que toutes ont eu besoin d'être gouvernées par les lois; car un prince qui peut se livrer à tous ses caprices est ordinairement un insensé; et un peuple qui peut tout ce qu'il veut se livre trop souvent à d'imprudentes erreurs. Si donc il s'agit d'un prince soumis aux lois et d'un peuple qu'elles enchaînent, le peuple fera briller des vertus supérieures à toutes celles des princes ; si, dans ce parallèle, on les considère comme affranchis également de toute contrainte, on verra que les erreurs du peuple sont moins nombreuses que celles des princes; qu'elles sont moins grandes, et qu'il est plus facile d'y remédier. Les discours d'un homme sage peuvent ramener facilement dans la bonne voie un peuple égaré et livré à tous les désordres; tandis qu'aucune voix n'ose s'élever pour éclairer un méchant prince; il n'existe qu'un seul remède, le fer. Quel est celui de ces deux gouvernements qu'un mal plus grand dévore? La gravité du remède l'indique. Pour guérir le mal du peuple, il suffit de quelques paroles; il faut employer le fer pour extirper celui des princes. Il est donc facile de juger que là sont les plus grands maux où les plus grands remèdes sont nécessaires.

Quand un peuple est livré à toutes les fureurs des commotions populaires, ce ne sont pas ses emportements qu'on redoute; on n'a pas peur du mal présent, mais on craint ses résultats pour l'avenir; on tremble de voir un tyran s'élever du sein des désordres. Sous les mauvais princes, c'est le contraire que l'on redoute; c'est le mal présent qui fait trembler; l'espoir est tout dans l'avenir; les hommes espèrent que de ses excès pourra naître la liberté. Ainsi, la différence de l'un à l'autre est marquée par celle de la crainte et de l'espérance.

La cruauté de la multitude s'exerce sur ceux qu'elle soupçonne de vouloir usurper le bien de tous; celle du prince poursuit tous ceux qu'il regarde comme ennemis de son bien particulier. Mais l'opinion défavorable que l'on a du peuple ne prend sa source que dans la liberté avec laquelle on en dit du mal sans crainte, même lorsque c'est lui qui gouverne; au lieu qu'on ne peut parler des princes sans mille dangers et sans s'environner de mille précautions.

Je ne crois donc pas inutile, puisque mon sujet m'y conduit, d'examiner dans le chapitre suivant quelles sont les alliances sur lesquelles on peut le plus s'appuyer, ou celles que l'on fait avec une république, ou celles que l'on contracte avec un prince.

CHAPITRE LIX.

elles sont les confédérations ou les ligues qui doivent inspirer le plus de
confiance, ou celles faites avec une république, ou celles faites avec un
prince.

Comme il arrive chaque jour qu'un prince avec un
prince, une république avec une république, forment des
ligues et contractent des amitiés, qu'il se trouve même
des alliances et des traités entre une république et un
prince, je crois devoir examiner quelle est la foi la plus
constante, et dont on doive tenir plus de compte, ou
celle d'une république, ou celle d'un prince. Après avoir
tout bien examiné, je crois qu'ils se ressemblent dans
beaucoup de circonstances, mais qu'il en est quelques-
unes où ils diffèrent.

Je pense donc que les traités imposés par la force ne
seront observés ni par un prince ni par une république ;
je suis persuadé que si l'on tremble pour le salut de
l'État, l'un et l'autre, pour écarter le danger, rompra
ses engagements et ne craindra pas de se montrer ingrat.
Démétrius, surnommé le preneur de villes (*Poliorcètes*),
avait comblé de bienfaits les Athéniens. Battu dans la
suite par ses ennemis, il résolut de se réfugier dans
Athènes, plein de confiance dans la reconnaissance d'une
ville amie : on ne voulut pas l'y recevoir ; et ce refus lui
parut plus cruel que la perte même de ses États et de
ses armées. Pompée, défait par César en Thessalie, alla
chercher un asile en Égypte auprès de Ptolomée, qu'il
avait autrefois replacé sur le trône, et qui l'en récom-
pensa en lui donnant la mort. Cette conduite semblable
fut déterminée par les mêmes causes ; seulement celle
de la république fut moins atroce et moins ingrate que
celle du prince.

Partout où règne la peur, on retrouve en effet la même bonne foi. Et s'il existe une république ou un prince qui s'expose à sa ruine pour garder sa parole, cette conduite peut naître des mêmes motifs. Quant aux princes, il est très-possible qu'ils soient amis d'un monarque puissant, qui, s'il ne trouve point aujourd'hui le moyen de les défendre, leur laisse au moins l'espoir qu'avec le temps il pourra les rétablir dans leurs États ; ou plutôt qui, l'ayant suivi jusqu'alors comme alliés, n'espèrent trouver ni foi, ni traités avec les ennemis du vaincu. C'est dans cette classe qu'il faut ranger les princes du royaume de Naples qui avaient suivi le parti des Français. Quant aux républiques, voici comme elles se conduisent : Sagonte, en Espagne, attendit sa ruine plutôt que de trahir l'amitié des Romains ; et Florence, en 1512, s'y exposa de même pour rester fidèle aux Français.

Après avoir balancé toutes ces considérations, je suis convaincu que partout où se montre un danger imminent, on trouvera plus de solidité dans une république que dans un prince ; car, bien que la première ait les mêmes passions et les mêmes désirs qu'un monarque, la lenteur qui règne naturellement dans toutes ses résolutions, est cause qu'elle sera plus lente qu'un prince à se déterminer, et par conséquent elle sera moins prompte à rompre sa parole.

C'est l'intérêt qui brise les nœuds de toutes les alliances ; et, sous ce point de vue, les républiques sont bien plus religieuses observatrices des lois que les princes. On pourrait citer une foule d'exemples où l'intérêt le plus faible a engagé le prince à rompre sa foi, tandis que les plus grands avantages n'ont pu déterminer une république à trahir sa parole. Tel fut le parti que conseillait Thémistocle aux Athéniens, dans une des assemblées du peuple. Il avait, disait-il, un projet dont l'exécution serait de la plus grande utilité pour la patrie, et il ne pouvait toutefois le divulguer, parce que l'indiscrétion pourrait ravir l'occasion de l'exécuter. Alors le peuple d'Athènes désigna Aristide pour qu'il lui révélât ce secret, et qu'on pût se conduire ensuite d'après son avis. Thémistocle lui fit voir en effet que toute la flotte de la Grèce, quoiqu'elle se reposât sur leur foi, était placée de manière à pouvoir être facilement prise ou détruite ; ce qui rendrait les Athéniens les seuls arbitres de la Grèce. Alors Aristide exposa aux Athéniens que le parti que conseillait Thémistocle était très-utile, mais aussi très-injuste : c'est pourquoi le peuple le rejeta unanimement. Philippe de Macédoine n'en eût point agi de la sorte, à coup sûr, non plus que les autres princes, qui, dans la violation de leur parole, ont vu un moyen plus certain qu'aucun autre de favoriser leurs intérêts et de s'agrandir.

Je ne parle point ici des infractions faites à un traité, et qui ont pour motif leur inobservation ; c'est une chose trop commune : mais je parle des traités que l'on rompt pour des causes extraordinaires ; et, par ce que je viens de dire, je reste convaincu que les peuples sont sujets à moins d'erreurs que les princes, et qu'on doit se fier à eux bien plus sûrement qu'à ces derniers.

CHAPITRE LX.

Comment le consulat et toutes les autres magistratures se donnaient dans Rome, sans égard pour l'âge.

Les événements successifs que rapporte l'histoire nous font voir qu'aussitôt que les plébéiens purent participer au consulat, Rome l'accorda aux citoyens sans

considération d'âge ni de naissance. Jamais dans Rome
on n'eut égard à l'âge, et l'on y chercha toujours la
vertu, qu'elle fût le partage des jeunes gens ou des
vieillards. Valérius Corvinus en est un exemple mémorable : nommé consul à vingt-trois ans, il disait à
ses soldats, en parlant du consulat : « C'est le prix
« du mérite et non de la naissance; » *Erat præ-
mium virtutis, non sanguinis.* Il y aurait beaucoup
à dire sur les avantages ou les désavantages de cette
coutume.

Quant à la naissance, ce fut une nécessité de n'y avoir
point égard; et cette nécessité existera dans toute république qui voudra obtenir le même empire que Rome.
On ne peut exiger des hommes qu'ils se livrent à des travaux qui n'ont point pour but une récompense; et l'on ne
peut leur ravir l'espoir de poursuivre cette récompense,
sans exposer l'État aux plus grands dangers. Sans doute
il était nécessaire que le peuple eût l'espoir de parvenir
au consulat, et qu'il nourrît quelque temps cette espérance; mais elle ne put suffire par la suite, et il voulut
en avoir la possession.

L'État, qui n'emploie ses sujets à aucune entreprise
glorieuse, peut, ainsi que nous l'avons vu, les traiter au gré de son caprice; et celui qui veut obtenir
les mêmes succès que Rome ne doit point établir dans
son sein de distinction. Si cela est vrai pour la naissance, la question de l'âge est résolue; elle en est la
suite nécessaire. En élevant un jeune homme à une dignité qui exige la prudence d'un vieillard, il est clair,
puisque la multitude le choisit, que quelque action
éclatante l'a rendu digne d'être porté à ce rang élevé.
Et, quand le mérite d'un jeune homme brille de tout
l'éclat que répandent sur lui ses belles actions, il serait
dangereux que l'État ne pût dès lors en tirer avantage,
et qu'il fallût attendre que la vieillesse eût glacé cette
force d'âme et cette activité qu'on aurait pu employer

au service de la patrie. Ainsi Rome se servit de Valérius Corvinus, de Scipion, de Pompée, et d'une foule
d'autres illustres citoyens que leur extrême jeunesse
n'empêcha pas de triompher des ennemis.

LIVRE SECOND.

Les hommes, la plupart du temps sans raison, font l'éloge du temps passé et blâment le temps présent. Aveugles partisans de tout ce qui s'est fait autrefois, ils louent non-seulement ces temps dont ils n'ont connaissance que par la mémoire que les historiens nous en ont conservée, mais même ceux que dans la vieillesse ils se souviennent d'avoir vus étant jeunes. Quand ils auraient tort, comme il arrive le plus souvent, je me persuade que plusieurs raisons peuvent les jeter dans cette erreur.

La première, à mon avis, c'est qu'on ne connaît pas toute la vérité sur les événements de l'antiquité, et que le plus souvent on a caché ceux qui auraient pu déshonorer les vieux âges ; tandis qu'on célèbre et qu'on amplifie tout ce qui peut ajouter à leur gloire. Peut-être aussi la plupart des écrivains obéissent tellement à la fortune du vainqueur, que, pour illustrer encore ses victoires, non-seulement ils agrandissent tout ce qu'il a pu faire de glorieux, mais encore qu'ils ajoutent à l'éclat même de ce qu'ont fait les ennemis ; de sorte que tous ceux qui naissent ensuite dans le pays ou des vainqueurs des vaincus doivent nécessairement admirer et ces hommes et ces temps, et sont forcés d'en faire l'objet de leurs louanges et de leur amour.

Il y a plus. C'est par crainte ou par envie que les

25.

hommes se livrent à la haine : or ces deux sources si fécondes de haine sont taries à l'égard du passé ; car il n'y a plus rien à craindre des événements, et l'on n'a plus sujet de leur porter envie. Mais il n'en est pas ainsi des événements où l'on est soi-même acteur, ou qui se passent sous nos yeux : la connaissance parfaite que vous pouvez en avoir vous en découvre tous les ressorts ; il vous est facile alors de discerner le peu de bien qui s'y trouve de toutes les circonstances qui peuvent vous déplaire, et vous êtes forcés de les voir d'un œil moins favorable que le passé, quoique souvent en vérité le présent mérite bien davantage nos louanges et notre admiration. Je ne parle point des monuments des arts, qui portent leur évidence avec eux, et dont le temps lui-même ne saurait que bien peu augmenter ou diminuer le mérite ; mais je parle des mœurs et des usages des hommes, dont on ne voit point de témoignages aussi évidents.

Je répéterai donc que cette habitude de louer et de blâmer, dont j'ai déjà parlé, existe en effet ; mais il est vrai de convenir qu'elle ne nous trompe pas toujours. Nos jugements sont parfois dictés par l'évidence ; et comme les choses de ce monde sont toujours en mouvement, elles doivent tantôt s'élever, tantôt descendre.

On a vu, par exemple, une ville ou une province recevoir des mains d'un sage législateur l'ordre et la forme de la vie civile, et, appuyées sur la sagesse de leur fondateur, faire chaque jour des progrès vers un meilleur gouvernement. Celui qui naît alors dans ces États, et qui loue le passé aux dépens du présent, se trompe, et son erreur est produite par ce que j'ai déjà dit précédemment. Mais ceux qui voient le jour dans cette ville ou dans cette province, lorsque les temps de la décadence sont enfin arrivés, alors ceux-là ne se trompent pas.

En réfléchissant à la manière dont les événements se

passent, je crois que le monde a toujours été semblable
à lui-même, et qu'il n'a jamais cessé de renfermer dans
son sein une égale masse de bien et de mal; mais je crois
aussi que ce bien et ce mal passaient d'un pays à un autre,
comme on peut le voir par les notions que nous avons de
ces royaumes de l'antiquité, que la variation des mœurs
rendait différents les uns des autres, tandis que le monde
restait toujours immuable. La seule différence, c'est que
la masse du bien, qui d'abord avait été le partage des
Assyriens, fut transportée aux Mèdes, puis aux Perses,
d'où elle passa en Italie et à Rome; et si, après la chute
de l'empire romain, il n'est sorti de ses ruines aucun
empire durable, et qui ait réuni toutes les vertus comme
dans un seul faisceau, cette masse du bien s'est répartie
dans une foule de nations, qui en ont donné des preuves
éclatantes. Tels furent le royaume de France, l'empire
des Turcs et du soudan; tels sont aujourd'hui les peuples d'Allemagne, et, avant eux, ces fameux Sarrasins,
qui ont exécuté de si grandes choses, et dont les conquêtes s'étendirent si loin lorsqu'ils eurent renversé l'empire d'Orient.

Dans ces différents empires qui ont remplacé les
Romains depuis leur chute, ainsi que dans ces sectes
diverses, on a vu et on voit encore cette vertu que l'on
regrette et que l'on ne cesse d'honorer par de véritables
louanges. Celui qui naît au sein de ces États, et qui
loue le passé plus que le présent, pourrait bien se tromper. Mais celui que l'Italie et la Grèce ont vu naître, et
qui dans l'Italie n'est pas devenu *ultramontain*, ou Turc
dans la Grèce, a raison de blâmer le siècle où il vit, et
de louer les siècles qui se sont écoulés. Dans ces anciens
temps, tout est plein d'actions merveilleuses; tandis que
dans les nôtres il n'y a rien qui puisse racheter la profonde
misère, l'infamie et la honte où tout est plongé; époque
désastreuse où l'on foule aux pieds la religion, les lois
et la discipline, où tout est infecté de souillures de

toute espèce. Et ces déportements sont d'autant plus hideux qu'ils sont le partage de ceux qui règnent, qui commandent aux hommes, et qui exigent qu'on les adore.

Mais, pour en revenir à mon sujet, il semblerait que si le jugement des hommes peut errer dans la préférence qu'on donne au passé sur le présent, préférence qui n'est fondée que sur la connaissance imparfaite que nous avons des événements de l'antiquité, comparée à celle de ce qui s'est passé sous nos yeux, les vieillards du moins devraient porter un jugement sain sur les temps de leur jeune âge et ceux de leur vieillesse, puisqu'ils les ont également observés par eux-mêmes. Cela serait vrai si tous les hommes, pendant la durée de leur vie, conservaient les mêmes passions. Mais comme elles changent sans cesse, quoique les temps ne changent pas, la différence des affections et des goûts doit leur montrer les mêmes événements sous des points de vue différents, dans la décrépitude et dans la jeunesse. Si la vieillesse augmente la sagesse et l'expérience de l'homme, elle le dépouille de ses forces : il est impossible alors que ce qu'il aimait dans sa jeunesse ne lui semble pas fastidieux et mauvais en avançant en âge ; et, au lieu de s'en prendre à sa manière de voir, il aime mieux en accuser le temps.

D'ailleurs rien ne peut assouvir les désirs insatiables de l'homme : la nature l'a doué de la faculté de vouloir et de pouvoir tout désirer ; mais la fortune ne lui permet que d'embrasser un petit nombre d'objets. Il en résulte dans le cœur humain un mécontentement continuel, et un dégoût des choses qu'il possède qui le porte à blâmer le temps présent, à louer le passé et à désirer l'avenir, lors même que ces désirs ne sont excités en lui par aucun motif raisonnable.

Peut-être mériterai-je que l'on me compte parmi ceux qui se trompent, si dans ces Discours je m'étends

sur les louanges des anciens Romains, et si j'exerce ma
censure sur le siècle où nous vivons. Certes, si la vertu
qui régnait en ces temps, et si le vice qui souille tout de
nos jours, n'étaient pas plus manifestes que la clarté du
soleil, je parlerais avec plus de retenue, dans la crainte
de partager l'erreur dont j'accuse les autres; mais la
chose est tellement évidente, qu'elle frappe tous les
yeux. J'oserai donc exposer sans détour ce que je pense
de ces temps et des nôtres, afin que l'esprit des jeunes
gens qui liront mes écrits puisse fuir l'exemple des
uns et imiter les autres toutes les fois que la fortune
leur en présentera l'occasion. C'est le devoir d'un honnête homme d'indiquer aux autres le bien que la rigueur du temps et de la fortune ne lui permet pas de
faire lui-même, dans l'espoir que, parmi tous ceux qui
sont capables de le comprendre, il s'en trouvera un qui,
chéri du ciel, pourra parvenir à l'opérer.

J'ai traité dans le livre précédent des mesures prises
par les Romains relativement au gouvernement intérieur
de la république; je parlerai dans celui-ci de la conduite
que tint ce peuple pour accroître son empire.

CHAPITRE PREMIER.

Quelle fut la cause la plus puissante de la grandeur des Romains, ou le courage
ou la fortune.

Un grand nombre d'historiens, parmi lesquels on
compte Plutarque, écrivain du plus grand poids, ont
pensé que le peuple romain devait sa grandeur à la fortune plutôt qu'à la vertu. Parmi les raisons que Plutarque en donne, il s'appuie de l'aveu même de ce peuple,
qui regardait comme la source de toutes ses victoires la
Fortune, déesse à laquelle il avait élevé un plus grand
nombre de temples qu'à toutes les autres divinités.

Tite-Live paraît avoir partagé cette opinion; car il est rare, lorsqu'il met dans la bouche d'un Romain le récit d'une action éclatante, qu'il ne lui en fasse pas attribuer quelque part à la fortune.

Non-seulement je ne veux sur aucun point me rendre à cette opinion, mais je ne crois pas qu'on puisse la soutenir. S'il n'a jamais existé une république qui ait fait les mêmes progrès que Rome, c'est que jamais république n'a reçu comme elle des institutions propres à lui faire faire des conquêtes. C'est au courage de ses armées qu'elle dut l'empire; mais c'est à sa sagesse, à sa conduite, et au caractère particulier que sut lui imprimer son premier législateur, qu'elle dut la conservation de ses conquêtes, ainsi que nous le ferons amplement voir dans plusieurs des chapitres suivants.

Les uns regardent comme un effet du bonheur et non de la sagesse du peuple romain, de n'avoir jamais eu à soutenir en même temps deux guerres dangereuses; car il n'eut la guerre avec les Latins que lorsque ces derniers eurent tellement battu les Samnites, que Rome crut devoir prendre leur défense. Il ne combattit les Toscans qu'après avoir d'abord subjugué les Latins, et affaibli par de fréquentes défaites la puissance des Samnites. Si deux de ces peuples s'étaient réunis lorsque leurs forces étaient intactes, on peut conjecturer sans peine que la ruine de la république romaine eût été la suite inévitable de cette alliance.

Mais, de quelque manière que cela soit arrivé, les Romains n'eurent jamais à porter en même temps le fardeau de deux guerres dangereuses; et il semble que toujours la naissance de l'une fût l'extinction de l'autre, ou que l'extinction de la dernière donnât naissance à une nouvelle. Les guerres successives qu'ils eurent à soutenir sont la preuve de ce que j'avance; et, sans parler de celles qui précédèrent la prise de Rome par les Gaulois, on voit que, tandis qu'ils combattirent contre les Éques et les Volsques, et que ces deux nations furent puissantes, aucun autre peuple ne s'éleva contre eux. Ces ennemis domptés, la guerre s'alluma contre les Samnites ; et, quoique avant qu'elle fût terminée, les peuples du Latium se fussent soulevés contre les Romains, néanmoins, comme les Samnites étaient alliés de Rome lorsque cette révolte éclata, leur armée aida les Romains à dompter l'insolence des Latins. Ces peuples subjugués à leur tour, les hostilités se réveillèrent dans le Samnium. Les armées samnites ayant été défaites dans plusieurs batailles, la guerre avec les Toscans prit naissance : elle venait de s'éteindre quand l'arrivée de Pyrrhus en Italie vint donner une force nouvelle aux Samnites. Ce prince ayant été repoussé et contraint de retourner dans la Grèce, on vit briller les premières étincelles de la guerre avec les Carthaginois : elle était à peine terminée lorsque tous les Gaulois établis au delà et en deçà des Alpes se liguèrent contre Rome, et furent exterminés après un carnage affreux, entre Populonie et Pise, à l'endroit où se trouve aujourd'hui la tour de San-Vincenti. A la fin de cette guerre, toutes celles que les Romains soutinrent eurent pendant vingt ans offrent peu d'importance, parce qu'ils n'eurent à combattre que les Liguriens et les débris des Gaulois qui se trouvaient en Lombardie. Ils restèrent dans cet état jusqu'au moment où éclata la seconde guerre punique, dont pendant seize ans l'Italie fut le théâtre. Cette guerre, terminée avec tant de gloire, donna naissance à celle de la Macédoine, qui ne finit que pour voir s'allumer celle d'Antiochus et de l'Asie. Rome ayant remporté la victoire, il ne resta dans tout l'univers ni prince ni république, qui, seuls ou réunis, pussent s'opposer aux forces des Romains.

Mais, avant ces derniers triomphes, si l'on examine la marche des événements militaires et la manière dont ils furent conduits, on y verra un rare mélange de bonheur, de courage et de sagesse : aussi, celui qui voudrait approfondir les causes d'une telle fortune, les découvrirait facilement. C'est une chose certaine que lorsqu'un prince ou un peuple s'est acquis une telle réputation, que tous ses voisins le redoutent et tremblent de l'attaquer, on peut être assuré que jamais aucun d'eux ne lui fera la guerre que par nécessité. Ainsi, le plus puissant sera libre toujours de déclarer la guerre à celui de ses voisins qu'il lui plaira d'attaquer, et d'employer son art à calmer la terreur des autres, qui, retenus en partie par sa puissance, et en partie séduits par les moyens dont il aura cherché à endormir leur prudence, se laisseront facilement apaiser ; et les autres princes qui, placés plus loin de ses États, n'ont aucun rapport avec lui, regarderont le danger comme trop éloigné d'eux pour se croire dans le cas de le redouter.

Leur aveuglement ne cesse que lorsque l'incendie les atteint : alors ils n'ont pour l'éteindre que leurs propres ressources, et elles deviennent insuffisantes lorsque leur ennemi est devenu tout-puissant.

Je ne parlerai pas de l'indifférence avec laquelle les Samnites regardèrent les Romains triompher des Volsques et des Éques ; et, pour ne pas perdre le temps en discours superflus, je me bornerai aux Carthaginois. Ce peuple était déjà puissant et jouissait d'une juste célébrité lorsque les Romains disputaient encore l'empire avec les Samnites et les Toscans : il possédait déjà toute l'Afrique ; il était maître de la Sardaigne et de la Sicile, et dominait sur une partie de l'Espagne ; sa puissance, son éloignement des frontières des Romains, écartaient de lui la pensée que jamais ces peuples pussent l'attaquer, et il ne songea à secourir ni les Samnites, ni les Toscans : bien au contraire, il se conduisit avec les Romains comme il est ordinaire de le faire avec tout ce qui s'élève ; il entra dans leur alliance et rechercha leur amitié. Il ne s'aperçut de sa faute que lorsque Rome, ayant subjugué tous les peuples qui se trouvaient placés entre elle et Carthage, commença à disputer la possession de la Sicile et de l'Espagne.

La même erreur aveugla les Gaulois, Philippe de Macédoine et le roi Antiochus : chacun d'eux s'imagina que, tandis que le peuple romain combattait contre ses voisins, la victoire pourrait l'abandonner, et qu'on serait toujours à temps d'échapper à sa puissance ou par la paix ou par la guerre; de sorte que, dans ma conviction, le bonheur qu'ont eu les Romains dans ces circonstances serait le partage de tout prince qui se conduirait comme eux et saurait déployer le même courage.

Ce serait ici le lieu de montrer la conduite que tenaient les Romains lorsqu'ils pénétraient dans un pays ennemi, si je n'en avais parlé longuement dans mon *Traité du prince*, où j'ai approfondi cette matière. Je dirai seulement en peu de mots qu'ils cherchèrent toujours à avoir dans leurs nouvelles conquêtes quelque ami qui fût comme un degré ou une porte pour y parvenir ou y pénétrer, ou qui leur donnât le moyen de s'y maintenir. C'est ainsi qu'ils se servirent des habitants de Capoue pour entrer dans le Samnium; des Camertins, dans la Toscane; des Mamertins, dans la Sicile; des Sagontins, dans l'Espagne; de Massinissa, dans l'Afrique; des Étoliens, dans la Grèce; d'Eumène et de quelques autres princes, dans l'Asie; des Marseillais et des Éduens, dans la Gaule. Ils ne manquèrent jamais d'appuis de cette espèce pour faciliter leurs entreprises, faire de nouvelles conquêtes, et consolider leur puissance. Les peuples qui observeront une conduite semblable auront moins besoin des faveurs de la fortune que ceux qui s'en écarteront.

Pour qu'on puisse mieux connaître combien le courage fut plus puissant dans Rome que la fortune pour conquérir un empire, je développerai dans le chapitre

26

suivant les qualités que possédaient les peuples avec
lesquels cette république eut à combattre, et quelle
opiniâtreté ils mirent à défendre contre elle leur liberté.

CHAPITRE II.

Rien ne rendit plus pénible aux Romains la conquête
des peuples voisins, et d'une partie des contrées plus
éloignées, que l'amour dont la plupart de ces peuples
brûlaient alors pour la liberté. Ils la défendirent avec
tant d'opiniâtreté, que jamais, sans le courage prodi-
gieux des Romains, ils n'eussent été subjugués. Une
foule d'exemples nous apprennent à quels dangers ils
s'exposèrent pour la conserver ou la reconquérir, et
quelles vengeances ils exercèrent contre ceux qui la leur
avaient ravie. L'histoire nous instruit aussi des désastres
auxquels l'esclavage expose les peuples et les cités.

Tandis que de nos jours il n'existe qu'à peine un seul
pays qui puisse se vanter de posséder quelques villes qui
ne soient point esclaves, dans l'antiquité toutes les contrées n'étaient peuplées pour ainsi dire que d'hommes
entièrement libres. On n'a qu'à voir combien, à l'époque
dont nous parlons, il existait de peuples de cette espèce,
depuis les hautes montagnes qui séparent aujourd'hui la
Toscane de la Lombardie, jusqu'à l'extrémité de l'Italie,
tels que les Toscans, les Romains, les Samnites, et une
foule d'autres qui habitaient cette contrée, dans laquelle, suivant les historiens, il n'y eut jamais d'autres
rois que ceux qui régnèrent à Rome, et Porsenna, roi
des Toscans, dont on ne sait pas même comment s'étei-
gnit la race. Mais on voit déjà que, lorsque les Romains

-allèrent mettre le siége devant Véies, la Toscane était libre, et chérissait tant sa liberté et abhorrait à un tel point le nom même de prince, que les Véïens s'étant donné un roi pour la défense de leur ville, et ayant demandé l'appui des Toscans contre les Romains. on décida, après de longues délibérations, de ne leur prêter aucun appui tant qu'ils obéiraient à ce roi. On croyait qu'on ne devait pas défendre la patrie de ceux qui l'avaient déjà courbée sous le joug d'un maître.

On sent aisément d'où naît chez les peuples l'amour de la liberté, parce que l'expérience nous prouve que les cités n'ont accru leur puissance et leurs richesses que pendant qu'elles ont vécu libres. C'est une chose vraiment merveilleuse de voir à quel degré de grandeur Athènes s'éleva, durant l'espace des cent années qui suivirent sa délivrance de la tyrannie de Pisistrate. Mais, ce qui est bien plus admirable encore, c'est la hauteur à laquelle parvint la république romaine, dès qu'elle se fut délivrée de ses rois. La raison en est facile à comprendre : ce n'est pas l'intérêt particulier, mais celui de tous qui fait la grandeur des États. Il est évident que l'intérêt commun n'est respecté que dans les républiques : tout ce qui peut tourner à l'avantage de tous s'exécute sans obstacle; et s'il arrivait qu'une mesure pût être nuisible à tel ou tel particulier, ceux qu'elle favorise sont en si grand nombre, qu'on parviendra toujours à la faire prévaloir, quels que soient les obstacles que pourraient opposer le petit nombre de ceux qu'elle peut blesser.

Le contraire arrive sous un prince; car, le plus souvent, ce qu'il fait dans son intérêt est nuisible à l'État, tandis que ce qui fait le bien de l'État nuit à ses propres intérêts : en sorte que, quand la tyrannie s'élève au milieu d'un peuple libre, le moindre inconvénient qui doive en résulter pour l'État, c'est que le progrès s'arrête, et qu'il ne puisse plus croître ni en puissance ni en richesses ; mais le plus souvent, ou, pour mieux dire, toujours, il arrive qu'il rétrograde. Et si le hasard voulait qu'il s'y élevât un tyran doué de quelques vertus, et qui, par son courage et son génie militaire, étendît au loin sa puissance, il n'en résulterait aucun avantage pour la république ; lui seul en retirerait tout le fruit : car il ne peut honorer aucun des citoyens courageux et sages qui gémissent sous sa tyrannie, s'il ne veut avoir à les redouter sans cesse. Il lui est impossible, en outre, de soumettre et de rendre tributaires de la ville dont il est le tyran les États que ses armes ont conquis, parce qu'il ne lui sert de rien de rendre cette ville puissante : ce qui lui importe, c'est de semer la désunion, et de faire en sorte que chaque ville, que chaque province conquise, ne reconnaisse d'autre maître que lui ; il faut que ses conquêtes ne profitent qu'à lui seul, et non à sa patrie.

Ceux qui voudront fortifier cette opinion d'une foule d'autres preuves n'ont qu'à lire le traité de Xénophon sur la tyrannie.

Il n'est donc pas étonnant que les peuples de l'antiquité aient poursuivi les tyrans avec tant d'animosité, qu'ils aient tant aimé à vivre libres, et que le nom même de la liberté ait joui auprès d'eux d'une si grande estime.

Quand Hiéronyme, petit-fils d'Hiéron, mourut à Syracuse, la nouvelle de son trépas ne se fut pas plutôt répandue parmi les troupes qui se trouvaient dans les environs de la ville, que l'armée commença à se soulever et à prendre les armes contre les meurtriers ; mais, lorsqu'elle entendit tout Syracuse retentir du cri de liberté, fléchie par ce nom seul, elle s'apaisa, étouffa le courroux qu'elle nourrissait contre les tyrannicides, et ne songea qu'à créer dans la ville un gouvernement libre.

Il ne faut pas non plus s'étonner que les peuples exercent des vengeances inouïes contre ceux qui se sont emparés de leur liberté. Les exemples ne me manqueraient pas ; mais je n'en rapporterai qu'un seul, arrivé à Corcyre, ville de la Grèce, dans le temps de la guerre du Péloponèse. Cette contrée était divisée en deux factions : l'une favorisait les Athéniens ; l'autre les Spartiates : il en résultait que, d'une foule de cités divisées entre elles, une partie avait embrassé l'alliance de Sparte, l'autre celle d'Athènes. Il arriva que la noblesse de Corcyre, obtenant le dessus, ravit au peuple sa liberté ; mais les plébéiens, secourus par les Athéniens, reprirent à leur tour la force, s'emparèrent de tous les nobles, et les renfermèrent dans une prison assez vaste pour les contenir tous, d'où ils les tiraient par huit ou dix à la fois, sous prétexte de les envoyer en exil dans diverses contrées, mais pour les faire réellement expirer dans les plus cruels supplices. Ceux qui restaient en prison, s'étant aperçus du sort qu'on leur réservait, résolurent, autant que possible, de fuir cette mort sans gloire ; et, s'étant armés de tout ce qu'ils purent trouver, ils attaquèrent ceux qui voulaient pénétrer dans leur prison, et leur en défendirent l'entrée. Le peuple, étant accouru à ce tumulte, démolit le haut du bâtiment et les écrasa sous ses ruines.

Ce pays fut encore témoin de plusieurs faits semblables et non moins horribles, qui fournissent la preuve que l'on venge avec plus de fureur la liberté qui nous est ravie, que celle qu'on tente de nous ravir.

Lorsque l'on considère pourquoi les peuples de l'antiquité étaient plus épris de la liberté que ceux de notre temps, il me semble que c'est par la même raison que les hommes d'aujourd'hui sont moins robustes, ce qui tient, à mon avis, à notre éducation et à celle des anciens, aussi différentes entre elles que notre religion et les religions antiques. En effet, notre religion, nous ayant montré la vérité et l'unique chemin du salut, a diminué à nos yeux le prix des honneurs de ce monde. Les païens, au contraire, qui estimaient beaucoup la gloire, et y avaient placé le souverain bien, embrassaient avec transport tout ce qui pouvait la leur mériter. On en voit les traces dans beaucoup de leurs institutions, en commençant par la splendeur de leurs sacrifices, comparée à la modestie des nôtres, dont la pompe plus pieuse qu'éclatante n'offre rien de cruel ou de capable d'exciter le courage. La pompe de leurs cérémonies égalait leur magnificence; mais on y joignait des sacrifices ensanglantés et barbares, où une multitude d'animaux étaient égorgés : la vue continuelle d'un spectacle aussi cruel rendait les hommes semblables à ce culte. Les religions antiques, d'un autre côté, n'accordaient les honneurs divins qu'aux mortels illustrés par une gloire mondaine, tels que les fameux capitaines ou les chefs de républiques : notre religion, au contraire, ne sanctifie que les humbles et les hommes livrés à la contemplation plutôt qu'à une vie active : elle a, de plus, placé le souverain bien dans l'humilité, dans le mépris des choses de ce monde, dans l'abjection même; tandis que les païens le faisaient consister dans la grandeur d'âme, dans la force du corps, et dans tout ce qui pouvait contribuer à rendre les hommes courageux et robustes. Et si notre religion exige que nous ayons de la force, c'est plutôt celle qui fait supporter les maux, que celle qui porte aux grandes actions.

Il semble que cette morale nouvelle a rendu les hommes plus faibles, et a livré le monde aux scélérats audacieux. Ils ont senti qu'ils pouvaient sans crainte exercer leur tyrannie, en voyant l'universalité des hommes disposés, dans l'espoir du paradis, à souffrir tous leurs outrages plutôt qu'à s'en venger.

On peut dire cependant que si le monde s'est énervé, si le ciel n'ordonne plus la guerre, ce changement tient plutôt sans doute à la lâcheté des hommes qui ont interprété la religion selon la paresse et non selon la vertu : car s'ils avaient considéré qu'elle permet la grandeur et la défense de la patrie, ils auraient vu qu'elle veut également que nous aimions et que nous honorions cette patrie, et qu'il fallait ainsi que nous nous préparassions à devenir capables de la défendre.

Ces fausses interprétations, qui corrompent l'éducation, sont cause qu'on ne voit plus au monde autant de républiques que dans l'antiquité, et que, par conséquent, il n'existe plus de nos jours, autant qu'alors, d'amour pour la liberté. Je croirais cependant que ce qui a le plus contribué à ces changements, c'est l'empire romain, dont les armes et les conquêtes ont renversé toutes les répupubliques et tous les États qui jouissaient d'un gouvernement libre ; et quoique cet empire ait été dissous, ses débris n'ont pu se rejoindre, ni jouir de nouveau des bienfaits de la vie civile, excepté sur quelques points de ce vaste empire.

Quoi qu'il en soit, les Romains rencontrèrent dans le monde entier toutes les républiques conjurées contre eux, et acharnées à la guerre et à la défense de leur liberté : ce qui prouve que le peuple romain, sans le courage le plus rare et le plus élevé, n'aurait jamais pu les subjuguer. Et pour en donner un exemple, celui des Samnites me suffira ; il est vraiment admirable. Tite-Live avoue lui-même que ces peuples étaient si puissants, et leurs armes si redoutables, qu'ils vinrent à bout de résister aux Romains jusqu'au temps du consul Papirius Cursor, fils du premier Papirius, c'est-à-dire pendant quarante-six ans, malgré leurs nombreux désastres, la ruine de presque toutes leurs villes, et les défaites sanglantes et réitérées qu'ils éprouvèrent dans leur pays. Quoi de plus merveilleux que de voir aujourd'hui ce pays, jadis couvert de tant de villes et rempli d'une population si florissante, changé presque en désert, tandis qu'alors ses institutions et ses forces l'auraient rendu invincible, si toute la puissance de Rome ne l'avait attaqué !

Il est facile de déterminer les causes de l'ordre qui

régnait alors et celles de la confusion qui le remplaça : dans les temps passés, les peuples étaient libres, et aujourd'hui ils vivent dans l'esclavage. Ainsi que nous l'avons dit, toutes les cités, tous les États qui vivent sous l'égide de la liberté, en quelque lieu qu'ils existent, obtiennent toujours les plus grands succès : c'est là que la population est la plus nombreuse, parce que les mariages y sont plus libres, et que l'on en recherche davantage les liens ; c'est là que le citoyen voit naître avec joie des fils qu'il croit pouvoir nourrir, et dont il ne craint pas qu'on ravisse le patrimoine ; c'est là, surtout, qu'il est certain d'avoir donné le jour non à des esclaves, mais à des hommes libres, capables de se placer, par leur vertu, à la tête de la république : on y voit les richesses multipliées de toutes parts, et celles que produit l'agriculture, et celles qui naissent de l'industrie ; chacun cherche avec empressement à augmenter et à posséder les biens dont il croit pouvoir jouir après les avoir acquis. Il en résulte que les citoyens se livrent à l'envi à tout ce qui peut tourner à l'avantage de chacun en particulier et de tous en général, et que la prospérité publique s'accroît de jour en jour d'une manière merveilleuse.

Le contraire arrive aux pays qui vivent dans l'esclavage : plus leur servitude est cruelle, plus ils manquent d'un bien qui est la commune propriété. De toutes les servitudes, en effet, la plus dure est celle qui règne dans une république : d'abord parce qu'elle est plus durable et qu'elle offre moins d'espoir d'y échapper ; ensuite, parce qu'une république n'a d'autre vue que d'affaiblir et d'énerver tous les autres corps pour accroître le sien.

Ce n'est pas ainsi qu'en agit un prince qui vous subjugue, à moins que ce ne soit quelqu'un de ces vainqueurs barbares, fléau de toutes les nations, et destructeur de toutes les institutions civiles, comme le sont les princes d'Orient ; mais s'il n'est pas dépourvu d'humanité, s'il possède quelques lumières, il aime d'une égale affection toutes les villes qui lui obéissent, et il leur laisse l'exercice de leur industrie et la jouissance de presque toutes leurs antiques coutumes; de sorte que si ces villes ne peuvent plus s'agrandir comme lorsqu'elles étaient libres, leur esclavage ne les met pas non plus en danger de périr. Je parle ici de la servitude dans laquelle tombent les cités en obéissant à un étranger; j'ai parlé déjà de celle dont un de leurs citoyens les accable.

Si l'on réfléchit avec attention à tout ce que je viens de dire, on ne s'étonnera pas de la puissance des Samnites tant qu'ils furent libres, et de la faiblesse dans laquelle les fit tomber la servitude. Tite-Live atteste cette faiblesse dans une multitude de passages, particulièrement lorsqu'il parle de la guerre contre Annibal, où il rapporte que les Samnites, étant maltraités par une légion qui se trouvait à Nola, envoyèrent des députés à Annibal, pour le supplier de venir à leur aide. Dans leurs discours, ils dirent que, pendant cent ans, ils avaient combattu contre les Romains avec leurs propres soldats et leurs propres généraux; qu'ils avaient un grand nombre de fois résisté aux attaques de deux armées consulaires et de deux consuls; mais qu'aujourd'hui leur puissance était tellement déchue, qu'ils pouvaient à peine se défendre contre une faible légion romaine qui se trouvait à Nola.

CHAPITRE III.

Rome devint une ville puissante en ruinant les cités voisines, et en admettant facilement les étrangers aux honneurs.

Crescit interea Roma Albæ ruinis. Ceux qui veulent qu'une cité acquière un vaste empire doivent employer toute leur industrie pour la remplir d'habitants : sans une population nombreuse, une cité ne parviendra jamais à s'agrandir. On y parvient de deux manières : par l'affection ou par la force. Par l'affection, en tenant toutes les voies ouvertes aux étrangers qui voudraient y venir habiter, et en leur accordant sûreté, de manière à ce que chacun s'y fixe volontiers. Par la force, en détruisant entièrement les villes voisines, et en forçant leurs habitants à venir habiter dans vos murs. Rome fut tellement fidèle à ce système, que déjà sous son sixième roi elle renfermait dans son sein quatre-vingt mille hommes en état de porter les armes. Les Romains voulaient imiter un habile cultivateur, qui, pour fortifier un jeune plant, et en faire parvenir les fruits à leur maturité, s'empresse d'en tailler les premiers bourgeons, afin que toute la force productive, retenue dans les racines, donne avec le temps des rameaux plus verts et plus féconds.

L'exemple de Sparte et d'Athènes démontre encore combien un pareil moyen est propice et nécessaire pour s'agrandir et former un État puissant. Ces deux républiques, également redoutables par la force de leurs armes, et régies par les lois les plus sages, ne parvinrent cependant jamais au même degré de grandeur que Rome, qui semblait exposée à de plus grands désordres et soumise à des lois moins sagement combinées. On ne peut en donner d'autres raisons que celles que nous avons déjà alléguées. En effet, Rome, pour avoir accru sa population par ce double moyen, parvint à mettre sous les armes jusqu'à deux cent quatre-vingt mille combattants; tandis qu'Athènes et Sparte n'en purent jamais armer chacune plus de vingt mille.

Ce n'est point parce que Rome était dans un site plus propice que celui de ces deux villes qu'elle obtint un plus heureux résultat, mais c'est seulement parce que sa conduite fut différente. Lycurgue, le fondateur de la république de Sparte, convaincu que rien ne hâterait plus la corruption de ses lois que le mélange de nouveaux habitants, dirigea toutes ses institutions de manière à empêcher les étrangers d'avoir aucune fréquentation avec les citoyens. Outre qu'il leur interdit les mariages, les droits de cité, et ces communications au moyen desquelles les hommes aiment à se rapprocher, il ordonna qu'on ne fît usage dans toute la république que d'une monnaie de cuir, afin d'ôter à qui que ce fût le désir de s'y rendre pour y apporter ses marchandises ou son industrie.

Or, comme toutes les actions des hommes ne sont que des imitations de la nature, il n'est ni possible ni naturel qu'une faible tige soutienne de vastes rameaux. Ainsi une république faible ne peut s'emparer d'une ville ni d'un État plus puissants ou plus étendus qu'elle; et si la fortune les met entre ses mains, il lui arrive le même sort qu'à cet arbre dont les branches seraient plus fortes que le tronc, et qui, ne se soutenant qu'avec peine, serait renversé par le moindre souffle. C'est le destin que Sparte éprouva lorsque, ayant étendu sa domination sur toutes les villes de la Grèce, elle les vit toutes se soulever contre elle aussitôt que Thèbes se fut soustraite à son joug; et le tronc resta seul, dépouillé de son branchage. Rome n'avait point à craindre un semblable malheur; son tronc était assez robuste pour supporter sans peine les plus vastes rameaux.

Cette manière de procéder, jointe à celle dont nous aurons occasion de parler plus bas, fut la source de la grandeur et de la puissance inouïes des Romains. C'est ce que Tite-Live expose en peu de mots, lorsqu'il dit : *Crescit interea Roma Albæ ruinis.*

CHAPITRE IV.

Les républiques ont employé trois moyens pour s'agrandir.

Celui qui a bien étudié l'histoire de l'antiquité a dû voir que les républiques employaient trois moyens pour s'agrandir.. L'un est celui qu'observèrent les anciens Toscans, de former une ligue de plusieurs républiques dont aucune ne surpassait l'autre en autorité ni en dignité, et de faire participer à la conquête les autres cités, comme le font de nos jours les Suisses, comme anciennement, dans la Grèce, le firent les Achéens et les Étoliens. Les Romains ayant eu des guerres fréquentes à soutenir avec les Toscans, j'entrerai dans quelques détails particuliers à ce peuple, afin de faire mieux sentir la nature du premier moyen.

Avant que les Romains eussent étendu leur empire sur l'Italie entière, les Toscans avaient été tout-puissants sur terre et sur mer ; et quoiqu'il n'y ait aucune histoire particulière de leurs exploits, il subsiste encore quelques souvenirs et quelques indices de leur grandeur : on sait qu'ils fondèrent sur les bords de la mer supérieure une colonie nommée Adria, qui se rendit tellement célèbre, qu'elle donna son nom à cette mer que les Latins eux-mêmes nommèrent Adriatique. On n'ignore pas non plus que leurs armes se firent obéir depuis le Tibre jusqu'au pied des Alpes, qui entourent aujourd'hui le corps entier de l'Italie. Il est vrai que deux cents ans avant que les Romains vissent s'accroître leur puissance, les Toscans avaient perdu l'empire de cette contrée nommé aujourd'hui Lombardie, qui leur fut arrachée par les Gaulois. Ces peuples, poussés par le besoin et attiré par la douceur de ses fruits et surtout de son vin, se précipitèrent sur l'Italie, conduits par leur chef Bellovèse défirent et chassèrent les habitants du pays, s'y établirent, y construisirent un grand nombre de villes, lui donnèrent, du nom qu'ils portaient à cette époque, le nom de Gaule, qu'il a conservé jusqu'à ce que les Romains les eurent subjugués.

Les Toscans vivaient donc dans une parfaite égalité, et travaillaient à leur agrandissement en suivant le premier moyen dont nous avons parlé. Les villes qui composaient la ligue et gouvernaient la contrée étaient au nombre de douze, parmi lesquelles on comptait Clusium, Véies, Fiésole, Arezzo, Volterre et autres. Elles ne purent étendre leurs conquêtes hors de l'Italie; une grande partie même de cette contrée échappa à leurs armes par les causes dont je parlerai dans la suite.

Le second moyen est de s'associer des alliés, mais de manière à se conserver le commandement, le siége de l'empire et la gloire de l'entreprise : c'est la conduite que tinrent toujours les Romains.

Le troisième moyen est de se faire des sujets immédiats, et non des alliés, ainsi qu'en usèrent les Spartiates et les Athéniens.

De ces trois moyens, le dernier n'offre aucune utilité; l'exemple des deux républiques que je viens de citer le démontre suffisamment : leur ruine n'eut d'autre cause que d'avoir étendu leurs conquêtes au delà de ce qu'elles pouvaient conserver. S'efforcer de gouverner une ville par la violence, surtout lorsqu'elle est accoutumée à vivre en liberté, c'est une entreprise pénible et périlleuse. Si vous n'êtes toujours armé et entouré de forces considérables, vous ne pourrez ni lui prescrire des ordres, ni la faire obéir. Si vos propres forces ne vous le permettent pas, il est nécessaire de vous faire des compagnons qui vous aident à grossir le nombre des habitants de votre cité. Athènes et Sparte, n'ayant fait ni l'un ni l'autre, ne retirèrent aucun fruit de leur conduite.

Rome, que nous avons citée comme un exemple du

second moyen, ayant fait en outre ce que Athènes cet
Sparte avaient négligé, vit sa puissance s'élever au plus
haut degré. Comme elle seule suivit cette conduite, ellle
seule put devenir aussi puissante, et se fit dans toulte
l'Italie de nombreux alliés, qui, sous beaucoup de rapports, jouissiaent des mêmes prérogatives qu'elle. D'uin
autre côté, comme on l'a vu plus haut, elle se réserwa
sans cesse le siége de l'empire et le commandement dams
toutes les entreprises; aussi ses alliés ne s'apercevaiemt
pas que c'était au prix de leurs fatigues et de leur samg
qu'ils se plaçaient eux-mêmes sous le joug.

En effet, dès que la république romaine commença à
transporter ses armées hors de l'Italie, à réduire les
royaumes en provinces, et à ranger au nombre de ses
sujets ceux qui, accoutumés à vivre sous les rois, n'attachaient aucune importance à servir un maître, ces peuples, gouvernés par des Romains, vaincus par des soldats qui portaient le nom de Romains, ne reconnurent
que Rome pour maîtresse suprême : de sorte que les
peuples d'Italie, qui jusqu'alors s'étaient regardés comme
les amis de Rome, se trouvèrent tout à coup entourés de
sujets romains, et pressés d'un autre côté par toute la
grandeur de Rome; et, lorsqu'ils se furent aperçus de
l'erreur dans laquelle ils avaient vécu jusqu'alors, il n'é-
tait plus temps d'y remédier, tant la puissance de Rome
s'était accrue par la conquête de cette multitude de
provinces étrangères; tant étaient formidables les forces
que renfermait une cité dont l'immense population était
sans cesse sous les armes! En vain ces alliés, pour venger leurs offenses, se soulevèrent contre elle; ils furent
bientôt trahis par le sort de la guerre, et leur situation
ne fit qu'empirer, car d'égaux ils devinrent aussi sujets.

Les Romains seuls, ainsi que nous l'avons dit, ont
suivi cette conduite. Toute république qui voudra
s'agrandir ne peut agir différemment; et l'expérience
montre, en effet, qu'aucune autre n'est aussi certaine.

Le système des ligues, dont nous avons déjà parlé, et qu'embrassèrent les Toscans, les Achéens et les Étoliens, et que de nos jours les Suisses ont adopté, est le plus favorable après celui qu'ont suivi les Romains. Les conquêtes se trouvant bornées, il en résulte deux avantages : le premier, qu'il est difficile d'attirer la guerre sur vous ; l'autre, que le peu dont on s'empare, on le conserve sans peine.

La difficulté d'étendre les conquêtes a pour cause le peu d'ensemble qui existe dans les républiques, ou la distance qui, séparant leurs diverses parties, les empêche de pouvoir facilement se rassembler pour prendre conseil ou pour délibérer. Cette cause diminue encore le désir de dominer, parce que le partage de la conquête devant être fait entre tous les alliés, ils n'y attachent plus la même importance qu'une république unique qui espère en goûter seule tous les fruits. Comme la ligue se gouverne par un conseil général, ses délibérations ne peuvent jamais être aussi promptes que celles d'un peuple qui habite dans la même enceinte. L'expérience nous montre encore qu'un semblable système a des bornes que lui fixe la nature, et au delà desquelles il n'y a pas d'exemple qu'il ait pu s'étendre : il suffit que douze ou quatorze petits États se liguent ensemble ; il ne faut point chercher à aller plus avant. En effet, lorsqu'on est parvenu au point de se croire à l'abri de toute insulte, on ne cherche point à accroître son territoire, tant parce que la nécessité ne montre pas le besoin de s'agrandir, que parce qu'on ne sent pas l'utilité des conquêtes ; et j'en ai précédemment exposé la raison. Ces républiques seraient contraintes à embrasser un des deux partis suivants : ou continuer à se faire de nouveaux compagnons, et cet accroissement apporterait le désordre dans la ligue ; ou augmenter le nombre des sujets ; mais comme elles voient de grandes difficultés dans ce dernier parti sans en apercevoir l'utilité, elles ne l'estiment nullement.

Ainsi, lorsque les peuples qui forment une ligue sont assez nombreux pour se croire en état de vivre avec sécurité, ils s'attachent à deux choses : la première est de se rendre protecteurs des petits États, afin de retirer de toutes parts de l'argent dont le partage est facile ; la seconde est de se battre pour autrui, de se mettre à la solde de tel ou tel prince, comme font de nos jours les Suisses, et comme on lit que faisaient les ligues dont nous venons de parler. Tite-Live nous en fournit la preuve lorsqu'il raconte que Philippe, roi de Macédoine, étant venu en conférence avec Titus Quintius Flaminius, et parlant d'accommodement en présence d'un préteur des Étoliens, ce dernier eut une altercation avec Philippe, qui lui reprocha l'avarice et l'infidélité des Étoliens, qui ne rougissaient pas de servir un État, et d'envoyer en même temps une partie de leurs troupes au service de son ennemi ; de sorte que l'on voyait souvent les drapeaux des Étoliens dans les rangs de deux armées opposées.

Personne n'ignore que les confédérations ont toujours tenu la même conduite, et que les résultats en ont été les mêmes. On voit encore que le système d'assujettir les pays conquis a toujours été faible et n'a jamais produit que de médiocres avantages ; et lorsque les républiques qui suivaient ce système ont dépassé la borne, elles se sont aussitôt précipitées à leur perte. Mais si cette méthode ne présente aucune utilité dans une république guerrière, elle ne peut offrir le moindre avantage dans celles qui ne possèdent point d'armées, comme ont été de notre temps toutes les républiques d'Italie.

Les Romains ont donc suivi la véritable marche ; elle est d'autant plus admirable, qu'ils n'avaient point eu d'exemple d'une pareille conduite, et qu'après leur chute ils n'ont point eu d'imitateurs. Quant aux confédérations, elles n'ont été adoptées que par les Suisses

et les ligues de Souabe. Et comme nous le dirons à la
fin de cet ouvrage, de toutes ces sages institutions établies dans Rome et qui dirigeaient sa conduite dans
toutes les affaires de l'intérieur et de l'extérieur, non-
seulement aucune n'a servi de règle aux gouvernements
de nos jours, mais il semble même qu'on les dédaigne
et qu'on les regarde la plupart comme n'offrant aucune
réalité, d'autres comme inexécutables, et le reste comme
inutile ou hors de propos. C'est ainsi que, plongés dans
cette funeste ignorance, nous sommes la proie de tous
ceux qui ont voulu envahir notre pays.

Si l'exemple des Romains paraît trop difficile à suivre, celui des anciens Toscans doit-il le paraître autant,
surtout aux Toscans de nos jours? Si, par les causes que
j'ai rapportées, ils ne purent obtenir un empire semblable à celui des Romains, ils parvinrent du moins à
acquérir en Italie ce degré de puissance que permettait
le système qu'ils avaient adopté. L'État jouit longtemps
d'une tranquillité profonde, également illustré par son
empire et la gloire de ses armes, par la pureté de ses
mœurs et son respect pour les dieux. Cette gloire et
cette puissance, d'abord ébranlées par les Gaulois, furent enfin si profondément anéanties par les Romains,
qu'à peine s'en est-il conservé quelque trace dans la
mémoire des hommes, quoiqu'elles n'aient disparu que
depuis deux mille ans. Cet oubli m'a fait réfléchir sur
les causes d'où il pouvait naître, et je les exposerai dans
le chapitre suivant.

CHAPITRE V.

Des changements de religion et de langage, joints aux désastres causés par
les inondations et le fléau de la peste, effacent la mémoire des événements.

On a voulu, je crois, répondre aux philosophes qui
prétendent que le monde existe de toute éternité, que

si une antiquité aussi reculée était réelle, il faudrait que la mémoire des événements remontât au delà de cinq mille ans. Cette réponse serait bonne, si l'on ne voyait pas que le souvenir de ces événements s'éteint par des causes diverses, dont une partie provient des hommes, et l'autre du ciel. Celles qui dépendent des hommes sont les changements de religion et de langage. Quand une secte nouvelle, c'est-à-dire une nouvelle religion prend naissance, son premier soin est de chercher à étouffer l'ancienne, afin d'augmenter sa propre influence, et elle parvient facilement à l'éteindre quand les fondateurs de cette nouvelle secte parlent une langue différente.

Ces résultats sont frappants lorsqu'on examine la conduite qu'a tenue la religion chrétienne à l'égard du paganisme, en abolissant toutes les institutions, toutes les cérémonies de cette religion, en effaçant jusqu'à la mémoire de son antique théologie. Il est vrai que le christianisme ne put détruire avec le même succès le souvenir des grands hommes qu'elle avait produits; mais il faut l'attribuer à l'usage de la langue latine, qu'il fut dans la nécessité de conserver, ayant dû s'en servir pour écrire les préceptes de la nouvelle loi. Si les premiers chrétiens avaient pu écrire dans une langue différente, on ne saurait douter, en voyant tout ce qu'ils ont détruit, qu'il n'existerait plus aucun souvenir des événements passés.

Lorsqu'on lit les moyens employés par saint Grégoire et par les autres chefs de la religion chrétienne, on est frappé de l'acharnement avec lequel ils poursuivirent tout ce qui pouvait rappeler la mémoire de l'antiquité; brûlant les écrits des poëtes et des historiens, renversant les statues, et mutilant tout ce qui portait la marque des anciens temps. Si une nouvelle langue avait favorisé ces ravages, quelques années auraient suffi pour tout faire oublier.

Il y a lieu de croire également que ce que la religion chrétienne a tenté de faire au paganisme, celui-ci l'avait fait aux religions qui existaient avant lui. Et, comme ces religions ont varié deux ou trois fois dans l'espace de cinq à six mille ans, on a dû perdre la mémoire des événements arrivés avant ces temps. S'il en est resté quelques traces, on les regarde comme des fables, et elles n'inspirent aucune confiance. C'est le sort qu'a éprouvé l'histoire de Diodore de Sicile, qui, quoiqu'elle rapporte les événements de quarante ou cinquante mille années, passe, comme je le pense moi-même, pour une chose mensongère.

Quant aux causes qui proviennent du ciel, ce sont les fléaux qui ravagent les nations, et réduisent à un petit nombre d'habitants certaines contrées de l'univers, tels que la peste, la famine et les inondations. Ce dernier fléau a les résultats les plus désastreux, tant parce qu'il est plus universel que parce que ceux qui parviennent à échapper à ses ravages sont en général des montagnards grossiers, qui, n'ayant aucune connaissance de l'antiquité, ne peuvent en transmettre le souvenir à leurs descendants. Et si parmi eux quelque homme instruit du passé parvient à se sauver, on le verra cacher sa science, et l'altérer pour obtenir la considération, ou pour servir ses vues, de sorte qu'il ne restera à la postérité que le souvenir de ce qu'il aura écrit, et rien de plus.

Que ces déluges, ces famines, ces pestes aient plusieurs fois exercé leurs ravages, je ne crois pas qu'on puisse en douter, tant les diverses histoires sont pleines de pareils désastres, et tant il est naturel qu'ils arrivent : la nature, en effet, ressemble à tous les corps simples, qui, lorsqu'ils renferment des humeurs superflues, les rejettent d'eux-mêmes et recouvrent ainsi la santé. Il en est de même dans le corps composé de la société humaine. Lorsque les nombreux habitants d'un empire surchargent tellement le pays qu'ils ne peuvent y trouver leur subsistance, ni aller ailleurs, parce que les autres lieux sont également remplis d'habitants; lorsque la mauvaise foi et la méchanceté des hommes sont montées à leur dernier degré, il faut nécessairement que le monde soi purgé par un de ces trois fléaux, afin que les hommes frappés par l'adversité, et réduits à un petit nombre trouvent enfin une existence plus facile et redeviennen meilleurs.

Ainsi la Toscane, comme je l'ai dit ci-dessus, était déjà puissante, pleine de religion et de vertu; elle possédait une langue et des coutumes nationales; et tout fut englouti par la domination romaine : il ne resta d'elle que la seule mémoire de son nom.

CHAPITRE VI.

Comment les Romains se comportaient dans la conduite de la guerre.

J'ai déjà fait voir quelle conduite suivaient les Romains pour s'agrandir; je vais dire maintenant de quelle manière ils s'y prenaient pour faire la guerre; et chacune de leurs actions prouvera avec quelle sagesse ils surent, pour aplanir les chemins qui devaient les conduire à la grandeur suprême, s'écarter de la marche suivie universellement par les autres nations.

Le but de celui qui fait la guerre par choix ou par ambition est d'acquérir et de conserver ses conquêtes, et de se conduire de manière à ce qu'elles l'enrichissent, en n'épuisant ni le pays conquis, ni sa propre patrie. Il est donc indispensable, et durant la conquête et durant la possession, de ne point dépenser inutilement, mais de tout faire tourner au profit du bien commun. Quiconque veut parvenir à ce but doit imiter la conduite du peuple romain et suivre les mêmes principes, qui consistaient à faire une guerre, comme disent les Français, *courte et bonne*. Ils entraient donc en campagne avec de nombreuses armées; aussi terminèrent-ils en peu de temps toutes les guerres qu'ils eurent à soutenir contre les Latins, les Samnites et les Toscans. Si l'on fait attention à toutes celles qu'ils firent depuis la fondation de Rome jusqu'à la prise de Véies, on verra qu'elles furent toutes achevées en six, en dix ou en vingt jours; car, suivant l'usage qu'ils avaient adopté, dès que la paix était rompue, ils s'avançaient sans délai à la rencontre de l'ennemi et lui livraient immédiatement la bataille. S'ils triomphaient, l'ennemi, pour préserver son territoire des ravages de la guerre, demandait à faire la paix; et les conditions qu'imposaient ordinairement les Romains étaient une cession de terrain, que l'on convertissait en domaines particuliers, ou que l'on consignait à des colonies, qui, placées sur les frontières des États vaincus, servaient de rempart à celles des Romains, au grand avantage des colons qui possédaient ces terres, et à celui même du peuple de Rome, qui y trouvait une défense qui ne lui coûtait rien.

Nul moyen ne pouvait être plus sûr, plus puissant, ni plus utile. Tant que l'ennemi n'était point en campagne, cette simple défense suffisait; s'il levait une nombreuse armée pour attaquer cette colonie, les Romains mettaient sur pied une armée non moins forte; ils lui livraient bataille, et, une fois victorieux, ils lui imposaient de plus rudes conditions, et rentraient soudain dans leurs foyers. C'est ainsi que par degrés ils étendaient leur influence sur leurs ennemis, et augmentaient leurs propres forces.

Ils suivirent cette marche jusqu'à ce qu'ils eurent changé leur système militaire, changement qui eut lieu après la prise de Véies. C'est alors que, pour pouvoir prolonger la guerre, ils ordonnèrent qu'on accordât une paye au soldat, qui jusqu'à cette époque n'avait pas été payé, la courte durée des guerres n'en ayant pas fait sentir la nécessité. Mais, quoique les Romains accordassent une paye à leurs troupes ; que par ce moyen ils pussent faire des guerres plus longues, et que la nécessité d'en entreprendre de lointaines exigeât qu'ils restassent plus longtemps en campagne, néanmoins ils ne varièrent jamais dans leur système de les terminer aussi promptement que le permettaient et les lieux et les temps, et n'abandonnèrent jamais non plus l'usage d'envoyer des colonies dans les provinces conquises. Outre cette méthode qu'ils avaient adoptée, il faut encore attribuer la brièveté de leurs guerres à l'ambition des consuls, qui, ne conservant leur autorité qu'une année, dont ils devaient même passer la moitié dans Rome, voulaient, en terminant la guerre, mériter les honneurs du triomphe. L'usage d'envoyer des colonies se maintint par l'utilité et les avantages considérables qu'on en retirait.

Quant à la distribution du butin, ils y firent bien quelques changements, et n'en furent plus aussi prodigues que dans le commencement, et parce que cela ne leur paraissait plus si nécessaire depuis que les soldats recevaient une paye, et parce que les dépouilles des vaincus étant plus considérables, ils préféraient enrichir le trésor public, afin de ne plus être obligés de consacrer les tributs de la république aux dépenses de leurs entreprises. En peu de temps cette mesure combla l'État de richesses.

Ainsi, par les deux méthodes suivies pour la distribution des dépouilles des peuples vaincus et pour l'envoi des colonies sur le territoire ennemi, les Romains trouvèrent dans la guerre une source de richesse, tandis qu'une foule de princes et de républiques imprudentes n'y rencontrent que la pauvreté. Cela en vint au point qu'un consul ne croyait point véritablement triompher s'il n'enrichissait le trésor d'immenses sommes d'or et d'argent, et de toutes sortes de dépouilles des nations vaincues.

C'est par cette conduite, c'est en précipitant l'issue de la campagne, en épuisant à la longue l'ennemi par des guerres renouvelées sans cesse, en détruisant ses armées, en ravageant son territoire, et en lui arrachant des traités avantageux, que les Romains virent de jour en jour s'accroître et leurs richesses et leur puissance.

CHAPITRE VII.

Quelle étendue de terrain les Romains accordaient à chaque colon.

Il me semble qu'on ne peut que difficilement déterminer la quantité exacte de terre que les Romains accordaient à chaque colon. Je crois qu'on en donnait plus ou moins, suivant les lieux où l'on envoyait des colonies; mais, dans toutes les circonstances et dans tous les lieux, ces distributions furent toujours extrêmement modiques : d'abord, afin de pouvoir y envoyer le plus grand nombre d'hommes possible, attendu qu'ils étaient destinés à la garde du pays; en dernier lieu, parce que, vivant pauvres chez eux, il n'était pas juste que leurs colons vécussent au dehors dans une trop grande abondance. Tite-Live nous apprend qu'après la prise de Véies on y envoya une colonie, et qu'on distribua à chaque colon trois arpents et sept onces de terre, qui font, suivant nos mesures actuelles...[1].

D'ailleurs, outre les raisons que nous avons déjà alléguées, les Romains étaient persuadés que ce n'était pas l'étendue des terres, mais la bonne culture qui pouvait suffire aux besoins. C'est un bien nécessaire qu'une co-

[1] Machiavel n'a point déterminé ce rapport.

lonie ait des champs communaux où chacun puisse faire
paître ses bestiaux, et des bois où il puisse prendre son
bois de chauffage. Une colonie ne peut s'établir sans ces
deux avantages.

CHAPITRE VIII.

Des causes pour lesquelles les peuples s'éloignent du pays natal pour inonder des contrées étrangères.

Puisque j'ai parlé précédemment de la manière dont
les Romains faisaient la guerre, et de celle dont les
Gaulois assaillirent les Toscans, je ne crois pas m'écarter
de mon sujet en exposant qu'il y a deux espèces de
guerres.

L'une est produite par l'ambition des princes et des
républiques qui cherchent à propager leur empire :
telles furent les guerres d'Alexandre le Grand et des
Romains, et celles qui se font de puissance à puissance.
Ces guerres sont désastreuses sans doute, mais elles ne
vont jamais jusqu'à chasser toute une population d'un
pays, parce qu'il suffit au vainqueur d'être assuré de
l'obéissance des peuples; et le plus souvent il les laisse
vivre sous leurs propres lois, et toujours il leur conserve
leurs propriétés et leurs richesses.

L'autre espèce de guerre est celle où un peuple
entier, suivi de toutes les familles, abandonne un pays
d'où le chasse la famine ou la guerre, et va chercher une
nouvelle demeure et de nouvelles contrées, non pour y
donner des lois, comme dans les guerres dont nous venons de parler, mais pour se rendre le maître absolu du
pays, après en avoir expulsé ou égorgé les anciens habitants. Rien de plus cruel et de plus épouvantable que
cette espèce de guerre à laquelle Salluste fait allusion à
la fin de son *Histoire de Jugurtha*, quand il dit qu'après

la défaite de ce prince le bruit se répandit de l'invasion des Gaulois en Italie. Il ajoute que dans toutes les guerres que les Romains firent aux autres peuples, ils n'avaient combattu que pour leur propre existence. Lorsqu'un prince ou une république attaque un État, il leur suffit de renverser seulement ceux qui commandent ; mais il faut que ces hordes exterminent les populations entières, si elles veulent vivre de ce qui faisait exister les habitants de ces malheureuses contrées.

Les Romains eurent à supporter trois de ces guerres si dangereuses, dont la première eut lieu lorsque Rome fut prise par ces mêmes Gaulois que nous avons vus enlever la Lombardie aux Toscans pour en faire leur demeure. Tite-Live assigne deux causes à cette guerre : l'une, que les Gaulois furent attirés, ainsi que nous l'avons dit, par la douceur des fruits et surtout du vin d'Italie, dont leur pays était privé à cette époque ; l'autre, que la population de la Gaule s'était tellement accrue, que les terres ne pouvant plus nourrir les habitants, les différents princes du pays jugèrent nécessaire d'aller avec une partie de ses habitants chercher de nouvelles contrées. Après avoir formé ce projet, ils choisirent, pour mettre à la tête de ceux qui devaient émigrer, Bellovèse et Sigovèse, deux de leurs rois ; et les uns, sous la conduite de Bellovèse, se précipitèrent sur l'Italie ; les autres, guidés par Sigovèse, se jetèrent sur l'Espagne. C'est dans cette invasion que Bellovèse s'empara de la Lombardie, et que les Gaulois, pour la première fois, eurent la guerre avec les Romains.

La seconde invasion eut lieu immédiatement après la première guerre punique, lorsque plus de deux cent mille Gaulois périrent entre Pise et Piombino.

La troisième, enfin, eut lieu lors de l'invasion des Cimbres et des Teutons, lorsque ces barbares, après avoir vaincu plusieurs armées romaines, furent à leur tour exterminés par Marius.

Les Romains sortirent cependant vainqueurs de ces trois guerres épouvantables ; et il ne fallait pas moins que tout leur courage pour triompher. Aussi, quand la vertu eut disparu de Rome, et que ses armées eurent perdu leur antique valeur, l'empire succomba sous l'effort de hordes semblables à celles des Goths, des Vandales et des autres barbares qui s'emparèrent de tout l'empire d'Occident.

Ces peuples, comme nous l'avons dit ci-dessus, n'abandonnaient leur patrie que chassés par la nécessité ; et la nécessité naît ou de la famine, ou de la guerre, ou des persécutions qu'on éprouve dans son propre pays, et qui contraignent à chercher de nouvelles contrées. Si ces peuples sont nombreux, ils se précipitent avec violence sur les terres étrangères, massacrent tous les habitants, s'emparent de leurs biens, établissent un empire nouveau, et changent jusqu'au nom du pays. C'est ce que fit Moïse, c'est ce que firent les barbares qui s'emparèrent de l'empire romain. En effet, tous ces noms nouveaux qu'on voit en Italie et dans d'autres États n'ont point une autre origine : ces noms ont été imposés par les nouveaux conquérants. C'est ainsi que la Lombardie s'appelait autrefois la Gaule Cisalpine ; la France, qu'on nommait jadis la Gaule Transalpine, a reçu son nouveau nom des Francs, qui s'en étaient rendus maîtres ; l'Esclavonie se nommait Illyrie ; la Hongrie, Pannonie ; et l'Angleterre, Bretagne. Une foule d'autres provinces ont également changé de noms ; il serait fastidieux de les répéter. Moïse donna également le nom de Judée à la partie de la Syrie dont il s'était emparé.

J'ai dit plus haut que quelquefois certains peuples chassés par la guerre de leur propre pays sont contraints d'aller chercher d'autres contrées : je citerai en exemple les Maurusiens, ancien peuple de la Syrie, qui, sur le bruit répandu de l'invasion des Hébreux, se jugeant trop faibles pour résister, pensèrent que le meilleur moyen de salut qui leur restât était d'abandonner leur patrie plutôt que de se perdre en voulant la sauver. Toute la population se transporta donc en Afrique, où elle fixa sa demeure, après en avoir chassé les habitants qui s'y trouvèrent. Ainsi elle parvint à s'emparer d'un pays qui ne lui appartenait pas, elle qui n'avait pas su conserver le sien. Procope, qui a écrit la guerre de Bélisaire contre les Vandales qui occupaient l'Afrique, dit avoir lu l'inscription suivante gravée sur des colonnes érigées en ces lieux : *Nos Maurusii, qui fugimus a facie Jesu latronis filii Navœ;* ce qui indique clairement la cause de leur fuite de la Syrie.

Rien de plus formidable que des peuples contraints de s'expatrier par une dure nécessité ; et si on ne leur oppose des armées courageuses et disciplinées, on ne pourra soutenir leurs efforts.

Mais quand les peuples forcés d'abandonner leur patrie sont peu nombreux, ils sont bien moins à redouter que ceux dont nous venons de parler ; ils ne peuvent employer une égale violence : c'est à la persuasion qu'ils doivent avoir recours pour obtenir quelque coin de terre ; et lorsqu'ils l'ont obtenu, il faut qu'ils s'y maintiennent à force d'amis et d'alliés. C'est ainsi que se conduisirent Énée, Didon, les Marseillais, et plusieurs autres peuples, qui tous ne purent se maintenir dans les pays où ils étaient venus chercher un asile qu'en obtenant le consentement de leurs voisins.

La plus grande partie de ces nombreuses hordes se sont élancées des vastes contrées de la Scythie, lieux glacés et stériles, dont les innombrables habitants, ne pouvant trouver autour d'eux de quoi se nourrir, sont réduits à s'expatrier et ont mille raisons qui les chassent, et pas une qui les retienne. Si, depuis cinq cents ans, on n'a plus vu ces essaims de barbares se répandre sur toute l'Europe comme un torrent dévastateur, cela provient de plusieurs raisons : la première est le grand vide que dut occasionner dans ces contrées la chute de l'Empire, sur lequel s'étaient précipitées plus de trente nations ; la seconde est que l'Allemagne et la Hongrie, d'où sortaient également ces barbares, offrent aujour-d'hui un pays tellement amélioré, que leurs habitants peuvent y vivre sans peine et ne sont plus obligés de changer de patrie. D'un autre côté, ces nations, douées de toutes les vertus guerrières, étant comme un boule-vard opposé aux entreprises des Scythes, qui bordent leurs frontières, ces barbares ne s'imaginent plus pou-voir les vaincre et s'ouvrir un passage à travers leurs États. Plusieurs fois les Tartares ont tenté de nouvelles invasions ; mais ils ont toujours été repoussés par les Hongrois et les Polonais ; et c'est avec raison que ces peuples se glorifient de ce que, sans la force de leurs armes, l'Italie et l'Église auraient senti le poids de ces hordes de Tartares. Mais je crois en avoir dit assez sur ces peuples.

CHAPITRE IX.

Des causes qui donnent ordinairement naissance à la guerre entre les souverains.

Les causes qui firent naître la guerre entre les Ro-mains et les Samnites, avec lesquels ils avaient été long-temps ligués, sont les mêmes que celles qui s'élèvent entre tous les États égaux en puissance : elles sont le produit du hasard, ou naissent du désir que l'un d'entre eux a de voir la guerre s'allumer. Celle qui s'éleva entre les Romains et les Samnites fut l'effet des événements. L'intention des Samnites, en attaquant les Sidicins et ensuite les Campaniens, n'était pas de faire la guerre aux Romains ; mais les Campaniens, sur le point de suc-comber, se jetèrent dans les bras de Rome, contre l'attente commune et des Romains et des Samnites. Rome alors dut regarder la cause des Campaniens, qui s'étaient donnés à elle, comme la sienne propre, et se crut forcée d'entreprendre une guerre qu'elle ne pouvait plus éviter sans déshonneur. En effet, il aurait paru absurde aux Romains de défendre les Campaniens en qualité d'alliés contre les Samnites, auxquels les traités les liaient également; mais ils ne virent rien d'injuste à les défendre comme sujets, ou même comme suppliants : ils pensaient que s'ils les abandonnaient en cette circonstance, ils décourageraient tous ceux qui par la suite auraient envie de se placer sous leur égide; et Rome, n'aspirant qu'à l'empire et à la gloire, et non au repos, ne pouvait refuser une telle entreprise.

C'est à ces mêmes causes que la première guerre punique dut naissance. Les Romains se virent forcés d'embrasser la défense des habitants de Messine, en Sicile; et ce fut encore les circonstances qui les décidèrent.

Mais ce n'est point le hasard qui donna naissance à la seconde guerre qui éclata entre Rome et Carthage : Annibal, en attaquant les Sagontins, alliés de Rome, en Espagne, n'en voulait pas précisément au premier de ces peuples; il espérait seulement irriter la patience des armées romaines, afin d'avoir l'occasion de les combattre et de passer en Italie. C'est ainsi qu'en ont toujours agi les princes qui désirent susciter de nouvelles guerres, tout en voulant paraître ne point manquer à l'honneur et respecter leurs engagements. En effet, si je veux faire la guerre à un prince avec lequel je suis lié par des traités observés depuis de nombreuses années, je colorerai de quelque prétexte l'attaque que je dirigerai contre un de ses amis plutôt que contre lui-même, sachant bien que, s'il s'en irrite, j'aurai alors atteint mon but, qui est de lui faire la guerre; tandis que s'il demeure indifférent, il découvrira sa faiblesse ou sa mauvaise foi, en ne défendant pas celui qui s'est mis sous sa

protection ; et cette conduite, en affaiblissant la réputation de mon rival, aura pour effet de faciliter les desseins que j'ai conçus

La résolution que prirent les Campaniens de se donner aux Romains, afin de les exciter à la guerre, ainsi
que je l'ai dit ci-dessus, n'est pas la seule chose qu'il
faille remarquer ici : elle nous fait voir que le seul remède qui reste à une cité que ses propres forces ne peuvent défendre, et qui veut se soustraire à tout prix au
joug de l'ennemi qui la menace, c'est de se donner librement et sans réserve à celui qu'elle a choisi pour défenseur, ainsi qu'en agirent les Campaniens à l'égard des
Romains, et les Florentins envers Robert, roi de Naples,
qui, ne voulant pas les secourir comme alliés, les défendit bientôt comme sujets contre les forces de Castruccio de Lucques, qui les tenait courbés sous le poids
de sa domination.

CHAPITRE X.

Malgré l'opinion générale, l'argent n'est pas le nerf de la guerre.

Si l'on commence la guerre quand on veut, on ne la
termine pas de même : en conséquence, un prince, avant
de se jeter dans les hasards d'une entreprise, doit longtemps mesurer ses forces, et se gouverner d'après cet
examen. Mais sa sagesse doit être telle, qu'il ne s'aveugle
pas sur ses ressources ; et il se trompera toutes les fois
qu'il comptera, ou sur ses trésors ou sur la nature du
pays, ou sur l'affection de ses sujets, et lorsque, d'un autre
côté, il n'aura point l'appui d'une armée nationale : car
toutes les choses dont je viens de parler ajoutent bien
de nouvelles forces à celles que l'on possède déjà, mais
elles ne peuvent les donner. Tout devient inutile sans
des troupes sur lesquelles on puisse compter. Sans elles

les trésors ne sont rien, non plus que la force du terrain : la fidélité et l'affection des hommes s'éteignent bientôt ; et lorsque vous ne pouvez les défendre eux-mêmes, comment conserveraient-ils longtemps ces sentiments? Les plus âpres rochers, les lacs les plus profonds, les abîmes deviennent des plaines, lorsqu'ils manquent de défenseurs courageux. L'argent seul ne vous défendra pas ; mais il engage à vous dépouiller plus vite : aussi rien n'est plus faux que la commune opinion que l'argent est le nerf de la guerre.

Quinte-Curce a énoncé cette opinion en parlant de la guerre qui éclata entre Antipater, roi de Macédoine, et Lacédémone. Il rapporte que le manque d'argent força le roi de Sparte à livrer bataille, et qu'il fut vaincu ; et que s'il avait différé de quelques jours le combat, la nouvelle de la mort d'Alexandre se serait répandue dans toute la Grèce, et la victoire se serait déclarée pour lui sans combattre. Mais comme il manquait d'argent, et qu'il craignait que son armée ne l'abandonnât faute de paye, il fut forcé de tenter la fortune des combats. C'est à cette occasion que Quinte-Curce avance que l'argent est le nerf de la guerre.

Cette maxime est alléguée chaque jour, et des princes moins sages qu'ils ne devraient l'être s'empressent de s'y conformer. Ils se fient sur elle, et s'imaginent que les trésors suffisent pour se défendre, sans réfléchir que si la richesse donnait la victoire, Darius aurait triomphé d'Alexandre, et les Grecs des Romains ; que de nos jours Charles le Téméraire aurait battu les Suisses, et que, tout récemment encore, le pape et les Florentins réunis n'auraient pas eu de peine à vaincre Francesco Maria, neveu du pape Jules II, dans la guerre d'Urbin.

Mais tous ceux que je viens de citer furent vaincus par ceux qui regardaient une bonne armée et non l'argent comme le nerf de la guerre. Parmi les merveilles que Crésus, roi de Lydie, fit voir à Solon l'Athénien, était un trésor incalculable : ce prince lui ayant demandé ce qu'il pensait de sa puissance, Solon lui répondit que ce n'était point par cet amas d'or qu'il pouvait en juger, parce qu'on ne faisait pas la guerre avec de l'or, mais avec du fer; qu'il pouvait survenir un ennemi qui aurait plus de fer que lui et qui lui ravirait ses trésors.

Après la mort d'Alexandre le Grand, une multitude innombrable de Gaulois se répandit dans la Grèce, et de là en Asie. Ces barbares ayant envoyé des ambassadeurs au roi de Macédoine pour traiter avec lui, ce prince, pour faire parade de sa puissance et les éblouir par la vue de ses richesses, leur montra une grande quantité d'or et d'argent : loin d'être effrayés, les Gaulois, qui, pour ainsi dire, avaient déjà confirmé la paix, se hâtèrent de la rompre ; tant s'accrut en eux le désir de lui enlever son or. C'est ainsi que ce roi fut dépouillé des trésors mêmes qu'il avait cru amasser pour sa défense.

Il y a peu d'années encore que les Vénitiens, quoique le trésor public fût comblé de richesses, perdirent toutes leurs possessions, sans que leur or servît à les défendre.

Aussi, quel que soit le cri de l'opinion générale, je soutiendrai que ce n'est pas l'argent qui est le nerf de la guerre, mais une bonne armée; car, si l'or ne suffit pas pour trouver de bons soldats, les bons soldats ont bientôt trouvé de l'or. Si les Romains avaient voulu faire la guerre plutôt avec de l'argent qu'avec du fer, tous les trésors du monde n'auraient pu leur suffire pour réussir dans les vastes conquêtes qu'ils entreprirent, et surmonter les obstacles qu'ils y rencontrèrent. Mais, comme ils faisaient la guerre avec le fer, ils ne souffrirent jamais de la disette de l'or, parce que ceux qui les redoutaient leur apportaient leurs richesses jusqu'au milieu de leurs camps.

Si le manque d'argent obligea le roi de Sparte à tenter le hasard d'une bataille, c'est l'argent qui, dans cette circonstance, produisit un inconvénient que mille autres causes pouvaient occasionner : ainsi, lorsqu'une armée manque de vivres, et qu'elle se voit contrainte ou à mourir de faim, ou à livrer bataille, elle embrasse ordinairement ce dernier parti, comme le plus honorable, et celui où elle peut espérer encore les faveurs de la fortune. Il arrive souvent aussi qu'un général, sachant que son ennemi attend des renforts, est obligé de l'attaquer et de s'exposer aux dangers d'un combat; ou, s'il attend que son adversaire ait augmenté ses forces, d'avoir à livrer un combat mille fois plus désavantageux. On voit encore, par l'exemple d'Asdrubal, lorsqu'il fut attaqué sur le Métaure par Claudius Néron, réuni à l'autre consul, qu'un capitaine réduit à fuir ou à combattre choisit presque toujours le combat : ce parti, quoique extrêmement douteux, lui présente cependant encore quelques chances de succès, tandis que l'autre ne lui offre qu'une perte assurée.

Il y a donc une foule de circonstances où un général est contraint, malgré sa propre conviction, d'en venir à une bataille; et le défaut d'argent peut être de ce nombre, sans qu'on puisse en conclure qu'il soit plutôt le nerf de la guerre que cette foule d'autres causes qui entraînent les armées dans la même nécessité.

Je dois donc le redire encore : ce n'est point l'or, ce sont les bons soldats qui sont le nerf de la guerre. L'argent est nécessaire, sans doute, mais ce n'est qu'une nécessité secondaire, que les bons soldats savent toujours surmonter par leur vaillance; parce qu'il est aussi impossible à une armée courageuse de manquer jamais d'argent, qu'il est à l'argent seul de trouver de bons soldats. L'histoire, en mille endroits, prouve la vérité de ce que j'avance. En vain Périclès avait déterminé les Athéniens à faire la guerre avec tout le Péloponèse, en les assurant que leur industrie et leur richesses devaient les rendre certains du succès : quoique en effet les Athé-

niens, dans le cours de cette guerre, eussent quelquefois
triomphé, ils finirent cependant par succomber; la sagesse de Sparte et le courage de ses soldats l'emportèrent
sur l'industrie et les trésors d'Athènes.

Mais, sur ce point, l'opinion de Tite-Live est du plus
grand poids, lorsque, examinant si Alexandre le Grand,
en venant en Italie, eût vaincu les Romains, il démontre
que trois choses sont essentielles à la guerre : des troupes
braves et nombreuses, des généraux expérimentés, et
une fortune propice. Il examine ensuite lesquels des
Romains ou d'Alexandre possédaient un plus grand
nombre de ces avantages, et il conclut sans dire un mot
de l'argent.

Lorsque les Campaniens furent suppliés par les Sidicins de prendre les armes en leur faveur contre les Samnites, ils mesurèrent sans doute leur puissance à leurs
richesses et non à la force de leurs soldats; car, après
avoir pris le parti de les secourir, ils furent contraints,
pour échapper à une ruine totale, de devenir, après deux
défaites, les tributaires de Rome.

CHAPITRE XI.

Qu'il est imprudent de s'allier avec un prince qui a plus de réputation
que de forces réelles.

Tite-Live, voulant mettre dans tout son jour l'erreur
qu'avaient commise les Sidicins en comptant sur l'appui des Campaniens, et celle de ces derniers en croyant
pouvoir les défendre, ne pouvait s'exprimer en termes
plus énergiques qu'en disant : *Campani magis nomen
in auxilium Sidicinorum, quàm vires ad præsidium
attulerunt.* Cet exemple prouve que les alliances que l'on
contracte avec un prince qui ne peut vous secourir, ou
parce que l'éloignement des lieux ne le lui permet pas,

ou parce que les désordres de ses États exigent l'emploi de toutes ses forces, ou par tout autre motif, ont plus d'éclat que d'utilité réelle pour ceux qui comptent sur son appui.

Florence, de nos jours, nous en offre la preuve. Attaqués en 1497 par le pape et par le roi de Naples, les Florentins s'appuyèrent de l'amitié du roi de France ; mais ils en retirèrent plutôt *l'éclat d'un grand nom qu'un secours véritable (magis nomen quàm præsidium).* C'est encore ce qui arriverait à tout prince qui, se reposant sur l'alliance de l'empereur Maximilien, tenterait aujourd'hui quelque entreprise : car c'est là une de ces amitiés qui apportent, à ceux qui s'y confient, *magis nomen quàm præsidium;* semblable à l'appui que les Sidicins, comme le dit le texte de Tite-Live, tirèrent de l'alliance des Campaniens.

Ces derniers peuples se trompèrent donc lorsqu'ils se crurent plus forts qu'ils n'étaient en effet. Et c'est ainsi que l'imprudence des hommes les excite quelquefois à prendre la défense des autres, tandis qu'ils ne savent ni ne peuvent se préserver eux-mêmes du danger. Telle fut aussi l'erreur des Tarentins, lorsqu'ils envoyèrent des ambassadeurs au consul romain, dont l'armée était près d'en venir aux mains avec les Samnites, pour lui signifier qu'ils entendaient que les deux peuples rivaux fissent la paix, sinon qu'ils se déclareraient contre celui d'entre eux qui commencerait les hostilités. Le consul ne put s'empêcher de rire à cette proposition ; et, en présence des envoyés mêmes, il fit donner le signal du combat, et ordonna à l'armée d'attaquer l'ennemi, montrant aux Tarentins, par sa conduite, et non par ses paroles, de quelle réponse ils étaient dignes.

J'ai parlé dans ce chapitre du parti que prennent quelquefois les princes d'embrasser la défense d'un allié ; je parlerai dans le suivant des moyens qu'ils emploient pour se défendre eux-mêmes.

CHAPITRE XII.

S'il vaut mieux, lorsqu'on craint d'être attaqué, porter la guerre chez son ennemi que d'attendre chez soi.

J'ai entendu quelquefois disputer des hommes assez habiles dans l'art de la guerre pour savoir si, lorsqu'il se trouve deux princes à peu près d'égale force, et que celui qui passe pour le plus puissant a déclaré la guerre à l'autre, le meilleur parti que ce dernier ait à prendre est d'attendre son ennemi dans l'intérieur de son pays, ou de le prévenir en allant l'attaquer jusque dans ses foyers. J'ai entendu de part et d'autre d'excellentes raisons.

Ceux qui soutenaient qu'il faut aller attaquer son ennemi alléguaient, pour preuve, le conseil que donna Crésus à Cyrus lorsque ce prince, parvenu sur les confins des Massagètes, auxquels il portait la guerre, reçut de Tomyris, leur reine, un envoyé qui lui dit qu'il eût à choisir l'un des deux partis suivants, ou de pénétrer dans son royaume, où elle saurait bien l'attendre, ou de l'attendre s'il préférait qu'elle vînt elle-même le trouver. On délibéra sur cette proposition, et Crésus, contre l'opinion générale, conseilla d'aller chercher Tomyris, en disant que si elle était vaincue loin de son royaume, il ne pourrait s'en rendre maître, et qu'elle aurait le temps de réparer sa défaite ; mais que, s'il en triomphait au sein même de ses États, il pourrait la presser dans sa fuite, lui ôter tout moyen de se relever de sa chute, et s'emparer de son empire.

Ils allèguent encore le conseil qu'Annibal donna à Antiochus, lorsque ce roi conçut le dessein de faire la guerre aux Romains. Il lui démontra qu'on ne pouvait vaincre ces peuples qu'au sein même de l'Italie, parce que là seulement on pouvait tirer parti des forces et des richesses du pays, ainsi que de leurs alliés ; tandis qu'en les combattant hors de l'Italie, on leur laissait toutes les ressources de cette contrée, dans laquelle, comme à une source intarissable, ils puiseraient sans cesse de nouvelles forces ; et il conclut qu'il était plus facile de ravir aux Romains la ville de Rome que l'empire, et l'Italie que les autres provinces. Ils citaient encore l'exemple d'Agathocle, qui, ne pouvant soutenir dans ses foyers la guerre que les Carthaginois lui avaient déclarée, alla chez eux les attaquer, et les contraignit ainsi à lui demander la paix. Ils s'appuyaient enfin de Scipion, qui porta la guerre en Afrique pour en délivrer l'Italie.

Ceux qui sont d'une opinion différente avancent que tout capitaine qui veut causer la ruine de son ennemi doit l'éloigner de ses États. Ils citent les Athéniens, qui, tant qu'ils firent la guerre au sein de leurs États, furent toujours favorisés par la victoire, mais qui virent expirer leur liberté dès qu'ils s'éloignèrent et qu'ils voulurent porter leurs armes en Sicile. On cite encore l'exemple fabuleux d'Antée, roi de Libye, qui, attaqué par l'Hercule égyptien, ne put être vaincu tant qu'il attendit son ennemi dans l'intérieur de son royaume, et qui, trompé par une ruse d'Hercule, ne s'en fut pas plutôt éloigné, qu'il perdit et l'empire et la vie. Telle est l'origine de la fable d'Antée, fils de la Terre, qui reprenait ses forces toutes les fois qu'il touchait le sein de sa mère, et qu'Hercule, qui s'en aperçut, étouffa en le soulevant dans ses bras, pour l'empêcher de toucher la terre. Ils allèguent encore l'opinion des modernes. Chacun sait que Ferdinand, roi de Naples, fut un des princes les plus sages et les plus éclairés de son temps : deux ans avant sa mort, le bruit se répandit que le roi de France Charles VIII se disposait à venir l'attaquer ; au milieu des nombreux préparatifs de défense qu'il faisait, il tomba malade et mourut. Parmi les instructions qu'il laissa à

son fils Alphonse, il lui recommanda d'attendre son
ennemi en deçà des frontières, et de ne porter pour rien
au monde ses armées hors de son royaume, mais de
réunir dans l'intérieur toutes les forces dont il pourrait
disposer. Son fils ne suivit pas ces sages avis : il s'empressa d'envoyer une armée en Romagne, mais il perdit
sans combattre et cette armée et son royaume.

Aux raisons avancées par chaque parti, on ajoute : que
celui qui attaque marche avec plus d'assurance que celui
qui attend ; ce qui fortifie la confiance du soldat : et qu'il
prive en même temps son ennemi d'une foule de ressources
dont celui-ci pourrait se prévaloir, puisqu'il l'empêche
de se servir de ceux de ses sujets qui ont été ruinés par
la guerre. Le prince dont les États sont ainsi envahis ne
peut exiger avec la même rigueur l'argent et le concours
de ses peuples ; et, comme dit Annibal, il voit tarir cette
source qui lui permettait de soutenir le poids de la guerre.
D'un autre côté, des soldats qui se trouvent au milieu
d'un pays ennemi sentent davantage la nécessité de combattre ; et, comme nous l'avons dit plusieurs fois, la nécessité est la mère du courage.

De l'autre côté, on soutient qu'il est avantageux d'attendre l'ennemi, parce qu'on peut sans peine lui susciter
de nombreux embarras pour les vivres, et tous les autres
besoins d'une armée : la connaissance plus parfaite que
l'on a du pays permet d'apporter des obstacles à ses
desseins ; on peut lui opposer de plus grandes forces par
la facilité qu'on a de les réunir, et de n'être point forcé
de les envoyer au loin ; en cas de défaite, on répare
plus aisément ses pertes, et parce que les fuyards, ayant
des asiles à leur portée, ont moins de peine à se sauver,
et parce que les renforts ont moins d'espace à parcourir ;
de sorte que vous mettez toutes vos forces au hasard
d'une bataille, mais non toute votre fortune ; au lieu
qu'en portant la guerre loin de votre pays, vous risquez
toute votre fortune et non toutes vos forces. On a vu

même des généraux qui, pour mieux affaiblir leur ennemi, l'ont laissé pénétrer, pendant plusieurs jours de
marche, dans l'intérieur du pays, et s'emparer d'un
grand nombre de places, afin que la nécessité de laisser
des garnisons dans chacune d'elles diminuât son armée,
et qu'ils pussent la combattre avec plus d'avantage.

Mais, pour exprimer à mon tour ma façon de penser,
je crois qu'il faut faire ici une distinction : ou mon pays
est toujours sous les armes, comme l'était autrefois
Rome, comme le sont aujourd'hui les Suisses, ou il est
dépourvu d'armées, comme autrefois les Carthaginois,
comme le sont de nos jours le royaume de France et les
États d'Italie. Dans ce dernier cas, il faut tenir l'ennemi
loin de ses foyers ; car, lorsque la force d'un État consiste
dans l'or et non dans le courage des sujets, toutes les fois
que la source de cet or est tarie, vous êtes perdu ; et rien
ne vous prive de cette ressource comme une guerre intérieure : les Carthaginois et les Florentins en offrent un
exemple frappant. Tant que le pays des premiers fut à
l'abri des ravages de la guerre, leurs revenus leur suffirent pour résister à la puissance des Romains ; lorsqu'elle attaqua leurs foyers, ils ne purent résister même
à Agathocle.

Les Florentins ne savaient comment se défendre contre Castruccio, seigneur de Lucques, parce qu'il était
venu les attaquer dans le cœur de leurs États ; ils se
virent donc contraints de se jeter dans les bras de Robert, roi de Naples, pour qu'il embrassât leur défense.
Mais à peine Castruccio avait-il cessé de vivre que ces
mêmes Florentins ne craignirent pas d'attaquer le duc
de Milan jusque chez lui, et de tenter de lui enlever ses
États ; tant ils montrèrent de courage dans les guerres
lointaines, et de lâcheté dans celles qui les menaçaient
de près !

Mais quand un peuple ne quitte point les armes, comme
Rome autrefois, et de nos jours la Suisse, plus on l'at-

taque de près, moins il est facile à vaincre, ces États pouvant réunir plus facilement les forces nécessaires pour résister à une attaque soudaine, que pour faire eux-mêmes une invasion. Je ne me laisse point éblouir ici par l'autorité d'Annibal, parce que c'était la passion et l'intérêt qui le faisaient parler ainsi à Antiochus. Si les Romains, dans le même espace de temps, avaient essuyé dans les Gaules les trois déroutes que leur fit éprouver Annibal en Italie, leur ruine était consommée. Auraient-ils pu, en effet, tirer aucun parti des débris de leurs armées, comme ils y parvinrent chez eux; auraient-ils eu la même facilité de réparer leurs pertes et de résister, ainsi qu'ils le firent, à l'ennemi avec les forces qui leur restaient? Il n'y a pas d'exemple qu'ils aient jamais envoyé à la conquête d'une province une armée de plus de cinquante mille hommes; tandis que pour préserver leurs foyers de l'attaque des Gaulois, après la première guerre punique, ils en mirent sur pied jusqu'à dix-huit cent mille. Ils n'auraient pu même les mettre en déroute en Lombardie, comme ils y parvinrent en Toscane, à cause de la difficulté de mener si loin de nombreuses armées contre des ennemis déjà si nombreux eux-mêmes, et de pouvoir les combattre commodément. Les Cimbres, en Allemagne, mirent en déroute une armée romaine, et Rome ne put remédier à ce désastre. Mais lorsque ces barbares osèrent mettre le pied sur la terre d'Italie, et que Rome put leur opposer toutes ses forces réunies, ils furent exterminés. On peut vaincre aisément les Suisses loin de leurs foyers, d'où ils ne peuvent faire sortir plus de trente à quarante mille hommes; mais les attaquer dans leurs rochers, où cent mille hommes peuvent se lever, l'entreprise est trop périlleuse.

Je conclurai donc de nouveau que le prince dont les sujets sont toujours armés et préparés à la guerre, doit attendre dans ses États un ennemi puissant et dangereux, et ne jamais le prévenir. Mais celui dont les sujets désarmés habitent un pays impropre à la guerre, doit, autant qu'il peut, écarter le danger de son territoire. Ainsi chacun, selon le caractère de ses sujets, aura trouvé le meilleur moyen de se défendre.

CHAPITRE XIII.

La ruse sert plus que la force pour s'élever des derniers rangs au faîte des honneurs.

Rien à mon avis n'est plus vrai que les hommes s'élèvent rarement d'une basse fortune au premier rang, si cela même est arrivé quelquefois, sans employer la force ou la fourberie, à moins que ce rang, auquel un autre est parvenu, ne leur soit donné ou laissé par héritage. Je ne crois pas que jamais la force seule ait suffi, tandis que la seule fraude a cent fois réussi, comme en demeurera convaincu quiconque lira la vie de Philippe de Macédoine, celle d'Agathocle de Sicile, et de mille autres qui, du sein d'une fortune médiocre, ou même des derniers rangs du peuple, sont parvenus au trône ou au faîte du pouvoir.

Xénophon, dans sa vie de Cyrus, fait sentir la nécessité de tromper les hommes, lorsque l'on considère que la première entreprise qu'il fait faire à Cyrus contre le roi d'Arménie n'est qu'un tissu de fourberies à l'aide desquelles et sans employer la force il s'empare de tout son royaume. La conclusion qu'il tire de cette conduite, c'est qu'un prince qui veut faire de grandes choses doit nécessairement apprendre à tromper. Cyrus se joue pareillement de mille manières de Cyaxare, roi des Mèdes, son oncle paternel ; et son historien se contente de dire que sans toutes ces ruses Cyrus ne fût jamais parvenu au rang suprême où il s'éleva.

Je ne crois pas que jamais un homme né dans une basse condition se soit élevé à l'empire par l'emploi franc et ouvert de la force; mais plus d'une fois la seule fourberie a réussi, comme le prouve la manière dont Giovanni Galeazzo parvint à ravir à messer Bernabo, son oncle, la souveraineté de la Lombardie.

Les actions auxquelles les princes sont contraints dans les commencements de leur élévation sont également imposées aux républiques, jusqu'à ce qu'elles soient devenues puissantes et que la force seule leur suffise : comme Rome, en toute occasion, tint des événements ou de son choix les moyens nécessaires à son agrandissement, elle ne manqua pas non plus de celui-là. Dans le commencement, elle ne pouvait présenter à ses voisins un leurre plus puissant que celui dont nous avons parlé plus haut, et qui consistait à s'en faire comme des associés; nom spécieux sous lequel elle en fit des esclaves, ainsi que le démontrent les Latins et les autres peuples qui l'environnaient. D'abord elle se servit de l'appui de leurs armes pour dompter les peuples voisins et se faire regarder comme chef de la confédération. Après qu'elle les eut tous subjugués, elle s'éleva si haut qu'elle put facilement abattre quiconque aurait tenté de lui résister.

Les Latins ne s'aperçurent enfin qu'ils étaient tout à fait esclaves que lorsqu'ils virent les Samnites, deux fois vaincus, forcés d'en venir à un accord. En même temps qu'elle accrut auprès des princes les plus éloignés la réputation des Romains, dont ils connurent enfin le nom sans en avoir éprouvé les armes, cette victoire fit naître l'envie et la défiance chez tous ceux qui voyaient et qui ressentaient les effets de ces armes redoutables, et de ce nombre se trouvaient les Latins. Les craintes et la jalousie de ces peuples furent si profondes, que non-seulement les Latins, mais toutes les colonies que Rome avait fondées dans le Latium, se réunirent aux Campaniens qu'ils avaient naguère défendus et conjurèrent la perte du nom romain. Les Latins suivirent dans cette guerre le système d'après lequel nous avons dit plus haut que la plupart des guerres sont conduites ; ils s'abstinrent d'attaquer les Romains, mais ils défendirent les Sidicins, auxquels les Samnites faisaient la guerre avec la permission des Romains.

Ce qui prouve que les Latins furent excités par la seule conviction d'avoir été trompés, c'est le discours que Tite-Live met dans la bouche d'Annius Setinus, préteur latin, lorsque dans le conseil il s'exprime en ces termes : *Nam si etiam nunc sub umbra fœderis œqui servitutem pati possumus*, etc.

On voit donc que les Romains eux-mêmes, dès les premiers degrés de leur élévation, ne s'abstinrent pas de la fourberie : elle fut toujours indispensable à ceux qui, du plus bas degré, veulent monter au rang le plus élevé ; mais plus cette fraude se dérobe aux regards, comme celle qu'employèrent les Romains, moins elle mérite le blâme.

CHAPITRE XIV.

Les hommes se trompent souvent lorsqu'ils pensent adoucir l'orgueil par la modération.

On voit par de nombreux exemples que la modération, loin d'être utile, n'est que trop souvent nuisible, surtout lorsqu'on l'emploie avec des hommes qui, par envie ou par toute autre cause, ont conçu contre vous de la haine. Ce que dit notre historien à l'occasion de cette guerre entre les Romains et les Latins fait foi de ce que j'avance. En effet, les Samnites s'étant plaints à Rome d'avoir été attaqués par les Latins, la république, pour ne pas irriter ce dernier peuple, ne voulut pas lui défendre de faire la guerre. Cette conduite, loin de calmer les Latins, ne fit au contraire que les exciter davantage et les engager à se déclarer plus promptement ennemis. C'est ce que manifeste le discours que tint dans le même conseil le préteur latin Annius, dont nous avons précédemment parlé, et qui s'exprimait en ces termes : *Tentastis patientiam negando militem : quis dubitat exarcisse eos? Pertulerunt tamen hunc dolorem. Exercitus nos parare adversùs Samnites, fœderatos suos, audierunt, nec moverunt se ab urbe. Unde hœc illis tanta modestia, nisi à conscientia virium et nostrarum et suarum?* On voit clairement, par ce passage, combien la patience des Romains accrut l'orgueil et l'insolence des Latins.

Ainsi jamais un prince ne doit chercher à manquer à son rang. S'il ne veut pas non plus faire une concession déshonorante, il ne doit rien céder par des traités, lorsqu'il peut ou qu'il croit pouvoir conserver l'objet qu'on lui demande. Quand les choses en sont venues au point qu'on ne puisse en faire l'abandon de la manière que je viens d'indiquer, il est presque toujours préférable de ne céder qu'à l'emploi de la force, plutôt qu'à la crainte de la force. Si, en effet, la crainte vous décide, vous transigerez dans l'espoir d'écarter la guerre, que le plus ordinairement vous ne pourrez éloigner; car celui auquel vous aurez cédé par une lâcheté manifeste, loin d'être satisfait, exigera de vous quelque autre concession; et ses prétentions s'accroîtront en proportion du mépris que vous lui aurez inspiré : d'un autre côté, vous ne trouverez pour votre cause que des défenseurs indifférents parce que vous leur paraîtrez ou trop faible ou trop lâche.

Mais si, au moment où vous découvrez les projets de votre adversaire, vous rassemblez vos forces, fussent-elles inférieures aux siennes, il commence par vous accorder son estime; les princes qui vous environnent vous respectent davantage ; et tel d'entre eux vous offre son appui en vous voyant en armes, qui vous eût refusé tout secours s'il vous avait vu vous abandonner vous-même. Je parle ici du cas où vous n'auriez qu'un ennemi. Mais si vous en aviez plusieurs, ce serait agir prudemment, malgré la guerre déclarée, d'abandonner à l'un d'entre eux quelques-unes de vos possessions, afin de gagner son amitié et de le détacher de la ligue de vos ennemis.

CHAPITRE XV.

Les gouvernements faibles ne prennent jamais que des résolutions ambiguës, et la lenteur dans les délibérations est toujours nuisible.

A cette occasion, et au sujet des germes de guerre qui existaient entre les Romains et les Latins, on peut remarquer que, dans tous les conseils, il est nécessaire d'aborder franchement la question mise en délibération, et de ne pas se jeter dans les points incertains ou douteux. On en voit une preuve évidente dans la détermination qu'embrassèrent les Latins, lorsqu'ils eurent résolu de rompre avec les Romains. Rome avait pressenti les fâcheuses dispositions que montraient les Latins : pour s'en assurer davantage et connaître si elle pourrait regagner leur amitié sans recourir à la force des armes, elle leur fit entendre qu'ils envoyassent dans ses murs huit de leurs concitoyens, parce qu'elle voulait s'entendre avec eux. Les Latins ayant eu connaissance de cette proposition, et sachant bien dans leur conscience tout ce qu'ils avaient fait contre les Romains, assemblèrent un conseil pour choisir les députés que l'on devait envoyer à Rome, et leur donner les instructions relatives à ce qu'ils devaient dire. Annius, leur préteur, se trouvant présent à cette délibération, s'écria : *Ad summam rerum nostrarum pertinere arbi-*

tror, ut cogitetis magis quid agendum nobis, quàm quid loquendum sit. Facile erit, explicatis consiliis, accommodare rebus verba.

Ces paroles présentent une grande vérité, et il n'est ni un prince, ni une république, qui ne doive les goûter. Lorsqu'on est dans l'incertitude de ce que l'on fera, il est impossible de s'expliquer ; mais lorsqu'on a embrassé une ferme résolution, et déterminé un plan de conduite, on trouve aisément des paroles pour les justifier.

Je fais d'autant plus volontiers cette remarque, que j'ai eu de plus fréquentes occasions d'observer combien cette ambiguïté avait apporté de dommage aux affaires de l'État, et quelle honte et quels désastres elle avait causés à notre république. Lorsqu'il faudra mettre en délibération quelque parti douteux, et dont la décision exige du courage, on verra toujours éclater cette irrésolution, si l'examen en est confié à des esprits pusillanimes.

Une délibération lente et tardive ne présente pas de moins graves inconvénients qu'une résolution ambiguë, surtout lorsqu'il s'agit de décider du sort d'un allié. Avec la lenteur, on ne sert personne et l'on se nuit à soi-même. Les mesures de cette espèce proviennent ou de la faiblesse du courage, ou du manque de ressources, ou de la perversité des membres du conseil, qui, poussés par leur intérêt personnel à la ruine de l'État ou à l'accomplissement de leurs désirs, ne permettent pas de continuer la délibération, mais font tous leurs efforts pour la suspendre et y mettre des entraves. En effet, les citoyens éclairés n'empêcheront jamais de délibérer, même lorsqu'ils verront le peuple, entraîné par une fougue insensée, se précipiter dans une résolution funeste, surtout lorsqu'il s'agit d'un parti qui n'admet point de délai.

Après la mort d'Hiéron, tyran de Syracuse, une guerre

violente eclata entre Rome et Carthage, et les Syracusains disputèrent vivement pour savoir s'ils devaient
embrasser l'amitié des Romains ou celle des Carthaginois. L'ardeur des deux partis rivaux était si grande,
que la chose restait en suspens, et qu'aucun ne prenait
de résolution. Enfin, un des citoyens les plus consi-
dérés de Syracuse, nommé Apollonide, fit voir, dans
une harangue pleine de sagesse, qu'il ne fallait blâmer
ni ceux dont l'opinion était de se réunir aux Romains,
ni ceux qui voulaient suivre le parti des Carthaginois,
mais qu'il fallait avoir en horreur cette indécision et
cette lenteur à embrasser une opinion, parce que cette
hésitation ne pouvait que causer la ruine de la république; au lieu qu'une fois le parti pris, quel qu'il fût,
il restait du moins encore l'espérance. Tite-Live ne pouvait mettre sous nos yeux un exemple plus frappant du
danger que produit l'incertitude.

Il en fournit une nouvelle preuve dans ce qui arriva
aux Latins. Ce peuple avait sollicité contre les Romains
le secours des Laviniens, qui mirent tant de lenteur
dans leur délibération, qu'au moment où l'armée était
sur le point de sortir des portes pour se mettre en campagne, ils reçurent la nouvelle que les Latins venaient
d'être battus. Aussi Milonius, leur préteur, s'écria :
« Le peuple romain nous fera payer cher le peu de che-
« min que nous avons fait. » En effet, s'ils avaient résolu d'abord de secourir ou de ne pas secourir les Latins, en ne les secourant point ils n'eussent pas irrité
le peuple romain ; ou en les secourant à propos, les
renforts qu'ils leur eussent envoyés auraient pu leur
donner la victoire; mais, par leurs délais, ils s'exposèrent à se perdre de toutes les manières, comme en
effet cela leur arriva.

Si les Florentins avaient fait attention à ce texte, ils
n'auraient point éprouvé de la part des Français tous
les dommages et les désagréments qu'ils eurent à sup-

porter lorsque le roi de France Louis XII vint en Italie
pour attaquer Lodovico, duc de Milan. Le roi, au milieu
des préparatifs de son invasion, rechercha l'alliance des
Florentins : leurs ambassadeurs, qui se trouvaient auprès de sa personne, convinrent avec lui de demeurer
neutres, à condition que si le roi passait en Italie, il
leur conserverait leurs États, et les prendrait sous sa
protection : il accorda un mois à la ville pour ratifier
ce traité. Cette ratification fut suspendue par l'imprudence des partisans de Lodovico ; de sorte que lorsque
le roi eut remporté la victoire, ils voulurent ratifier le
traité ; mais ce prince rejeta à son tour leur proposition, parce qu'il vit bien que c'était la force, et non la
bonne volonté, qui portait les Florentins à embrasser
son amitié. Cette conduite coûta des sommes considérables à Florence, et la république fut sur le point de
perdre ses États, ainsi que cela lui arriva dans la suite
et par la même cause ; faute d'autant plus impardon-
nable qu'elle n'obligea en rien le duc Lodovico : aussi,
si ce dernier était demeuré vainqueur, aurait-il fait
tomber sur les Florentins de bien autres marques de
ressentiment que le roi.

Quoique j'aie déjà consacré précédemment un chapitre
particulier à faire sentir aux républiques le danger auquel
expose la faiblesse, néanmoins de nouveaux événements
m'ayant donné l'occasion de revenir sur le même sujet,
je n'ai pas été fâché d'en parler une seconde fois, parce
qu'il m'a semblé que cette matière était de la plus
grande importance pour les gouvernements semblables
à notre république.

CHAPITRE XVI.

Combien, de nos jours, les armées s'éloignent des institutions militaires
des anciens.

La bataille la plus importante que, dans tout le cours
de leurs guerres, les Romains aient jamais livrée à aucune nation, est celle dans laquelle ils vainquirent les
Latins, sous le consulat de Torquatus et de Décius. Il est
évident que, comme les Latins, en la perdant, devinrent
esclaves, les Romains auraient également subi le joug
de l'esclavage s'ils n'avaient pas été vainqueurs : telle
était du moins l'opinion de Tite-Live, qui représente
les deux armées comme égales en discipline, en courage,
en acharnement et en nombre; la seule différence qu'il
y trouve, c'est que les généraux romains montrèrent
plus d'héroïsme que ceux de l'armée latine.

On remarque encore, dans la conduite de cette bataille, deux événements inouïs jusqu'alors, et dont par
la suite on a vu bien peu d'exemples : c'est que, pour
affermir le courage des soldats, les rendre dociles au
commandement et les déterminer au combat, l'un des
deux consuls s'arracha la vie lui-même, et l'autre fit
mourir son propre fils.

L'égalité, qui, selon Tite-Live, existait entre les deux
armées, venait de ce qu'elles avaient longtemps combattu sous les mêmes drapeaux; que leur langage, leur
discipline, leurs armes étaient les mêmes; leur ordre de
bataille ne différait en rien; c'était la même disposition
dans les diverses divisions de l'armée, et les chefs de
chaque division portaient les mêmes noms. Il était donc
nécessaire, au milieu de cette égalité de force et de courage, qu'il survînt quelque événement extraordinaire qui
fit pencher la balance et excitât davantage l'ardeur de l'une

des deux armées ; car, ainsi que je l'ai déjà prouvé, c'est de cette ardeur que dépend la victoire · tant qu'elle enflamme le cœur des combattants, jamais une armée ne songe à la fuite ; et, pour qu'elle s'éteignît moins vite chez les Romains que chez les ennemis, il fallut que le sort et l'héroïsme des consuls les portassent, l'un à faire mourir son fils, et l'autre à se dévouer lui-même.

Tite-Live, en représentant l'égalité de forces des deux armées, nous fait connaître l'ordre que suivaient les Romains dans la disposition de leurs troupes et pendant la durée d'une bataille. Je ne répéterai point tous les détails dans lesquels il est entré ; je me bornerai à expliquer ce que je crois y voir de plus important, et dont l'emploi négligé par les généraux de nos jours a causé tant et de si grands désordres dans nos armées et dans nos batailles.

On apprend du texte même de Tite-Live qu'une armée romaine se divisait en trois corps principaux, que l'on pourrait en toscan nommer trois brigades. La première avait le nom de *hastati* ou *lanciers*, la seconde de *princes*, la troisième de *triaires* : chacune de ces brigades avait ses chevaux. Dans leur ordre de bataille, les lanciers étaient en tête ; en seconde ligne, et exactement derrière eux, on plaçait les princes ; enfin, les triaires prenaient le troisième rang, en conservant toujours les mêmes files. La cavalerie des trois brigades se rangeait à droite et à gauche de chacune de ces trois divisions. Cette cavalerie prenait, de sa disposition et de son emplacement, le nom d'*alæ*, parce qu'elle semblait former en effet les ailes de ce grand corps.

La brigade des lanciers, qui occupait le front de l'armée, formait des rangs serrés de manière à pouvoir repousser ou soutenir le choc de l'ennemi ; la seconde, ou celle des princes, n'ayant point à combattre d'abord, mais à secourir la première division si elle venait à être battue ou repoussée, ne formait pas des rangs aussi serrés; elle laissait quelque intervalle entre eux, de manière à pouvoir recueillir sans désordre les troupes de la première division, si l'ennemi la contraignait à se replier; la troisième brigade, celle des triaires, montrait ses rangs plus ouverts encore que la seconde, afin de pouvoir recevoir au besoin, dans l'intervalle, les corps des princes et des lanciers.

Ces trois divisions disposées dans cet ordre, on en venait aux mains : si les lanciers étaient rompus ou défaits, ils se retiraient dans l'intervalle des rangs des princes, et, réunis ensemble, les deux corps n'en faisaient plus qu'un seul qui recommençait le combat. S'ils étaient encore battus ou mis en déroute, ils se retiraient dans l'intervalle des rangs des triaires, et les trois brigades, réunies de nouveau en un seul corps, revenaient à la charge; si la victoire leur échappait encore, comme elles n'avaient plus de moyen de reformer leurs rangs, elles perdaient alors la bataille. Comme toutes les fois qu'on avait recours au corps des triaires l'armée était dans le plus grand danger, on en vit naître le proverbe : *Res reducta est ad triarios*; ce qui veut dire en notre langue: Nous en sommes réduits aux derniers expédients.

Les généraux de notre temps, en abandonnant les règles de l'art militaire, et en dédaignant d'observer l'antique discipline, ont également négligé ce système, qui est cependant de la plus grande importance. Celui qui fait ses dispositions de manière à pouvoir, dans le cours d'une action, se rallier jusqu'à trois fois, doit, pour perdre la bataille, essuyer trois fois les rigueurs de la fortune, ou rencontrer dans les rangs de l'ennemi une valeur capable de lui arracher trois fois la victoire. Mais quiconque n'est en état que de résister au premier choc, comme le sont aujourd'hui les armées chrétiennes, peut aisément être vaincu : le moindre désordre, le courage le plus médiocre suffisent pour lui ravir la victoire. Ce qui empêche nos armées de se rallier jusqu'à trois fois, c'est qu'on a négligé l'ordonnance qui permettait à une division de se reformer dans les rangs d'une autre; c'est que, de nos jours, on ne peut organiser une bataille qu'au moyen de l'un des deux désordres suivants : ou l'on place les différents corps à côté les uns des autres, de sorte que les rangs présentent un front très-étendu sur peu de profondeur, ce qui n'offre point assez de résistance, attendu la faiblesse du front à la queue; ou si, pour présenter plus de résistance, on donne, à l'exemple des Romains, plus de profondeur au corps de bataille, comme il n'existe point de disposition qui permette à une seconde division de recevoir la première lorsqu'elle est rompue, les troupes ne font que s'embarrasser réciproquement et compléter elles-mêmes leur déroute. En effet, si ceux qui combattent au premier rang sont repoussés, ils se jettent sur ceux du second; si les seconds veulent marcher en avant, ils sont empêchés par le premier rang : de sorte que le premier rang se renversant sur le second, et le second sur le troisième, il en résulte une telle confusion, que souvent le plus léger accident suffit pour décider de la défaite d'une armée.

A la bataille de Ravenne, qui fut pour notre temps une des actions où l'on s'est le mieux battu, et dans laquelle le duc de Foix, général de l'armée française, perdit la vie, les deux armées française et espagnole adoptèrent l'un des systèmes de bataille dont nous venons de parler : elles disposèrent toutes leurs troupes sur une ligne extrêmement étendue; de sorte qu'elles ne présentaient toutes deux pour ainsi dire qu'un front, et qu'elles avaient bien plus de longueur que de profondeur.

C'est le système que suivent toujours nos généraux lorsqu'ils doivent combattre dans une vaste campagne, comme est celle de Ravenne; parce que, connaissant les désordres qui résultent de la rupture des rangs lorsqu'on se met par file, ils évitent cette méthode quand ils peuvent, ainsi que je l'ai dit, se ranger sur un seul front : mais, sont-ils resserrés par la nature du terrain, ils commettent la faute que je viens de signaler, sans penser nullement au remède.

C'est avec le même désordre que leur cavalerie parcourt le pays, soit pour le piller, soit pour quelque manœuvre de guerre. Dans la lutte que les Florentins soutinrent contre les Pisans, que le passage du roi de France Charles VIII en Italie avait excités à la révolte, le premier de ces peuples ne fut battu à San-Regolo et ailleurs que par la faute de la cavalerie alliée, qui, se trouvant à l'avant-garde et repoussée par l'ennemi, se rejeta en désordre sur l'infanterie florentine, la rompit et décida de la fuite du restant de l'armée; et messer Criaco dal Borgo, ancien commandant de l'infanterie de la république, a plusieurs fois affirmé en ma présence qu'il n'avait jamais été battu que par la faute de la cavalerie alliée. Les Suisses, qui sont les maîtres de l'art moderne de la guerre, ont soin, par-dessus toute chose, de se placer sur les flancs lorsqu'ils combattent dans les rangs des Français, afin que la cavalerie alliée ne se renverse pas sur eux si elle venait à être repoussée.

Quoique ces principes paraissent faciles à comprendre et plus faciles encore à appliquer, cependant il ne s'est pas trouvé un seul capitaine de nos contemporains qui ait su imiter le système des anciens ou corriger du moins celui des modernes. Ils ont bien également divisé leurs armées en trois corps dont l'un se nomme avant-garde, l'autre, corps de bataille, et le dernier, arrière-garde; mais ils ne s'en servent que dans la distribution des logements. Dans l'emploi qu'ils en font, comme je l'ai dit plus haut, il est bien rare qu'ils ne fassent pas courir la même fortune à chacun de ces corps indistinctement. Or comme plusieurs d'entre eux, pour excuser leur ignorance, prétendent que la puissance de l'artillerie ne permet pas d'employer de nos jours les dispositions des an-

ciens, je veux discuter ce sujet dans le chapitre suivant,
et examiner si en effet l'artillerie empêche qu'on puisse
déployer le même courage et la même science qu'autrefois.

CHAPITRE XVII.

Jusqu'à quel point on doit faire cas de l'artillerie dans nos armées modernes,
et si l'opinion qu'on en a généralement est fondée.

Après tout ce que je viens d'exposer, lorsque je considère combien de batailles les Romains ont livrées à tant
d'époques différentes, batailles auxquelles nous donnons,
d'un mot français, le nom de *journées*, et que les Italiens app' ient *faits d'armes*, j'ai réfléchi sur l'opinion
générale ent répandue qui veut que, si à cette époque
reculée l'artillerie eût existé, les Romains n'auraient pu
avec autant de facilité envahir les provinces, rendre les
peuples tributaires comme ils le firent, ni étendre en
aucune manière leurs conquêtes aussi loin. On ajoute
qu'au moyen de ces instruments de feu les hommes ne
sauraient plus faire usage de leur valeur, ni la déployer
comme ils le pouvaient anciennement. On prétend enfin
qu'on livre aujourd'hui plus difficilement bataille qu'autrefois; qu'on ne peut plus suivre pendant l'action les
mêmes dispositions qu'à cette époque; et qu'il viendra
un temps où l'artillerie seule décidera du sort de la
guerre. Je ne regarde point comme hors de propos d'examiner si ces opinions sont fondées; si l'artillerie a diminué ou accru les forces des armées; si elle enlève ou
présente à un habile général l'occasion de déployer sa
valeur et ses talents. Je commencerai par peser la
première assertion : que les anciennes armées romaines
n'auraient point exécuté leurs conquêtes si l'artillerie
avait existé de leur temps. Je répondrai à cette opinion

que, dans la guerre, il s'agit toujours ou de se défendre ou d'attaquer. Il faut donc examiner d'abord à laquelle de ces deux manières de faire la guerre l'artillerie présente le plus d'utilité ou de désavantage.

Quoiqu'il y ait bien des choses à dire de part et d'autre, je crois cependant que, sans aucune comparaison, l'artillerie fait plus de tort à celui qui se défend qu'à celui qui attaque : la raison en est que celui qui se défend est, ou renfermé dans une ville, ou campé derrière un retranchement. S'il est dans les murs d'une ville, ou cette ville est petite, comme le sont la plupart des forteresses, ou elle est grande : dans le premier cas, celui qui se défend s'expose à une ruine certaine, parce que la violence de l'artillerie est si grande, qu'elle ne trouve point de rempart, quelque épais qu'il soit, qu'elle ne renverse en peu de jours; et si ceux que renferme la ville n'ont pas un espace suffisant pour se retirer, creuser de nouveaux fossés et élever d'autres remparts, ils sont perdus et ne peuvent résister à l'impétuosité de l'ennemi qui tenterait de pénétrer par la brèche; leur artillerie même ne leur sera d'aucun service : c'est en effet une chose démontrée, que, partout où les hommes peuvent se précipiter en foule et avec impétuosité, l'artillerie ne saurait y mettre obstacle. C'est pourquoi, dans la défense des places, on ne peut repousser le choc irrésistible des ultramontains. On soutient aisément l'attaque des Italiens, qui ne marchent jamais en masse, mais qui vont au combat pour ainsi dire éparpillés; ce qui a fait donner à ces combats le nom convenable d'*escarmouches*. Ceux qui s'avancent avec ce désordre et cette tiédeur vers la brèche d'un mur défendue par de l'artillerie, courent à une mort certaine; et c'est contre eux que cette arme a tout son effet; mais ceux qui se précipitent sur la brèche comme une foule épaisse, et où l'on est poussé l'un par l'autre, ceux-là pénètrent dans tous les lieux, s'ils ne sont repoussés par des fossés ou

des remparts : l'artillerie ne peut rien contre eux; et si
quelques-uns succombent, le nombre des morts ne peut
être assez grand pour empêcher les autres de vaincre.

Les nombreux assauts que les ultramontains ont livrés
en Italie démontrent sans réplique cette vérité. C'est
principalement dans celui de Brescia qu'elle paraît dans
tout son jour. Cette ville s'était révoltée contre les Français; la citadelle seule tenait encore pour le roi; les Vénitiens, pour soutenir l'attaque qu'elle aurait pu diriger
contre la ville, avaient garni d'artillerie toute la rue qui
descend de la citadelle dans la cité; ils en avaient placé
en front, sur les côtés et dans tous les endroits qui offraient des points de défense; mais monseigneur de Foix
n'en tint aucun compte : il fit mettre pied à terre à son
escadron; il s'empara de la ville après avoir passé au
milieu de toute cette artillerie; et l'on ne dit pas qu'elle
lui ait fait éprouver une perte remarquable.

Ainsi, celui qui se défend dans une place de peu d'é-
tendue, dont les murailles ont été renversées, et qui,
comme je l'ai dit, n'a point assez d'espace pour opposer
à l'ennemi de nouveaux remparts et des fossés nouveaux,
et qui ne compte que que sur le canon, se perd immédiatement.

Si vous défendez une place considérable, et que vous
ayez la facilité de vous retirer, l'artillerie, même dans
ce cas, est sans comparaison plus avantageuse aux assiégeants qu'aux assiégés.

D'abord, si vous prétendez que vos batteries nuisent
à ceux qui vous assiégent, il est nécessaire de vous
élever, ainsi qu'elles, au-dessus du niveau du sol, parce
que, si elles restent à ce niveau, le plus faible rempart,
le moindre retranchement que fait l'ennemi, le mettent
à l'abri, et vos coups ne peuvent plus lui nuire; de sorte
qu'obligé de vous exhausser, et de vous placer sur le
terre-plein du rempart, où en quelque manière de vous
lever de terre, vous vous créez deux grandes difficultés :

la première, c'est que vous ne pouvez y conduire des
pièces d'un aussi fort calibre que celles dont peuvent se
servir les assiégeants, attendu qu'on ne peut manœuvrer
facilement de grandes machines dans un petit espace;
le second, c'est que, quand même vous pourriez les y
conduire, il vous serait impossible de donner à vos remparts, pour préserver votre artillerie, cette solidité et
cette sûreté que les assiégeants, maîtres du terrain,
peuvent donner à leurs batteries, et que facilite encore
l'étendue de l'espace dont ils disposent. Il est donc impossible à des assiégés de maintenir leurs batteries sur
des remparts élevés lorsque celles des assiégeants sont
fortes et nombreuses; et, s'ils les placent dans des lieux
enfoncés, elles deviennent, comme je l'ai dit, en grande
partie inutiles.

Ainsi la défense d'une place se réduit à n'employer
que la force des bras, comme on le faisait autrefois, et à
se servir d'artillerie du moindre calibre : artillerie dont
les inconvénients peuvent bien contre-balancer l'utilité
qu'elle offre pour la défense, puisque, pour pouvoir s'en
servir, il faut abaisser les remparts des villes et les en-
terrer presque dans les fossés; de sorte que si l'on en
vient à combattre corps à corps, soit parce que les murs
sont renversés, soit parce que les fossés sont comblés,
les assiégés ont bien plus de désavantage qu'ils n'en
avaient auparavant. Ainsi, comme je l'ai avancé ci-
dessus, ces machines rendent bien plus de services à
ceux qui assiègent une ville qu'à ceux qui sont assiégés.

Quant au troisième cas, celui d'être renfermé dans
un camp retranché pour ne livrer bataille qu'à votre
commodité ou à votre avantage, je soutiens que même
alors vous n'avez pas plus de moyens que n'en avaient
les anciens d'éviter le combat, et que souvent encore
l'artillerie vous met dans une position plus fâcheuse. En
effet, si l'ennemi vous surprend à l'improviste; que le
pays lui donne un peu d'avantage, comme cela peut fa-

cilement arr'ver; qu'il se trouve, par exemple, dans un lieu plus élev¹ que vous; où qu'à son arrivée vous n'ayez point encore terminé vos retranchements, ou que vous ne soyez pas entièrement à couvert, il vous déloge soudain, sans que vous puissiez vous y opposer; et vous êtes forcé d'abandonner vos retranchements pour en venir au combat. C'est ce qui arriva aux Espagnols à la bataille de Ravenne. Ils s'étaient retranchés entre le fleuve du Ronco et une chaussée; mais comme ils n'avaient point poussé leurs travaux assez avant, et que les Français possédaient l'avantage du terrain, ils furent contraints par l'artillerie ennemie de sortir de leurs retranchements et d'en venir à la bataille.

Mais, en supposant, comme il arrive le plus souvent, que le lieu que vous avez choisi pour asseoir votre camp soit le plus élevé des environs, que les retranchements en soient bons et solides, et tellement favorisés par l'avantage du terrain et toutes vos autres défenses, que l'ennemi n'ose vous assaillir, on emploiera alors les moyens dont on usait dans l'antiquité, lorsqu'il arrivait qu'une armée était en position de ne pouvoir être attaquée: ces moyens consistent à parcourir le pays, à s'emparer ou à mettre le siége devant les villes amies, à intercepter vos vivres jusqu'à ce que vous soyez obligé par la nécessité à quitter votre camp et à livrer une bataille où votre artillerie, comme je le prouverai plus bas, ne vous sera plus d'un grand secours.

En examinant de quelle espèce étaient les guerres que firent les Romains, on voit qu'elles furent presque toutes offensives, et non point défensives. Il devient clair alors que j'ai eu raison de dire plus haut qu'ils auraient remporté de plus grands avantages, et fait des conquêtes plus rapides si l'artillerie eût existé de leur temps.

Quant à la seconde assertion, que l'artillerie ne permet plus aux hommes de manifester comme autrefois leur valeur personnelle, je pense, il est vrai, que des soldats obligés de se présenter pour ainsi dire isolément, courraient plus de dangers qu'anciennement, s'il s'agissait de prendre une ville, d'escalader ou de former d'autres attaques semblables, où ils ne pourraient se présenter en masse. Il est encore vrai que les officiers et les généraux d'une armée sont plus exposés qu'autrefois au danger de la mort, parce que le canon peut les atteindre en tout lieu, et qu'il ne leur sert à rien d'être placés au dernier rang et entourés de l'élite de leurs troupes. Cependant il est rare que l'un ou l'autre de ces deux dangers produise des dommages extraordinaires ; car on n'escalade point une ville bien fortifiée, et ce n'est point par des attaques insignifiantes que l'on peut l'emporter d'assaut ; mais si l'on veut s'en rendre maître, on en forme régulièrement le siége, comme le faisaient autrefois les anciens. Et dans les places mêmes qu'on emporte d'assaut, les dangers ne sont pas beaucoup plus grands qu'ils ne l'étaient alors. Ceux qui, dans ces temps, défendaient une ville, ne manquaient pas non plus de machines de trait, dont les effets, s'ils étaient moins terribles, n'en atteignaient pas moins leur but, celui de tuer les hommes.

Quant au danger de périr, auquel sont exposés les généraux ou les condottieri, durant les vingt-quatre ans qu'ont duré les dernières guerres d'Italie on en a vu moins d'exemples que durant l'espace de dix ans chez les anciens. En effet, à l'exception du comte Lodovico de la Mirandola, qui fut tué à Ferrare lorsque les Vénitiens attaquèrent cet État il y a quelques années, et du duc de Nemours, qui périt depuis à la Cerignuola, je ne connais pas d'exemple de généraux qu'ait fait mourir le canon ; car monseigneur de Foix fut tué à Ravenne par le fer et non d'un coup de feu.

Par conséquent, si les hommes ne font plus de preuves particulières de courage, ce n'est point à l'artillerie qu'il faut l'attribuer, mais au déplorable système de guerre que l'on suit, à la lâcheté des armées, qui, en masse, dépourvues de courage, ne peuvent en déployer dans chacun des individus qui les composent.

Quant à la troisième assertion, que désormais on n'en viendra plus aux mains, et que la guerre ne se fera qu'avec de l'artillerie, je soutiens que cette opinion est absolument erronée, et que mon sentiment sera partagé par tous ceux qui voudront faire revivre dans leurs armées le courage de nos ancêtres. Quiconque, en effet, veut former de bons soldats, doit les accoutumer, par des exercices réels ou simulés, à s'approcher de l'ennemi, à l'attaquer l'épée à la main, à le saisir par le milieu du corps; et l'on doit compter bien plus sur l'infanterie que sur la cavalerie. J'en dirai plus loin les raisons. Lorsqu'on s'appuie sur les fantassins et sur les moyens que nous avons indiqués, l'artillerie devient tout à fait inutile. En effet, l'infanterie, lorsqu'elle s'avance vers l'ennemi, à bien plus de facilité pour éviter l'atteinte de l'artillerie, qu'elle n'en avait autrefois pour se mettre à l'abri du choc des éléphants et des chars armés de faux, que l'infanterie romaine trouvait à chaque pas devant elle, et dont elle sut cependant toujours se défendre; et elle aurait trouvé d'autant plus facilement les moyens de se préserver de nos modernes inventions, que le temps pendant lequel l'artillerie peut causer du ravage est bien moins long que celui durant lequel les chars et les éléphants pouvaient nuire. Ces derniers se précipitaient au milieu de la mêlée, portaient le désordre dans tous les rangs. Le canon ne s'emploie qu'avant le combat, et l'infanterie peut aisément se dérober à ses coups, soit en s'avançant protégée par les dispositions du terrain, soit en se baissant lorsque le canon tire; l'expérience même a fait voir que ce dernier parti est inutile, surtout lorsqu'on se défend de la grosse artillerie; car il est difficile de la pointer avec justesse, et ses coups, dirigés trop haut, passent au-dessus de votre tête, ou, tirés trop bas, n'arrivent point jusqu'à vous. Lorsque les deux armées en sont venues aux mains, il est clair comme le jour que ni la grosse artillerie, ni celle d'un petit calibre, ne peuvent plus vous nuire ; car si celui qui dirige les batteries est placé en tête, il tombe entre vos mains : s'il est en queue, c'est aux siens mêmes qu'ils nuit plutôt qu'à vous ; s'il l'a placée sur les flancs, il ne peut vous prendre de manière à vous empêcher de marcher sur lui et il en résulte les conséquences que je viens d'exposer.

Cette opinion ne peut guère être combattue ; et les Suisses en fournirent une preuve frappante, lorsqu'en 1513, sans canon et sans cavalerie, ils osèrent aller attaquer à Novare l'armée française, défendue dans ses retranchements par une artillerie nombreuse, et la battirent sans que cette artillerie pût les en empêcher. La raison en est que l'artillerie, outre les causes que j'ai déjà indiquées, a besoin d'être défendue, lorsqu'on veut qu'elle obtienne tout son effet, par des remparts, des fossés ou des levées. Lorsqu'une de ces défenses vient à manquer, elle tombe entre les mains de l'ennemi, ou devient inutile, surtout lorsqu'elle n'a pour se préserver que ses propres soldats, ainsi qu'il arrive presque toujours dans les batailles en rase campagne. Lorsqu'elle est placée sur les flancs, on ne peut en tirer parti que de la manière dont les anciens se servaient de leurs machines à lancer des traits, que l'on plaçait hors des compagnies pour qu'elles pussent combattre hors des rangs ; et toutes les fois qu'elles étaient attaquées, ou par la cavalerie, ou par d'autres troupes, elles venaient chercher un refuge au milieu des légions. Celui qui compte d'une autre manière sur l'artillerie ne comprend pas son utilité, et il se confie dans un appui qui pourrait tromper son espérance,

Si le Turc, au moyen des armes à feu, a pu vaincre le sofi de Perse et le soudan d'Égypte, c'est moins à son courage qu'il faut en attribuer la cause, qu'à l'épouvante que le bruit excessif de ses armes jeta dans les rangs de la cavalerie ennemie.

Je termine ce discours en concluant que l'artillerie est utile dans une armée lorsqu'elle se mêle à l'antique courage, mais que rien n'est plus inutile lorsqu'elle se trouve dans une armée sans courage, qu'attaque un ennemi valeureux.

CHAPITRE XVIII.

L'autorité des Romains et l'exemple de l'ancienne discipline militaire doivent faire accorder plus d'estime à l'infanterie qu'à la cavalerie.

On peut évidemment prouver, par une foule de raisons et d'exemples, que les Romains, dans toutes leurs opérations militaires, faisaient plus de cas de leur infanterie que de leur cavalerie, et que c'est sur la première qu'ils fondaient tout l'emploi de leurs forces. Mille exemples viennent à l'appui de cette assertion, et particulièrement la conduite qu'ils tinrent à la bataille livrée aux Latins dans les environs du lac Regillus. Déjà les Romains commençaient à ployer lorsque, pour secourir les leurs, ils firent mettre pied à terre à la cavalerie, et par ce moyen, ayant recommencé le combat, ils remportèrent la victoire. Il est donc manifeste que les Romains avaient plus de confiance dans leurs soldats, lorsqu'ils étaient à pied, que quand ils combattaient à cheval. Ils employèrent le même moyen dans beaucoup d'autres batailles, et ils trouvèrent, dans tous leurs plus grands dangers, que c'était un excellent remède.

Qu'on ne m'oppose pas le mot d'Annibal, qui, à la bataille de Cannes, s'apercevant que les consuls avaient fait mettre pied à terre à leur cavalerie, se mit à plaisanter sur cette mesure, en disant : *Quàm mallem anctos mihi traderint equites;* c'est-à-dire : « J'aimerais mieux qu'ils me les livrassent tout liés. » Cette opinion, quoique sortie de la bouche d'un des plus grands hommes de guerre qui aient existé, le cédera cependant, si l'on doit se rendre à quelque autorité, à celle de la république romaine et de tant de grands capitaines qu'elle vit naître en son sein, plutôt qu'au seul Annibal ; et l'on pourrait encore en donner d'excellentes raisons sans recourir à des autorités. En effet, l'homme à pied peut se transporter dans une multitude de lieux où le cheval ne peut pénétrer. On peut enseigner aux hommes à conserver leurs rangs et à les rétablir lorsqu'ils ont été rompus; mais il est difficile d'apprendre aux chevaux à conserver l'ordre; et lorsqu'une fois ils sont mis en déroute, il leur est impossible de se rallier. On trouve en outre, comme parmi les hommes, des chevaux qui ont peu de courage; d'autres qui en ont trop. Souvent il arrive qu'un cheval courageux est monté par un lâche, et un cheval timide par un homme courageux; disparité dont l'effet ordinaire est de ne produire aucun résultat, quand elle ne cause pas les plus grands désordres. Une infanterie bien réglée peut facilement mettre la cavalerie en désordre; il est difficile à cette dernière de rompre l'infanterie.

Cette opinion est encore fortifiée, outre une foule d'exemples anciens et d'exemples modernes, par l'autorité de ceux qui ont exposé les règles des sociétés civiles, et qui, après avoir fait voir que dans le principe on commença à faire la guerre à cheval, parce que l'infanterie n'était point encore établie, ajoutent qu'elle ne fut pas plutôt organisée, que l'on connut combien elle était plus utile que la cavalerie. Ce n'est pas que les chevaux ne soient nécessaires dans une armée, ou pour faire des découvertes, ou pour parcourir et dévaster le pays, ou pour poursuivre l'ennemi dans sa fuite, et pour s'opposer à la cavalerie des adversaires. Mais le fondement et le nerf des armées, ce que l'on doit le plus estimer, c'est l'infanterie.

Parmi les grandes erreurs des princes italiens qui ont rendu l'Italie esclave des étrangers, il n'en est pas de plus funeste que celle d'avoir attaché peu d'importance à ce système, et d'avoir mis toute leur étude à favoriser les troupes à cheval. Ce désordre a pris sa source et dans la perversité des chefs et dans l'ignorance de ceux qui gouvernaient l'État. En effet, la milice italienne, depuis vingt-cinq ans environ, s'est trouvée réduite à un petit nombre d'hommes sans patrie, semblables à des chefs d'aventuriers, qui cherchèrent dès lors à soutenir leur considération en restant sous les armes tandis que les princes étaient désarmés. Comme on ne pouvait leur payer continuellement une troupe considérable de fantassins, qu'ils n'avaient pas d'ailleurs de sujets propres à cet usage, et qu'un petit nombre n'aurait pu leur donner de considération, ils préférèrent entretenir une certaine quantité de cavalerie, parce que deux ou trois cents chevaux qu'on payait à un condottiere le maintenaient dans tout son crédit, et que la dépense n'était pas assez forte pour que ceux qui gouvernaient l'État ne pussent y subvenir. Les condottieri, pour venir plus aisément à bout de leurs projets et conserver leur prépondérance, atténuèrent, autant qu'il dépendit d'eux, la réputation et l'utilité de l'infanterie, pour accroître celle de leur cavalerie; et ils poussèrent si loin sur ce point le renversement des idées, qu'à peine on voyait dans les armées les plus considérables quelques faibles corps de fantassins. Cet usage, joint à d'autres désordres qui s'y mêlèrent, affaiblit tellement la milice italienne, que cette contrée a été facilement foulée aux pieds par tous les peuples d'outre-monts.

Rome nous offre un autre exemple qui prouve à quel

point on se trompe en estimant la cavalerie plus que l'infanterie.

Les Romains assiégeaient Sora ; un gros de cavaliers étant sortis de la ville pour attaquer le camp, le maître de la cavalerie romaine sortit à leur rencontre avec ses troupes, et, les ayant attaqués de front, le sort voulut que, du premier choc, le commandant fût tué de chaque côté : les troupes, restées sans chefs, n'en continuèrent pas moins le combat ; mais les Romains, pour vaincre leurs adversaires, mirent pied à terre, ce qui obligea ceux d'entre les ennemis qui voulurent se défendre à prendre le même parti, et toutefois les Romais demeurèrent vainqueurs.

Il est impossible de trouver un exemple qui démontre plus victorieusement que la force des fantassins l'emporte sur celle des cavaliers : car, si dans d'autres affaires les consuls faisaient mettre pied à terre à la cavalerie, c'était pour venir au secours de l'infanterie qui souffrait et qui avait besoin de renfort ; au lieu que dans cette circonstance ils descendirent, non pour secourir l'infanterie ou pour attaquer des fantassins ennemis, mais, combattant à cheval contre des adversaires à cheval, ils jugèrent que ne pouvant les vaincre de cette manière, ils parviendraient plus facilement à en triompher en mettant pied à terre.

Je veux conclure de cet exemple qu'une infanterie bien organisée ne peut être vaincue, sans de grandes difficultés, que par une autre infanterie.

Crassus et Marc-Antoine s'avancèrent de plusieurs journées dans l'intérieur de l'empire des Parthes avec un petit nombre de cavaliers et une infanterie assez considérable ; ils avaient devant eux une quantité innombrable de cavaliers parthes : Crassus y périt avec une partie de son armée ; Marc-Antoine en sortit par son courage. Néanmoins, au milieu de ces désastres de Rome, on vit encore combien l'infanterie l'emportait sur la cavalerie.

Dans ce pays, ouvert de toutes parts, où les montagnes sont rares, les fleuves plus rares encore, la mer éloignée, où l'on ne rencontre aucune ressource, Marc-Antoine, au jugement même des Parthes, surmonta par sa valeur toutes les difficultés, et jamais leur cavalerie n'osa l'attaquer, retenue par la bonne contenance de son armée. Si Crassus succomba, un lecteur attentif demeurera persuadé qu'il fut plutôt trompé que vaincu : jamais, en effet, même au milieu de sa plus grande détresse, les Parthes n'osèrent l'assaillir; mais, voltigeant sans cesse sur ses flancs, interceptant ses vivres, le berçant de promesses qu'ils ne tenaient jamais, ils le conduisirent ainsi aux plus funestes extrémités.

Peut-être aurais-je plus de difficulté à prouver combien la force de l'infanterie l'emporte sur celle de la cavalerie, si une foule d'exemples modernes ne rendaient cette vérité incontestable. On a vu à Novare neuf mille Suisses, et je les ai déjà cités, ne pas craindre d'affronter dix mille cavaliers et autant de fantassins, et les mettre en déroute, attendu que les chevaux ne pouvaient leur nuire, et qu'ils faisaient peu de cas des fantassins, troupe mal disciplinée et formée en grande partie de Gascons. On a vu encore vingt-six mille Suisses aller, au-dessus de Milan, à la rencontre du roi de France François Ier, qui avait avec lui vingt mille chevaux, quarante mille hommes d'infanterie et cent pièces de canon ; et, s'ils ne demeurèrent pas vainqueurs comme à Novare, ils combattirent deux jours entiers avec le plus grand courage ; et lorsqu'ils eurent été vaincus, la moitié d'entre eux parvinrent à se sauver.

Marcus Attilius Regulus eut assez de confiance en son infanterie pour soutenir, seul avec elle, non-seulement le choc des chevaux numides, mais même celui des éléphants ; et si le succès ne couronna pas son audace, ce n'est pas que la valeur de ses troupes ne fût assez grande pour lui donner la certitude de surmonter tous les obstacles.

Je répète donc que, pour vaincre une infanterie bien disciplinée, il faut lui en opposer une autre mieux disciplinée encore, sinon on court à une ruine manifeste.

Du temps de Filippo Visconti, duc de Milan, environ seize mille Suisses descendirent en Lombardie. Le duc envoya, pour s'opposer à leur descente, le comte Carmignuola, qui commandait alors ses armées, avec un millier de chevaux et quelques fantassins. Ce chef, peu instruit de la manière de combattre de ses ennemis, alla à leur rencontre à la tête de sa cavalerie, persuadé qu'il les mettrait en fuite sans difficulté ; mais il les trouva immobiles à leur rang ; et après avoir avoir perdu une partie des siens, il fut contraint de se retirer. Comme c'était un homme du plus rare courage, et que, dans les circonstances nouvelles, il savait prendre un parti non usité encore, il réunit d'autres troupes et marcha de nouveau contre les Suisses : arrivé en leur présence, il fit mettre pied à terre à ses hommes d'armes, et, les ayant placés en tête de son infanterie, il entoura les Suisses de tous les côtés, et ne leur laissa aucun espoir de salut, parce que les hommes d'armes de Carmignuola, descendus de leurs chevaux et couverts de fortes armures, pénétrèrent sans peine dans les rangs des Suisses sans éprouver de pertes ; et une fois qu'ils y furent entrés, ils purent aisément massacrer leurs ennemis ; de manière que, de toute cette armée, il n'échappa à la mort que le petit nombre de ceux que l'humanité de Carmignuola prit sous sa protection.

Je suis convaincu que beaucoup de personnes connaissent toute la différence qui existe entre la force et l'utilité de ces deux armes ; mais le malheur de nos temps est tel, que ni l'exemple des anciens, ni ceux des modernes, ni l'aveu même de nos erreurs, ne suffisent à guérir nos princes de leur aveuglement, et à les convaincre que s'ils veulent rendre la réputation aux troupes d'une province ou d'un État, il est nécessaire de rétablir les antiques institutions, de les maintenir en vigueur, d'étendre leur influence, et de leur donner la vie, s'ils veulent qu'à leur tour elles assurent leur réputation et leur existence. Comme ils ne font que s'écarter sans cesse de cette route, ils s'éloignent en même temps de toutes les mesures que nous avons précédemment indiquées : d'où il résulte que les conquêtes, loin de contribuer à la grandeur des États, ne sont pour eux qu'un nouveau fardeau. C'est ce que je prouverai dans le chapitre suivant.

CHAPITRE XIX.

Les conquêtes faites par des républiques mal organisées, et qui ne sont pas le résultat d'une vertu semblable à celle des Romains, sont plutôt pour elles une cause de ruine qu'une source de grandeur.

Les opinions contraires à la vérité, qui sont établies sur les mauvais exemples que la corruption de notre siècle a introduits dans tous les États, sont cause que la plupart des hommes ne pensent point à s'affranchir du joug de la coutume. Qui aurait pu persuader à un Italien, il y a trente ans, que dix mille hommes d'infanterie auraient été capables d'attaquer en plaine dix mille cavaliers et autant de fantassins? et non-seulement de leur résister, mais même de les battre, comme on le voit par l'exemple que j'ai déjà plusieurs fois cité de ce qui s'est passé à Novare? Et quoique l'histoire soit remplie de pareils faits, on n'aurait cependant pas voulu me croire, ou si on avait ajouté foi à mes paroles, on aurait dit qu'aujourd'hui les troupes étaient mieux armées qu'à cette époque, et qu'un de nos escadrons d'hommes d'armes était capable de renverser un rocher, et à plus forte raison une troupe de fantassins : c'est ainsi qu'on cherche de mauvaises raisons pour corrompre son jugement.

On n'aurait pas voulu faire attention que Lucullus, avec une infanterie peu nombreuse, défit plus de cent cinquante mille cavaliers de Tigrane, parmi lesquels se trouvait un corps de cavalerie semblable en tout aux hommes d'armes de nos jours. Il a fallu que notre erreur nous ait été découverte par l'exemple des armées d'outre-monts.

Et comme ces exemples font voir que je n'ai rien avancé qui ne fût vrai dans tout ce que j'ai dit de l'infanterie, on doit croire, par la même raison, que les autres institutions des anciens sont également avantageuses. Si cette conviction pouvait entrer dans l'esprit des princes et des républiques, ils commettraient moins d'erreurs, ils sauraient mieux résister à une attaque imprévue; la fuite ne serait plus leur unique espoir; et ceux qui ont en main le gouvernement d'une nation sauraient mieux en régler la marche, soit en s'efforçant de l'agrandir, soit en se bornant à le conserver; ils seraient convaincus qu'augmenter la population de ses États, se faire des alliés et non des esclaves, établir des colonies à la garde des pays conquis, s'enrichir des dépouilles des vaincus, subjuguer l'ennemi par des invasions et des batailles, et non par des siéges, accroître sans cesse le trésor public, maintenir la pauvreté parmi les citoyens, et surtout conserver scrupuleusement toutes les institutions militaires, c'est le vrai moyen d'agrandir une république et d'élever un empire. Si ces moyens d'agrandissement répugnaient à leurs idées, ils devraient considérer que toutes les conquêtes acquises par une marche différente ne font qu'entraîner la ruine d'un État; ils mettraient un frein à toute ambition; ils établiraient l'ordre dans l'intérieur par les lois et par les mœurs; ils interdiraient les conquêtes; ils songeraient seulement à se défendre, et tiendraient toujours en bon ordre les moyens d'y parvenir, ainsi que le font les républiques d'Allemagne qui, de nos jours, ont vécu ou vivent encore selon ces coutumes.

Mais, ainsi que je l'ai déjà dit en établissant la différence qu'il y a entre des institutions propres à exciter l'esprit de conquête, et celles qui n'ont pour but que la conservation de l'État, il est impossible qu'une république de peu d'étendue parvienne à demeurer en paix et à jouir de sa liberté; car si elle respecte le repos de ses voisins, on ne respectera pas le sien; cette agression lui inspirera bientôt et le désir et la nécessité des conquêtes : d'ailleurs, si elle n'avait pas d'ennemis au dehors, elle en trouverait bientôt dans son sein; malheur que toutes les grandes cités ne peuvent éviter.

Si les républiques d'Allemagne peuvent subsister de cette manière, si elles ont pu durer un certain temps, il faut l'attribuer aux circonstances particulières dans lesquelles ce pays s'est trouvé, circonstances qui ne se sont point présentées ailleurs, et sans lesquelles elles n'auraient pu conserver une semblable existence. La portion de l'Allemagne dont je parle était soumise à l'empire romain, comme la France et l'Espagne; mais lorsque Rome pencha vers sa ruine, et que le titre de l'empire passa dans ces contrées, les villes les plus puissantes, profitant de la lâcheté ou des besoins des empereurs, commencèrent à se rendre indépendantes, et se rachetèrent de l'empire en se réservant de lui payer un faible cens annuel; de sorte que peu à peu toutes les villes qui étaient sujettes immédiates des empereurs, mais qui n'avaient point de princes particuliers, se sont rachetées de cette manière.

Dans le même temps où ces villes s'affranchissaient ainsi, plusieurs confédérations, telles que celles de Fribourg, des Suisses et autres, secouèrent le joug du duc d'Autriche, leur souverain. Elles prospérèrent d'abord, et acquirent peu à peu une telle extension que, loin d'être retombées sous le joug de l'Autriche, elles sont devenues un objet de terreur pour tous leurs voisins; et ces peuples sont ceux que l'on appelle les Suisses.

L'Allemagne comprend donc les Suisses, les républiques connues sous le nom de villes libres, des princes et l'empereur. Si, au milieu de tant d'États dont les formes sont si différentes, on ne voit pas la guerre s'allumer à chaque instant; si celles qui se déclarent ne durent qu'un moment, il faut l'attribuer à cette image de l'empereur, qui, malgré sa faiblesse, conserve cependant encore parmi eux une telle considération, qu'ils l'ont choisi pour leur conciliateur, et que l'interposition de son autorité suffit pour étouffer tous les germes de discorde.

Les guerres les plus longues et les plus désastreuses que vit naître cette contrée sont celles qui éclatèrent entre les Suisses et le duc d'Autriche; et quoique depuis un certain nombre d'années le duc d'Autriche et l'empereur ne soient plus qu'un même souverain, il n'a jamais pu réduire le courage indompté des Suisses; et c'est la force seule qui a dicté tous les traités conclus par ces deux peuples.

Le reste de l'Allemagne, en ces circonstances, n'a point prêté à l'Empire un appui bien puissant, tant parce qu'une confédération n'est point disposée à inquiéter ceux qui veulent vivre libres comme elle, que parce que les princes qui y règnent, trop pauvres ou trop jaloux de la puissance de l'empereur, n'ont pu ni voulu servir son ambition.

Les villes libres peuvent donc se contenter d'un faible domaine; elles n'ont point, grâce à la protection de l'Empire, de motif pour l'augmenter: le voisinage d'un ennemi toujours avide de saisir les occasions de troubles pour marcher contre elles les excite à maintenir l'ordre au sein de leurs murailles; et si l'Allemagne était autrement organisée, elles seraient forcées de chercher à s'agrandir et de fuir les douceurs du repos.

Comme les mêmes circonstances ne se rencontrent

point ailleurs, il est impossible d'embrasser la même manière de vivre : il faut ou accroître ses forces en formant des alliances avec ses voisins, ou chercher à s'agrandir, comme Rome, par des conquêtes. Quiconque se gouverne autrement ne cherche point la vie, mais la ruine et la mort. En effet, les conquêtes sont dangereuses et de mille manières et par mille raisons : on peut fort bien étendre au loin sa domination sans accroître réellement ses forces; et s'agrandir sans se fortifier, c'est réellement courir à sa perte.

Celui que la guerre appauvrit ne peut tirer des forces même de la victoire, surtout quand ses conquêtes lui coûtent plus qu'elles ne lui rapportent : Venise et Florence en sont les preuves. Ces deux républiques ont été réellement bien plus faibles quand l'une était maîtresse de la Lombardie, l'autre de la Toscane, que lorsque les Vénitiens se contentaient de leurs lagunes et les Florentins d'un territoire de six milles d'étendue. C'est au désir de s'agrandir et à la conduite imprudente tenue pour y parvenir, qu'il faut attribuer cet affaiblissement; et le blâme qui doit en rejaillir sur ces peuples est d'autant plus grand, qu'ils ont moins d'excuses à présenter : ils avaient sous les yeux les principes des Romains, et rien ne les empêchait de les suivre; tandis que les Romains n'avaient rien vu de semblable avant eux, et que c'est à leur propre sagesse qu'ils sont redevables de les avoir trouvés.

Souvent même les conquêtes sont une source abondante de dommages pour une république bien organisée: comme, par exemple, lorsqu'on s'empare d'une ville ou d'une province adonnée à toutes les voluptés, et où les vainqueurs sont exposés à adopter les mœurs des vaincus ; ainsi que l'éprouva Rome d'abord en s'emparant de Capoue, et par la suite Annibal. Si Capoue en effet avait été plus éloignée de Rome, et que la mollesse des soldats n'eût pas eu le remède à portée, ou si Rome avait déjà en partie été corrompue, cette conquête eût infailliblement entraîné la perte de la république. C'est de quoi Tite-Live fait foi, lorsqu'il dit : *Jam tunc minimè salubris militari disciplinæ Capua, instrumentum omnium voluptatum, delinitos militum animos avertit à memoria patriæ.*

Il est démontré que les villes ou les provinces de cette espèce se vengent de leurs vainqueurs sans combattre et sans répandre de sang, parce qu'en leur inspirant le goût des voluptés qui les affaiblissent, elles les exposent à être subjugués par le premier qui les attaque. Et Juvénal, dans ses satires, ne pouvait jeter plus de lumière sur ce point, qu'en disant que les conquêtes de tant de pays lointains avaient introduit dans l'âme des Romains l'amour des mœurs étrangères, après y avoir éteint l'économie et toutes les vertus qui les avaient illustrés, et qu'en terminant ce tableau par ces vers :

> . . . . Gula et sævior armis
> Luxuria incubuit, victumque ulciscitur orbem.
> SAT. VI, v. 292.

Ah ! si les conquêtes furent sur le point de corrompre Rome, lorsque la sagesse et le courage inspiraient encore toutes ses actions, que sera-ce pour ceux qui, dans leur conduite, s'écartent à ce point des bons principes, et qui, outre les erreurs que nous venons de signaler avec tant d'étendue, n'emploient que des troupes mercenaires ou auxiliaires? Les désastres qui les attendent seront l'objet du chapitre suivant.

CHAPITRE XX.

A quels dangers s'expose un prince ou une république qui se sert de troupes auxiliaires ou mercenaires.

Si je n'avais déjà longuement traité, dans un autre ou-

vrage, de l'inutilité des troupes mercenaires et des auxiliaires, et de l'utilité d'une armée nationale, je donnerais
plus de développement à ce chapitre ; mais, comme j'en
ai déjà parlé avec assez d'étendue, je m'expliquerai ici en
peu de mots. J'ai trouvé dans Tite-Live un exemple si
frappant des inconvénients des troupes auxiliaires, que
je n'ai pas cru devoir passer ce fait sans m'y arrêter.

On appelle troupes auxiliaires celles qu'un prince ou
une république envoie à votre secours en continuant à
les payer et à les tenir sous ses ordres. Or, pour en venir
au texte de Tite-Live, je vois que les Romains, après avoir
battu deux armées samnites en diverses rencontres, avec
les troupes qu'ils avaient envoyées au secours des Capouans, voulurent, après avoir délivré ce peuple de ses
ennemis, retourner à Rome ; mais pour que les Capouans,
privés de tout appui, ne devinssent pas de nouveau la
proie des Samnites, ils laissèrent sur le territoire de
Capoue deux légions chargées du soin de la défendre.
Ces légions, corrompues par l'oisiveté, commencèrent à
se plonger dans les délices, et, perdant le souvenir de leur
patrie et le respect dû au sénat, elles formèrent le projet
de prendre les armes et de s'emparer du pays que leur
valeur avait sauvé, prétextant qu'un peuple était indigne
de posséder des biens qu'il ne savait pas défendre. Ce
complot ayant été découvert, Rome s'empressa de l'étouffer et de le punir, comme je le ferai voir dans le chapitre
où je dois traiter en détail des conjurations.

Je répéterai donc que, de tous les genres de troupes,
les pires sont les auxiliaires. D'abord, le prince ou la
république qui se sert de leur appui n'a aucune autorité
sur elles, puisqu'elles ne reconnaissent que les ordres
de celui qui les envoie : en effet, les auxiliaires sont,
ainsi que je l'ai dit, envoyés par un prince qui a ses propres officiers, sous les drapeaux duquel ils marchent, et
qui pourvoit à leur solde, comme était l'armée que les
Romains envoyèrent à Capoue. Les troupes de cette es-

pèce, lorsqu'elles ont obtenu la victoire, pillent ordinairement et celui pour qui elles combattaient et celui contre lequel elles ont combattu, soit pour servir la perfidie du prince qui les a envoyées, soit pour assouvir leur propre cupidité. Et, quoique jamais Rome n'eût l'intention de violer les traités qui l'attachaient aux habitants de Capoue, la facilité que virent ses soldats à opprimer les Capouans fut assez puissante pour les engager à ravir à ce peuple et leur ville et leur territoire.

Je pourrais présenter une foule d'autres exemples à l'appui de ce que j'avance ; mais je me bornerai à celui que je viens de citer, et à ce qui arriva aux habitants de Reggio, qui se virent privés de la vie et de la liberté par une légion que les Romains y avaient mise en garnison.

Ainsi donc un prince ou une république doit recourir à tous les moyens possibles, plutôt que de se résoudre à introduire au sein de ses États des auxiliaires chargés de sa défense, et à se reposer sur leur appui ; car tout traité, toute condition que lui imposera son ennemi, quelque dure qu'elle soit, lui sera encore moins funeste. Si on lit avec attention les événements passés, et que l'on étudie soigneusement ceux qui arrivent sous nos yeux, on verra que, parmi ceux qui ont embrassé ce parti, s'il en est un qui a obtenu un heureux résultat, presque tous en ont été victimes.

En effet, un prince ou une république qui a quelque ambition ne peut trouver une occasion plus favorable d'envahir une ville ou une province, que celle où ses armées sont appelées pour la défendre. Ainsi, celui qui, livré à l'esprit de conquêtes, implore de pareils secours, soit pour se défendre, soit pour opprimer ses ennemis, cherche un avantage passager qu'il ne pourra conserver, et qui lui sera sans peine enlevé par celui-là même qui lui aura facilité sa conquête. Mais l'ambition de l'homme est si violente, que, pour satisfaire le désir du moment, il ne songe pas aux malheurs qui doivent bientôt en ré-

sulter ; il ne se laisse point éclairer par les exemples du
passé, que j'ai cités tant sur cet objet que sur ceux que
j'ai déjà traités : s'il les prenait pour règle de conduite,
il verrait que plus on montre de modération envers ses
voisins, moins on manifeste le désir de les subjuguer,
plus on les engage à se jeter sans restriction entre vos
bras, comme je le ferai voir ci-après par l'exemple des
habitants de Capoue.

CHAPITRE XXI.

Le premier préteur que, quatre cents ans après avoir commencé à faire la
guerre, les Romains établirent hors de Rome, fut celui qu'ils envoyèrent
à Capoue.

J'ai assez longuement établi, dans le chapitre précédent, jusqu'à quel point les Romains, dans la conduite
qu'ils tenaient pour s'agrandir, différèrent des souverains qui de nos jours cherchent à accroître leur domination. Ils laissaient vivre sous leurs propres lois les
villes qu'ils ne détruisaient pas, même celles qui se sou-
mettaient à eux, non comme alliées, mais comme su
jettes ; ils ne laissaient apercevoir chez elles aucun signe
qui pût y rappeler la souveraineté du peuple romain ;
ils leur imposaient seulement quelques conditions ; et
tant que ces conditions étaient observées, ils respec-
taient et leur gouvernement et leur dignité. On sait
qu'ils maintinrent ces principes jusqu'au moment où ils
se répandirent hors de l'Italie, et où ils commencèrent
à réduire les royaumes et les républiques en provinces
romaines.

Un des exemples les plus frappants que nous offre à
ce sujet leur histoire, c'est que le premier préteur qu'ils
établirent hors de Rome fut celui qu'ils envoyèrent à
Capoue, non pour satisfaire leur ambition, mais à la

prière même des habitants de cette cité, qui, pour étouffer la discorde qui régnait parmi eux, regardèrent comme
une chose indispensable de posséder dans leurs murs
un citoyen romain capable de rétablir l'ordre et la
concorde. Les Antiates, touchés de cet exemple et contraints par la même nécessité, leur demandèrent également un préfet; et Tite-Live, à l'occasion de ce fait
et de cette manière inusitée d'exercer le pouvoir, s'écrie :
Quod jam non solùm arma, sed jura romana pollebant.

On voit combien cette conduite dut faciliter l'agrandissement des Romains. Les villes accoutumées à vivre
libres, ou à se voir gouvernées par des gens du pays,
sont bien plus satisfaites et supportent bien plus tranquillement un gouvernement éloigné d'elles, même
lorsqu'il leur impose quelque gêne, qu'un joug qui,
frappant chaque jour leurs yeux, semble chaque jour
leur reprocher leur servitude. Il en résulte d'ailleurs un
autre avantage pour le prince : c'est que ses ministres
n'ayant en main ni les jugements ni les magistratures
qui régissent dans ces villes les affaires civiles ou cri-
minelles, il ne peut être rendu aucune sentence à sa
honte ou à sa charge ; et, par ce moyen, il voit s'évanouir la cause d'une foule de calomnies et de haines
auxquelles il n'échapperait pas dans les circonstances
ordinaires.

Ce que j'avance est incontestable. J'en pourrais citer
une multitude d'exemples tirés de l'histoire ancienne ;
je me contenterai d'un seul, arrivé tout récemment en
Italie. Personne n'ignore que Gênes ayant été plusieurs
fois occupée par les Français, le roi de France, excepté
dans ces derniers temps, y envoyait toujours un de ses
sujets pour gouverner la ville en son nom ; aujourd'hui
seulement le roi, non par choix, mais parce que la nécessité l'a ainsi voulu, a laissé à cette ville le pouvoir
de se gouverner elle-même, et de reconnaître l'autorité
d'un Génois. Il est hors de doute que si l'on voulait exa-

miner laquelle de ces deux mesures apporte le plus de
sécurité à l'autorité du roi et de satisfaction au peuple,
on se déciderait pour la dernière.

D'ailleurs, plus vous paraissez éloigné de vouloir les
asservir, plus les hommes sont disposés à se jeter dans
vos bras ; et ils redoutent d'autant moins que vous
attentiez à leur liberté, que vous paraissez envers eux
plus humain et plus bienveillant. Cette bienveillance et
ce désintéressement engagèrent seuls les Capouans à
demander un préteur aux Romains ; et si Rome avait
témoigné le moindre désir d'en envoyer un, leur jalousie
se serait soudain éveillée, et ils se seraient sur-le-champ
éloignés d'elle.

Mais pourquoi chercher des exemples dans Capoue et
dans Rome, lorsque Florence et la Toscane nous en
fournissent d'aussi frappants ? Chacun sait à quelle époque la ville de Pistoja se soumit volontairement à la
république de Florence ; chacun sait également que les
Pisans, les Siennois et les habitants de Lucques détestent les Florentins : et d'où vient cette diversité de sentiments ? Ce n'est pas que les habitants de Pistoja sentent
moins le prix de la liberté que les autres et se jugent
inférieurs à eux ; c'est uniquement parce que les Florentins en avaient toujours agi à leur égard comme des
frères et des amis, et, à l'égard des autres, comme avec
des ennemis. Voilà pourquoi, tandis que Pistoja a couru
volontairement au-devant de leur empire, les autres
villes ont toujours fait et font encore chaque jour des
efforts pour y échapper. On ne peut douter que si les
Florentins, en employant les ligues ou la protection,
avaient apprivoisé leurs voisins au lieu de les effarou-
cher, ils seraient aujourd'hui maîtres de toute la Toscane.

Ce n'est pas que je croie qu'il ne faille point employer
les armes et la force ; mais il faut les réserver pour la
dernière ressource, et seulement lorsque toutes les autres ne peuvent plus suffire.

CHAPITRE XXII.

Combien souvent sont fausses les opinions des hommes dans le jugement qu'ils portent des grandes choses.

Ceux qui sont témoins des délibérations des hommes savent à quel point leurs opinions sont le plus souvent erronées. Si, comme il arrive presque toujours, ces délibérations ne sont pas remises entre les mains d'hommes vertueux et éclairés, elles présentent les résultats les plus absurdes. Mais comme, dans une république corrompue, et surtout dans les temps de paix, les hommes vertueux se voient en butte à la haine, soit par jalousie, soit parce que leur vertu blesse l'ambition de leurs rivaux, on se laisse aller à ce que l'erreur commune regarde comme un bien, ou à ce que suggèrent des hommes plus avides des faveurs du peuple que de l'intérêt commun. Bientôt cependant l'adversité dissipe l'erreur, et la nécessité vous jette dans les bras de ceux que, dans ces temps de paix, on semblait avoir oubliés. C'est ce que je ferai voir en son lieu dans le courant de ce livre.

Il survient également des accidents qui trompent facilement ceux qui n'ont pas une grande expérience des affaires : en effet, un événement présente des apparences propres à faire croire aux hommes qu'il en résultera telle conséquence. Ce que je viens de dire m'a été inspiré par le conseil que donna aux Latins le préteur Numicius lorsqu'ils eurent été battus par les Romains, et par la croyance universelle où l'on était lorsqu'il y a peu d'années encore le roi de France François Ier vint en Italie pour conquérir le duché de Milan, que défendaient les Suisses.

Le roi Louis XII était mort, et François, duc d'Angou-

lême, lui ayant succédé sur le trône de France. Ce prince,
désirant rendre à son royaume le duché de Milan, dont
les Suisses s'étaient emparés quelque temps auparavant
avec le secours du pape Jules II, cherchait en Italie
des alliés qui facilitassent cette entreprise. Outre les
Vénitiens, dont le roi Louis XII avait regagné l'amitié,
il tâchait de séduire les Florentins et le pape Léon X,
convaincu que son entreprise serait bien plus facile s'il
parvenait de nouveau à s'en faire des amis, attendu que
le roi d'Espagne avait des troupes en Lombardie, et que
d'autres forces de l'empereur se trouvaient à Vérone.

Cependant le pape ne voulut point se rendre aux désirs
du roi ; mais ses conseillers lui persuadèrent, à ce qu'on
dit, de demeurer neutre, et lui firent voir que ce parti
seul promettait la victoire, parce qu'il était de l'intérêt de l'Église de n'avoir pour maître en Italie ni le
roi ni les Suisses ; mais que, s'il voulait rendre à cette
contrée son antique liberté, il était nécessaire de la délivrer et de l'un et de l'autre. Comme il ne pouvait les
vaincre ni séparément, ni tous deux réunis, il fallait
attendre que l'un eût triomphé de l'autre, afin que
l'Église, avec ses alliés, pût attaquer celui qui demeu-
rerait vainqueur. Il était impossible de trouver une occasion plus favorable que celle qui se présentait : les deux
rivaux étaient en campagne ; le pape, avec son armée, se
trouvait en mesure de se transporter sur les frontières
de la Lombardie, et là, dans le voisinage des deux armées, et sous prétexte de veiller à la sûreté de ses propres États, pouvait attendre qu'ils se livrassent bataille ;
comme les deux armées étaient également courageuses,
il y avait lieu de croire que cette bataille serait sanglante
pour chacun, et laisserait le vainqueur tellement affaibli,
qu'il serait aisé au pape de l'attaquer et de le battre.
Ainsi, le pape devait demeurer glorieusement le maître
de la Lombardie et l'arbitre de toute l'Italie.

L'événement fit voir combien cette opinion était

erronée. Les Suisses furent défaits après une bataille opiniâtre, et les troupes du pape ni celles d'Espagne n'osèrent assaillir le vainqueur : loin de là, elles se disposèrent à la fuite; et cette honteuse ressource leur aurait encore manqué sans l'humanité ou l'indifférence du roi, qui ne voulut point tenter une seconde victoire, et qui se contenta de faire la paix avec l'Église.

Cette opinion avait quelques apparences, qui de loin paraissent fondées, mais qui sont tout à fait éloignées de la vérité. Il arrive assez rarement que le vainqueur perde un très-grand nombre de soldats; s'il en perd, c'est pendant le combat qu'ils meurent et non dans la fuite : dans la chaleur de la mêlée, quand les combattants s'attaquent face à face, il en est peu qui meurent, parce que le plus souvent l'action ne dure pas longtemps; mais quand même elle se prolongerait, et qu'il périrait un grand nombre d'hommes, l'influence que la victoire entraîne à sa suite, et la terreur qui la précède, l'emportent de beaucoup sur le dommage que la mort de ses soldats pourrait causer au vainqueur; de sorte que si une armée, dans la persuasion de le trouver affaibli, se hasardait à l'attaquer, elle pourrait se tromper d'une manière dangereuse, à moins qu'elle ne fût d'une force telle qu'avant ou après la victoire elle eût été en mesure de combattre. Dans cette occurrence, elle pourrait bien, suivant sa fortune ou sa valeur, être victorieuse ou vaincue; mais celle qui se serait battue la première, et qui aurait déjà remporté la victoire, aurait à mon avis l'avantage sur l'autre.

C'est ce dont les peuples du Latium firent une rude expérience, et par l'erreur à laquelle se laissa entraîner le préteur Numicius, et par les malheurs qu'ils virent fondre sur eux pour avoir cru ses discours. Les Romains venaient de battre les Latins; Numicius allait criant par tout le Latium que le moment était venu d'attaquer l'ennemi, affaibli par le combat qu'il venait de livrer ; que les Romains n'avaient obtenu de leur victoire qu'une gloire inutile ; mais qu'ils avaient essuyé les mêmes désastres que s'ils eussent été vaincus, et que, pour peu qu'on déployât de vigueur en les attaquant, on était sûr de les anéantir : ces peuples, séduits par ces paroles, levèrent une nouvelle armée ; mais ils furent aussitôt battus, et ils eurent à souffrir les malheurs auxquels sont exposés tous ceux qui se laissent entraîner par de semblables opinions.

CHAPITRE XXIII.

Combien Rome, lorsqu'un événement quelconque la contraignait à statuer sur le sort de ses sujets, évitait avec soin toutes les demi-mesures.

Jam Latio is status erat rerum, ut neque pacem neque bellum pati possent. De toutes les positions malheureuses dans lesquelles peut se trouver un prince ou une république, la plus déplorable sans doute est d'être réduit au point de ne pouvoir accepter la paix ni soutenir la guerre. Tel est pourtant le sort de ceux auxquels la paix impose de trop dures conditions, et qui, d'un autre côté, désirant faire la guerre, sont contraints de se jeter comme une proie au-devant de ceux dont ils implorent le secours, ou de rester celle des ennemis. On n'arrive à ces tristes extrémités que quand, pour avoir suivi des conseils imprudents ou pris de mauvaises dispositions, on n'a pas bien mesuré ses forces, ainsi que je l'ai dit plus haut.

En effet, un prince, une république, qui auraient bien connu toutes leurs ressources, auraient été difficilement réduits à la même extrémité que les Latins, qu'on vit faire la paix avec Rome lorsque la paix devait les perdre, lui déclarer la guerre quand la guerre pouvait les accabler ; et se conduire de manière que l'alliance et l'inimitié des Romains leur furent également funestes. Ce peuple avait été vaincu et réduit à la dernière extrémité, d'abord par Manlius Torquatus, ensuite par Camille, qui l'obligea à se jeter sans réserve dans les bras des Romains, et mit des garnisons dans toutes les villes du Latium, après s'être fait partout livrer des otages : de retour à Rome, Camille fit connaître au sénat que tout le Latium était entre les mains de la république.

Comme le jugement que rendit le sénat en cette occasion est remarquable, et mérite d'être médité par tous les princes qui, placés dans les mêmes circonstances, seraient dans le cas de l'imiter, je crois devoir rapporter les paroles que Tite-Live met dans la bouche de Camille ; elles expliquent toute la politique que suivirent les Romains pour s'agrandir, et font voir que dans les affaires d'État ils évitèrent toujours les demi-mesures et ne prirent jamais que des partis extrêmes. Qu'est-ce en effet qu'un gouvernement, sinon le moyen de contenir les sujets de manière qu'ils ne puissent ni ne doivent l'offenser? Ce moyen consiste ou à s'assurer entièrement des peuples, en les mettant dans l'impuissance de nuire, ou à les combler de tant de bienfaits, qu'ils n'aient aucun motif raisonnable de chercher à changer de fortune.

Mais l'opinion de Camille et la résolution que prit le sénat après l'avoir entendu feront mieux comprendre ma pensée. Voici ce que dit Camille : *Dii immortales ita vos potentes hujus consilii fecerunt, ut, sit Latium deinde, an non sit, in vestra manu posuerint. Itaque pacem vobis, quod ad Latinos adtinet, parare in perpetuum, vel sæviendo, vel ignoscendo, potestis. Vultis crudeliter consulere in deditos victosque? licet delere omne Latium. Vultis exemplo majorum augere rem romanam, victos in civitatem accipiendo? materia crescendi per summam gloriam suppeditat. Certe id firmissimum imperium est, quo obedientes gaudent. Illorum igitur animos, dum expectatione stupent, seu pœna, seu beneficio, præoccupari oportet.*

La résolution du sénat fut conforme aux propositions du consul. On rechercha dans chaque ville, sans exception, tous ceux qui jouissaient de quelque crédit; on les combla de bienfaits ou on les fit mourir. On exempta les uns des charges, on leur accorda des priviléges, on leur donna le droit de cité, et l'on pourvut par tous les moyens à leur sûreté; les autres, au contraire, virent leur ville ravagée, on y envoya des colonies, on les emmena à Rome, et on les dispersa de manière que ni leurs armes, ni leurs conseils, ne fussent plus capables de nuire. Ainsi, dans les circonstances importantes, Rome, comme je l'ai dit, n'usa jamais de demi-mesures.

C'est là le jugement que doivent imiter les princes : c'est ainsi que devaient agir les Florentins lorsqu'en 1502 Arezzo et tout le Val-di-Chiana se révoltèrent. S'ils avaient pris ce parti, ils auraient assuré leur domination, agrandi la république, et donné à l'État ces campagnes qui manquaient à son existence. Mais ils employèrent ces demi-mesures, toujours si dangereuses lorsqu'il s'agit de punir les hommes. Une partie des Arétins furent exilés, les autres condamnés aux supplices; et tous indistinctement furent privés des honneurs et des antiques priviléges dont ils jouissaient dans la cité, qu'on laissa pourtant subsister. Et si, dans le cours de la délibération, quelque citoyen conseillait de détruire Arezzo, ceux qui se croyaient plus sages avançaient que ce parti était peu honorable pour la république, puisqu'il tendait à faire croire qu'elle était trop faible pour tenir cette ville dans l'obéissance.

Ces raisons sont de celles qui n'ont qu'une vaine apparence, et n'offrent aucune réalité. Par une semblable conséquence, il ne faudrait faire mourir ni un parricide, ni un criminel, ni un séditieux, puisque ce serait une honte pour un prince de n'avoir pas la force nécessaire

pour réprimer un homme seul. Ceux qui pensent ainsi
ne voient pas que souvent un homme pris isolément,
que parfois même une ville tout entière, se rendent
tellement coupables envers un État, que, pour l'exemple des autres et pour sa propre sûreté, un prince n'a
d'autre remède que de les exterminer. Le véritable honneur consiste à savoir et à pouvoir châtier les coupables,
et non à les laisser subsister au risque de mille dangers.
Un prince qui ne punit pas celui qui s'égare de manière
à ce qu'il ne puisse plus errer, mérite qu'on l'accuse
d'ignorance ou de lâcheté.

Cette sentence que rendirent les Romains était nécessaire, et celle qu'ils prononcèrent contre les Privernates
confirme cette nécessité. Le texte de Tite-Live renferme à cet égard deux choses remarquables : l'une, et
nous l'avons déjà dit précédemment, c'est qu'il faut
combler de bienfaits des sujets rebelles, ou les exterminer sans pitié ; l'autre, c'est combien ont de force la
grandeur d'âme et la vérité, lorsqu'elles se déploient
devant des hommes sages. Le sénat romain s'était rassemblé pour juger les Privernates, qui, après s'être révoltés, étaient depuis rentrés par force sous l'autorité
de Rome. De son côté, le peuple de Privernum avait envoyé de nombreux citoyens pour implorer sa grâce du
sénat. Les envoyés ayant été introduits, un sénateur demanda à l'un d'eux : *Quam pœnam Privernates censeret?*
Le Privernate lui répondit : *Eam quam merentur qui se
libertate dignos censent.* Le consul lui ayant alors demandé : *Quid, si pœnam remittimus vobis, qualem nos
pacem vobiscum habituros speremus?* Il répondit : *Si
bonam dederitis, et fidelem et perpetuam ; si malam,
haud diuturnam.* Cette réponse irrita quelques sénateurs ; mais les plus sages d'entre eux s'écrièrent : *Se
audivisse vocem et liberi et viri, nec credi posse illum
populum, aut hominem, denique in ea conditione, cujus
cum pœniteat diutius quàm necesse sit, mansurvm. Ibi*

33

pacem esse fidam, ubi voluntarii pacati sint, neque eo loco ubi servitutem esse velint, fidem sperandam esse. La décision du sénat fut conforme à ce discours ; les Privernates furent admis au rang de citoyens romains, et on les honora de tous les droits de cité, en leur disant : *Eos demum qui nihil præterquam de libertate cogitant dignos esse qui Romani fiant;* tant leur âme généreuse fut touchée de cette réponse pleine de hardiesse et de franchise ! Toute autre eût été lâche et trompeuse.

Ceux qui ont une autre opinion des hommes, et particulièrement des hommes libres, ou qui croient l'être, sont dans une profonde erreur ; et, dans leur aveuglement, les partis qu'ils prennent ne sauraient être bons par eux-mêmes, ni leur offrir aucune utilité. De là naissent les fréquentes révoltes et la chute des États.

Mais, pour en revenir à mon discours, je conclus de ce jugement, et de celui rendu envers les Latins, que lorsqu'il s'agit de décider du sort d'une ville puissante et accoutumée à l'indépendance, il faut ou la détruire, ou la traiter avec douceur ; toute autre manière d'agir est inutile ; mais ce qu'il faut éviter par-dessus tout, ce sont les termes moyens, car rien n'est plus funeste. C'est ce qui arriva aux Samnites lorsqu'ils renfermèrent les Romains aux Fourches Caudines, et qu'ils rejetèrent le conseil de ce vieillard, qui leur proposait, ou de laisser les Romains se retirer avec honneur, ou de les massacrer tous. Ils préférèrent embrasser un terme moyen, en les désarmant, en les faisant passer sous le joug, et en les renvoyant dévorés de honte et de dépit. Bientôt après ils apprirent, à leur détriment, combien le conseil de ce vieillard aurait été utile, et combien leur résolution avait été funeste, comme je le dirai en son lieu d'une manière plus détaillée.

CHAPITRE XXIV.

Les forteresses sont en général plus nuisibles qu'utiles.

Les sages de notre temps accuseront sans doute d'imprudence les Romains, qui, voulant s'assurer des peuples du Latium et de la ville de Privernum, ne songèrent point à élever quelque forteresse qui leur servît comme de frein pour les maintenir dans l'obéissance; car c'est une opinion adoptée à Florence, et que nos sages mettent sans cesse en avant, que ce n'est qu'avec des forteresses qu'on peut contenir Pise et les autres villes semblables. Sans doute, si les Romains eussent pensé comme ces gens si éclairés, ils n'auraient pas manqué d'en construire; mais comme c'étaient des hommes d'un tout autre courage, d'un tout autre jugement, d'une tout autre puissance, ils ne songèrent point à prendre ce parti. Tant que Rome vécut libre, qu'elle suivit les mêmes principes, et qu'elle maintint ses sages institutions, elle ne construisit aucune citadelle pour tenir en respect une ville ou une province quelconque; elle se contenta de conserver quelques-unes de celles qu'elle trouva bâties. Après avoir considéré la manière dont les Romains se conduisaient à cet égard, et celle des princes de notre temps, j'ai cru digne de considération d'examiner particulièrement s'il est nécessaire de bâtir des forteresses, et si ceux qui prennent ce parti en retirent du dommage ou de l'utilité.

Il faut considérer d'abord que l'on n'élève une forteresse que pour se préserver de l'ennemi ou pour se défendre contre des sujets. Dans le premier cas elles sont inutiles; dans le dernier elles sont nuisibles.

Pour commencer à prouver l'opinion où je suis, que dans le dernier cas elles sont dangereuses, je dis que toutes les fois qu'un prince craint de voir ses sujets se soulever contre lui, cette terreur ne peut provenir que de la haine qu'inspirent ses déportements. Or ces déportements ne proviennent que de la conduite imprudente de ceux qui gouvernent, et de la persuasion où ils sont de pouvoir contenir leurs sujets par la force : l'une des choses qui leur donnent la confiance de pouvoir contenir leurs sujets par la force, c'est d'être entourés de forteresses. Comme les rigueurs qui sont cause de la guerre proviennent en grande partie de ce que les princes ou les républiques ont des places fortes à leur disposition, je soutiens alors qu'elles leur sont bien plus nuisibles qu'avantageuses. D'abord, ainsi que je l'ai déjà dit, elles augmentent leur audace et les excitent à exercer de plus grandes violences envers leurs sujets. D'un autre côté, la sécurité qu'ils peuvent trouver dans des murailles n'est pas aussi grande qu'ils le pensent ; car toute la contrainte, toute la violence dont on use pour enchaîner un peuple, sont inutiles ; il n'y a que deux moyens d'y parvenir : c'est de pouvoir au besoin mettre en campagne une forte armée, comme les Romains, ou de le dissiper, de le détruire, de le diviser, de le désorganiser ὰ ᵗ manière à ce qu'il ne puisse plus se réunir pour vous nuire. En effet, si vous le privez de ses richesses, ceux que vous aurez dépouillés trouvent encore des armes, *spoliatis arma supersunt*; si vous les désarmez, la fureur leur en fournira de nouvelles, *furor arma ministrat.* Voulez-vous livrer les chefs à la mort et continuer à outrager les autres ; vous les verrez renaître sous vos mains comme les têtes de l'hydre. Construisez-vous des forteresses, si elles vous sont utiles pendant la paix, en favorisant votre tyrannie, elles vous deviendront tout à fait inutiles pendant la guerre ; car vous aurez à les défendre et contre l'ennemi et contre vos sujets ; et il est impossible qu'elles puissent résister à ces deux ennemis réunis.

Si jamais elles furent inutiles, c'est surtout de nos jours que l'artillerie, par ses ravages, empêche de défendre des lieux resserrés, et où il est impossible, comme je l'ai exposé précédemment, d'élever de nouveaux remparts après la chute des premiers. Mais je veux discuter cette opinion avec plus de développements.

Prince, tu prétends par tes places fortes assujettir tes peuples au frein de l'obéissance. Prince, république, vous vous flattez d'enchaîner par ce moyen une ville que la guerre vous a livrée. Je m'adresse donc au prince et je lui dis : « Est-il rien de moins propre qu'une forteresse « pour contenir des sujets dans l'obéissance? car elle « t'encourage à les opprimer, et l'oppression à son tour « les excite à ta ruine; bientôt leur fureur s'accroît à « un tel degré, que cette forteresse, qui les irrite, ne « peut plus te défendre. De sorte qu'un prince sage et « clément, pour pouvoir toujours être bon et ne point « donner à ses enfants l'occasion ou l'audace de dégéné- « rer des vertus de leur père, n'élèvera jamais de places « fortes, afin qu'ils n'appuient point sur elles leur auto- « rité, mais afin qu'ils l'appuient sur l'affection de leurs « sujets. »

Si, après être devenu duc de Milan, le comte Francesco Sforza, malgré sa réputation de sagesse, fit construire dans cette ville une citadelle, je dis qu'il agit en cette occasion avec peu de prévoyance; et l'effet a démontré que cette mesure fut plutôt nuisible qu'utile à ses héritiers, qui crurent avec cet appui vivre sans crainte et pouvoir outrager à leur gré les citoyens et leurs sujets; ils ne se refusèrent aucune espèce de violence, et, devenus odieux hors de toute mesure, ils perdirent leurs États à la première tentative de l'ennemi; leur citadelle, aussi inutile pendant la guerre qu'elle avait été nuisible pendant la paix, ne leur fut d'aucun secours. S'ils n'avaient pas eu un tel appui, et que, par imprudence, ils eussent agi durement contre

leurs sujets, ils auraient aperçu plus tôt les périls dar
lesquels ils se précipitaient ; et, revenant sur leurs pas
ils auraient pu alors résister plus courageusement à
l'impétuosité française, avec des sujets amis et point de
forteresse, qu'avec une forteresse et des sujets ennemis.

Les places fortes ne sont utiles sous aucun rapport ;
on les perd par la trahison de celui qui les garde, par la
vigueur de celui qui les attaque, ou par le défaut de vivres. Mais si l'on veut en tirer parti et s'en aider pour
recouvrer un État perdu, où il ne vous reste plus que la
forteresse, il faut nécessairement avoir une armée avec
laquelle on puisse combattre celui qui vous a chassé ; et
s'il arrive que vous possédiez cette armée, vous recou-
vrerez vos États, quand même vous n'auriez pas de
place-forte ; et vous réussirez d'autant plus facilement
que vous pourrez compter davantage sur l'affection de
vos sujets, auxquels, dans l'orgueil que vous aurait
inspiré une citadelle, vous n'aurez point prodigué les
mauvais traitements.

L'expérience a démontré que cette même citadelle de
Milan n'a été d'aucune utilité, dans leurs jours d'adversité, ni aux Sforza ni aux Français ; qu'elle a même
causé la ruine de tous deux, parce que, tandis qu'ils la
possédèrent, ils ne pensèrent point à gouverner l'État
d'une manière plus modérée.

Guido Ubaldo, duc d'Urbin, fils de ce Federigo qui,
de son temps, eut la réputation d'un si grand capitaine,
avait été chassé de ses États par César Borgia, fils du
pape Alexandre VI. L'occasion de les recouvrer s'étant
offerte à lui, il fit soudain raser toutes les forteresses que
le pays renfermait dans son sein, les regardant comme
dangereuses. Comme il était chéri de ses sujets, il n'en
voulait point, par égard pour eux ; quant aux ennemis,
il sentait bien qu'il ne pourrait les défendre contre eux
qu'en ayant sans cesse une armée en campagne ; c'est
pourquoi il prit le parti de les détruire.

Le pape Jules II, après avoir chassé les Bentivogli de Bologne, fit construire dans cette ville une citadelle, et de là il faisait égorger le peuple par celui qui gouvernait en son nom; les citoyens irrités se révoltèrent, et le pape perdit soudain la citadelle; et loin d'en tirer aucun appui, elle lui fut aussi nuisible qu'elle aurait pu lui être utile s'il se fût autrement comporté.

Niccolò da Castello, père des Vitelli, étant rentré dans la patrie, d'où il avait été banni, fit aussitôt démolir deux forts que le pape Sixte IV y avait fait élever, convaincu que ce n'étaient pas les citadelles, mais l'amour des peuples qui pouvait le maintenir dans ses États.

Mais, entre tous les autres exemples, le plus récent, le plus remarquable sous tous les rapports, le plus propre à montrer l'inutilité des forteresses et la nécessité de les détruire, c'est ce qui est arrivé à Gênes dans ces derniers temps. Personne n'ignore qu'en 1507 Gênes s'était révoltée contre Louis XII, roi de France; ce prince, à la tête de toutes ses forces, vint en personne pour faire rentrer cette ville dans l'obéissance. Après s'en être rendu maître, il y fit élever une citadelle, la plus formidable que l'on eût vue jusqu'à ce jour; sa position et les ouvrages dont elle était entourée la rendaient inexpugnable. Placée à l'extrémité d'une colline qui s'étend jusque dans la mer, et que les Génois nomment Codefa, elle battait tout le port et la plus grande partie de la ville. Lorsqu'en 1512 les Français furent chassés de l'Italie, Gênes, malgré la citadelle, se révolta; et Ottaviano Fregoso, placé à la tête du gouvernement, mit tous ses soins à la réduire, et parvint, par la famine, à s'en rendre maître au bout de seize mois. Un grand nombre de citoyens lui conseillaient de la conserver comme un refuge en cas de malheur, et l'on croyait qu'il se rendrait à cet avis; mais il était trop éclairé pour l'écouter, et, convaincu que ce ne sont pas les forteresses, mais la volonté des sujets qui maintient le pouvoir des princes, il

ordonna qu'on la détruisît. Ainsi, sans appuyer l'État
sur des remparts qui sont toujours faibles, il le fonda
sur sa valeur et sa sagesse; et c'est par cette conduite
qu'il a obtenu l'autorité qu'il possède encore; tandis
qu'auparavant un millier de soldats suffisaient pour opérer dans Gênes une révolution, on a vu dix mille hommes
attaquer Fregoso sans pouvoir seulement l'ébranler.

Cet exemple démontre que la destruction de cette
forteresse n'a pas nui à Ottaviano, et que sa fondation
n'a pas défendu le roi de France. Lorsque ce prince put
venir en Italie à la tête de ses troupes, il s'empara de
Gênes quoiqu'il n'y eût point encore de citadelle; mais
dès qu'il ne put y conduire d'armée, il lui fut impossible
de conserver Gênes, malgré le fort qu'il y avait fait construire. La construction de cette place fut donc pour le
roi une dépense onéreuse, et sa perte une honte; tandis
qu'il fut glorieux pour Ottaviano de s'en rendre maître,
et avantageux de la détruire.

Venons enfin aux républiques qui élèvent des places
fortes, non au milieu de leurs États, mais dans les contrées dont elles ont fait la conquête. Si l'exemple de
Gênes et des Français ne suffisait pas pour leur faire connaître leur erreur, j'espère que celui de Pise et de
Florence suffira pour les convaincre. Les Florentins,
pour contenir Pise, y avaient élevé plusieurs forteresses : ils ne voulurent pas voir qu'une république toujours rivale du nom de Florence, accoutumée à vivre
dans l'indépendance, et qui ne voyait de refuge pour la
liberté que dans la révolte, ne pouvait être entièrement
soumise que par les seuls moyens qu'employaient les
Romains : il fallait s'en faire une amie ou la détruire
sans pitié. La présence du roi Charles VIII fit voir en
effet toute la confiance que doivent inspirer les citadelles : à peine s'était-il montré, qu'elles se rendirent
à lui, soit par la trahison de ceux qui les gardaient,
soit par la terreur d'un mal plus grand; de sorte que si

elles n'avaient point existé, les Florentins n'auraient pas compté sur leur appui pour pouvoir conserver Pise; et, par leur secours le roi n'aurait pu ravir cette ville aux Florentins : les moyens que l'on eût employés jusqu'à ce moment pour les maintenir dans l'obéissance auraient peut-être été suffisants; et certainement on n'eût pas fait une épreuve plus funeste que celle des forteresses.

Je conclus que, pour le prince qui veut contenir ses États, les places fortes sont dangereuses; que, pour maintenir les villes conquises, elles sont inutiles; et il me suffit ici de l'autorité des Romains, qui, lorsqu'ils voulaient garder une ville avec violence, la démantelaient au lieu de l'entourer de remparts. Si, pour combattre mon opinion, on m'alléguait dans l'histoire ancienne l'exemple de Tarente, et de nos jours celui de Brescia, qui, au moyen de leurs citadelles, furent reprises sur les habitants révoltés, voici ce que je répondrais : Fabius Maximus ne fut envoyé qu'au bout d'un an avec son armée pour reconquérir Tarente : rien ne l'aurait empêché de s'en rendre maître quand même il n'y aurait pas eu de forteresse; aussi, quoique Fabius se soit servi de ce moyen, il est certain que s'il n'eût point existé, il aurait su en trouver un autre dont le résultat n'eût pas été moins infaillible. Je ne puis concevoir la grande utilité d'une forteresse, lorsque pour recouvrer une ville il faut que l'on emploie à sa conquête une armée consulaire commandée par un Fabius Maximus. Que Rome fût parvenue à reprendre Tarente par tout autre moyen, nous en avons la preuve dans Capoue, où il n'existait pas de forteresses, et dont elle s'empara par la seule valeur de ses armes.

Mais venons à Brescia. Je dirai d'abord que l'on trouve rarement les circonstances que présente la révolte de cette ville, où la citadelle reste en notre pouvoir malgré le soulèvement des habitants, et où vous avez dans

le voisinage une armée formidable, comme était celle
des Français. En effet, monseigneur de Foix, qui se
trouvait à Bologne avec l'armée du roi, qu'il commandait, ayant appris la perte de Brescia, se porta sur-le-
champ de ce côté; et, arrivé devant la ville au bout de
trois jours, il la reprit par le moyen de la citadelle.
Mais il fallut encore à cette citadelle la présence et
d'un monseigneur de Foix et d'une armée française qui
vînt la secourir dans le court espace de trois jours.

Ainsi on ne peut opposer ce fait à ceux qu'invoque l'opinion contraire : car, dans les guerres de notre temps, nous
avons vu, non-seulement en Lombardie, mais dans la
Romagne, dans le royaume de Naples, et dans toutes
les parties de l'Italie, une foule de forteresses prises et
reprises avec la même facilité qu'on prenait et qu'on
reprenait la campagne.

Quant aux places fortes établies pour se défendre des
ennemis extérieurs, je soutiens qu'elles ne sont nécessaires ni aux peuples ni aux souverains qui ont de
bonnes armées; et qu'à ceux qui n'en possèdent pas
elles n'offrent aucune utilité. Une bonne armée sans
places fortes suffit pour vous défendre, tandis que sans
armées les places fortes ne sont d'aucun secours.

Cette vérité est démontrée par l'expérience de ceux
qui ont excellé dans la science du gouvernement ainsi
que dans le reste, tels que les Romains et les Spartiates. On voit que si les Romains ne bâtissaient pas
de forteresses, les Spartiates s'en abstenaient également, et ne permettaient même pas qu'on entourât leur
ville de murailles, parce qu'ils ne voulaient d'autre
rempart que le courage de leurs concitoyens; aussi un
Athénien ayant demandé à un Spartiate si les murailles
d'Athènes lui paraissaient belles, il lui répondit : « Oui,
« si la ville était habitée par des femmes. »

Ainsi un prince, maître d'une bonne armée, et qui
aurait sur les bords de la mer et sur les frontières de

ses États quelque place forte capable, pendant plusieurs jours, de contenir l'ennemi jusqu'à ce qu'il fût
entièrement en mesure, pourrait y trouver quelque
avantage ; mais il n'y aura jamais nécessité. Les places
fortes qu'un prince possède au cœur de ses États ou
sur ses frontières, lui sont également nuisibles ou
inutiles, s'il n'a pas une bonne armée : elles lui sont
nuisibles parce qu'il les perd facilement, et qu'une fois
perdues elles lui font la guerre ; si, au contraire, elles
sont tellement fortes que l'ennemi ne puisse s'en emparer, ses armées les laissent en arrière, et elles sont
ainsi paralysées : en effet, une armée qui n'éprouve
point une vigoureuse résistance pénètre jusqu'au cœur
du pays ennemi sans se soucier des places fortes qu'elle
laisse derrière elle, comme on le voit dans l'histoire
ancienne, et comme l'a fait voir de nos jours Francesco Maria, qui, récemment encore, pour attaquer
Urbain, laissa derrière lui dix villes ennemies sans s'en
mettre en peine.

Un prince qui peut agir avec une bonne armée n'a
donc pas besoin de places fortes ; et celui qui n'a pas de
troupes ne doit point bâtir de forteresses : il peut bien
fortifier la ville qu'il habite, la munir de tout ce qui
est nécessaire à sa défense, et disposer tellement de la
volonté des citoyens, qu'il soit en état de soutenir l'attaque de ses ennemis assez longtemps pour pouvoir ou
traiter ou être secouru du dehors. Tous les autres
moyens sont onéreux en temps de paix, et inutiles en
temps de guerre.

Si donc on examine tout ce que je viens de dire, on
verra que les Romains ne furent pas moins sages dans
le jugement qu'ils rendirent envers les Latins et les
Privernates, que dans toutes leurs autres actions ; car,
sans songer à élever des citadelles, ils crurent qu'ils
pouvaient s'assurer de ces peuples par des moyens plus
sages et plus généreux.

CHAPITRE XXV.

Vouloir profiter de la désunion qui règne dans une ville pour s'en emparer
est un parti souvent nuisible.

La mésintelligence qui existait dans la république
romaine entre le peuple et la noblesse était tellement
violente, que les Véïens, réunis aux Étrusques, crurent
pouvoir profiter de cette désunion pour éteindre jusqu'au
nom de Rome. Ayant rassemblé leur armée, ils ravagèrent
le territoire de cette ville, et le sénat envoya contre eux
Cn. Manlius et Marcus Fabius. Lorsque les deux armées
furent en présence, les Véïens, par des attaques continuelles et des paroles offensantes, ne cessaient d'outrager
les Romains : leur audace et leur insolence s'accrurent
à un tel point, que ces derniers, oubliant leurs dissensions, se précipitèrent au combat et mirent les Véïens
en fuite après les avoir vaincus.

On voit, comme je l'ai déjà dit, à quelles erreurs les
hommes s'exposent dans la plupart des résolutions qu'ils
embrassent, et combien de fois ils trouvent leur ruine là
où ils avaient pensé trouver leur salut. Les Véïens avaient
cru vaincre facilement les Romains, en profitant de leurs
discordes ; et leur agression, en réconciliant les Romains,
fut cause de leur perte ; car, dans la plupart des républiques, la discorde prend sa source dans l'oisiveté qu'enfante la paix ; et c'est la crainte de la guerre qui fait
renaître la concorde. Si les Véïens avaient été moins
imprudents, plus ils auraient vu Rome livrée à ses dissensions, plus ils en auraient écarté leurs armées, les
laissant achever de se corrompre dans les délices de la
paix.

Un des plus sûrs moyens est de chercher à gagner la
confiance d'une ville qui est en proie aux dissensions,

et de s'offrir comme arbitre entre les partis jusqu'au moment où ils prennent les armes. Lorsqu'ils sont armés, il faut encourager le parti le plus faible par quelques légers secours, suffisants pour l'exciter à faire la guerre et à se consumer lui-même, mais point assez considérables pour lui causer de l'ombrage et lui donner lieu de croire que vous voulez l'opprimer et l'asservir à votre puissance. Si vous vous conduisez avec sagesse dans cette circonstance, vous ne pouvez guère manquer d'atteindre le but que vous vous proposiez.

C'est en suivant cette politique que la ville de Pistoja, comme je l'ai dit ailleurs, et dans une occasion semblable, tomba en la puissance de la république de Florence. Les Florentins, profitant de ses dissensions, favorisaient tantôt un parti, tantôt l'autre, sans se déclarer ouvertement pour aucun : ils la réduisirent au point que, fatiguée de vivre au milieu de troubles perpétuels, elle se jeta spontanément dans les bras des Florentins.

La ville de Sienne n'a éprouvé de révolution dans son gouvernement que lorsque l'intervention des Florentins a été faible et rare ; lorsque leurs secours ont été nombreux et puissants, Sienne tout entière s'est réunie pour défendre son gouvernement.

Je veux ajouter un dernier exemple à tous ceux que j'ai déjà rapportés.

Philippe Visconti, duc de Milan, entreprit plusieurs fois de déclarer la guerre aux Florentins, dans l'espoir de profiter de leurs discordes, et jamais il n'obtint le moindre succès ; aussi disait-il, en se plaignant du résultat de ses entreprises, que « les folies des Florentins « lui avaient inutilement coûté plus de deux millions « d'or. »

Comme je l'ai dit plus haut, les Véïens et les Étrusques se laissèrent donc aveugler par une fausse opinion ; et une seule bataille suffit aux Romains pour les subjuguer. C'est ainsi que se tromperont tous ceux qui, à

l'avenir, croiront opprimer un peuple par de semblables
moyens et dans des circonstances pareilles.

CHAPITRE XXVI.

Le mépris et l'injure engendrent la haine contre ceux qui s'en servent,
sans leur procurer aucun avantage.

Je suis persuadé qu'une des plus grandes preuves de
sagesse que puissent donner les hommes est de s'abstenir de proférer contre qui que ce soit des paroles mena-
çantes ou injurieuses, parce que, loin d'affaiblir les
forces d'un ennemi, la menace le fait tenir sur ses gardes,
et que l'injure accroît la haine qu'il vous porte, et l'excite à chercher tous les moyens de vous nuire.

La conduite des Véiens, dont nous avons parlé dans
le chapitre précédent, nous en fournit un exemple. Non
contents des maux dont la guerre accablait les Romains,
ils y ajoutèrent l'outrage et l'insulte, que tout sage capitaine devrait proscrire dans la bouche de ses soldats,
attendu que leur effet est d'enflammer l'ennemi et de
le porter à la vengeance ; et l'injure l'empêche d'autant
moins de vous nuire, que c'est encore une arme que
vous lui fournissez contre vous.

L'histoire d'Asie en offre un exemple remarquable.
Gabas, général des Perses, assiégeait depuis longtemps
Amide : fatigué des ennuis d'un aussi long siége, il avait
résolu de s'éloigner, et il levait déjà son camp lorsque
les assiégés, enorgueillis de leur victoire, se rassemblent
sur les remparts, et, s'exhalant en injures, blâment et
accusent l'ennemi, en lui reprochant sa faiblesse et sa
lâcheté. Gabas, irrité, change soudain de résolution ; il
pousse de nouveau le siége avec vigueur ; l'indignation
qu'il ressent de son injure ajoute à son courage, et en
peu de jours la ville est prise et ravagée.

Le même malheur accabla les Véiens, qui, non contents, comme je l'ai dit, de faire la guerre aux Romains, les poursuivaient encore par des paroles outrageantes : ils venaient jusque sur les palissades du camp proférer contre eux des injures : les offenses les irritèrent plus encore que les armes ennemies ; ces mêmes soldats, qui d'abord ne faisaient la guerre qu'avec répugnance, contraignirent les consuls à donner le signal du combat, et les Véiens, comme les habitants d'Amide, portèrent la peine de leur orgueil.

Un général habile, l'administrateur éclairé d'une république, doivent empêcher, par-dessus tout, les citoyens ou les soldats de s'injurier entre eux ou d'injurier même leurs ennemis ; car si l'injure atteint les ennemis, il en résulte les inconvénients dont nous venons de parler ; si elle blesse les citoyens entre eux, elle peut enfanter de plus grands maux encore, si l'on n'y remédiait sur-le-champ, comme les hommes sages se sont toujours efforcés d'y remédier.

Les légions romaines qu'on avait laissées à Capoue conspirèrent contre les habitants de cette ville, ainsi que je le dirai ailleurs. Au milieu de ce complot éclata une sédition que Valerius Corvinus parvint à apaiser ; et, parmi les conditions qui furent accordées à la révolte, on ordonna que les peines les plus graves fussent décernées contre ceux qui feraient jamais le moindre reproche aux soldats d'avoir fait partie des séditieux.

Tiberius Gracchus, dans la guerre contre Annibal, ayant été nommé capitaine d'un corps d'esclaves que les Romains avaient armés pour subvenir à la pénurie des hommes, prescrivit, parmi les premières mesures, de condamner à la peine capitale tous ceux qui oseraient reprocher à l'un d'entre eux d'avoir été esclave : tant les Romains, ainsi que je l'ai dit plus haut, regardaient comme dangereux le mépris qu'on témoigne pour les hommes, et la honte dont on les accable ! Car il n'est rien au monde qui les irrite davantage ou qui excite dans leur cœur un plus profond courroux que les reproches qu'on leur adresse sérieusement ou pour plaisanter : *Nam facetiæ asperæ, quando nimium ex vero traxere, acrem sui memoriam relinquunt.*

CHAPITRE XXVII.

Il doit suffire aux princes et aux gouvernements sages d'obtenir la victoire ; ceux qui veulent aller au delà y trouvent ordinairement leur perte.

Les paroles injurieuses qu'on profère contre un ennemi naissent le plus souvent de l'orgueil qu'inspire ou la victoire ou la fausse espérance de vaincre. Ce faux espoir porte non-seulement les hommes à se tromper dans leurs discours, mais même dans leurs désirs ; car, lorsque cet espoir s'insinue dans le cœur des hommes, il les pousse au delà du but, et leur fait perdre le plus souvent l'occasion d'obtenir un bien assuré, dans l'espérance d'en acquérir un plus grand, mais incertain. Comme c'est une matière qui mérite l'attention la plus sérieuse, et que la plupart des hommes se laissent entraîner par cette erreur, au grand détriment de l'État, j'ai cru devoir en exposer plus particulièrement les inconvénients, par des exemples tirés de l'histoire ancienne et de la moderne, le raisonnement ne pouvant avoir l'autorité toute-puissante des faits.

Annibal, après avoir mis les Romains en déroute à la bataille de Cannes, envoya sur-le-champ des députés à Carthage, pour y annoncer sa victoire et demander des secours. On disputa dans le sénat sur ce qu'il y avait à faire. Hannon, vieux et sage citoyen de Carthage, conseillait d'user du succès avec modération, en faisant 'a paix avec les Romains lorsque la victoire pouvait faire espérer des conditions avantageuses, et de ne pas atten-

dre une défaite, parce que l'intention des Carthaginois
devait être seulement de prouver aux Romains qu'ils
étaient assez braves pour les combattre; et que, puisqu'ils avaient été victorieux, il ne fallait pas s'exposer à
perdre tout le fruit de leur triomphe dans l'espoir d'en
obtenir un plus grand. On rejeta cet avis; mais le sénat
de Carthage en connut toute la sagesse quand il eut
laissé perdre l'occasion.

Alexandre le Grand était maître de tout l'Orient. La
république de Tyr, illustre et puissante à cette époque, et
bâtie comme Venise au sein des mers, voyant la puissance
du conquérant, envoya des ambassadeurs lui annoncer
que les Tyriens consentaient à se soumettre, et à lui rendre
l'obéissance qu'il exigerait d'eux; mais qu'ils ne voulaient
recevoir dans leurs murs ni lui ni ses armées: Alexandre,
indigné qu'une seule ville osât fermer ses portes à celui
devant lequel toutes les cités de la terre les avaient
ouvertes, chassa les députés de sa présence; et, rejetant
leur prière, il vint mettre le siége devant Tyr. La ville
était située au milieu des eaux, et munie de vivres et de
tout ce qui pouvait être nécessaire à sa défense. Au bout
de quatre mois, Alexandre s'aperçut que cette ville en-
levait plus de temps à sa gloire que n'en avaient exigé
toutes ses autres conquêtes : il résolut alors de traiter
avec elle, et de lui accorder ce qu'elle avait elle-même
demandé. Mais les Tyriens, enorgueillis, refusèrent d'é-
couter ses propositions, et ils égorgèrent même celui
qui était venu les leur apporter. La colère d'Alexandre
monta à son comble; et il poussa le siége avec tant
d'opiniâtreté, qu'il emporta la ville et la ravagea, après
en avoir livré tous les habitants à la mort et à l'esclavage.

En 1512, une armée espagnole pénétra sur le territoire de Florence pour rétablir les Médicis dans cette
ville et y lever des contributions; des citoyens eux-mêmes
avaient attiré les étrangers, en leur faisant espérer que,

dès qu'ils seraient sur les terres de la république, on prendrait les armes en leur faveur ; mais, ayant pénétré dans la plaine, et voyant que personne ne venait à leur rencontre, et que, d'un autre côté, les vivres leur manquaient, ils cherchèrent à conclure un arrangement : le peuple florentin, rempli de jactance, rejeta leurs offres : et ce refus lui fit perdre Prato et causa la ruine de l'État.

Ainsi donc, la plus grande erreur que puisse commettre un prince lorsqu'il est attaqué par un ennemi dont les forces sont de beaucoup supérieures aux siennes, est de refuser un accommodement, surtout lorsqu'il lui est offert ; car les conditions n'en seront jamais assez dures pour que celui qui les accepte n'y trouve quelque avantage, et qu'il ne puisse les regarder comme une sorte de victoire. Il devait suffire, en effet, aux habitants de Tyr qu'Alexandre acceptât les conditions qu'il avait d'abord refusées ; et c'était pour eux une assez grande victoire que d'avoir forcé, les armes à la main, un homme tel que lui à condescendre à leur volonté. Le peuple florentin devait également regarder comme un triomphe et se montrer satisfait, si les armées espagnoles consentaient à quelques-uns de ses désirs, sans accomplir de leur côté tous leurs projets ; car l'intention des Espagnols était de changer le gouvernement de Florence, de l'arracher à l'influence de la France, et d'en obtenir de l'argent. Quand de ces trois choses ils n'en eussent obtenu que deux, qui sont les deux dernières, et qu'il n'en fût resté qu'une au peuple, c'est-à-dire le maintien de son gouvernement, chacun y aurait trouvé quelque honneur et quelque satisfaction, le peuple ne devant guère s'inquiéter du reste tant qu'on laissait subsister l'État ; et quand même il aurait eu l'assurance d'une plus grande victoire, il était imprudent de vouloir s'exposer en quelque sorte aux caprices de la fortune, puisqu'il y allait de l'existence de la république, que jamais un homme prudent ne met en danger sans y être contraint par la nécessité.

Après un séjour de seize ans en Italie, où il s'était couvert de tant de gloire, Annibal, rappelé par les Carthaginois, pour venir secourir sa patrie, trouva Asdrubal et Syphax vaincus, le royaume de Numidie perdu, Carthage réduite à l'enceinte de ses murailles, et n'ayant plus d'autre refuge que lui seul et son armée : convaincu que c'était là sa dernière ressource, il ne voulut point l'exposer avant d'avoir tenté tous les autres moyens ; il ne rougit point de demander la paix, jugeant bien que s'il restait encore à sa patrie quelque espoir de salut, c'était de la paix, et non de la guerre, qu'elle devait l'attendre. Son attente ayant été trompée, il ne voulut pas que la crainte de succomber l'empêchât de combattre ; car il lui restait encore l'espoir de vaincre ou de succomber avec gloire.

Et si un général aussi brave et aussi expérimenté qu'Annibal, dont l'armée n'avait pas été entamée, chercha à faire la paix avant d'en venir aux mains, parce qu'il était convaincu qu'une défaite entraînerait l'esclavage de sa patrie, que doit faire un capitaine d'une valeur et d'une expérience moins consommées que la sienne ? Mais c'est une erreur commune à tous les hommes, de ne savoir pas mettre de bornes à leurs espérances : ils s'appuient sur elles sans bien mesurer tous leurs moyens, et ils sont entraînés dans l'abîme.

CHAPITRE XXVIII.

Combien il est dangereux pour un prince ou pour une république de ne point venger une injure faite soit au gouvernement, soit à un particulier.

Un voit un exemple frappant des résolutions qu'inspire aux hommes une juste colère, dans ce qui arriva aux Romains lorsqu'ils envoyèrent les trois Fabius comme ambassadeurs auprès des Gaulois, qui étaient venus attaquer la Toscane, et en particulier Clusium.

Les habitants de cette ville avaient imploré le secours des Romains, et le sénat envoya des députés aux Gaulois pour leur signifier, au nom de la république, qu'ils eussent à s'abstenir de faire la guerre aux Toscans. Ces envoyés, plus propres à agir qu'à parler, se trouvaient encore sur les lieux lorsque les Gaulois livrèrent bataille aux Toscans : ils se mêlèrent dans les rangs de ceux-ci pour combattre les ennemis; ils furent reconnus, et les Gaulois indignés tournèrent contre les Romains tout le courroux qu'ils avaient d'abord conçu contre les Toscans. Ce courroux devint plus profond encore lorsque leurs envoyés, s'étant plaints au sénat romain de l'offense qu'ils avaient reçue, et ayant demandé qu'on leur livrât les trois Fabius en réparation, virent non-seulement leur demande rejetée, mais les coupables mêmes, loin d'être punis, nommés tribuns consulaires à la première assemblée des comices. Les Gaulois, en voyant combler d'honneurs ceux qui auraient dû être châtiés, s'imaginèrent qu'on n'en agissait ainsi que par mépris et pour leur faire honte : enflammés de colère et d'indignation, ils se jetèrent sur Rome et s'en rendirent maîtres, à l'exception du Capitole. C'est à l'oubli de la justice que les Romains durent attribuer ce désastre : leurs ambassadeurs avaient violé le droit des gens, et, quand il aurait fallu les punir, ils furent récompensés.

Il est donc essentiel de réfléchir combien une république ou un souverain doit être attentif à ne point commettre une pareille offense, soit envers tout un peuple, soit même envers un simple citoyen. Si un homme profondément outragé, ou par le peuple, ou par un particulier, n'obtient pas la réparation qu'exige sa vengeance, et qu'il vive sous un gouvernement popu laire, il cherchera à satisfaire son ressentiment dans la ruine de son pays. S'il vit sous les lois d'un prince, et qu'il ait quelque fierté dans l'âme, il n'aura pas un instant de repos qu'il n'ait obtenu une vengeance éclatante, dût-il lui-même y trouver sa perte.

Je ne puis citer à l'appui de ce que j'avance un exemple plus beau et plus convaincant que celui de Philippe de Macédoine, père d'Alexandre. Il y avait à sa cour un jeune homme d'une famille noble et d'une rare beauté, nommé Pausanias; Attale, un des plus intimes favoris de Philippe, en était épris, et le poursuivait sans cesse de ses sollicitations; mais se voyant toujours rejeté, il résolut d'arracher par la ruse et la force ce qu'il sentait ne pouvoir obtenir par un autre moyen. Il donna un festin solennel où assistèrent Pausanias et une foule de grands : quand tous les convives furent échauffés par les mets et par le vin, il fit saisir Pausanias, et, l'ayant conduit dans un endroit écarté, il assouvit sur lui ses infâmes désirs; et, par un raffinement d'injure, il le livra aux outrages d'une partie des autres convives. Pausanias se plaignait chaque jour de sa honte à Philippe, qui, après l'avoir longtemps bercé de l'espoir de la vengeance, loin de punir son injure, nomma Attale au gouvernement d'une des provinces de la Grèce. Pausanias, voyant son ennemi comblé d'honneurs au lieu d'être puni, tourna toute sa colère non contre celui qui l'avait outragé, mais contre Philippe, qui l'avait laissé sans vengeance; et un jour que le roi célébrait en pompe les noces de sa fille avec Alexandre, roi d'Épire, et qu'il se rendait au temple pour les solenniser, Pausanias le poignarda au milieu des deux Alexandre, son gendre et son fils.

Cet exemple a beaucoup de ressemblance avec celui des Romains, et doit servir de leçon à ceux qui gouvernent. Il ne faut jamais faire si peu de cas d'un homme, que de croire qu'en ajoutant de nouvelles in-

jures à celles qu'il a déjà reçues, cet homme ainsi outragé ne pense point à se venger, quelque péril qui le
menace, et dût-il même y perdre la vie.

CHAPITRE XXIX.

La fortune aveugle les hommes lorsqu'elle ne veut pas qu'ils s'opposent
à ses desseins.

Si l'on réfléchit attentivement à la manière dont se
passent les événements de ce monde, on verra naître
une foule d'accidents auxquels il semble que le ciel
n'ait pas voulu que l'on pourvût. Et si ce que j'avance
arriva à Rome, où régnait tant de grandeur d'âme, de
religion et de sagesse, faudra-t-il s'étonner de le voir
arriver plus souvent encore au sein d'une ville ou d'une
province où l'on ne rencontre aucune de ces vertus?

Comme cette observation prouve de la manière la plus
évidente l'influence que le ciel conserve sur les événements humains, Tite-Live s'y arrête avec complaisance,
et emploie les paroles les plus puissantes pour nous convaincre. « Le ciel, dit-il, voulant dans sa sagesse faire con-
« naître sa puissance aux Romains, frappa d'abord
« d'aveuglement les Fabius que l'on envoya aux Gau-
« lois comme ambassadeurs, et par leur conduite il
« attira sur Rome tout le poids de la guerre; il voulut
« ensuite que Rome, pour réprimer cette guerre, ne
« prît aucune mesure digne du peuple romain, et qu'un
« de ses premiers soins fût d'envoyer en exil à Ardée
« Camille, le seul appui qui lui restât au milieu de ses
« maux. Ensuite, lorsque les Gaulois s'approchèrent de
« Rome, ceux mêmes qui, pour arrêter l'invasion des
« Volsques et l'inimitié des autres peuples voisins,
« avaient tant de fois créé des dictateurs, négligèrent
« cette mesure à l'aspect des Gaulois. D'un autre côté,

« lorsqu'il fallut lever des soldats, ils semblèrent y
« mettre de la faiblesse, bien loin de déployer cette vi-
« gueur et cette activité qu'exigeaient les circonstances;
« ils mirent tant de lenteur à prendre les armes, que
« c'est à peine s'ils purent joindre les Gaulois sur les
« bords de l'Allia, qui n'est éloignée de Rome que de
« deux milles! C'est là que les tribuns assirent leur
« camp, négligeant les précautions les plus ordinaires,
« n'examinant point d'abord le terrain, et ne s'entourant
« ni de fossés ni de palissades; n'usant enfin d'aucune
« des mesures dictées par la sagesse divine ou humaine.
« Dans les dispositions de la bataille, ils firent les rangs
« rares et faibles, de sorte que personne, ni capitaines,
« ni soldats, ne fit rien qui fût digne de la discipline ro-
« maine. Pas une seule goutte de sang ne fût versée, car
« l'armée entière prit la fuite avant d'avoir été attaquée;
« la majeure partie chercha un asile à Véïes; les autres se
« retirèrent vers Rome, et, sans oser rentrer dans leurs
« maisons, ils se réfugièrent dans le Capitole; de sorte
« que le sénat, loin de songer à défendre Rome, n'en fit
« pas même fermer les portes. Une partie des sénateurs
« prirent également la fuite, et le reste suivit l'exemple de
« ceux qui s'étaient retirés dans le Capitole. Cependant
« ils adoptèrent, pour la défense de cette citadelle, quel-
« ques précautions qui se sentaient moins du désordre
« où Rome était plongée; ils refusèrent d'y admettre les
« troupes inutiles, et y recueillirent tous les vivres qu'ils
« purent trouver, afin de pouvoir supporter un siége.
« Quant à la foule embarrassante des vieillards, des fem-
« mes et des enfants, le plus grand nombre chercha un
« refuge dans les villes du voisinage; le reste demeura
« dans Rome, et devint la proie des Gaulois. Ainsi, qui-
« conque aurait lu les grandes actions exécutées par les
« Romains tant d'années auparavant, et qui lirait en-
« suite l'histoire de ces temps, ne pourrait croire, en au-
« cune manière, qu'il s'agit d'un seul et même peuple. »

Après que Tite-Live a terminé le tableau de tous ces désordres, il ajoute la réflexion suivante : *Adeo obcæcat animos fortuna, cùm vim suam ingruentem refringi non vult* ; et rien n'est plus vrai que cette maxime.

Il en résulte qu'il ne faut ni trop louer ceux que couronne la prospérité, ni trop blâmer ceux que l'adversité accable. En effet, on verra que la plupart de ceux qui sont parvenus au faîte des grandeurs, ou qui en sont tombés, ont été conduits par un chemin que le ciel leur a facilité, en leur donnant ou en leur ôtant l'occasion de pouvoir se comporter avec courage. Quand la fortune choisit un homme pour lui faire exécuter les grands desseins qu'elle a conçus, son choix s'arrête ordinairement sur un mortel d'un génie assez vaste et assez ferme pour apercevoir d'un coup d'œil toutes les occasions qu'elle lui offre. De la même manière, lorsqu'elle veut épouvanter le monde par une grande chute, elle confie les rênes de l'État à des insensés qui le poussent eux-mêmes à sa ruine. Et s'il se rencontre un homme capable de mettre obstacle à ses décrets, il devient bientôt sa victime, ou elle lui ravit la faculté de pouvoir opérer le moindre bien.

On voit évidemment par le texte que nous avons cité, que la fortune, pour consolider la puissance de Rome, et la conduire à ce haut degré de grandeur où elle parvint dans la suite, crut nécessaire de la châtier, comme je le développerai en détail au commencement du livre suivant, mais ne voulut pas entièrement la plonger dans l'abîme. Aussi la voit-on, dans cette circonstance, exiler Camille, mais épargner sa vie ; faire prendre Rome, mais non le Capitole ; obliger les Romains à oublier toutes les mesures nécessaires pour fortifier la ville, tandis que, pour préserver le Capitole, ils n'en négligent aucune. Elle voulait que Rome fût prise ; et la majeure partie de l'armée, mise en déroute aux bords de l'Allia, se retire dans Véies : ainsi toutes les mesures que la capitale

aurait pu prendre pour son salut se trouvent rompues.
Mais, en réglant ainsi la destinée de Rome, elle prépare
tout ce qui pouvait l'arracher aux mains de l'ennemi;
elle conduit une armée entière à Véies, et place Camille
dans Ardée ; de manière que, réunie sous un chef que
n'avait déshonoré aucune défaite, et dont la réputation
brillait sans mélange, elle pût reconquérir la patrie.

Je pourrais appuyer ce que je viens d'avancer de quelques exemples modernes ; mais comme ils me paraissent
inutiles, celui que j'ai cité pouvant répondre à toutes
les objections, je les laisserai de côté. Seulement je me
contenterai d'affirmer de nouveau, d'après le spectacle
qu'offrent toutes les histoires, que les hommes peuvent
bien seconder la fortune, mais non s'opposer à ses décrets; qu'elle leur permet d'ourdir ses trames, mais
non d'en briser les fils. Aussi ne doivent-ils jamais désespérer ; car les décrets de la fortune sont toujours enveloppés d'un nuage ; elle dérobe sa marche dans des
routes obliques et inconnues : ils doivent donc espérer
sans cesse, et, dans cette espérance, ne point s'abandonner eux-mêmes, quels que soient leur sort et les
maux qui les accablent.

CHAPITRE XXX.

Les républiques ou les princes dont la puissance est réelle n'achètent point
des amis à prix d'argent, mais les acquièrent par leur courage et la réputation de leurs forces.

Les Romains étaient assiégés dans le Capitole; et,
quoiqu'ils attendissent le secours de Véies et de Camille,
contraints par la famine, ils entrèrent en négociation
avec les Gaulois, et convinrent de leur donner une certaine quantité d'or pour rançon. En exécution de ce

traité, ils s'occupaient déjà de peser l'or. Soudain Camille survient avec son armée ; ce fut, dit Tite-Live, un coup de la fortune, « qui ne voulait pas que les Romains « pussent vivre rachetés au poids de l'or : » *Ut Romani auro redempti non viverent.*

Cet événement, déjà si remarquable en cette occasion, le devint encore davantage, puisque dans la suite il servit de règle de conduite à la république. On voit que jamais elle ne voulut d'une conquête que l'or pouvait lui procurer ; que jamais l'or ne lui servit à acquérir une paix qu'elle ne voulait devoir qu'à la force de ses armes. Je ne crois pas qu'aucune autre république ait tenu cette conduite. Parmi les signes auxquels on peut juger de la puissance d'un État, il suffit de voir la manière dont il vit avec ses voisins. Lorsqu'il se conduit de manière que, pour racheter son amitié, ses voisins se font ses tributaires, c'est un indice irrécusable de la puissance de cet État. Mais lorsque ces voisins, quoique plus faibles que lui, en tirent au contraire des tributs, il ne peut exister un plus grand signe de faiblesse.

Qu'on lise toutes les histoires romaines, et l'on verra que les Marseillais, les Éduens, les Rhodiens, Hiéron de Syracuse, les rois Eumènes et Massinissa, qui touchaient tous aux limites de l'empire romain, s'empressaient par leurs trésors de concourir à tous ses besoins, n'implorant de Rome d'autre récompense que d'en être défendus.

On verra, au contraire, dans tous les États faibles, à commencer par celui de Florence, dès les temps les plus reculés et à l'époque même de sa plus grande splendeur, qu'il n'y eut jamais le plus petit seigneur dans la Romagne auquel elle n'accordât quelque pension ; elle en accordait en outre aux villes de Pérouse, de Castello, et à tous ses autres voisins. Si cette cité avait eu des armes et du courage, il en eût été tout autrement ; car tous, pour obtenir sa protection, lui auraient prodigué leurs trésors; et, loin de lui vendre leur amitié, ils auraient tâché d'acheter la sienne.

Ce n'est pas aux Florentins seulement que l'on peut reprocher cette lâcheté, mais aux Vénitiens et au roi de France, qui, malgré la force de ses États, vit tributaire des Suisses et du roi d'Angleterre. Tout provient de ce que ce monarque et les autres États que j'ai désignés ont désarmé leurs sujets et ont préféré jouir de la faculté actuelle de pouvoir à leur gré ruiner leur peuple, et fuir un danger bien plutôt imaginaire que réel, au lieu de suivre une conduite propre à consolider leur puissance et assurer à leurs États une éternelle félicité dans l'avenir. Si cet ordre apparent produit quelques moments de calme, il n'enfante, lorsque viennent les temps de calamité, que des désastres et une ruine irréparables.

Il serait trop long de compter combien de fois les Florentins, les Vénitiens et les Français se sont rachetés de la guerre à prix d'argent, et combien de fois ils sont descendus à une ignominie que les Romains n'ont été qu'une seule fois sur le point de subir. On ne finirait pas si l'on voulait nommer toutes les villes que les Vénitiens et les Florentins ont achetées; politique désordonnée, et qui n'a fait que prouver qu'on ne saurait défendre avec le fer ce que l'on a conquis par le secours de l'or.

Tant que les Romains furent libres, ils déployèrent cette générosité dans toute leur conduite; mais lorsqu'ils subirent le joug des empereurs, et que ces empereurs commencèrent à être de mauvais princes, et préférèrent l'ombre au soleil, eux-mêmes commencèrent également à se racheter à prix d'or, tantôt des Parthes, tantôt des Germains et des autres peuples limitrophes; tel fut le principe de la ruine de ce puissant empire. C'est pour avoir désarmé le peuple que ces inconvénients prirent naissance. Il en résulte d'ailleurs un mal bien plus grave encore: c'est que plus l'ennemi se rapproche de vous, plus il découvre votre faiblesse; car tout prince qui se conduit ainsi que je viens de le dire traite trop mal les sujets qui vivent au sein de son empire, pour pouvoir trouver des hommes disposés à repousser l'ennemi. Il s'ensuit que, pour l'écarter davantage, il soudoie les princes et les peuples qui sont voisins de ses États. De là vient encore que les États qui se trouvent dans cette situation font bien un peu de résistance sur la frontière; mais dès que l'ennemi l'a franchie, il ne leur reste aucune ressource. Ils ne voient pas combien une telle conduite est contraire à une saine politique. C'est le cœur et les sources de la vie qu'il faut préserver, et non les extrémités du corps; car on peut vivre sans ces dernières; mais le cœur une fois attaqué, la mort est inévitable. Et ces États laissent le cœur à découvert et n'arment que les pieds et les mains.

On a vu de tout temps, et l'on voit encore chaque jour les maux qu'a causés à Florence cette fausse conduite. A peine une armée a-t-elle franchi la frontière, qu'elle pénètre sans obstacles jusqu'au cœur de la république, et que l'on ne trouve plus aucune ressource.

Les Vénitiens, il y a quelques années, nous en ont fourni une nouvelle preuve, et si la mer n'avait défendu leur ville, elle n'existerait plus aujourd'hui. Les Français ont subi moins de fois cette triste expérience, parce que ce royaume est si vaste qu'il a peu d'ennemis qui lui soient supérieurs. Néanmoins, lorsque les Anglais l'attaquèrent en 1513, la terreur fut générale; car chacun était persuadé, et le roi lui-même, qu'une seule défaite était capable de lui enlever son royaume.

Il arrivait tout le contraire aux Romains; plus l'ennemi se rapprochait de Rome, plus il trouvait cette ville en état de lui résister. La guerre d'Annibal en Italie en offre un exemple éclatant. Après la perte de trois grandes batailles et la mort de tant de généraux et de soldats, ce peuple put non-seulement résister à ses ennemis,

mais même terminer la guerre à son avantage; et tout
cela pour avoir défendu le cœur de l'État, et attaché peu
d'importance aux extrémités. Toutes les forces de l'État
s'appuyaient, en effet, sur la population de Rome, sur le
Latium, sur les autres contrées de l'Italie attachées à
son alliance, et sur ses colonies; c'est là qu'elle puisa
autant d'armées qu'elle en eut besoin pour combattre et
soumettre le monde entier. La question que le Carthaginois Hannon adressa aux députés qu'Annibal avait envoyés à Carthage après la bataille de Cannes prouve évidemment ce que j'avance. Ils venaient d'exposer en
termes pompeux les victoires d'Annibal : « Quelque en-
« voyé des Romains, leur dit Hannon, est-il venu de-
« mander la paix? Les peuples du Latium ou quelques-
« unes des colonies romaines se sont-elles révoltées
« contre la ville mère? » Les députés ayant répliqué
qu'aucune de ces deux choses n'était arrivée, Hannon
répondit : « Cette guerre en est donc encore au même
« point qu'à son début. »

On voit, et par ce discours et par ce que j'ai répété
plusieurs fois ailleurs, l'énorme différence qui existe
entre la conduite des républiques de nos jours et celles
de l'antiquité. C'est à cette conduite qu'il faut attribuer
les revers et les succès miraculeux qui frappent encore
chaque jour nos yeux; car là où les hommes sont lâches
et faibles, la fortune se plaît à faire éclater son pouvoir;
et, comme elle est inconstante, on voit et l'on verra sans
cesse les républiques et les royaumes devenir le jouet
des révolutions, jusqu'à ce qu'il s'élève un homme tellement épris des belles institutions de l'antiquité, qu'il
les remette en vigueur, et empêche ainsi la fortune de
déployer, à chaque retour de soleil, toute l'étendue de
sa puissance.

CHAPITRE XXXI.

Combien il est dangereux de se confier aux bannis.

Parmi les objets qui font la matière de ces discours, je ne crois pas hors de propos de dire quelques mots sur les dangers qu'il peut y avoir à mettre sa confiance en ceux qui ont été bannis de leur patrie, attendu qu'il se présente chaque jour des circonstances où les chefs de l'État doivent s'occuper d'affaires de ce genre. J'en citerai un exemple mémorable que Tite-Live rapporte dans son histoire, quoique cependant il y soit étranger.

Lorsque Alexandre le Grand passa avec son armée en Asie, Alexandre, roi d'Épire, son oncle et son beau-frère, vint en Italie, appelé par les exilés de Lucanie, qui lui avaient fait espérer qu'ils l'aideraient à se rendre maître de cette province. Séduit par leur promesse et par cette espérance, il passa en Italie; mais il fut assassiné par ceux qui l'avaient appelé, parce que leurs concitoyens leur avaient promis de les laisser rentrer dans leur patrie s'ils lui ôtaient la vie.

Cela suffit pour faire voir combien sont vaines la foi et les promesses des bannis. Quant à leur foi, il faut songer que dès l'instant où ils pourront rentrer dans leur patrie par d'autres moyens que par vous, ils les emploieront de préférence, et vous abandonneront sans balancer, quelques promesses qu'ils vous aient faites d'abord. Quant à la vanité de leurs promesses et de leurs espérances, le désir qui les consume de retourner dans leurs anciennes demeures est si puissant, qu'ils regardent comme réelles la plupart des choses qu'ils imaginent, sans parler de celles qu'ils ont l'art d'y ajouter; de manière qu'au milieu de ce qu'ils croient eux-mêmes, et de ce qu'ils veulent vous faire croire, ils vous enivrent de fausses espérances, sur lesquelles vous pensez pouvoir compter, mais vous ne faites que vous jeter dans de vaines dépenses, ou vous précipiter dans une entreprise qui n'aboutit qu'à votre ruine.

Je n'en voudrais pour preuve que le prince dont je viens de parler; j'ajouterai cependant l'exemple de Thémistocle, qui, après avoir été déclaré rebelle contre sa patrie, alla chercher en Asie un refuge auprès de Darius[1], qu'il sut aveugler par des promesses si magnifiques s'il se décidait à attaquer la Grèce, que ce prince résolut de tenter cette entreprise. Mais Thémistocle, ne pouvant tenir ce qu'il avait promis, s'empoisonna lui-même, ou par honte, ou par crainte du supplice. Si un homme d'un aussi vaste génie que Thémistocle put tomber dans une semblable erreur, on doit croire que ceux-là commettront des erreurs plus graves encore, qui, n'ayant pas son génie et son courage, écouteront davantage leurs désirs ou leur passion.

Un prince doit donc ne rien précipiter et ne pas se jeter dans une entreprise sur les simples rapports d'un exilé; car la plupart du temps il n'en sort qu'à sa honte ou à son détriment.

Comme il est également rare qu'on s'empare d'une ville par la ruse ou par les intelligences qu'on y entretient, je ne crois pas inutile d'en parler dans le chapitre suivant, et d'y rapporter les divers moyens que les Romains mettaient en usage pour se rendre maîtres des places ennemies.

---

[1] Le texte de quelques éditions porte Xerxès.

CHAPITRE XXXII.

Des divers moyens qu'employaient les Romains pour s'emparer d'une ville.

Toutes les institutions des Romains étaient tournées à la guerre ; aussi la firent-ils toujours d'une manière avantageuse, par rapport et aux dépenses et à toutes les autres mesures nécessaires pour la bien conduire. De là vient qu'ils ont toujours évité de s'emparer d'une ville par un siége régulier : ils regardaient cette opération comme tellement dispendieuse et incommode, que les avantages qu'elle procurait n'égalaient jamais les peines qu'avait causées la conquête. Ils pensaient donc qu'il valait mieux employer tout autre moyen pour subjuguer une ville, que celui d'en faire le siége : aussi la longue suite de leurs guerres n'offre-t-elle que des exemples très-rares de siéges réguliers.

La manière dont ils s'emparaient d'une ville était de la prendre d'assaut ou par capitulation. Dans l'assaut, ils emportaient la place de vive force, ou en mêlant la ruse à la force. La force ouverte consistait à enlever une ville d'un seul coup, sans battre les murailles ; ce qu'ils appelaient *aggredi urbem coronâ*, parce qu'en effet leur armée entière l'environnait et l'attaquait de tous les côtés. Dans un grand nombre de circonstances, ils parvinrent, par une attaque soudaine, à se rendre maîtres d'une cité, quelque considérable qu'elle fût ; comme lorsque Scipion s'empara de Carthagène en Espagne. Quand l'assaut ne suffisait pas, ils tâchaient de renverser les murailles à coups de bélier et avec d'autres machines de guerre, ou bien ils creusaient une mine pour s'introduire dans la place ; et c'est de cette manière qu'ils s'emparèrent de Véïes : ou, pour être de

niveau avec ceux qui défendaient les remparts, ils élevaient des tours de bois, ou faisaient des levées de terre
qu'ils appuyaient aux murs extérieurs de la ville, pour
parvenir eux-mêmes à la hauteur où ces murs s'élevaient.

De toutes ces diverses manières d'attaquer, la plus
dangereuse pour les assiégés était de les assaillir à la
fois sur tous les points, parce qu'il fallait munir de
défenseurs chaque point menacé. Mais, ou ces derniers
étaient trop peu nombreux pour suffire à tant d'assauts
et se relever mutuellement, ou, s'ils l'étaient assez, il
pouvait arriver que tous n'apportassent pas le même
courage à la défense commune; et, pour peu qu'ils cé-
dassent d'un côté à la violence de l'attaque, ils étaient
bientôt tous perdus.

Aussi cette méthode, comme je l'ai déjà dit, eut
souvent le plus heureux succès. Mais lorsqu'elle ne réussissait pas à la première tentative, on en renouvelait
rarement une seconde, parce qu'elle offrait de trop
grands dangers aux soldats. En effet, l'armée, dissé-
minée sur une vaste étendue de terrain, ne pouvait présenter qu'une faible défense lorsque les assiégés ten-
taient une sortie; d'ailleurs elle introduisait le désordre
parmi les troupes, et les fatiguait extraordinairement :
aussi ne l'employaient-ils qu'une seule fois, et quand
l'ennemi ne pouvait s'y attendre.

Lorsque les murs étaient renversés, on opposait,
comme de nos jours, de nouveaux remparts aux assiégeants. Pour rendre les mines inutiles, on creusait une
autre mine, au moyen de laquelle on s'opposait à l'ennemi ou par la force des armes, ou par mille autres
moyens : l'un des plus usités était de remplir de plumes
des tonneaux et d'y mettre le feu ; lorsqu'ils étaient
tout en flammes, on les jetait dans la mine, et bientôt
la fumée y répandait une infection qui empêchait l'ennemi de pénétrer. Si on les attaquait par le moyen des

tours, les assiégés s'efforçaient de les renverser en les incendiant. Quant aux levées de terre, ils creusaient de leur côté, sous la muraille à laquelle elles s'appuyaient, et reportaient dans l'intérieur les terres qu'amoncelaient les assiégeants; de sorte que ces terres, qu'on apportait de l'extérieur, étant retirées par ceux du dedans, la levée ne pouv't atteindre la hauteur des remparts. ·

Ces moyens d'emporter une ville de vive force ne peuvent se prolonger longtemps ; et il faut alors, ou lever son camp et chercher d'autres voies de terminer la guerre, en agissant comme Scipion, qui, à son arrivée en Afrique, ayant attaqué la ville d'Utique sans pouvoir réussir à l'emporter, leva le siége, et chercha à battre l'armée des Carthaginois; ou il faut tenter un siége en forme, comme le firent les Romains à l'égard de Véies, de Capoue, de Carthage, de Jérusalem et d'autres villes semblables, dont ils se rendirent maîtres par un siége régulier.

Quant aux villes dont la prise est le résultat d'un stratagème mêlé à la force, comme, par exemple, Palépolis, où les Romains entrèrent par le moyen des intelligences qu'ils avaient dans la place, quoique Rome et d'autres peuples aient souvent essayé ce genre d'attaque, il est rare que le succès ait couronné leurs tentatives : la raison en est que le moindre obstacle renverse tous vos desseins; et ces obstacles naissent à chaque pas. En effet, ou le complot est découvert avant d'en venir au dénoûment, et il n'est jamais difficile de le découvrir, tant par la trahison de ceux qui en ont connaissance, que par la difficulté d'en ourdir la trame; car il faut communiquer avec l'ennemi, et avoir des conférences avec ceux qu'il n'est permis d'entretenir que sous des prétextes plausibles.

Mais quand même la conjuration ne serait pas découverte tandis qu'on la trame, il survient mille obstacles au moment de l'exécution. Si l'on prévient le moment désigné, ou si on le laisse passer, tout est perdu : s'il s'élève un bruit imprévu, comme le cri des oies du Capitole, si l'on enfreint l'ordre accoutumé, la plus légère erreur, la faute la moins importante, suffisent pour renverser une entreprise.

Il faut y joindre les ténèbres de la nuit, qui ajoutent encore à la terreur de ceux qui s'abandonnent à ces périlleuses entreprises. La majeure partie des hommes qui s'y laissent entraîner, ne connaissant ni la nature du pays, ni la position des lieux où on les conduit, se troublent, se découragent, et se laissent abattre par l'accident le plus léger et le plus imprévu. La plus faible apparence suffit pour les mettre en fuite.

Jamais personne, dans ces expéditions nocturnes où la ruse se joint à l'audace, ne fut plus heureux qu'Aratus de Sicyone ; mais, autant il se montrait habile dans ces opérations, autant il était pusillanime dans celles qu'il fallait exécuter ouvertement et à la clarté du jour; ce qu'il faut plutôt attribuer à un instinct secret, qu'à la facilité qu'elles semblent naturellement présenter. Aussi, voit-on que sur un grand nombre d'entreprises de ce genre que l'on tente, bien peu parviennent à l'exécution, et bien moins encore réussissent.

Quant à la manière de s'assurer des villes par capitulation, elles se rendent ou volontairement ou par force. Elles capitulent volontairement, ou parce qu'une nécessité étrangère les contraint à se jeter dans vos bras, comme fit Capoue avec les Romains; ou parce qu'elles espèrent jouir d'un bon gouvernement, attirées par la douceur des lois sous lesquelles vivent ceux qui se sont volontairement réfugiés dans votre sein, comme en agirent les Rhodiens, les Marseillais et les autres villes qui se donnèrent au peuple romain.

A l'égard des capitulations obtenues par la force, ou elles sont le résultat d'un long siége, comme je l'ai dit

précédemment, ou de la gêne qu'imposent à une cité
des incursions, des déprédations continuelles, et une
foule d'autres maux. De tous les moyens que nous
avons indiqués, c'est de ce dernier que les Romains se
servirent le plus fréquemment ; et ils employèrent plus
de quatre cent cinquante années à fatiguer leurs voisins de défaites et de pillages, et à obtenir par les traités une réputation au-dessus de la leur, ainsi que j'ai
déjà eu l'occasion de l'exposer. Et quoiqu'ils eussent
tenté tous les moyens, c'est particulièrement sur ces
derniers qu'ils s'appuyèrent sans cesse ; car ils échouè-
rent dans les autres ou n'y trouvèrent que des dangers. En effet, un long siége a contre lui la lenteur et
la dépense ; un assaut est périlleux ; et les conjurations n'offrent qu'incertitude. Ils s'aperçurent que la
défaite d'une armée ennemie les rendait maîtres en
un jour de tout un empire, tandis qu'ils consumaient
plusieurs années à former le siége d'une ville obstinée à
se défendre.

CHAPITRE XXXIII.

Les Romains laissaient les généraux de leurs armées entièrement libres
dans leurs opérations.

Lorsque l'on veut lire avec fruit l'histoire de Tite-
Live, il faut étudier avec attention toutes les différentes
manières de se conduire du peuple et du sénat romains.
Parmi celles qui méritent une considération particulière,
il faut voir quelle autorité ils confiaient à leurs consuls,
à leurs dictateurs et aux autres chefs de l'armée, lorsqu'ils les envoyaient hors du territoire de la république.
Dans ces circonstances, on leur accordait le pouvoir le
plus étendu : le sénat ne se réservait que le droit d'en-

treprendre une nouvelle guerre et de sanctionner la paix ; tout le reste reposait sur la volonté et l'autorité du consul. Lorsque le sénat et le peuple avaient décrété une guerre, par exemple, contre les Latins, ils en confiaient sans restriction la conduite au consul, qui était le maître de livrer ou non une bataille, et d'attaquer telle ou telle ville, suivant qu'il le jugeait à propos.

Une foule d'exemples viennent à l'appui de cette assertion, mais particulièrement ce qui eut lieu dans une des guerres contre les Toscans. Le consul Fabius venait de vaincre les ennemis près de Sutrium ; et, projetant de passer la forêt Ciminia avec toute son armée pour pénétrer en Toscane, loin de prendre en cette circonstance l'avis du sénat, il négligea même de l'informer de son projet, quoiqu'il allât porter la guerre dans un pays nouveau, inconnu et hérissé d'obstacles. La résolution qu'adopta le sénat d'empêcher cette entreprise vient encore à l'appui de ce que j'avance. Il avait appris la victoire que venait de remporter Fabius ; et, craignant que le consul ne tentât de pénétrer en Toscane en traversant cette forêt, et jugeant qu'il serait bon de ne pas allumer une nouvelle guerre et de courir les dangers d'une telle entreprise, il envoya deux députés lui intimer l'ordre de ne point entrer en Toscane. Il y était déjà parvenu lorsqu'ils arrivèrent près de lui, et les ennemis avaient été battus de nouveau ; de manière que ces députés, qui étaient venus pour empêcher la guerre, retournèrent à Rome, annoncer les conquêtes et la gloire de Fabius.

Si l'on considère attentivement cette politique, on verra qu'elle était fondée sur une sagesse profonde. En effet, s'il avait fallu qu'un consul dirigeât les opérations de jour en jour, conformément aux ordres transmis par le sénat, il eût apporté dans sa conduite plus de négligence et de lenteur, parce qu'il aurait pensé que la gloire du succès ne lui appartenait pas tout entière,

mais que le sénat pouvait en réclamer une partie, puisque ce n'était que d'après ses ordres qu'il en avait dirigé
les opérations.

Le sénat se serait exposé, de son côté, à donner des
conseils dans une affaire dont il n'avait pas connaissance;
et quoique ce corps fût composé de membres qui tous
avaient une grande habitude de la guerre, cependant,
comme ils ne se trouvaient pas sur les lieux, qu'ils ignoraient une infinité de particularités qu'il est nécessaire
de connaître pour pouvoir donner de sages conseils, ils
auraient commis, en ouvrant un avis, de nombreuses
erreurs. Aussi voulaient-ils que le consul se dirigeât par
ses propres lumières, et que toute la gloire lui appartînt;
ils pensaient que l'amour dont il brûlerait pour cette
gloire serait un frein suffisant pour le retenir et le contraindre à se bien comporter.

J'ai d'autant plus volontiers appuyé sur cette conduite,
que les républiques de nos jours, telles que celles de Venise et de Florence, me paraissent en avoir adopté une
toute différente. Si leurs généraux, leurs provéditeurs,
leurs commissaires, veulent établir une simple batterie,
il faut que le gouvernement en ait eu connaissance et
l'ait autorisée : méthode tout aussi digne d'éloges que
tant d'autres que suivent ces républiques, et dont la
réunion les a conduites au point où nous les voyons actuellement.

LIVRE TROISIÈME.

CHAPITRE PREMIER.

Pour qu'une religion et un État obtiennent une longue existence, ils doivent être souvent ramenés à leur principe.

C'est une vérité constante que l'existence de toutes les choses de ce monde a un terme. Mais celles-là seules remplissent toute la carrière que le ciel leur a généralement marquée, qui se maintiennent dans leur ensemble avec une telle régularité, qu'elles ne peuvent éprouver de changement, ou que, si elles en éprouvent, c'est plutôt pour leur bien que pour leur mal.

Comme je parle ici de corps composés, tels que les républiques ou les religions, il m'est démontré qu'il n'y a pour eux de salutaire que les changements qui les ramènent à leur principe. Ainsi les mieux constitués, ceux dont l'existence se prolonge davantage, sont ceux auxquels leurs institutions permettent de se renouveler le plus souvent, ou qui, par quelque accident heureux, étranger à ces institutions, peuvent parvenir à ce renouvellement.

Il est plus évident que le jour, que lorsque ces corps ne se renouvellent pas, ils ne peuvent durer. La marche à suivre pour parvenir à ce renouvellement est, comme je l'ai déjà dit, de les ramener à leur principe. Il existe en effet, dans le principe des religions, des républiques, des monarchies, une certaine vertu au moyen de laquelle elles peuvent ressaisir leur premier éclat et le premier moteur de leur accroissement. Et comme le progrès du temps altère nécessairement cette vertu, tout le corps succombe sans retour, s'il ne survient quelque événement heureux qui le reporte à ses commencements. Aussi ceux qui sont versés dans la science de la médecine disent-ils, en parlant du corps humain : *Quod quotidie aggregatur aliquid, quod quandoque indiget curatione.*

Ce retour d'une république vers son principe a lieu, ou par un accident extérieur, ou par une sagesse qui existe en elle.

Pour le premier cas, on voit qu'il était nécessaire que Rome tombât entre les mains des Gaulois pour reprendre son existence, et pour qu'en renaissant elle retrouvât pour ainsi dire une nouvelle vie et une nouvelle vigueur, et reprît l'observance de la religion et de la justice, qui commençaient à perdre de leur pureté. C'est ce que Tite-Live développe admirablement dans son histoire, où il fait voir que, lorsqu'on envoya l'armée romaine à la rencontre des Gaulois, et qu'on procéda à l'élection des tribuns consulaires, on négligea l'observation de toutes les cérémonies religieuses. C'est ainsi que, loin de punir les trois Fabius, qui, malgré le droit des gens, avaient combattu les Gaulois, on les nomma tribuns. D'où l'on peut aisément conclure que les autres sages institutions que l'on tenait de Romulus et de la prudence de ses successeurs étaient déjà moins respectées qu'il ne fallait pour conserver un gouvernement libre.

Ce désastre étranger était donc nécessaire pour remettre en vigueur toutes les institutions qui faisaient la force de l'État, et faire sentir au peuple qu'il est indispensable non-seulement de maintenir la religion et la justice, mais encore d'entourer d'estime les citoyens vertueux, et de faire plus de cas de leur vertu que de ces avantages trompeurs dont leurs grandes actions semblaient le frustrer.

C'est, en effet, ce que l'on vit arriver. A peine Rome eut été reprise, qu'on s'empressa de rétablir toutes les institutions du culte antique, on punit les Fabius, qui avaient combattu contre le droit des gens, et l'on poussa si loin la reconnaissance pour les vertus et la magnanimité de Camille, que le sénat et le peuple, mettant de côté tout sentiment d'envie, remirent entre ses mains tout le fardeau de la république.

Il est donc nécessaire, comme je l'ai dit, que les hommes qui vivent réunis sous un gouvernement quelconque soient contraints de rentrer souvent en eux-mêmes, par la force des événements extérieurs, ou de ceux qui naissent dans son sein. Dans ce dernier cas, la réforme provient ou d'une loi qui oblige les membres de l'État à rendre un compte fréquent de leur conduite, ou d'un homme vertueux qui, né au milieu de ses concitoyens, les instruise d'exemple, et dont les nobles actions aient sur eux la même influence que les lois. L'ordre, dans une république, dépend donc ou de la sagesse d'un seul homme ou du pouvoir d'une institution. Dans ce dernier exemple, les institutions qui ramenèrent la république romaine à son principe furent l'établissement des tribuns du peuple, celui des censeurs, et toutes les lois que l'on porta contre l'ambition et l'orgueil des citoyens.

Ces réformes ont besoin de recevoir la vie des vertus d'un citoyen qui concoure avec courage à leur exécution, malgré la puissance de ceux qui outre-passent les lois. Parmi les châtiments mémorables de ce genre que Rome présente avant d'avoir été prise par les Gaulois, on remarque le supplice des fils de Brutus, la mort des décemvirs et celle de Spurius Mœlius ; après la prise de

Rome, le supplice de Manlius Capitolinus, la condamnation du fils de Manlius Torquatus, le châtiment imposé par le consul Papirius Cursor à Fabius, son général de cavalerie; et enfin l'accusation intentée contre les Scipion. Ces exemples, que leur sévérité rendait d'autant plus remarquables, rappelaient, toutes les fois qu'ils se présentaient, les citoyens à leurs institutions primitives. A mesure qu'ils se montrèrent plus rares, la corruption rencontra un champ plus vaste, et ils devinrent plus difficiles et plus dangereux. Aussi ne faudrait-il pas qu'il se passât plus de dix ans entre les jugements de cette nature, parce qu'au delà de ce terme les hommes changent d'habitudes et commencent à s'élever au-dessus des lois. S'il n'arrive pas un événement qui réveille la crainte du châtiment et qui rétablisse dans tous les cœurs l'épouvante qu'inspirait la loi, les coupables se multiplient au point qu'on ne peut désormais les punir sans danger.

Ceux qui ont gouverné la république de Florence depuis l'an 1434 jusqu'en 1494 disaient, à ce propos, qu'il était nécessaire de reprendre le gouvernement tous les cinq ans, si l'on voulait pouvoir le maintenir; et ils appelaient reprendre le gouvernement, faire renaître dans l'âme des citoyens cette terreur et cette épouvante qu'ils avaient inspirées pour s'en emparer, en abattant tous ceux qui, selon les idées accréditées en ce moment parmi eux, n'avaient pas bien agi : parce qu'en effet, lorsque la mémoire de ces châtiments vient à s'éteindre, les hommes s'enhardissent à tenter des choses nouvelles et à se répandre en murmures. Il est nécessaire alors de prévenir ces maux, en ramenant l'État à son principe.

Ce retour d'une république à son principe naît encore des simples vertus d'un homme, et sans qu'aucune loi contraigne à y revenir : l'influence et l'exemple de ces vertus ont effectivement tant de force, que les hommes vertueux ne désirent rien tant que de l'imiter, et que les

méchants mêmes rougiraient de paraître mener une vie
opposée à la sienne. Ceux dont l'exemple eut particulièrement dans Rome cette heureuse influence sont les
Horaclius Coclès, les Scevola, les Fabricius, les deux
Decius, les Regulus, et tant d'autres dont la conduite
rare et vertueuse produisit dans la république des effets
presque aussi puissants que ceux qu'auraient pu obtenir
les lois et les institutions antiques. Si les châtiments
que nous avons rapportés, joints à l'exemple donné par
de simples citoyens, s'étaient reproduits dans Rome au
moins tous les dix ans, il en serait nécessairement résulté qu'elle ne se fût jamais corrompue. Mais à mesure
que ces exemples commencèrent à devenir plus rares, la
corruption s'étendit, et Marcus Regulus est le dernier
modèle qu'elle offre à notre admiration. Quoique Rome
ait vu naître depuis dans son sein les deux Caton, il y
avait si loin d'eux au temps où vivait Regulus, la distance
même qui les sépare l'un de l'autre était si grande, ils
parurent tellement isolés au milieu de la corruption
générale, que l'exemple de leurs vertus fut perdu pour
leurs concitoyens. Le dernier Caton surtout, trouvant
la république en grande partie corrompue, ne put, par
son exemple, rendre ses concitoyens meilleurs. Mais j'en
ai dit assez pour ce qui concerne les républiques.

Ces réformes ne sont pas moins nécessaires aux religions, et l'exemple de la nôtre en est une preuve convaincante. Si saint François et saint Dominique ne
l'avaient rappelée à l'esprit de son institution, elle serait
aujourd'hui entièrement éteinte ; mais, en remettant
en vigueur la pauvreté et l'exemple du Christ, ils la
réveillèrent dans l'esprit des hommes, où elle était déjà
expirante ; et leurs règles nouvelles ont conservé un tel
crédit, que la corruption des prélats et des chefs de la
religion n'a pu causer sa ruine. En effet, par la pauvreté
de leur vie, par l'influence que leur donnent sur le peuple
la confession et la prédication, ils sont parvenus à lui

persuader que c'est un péché de médire, même du mal,
et un mérite de vivre sous l'obéissance de ses chefs, e'.
qu'on doit laisser à Dieu le soin de châtier leurs fautes :
d'où il suit qu'on voit les prélats s'abandonner le plus
qu'ils peuvent à leurs penchants criminels, parce qu'ils
ne craignent point un châtiment qui ne frappe pas leurs
yeux, et auquel ils ne croient point. Cette réforme a
donc régénéré la religion, et c'est elle qui la maintient
encore.

Les monarchies ont également besoin de se renouveler et de rappeler leurs lois à l'esprit de leur institution.
C'est surtout dans le royaume de France que l'on découvre l'effet salutaire que produit cette conduite, son
gouvernement, plus que tout autre, étant soumis à l'empire des lois et des institutions. Ce sont ses parlements,
et surtout celui de Paris, qui en sont les conservateurs
et les gardiens. Les constitutions de l'État sont remises
en vigueur toutes les fois qu'ils portent une sentence
contre un des princes du royaume, et que leurs jugements atteignent le roi lui-même. S'ils ont pu se maintenir jusqu'à nos jours, c'est pour s'être constamment
opposés avec courage aux prétentions de la noblesse ;
mais s'ils en laissaient une seule impunie, et qu'elles
vinssent à s'accroître, il en résulterait nécessairement,
ou que les abus ne pourraient se corriger sans de grands
désordres, ou que le royaume tomberait en ruine.

Il faut conclure de ce que je viens d'exposer que, dans
tout ordre social quelconque, soit qu'il appartienne à
une religion, à un royaume ou à une république, rien
n'est plus nécessaire que de lui rendre cette prospérité
qu'il avait dans son principe, et de faire en sorte qu'il la
redoive, soit à l'excellence de ses lois, soit à l'exemple
des citoyens vertueux, et non pas à l'emploi d'une force
étrangère. Quoique ce moyen soit quelquefois excellent,
comme le prouve l'exemple de Rome, il est tellement
dangereux d'en faire usage, qu'il faut plutôt craindre

que désirer de s'en servir. Au surplus, pour prouver combien l'exemple des simples citoyens contribua à la grandeur de Rome, et l'influence qu'il exerça sur la république, j'en ferai la matière des chapitres suivants; et c'est sur ce sujet que roulera le troisième et dernier livre de ces réflexions sur la première décade de l'historien romain. Et, bien que les hauts faits de ses rois méritent d'être célébrés, néanmoins, comme les historiens les ont rapportés en détail, je les passerai sous silence, à l'exception de quelques faits particuliers opérés par eux dans leur intérêt personnel. Je commencerai par Brutus, le père de la liberté romaine.

CHAPITRE II.

Combien il y a de sagesse à feindre pour un temps la folie.

Jamais action éclatante ne mérita plus à son auteur la réputation d'homme sage et prudent, que ne la mérite Brutus par la simulation de sa folie. Et quoique Tite-Live ne donne d'autre motif de cette conduite que celui de pouvoir vivre avec sécurité et conserver l'héritage de ses pères, cependant si l'on considère attentivement la manière d'agir de Brutus, on est porté à croire qu'il dissimula ainsi pour échapper à l'observation, et saisir plus facilement le moment d'accabler les tyrans et de délivrer sa patrie, si cette occasion s'offrait jamais à lui. On est convaincu que telle était sa pensée, lorsque l'on considère d'abord la manière dont il interprète l'oracle d'Apollon, en feignant de se laisser tomber pour baiser la terre, dans l'espoir que cette action rendrait les dieux favorables à ses desseins; lorsqu'ensuite on le voit près du cadavre de Lucrèce, environné du père, du mari et de tous les parents de cette infortunée, retirer le premier le poignard de sa blessure, et faire jurer à tous ceux qui l'entouraient de ne jamais souffrir qu'à l'avenir il y eût aucun roi dans Rome.

L'exemple d'un tel homme doit apprendre à tous ceux qui sont mécontents d'un prince qu'ils doivent longtemps mesurer et peser leurs forces. S'ils sont assez puissants pour se montrer hautement ses ennemis et lui déclarer une guerre ouverte, qu'ils se précipitent sans hésiter dans cette route : c'est la moins périlleuse et la plus honorable. Mais si leurs forces sont insuffisantes pour l'attaquer ouvertement, qu'ils emploient toute leur industrie à gagner son amitié, qu'ils ne négligent aucun des moyens qu'ils jugeront nécessaires pour parvenir à leur but; qu'ils partagent tous ses plaisirs ; qu'ils se délectent de toutes les voluptés dans lesquelles ils le voient se plonger. Cette intimité assure d'abord la tranquillité de votre vie; vous jouissez sans danger de la bonne fortune que goûte le prince lui-même, et chaque instant vous donne l'occasion de satisfaire les desseins que votre cœur a conçus.

On dit, il est vrai, qu'il ne faut jamais être si près des princes que leur ruine vous accable, ni si éloigné que, lorsqu'ils sont renversés, vous ne puissiez soudain vous élever sur leurs débris. Sans doute un terme moyen serait le parti le plus sage, si l'on pouvait le suivre sans dévier; mais, comme je crois impossible d'y réussir, il faut nécessairement embrasser l'un des deux partis que j'ai indiqués, c'est-à-dire s'éloigner des princes ou se serrer près d'eux. Quiconque en agit autrement, et se fait remarquer par ses grandes qualités, vit dans des alarmes continuelles. Il ne suffit pas de dire : Je ne suis agité d'aucune ambition, je ne désire ni honneurs ni richesses, je cherche une vie paisible et exempte d'intrigue : on ferme l'oreille à ces excuses; les hommes d'ailleurs sont esclaves de leur rang; ils n'ont pas le choix de leur existence; et quand même ce choix serait sincère et sans mélange d'ambition, on refuserait de les croire. Veulent-ils devoir leur tranquillité à eux-mêmes, ils verront tout ce qui les entoure s'efforcer de la troubler.

Il convient donc, comme Brutus, de contrefaire l'insensé. Et n'est-ce point embrasser un semblable parti, que d'approuver, de dire, de voir et de faire une foule de choses contraires à votre pensée, et dans la seule vue de complaire à un prince?

Puisque j'ai parlé de la prudence que montra ce grand homme pour rendre la liberté à sa patrie, je vais parler maintenant de la sévérité qu'il déploya pour la conserver.

CHAPITRE III.

Combien il est nécessaire, pour consolider une liberté qu'on vient d'acquérir, d'immoler les fils de Brutus.

La sévérité que déploya Brutus pour consolider dans Rome la liberté qu'il venait de lui acquérir ne fut pas moins utile que nécessaire. La mémoire des temps passés a conservé peu d'exemples d'un père siégeant comme juge dans son tribunal, et qui non-seulement condamne ses fils à mort, mais assiste encore à leur supplice.

Ceux qui auront fait une lecture attentive des événements de l'antiquité demeureront convaincus d'une vérité : c'est que, lorsqu'un État éprouve une révolution, soit qu'une république devienne tyrannie, soit qu'une tyrannie se change en république, il est nécessaire qu'un exemple terrible épouvante les ennemis du nouvel ordre de choses. Celui qui s'empare de la tyrannie et laisse vivre Brutus, celui qui fonde un État libre et n'immole pas les fils de Brutus, doit s'attendre à une chute prochaine.

Comme j'ai déjà traité ce sujet fort au long, je renvoie à ce que j'en ai dit plus haut. Je citerai seulement un exemple arrivé de nos jours, et l'un des plus mémorables de notre histoire. Il s'agit de Pierre Soderini, qui s'imagina pouvoir surmonter, par sa douceur et sa longanimité, cette soif qu'avaient les fils de Brutus de retourner sous l'ancien gouvernement ; mais il se trompa dans ses vues. Sa sagesse lui avait fait sentir la nécessité d'un parti extrême ; et quoique la fortune et l'ambition de ses adversaires lui donnassent chaque jour un prétexte plausible de se défaire d'eux, il n'eut jamais le courage d'en venir à cette extrémité : outre qu'il était convaincu de pouvoir, par la douceur et la patience, étouffer tous les germes de haine en accablant ses ennemis de bienfaits, il croyait, et il en fit plusieurs fois confidence à ses amis, que, s'il voulait établir d'une manière solide ses institutions et renverser ses ennemis, il avait besoin de s'emparer d'une autorité extraordinaire, et d'introduire des lois en opposition avec l'égalité civile ; ce qui, lors même qu'il n'eût point usé de son pouvoir d'une manière tyrannique, eût tellement effrayé l'universalité des citoyens, qu'ils n'eussent jamais concouru, après sa mort, à l'établissement d'un gonfalonier à vie, institution qu'il croyait au contraire utile de renforcer.

Ce scrupule était bon et sage ; néanmoins, on ne doit jamais laisser le mal suivre son cours, sous prétexte de respecter le bien, surtout lorsque ce bien peut être facilement étouffé par le mal. Soderini devait penser qu'on jugerait ses œuvres et son intention par le succès, et que, s'il avait le bonheur d'être favorisé par la fortune et de vivre, chacun alors pourrait attester que tout ce qu'il avait fait avait eu pour but le salut de la patrie et non sa propre ambition. Il pouvait établir les choses de manière que son successeur ne pût tirer un mauvais parti des institutions qu'il aurait établies pour le salut de la patrie. Mais il fut aveuglé par sa première opinion, et il ne voulut pas voir que la méchanceté des hommes n'est ni vaincue par le temps ni adoucie par aucun bienfait ; en sorte que, pour n'avoir pas su imiter Brutus, il perdit tout à la fois sa patrie, son pouvoir et sa réputation.

Mais, s'il est difficile de sauver un État libre, il ne l'est pas moins de veiller au salut d'une monarchie. C'est ce que je ferai voir dans le chapitre suivant.

CHAPITRE IV.

Un prince ne peut vivre en sécurité sur son trône tant que vivent encore ceux qu'il en a dépouillés.

La mort que Tarquin l'Ancien reçut des fils d'Ancus, et celle de Servius Tullius, assassiné par Tarquin le Superbe, démontrent combien il est difficile et dangereux de dépouiller un prince du trône et de le laisser vivre, quoiqu'on s'efforce de le gagner en l'accablant de bienfaits. On voit combien Tarquin l'Ancien fut trompé en croyant posséder légitimement un trône qui lui avait été donné par le suffrage du peuple, et que le sénat avait confirmé. Il ne put soupçonner que le ressentiment eût assez d'empire sur les fils d'Ancus pour qu'ils ne pussent se contenter de ce qui contentait Rome entière.

Servius Tullius se trompa de même en croyant gagner les fils de Tarquin par de nouveaux bienfaits.

De sorte que le premier exemple peut apprendre aux princes qu'ils ne doivent point espérer de vivre tranquilles dans leurs États, tant qu'existeront ceux qu'ils en ont dépouillés.

Quant au dernier, il doit sans cesse rappeler aux puissants qu'une injure ancienne ne fut jamais effacée par un bienfait récent, surtout lorsque le bienfait est moins grand que l'offense.

Il n'est pas douteux que Servius Tullius montra peu de prudence lorsqu'il crut que les fils de Tarquin supporteraient patiemment de n'être que les gendres de celui dont ils pensaient devoir être les rois. Et cette soif de régner est telle, qu'elle s'allume dans le cœur non-seulement de ceux qu'attend le trône, mais de ceux mêmes qui ne pouvaient l'espérer. C'est ainsi que la femme de Tarquin le Jeune, la propre fille de Servius, dévorée de cette rage, et foulant aux pieds toute tendresse filiale, excita son mari à ravir à son père et le trône et la vie, tant elle attachait plus de prix à être reine que fille d'un roi !

Mais si Tarquin l'Ancien et Servius Tullius perdirent leur couronne pour n'avoir pas su s'assurer de ceux auxquels ils l'avaient ravie, Tarquin le Superbe se la vit enlever pour n'avoir point observé les lois établies par les anciens rois, comme nous le dirons dans le chapitre suivant.

CHAPITRE V.

Ce qui fait perdre un royaume à un roi héréditaire.

Tarquin le Superbe, après avoir assassiné Servius Tullius, auquel il ne restait point d'héritiers, jouissait tranquillement du trône, et ne craignait aucun des accidents dont ses prédécesseurs avaient été victimes. Et quoique la manière dont il était monté sur le trône fût aussi horrible qu'illégitime, néanmoins, s'il eût observé les lois établies anciennement par les autres rois, il aurait été supporté, et n'aurait excité ni le sénat ni le peuple à s'armer contre lui pour lui arracher la couronne.

Il ne fut donc pas chassé parce que son fils Sextus

avait déshonoré Lucrèce, mais pour avoir brisé le lien
de toutes les lois, et gouverné despotiquement l'État,
en enlevant au sénat toute son autorité pour la retenir
dans ses mains. Ainsi toutes les affaires que le sénat romain traitait à sa satisfaction sur la place publique, il les
attira à lui seul dans son propre palais, au grand regret
des sénateurs, jaloux de leurs priviléges ; de sorte qu'en
peu de temps il dépouilla Rome de toutes les libertés
qu'elle avait su conserver sous ses autres rois. Il ne se
contenta pas de s'aliéner les patriciens, il excita encore
le peuple contre lui, en le fatiguant de travaux manuels
entièrement étrangers à ceux auxquels l'avaient employé
ses prédécesseurs : tellement que les exemples de cruauté
et d'orgueil dont il avait rempli Rome avaient déjà disposé tous les esprits à saisir la première occasion favorable de se soulever contre lui ; et si l'affront fait à
Lucrèce n'avait point eu lieu, le premier événement qui
serait survenu aurait enfanté des résultats semblables.
Mais si Tarquin avait suivi la même conduite que les
autres rois, et que Sextus eût commis le même crime,
c'est à Tarquin lui-même, et non au peuple romain, que
Brutus et Collatin se seraient adressés pour demander
vengeance contre le coupable.

Que les princes soient donc convaincus que leur empire
commence à leur échapper à l'instant même où ils commencent à fouler aux pieds les lois et les coutumes antiques sous lesquelles les hommes étaient depuis longtemps
habitués à vivre. Si, lorsqu'ils ont perdu leur couronne,
ils pouvaient devenir assez sages pour connaître combien
il est facile de conduire un empire quand on n'écoute
que de bonnes résolutions, les regrets de leur perte en seraient bien plus vifs, et ils se condamneraient à des peines
bien plus cruelles que celles que leurs sujets leur auraient
infligées ; car il est bien plus aisé d'être chéri des bons
que des méchants, et d'obéir aux lois que de vouloir leur
commander. S'ils désirent savoir quelle marche ils ont

à suivre pour parvenir à ce but, ils n'ont d'autre fatigue
à endurer que celle dë prendre pour miroir de leur conduite la vie des grands hommes, tels que Timoléon de
Corinthe, Aratus de Sycione, et autres semblables : ils
trouveront dans leur histoire qu'il y a autant de bonheur
et de sécurité pour celui qui commande que pour celui
qui obéit; ce qui devrait faire naître dans leur cœur le
désir de les imiter; imitation qui, je l'ai déjà dit, ne
leur serait nullement difficile, attendu que les hommes,
lorsqu'ils sont bien gouvernés, ne veulent ni ne poursuivent une plus grande liberté. C'est ce qui arriva aux
peuples gouvernés par les deux grands hommes que je
viens de citer, qui, tant qu'ils vécurent, furent contraints
de commander à leurs concitoyens, quoique plusieurs
fois ils eussent tenté de retourner à la vie privée.

Comme, dans ce chapitre et les deux précédents, nous
avons parlé des soulèvements excités contre des princes,
ainsi que de la conjuration tramée contre la patrie par
les fils de Brutus, et des complots formés contre Tarquin
l'Ancien et Servius Tullius, je crois à propos de traiter à
fond cette matière dans le chapitre suivant, car elle est
digne de toute l'attention des princes et des sujets.

CHAPITRE VI.

Des conjurations.

Je n'ai pas cru devoir m'abstenir de parler des conjurations, tant elles présentent de dangers pour les princes
et pour les particuliers : elles ont privé plus de princes de
la couronne et de la vie qu'une guerre ouverte, parce
qu'il est peu d'hommes qui puissent déclarer la guerre
à un prince, tandis qu'il est au pouvoir de chacun de
conspirer contre lui.

D'un autre côté, les simples particuliers ne sauraient se jeter dans une entreprise plus dangereuse et plus téméraire, parce qu'elle n'offre de toutes parts que périls et difficultés; aussi arrive-t-il que l'on en tente un grand nombre, et que bien peu offrent le résultat que l'on en espérait.

Afin donc d'apprendre aux princes à se garantir de ces dangers, et aux peuples à s'y engager moins témérairement, et à se résoudre à obéir au gouvernement sous lequel le sort les a placés, je veux traiter ce sujet avec étendue, et je ne passerai sous silence aucune des circonstances remarquables qui pourraient servir à éclairer les uns et les autres.

C'est vraiment une maxime d'or, que celle où Tacite dit : « Que les hommes doivent respecter le passé, se « soumettre au présent, désirer de bons princes, et les « supporter tels qu'ils sont. » Se conduire autrement, c'est le plus souvent travailler à sa ruine et à celle de la patrie.

Pour entrer en matière, nous devons considérer d'abord contre qui on dirige ordinairement les conjurations; et nous verrons que c'est ou contre la patrie ou contre un prince. Je ne parlerai maintenant que de ces deux espèces de conspirations; je me suis assez étendu précédemment sur les complots formés pour livrer une ville aux ennemis qui l'assiégent, et sur ceux qui y ressemblent par quelques circonstances.

Je traiterai dans cette première partie de celles qui sont dirigées contre un prince, et j'examinerai d'abord quelles en sont ordinairement les causes. Elles sont nombreuses; mais il en est une entre autres de la plus grande importance : c'est la haine générale. En effet, lorsqu'une haine universelle environne le prince, faut-il s'étonner si quelques citoyens qu'il aura plus offensés que les autres nourrissent dans leur cœur le désir de la vengeance, et si ce sentiment acquiert chaque jour de nouvelles forces par cette aversion générale dont ils le voient poursuivi?

Un prince doit donc éviter ce fardeau de la haine; et comme j'ai traité ailleurs la manière dont il peut y parvenir, je n'en parlerai point ici. S'il parvient donc à s'en garantir, il sera moins exposé aux coups d'un sujet offensé : d'abord, parce qu'il est rare qu'un homme ressente assez profondément une injure pour s'exposer à un péril si manifeste dans la seule vue de se venger; et ensuite, parce que s'il s'en rencontrait un qui eût le pouvoir et le courage d'exécuter son dessein, il serait retenu par cette affection générale dont il verrait que le prince est l'objet.

On est outragé dans ses biens, dans sa personne, dans son honneur. Si l'outrage atteint la personne, la menace en est plus dangereuse que l'effet : car la menace seule offre de grands périls; l'effet n'en présente aucun. Celui que l'on tue ne songe plus à se venger, et le plus souvent ceux qui lui survivent en laissent la pensée à celui qui n'est plus; mais celui qu'on menace et qui se voit pressé par la nécessité, ou d'agir, ou de souffrir, devient, comme nous dirons particulièrement ailleurs, un homme extrêmement dangereux pour le prince.

Après cette nécessité, ce sont les outrages faits à leurs richesses et à leur honneur qui blessent le plus profondément les hommes. Un prince doit surtout éviter de les commettre : il ne peut tellement dépouiller un homme de ses biens, qu'il ne lui reste un poignard pour se venger; il ne peut tellement le déshonorer, qu'il ne lui reste une âme acharnée à la vengeance. De toutes les manières de flétrir l'honneur d'un homme, la plus sensible est d'abord l'outrage fait à sa femme, et ensuite le mépris qu'on a pour lui-même : c'est là ce qui arma Pausanias contre Philippe de Macédoine; ce qui dirigea le fer contre tant de princes; et, de nos jours,

Giulio Belanti ne conjura contre Pandolfo, tyran de
Sienne, que parce que ce prince, après lui avoir donné
sa fille en mariage, la lui reprit, ainsi que nous le dirons
ailleurs.

Le motif le plus puissant qui excita les Pazzi à conspirer contre les Médicis fut l'héritage de Jean Bonromei,
qui leur fut enlevé par ordre de ces derniers.

Une autre cause non moins importante, qui engage
les hommes à conspirer contre un prince, est le désir de
briser le joug sous lequel il fait gémir la patrie : c'est
là ce qui arma Brutus et Cassius contre César ; c'est ce
qui mit le poignard à la main de tant de citoyens généreux contre les Phalaris, les Denys, et tant d'usurpateurs de leur patrie.

Le seul moyen qui reste aux tyrans pour détourner
le cours de cette haine, c'est de déposer la tyrannie ; et,
comme il n'en est aucun qui veuille embrasser ce parti,
il y en a peu qui n'éprouvent une fin malheureuse ; ce
qui a donné lieu à ces vers de Juvénal :

> Ad generum Cereris sine cæde et vulnere pauci
> Descendunt reges, et sicca morte tyranni.
>
> Sat. X, v. 112, 113.

Les périls que portent avec elles les conjurations sont,
comme je l'ai déjà dit, d'autant plus grands qu'ils sont
de tous les instants ; car dans ces entreprises on court
des dangers, lorsqu'on les trame, lorsqu'on les exécute,
et après même qu'elles sont terminées. Ou c'est un seul
homme qui conspire, ou les conjurés sont plusieurs :
lorsqu'il est seul, on ne peut pas dire que ce soit une
conjuration ; ce n'est que la ferme résolution née dans
un homme unique de poignarder le prince : des trois
périls auxquels on s'expose en conspirant, il n'a point à
craindre le premier ; car avant l'exécution il ne court
aucun danger, puisque personne que lui ne possède son
secret, et qu'il ne redoute point que son projet vienne

frapper jamais les oreilles du prince. Cette résolution bien conçue peut tomber dans l'esprit du premier individu venu, grand, petit, noble, non noble, familier ou non familier du prince, puisqu'il est possible à chacun de lui parler au moins une fois; et celui à qui cette facilité est permise une seule fois peut en profiter pour assouvir sa vengeance. Pausanias, dont j'ai déjà parlé ailleurs, poignarda Philippe de Macédoine tandis qu'il allait au temple, environné d'une garde nombreuse, et placé entre son fils et son gendre; mais l'assassin était noble, et connu du prince. Un Espagnol, pauvre et de basse extraction, frappa Ferdinand, roi d'Espagne, d'un coup de couteau à la gorge : la blessure ne fut pas mortelle; mais elle prouve du moins qu'il eut la hardiesse et la commodité de frapper. Un derviche, espèce de prêtre turc, tira un cimeterre contre Bajazet, père du Grand Seigneur actuel : il ne l'atteignit point; mais ce ne fut ni l'intention ni la possibilité qui lui manquèrent. Il existe sans doute un assez grand nombre d'esprits de cette trempe qui ont l'intention d'agir, parce qu'il n'y a dans l'intention ni difficulté ni péril; mais peu en viennent au dénoûment. Sur mille qui exécutent, il en est bien peu, si même il en est un, qui ne soient massacrés sur le fait. C'est ce qui fait que personne ne court volontiers à une mort certaine.

Mais laissons de côté ces projets conçus par un seul homme, et venons aux conjurations formées par plusieurs. L'histoire nous prouve, par une foule d'exemples, que toutes les conjurations ont été conçues par des grands ou des courtisans admis dans l'intimité du prince, parce que les autres, à moins d'être entièrement insensés, ne peuvent former de complot : des hommes sans pouvoir, et non admis dans l'intérieur du prince, n'ont aucune des espérances ni des facilités qu'exige l'exécution d'une conjuration. D'abord des hommes sans pouvoir ne peuvent s'assurer de la foi de leurs complices, personne ne voulant embrasser leur parti sans être appuyé d'une de ces grandes espérances qui font que les hommes se précipitent au milieu des périls ; de sorte que, dès qu'ils se sont confiés à plus de deux ou trois personnes, ils trouvent bientôt l'accusateur, et échouent. Mais quand ils seraient assez heureux pour n'avoir point de traîtres parmi eux, ils sont environnés, pour en venir au fait, de tant d'obstacles, l'accès auprès du prince leur est si difficile, qu'il est impossible que l'exécution ne cause pas leur perte ; et quand les courtisans, à qui toutes les entrées sont ouvertes, succombent sous les difficultés dont nous parlerons plus bas, il est clair que ces difficultés ne feront que s'accroître pour les autres.

Cependant les hommes, quand il y va de leur vie et de leur fortune, ne sont pas entièrement insensés ; aussi, se voient-ils trop faibles, ils se gardent de conspirer ; ils se contentent de maudire le tyran, et attendent la vengeance de ceux que leur pouvoir et leur rang élèvent au-dessus d'eux. Si cependant il arrivait que quelque homme de cette espèce eût formé une pareille entreprise, il faudrait louer son intention si l'on était forcé de blâmer sa prudence.

On voit donc que tous ceux qui ont conspiré étaient des hommes puissants dans la familiarité du prince ; et, parmi cette foule de conjurés, les uns ont été excités autant par de trop grands bienfaits que par de trop cruels outrages. Tels furent Perennius contre Commode, Plautianus contre Sévère, Séjan contre Tibère. Tous avaient été comblés, par leurs maîtres, de tant de richesses, d'honneurs et de dignités, qu'il semblait qu'il ne manquât à l'étendue de leur puissance que l'empire même : avides de posséder ce qui leur manquait, ils conspirèrent contre le prince ; mais leurs complots eurent tous l'issue que méritait leur ingratitude. Cependant, dans des temps plus rapprochés de nous, nous avons vu réussir celui que trama Jacopo d'Appiano contre messer Pierro Gambacorti, prince de Pise, qui, après avoir élevé, nourri, et rendu Jacopo célèbre, se vit dépouillé par lui de ses États.

Le complot que Coppola forma de nos jours contre le roi Ferdinand d'Aragon est encore de ce genre : ce Coppola parvint à un tel degré de puissance, qu'il se persuada qu'il ne lui manquait plus que la couronne, et pour avoir voulu s'en emparer il perdit la vie. Certes, si quelque conjuration tramée contre un prince par les grands de sa cour dut avoir une heureuse issue, c'était celle qui, conduite par un homme qui était pour ainsi dire un autre roi, avait tant de moyens de réussir. Mais cette ardeur de régner, qui aveugle les hommes, les aveugle encore dans la conduite de leurs entreprises, parce que si la prudence dirigeait leur crime, il serait impossible qu'il ne réussît pas.

En conséquence, un prince qui veut se préserver des conjurations doit redouter bien plus encore ceux qu'il a comblés de bienfaits que ceux qu'il aurait accablés d'outrages ; car ceux-ci manquent de moyens commodes pour se venger, tandis qu'ils abondent pour les autres. Le désir est égal de chaque côté ; car la soif de régner est aussi grande, si elle ne l'est davantage, que celle de la vengeance. Ainsi il ne doit pas donner à ses amis une telle autorité qu'il ne reste plus d'intervalle entre elle et le trône : il faut qu'il laisse au milieu quelque chose à désirer, sinon il est rare qu'il ne lui arrive ce qu'ont éprouvé les princes dont nous avons parlé.

Mais retournons à notre ordre. Puisque ceux qui conspirent doivent être des grands qui jouissent d'un accès facile auprès d'un prince, il faut examiner quels ont été les succès des entreprises de ce genre, et voir par quelles causes elles ont été heureuses ou malheureuses. Ainsi que je l'ai dit plus haut, des dangers s'y rencontrent dans trois moments : dès le début, pendant l'exécution, et après ; aussi en voit-on bien peu qui aient une heureuse issue, parce qu'il est presque impossible de triompher heureusement de ce triple danger.

Et, pour commencer par les dangers qui se présentent les premiers et qui sont les plus importants, je dirai qu'il est indispensable d'y déployer la prudence la plus consommée, et d'être favorisé du sort pour que la conjuration ne soit pas découverte tandis qu'on l'ourdit. On la découvre, ou par révélation, ou par conjecture.

La révélation résulte du peu de fidélité ou du défaut de prudence de ceux à qui vous communiquez vos projets. Le manque de fidélité se rencontre aisément ; car vous ne pouvez vous confier ou qu'à quelques confidents disposés par amitié pour vous à affronter tous les dangers d'une mort certaine, ou à des hommes qui soient mécontents du prince. De tels confidents, on peut bien en trouver un ou deux ; mais si vous étendez votre confiance sur un plus grand nombre, il est impossible de les trouver. Il faut ensuite que l'affection qu'ils vous portent soit bien grande pour exiger qu'elle l'emporte même sur le péril et sur la crainte du châtiment. D'ailleurs il arrive le plus souvent que les hommes se trompent sur l'amitié qu'ils présument qu'un autre homme a pour eux : ils ne peuvent en être assurés qu'après en avoir fait l'expérience ; et faire cette expérience dans une circonstance semblable est une chose qui présente les plus grands dangers. Quand même vous l'auriez faite dans quelque autre entreprise périlleuse où vous auriez acquis la certitude de la fidélité de vos amis, vous ne pouvez la prendre pour mesure de ce qu'ils feront, puisque cette nouvelle entreprise surpasse de si loin tous les autres dangers.

Si l'on mesure la fidélité sur le mécontentement qu'un homme peut avoir contre le prince, il est facile encore de se tromper ; car à peine aurez-vous manifesté vos desseins à ce mécontent, que vous lui donnerez l'occasion d'obtenir ce qu'il désire, ou il faut que sa haine soit bien invétérée, ou que votre autorité soit bien grande pour l'obliger à vous garder sa foi. Il résulte que le plus grand nombre des conjurations sont révélées et étouffées dès leur naissance ; et, s'il arrive que le secret en soit longtemps gardé par de nombreux complices, on le regarde comme une chose merveilleuse : telles ont été, par exemple, celle de Pison contre Néron, et, de nos jours, celle des Pazzi contre Laurent et Julien de Médicis, conjurations dont plus de cinquante personnes étaient instruites, et que l'exécution seule put faire découvrir.

On se découvre par défaut de prudence, lorsqu'un des conjurés parle avec peu de précaution, et de manière qu'un serviteur ou une tierce personne puisse vous entendre, comme il arriva aux fils de Brutus, qui, lorsqu'ils prenaient leurs mesures avec les envoyés de Tarquin, furent entendus par un esclave qui les accusa ; ou bien quand, par inconséquence, vous communiquez vos projets à une femme, à un enfant que vous aimez, ou à de semblables personnes légères, comme le fit Dinnus, l'un des conjurés de Philotas contre Alexandre le Grand, en dévoilant le complot à Nicomaque, jeune homme qu'il aimait, et qui n'eut rien de plus pressé que de le communiquer à Ciballinus, son frère, qui en instruisit le roi.

Quant aux conspirations découvertes par conjecture, celle de Pison contre Néron en offre un exemple remarquable. Scœvinus, l'un des conjurés, fit son testament a veille du jour où Néron devait être assassiné ; il ordonna à Melichius, son affranchi, d'aiguiser un vieux poignard rouillé qu'il possédait, rendit la liberté à tous ses esclaves, leur distribua de l'argent, et fit préparer des bandes pour lier des blessures. Tous ces indices confirmèrent les soupçons de Melichius, qui accusa son maître devant Néron. Scœvinus fut arrêté soudain avec Natalis, autre conjuré, parce qu'on les avait vus s'entretenir longtemps en secret le jour précédent. Comme ils ne s'accordèrent pas sur l'objet de l'entretien qu'ils avaient eu ensemble, on les força à révéler la vérité, et la découverte de la conjuration entraîna la perte de tous les complices.

Il est donc presque impossible de se préserver de toutes les causes qui font découvrir une conjuration, soit par trahison, soit par imprudence, soit par légèreté, toutes les fois que le nombre des complices s'élève au delà de trois ou quatre. Si l'on vient à en arrêter plus d'un, comme ils n'ont pu concerter entièrement toutes leurs réponses, leur secret est bientôt découvert. Quand même celui qu'on arrête serait seul et doué d'une force d'âme assez grande pour l'engager à taire le nom des conjurés, il faudrait que ceux-ci n'eussent pas moins de fermeté pour rester tranquilles et ne point se découvrir par la fuite. Il suffit d'un moment de faiblesse de la part de celui qui est arrêté, ou de ceux qui sont libres, pour révéler toute la trame. C'est un fait bien rare que celui que rapporte Tite-Live, en parlant de la conspiration ourdie contre Hiéronyme, tyran de Syracuse : Théodore, un des conjurés, avait été arrêté ; il cacha, avec le plus grand courage, le nom de tous ses complices, et accusa les amis du roi : d'un autre côté, les conjurés eurent une telle confiance dans la fermeté de Théodore, que pas un d'entre eux ne quitta Syracuse, ni ne donna le moindre signe d'inquiétude.

C'est à travers tous ces dangers qu'il faut nécessairement passer, lorsque l'on conspire, avant d'en venir au dénoûment, et l'on ne peut les éviter qu'en employant un des moyens suivants. Le premier et le plus assuré, ou, pour mieux dire, l'unique, est de ne pas laisser aux conjurés le temps de vous accuser, en ne les instruisant de vos projets qu'au moment de leur exécution, et jamais auparavant. Tous ceux qui ont agi de cette manière ont évité nécessairement les premiers dangers qu'on court en conspirant ; souvent même ils ont triomphé des deux

autres, et presque toujours alors ils ont réussi. Or tout
homme prudent aurait la facilité de se conduire ainsi.
Je me contenterai d'en rapporter deux exemples.

Nélémate, ne pouvant supporter la tyrannie d'Aristotime, roi d'Épire, rassembla chez lui un grand nombre
de parents et d'amis, et les exhorta à délivrer la patrie.
Quelques-uns d'entre eux lui ayant demandé du temps
pour se décider et pour prendre leurs mesures, Nélémate
ordonna à ses esclaves de fermer les portes, et dit à ceux
qu'il avait appelés auprès lui : « Ou jurez de venir sur-
« le-champ terminer notre entreprise, ou je vous livre
« tous entre les mains d'Aristotime. » Excités par ces
paroles, tous prêtent le serment, marchent sans perdre de
temps, et exécutent heureusement les ordres de Nélémate.

Un mage s'était emparé par stratagème du trône de
Perse : Ortan, l'un des grands du royaume, ayant découvert la ruse, en fit part à six autres principaux seigneurs
de l'État, et leur dit qu'il fallait venger la couronne de
la tyrannie de ce mage. L'un d'eux ayant demandé du
temps, Darius, un des six conjurés appelés par Ortan,
se leva et dit : « Ou nous irons immédiatement exécuter
« notre projet, ou j'irai moi-même vous accuser tous. »
Tous se levèrent unanimement ; et, sans donner à aucun
d'entre eux le temps de se repentir, ils vinrent aisément
à bout de leur entreprise.

La conduite que tinrent les Étoliens pour se défaire
de Nabis, tyran de Sparte, est semblable aux deux exemples que nous venons de citer. Ils avaient envoyé à Nabis
Alexamène, un de leurs citoyens, avec trente cavaliers
et deux cents fantassins, sous prétexte de lui donner du
secours : ils ne révélèrent leur secret qu'au seul Alexamène, et ordonnèrent aux autres de lui obéir aveuglément, sous peine d'être exilés. Alexamène se rendit à
Sparte, et tint ses ordres secrets jusqu'à ce qu'il eût
trouvé une occasion favorable de les mettre à exécution,
et il réussit à faire périr le tyran.

C'est donc en agissant de cette manière que ces conjurés évitèrent les dangers que porte en elle la conduite d'une conspiration, et quiconque les imitera saura toujours éviter ces dangers. Pour prouver que chacun peut faire comme eux, je n'en veux d'autre preuve que l'exemple déjà allégué de Pison. C'était un des hommes les plus puissants et les plus illustres de l'empire : il vivait dans l'intimité de Néron, et possédait toute sa confiance ; Néron allait souvent manger avec lui dans ses jardins. Pison pouvait donc se faire des amis d'hommes de cœur et de tête, capables d'une telle entreprise, ce qui n'est jamais difficile quand on a le pouvoir en main, et attendre, pour leur dévoiler ses projets, que Néron vînt dans ses jardins, les encourager alors, par ses discours, à frapper, sans leur laisser le temps de la réflexion, et il était impossible qu'il ne réussît pas.

Si l'on examine avec une égale attention tous les autres complots, il s'en trouvera bien peu que l'on n'eût pu diriger de la même manière. Mais les hommes qui, pour l'ordinaire, ont peu d'expérience des affaires du monde, commettent souvent les fautes les plus dangereuses, ce qui n'a rien d'étonnant dans des affaires aussi insolites. Il ne faut donc jamais manifester ses projets que lorsque la nécessité y contraint, et que le moment d'agir est venu ; mais si pourtant on veut les révéler, que ce ne soit qu'à une seule personne dont on ait fait une longue expérience, ou qui soit animée des mêmes sentiments. Il est sans doute bien plus facile de trouver un seul homme d'un semblable caractère, que d'en rencontrer plusieurs ; voilà pourquoi cette réserve entraîne moins de dangers : d'ailleurs, quand même vous seriez trahi, il reste encore des moyens de défense qui n'existent pas lorsque les conjurés sont nombreux. Aussi ai-je entendu répéter à des hommes prudents que l'on peut dire tout ce qu'on veut dans le tête-à-tête, parce que, tant qu'on ne se laisse point entraîner à donner un écrit de sa propre main, le oui d'un homme vaut bien le non d'un autre; mais on doit éviter un écrit comme un véritable écueil : un écrit de votre main est la preuve la plus convaincante que l'on puisse produire contre vous.

Plautianus avait formé le projet de faire périr l'empereur Sévère et Antonin son fils : il remit l'exécution de ce projet au tribun Saturninus, qui, déterminé à le dénoncer plutôt qu'à lui obéir, et craignant que le crédit de Plautianus ne permît pas d'ajouter foi à son accusation, exigea de lui un ordre par écrit pour constater sa mission. Plautianus, aveuglé par l'ambition, le lui donna. Le tribun, fort de cette preuve, l'accusa et le convainquit. Sans cet écrit, et quelques autres indices, Plautianus l'eût emporté, tant il mit d'audace et de fermeté dans ses dénégations. L'accusation d'un seul perd donc une partie de sa force lorsqu'elle n'est appuyée d'aucun écrit ou d'aucun autre indice qui vous convainque; ce que chacun doit soigneusement éviter.

Il se trouvait dans la conjuration de Pison une femme nommée Épicharis, qui jadis avait été maîtresse de Néron. Jugeant qu'il était nécessaire d'admettre au nombre des conjurés le commandant de quelques trirèmes que Néron entretenait pour sa sûreté, elle lui donna connaissance du complot, sans lui dire toutefois les noms des conjurés; mais cet officier, trahissant la confiance qu'elle lui avait montrée, l'accusa auprès de Néron. Épicharis, sans se laisser effrayer, nia le complot avec tant de constance et de fermeté, que Néron confondu n'osa la condamner.

Il y a deux dangers à courir lorsque l'on communique un complot à un seul individu. L'un, qu'il ne vous dénonce volontairement; l'autre, qu'arrêté sur un soupçon ou d'après quelque indice, il ne soit convaincu ou contraint par les tourments à devenir votre accusateur. Mais dans ce double péril il est quelque ressource :

vous pouvez écarter l'un en alléguant une haine qui subsistait entre vous deux, ou nier tout ce qu'avoue l'autre, en objectant la violence qui arrache le mensonge de sa bouche. Il est donc de la prudence de ne se confier à qui que ce soit, mais d'imiter l'exemple de ceux dont nous avons parlé; ou si vous croyez devoir dévoiler vos secrets, de ne les confier qu'à un seul; du moins, si vos dangers s'augmentent par cet aveu, ils sont bien moins grands que si vous vous confiez à plusieurs.

On conspire encore avec un succès à peu près égal quand la nécessité vous contraint à porter au prince le coup dont lui-même vous menace, surtout quand ce danger est tellement imminent que vous n'avez que le temps de songer à votre sûreté : cette nécessité a presque toujours une heureuse issue. Deux exemples suffiront pour prouver ce que j'avance.

L'empereur Commode comptait parmi ses amis les plus intimes et ses plus chers favoris Électus et Lectus, préfets du prétoire, et Marcia était une de ses maîtresses les plus chéries : comme tous trois lui reprochaient quelquefois sa conduite et le déshonneur dont il couvrait sa personne et l'empire, il résolut de les faire mourir, et il écrivit sur une liste les noms de Marcia, d'Électus, de Lectus, et de quelques autres dont il voulait se défaire la nuit suivante. Il mit cette liste sous le chevet de son lit, et se rendit au bain. Un jeune enfant, son favori, en s'amusant dans la chambre et sur le lit, trouve cette liste, et sort en la tenant à la main : Marcia le rencontre, la lui prend, la lit; et ayant vu les noms qu'elle contenait, elle envoie sur-le-champ chercher Électus et Lectus : tous trois, épouvantés du péril qui les menace, forment soudain la résolution de le prévenir; et, sans perdre le temps en de vaines mesures, ils poignardèrent Commode la nuit suivante.

L'empereur Caracalla se trouvait en Mésopotamie à

38.

la tête de ses armées ; il avait pour préfet Macrin, homme plus habile dans les affaires civiles que guerrier. Comme il arrive que les méchants princes tremblent sans cesse qu'on ne trame contre eux ce qu'ils s'imaginent mériter, l'empereur écrivit à Maternianus, son ami, qui se trouvait à Rome, de consulter les astrologues, de leur demander si personne n'aspirait à l'empire et de lui faire part de leur réponse. Maternianus lui répondit que c'était Macrin qui y aspirait. Cette lettre tomba entre les mains de Macrin avant d'arriver à l'empereur : elle lui fit connaître la nécessité où il se trouvait, ou de le frapper avant qu'une nouvelle lettre arrivât de Rome, ou de mourir lui-même. Il chargea Martial, centurion qui lui était entièrement dévoué, et dont Caracalla avait fait mourir le frère peu de jours auparavant, d'assassiner l'empereur ; ce qu'il exécuta heureusement.

On voit donc que cette nécessité qui ne laisse pas le moment de réfléchir obtient le même effet que la conduite de l'Épirote Nélémate.

On y voit encore ce que j'ai dit au commencement de ce chapitre, que les menaces font plus de tort aux princes, et les environnent de complots plus dangereux, que les offenses mêmes. Ce sont en effet les menaces qu'un roi doit épargner à ceux qui l'entourent : il lui est nécessaire, ou de flatter les hommes, ou de s'assurer d'eux, et de ne jamais les réduire à la nécessité de croire qu'il faut qu'ils soient tués ou qu'ils tuent.

Quant aux dangers qu'on court au moment de l'exécution, ils naissent, ou d'un changement dans les dispositions, ou d'un moment de faiblesse dans l'exécuteur, ou d'une erreur qu'il commet par imprudence, ou de n'avoir pas mis la dernière main à l'œuvre, en laissant subsister une partie de ceux dont la mort était résolue.

Rien ne jette le trouble dans l'esprit des hommes,

rien ne met obstacle à leurs projets, comme de changer subitement une disposition, et de s'écarter entièrement de ce que d'abord on avait arrêté; et si ces change-ments font naître quelque part le désordre, c'est surtout à la guerre et dans les événements analogues à ceux dont je parle. Dans les actions de ce genre, rien n'est plus nécessaire que de faire en sorte que les hommes poursuivent avec fermeté l'exécution du rôle qui leur a été confié. Si, pendant plusieurs jours, toutes leurs idées se sont dirigées vers un mode d'exécution, et que cet ordre vienne subitement à changer, il est impos-sible que tous les esprits ne restent pas plongés dans le trouble, et que le projet ne tombe pas en ruine. De sorte qu'il vaut encore mieux exécuter une entreprise suivant l'ordre prescrit, quand même on y verrait quel-que inconvénient, que de s'exposer, pour éviter un dan-ger, à en rencontrer mille plus grands encore; ce qui arrive lorsqu'on n'a pas le loisir de prendre de nouvelles dispositions; mais, lorsqu'il a du temps, l'homme peut se gouverner à sa volonté.

La conjuration des Pazzi, contre Laurent et Julien de Médicis, est connue de tout le monde. L'ordre con-venu était que les Médicis donneraient à dîner au car-dinal de Saint-Georges, et qu'on les poignarderait pen-dant le repas. On avait distribué à chacun son rôle : les uns devaient les frapper, les autres s'emparer du pa-lais; ceux-là parcourir la ville en appelant le peuple à la liberté. Il arriva que les Pazzi, les Médicis et le cardinal se trouvant réunis pour une messe solennelle dans la cathédrale de Florence, on apprit que Julien ne se rendrait pas ce jour-là au dîner; de sorte que les conjurés se rassemblèrent soudain, et résolurent d'exé-cuter dans l'église ce qu'ils devaient faire dans la maison des Médicis. Les dispositions qu'ils avaient prises se trouvèrent toutes renversées, parce que Jean-Baptiste de Montesecco refusa de concourir à cet assassinat, alléguant qu'il ne pouvait commettre un homicide dans l'église ; de sorte qu'il fallut confier chaque partie de l'exécution à de nouveaux conjurés, qui, n'ayant pas le temps nécessaire pour s'affermir dans leur résolution, commirent de si grandes fautes qu'ils succombèrent dans leur tentative.

Le courage abandonne l'exécuteur, ou par respect ou par lâcheté. La majesté du prince et le respect qu'imprime sa présence sont si puissants, que le meurtrier se laisse facilement adoucir ou déconcerter. Marius avait été fait prisonnier par les habitants de Minturnes : on envoya un esclave pour l'assassiner ; mais l'assassin, épouvanté par la présence d'un si grand homme et par le souvenir de son nom, perdit tout son courage, et ne put jamais venir à bout de le tuer. Or, si un homme enchaîné, captif, et enseveli dans sa mauvaise fortune, conserve une pareille influence, combien ne doit-on pas craindre qu'elle soit plus puissante encore dans un prince libre et qu'environnent la majesté des ornements royaux et la pompe de sa cour ! Aussi cette pompe peut-elle suffire pour vous faire balancer, comme un accueil gracieux, pour fléchir votre cœur.

Quelques Thraces avaient conspiré contre Siltacès, leur roi, et désigné le jour de l'exécution : ils arrivèrent au lieu marqué, et y trouvèrent le roi ; mais aucun d'eux n'osa s'avancer pour le frapper, de sorte qu'ils se séparèrent sans avoir rien tenté, ignorant ce qui avait pu les retenir, et s'accusant mutuellement de manquer de courage. Ils commirent plusieurs fois la même faute, et leur conjuration ayant enfin été découverte, ils portèrent la peine d'un crime qu'ils auraient pu, mais qu'ils ne voulurent pas commettre.

Deux des frères d'Alphonse, duc de Ferrare, avaient conspiré contre lui : ils employèrent, pour les aider dans leur complot, un prêtre et un musicien du duc, nommé Giannès, qui, à leur prière, conduisit plusieurs fois le

prince en leur présence, et les laissa les maîtres de l'assassiner; néanmoins, aucun d'eux n'osa jamais le frapper. A la fin ils furent découverts, et ils reçurent la récompense de leur scélératesse et de leur imprudence.
Cette indécision ne peut être attribuée à une autre
cause qu'à l'étonnement que leur imprimait la présence
du duc, ou à quelque marque de bonté qui adoucissait
leur ressentiment.

L'exécution de ces projets entraîne ordinairement des
inconvénients ou des erreurs qui naissent de l'imprudence ou du peu de courage; car l'une ou l'autre de ces
deux causes bouleverse tous les sens, et dans le trouble
où elles jettent les esprits, on agit et on parle autrement qu'on ne devrait. Rien ne prouve mieux le trouble
et l'agitation qui s'emparent de l'homme en de telles
circonstances, que ce que dit Tite-Live d'Alexamène
l'Étolien, lorsqu'il voulut se défaire du tyran de Lacédémone, Nabis, dont nous avons déjà parlé. Quand le moment fut arrivé, et qu'il eut découvert à ses compagnons
ce qu'ils devaient faire, Tite-Live ajoute ces paroles:
Collegit et ipse animum, confusum tantæ cogitatione rei.
Il est impossible, en effet, que celui-là même qui possède
une âme ferme, et qui est accoutumé à employer le fer
et à attacher peu d'importance à la vie des hommes, n'é-
prouve pas de trouble en un pareil moment. Il faut donc
ne faire choix que d'hommes éprouvés par de semblables
entreprises, et ne se confier à nul autre, quelque réputation de courage qu'il ait; car, sans en avoir fait
l'expérience, personne ne peut assurer qu'il ne faillira
pas tout a coup dans ces circonstances extraordinaires.
Ainsi ce trouble peut, ou vous faire tomber les armes
des mains, ou vous faire proférer des paroles qui produisent le même effet.

Lucilla, sœur de Commode; avait ordonné à Quin-
tianus de le poignarder. Ce dernier attendit l'empereur
à l'entrée de l'amphithéâtre, et s'approchant de lui un

poignard nu à la main, il lui cria : *Voici ce que t'envoie le sénat.* Ces paroles furent cause qu'on l'arrêta avant qu'il eût pu baisser le bras pour frapper.

Messer Antonio da Volterra, désigné, comme nous l'avons dit plus haut, pour assassiner Laurent de Mécis, s'écria, en s'approchant de lui : *Ah! traître!* Ce cri sauva Laurent et perdit les conjurés.

Lorsqu'une conjuration ne menace qu'une seule tête, toutes les circonstances que nous avons rapportées peuvent faire encore manquer une entreprise. Mais elle réussit avec bien plus de difficulté encore lorsque l'on conspire contre deux personnes; il est difficile alors, pour ne pas dire impossible, qu'elle ait une heureuse issue; car exécuter spontanément et dans deux endroits différents est une chose presque impossible : on ne peut s'y prendre à deux reprises différentes, si l'on ne veut pas que l'une empêche l'autre de réussir.

Si conspirer contre un prince est une entreprise douteuse, périlleuse et imprudente, conspirer contre deux est vain et insensé. Sans le respect que je professe pour l'historien, je ne pourrais croire à la possibilité de ce qu'Hérodien rapporte de Plautianus, qui ordonna au centurion Saturnius de poignarder, lui seul, Sévère et Caracalla, qui habitaient dans des palais différents : c'est une chose si éloignée de la raison, que j'ai besoin d'une semblable autorité pour y ajouter foi.

Quelques jeunes Athéniens conspirèrent contre Dioclès et Hippias, tyrans d'Athènes : ils massacrèrent Dioclès; mais Hippias survécut pour le venger.

Chion et Léonide, d'Héraclée, disciples de Platon, conspirèrent contre Cléarque et Satyrus, tyrans de leur patrie : ils tuèrent Cléarque; mais Satyrus, échappé à leurs coups, vengea l'autre tyran. Les Pazzi, dont nous avons eu l'occasion de parler plus d'une fois, ne parvinrent à se défaire que de Julien.

Il faut donc éviter avec soin de conspirer à la fois

contre plusieurs personnes ; car on ne sert ni soi-même, ni la patrie, ni ses concitoyens : au contraire, celui qui survit devient plus audacieux et plus cruel, ainsi que Florence, Athènes et Héraclée, dont nous venons de parler, en ont fait l'expérience.

Il est vrai que la conjuration de Pélopidas, pour délivrer Thèbes sa patrie, eut à vaincre toutes les difficultés que nous avons signalées ; et cependant elle eut la plus heureuse issue, quoique Pélopidas conspirât non-seulement contre deux tyrans, mais contre dix ; quoiqu'il ne fût pas dans la familiarité des tyrans, et que l'entrée de leur demeure lui fût même interdite, puisqu'il avait été banni comme rebelle : néanmoins il eut la hardiesse de rentrer dans Thèbes, d'immoler les tyrans, et de délivrer sa patrie. Il est vrai qu'il fut puissamment aidé par un certain Carion, conseiller des tyrans, qui lui facilita l'accès auprès d'eux pour l'exécution de son entreprise.

Que cet exemple cependant n'engage personne à l'imiter ; car l'entreprise était impossible, et c'est un miracle qu'elle ait réussi : aussi tous les historiens qui la célèbrent la regardent-ils comme une chose extraordinaire et presque sans exemple.

L'exécution d'un complot peut être interrompue par une fausse imagination ou par un accident imprévu au moment d'agir. Le matin du jour même que Brutus et les autres conjurés avaient choisi pour assassiner César, ils le virent s'entretenir longtemps avec Cn. Popilius Lœna, un de leurs complices. Cette longue conversation leur fit craindre que Popilius n'eût révélé le complot à César, et ils furent au moment de frapper le dictateur sur le lieu même, sans attendre qu'il fût entré dans le sénat : ils auraient sans doute accompli leur dessein si, après que la conversation fut terminée, ils n'avaient pas vu César conserver la même tranquillité ; ce qui les rassura.

Ces fausses terreurs ne sont pas à dédaigner, et la prudence exige que l'on y ait égard. Cette attention est d'autant plus importante que, lorsqu'on a la conscience troublée, on est porté à croire que l'on parle toujours de vous. Un seul mot entendu par hasard, quelque étranger qu'il vous soit, suffit pour jeter l'épouvante dans l'âme, pour faire croire qu'il a été prononcé à votre intention, et vous forcer à manifester vous-même vos projets en vous dérobant au danger par la fuite, ou à les faire échouer en précipitant hors de propos leur exécution. Ces obstacles naissent d'autant plus facilement, que les complices d'une conjuration sont plus nombreux.

Quant aux accidents, comme on ne saurait les prévoir, ce n'est que par des exemples qu'on peut les faire connaître, et enseigner aux hommes à prendre leurs précautions suivant les circonstances.

Giulio Belanti de Sienne, dont nous avons fait mention précédemment, indigné de ce que Pandolfo, après lui avoir donné sa fille en mariage, la lui avait reprise, résolut de le poignarder, et choisit ainsi le moment : Pandolfo allait presque tous les jours visiter un de ses parents malades, et passait devant la maison de Belanti : celui-ci, ayant remarqué cette habitude, disposa les conjurés dans sa maison, de manière à pouvoir tuer Pandolfo à son passage : il les réunit tout armés derrière la porte, et plaça l'un d'eux à une fenêtre, afin que, quand leur ennemi passerait près de la porte, il pût les avertir. Ce dernier, le voyant venir, crut devoir donner le signal ; mais Pandolfo rencontra en ce moment un de ses amis, et s'arrêta pour lui parler. Une partie de ceux qui l'accompagnaient, ayant continué leur chemin, aperçurent quelque mouvement et entendirent le bruit des armes ; ce qui leur fit découvrir l'embûche. C'est ainsi que Pandolfo se sauva, et que Belanti et ses complices se trouvèrent contraints de s'échapper de Sienne.

Une rencontre imprévue mit donc seule obstacle à ce

complot, et renversa tous les projets de Belanti. Mais, comme ces événements sortent de l'ordre commun, il est impossible de s'en garantir. Il est donc nécessaire d'examiner tous ceux qui peuvent naître, afin d'y remédier.

Il ne reste plus maintenant qu'à faire connaître les périls que l'on court après l'exécution. Il n'y en a véritablement qu'un seul : c'est lorsqu'il reste un vengeur au prince qui vient d'être immolé. Des frères, des enfants, des parents peuvent lui survivre, qui ont des droits à sa succession ; et ils lui survivent ou par votre négligence, ou par les causes que nous avons indiquées ; ils se chargent alors de la vengeance : comme il arriva à Giovannandrea da Lampugnano, qui, aidé de ses complices, avait fait mourir le duc de Milan ; mais il restait à ce prince un fils et deux frères qui eurent le temps de le venger. Il est vrai que dans ce cas les conjurés sont excusables ; car il n'y a pas de remède ; mais quand ils laissent subsister un vengeur par imprudence ou par négligence, c'est alors qu'ils ne méritent plus d'excuse.

Quelques habitants de Forli conspirèrent contre le comte Girolamo, leur seigneur, et le massacrèrent ; ils s'emparèrent de sa femme et de ses fils en bas âge ; mais ne se croyant point en sûreté tant qu'ils ne seraient pas maîtres de la citadelle, et le gouverneur refusant de la leur livrer, madame Caterina, c'est ainsi que se nommait la comtesse, promit aux conjurés de la leur faire rendre s'ils lui permettaient d'y pénétrer, et elle consentit à leur laisser ses enfants en otage. Séduits par cette promesse, les conjurés lui permirent de se rendre dans la citadelle ; mais à peine y était-elle entrée, qu'elle leur reprocha, de dessus les remparts, la mort de son mari, et les menaça de toute sa vengeance. Et, pour leur faire voir le peu d'intérêt qu'elle attachait au sort de ses enfants, elle leur montra ses parties génitales, en leur

disant qu'il lui restait encore de quoi en faire de nouveaux. Les conjurés, ne sachant plus quel parti prendre,
et s'apercevant trop tard de leur erreur, expièrent leur
imprudence par un exil perpétuel.

Mais ce qu'il y a de plus dangereux après l'exécution,
c'est que le prince que vous avez immolé ait été chéri
du peuple : en effet, les conjurés n'ont aucune manière de remédier à ce danger, parce qu'ils ne peuvent
jamais s'assurer contre tout un peuple. César nous en
fournit une preuve évidente : il avait pour ami tout le
peuple romain, et le peuple vengea sa mort en chassant
de Rome les conjurés ; de sorte que tous périrent à diverses époques et dans différents lieux.

Les complots formés contre la patrie offrent bien
moins de périls pour les conjurés que ceux qui sont
dirigés contre un prince. Il y a, en effet, beaucoup
moins de danger à les tramer : ces dangers dans l'exécution sont les mêmes ; mais après l'exécution, il n'en reste
plus aucun.

Il existe peu de dangers à tramer une conjuration de
ce genre, parce qu'un citoyen peut aspirer à la suprême
puissance sans manifester ses désirs et ses projets à qui
que ce soit ; et si ses desseins n'éprouvent point d'entraves, il peut parvenir heureusement à son but ; mais,
si quelque loi venait interrompre ses dispositions, il
pourrait attendre du temps un moment plus favorable,
ou tenter une autre fois de réussir en prenant une route
différente. Je ne parle ici que d'une république où la
corruption des mœurs commence à s'introduire ; car
dans une république non corrompue, comme il n'existe
aucun principe vicieux, de semblables pensées ne peuvent naître dans l'esprit d'un de ses citoyens.

Un citoyen a donc mille moyens et mille chemins
pour parvenir à la tyrannie, sans crainte d'être arrêté
dans sa marche, tant parce que les républiques se hâtent
moins qu'un prince, soupçonnent plus difficilement le

mal, et sont par conséquent moins environnées de précautions, que parce qu'elles ont plus d'égards pour leurs citoyens élevés en rang ; ce qui rend ces derniers plus audacieux et plus entreprenants.

Tout le monde a lu la conjuration de Catilina écrite par Salluste, et sait comment, après qu'elle fut découverte, Catilina non-seulement demeura dans Rome, mais se rendit au milieu du sénat, et y accabla impunément d'injures et les sénateurs et le consul, tant était puissant le respect que cette république avait pour ses citoyens. Lorsqu'il se fut éloigné de Rome, et qu'il eut rejoint son armée, on n'aurait arrêté ni Lentulus ni ses autres complices, si l'on n'avait saisi des lettres de leur propre main, qui manifestaient ouvertement leur crime.

Hannon, l'un des citoyens de Carthage les plus puissants, aspirait à la tyrannie ; il avait formé le projet d'empoisonner tout le sénat aux noces d'une de ses filles, et ensuite de se déclarer roi : ce complot ayant été découvert, le sénat n'y opposa d'autre défense qu'une loi qui mettait un terme aux dépenses des festins et des noces ; tant fut grand le respect qu'il crut devoir à sa qualité de citoyen.

Il est bien vrai que dans l'exécution d'un complot qui menace la patrie les périls sont plus grands et plus difficiles à surmonter, parce qu'il est bien rare que vos propres forces puissent suffire lorsque vous conspirez contre l'immense majorité. Tout le monde n'est point à la tête d'une armée, comme César, Agathocle, Cléomène, et quelques autres, que la force a rendus en un instant maîtres de leur patrie. Pour ceux-là sans doute le chemin est sûr et facile ; mais ceux qui ne sont point appuyés par des forces semblables doivent employer une conduite pleine d'art et de ruse, ou les forces de l'étranger.

Quant à la ruse et à l'industrie, l'Athénien Pisistrate

ayant vaincu les Mégariens, et acquis par cette victoire une grande popularité, sortit un jour de sa maison couvert de blessures, s'écriant que les nobles, excités par leur jalousie contre lui, l'avaient outragé. Il demanda à pouvoir mener à sa suite quelques hommes armés pour sa garde. Cette première faveur lui servit de degré pour parvenir au faîte de la puissance, et usurper la tyrannie d'Athènes.

Pandolfo Petrucci était rentré dans Sienne avec quelques bannis : on lui confia le soin de veiller sur la garde de la place, emploi entièrement machinal et que chacun refusait ; néanmoins les soldats dont il était sans cesse entouré lui donnèrent peu à peu une telle influence, que quelque temps après il s'empara de la souveraineté de la ville.

Une foule d'autres ont employé des ruses et des moyens différents ; et avec les secours du temps ils sont parvenus sans danger au terme de leurs vœux.

Ceux qui, appuyés sur leurs propres forces ou sur les armes de l'étranger, ont conspiré pour asservir leur patrie, ont eu des succès divers, selon que la fortune les a secondés. Catilina, que nous avons déjà cité, succomba dans son entreprise ; Hannon, dont il a été parlé, n'ayant pu réussir par le poison, arma quelques milliers de partisans en sa faveur ; mais lui et tous les siens ne trouvèrent que la mort. Quelques-uns des principaux citoyens de Thèbes, dans la vue de se rendre maîtres du gouvernement, appelèrent à leur secours une armée lacédémonienne, et s'emparèrent de la tyrannie.

Si l'on examine donc toutes les conspirations ourdies contre la patrie, on n'en trouvera que très-peu, si même on en trouve, que l'on ait étouffées au moment où on les tramait ; mais c'est dans l'exécution que toutes ont réussi ou qu'elles ont échoué.

Lorsqu'elles ont réussi, les dangers qu'elles entraînent à leur suite ne sont encore que ceux attachés au pouvoir lui-même ; car lorsqu'un citoyen est devenu tyran, il se voit environné de tous les périls qui sont les fruits naturels de la tyrannie, et dont il ne peut se défendre qu'en employant les remèdes que nous avons indiqués ci-dessus.

Voilà tout ce qui s'est offert à mon esprit en écrivant sur les conjurations ; et si je n'ai parlé que de celles où l'on a employé le fer et non le poison, c'est que toutes deux suivent également la même marche. Il est vrai que celles où l'on use du poison sont plus dangereuses, parce que le succès en est moins assuré : chacun n'est pas à portée de l'employer ; il faut se confier à quelqu'un qui en ait la facilité ; et c'est cette nécessité de vous confier à autrui qui vous met en péril. D'ailleurs, il peut se faire, par mille circonstances, qu'un breuvage empoisonné ne soit pas mortel. C'est ce qui arriva à ceux qui tuèrent Commode : on lui avait donné du poison ; mais l'ayant rejeté, les conjurés furent contraints de l'étrangler pour lui arracher la vie.

Les princes, au surplus, n'ont pas d'ennemis plus terribles que les conjurations, puisque toutes les fois que l'on conspire contre eux, ou ils perdent la vie, ou leur réputation est compromise. En effet, si elles réussissent, ils meurent ; si elles sont découvertes, et qu'ils fassent périr les conjurés, on ne peut empêcher de croire qu'elles n'aient été inventées par eux pour assouvir leur cruauté et leur avarice aux dépens de la vie et des richesses de ceux auxquels ils ont ravi le jour.

Je ne veux pas manquer cependant d'avertir le prince, ou la république, contre lesquels on conspire, et qui découvrent une conjuration, d'avoir le plus grand soin, avant de rien tenter pour se venger, d'en examiner et d'en approfondir attentivement toutes les circonstances, de bien peser les ressources des conjurés et les leurs ; et, s'ils les trouvent nombreuses et puissantes, de feindre de l'ignorer jusqu'à ce qu'ils aient pu réunir des forces suffisantes pour l'étouffer. S'ils agissaient différemment, ils ne manifesteraient que leur faiblesse. Ils doivent donc mettre tout leur art à dissimuler, parce que si les conjurés viennent à être découverts, poussés alors par la nécessité, ils ne mettent plus de ménagements dans leur conduite.

Les Romains nous serviront ici d'exemple. Ils avaient laissé deux légions à Capoue pour défendre cette ville contre les Samnites, ainsi que nous l'avons dit ailleurs : les chefs de ces légions formèrent le complot d'asservir les habitants. Ce projet étant parvenu jusqu'à Rome, on envoya le nouveau consul Rutilius pour rétablir l'ordre. Le consul, pour ne point éveiller les soupçons, fit publier que le sénat maintenait les deux légions en garnison à Capoue. Dans cette persuasion, les soldats crurent qu'ils auraient tout le temps nécessaire pour exécuter leur complot, et ils ne tentèrent pas d'en précipiter l'exécution : ils restèrent paisibles jusqu'au moment où ils commencèrent à s'apercevoir que le consul les séparait les uns des autres. Cette conduite leur inspira des soupçons ; ils manifestèrent alors leurs projets, et les mirent à exécution.

On voit, par cet exemple frappant, combien les hommes sont lents à se décider lorsqu'ils croient avoir le temps pour eux, et combien leur résolution est précipitée lorsque la nécessité les presse. Un prince ou une république, qui, pour son avantage, veut différer de découvrir une conspiration, ne peut employer un moyen plus propice que de laisser entrevoir avec adresse aux conjurés une occasion prochaine de pouvoir se déclarer, afin qu'en attendant ce moment favorable, ou s'imaginant avoir du temps devant eux, ils donnent à l'un ou à l'autre le temps de les châtier.

Quiconque agit différemment ne fait qu'accélérer sa perte ; comme le prouve l'exemple du duc d'Athènes et de Guillaume de Pazzi. Le duc, devenu tyran de Florence, apprend que l'on conspire contre lui ; aussitôt, et sans autre examen, il fait saisir un des conjurés : conduite imprudente, qui détermina les autres complices à prendre les armes et à lui arracher le pouvoir.

En 1501, Guillaume avait été nommé commissaire de la république dans la Valdichiana, quand il apprit qu'il venait de se tramer dans Arezzo un complot en faveur des Vitelli, pour arracher cette ville des mains des Florentins. Il se transporte aussitôt dans Arezzo, et, sans examiner ni les forces des conjurés ni les siennes, sans se précautionner d'aucun appui, mais guidé seulement par les conseils de l'évêque, son fils, il fait saisir un des conspirateurs. Cette arrestation met aussitôt les armes à la main aux autres conjurés : ils délivrent la ville du joug des Florentins ; et Guillaume, de commissaire, se trouve prisonnier.

Mais quand une conspiration est faible, on peut et l'on doit la réprimer sans balancer. On ne doit en aucune manière imiter la conduite opposée qui fut suivie dans les deux circonstances suivantes : le duc d'Athènes, dont nous avons déjà parlé, jaloux de montrer qu'il se croyait sûr de l'affection des Florentins, fit mourir un citoyen qui lui avait révélé une conspiration ; d'un autre côté, Dion de Syracuse, voulant connaître les sentiments d'une personne sur laquelle il avait conçu des soupçons, consentit à ce que Calippus, qui possédait toute sa confiance, feignît de conspirer contre lui.

Tous deux eurent à se repentir de leur conduite. Le premier ôta le courage aux accusateurs, et l'inspira à ceux qui voulaient conspirer ; le dernier facilita sa propre ruine, et il fut pour ainsi dire le chef de la conjuration qui le menaçait, comme l'expérience le prouve : en effet, Calippus, pouvant sans soupçon conspirer contre Dion, ourdit sa trame de manière qu'il put lui arracher le pouvoir et la vie.

CHAPITRE VII.

D'où vient que le passage de la liberté à la servitude, et de la servitude
à la liberté, est parfois paisible et quelquefois sanglant.

Quelqu'un voudra peut-être savoir d'où vient que,
parmi les nombreux changements qu'entraîne le passage
d'une vie libre à la tyrannie, et de la tyrannie à la vie
libre, les uns s'exécutent sans qu'il y ait de sang versé,
tandis que les autres exigent qu'on en répande. L'histoire nous enseigne, en effet, que parfois, au milieu de
ces révolutions, un grand nombre de citoyens périssent,
et que, dans d'autres circonstances, personne ne reçoit
la plus légère atteinte; comme il arriva lorsque Rome
passa du joug des rois sous l'autorité des consuls, et que
les Tarquins seuls furent chassés, sans qu'aucun citoyen
eût à se plaindre de ce changement.

Voici d'où cela dépend : ou l'état que l'on change a
été produit par la violence, ou ne l'a pas été. Est-il produit par la force, sa naissance doit blesser les intérêts
du grand nombre; s'il vient ensuite à succomber, il est
naturel que ceux qui ont souffert cherchent à se venger,
et ce désir de vengeance fait couler le sang et cause la
mort des citoyens.

Mais quand cet état est établi par le consentement
unanime d'un peuple qui a contribué à sa grandeur, s'il
vient à s'écrouler, le peuple n'a aucun motif de frapper
d'autres personnes que celui qui en était le chef.

Telle était à Rome la situation des Tarquins lors de
leur expulsion; telle était également à Florence celle
des Médicis, qui, lors de leur désastre en 1494, furent
les seules victimes des vengeances du peuple. Ces dernières révolutions sont ordinairement peu dangereuses;
mais le péril environne celles qui sont faites par des

hommes qui ont une vengeance à exercer : leurs suites sont toujours sanglantes; et quiconque en lit le récit ne peut s'empêcher de frémir. Mais comme toutes les pages de l'histoire en présentent des exemples, je crois devoir m'abstenir d'en parler.

CHAPITRE VIII.

Quiconque veut introduire des changements dans une république doit bien considérer à qui il a affaire.

Nous avons exposé ci-dessus qu'un citoyen pervers ne peut obtenir de coupables succès dans une république qui n'est pas corrompue; et cette opinion acquiert une nouvelle force, lorsqu'aux raisons que nous avons déjà développées on ajoute les exemples de Spurius Cassius et de Manlius Capitolinus. Le premier, dévoré d'ambition, voulait s'emparer dans Rome d'une autorité extraordinaire, et gagner l'affection de la populace en lui procurant une foule d'avantages, comme de lui vendre les terres que les Romains avaient conquises sur les Herniques. Ses vues ambitieuses ne purent échapper au sénat, qui s'empressa de les rendre suspectes; de manière que, haranguant un jour le peuple et proposant de lui abandonner l'argent qu'avaient produit les grains amenés de la Sicile aux frais du trésor public, le peuple refusa tout, parce qu'il crut voir dans cette offre le prix de sa liberté. Mais si le peuple romain eût été corrompu, il n'aurait pas rejeté cette offre, et il aurait ouvert à la tyrannie le chemin qu'il crut devoir lui fermer.

Mais Manlius Capitolinus offre un exemple bien plus frappant encore, et où l'on voit combien de preuves de force d'âme et de corps, combien d'exploits exécutés en faveur de la patrie furent effacés par la soif aveugle de régner, qu'alluma dans son cœur l'envie que lui inspiraient les honneurs rendus à Camille. L'ambition l'aveugla au point qu'il oublia les lois sous lesquelles Rome vivait, et que ne voulant pas même faire attention que la république, telle qu'elle était alors, n'était point susceptible encore de recevoir une mauvaise forme, il commença à exciter des soulèvements contre le sénat et les lois de la patrie.

C'est là que l'on connut la perfection du gouvernement de cette république et la bonté de son essence; car, dans cette circonstance, aucun des patriciens, quoiqu'ils se défendissent entre eux avec la plus grande énergie, ne tenta même de l'excuser; aucun de ses parents ne fit la moindre démarche en sa faveur. L'usage était que les parents de l'accusé l'accompagnassent, vêtus de noir, souillés de poussière, et les yeux baignés de pleurs, afin de capter la pitié du peuple : aucun de ceux de Manlius ne parut à sa suite. Les tribuns, toujours portés à favoriser toutes les choses qui paraissaient dans les intérêts du peuple, et à les soutenir d'autant plus qu'elles semblaient plus dirigées contre la noblesse, crurent devoir, dans cette occurrence, se réunir aux nobles pour étouffer ce commun fléau. Le peuple de Rome, quoique avide de tout ce qui pouvait remplir ses vues personnelles, quoique amateur de tout ce qui pouvait desservir la noblesse, malgré les faveurs dont il avait comblé Manlius, n'eut pas plutôt connu que les tribuns l'avaient cité, et qu'ils avaient remis sa cause au jugement du peuple; ce peuple, dis-je, devenu juge, de défenseur qu'il était, condamna Manlius à mort, sans égard pour ses services passés.

Je ne crois pas qu'il y ait dans l'histoire un second exemple plus propre à montrer l'excellence des institutions de cette république, que de voir que pas un habitant de cette vaste cité ne se leva pour défendre un citoyen doué de tant de courage, et qui, dans sa vie publique et privée, avait exécuté tant d'actions éclatantes.

Mais l'amour de la patrie fut plus puissant que toute autre considération : les citoyens furent plus touchés des périls présents, dont son ambition les menaçait, que de ses services passés ; et ils crurent ne pouvoir s'en délivrer qu'en le faisant mourir. Tite-Live ajoute : *Hunc exitum habuit vir, nisi in libera civitate natus esset, memorabilis.*

Il y a deux choses à examiner dans cet événement : l'une, que, dans une ville où toutes les institutions politiques sont encore en vigueur, il faut poursuivre la gloire par d'autres voies que dans une république déjà corrompue ; l'autre, qui est presque la même que la première, que les hommes, pour bien se conduire, surtout dans les actions importantes, doivent faire attention aux temps et s'y conformer. Ceux qui, par un mauvais choix, ou par un penchant naturel, s'éloignent des temps où ils vivent, sont ordinairement malheureux, et ne trouvent qu'une issue funeste à toutes leurs entreprises ; le succès couronne, au contraire, tous ceux qui se conforment au temps.

On peut conclure, sans doute, des paroles de notre historien que nous avons citées, que si Manlius avait vu le jour à l'époque des Marius et des Sylla, où les mœurs étaient déjà corrompues, et où il aurait pu leur imprimer la forme la plus propre à favoriser son ambition, il aurait suivi la même conduite, et aurait obtenu les mêmes succès que Marius, Sylla, et tous ceux qui, après eux, aspirèrent à la tyrannie. De même, si Marius et Sylla avaient vécu du temps de Manlius, ils eussent été étouffés dès leurs premières entreprises. Un homme peut bien, par ses manières et l'exemple de ses mauvaises mœurs, commencer à introduire la corruption dans le sein d'une cité ; mais il est impossible que toute la vie de cet homme soit assez longue pour suffire à la corrompre, de manière à recueillir lui-même le fruit de cette corruption ; et quand il serait possible qu'il y parvint par la longueur du temps, cela deviendrait impossible par l'impatience naturelle qui dirige la conduite des hommes, et qui ne leur permet pas d'attendre pour assouvir leurs désirs. L'homme est sujet à se tromper dans ce qui touche ses intérêts, surtout dans ce qu'il désire avec le plus d'ardeur : par impatience ou par aveuglement, il tente une entreprise à contre-temps, et y trouve sa perte.

Si l'on veut donc usurper le pouvoir dans une république et y établir de mauvaises institutions, il faut trouver cette république dépravée par le temps, et amenée au désordre peu à peu, et de génération en génération : c'est le terme fatal où la conduit la nécessité, à moins que, comme nous l'avons déjà dit, elle ne soit souvent rajeunie par des exemples de vertu, ou ramenée par de nouvelles lois à ses premiers principes.

Manlius aurait donc été un homme rare et illustre s'il était né dans une ville corrompue. Ainsi les citoyens qui, dans une république, forment quelque entreprise, soit en faveur de la liberté, soit en faveur de la tyrannie, doivent bien examiner le sujet sur lequel ils ont à opérer, et juger par cet examen des difficultés que présente leur entreprise. Il n'est ni moins difficile ni moins périlleux de vouloir briser le joug d'un peuple qui prétend vivre esclave, que de vouloir asservir un peuple qui prétend vivre libre.

Comme j'ai avancé que les hommes doivent considérer la nature des temps, et y conformer leur conduite, je m'étendrai sur cette matière dans le chapitre suivant.

CHAPITRE IX.

Comment il est nécessaire de changer avec les temps, si l'on veut toujours avoir la fortune propice.

J'ai plusieurs fois reconnu que la cause de la bonne ou de la mauvaise fortune des hommes est de conformer leur conduite aux temps ou de s'en écarter. En effet, on voit que la plupart des hommes dans leurs actions agissent, les uns avec précipitation, les autres avec lenteur et précaution. Comme dans l'un et dans l'autre cas, lorsqu'on ne peut garder le vrai chemin, on outre-passe les bornes convenables, on se trompe également. Mais celui-là est moins sujet à l'erreur, et parvient à avoir la fortune propice, qui fait concorder, ainsi que j'ai dit, sa conduite au temps, et qui n'agit jamais que selon que l'exige la nature.

Chacun sait avec quelle prudence et quelle circonspection Fabius Maximus dirigeait son armée, bien éloigné en cela de l'impétuosité et de l'audace accoutumée des Romains ; et sa bonne fortune voulut que cette conduite se trouvât conforme aux temps. Annibal était venu jeune en Italie, guidé par une fortune que n'avaient point encore fatiguée les succès, et le peuple romain avait déjà été défait deux fois : la république, presque entièrement privée de ses meilleurs soldats, et comme étonnée de ses revers, ne pouvait éprouver un sort plus heureux que de trouver un capitaine dont la lenteur et la prudence pussent contenir les ennemis. Fabius, de son côté, ne pouvait trouver des circonstances plus favorables à sa manière d'agir ; ce qui fut la source de sa gloire. Fabius, au surplus, se conduisit de la sorte plutôt par la nature de son génie que par réflexion. C'est ce que l'on vit quand Scipion voulut transporter

40

son armée en Afrique pour y terminer la guerre : Fabius fut un des plus ardents antagonistes de ce projet, comme un homme qui ne pouvait se détacher de ses manières et abandonner ses habitudes ; de sorte que s'il eût dépendu de lui, Annibal serait resté en Italie, ne s'apercevant pas que les temps étaient changés, et qu'il fallait également changer la manière de faire la guerre.

Si Fabius eût été roi de Rome, il eût peut-être été vaincu dans cette guerre, parce qu'il n'aurait pas su varier la manière de la faire conformément à la diversité des temps, mais il était né dans une république où il existait diverses espèces de citoyens et des caractères différents : ainsi, de même que Rome posséda Fabius, homme on ne peut pas plus propre pour les temps où il fallait se borner à soutenir la guerre, de même elle eut ensuite Scipion pour les temps où il était nécessaire de triompher.

Il en résulte qu'une république possède dans son sein plus de germes de vie, et jouit d'une plus longue fortune qu'une principauté ; car elle peut plus facilement s'accommoder à la variété des circonstances qu'un prince absolu, attendu la diversité des citoyens qu'elle renferme. Un homme accoutumé à n'agir que d'une manière ne change jamais, ainsi que je l'ai dit ; et si le temps amène des changements contraires à ses habitudes, il faut nécessairement qu'il succombe.

Pierre Soderini, dont j'ai déjà parlé, se conduisit en tout avec douceur et longanimité. Tant que les circonstances lui permirent de se livrer à son caractère, sa patrie prospéra ; mais lorsque les temps arrivèrent où l'on ne devait plus écouter la douceur et l'humanité, il ne put s'y résoudre, et il se perdit lui-même avec la république.

Le pape Jules II, tant que dura son pontificat, mit dans toutes ses actions de l'impétuosité, et presque de la fureur ; comme son caractère était en harmonie avec les temps, toutes ses entreprises réussirent. Mais s'il était arrivé d'autres temps qui eussent exigé qu'il suivît une route différente, il eût succombé certainement, car il n'aurait pu changer ni de procédés ni de caractère dans sa conduite.

Deux raisons s'opposent à ce que nous puissions ainsi changer : l'une est que nous ne pouvons vaincre les penchants auxquels la nature nous entraîne ; l'autre, que quand une manière d'agir a souvent réussi à un homme, il est impossible de lui persuader qu'il sera également heureux en suivant une marche opposée. De là naît que la fortune d'un homme varie, parce que la fortune change les temps, et que lui ne change point de conduite.

La perte des États a lieu également lorsque leurs institutions ne varient point avec les circonstances, comme je l'ai déjà fait voir longuement ci-dessus ; mais ils périssent plus lentement, parce qu'ils changent plus difficilement, et qu'il est nécessaire, pour les renverser, qu'il arrive une époque où tout l'État se trouve ébranlé ; et un seul homme ne peut produire de si grands résultats par son changement de conduite.

Puisque nous avons cité l'exemple de Fabius Maximus, qui sut arrêter les progrès d'Annibal, j'examinerai, dans le chapitre suivant, si un général qui veut, à quelque prix que ce soit, livrer bataille à son adversaire, peut en être empêché par ce dernier.

CHAPITRE X.

Un général ne peut éviter la bataille quand son adversaire veut à tout prix l'y contraindre.

Cneius Sulpitius, dictator, adversus Gallos bellum tra-

hebat, nolens se fortunæ committere adversus hostem quem tempus deteriorem in dies et locus alienus facerent. Quand il existe une erreur à laquelle tous les hommes, ou du moins la plus grande partie, se laissent prendre, je ne crois pas que ce soit un mal de la leur démontrer souvent. Aussi, quoique j'aie déjà plusieurs fois exposé combien la conduite suivie de nos jours, dans les circonstances importantes, s'éloigne de ce que faisaient les anciens, je ne crois pas superflu de revenir ici sur le même sujet. Si l'on s'écarte des principes de l'antiquité, c'est surtout dans ce qui est relatif à l'art de la guerre, où l'on n'observe plus aujourd'hui aucune des maximes auxquelles les anciens attachaient le plus d'importance.

Cet inconvénient est né de ce que les républicains et les princes ont abandonné à des mains étrangères le soin de leurs armées pour fuir plus facilement les dangers qui suivent la guerre ; et si l'on voit de nos jours un roi se mettre lui-même à la tête de ses troupes, il ne faut pas croire que cette conduite produise des résultats plus glorieux pour lui : cette résolution, quand toutefois il la prend, est plutôt le résultat d'une vaine pompe que d'un véritable amour de la gloire. Ces princes, cependant, tombent dans des erreurs moins graves en voyant quelquefois leurs armées en face, et en retenant entre leurs mains toute l'autorité du commandement, que la plupart des républiques, surtout celles d'Italie, qui, s'en reposant entièrement sur des étrangers, n'ont aucune connaissance de tout ce qui peut appartenir à la guerre, et qui, d'un autre côté, voulant paraître les maîtresses, prétendent en diriger les opérations, et commettent ainsi mille erreurs dans leurs déterminations. Quoique j'en aie déjà signalé ailleurs quelques-unes, je ne veux point passer ici sous silence une des plus importantes.

Quand ces princes fainéants, quand ces républiques efféminées mettent en campagne un général, l'ordre le plus sage qu'ils croient pouvoir lui donner est de lui défendre, sous quelque prétexte que ce soit, d'en venir à une bataille, et de se garder même du plus léger combat. Ils s'imaginent, par cette conduite, imiter la prudence de Fabius Maximus, qui sauva Rome en temporisant, sans vouloir réfléchir que le plus souvent l'ordre qu'ils lui ont imposé est inutile, ou même dangereux; parce qu'il est évident qu'un général qui veut tenir la campagne ne peut fuir la bataille si l'ennemi a résolu de l'y obliger à quelque prix que ce soit. Lui intimer un ordre semblable, c'est lui dire : Livre bataille à la convenance de ton ennemi, et non à la tienne. En effet, pour vouloir tenir la campagne et fuir le combat, le meilleur moyen est de rester éloigné de l'ennemi de cinquante milles au moins; d'avoir ensuite des espions fidèles qui, en vous instruisant avec soin de son approche, vous donnent le temps de vous éloigner. Il existe encore un autre parti; c'est de vous renfermer dans une ville. Mais l'un et l'autre de ces deux partis présentent les plus grands dangers : dans le premier cas, on laisse tout le pays en proie à l'ennemi, et un prince courageux aimera mieux s'exposer aux hasards d'une bataille que de prolonger la guerre pour la ruine de ses sujets; dans le dernier, la perte est inévitable; car, en se renfermant dans une ville, l'ennemi ne peut manquer de venir vous y assiéger, et bientôt la famine vous contraint à vous rendre. Ainsi, embrasser l'un de ces deux partis pour éviter le combat est extrêmement dangereux.

La méthode qu'adopta Fabius Maximus de se tenir sur les hauteurs est bonne, lorsqu'on a une armée assez vaillante pour que l'ennemi n'ose venir vous attaquer au milieu des avantages de votre position. On ne peut pas dire que Fabius évitait la bataille, mais plutôt qu'il voulait la livrer à sa convenance. Si Annibal était venu le trouver, Fabius l'aurait attendu, et en serait venu aux mains avec lui; mais Annibal n'osa jamais accepter le combat de la manière que son adversaire le lui présentait; de sorte qu'Annibal n'évitait pas moins la bataille que Fabius. Mais si l'un des deux avait voulu la livrer à tout prix, l'autre n'avait que trois partis à prendre : les deux que nous avons déjà indiqués, ou la fuite.

La vérité de ce que j'avance est prouvée de la manière la plus manifeste par mille exemples, et surtout par les guerres que les Romains eurent à soutenir contre Philippe de Macédoine, père du roi Persée. Philippe, en effet, attaqué par les Romains, résolut d'éviter le combat; et, pour réussir dans son dessein, il voulut suivre d'abord la même conduite que Fabius en Italie : il se campa en conséquence avec toute son armée au sommet d'une montagne et s'y fortifia considérablement, dans l'idée que les Romains n'auraient jamais le courage de venir l'y attaquer. Mais ils allèrent l'y trouver, et l'ayant combattu, ils le chassèrent de sa position. Ce prince, ne pouvant résister, fut contraint de prendre la fuite avec une partie de ses troupes : ce qui le sauva d'une ruine totale, c'est que le pays était tellement mauvais, que les Romains ne purent le poursuivre.

Ainsi Philippe ne voulait pas combattre; mais, ayant placé son camp près des Romains, il fut obligé de prendre la fuite; et cette expérience lui ayant appris que, lorsqu'on veut éviter le combat, il ne suffit pas de rester sur le haut d'une montagne; et ne voulant pas, d'un autre côté, se renfermer derrière des murailles, il résolut de tenter un dernier parti, celui de se tenir éloigné d'un grand nombre de milles du camp des Romains; de sorte que si les Romains pénétraient dans une province, il se retirait dans une autre, et paraissait soudain dans celle qu'abandonnait l'ennemi. S'apercevant enfin que traîner ainsi la guerre en longueur ne faisait qu'empirer sa position, et que ses sujets étaient également foulés par lui et par ses ennemis, il prit le parti de tenter le sort des combats, et il en vint ainsi à une bataille rangée avec les Romains.

Il est donc avantageux de ne pas combattre quand les armées présentent les avantages qu'avaient celles de Fabius ou de Cneius Sulpitius, c'est-à-dire lorsque vous possédez une armée courageuse et disciplinée, et que l'ennemi n'ose venir vous attaquer dans les positions formidables où vous vous trouvez, ou lorsque votre adversaire, ayant à peine mis le pied sur votre territoire, est aussitôt réduit à souffrir de la rareté des vivres. C'est dans ce cas qu'un tel parti est utile, par la raison qu'en donne Tite-Live : *Nolens se fortunæ committere adversus hostem quem tempus deteriorem in dies et locus alienus facerent.* Mais, dans toute autre position, il est aussi honteux que funeste d'éviter le combat. Fuir, en effet, comme Philippe, c'est pour ainsi dire se déclarer vaincu, et avec d'autant plus de déshonneur que l'on a donné moins de preuves de courage. S'il parvint à se sauver, un autre, que le pays ne favoriserait pas comme lui, ne serait point aussi heureux.

Personne ne contestera qu'Annibal ne fût un grand maître dans l'art de la guerre ; et lorsqu'il s'avança pour s'opposer aux progrès de Scipion en Afrique, s'il avait cru voir quelque avantage à prolonger la guerre, il l'aurait fait sans doute ; et peut-être que, habile capitaine comme il l'était, ayant sous ses ordres une armée aguerrie, il aurait pu y réussir aussi bien que Fabius en Italie ; mais, puisqu'il ne prit pas ce parti, il y a lieu de croire que quelque motif puissant le détermina. En effet, un prince qui est parvenu à rassembler une armée, mais qui, faute d'argent ou d'alliés, s'aperçoit qu'il ne pourra à retenir longtemps encore, est un insensé s'il ne tente as la fortune avant que son armée soit dissoute ; car, en temporisant, il s'expose au péril certain de perdre ce que la victoire pourrait lui procurer. Une autre considération également importante, c'est que, même au risque de se perdre, c'est la gloire qu'on doit désirer d'acquérir ; et il y a plus de gloire à céder à la force, qu'à suc-

comber sous tout autre inconvénient. Annibal dut donc
être déterminé par une nécessité aussi puissante.

D'un autre côté, quand Annibal eût différé la bataille,
ou quand Scipion n'eût point osé aller l'attaquer dans
ses retranchements, ce dernier général n'avait point à
craindre le besoin : il avait déjà vaincu Syphax; et ses
conquêtes en Afrique étaient tellement étendues, qu'il
pouvait y rester avec autant de sécurité et de ressources
qu'en Italie. La situation d'Annibal à l'égard de Fabius,
et celle des Gaules envers Sulpitius, étaient toutes différentes.

Celui-là peut moins encore éviter le combat, dont
l'armée envahit un territoire ennemi : s'il peut y pénétrer, il faut, dans le cas où son adversaire s'avancerait à
sa rencontre, en venir nécessairement aux mains avec
lui; et s'il met le siége devant une ville, il s'expose
d'autant plus à la nécessité de combattre. C'est ce qui
est arrivé de nos jours à Charles, duc de Bourgogne : il
formait le siége de Morat, ville des Suisses, qui l'attaquèrent et le mirent en déroute ; un pareil désastre
accabla l'armée française pendant le siége de Novare,
lorsqu'elle fut également défaite par le même peuple.

CHAPITRE XI.

Celui qui a à lutter contre de nombreux adversaires parvient à l'emporter,
malgré son infériorité, s'il peut soutenir le premier choc.

La puissance des tribuns du peuple à Rome était
extrêmement étendue; mais, comme nous l'avons dit
plusieurs fois, elle était nécessaire. Comment aurait-on
pu sans elle mettre un frein à l'ambition des nobles,
qui aurait corrompu la république bien longtemps avant
le temps où la corruption se glissa dans son sein? Néanmoins, comme chaque institution renferme en elle-

même, ainsi que je l'ai déjà dit, un mal qui lui est propre, et qui enfante des accidents nouveaux, il est indispensable de recourir à des mesures nouvelles.

La puissance tribunitienne, enorgueillie par son propre pouvoir, devint redoutable à la noblesse et à tous les citoyens de Rome ; et il en serait résulté quelque accident funeste à la liberté, si Appius Claudius n'avait fait voir de quelle manière il fallait se défendre de l'ambition des tribuns. Comme il se trouvait toujours parmi eux quelque homme faible ou corruptible, ou ami du bien public, on lui inspirait l'idée de s'opposer à la volonté de ses collègues toutes les fois qu'ils voulaient mettre en avant quelque motion contraire aux désirs du sénat. Ce remède tempéra d'une manière efficace cette grande autorité, et fut pendant longtemps favorable à la république.

C'est ce qui m'a fait penser que toutes les fois que plusieurs hommes puissants se réunissent contre un adversaire également puissant, quoique leurs forces réunies soient plus considérables que celles de leur rival, néanmoins on doit plus espérer encore en celui qui est seul, quoique moins fort, que dans le plus grand nombre, quoique extrêmement puissant. Sans parler des ressources dont un homme seul peut mieux se prévaloir que plusieurs, ressources qui sont infinies, il arrivera toujours qu'il lui sera facile, quand il voudra user d'un peu d'adresse, de semer la mésintelligence parmi le grand nombre, et d'affaiblir ainsi ce corps qui semblait si robuste. Je ne rapporterai à ce sujet aucun exemple de l'antiquité, quoique ces exemples ne me manquassent pas ; je me contenterai de quelques-uns arrivés de nos jours.

En 1484, toute l'Italie conspira contre les Vénitiens ; ils touchaient à leur perte, et leur armée ne pouvait plus tenir la campagne, lorsqu'ils corrompirent le seigneur Lodovico, qui gouvernait Milan ; et par un traité, fruit

de la corruption, ils recouvrèrent non-seulement toutes
les villes qu'ils avaient perdues, mais ils purent usurper une portion des États de Ferrare : ainsi ceux que la
guerre avait dépouillés durent leur agrandissement à
la paix.

Il y a quelques années, toute l'Europe se ligua contre
la France ; néanmoins, avant la fin de la guerre, l'Espagne abandonna les alliés, fit son accord avec ce
royaume ; de sorte que peu de temps après les autres
confédérés se virent contraints à leur tour de conclure
la paix.

Ainsi, toutes les fois que vous verrez une foule d'ennemis se déclarer contre un seul, vous pouvez, sans
aucun doute, regarder comme certain que celui qui est
seul demeurera vainqueur, pourvu que ses forces soient
assez grandes pour pouvoir résister aux premières attaques, et qu'en temporisant il puisse attendre un moment plus favorable ; parce qu'autrement il serait exposé à mille dangers : c'est ce qui arriva aux Vénitiens
en 1508. S'ils avaient pu temporiser avec l'armée française, et avoir le temps de gagner quelques-uns de
ceux qui étaient ligués contre eux, ils auraient évité
les désastres qui les accablèrent ; mais n'ayant pas des
armes assez fortes pour arrêter les ennemis, et par conséquent n'ayant pas eu le temps de mettre la désunion
parmi les alliés, ils succombèrent. En effet, à peine le
pape eut-il recouvré ce qui lui appartenait, qu'on le
vit leur rendre son amitié, et l'Espagne en faire autant ;
ces souverains, s'ils l'avaient pu, auraient bien volontiers conservé à Venise les États de Lombardie, contre
la France, afin de ne pas accroître la puissance de ce
royaume en Italie. Les Vénitiens pouvaient donc céder
une partie de leurs possessions pour préserver le reste ;
et s'ils avaient pris ce parti à temps, et que leur conduite n'eût pas semblé dictée par la nécessité, qu'elle
eût même prévenu les premières hostilités, c'eût été

une démarche très-sage; une fois la guerre déclarée,
elle était honteuse, et elle ne fut même pour eux d'aucun profit. Mais, avant les premiers mouvements de
guerre, peu de citoyens dans Venise savaient prévoir
les dangers qui menaçaient la république; trop peu en
voyaient le remède, et personne n'était capable de le
conseiller.

Pour en revenir à mon sujet, je termine en disant
que, comme le sénat romain trouva dans le grand
nombre des tribuns un remède à leur ambition, de
même tout prince attaqué par de nombreux ennemis
triomphera de leurs efforts, toutes les fois qu'il saura
employer avec prudence les moyens de semer la désunion parmi eux.

CHAPITRE XII.

Un sage capitaine doit mettre ses soldats dans la nécessité de se battre,
et procurer à ses ennemis toutes les occasions d'éviter le combat.

J'ai déjà parlé plusieurs fois de l'utile influence
qu'exerce la nécessité sur les actions des hommes, et
combien de fois elle les a élevés au comble de la gloire;
j'ai dit que des philosophes moralistes avaient écrit que
la langue et la main de l'homme, ces deux plus nobles
instruments de sa gloire, et qui ont élevé au degré de
grandeur et de perfection où nous les voyons les monuments de la sagesse humaine, n'auraient obtenu que
des résultats imparfaits, si elles n'avaient été excitées
par la nécessité.

Les capitaines de l'antiquité, convaincus du pouvoir
de la nécessité, et combien elle redouble l'ardeur des
troupes dans le combat, employaient toutes les ressources de leur génie à placer leurs soldats dans l'obli-

gation de lui obéir. Mais, d'un autre côté, ils n'étaient pas moins attentifs à en dégager leurs adversaires. Aussi les voyait-on quelquefois ouvrir à l'ennemi les chemins mêmes qu'ils auraient pu lui fermer, et fermer à leurs propres soldats ceux qu'ils pouvaient laisser ouverts. Ainsi donc, celui qui veut qu'une ville se défende avec obstination, ou qu'une armée combatte en pleine campagne avec la dernière vigueur, doit, sur toutes choses, faire ses efforts pour que le cœur des soldats qui ont à combattre soit pénétré de cette nécessité.

D'où il résulte qu'un capitaine habile, qui serait chargé de se rendre maître d'une ville, doit mesurer la facilité ou la difficulté de l'emporter sur la nécessité plus ou moins grande qu'a l'ennemi de se défendre. S'il connaît qu'elle ait de puissants motifs de résister, il doit s'attendre que son attaque éprouvera de grands obstacles : dans le cas contraire, il ne peut rencontrer une vive résistance. Aussi voit-on que les villes, après une révolte, sont plus difficiles à emporter que celles qu'on assiége pour la première fois; car, n'ayant au commencement aucun châtiment à redouter, elles se soumettent sans peine ; mais quand elles se sont révoltées, comme il leur semble qu'elles se sont rendues coupables, et que, par conséquent, elles redoutent le châtiment, il est bien plus difficile de les emporter.

Cette obstination peut avoir encore sa source dans les haines naturelles que des monarchies ou des républiques voisines nourrissent les unes contre les autres, et qui naissent de l'ambition de dominer ou de la jalousie qu'inspirent leurs États; ce qui a lieu surtout parmi les républiques, et ce que prouve la Toscane. Ces jalousies et ces haines qui règnent entre elles mettront toujours de grandes difficultés à ce qu'elles se subjuguent mutuellement. Cependant, si l'on examine attentivement quels sont les voisins de la ville de Florence et ceux qui environnent Venise, on ne s'étonnera pas, comme beaucoup de per-

sonnes, que Florence, quoiqu'elle ait plus dépensé pour
la guerre, ait cependant moins gagné que Venise; tout
provient de ce que les villes qui entourent Venise se sont
défendues avec moins d'obstination que celles que Florence a conquises. Les villes voisines de la première, accoutumées à vivre sous un prince, ne connaissaient pas
la liberté; et aux peuples habitués à la servitude, il est
indifférent de changer de maître; souvent même ils le
désirent. Ainsi Venise, quoiqu'elle ait eu des voisins plus
puissants que ceux de Florence, ayant trouvé leurs villes
moins obstinées à la défense, a pu les vaincre plus facilement que ne l'a pu faire cette dernière, entourée de
toutes parts de villes indépendantes.

Pour en revenir à mon premier point, un capitaine
qui assiége une place doit donc employer toutes ses ressources à ôter aux assiégeants la nécessité de se défendre,
et, de cette manière, éteindre en eux le désir d'une résistance opiniâtre, soit en leur promettant le pardon,
s'ils redoutent le châtiment; et, s'ils craignaient pour
leur liberté, en leur persuadant qu'on n'en veut pas au
bien général, mais seulement au petit nombre d'ambitieux
qui les asservissent. Voilà ce qui tant de fois a facilité
les entreprises et la reddition d'une ville. Quoique les
fausses couleurs dont on couvre ces promesses frappent
aisément tous les yeux, et surtout ceux des sages, elles
séduisent facilement les peuples; et désireux du repos
présent, ceux-ci détournent leurs regards des piéges
qu'on leur tend sous les vastes promesses. C'est ainsi
qu'une multitude de villes sont tombées sous le joug de
la servitude: tel fut de notre temps le sort de Florence;
tel fut celui de Crassus et de son armée : quoique convaincu de la mauvaise foi des Parthes, qui ne faisaient
de promesses à ses soldats que pour leur ôter la
nécessité de se défendre, Crassus ne put jamais parvenir à leur faire désirer le combat, tant ils étaient
aveuglés par les offres pacifiques que leur faisait l'en-

nemi, comme on peut le voir en lisant la vie de ce général.

Les Samnites, excités par l'ambition d'un petit nombre de leurs citoyens, avaient violé le traité qu'ils venaient de conclure, et se répandant sur les terres des alliés des Romains, ils les avaient livrées au pillage ; bientôt après, cependant, ils envoyèrent à Rome des ambassadeurs pour implorer la paix et offrir de restituer tout ce qu'on avait enlevé, en livrant les auteurs du trouble et du pillage : leurs offres furent repoussées, et ils retournèrent à Samnium sans espoir d'accommodement. Claudius Pontius, qui commandait alors l'armée samnite, leur fit voir, dans un discours remarquable, que les Romains voulaient la guerre à tout prix, et que quelque désir qu'ils eussent eux-mêmes de la paix, il fallait obéir à la nécessité qui les contraignait à combattre. Voici ses paroles : *Justum est bellum, quibus est necessarium ; et pia arma, quibus nisi in armis spes est.* C'est sur cette nécessité que lui-même et son armée fondèrent l'espoir de la victoire.

Mais, pour ne plus revenir sur ce sujet, je crois devoir citer encore quelques exemples qui m'ont paru les plus remarquables dans l'histoire romaine.

Caïus Manilius était allé avec son armée à la rencontre des Véïens ; une partie de l'armée ennemie ayant pénétré dans ses retranchements, Manilius accourut avec une troupe d'élite ; et, pour ôter aux Véïens tout espoir de salut, il leur ferma toutes les issues du camp. L'ennemi se voyant ainsi renfermé, combattit avec le courage du désespoir, tua Manilius lui-même, et aurait entièrement écrasé les restes de l'armée romaine, si la prudence d'un tribun n'eût ouvert un passage. Cet exemple prouve que tant que la nécessité contraignit les Véïens à combattre, ils se défendirent avec fureur ; mais qu'aussitôt qu'ils aperçurent un passage, ils songèrent bien plus à la fuite qu'au combat.

Les Volsques et les Èques avaient pénétré avec leur armée sur le territoire de Rome. On envoya les consuls pour s'opposer à leur invasion. Pendant la durée du combat, l'armée des Volsques, que commandait Vetius Messius, se trouva tout à coup renfermée entre ses retranchements qu'occupaient déjà les Romains, et la seconde armée consulaire. Voyant qu'il ne lui restait plus qu'à mourir ou à s'ouvrir une route par le fer, Vetius adressa ce discours à ses soldats : *Ite mecum; non murus, nec vallum, sed armati armatis obstant : virtute pares, necessitate, quæ ultimum ac maximum telum est, superiores estis.*

Ainsi, Tite-Live lui-même appelle cette nécessité : ULTIMUM AC MAXIMUM TELUM.

Camille, le plus prudent de tous les capitaines que Rome ait possédés, venait de pénétrer avec son armée dans la ville de Véies; pour en faciliter la prise et ôter à l'ennemi toute nécessité de se défendre davantage, il fit publier, de manière que tout le monde l'entendît, la défense de faire le moindre tort à tous ceux qui seraient désarmés; aussitôt les Véiens s'empressèrent de jeter leurs armes, et la ville fut prise, pour ainsi dire, sans effusion de sang. Cette conduite a, par la suite, servi de modèle à un grand nombre de capitaines.

CHAPITRE XIII.

Lequel doit inspirer plus de sécurité, ou un bon général qui commande une armée peu courageuse, ou une vaillante armée que dirige un faible général.

Coriolan, banni de Rome, se réfugia chez les Volsques : ayant réuni parmi eux une armée pour se venger de ses concitoyens, il vint assiéger Rome, d'où l'éloigna plutôt sa piété envers sa mère, que les forces des Romains.

Tite-Live se sert de cet exemple pour prouver que la
république romaine dut sa grandeur bien plus à l'habileté de ses généraux qu'au courage de ses soldats; il fait
remarquer à cette occasion que les Volsques, qui jusqu'alors avaient été vaincus, sont vainqueurs à leur tour
dès qu'ils ont pour chef Coriolan.

Quoique Tite-Live énonce cette opinion, cependant on
voit en plusieurs endroits de son histoire que les armées
romaines, privées de général, ont donné des preuves
admirables de leur courage; qu'elles se sont montrées
plus disciplinées et plus terribles après la mort des consuls qu'avant leur trépas; comme on le voit par la conduite de l'armée que les Romains avaient en Espagne
sous la conduite des Scipion. Ces deux généraux ayant
été tués, l'armée, par son seul courage, parvint non-
seulement à se sauver, mais à vaincre l'ennemi, et à
conserver à la république cette importante province.

Si l'on parcourt attentivement cette série de faits, on
trouvera une foule d'exemples où le courage seul des
soldats a remporté la victoire, ainsi qu'un grand nombre
d'autres où elle a été due à l'habileté du capitaine, de
sorte qu'il est évident que l'armée et son chef ont mutuellement besoin l'un de l'autre.

Il faut examiner d'abord ce qu'on doit le plus redouter,
ou une bonne armée mal commandée, ou une mauvaise
armée avec un bon général. Si l'on s'en tenait là-dessus à
ce que disait César, on n'estimerait pas l'une plus que
l'autre; car lorsqu'il se rendit en Espagne pour y combattre Afranius et Petreïus qui commandaient une armée
pleine de courage, il dit qu'il n'en faisait nul cas : *Quia
ibat ad exercitum sine duce*; faisant sentir par ces paroles l'incapacité des chefs. Quand, au contraire, il passa
en Thessalie pour s'opposer à Pompée, il dit : *Vado ad
ducem sine exercitu.*

On peut examiner encore une autre question. Est-il
plus facile à un bon capitaine de créer une bonne armée,

qu'à une bonne armée de former un bon capitaine? Sur quoi je dis que la question paraît être décidée; car il semble qu'une réunion de braves trouvera plus aisément le moyen d'instruire un seul homme ou de lui inspirer du courage, qu'il ne le serait à un seul de réformer une multitude.

Lorsque Lucullus fut envoyé pour combattre Mithridate, il n'avait aucune expérience de la guerre : néanmoins, la brave armée qu'il commandait, et qui possédait tant de chefs aguerris, en fit en peu de temps un excellent général.

D'un autre côté, les Romains, à défaut d'hommes libres, avaient été obligés d'armer un assez grand nombre d'esclaves dont ils confièrent l'instruction à Sempronius Gracchus, qui parvint en peu de temps à en faire une excellente armée. Épaminondas et Pélopidas, après avoir délivré Thèbes, leur patrie, du joug des Lacédémoniens, firent bientôt des paysans thébains des soldats pleins de courage, capables non-seulement de résister aux troupes spartiates, mais même d'en triompher.

Le succès paraît devoir être le même dans les deux cas, parce que le bon peut trouver le bon. Cependant une bonne armée, sans un bon chef, devient ordinairement insolente et dangereuse, comme il arriva à l'armée des Macédoniens après la mort d'Alexandre, ou comme étaient les vétérans dans les guerres civiles.

Je suis donc convaincu qu'on doit avoir plus de confiance en un capitaine qui aurait le loisir d'instruire ses soldats, et la facilité de les armer, qu'en une armée indisciplinée qui aurait choisi son chef d'une manière tumultueuse. Aussi doit-on décerner une double gloire et une double louange à ces capitaines qui non-seulement ont triomphé de l'ennemi, mais qui, avant d'en venir aux mains, ont été contraints de former leur armée et de la plier à la discipline. Ils ont montré par cette conduite un double talent : exemple d'autant plus

rare et plus difficile, que si une semblable tâche avait
été imposée à un grand nombre de capitaines illustres,
bien peu d'entre eux auraient mérité leur réputation.

CHAPITRE XIV.

Des effets que produisent les inventions nouvelles qui apparaissent au milieu
du combat, et les paroles inattendues que l'on y fait entendre.

On a vu, par une foule d'exemples, de quelle importance peut être, dans une émeute ou dans une bataille,
un nouvel incident résultant d'une parole ou d'un événement inattendu. Un des plus frappants est ce qui arriva lors de la bataille que les Romains livrèrent aux
Volsques, et pendant laquelle le consul Quintius, s'a-
percevant qu'une des ailes de son armée faiblissait, se
mit à crier de tenir ferme, parce que l'autre aile était
victorieuse. Ces paroles rendirent le courage à ses troupes, épouvantèrent les ennemis, et assurèrent la victoire.

Si de semblables paroles ont tant d'influence sur une
armée bien disciplinée, combien cette influence n'est-
elle pas plus puissante sur des troupes sans règle et sans
ordre, qui se laissent toujours entraîner par un semblable tourbillon! Je veux en rapporter un exemple
remarquable de nos jours.

Il y a quelques années que la ville de Pérouse se trouvait partagée entre la faction des Oddi et celle des Baglioni : ces derniers triomphaient; les autres étaient
dans l'exil. Les Oddi ayant rassemblé une armée, à
l'aide de leurs amis, se réunirent dans une place voisine
de Pérouse, qui leur appartenait : à la faveur des intelligences qu'ils avaient conservées dans la ville, ils parvinrent à y pénétrer pendant la nuit, et ils étaient sur
le point de s'emparer de la place publique sans avoir été

découverts. Comme toutes les issues de chaque rue sont
fermées par des chaînes de fer qui interdisent le passage, la troupe des Oddi avait à sa tête un homme qui,
avec une masse de fer, brisait toutes les serrures de ces
chaînes, afin d'ouvrir un passage aux chevaux ; il ne
restait plus à briser que celle qui débouchait sur la
place : déjà on avait appelé le peuple aux armes ; mais
celui qui rompait les chaînes, trop pressé par la foule
qui se précipitait derrière lui, et ne pouvant à son aise
lever le bras pour frapper, se mit à crier, afin de se
ménager un peu d'espace : *Reculez donc en arrière !* Ce
dernier mot seul, *en arrière*, courant de rang en rang,
commença à faire fuir ceux qui se trouvaient en queue ;
et peu à peu une telle épouvante saisit toute la troupe,
qu'elle se dispersa d'elle-même dans le plus grand désordre. Et c'est par un si faible incident que s'évanouit le
projet des Oddi.

On doit donc considérer que l'ordre est essentiel dans
une armée, non-seulement pour pouvoir combattre sans
confusion, mais pour que le moindre incident ne puisse
y répandre le trouble. C'est par cette raison seule que
les masses populaires sont absolument inutiles dans une
armée, où le moindre tumulte, une seule parole, le plus
léger bruit, suffisent pour les épouvanter et les obliger
à la fuite. Aussi un capitaine habile, parmi ses dispositions, doit régler quelles sont les personnes qui seront
chargées de prendre ses ordres pour aller les transmettre
aux autres corps de l'armée ; il doit habituer ses troupes
à ne croire qu'à ce que leur disent leurs chefs habitués
eux-mêmes à ne répéter que les ordres qu'il leur a confiés.
Si l'on ne se conforme pas exactement à ces dispositions,
il en résulte souvent les désordres les plus funestes.

Quant à l'apparition d'objets inusités, un général habile doit employer toute son industrie à en faire naître
quelques-uns tandis que les armées sont aux prises,
afin d'inspirer du courage à ses troupes, et de l'éteindre

dans le cœur des ennemis : parmi tous les moyens d'obtenir la victoire, celui-là est un des plus efficaces. On
peut citer à ce sujet l'action du dictateur Caïus Sulpitius. Au moment de livrer bataille aux Gaulois, il fit armer tous les valets et les gens inutiles de l'armée, les fit
monter sur les mulets et autres bêtes de somme, leur
donna des armes et des drapeaux susceptibles de les
faire prendre pour de la cavalerie réglée; il les posta
derrière une colline, leur ordonna de se montrer à un
signal qu'il leur donnerait lorsque la bataille serait dans
toute sa force, et de s'offrir aux yeux de l'ennemi : ce
stratagème ainsi réglé, et exécuté comme il l'avait prescrit, inspira une telle épouvante aux Gaulois qu'ils perdirent la bataille.

Ainsi donc un habile capitaine doit faire attention à
deux choses : l'une de tâcher, par quelques-unes de ces
inventions nouvelles, d'inspirer de la terreur à ses ennemis; l'autre de se tenir prêt à déjouer tous les stratagèmes que l'ennemi pourrait tenter contre lui, et les
rendre inutiles. Telle fut la conduite du roi des Indes
envers Sémiramis. Cette reine, remarquant que le roi
avait un grand nombre d'éléphants, pour l'épouvanter
à son tour et lui montrer qu'elle n'en possédait pas
moins que lui, en fit faire un certain nombre avec des
peaux de buffle et de vache, les mit sur des chameaux
et les envoya ainsi en avant; mais le roi découvrit la
ruse; et ce stratagème, inutile à Sémiramis, tourna même
à son détriment.

Mamercus avait été nommé dictateur contre les Fidénates. Ce peuple, pour jeter l'épouvante dans l'armée
romaine, ordonna qu'au plus fort du combat un certain
nombre de soldats sortissent de Fidène avec des feux au
bout de leurs lances, dans l'espoir que les Romains,
étonnés de la nouveauté de ce spectacle, rompraient
leurs rangs et fuiraient en désordre.

On doit ici remarquer que plus ces stratagèmes ont

l'apparence de la réalité, plus on peut les employer sans
balancer. Comme ils ont pour ainsi dire un fondement
solide, on ne saurait, au premier coup d'œil, en découvrir toute la faiblesse ; mais lorsqu'ils ont plus d'apparence que de réalité, il est bon, ou de ne pas s'en servir,
ou, si l'on en fait usage, de les tenir assez éloignés des
regards pour qu'on ne puisse facilement en découvrir le
mensonge : c'est ce que fit Caïus Sulpitius avec ses valets
d'armée. En effet, lorsque ces stratagèmes ne renferment
qu'une vaine apparence, elle frappe bientôt tous les yeux ;
et loin de vous servir, ils vous deviennent funestes :
comme le prouve ce qui arriva à Sémiramis avec ses éléphants, et aux Fidénates avec leurs feux. Les Romains, il
est vrai, éprouvèrent d'abord quelque émotion ; mais le
dictateur étant accouru, leur demanda s'ils n'avaient pas
honte de fuir la fumée, comme les abeilles, et leur im-
posa l'obligation de revenir sur l'ennemi, en s'écriant :
Suis flammis delete Fidenas, quas vestris beneficiis pla-
care non potuistis. Ainsi cette ruse que les Fidénates
avaient imaginée ne leur servit en rien, et ils furent vaincus dans la bataille.

CHAPITRE XV.

Une armée ne doit obéir qu'à un seul général, et non à plusieurs,
et la multiplicité des chefs est dangereuse.

Les Fidénates s'étaient révoltés, et avaient massacré
la colonie envoyée à Fidène par les Romains. Rome,
pour venger cet outrage, créa quatre tribuns avec autorité consulaire : l'un d'entre eux fut laissé à la garde de
la ville, et l'on fit marcher les trois autres contre les
Fidénates et les Véiens ; mais, comme ces tribuns étaient
divisés entre eux, le déshonneur fut tout ce qu'ils rap-

portèrent d'une expédition que la valeur seule des troupes empêcha de devenir funeste.

En conséquence, les Romains, s'apercevant de leur imprudence, eurent recours à la création d'un dictateur, afin que la présence d'un seul chef rétablît l'ordre que trois avaient troublé. Cet exemple démontre l'inutilité de plusieurs commandants dans une armée ou dans une ville obligée de se défendre ; et Tite-Live ne peut s'expliquer plus clairement à ce sujet, qu'en écrivant ces paroles : *Tres tribuni potestate consulari documento fuere quam plurium imperium bello inutile esset ; tendendo ad sua quisque consilia, cum alii aliud videretur, aperuerunt ad occasionem locum hosti.*

Quoique ce fait prouve, d'une manière assez évidente, l'inconvénient qu'entraîne à sa suite la multiplicité des chefs, je veux, pour le faire mieux sentir, en rapporter encore quelques-uns, tant anciens que modernes.

En 1500, lorsque le roi de France Louis XII eut repris Milan, il envoya une partie de ses troupes à Pise, pour restituer cette ville aux Florentins, qui, de leur côté, nommèrent pour commissaires Giovanbatista Ridolfi et Luca degli Albizzi, fils d'Antonio. Giovanbatista était un homme d'une grande réputation, auquel son âge avait donné une plus longue expérience des affaires ; aussi Luca lui laissait-il tout gouverner. Mais s'il ne témoignait pas ouvertement son ambition, en s'opposant aux vues de son collègue, il la manifestait par son silence. et par l'insouciance et le dégoût qu'il montrait pour les affaires ; de sorte que, loin de diriger les opérations de la guerre, soit par ses conseils, soit par ses actions, on l'eût pris pour un homme rempli d'incapacité. Il fit bientôt voir cependant tout le contraire : un accident ayant obligé Giovanbatista à retourner à Florence, Luca, demeuré seul à la tête des affaires, découvrit, par son courage, son habileté et ses conseils, tout ce qu'il valait ;

toutes qualités qui furent inutiles à la république tant
qu'il eut un collègue à ses côtés.

Je citerai de nouveau, à l'appui de cet exemple, un
passage de Tite-Live. Il rapporte que les Romains ayant
envoyé contre les Éques Quintius et Agrippa son collègue, ce dernier exigea que toute la conduite de la
guerre fût confiée à Quintius, et il dit : *Saluberrimum
in administratione magnarum rerum est summam im-
perii apud unum esse.*

Nos républiques et nos princes suivent une conduite
bien différente : ils ont l'habitude d'envoyer, pour diriger les opérations, plusieurs commissaires ou plusieurs
généraux, sans s'apercevoir des désordres incalculables
qui en résultent. Si l'on voulait rechercher quelle a
été la cause de la ruine de tant d'armées italiennes et
françaises que nous avons vue de nos jours, on serait
convaincu que cette habitude en a été la plus puissante.

Concluons donc qu'il est moins dangereux de charger
d'une expédition importante un homme seul, quoique
doué d'une capacité ordinaire, que deux hommes supérieurs, revêtus d'une égale autorité.

CHAPITRE XVI.

Dans les temps difficiles, c'est au vrai mérite que l'on a recours; et lorsque
tout est tranquille, ce ne sont pas les hommes vertueux, mais ceux que
distinguent leurs richesses ou leurs alliances, qui obtiennent le plus de
faveur.

On a vu et l'on verra toujours que les hommes rares
et éminents en vertu, qui brillent au sein d'une république, sont négligés lorsque les temps sont paisibles :
l'envie, qui accompagne la réputation que leur ont mé-
ritée leurs grandes qualités, excite contre eux une foule
de citoyens qui non-seulement se croient leurs égaux,

mais se prétendent même supérieurs à eux. Thucydide, historien grec, renferme à ce sujet un passage très-remarquable. Il dit que la république d'Athènes, ayant terminé à son avantage la guerre du Péloponèse, dompté l'orgueil de Lacédémone, et soumis à son joug la Grèce presque entière, acquit une telle prépondérance, qu'elle forma le projet de s'emparer de la Sicile. Cette entreprise fut mise en délibération devant le peuple d'Athènes. Alcibiade et quelques autres citoyens voulaient qu'elle eût lieu ; mais ce n'était pas l'intérêt public qui les dirigeait, c'était leur ambition personnelle, dans la pensée qu'ils seraient les chefs de l'entreprise. Alors Nicias, le citoyen le plus illustre d'Athènes à cette époque, voulant dissuader le peuple de ce projet, crut, en le haranguant, ne pouvoir le convaincre par un argument plus pressant, qu'en lui faisant voir que le conseil qu'il lui donnait de ne point entreprendre cette guerre était contraire à ses propres intérêts ; car tant qu'Athènes demeurait en paix, il savait qu'une infinité de citoyens prétendaient le surpasser ; mais que si la guerre venait à se déclarer, il avait la conviction que nul citoyen ne lui serait supérieur, ni même égal.

On voit donc qu'un des vices des gouvernements populaires est de dédaigner en temps de paix les hommes supérieurs. Cet oubli est pour eux une double source de mécontentement : l'une, en se trouvant privée du rang qu'ils méritent ; l'autre, en voyant regarder comme leurs égaux, et même leurs supérieurs, des hommes méprisables ou moins capables qu'eux. Ces abus ont été, pour les républiques, une source continuelle de désordres ; parce que les citoyens qui se croient injustement méprisés, et qui savent trop bien que cet oubli ne doit être attribué qu'aux temps de paix et de tranquillité, s'efforcent de faire naître des troubles en allumant des guerres nouvelles, préjudiciables aux intérêts de la république.

En réfléchissant aux remèdes qu'on pourrait opposer à ce désordre, on en trouvera deux : le premier est de maintenir les citoyens dans la pauvreté, afin que les richesses, sans la vertu, ne puissent corrompre ni eux ni les autres ; le second est de diriger toutes les institutions vers la guerre, de manière à y être toujours préparé, et à sentir sans cesse le besoin d'hommes habiles, comme le fit Rome dans les premiers temps de son existence. L'habitude d'avoir toujours une armée en campagne donnait place sans cesse au courage des citoyens ; on ne pouvait alors ravir à nul d'entre eux le grade qu'il avait mérité, pour le donner à celui qui ne le méritait pas : si cela avait lieu, ou par erreur, ou pour tenter un essai, il en résultait bientôt pour la république des désordres si grands ou de si grands périls, que l'on rentrait bien vite dans le véritable chemin.

Mais les républiques, dont les institutions ont un autre esprit, et qui ne font la guerre que quand la nécessité les y contraint, ne peuvent se mettre à l'abri de cet inconvénient ; au contraire, elles semblent s'y précipiter ; et l'on verra toujours naître le trouble dans leur sein, si le citoyen courageux qu'on néglige est vindicatif, ou s'il possède dans l'État des relations et du crédit. Si Rome sut se défendre pendant longtemps de cet abus, à peine eut-elle vaincu Carthage et Antiochus, que, n'ayant plus rien à redouter de la guerre, elle crut pouvoir également confier le commandement des armées à tous ceux qui le briguaient, moins déterminée par leur valeur que par les autres qualités qui pouvaient leur mériter la faveur du peuple. Paul Émile s'était mis plusieurs fois sur les rangs pour obtenir le consulat ; il avait toujours été rejeté ; mais aussitôt que la guerre de Macédoine eut éclaté, il obtint tous les suffrages, et on ui en confia la conduite d'un consentement unanime, tant cette guerre semblait périlleuse.

Depuis 1494, la ville de Florence avait eu de nombreuses guerres à soutenir. Tous les citoyens chargés de les diriger y avaient échoué, lorsque le hasard en fit découvrir un au sein de la république, qui sut montrer de quelle manière il fallait commander une armée : c'était Antonio Giacomini. Tant qu'il y eut à soutenir des guerres périlleuses, l'ambition des autres citoyens se tut, et il ne rencontra jamais aucun compétiteur lorsqu'il fut question d'élire un commissaire de l'armée ou un général; mais lorsqu'il n'y eut plus de guerres qui présentassent du danger; lorsqu'elles n'offrirent plus que des honneurs et un rang, il trouva tant de rivaux, que quand il fallut élire trois commissaires pour diriger le siége de Pise, on le laissa dans l'oubli. Quoiqu'on ne puisse prouver sans réplique que l'État ait eu à souffrir de n'en avoir pas chargé Antonio, on peut néanmoins le conjecturer aisément; car les Pisans n'ayant plus ni vivres ni moyens de défense, Antonio, s'il eût été présent, les aurait pressés avec tant de vigueur, qu'ils se seraient rendus à discrétion aux Florentins. Mais, se voyant assiégés par des chefs qui ne savaient ni les resserrer ni les emporter de vive force, ils traînèrent le siége tellement qu'ils forcèrent les Florentins à acheter ce que pouvait leur donner la force des armes. Un tel oubli aurait pu avec justice irriter Antonio, et il fallait toute sa patience et toute sa vertu pour ne pas désirer de se venger, ou par la ruine de sa patrie, s'il eût pu le faire, ou par la perte de quelques-uns de ses rivaux : danger dont une république doit surtout se préserver, comme nous l'exposerons dans le chapitre suivant.

CHAPITRE XVII.

Il ne faut point outrager un citoyen, et lui confier ensuite ou un emploi
ou un gouvernement important.

Un gouvernement doit faire attention à ne jamais
confier une administration importante à quelqu'un qui
aurait reçu une sanglante injure.

Claude Néron, ce fameux consul qui, s'éloignant de
l'armée avec laquelle il s'opposait aux progrès d'Annibal,
alla se réunir avec une partie de ses troupes à l'autre
consul qui se trouvait dans la Marche d'Ancône, afin de
combattre Asdrubal avant qu'il eût pu rejoindre Annibal,
son frère; Claude Néron, dis-je, s'était trouvé précédemment en Espagne, en présence du même Asdrubal, et
l'avait resserré dans une position tellement désavantageuse, qu'il fallait ou qu'il combattît, ou qu'il mourût
faute de vivres. Mais Asdrubal sut tellement l'amuser
par de fausses démarches d'accommodement, qu'il parvint à s'échapper de ses mains, et à lui enlever cette
occasion de le vaincre. Cet événement, à peine connu
dans Rome, excita contre Néron le mécontentement du
sénat et du peuple; toute la ville se répandit en invec-
tives contre lui, et il ne put voir sa honte sans indignation. Mais, ayant depuis été nommé consul et envoyé
pour combattre Annibal, il prit la résolution dont nous
venons de parler. Rome, qu'elle exposait aux plus imminents dangers, en demeura saisie de trouble et d'épouvante, jusqu'au moment où l'on reçut la nouvelle de la
défaite d'Asdrubal. Comme on demanda par la suite à
Néron quel motif l'avait engagé à tenter un parti si dangereux, et où, sans y être contraint par une extrême
nécessité, il avait joué pour ainsi dire la liberté de
Rome, il répondit qu'il s'y était déterminé parce qu'il

n'ignorait pas que, s'il réussissait, il recouvrait toute la gloire qu'il avait perdue en Espagne; tandis que, s'il eût échoué, et que son entreprise eût présenté un résultat contraire à celui dont il s'était flatté, il aurait montré du moins comment il aurait su se venger d'une ville et de citoyens qui l'avaient offensé avec si peu de ménagement et tant d'ingratitude.

Si le ressentiment d'une telle injure a eu tant de pouvoir sur un citoyen romain, et dans un temps où Rome n'était pas encore corrompue, combien ne doit-il pas aigrir plus profondément encore le citoyen d'une ville tout autre que ne l'était Rome à cette époque! Comme on ne peut indiquer un remède certain à ces inconvénients, qui sont inhérents au gouvernement républicain, il en résulte l'impossibilité d'établir une république perpétuelle, parce que mille chemins divers la conduisent à sa ruine.

CHAPITRE XVIII.

Rien n'est plus digne d'un capitaine habile que de pressentir les desseins de l'ennemi.

Le Thébain Épaminondas disait que rien n'était plus nécessaire et plus avantageux à un général que de connaître les projets et les résolutions de l'ennemi. Comme il est difficile d'obtenir cette connaissance, celui-là mérite d'autant plus de louange qui fait si bien qu'il les devine. Quelquefois même il est plus facile de pénétrer les projets de l'ennemi, qu'il ne l'est de savoir ce qu'il fait; et quelquefois aussi, de deviner les mouvements qu'il opère à de grandes distances, que ceux qu'il exécute inopinément et près de nous. Combien de fois, après une bataille que la nuit seule avait fait cesser, le vainqueur ne s'est-il pas cru vaincu, et le vaincu victorieux!

Cette erreur a souvent inspiré des déterminations funestes au salut de celui qui les a prises ; comme le prouve l'exemple de Brutus et de Cassius, auxquels une semblable erreur arracha tous les fruits de la guerre. L'aile commandée par Brutus avait défait les ennemis ; Cassius, de son côté, ayant été vaincu, se persuada que toute l'armée était en déroute ; désespérant alors du salut de la patrie, il se frappa d'un coup de poignard.

De nos jours, à cette bataille que François Ier, roi de France, livra aux Suisses, près de Santa-Cecilia, en Lombardie[1], la nuit étant survenue, un corps de Suisses qui n'avait point été entamé crut que la victoire lui était restée, n'ayant aucune nouvelle de ceux qui avaient été mis en déroute et tués ; cette erreur fut cause de leur perte, parce qu'ils attendirent le jour pour combattre de nouveau avec un si grand désavantage. Leur erreur fut partagée par l'armée du pape et de l'Espagne, dont elle fut sur le point de causer la ruine totale, attendu que, sur la fausse nouvelle de la victoire, elle avait passé le Pô, et que si elle eût continué à s'avancer, elle serait tombée entre les mains des Français victorieux.

Une erreur semblable trompa les Romains et les Éqües. Le consul Sempronius était allé avec son armée à la rencontre de l'ennemi ; il l'avait attaqué, et l'on s'était battu jusqu'à la nuit avec différents succès des deux côtés ; de manière que l'une et l'autre armée, à moitié vaincue, ne voulut pas rentrer dans son camp, mais prit position sur les collines voisines, où elle se croyait plus en sûreté ; l'armée romaine se divisa en deux corps, dont l'un suivit le consul et l'autre demeura avec un centurion nommé Tempanius, dont le courage avait seul préservé dans la journée l'armée romaine d'une déroute complète. Lorsque le jour fut venu, le consul, sans s'informer davantage de l'ennemi, se retira vers Rome ;

---

[1] Bataille de Marignan.

l'armée des Èques suivit la même conduite, parce que
chacun d'eux, croyant son ennemi vainqueur, fit sa retraite sans se soucier d'abandonner son camp au pouvoir
de son adversaire. Il arriva que Tempanius, qui était
resté avec l'autre partie de l'armée romaine, et qui
même se retirait déjà, apprit de quelques blessés des
ennemis que leurs généraux s'étaient sauvés, abandonnant leurs retranchements; Tempanius, à cette nouvelle,
rentra dans le camp des Romains, qu'il sauva, ravagea
ensuite celui des Èques et revint à Rome victorieux.

Ainsi qu'on le voit, une semblable victoire n'est due
qu'à ce que le vainqueur a le premier connu le désordre
de l'ennemi. Il faut en conclure qu'il peut souvent arriver que deux armées qui se trouvent en présence tombent dans les mêmes désordres, subissent les mêmes
désavantages, et que la victoire demeure alors à celui
qui, le premier, connaît la fâcheuse position de son
adversaire.

Je vais en citer un exemple domestique et récent.
En 1498 les Florentins avaient réuni contre Pise une
nombreuse armée; ils pressaient avec vigueur le siége
de cette ville, que les Vénitiens avaient prise sous leur
protection; ces derniers, ne voyant aucun moyen de la
sauver, résolurent de changer le théâtre de la guerre,
en attaquant sur un autre point le territoire de Florence; ils réunirent donc une forte armée, pénétrèrent
par la Val-di-Lamone, s'emparèrent du bourg de Marradi, et assiégèrent le château de Castiglione, qui se
trouve placé au-dessus de la colline qui domine ce
bourg. Les Florentins, à cette nouvelle, résolurent de
secourir Marradi, sans diminuer les forces qu'ils avaient
devant Pise : ils levèrent un autre corps d'infanterie,
équipèrent une cavalerie nouvelle, et les envoyèrent
dans cette direction, sous la conduite de Jacopo IV
d'Appiano, seigneur de Piombino, et du comte Rinuc-
cio da Marciano. Ces troupes étant parvenues sur la

colline qui domine Marradi, l'ennemi abandonna soudain les approches de Castiglione, et se retira dans le
bourg. Les deux armées, après être restées quelques
jours en présence, commençaient de part et d'autre à
souffrir du manque de vivres et des autres objets de
première nécessité; mais, n'osant s'attaquer mutuellement et ignorant les difficultés de leur position respec-
tive, elles formèrent une même nuit, l'une et l'autre,
le projet de lever leur camp à la pointe du jour, et de
battre en retraite, l'armée vénitienne vers Berzighella
et Faenza, la florentine sur Casaglia et le Mugello. Au
lever du jour chacun des deux camps avait déjà commencé à expédier ses bagages, lorsqu'une femme, partie
par hasard du bourg de Marradi, et que rassuraient sa
vieillesse et sa pauvreté, se rendit au camp des Florentins pour y chercher quelques-uns de ses parents
qu'elle désirait voir, et qui se trouvaient dans ce camp.
Les généraux florentins, ayant appris de sa bouche que
les Vénitiens levaient leur camp, reprirent courage à
cette nouvelle, et changèrent soudain de résolution,
comme si c'était eux qui forçassent l'ennemi à abandonner ses campements, marchèrent contre lui, et écrivirent à Florence qu'ils avaient repoussé l'ennemi, et
obtenu tous les avantages de la guerre. Cette victoire
n'eut d'autre cause que d'avoir appris les premiers que
les ennemis s'éloignaient; et si cette nouvelle eût été
portée d'abord dans le camp opposé, elle aurait produit
contre nous les mêmes résultats.

CHAPITRE XIX.

Si, pour gouverner la multitude, la clémence a plus de pouvoir
que la rigueur.

La république romaine était déchirée par les dissensions des nobles et du peuple; néanmoins la guerre s'étant allumée, on mit les armées en campagne sous la conduite de Quintius et d'Appius Claudius. Appius, dont le commandement était dur et grossier, fut mal obéi de ses troupes, et, presque battu, il fut obligé d'abandonner la province où il commandait. Quintius, au contraire, dont le caractère était doux et plein d'humanité, vit ses soldats s'empresser de lui obéir, et la victoire couronner ses entreprises.

Il semblerait donc que pour gouverner la multitude il vaut mieux être humain que superbe, clément que cruel. Néanmoins Tacite, dans un passage auquel souscrivent la plupart des historiens, avance une opinion contraire lorsqu'il dit : *In multitudine regenda plus pœna quàm obsequium valet.*

En cherchant de quelle manière on peut concilier l'une et l'autre opinion, on pourrait dire : ou vous avez à gouverner des hommes qui, pour l'ordinaire, sont vos égaux, ou qui vous sont soumis en tout temps comme sujets. On ne peut user sans restriction, envers ceux qui sont nos égaux, de ces peines et de cette rigueur dont parle Tacite; et comme dans Rome le peuple partageait l'empire avec la noblesse, celui qui en devenait le chef pour un temps limité ne pouvait le gouverner avec rigueur et brutalité; aussi l'on a vu souvent que les capitaines romains qui ont su se faire aimer de leurs troupes, et qui n'employaient pour les conduire que la douceur et les bons procédés, en ont tiré plus de fruit que ceux qui s'en faisaient redouter, à moins qu'ils ne fussent soutenus d'une vertu surnaturelle, tel que fut Manlius Torquatus.

Mais celui qui commande à des sujets, et c'est de ces derniers que parle Tacite, doit, s'il veut maîtriser leur insolence et les empêcher de fouler aux pieds une autorité trop douce, employer plutôt la rigueur que la clémence. Cependant cette rigueur doit être assez modérée pour ne point enfanter la haine ; car aucun prince ne s'est jamais bien trouvé de s'être fait haïr. Le moyen de l'éviter est de respecter les biens des sujets ; quant à leur sang, lorsque la spoliation n'est point un prétexte pour le répandre, il est rare qu'un prince aime à le verser sans nécessité ; et cette nécessité se présente rarement ; mais si l'avarice vient se mêler à la cruauté, les occasions et le désir de le répandre viennent s'offrir à chaque moment, comme nous l'avons longuement exposé dans un traité spécial sur cette matière.

Quintius mérite donc les louanges qu'on doit refuser à Claudius ; et la maxime de Tacite, renfermée dans de justes bornes, est digne d'être approuvée, mais ne doit pas servir d'exemple dans des circonstances semblables à celles où se trouvait Appius.

Puisque j'ai parlé des effets de la douceur et de la sévérité, je ne crois pas superflu de rappeler qu'un trait d'humanité eut plus de pouvoir sur les Falisques que la force des armes.

CHAPITRE XX.

Un trait d'humanité eut plus de pouvoir sur les Falisques que toutes les forces de Rome.

Tandis que Camille se trouvait avec son armée autour de la ville des Falisques, dont il faisait le siége, un maître d'école, qui élevait les enfants les plus distingués de la ville, croyant se rendre agréable à Camille et au peuple romain, sortit avec ses élèves sous prétexte de leur faire prendre de l'exercice, et les conduisit tous dans le camp du dictateur, auquel il les présenta, en lui disant qu'il lui mettait entre les mains un gage certain de la prise de la ville. Camille, loin d'accepter un pareil présent, fit dépouiller ce maître d'école de ses vêtements, ordonna qu'on lui liât les mains derrière le dos, et, donnant à chacun de ses élèves une poignée de verges, il le fit reconduire par eux dans la ville, en l'accablant de coups. Les habitants, instruits de cette conduite, furent tellement touchés de l'humanité et de la probité de Camille, qu'ils résolurent de lui rendre la ville sans songer davantage à se défendre.

Cet exemple mémorable prouve que souvent un acte de justice et de douceur a plus de pouvoir sur le cœur des hommes que la violence et la barbarie, et que souvent aussi ces villes et ces provinces, dont les armées, les instruments de guerre, ni toute la force des hommes n'avaient pu ouvrir l'entrée, se sont laissé désarmer par un exemple d'humanité ou de douceur, de chasteté ou de grandeur d'âme. Outre le fait que je viens de rapporter, l'histoire en présente une foule d'autres. Ainsi nous voyons Pyrrhus, que les armes des Romains n'avaient pu chasser d'Italie, s'en éloigner quand Fabricius, par grandeur d'âme, lui découvrit l'offre que son médecin avait faite aux Romains de l'empoisonner.

Scipion l'Africain acquit moins de réputation en Espagne par la prise de Carthagène que par l'exemple de continence qu'il donna en rendant, sans la déshonorer, à son époux une femme jeune et belle : action dont la renommée lui gagna l'affection de toute l'Espagne. Cet exemple prouve également combien les peuples désirent cette vertu dans les grands hommes; combien elle est l'objet de la louange des historiens, et de ceux qui écrivent la vie des princes, et de ceux qui enseignent comment ils doivent vivre. Parmi ces derniers, Xénophon s'efforce de faire voir quels honneurs, quelles victoires, quelle renommée, procurèrent à Cyrus sa douceur et son affabilité, et le soin qu'il mettait à ne se montrer ni orgueilleux, ni cruel, ni dissolu, ni entaché d'aucun de ces vices qui souillent la vie des autres hommes. Cependant, considérant qu'Annibal, tout en suivant une con-

duite opposée à celle de ces hommes illustres, a obtenu
une grande renommée et remporté d'éclatantes victoires,
je crois devoir examiner, dans le chapitre suivant, d'où
peut naître cette différence.

CHAPITRE XXI.

D'où vient qu'Annibal, en se conduisant d'une manière tout opposée à celle
de Scipion, obtint en Italie les mêmes succès que son rival en Espagne.

Il me semble qu'il y a lieu de s'étonner lorsque l'on
voit un général, quoique ayant tenu une conduite entièrement opposée, obtenir néanmoins les mêmes résultats que ceux qui se comportèrent de la manière dont je
viens de parler. Il faut donc que la victoire ne dépende
pas de ces causes; il paraît même que ces vertus n'augmentent ni vos forces ni vos succès, puisqu'en tenant
une conduite contraire on peut également acquérir et
la gloire et le crédit.

Mais, pour ne point m'écarter de l'exemple des deux
grands hommes que j'ai cités, et pour mieux éclaircir
ma pensée, j'ajouterai qu'à peine Scipion a-t-il pénétré
en Espagne, qu'il gagne tous les cœurs par ses vertus et
son humanité, et qu'il se fait admirer, et, pour ainsi
dire, adorer des peuples de cette contrée. Au contraire,
à peine Annibal a-t-il mis le pied en Italie, que, suivant
une conduite opposée, c'est-à-dire se livrant à la violence, à la cruauté, au pillage, et surtout à la mauvaise
foi, il obtient les mêmes succès en Italie que Scipion en
Espagne. En effet, toutes les villes d'Italie se révoltèrent
en faveur d'Annibal, tous les peuples se précipitèrent à
sa suite.

En examinant d'où peut naître ce résultat, on en
trouve plusieurs raisons. La première est que les hommes
sont à un tel point avides de nouveautés, que ceux qui

sont heureux ne les désirent pas avec moins d'empressement que ceux dont le sort est à plaindre : en effet,
comme je l'ai déjà dit et comme le prouve l'expérience,
les hommes se tourmentent dans le bonheur même, et
se plaignent dans l'adversité ; ce désir fait tomber toutes
les barrières devant celui qui, dans un pays, se met à la
tête d'un changement : s'il est étranger, on se précipite
à sa suite; s'il est du pays, on l'entoure, on le sert, on le
fortifie; et, quelle que soit sa manière d'agir, il obtient
bientôt les plus vastes résultats. En second lieu, les
hommes sont excités par deux puissants mobiles : l'affection ou la crainte; et il est aussi facile à celui qui se fait
craindre de commander, qu'à celui qui se fait aimer : on
a vu même plusieurs fois le chef redouté, obéi et suivi
avec plus d'empressement que celui qu'on aimait. Il importe donc peu à un capitaine de suivre l'une ou l'autre
de ces deux voies, pourvu qu'il soit doué d'un courage
supérieur, et que cette qualité l'ait mis en réputation
parmi les hommes. Lorsqu'elle est portée à un degré
aussi éminent que dans Annibal et Scipion, elle couvre
toutes les fautes que l'on pourrait commettre pour se
faire trop chérir ou trop redouter ; car de ces deux manières d'agir peuvent naître des inconvénients assez graves
pour causer la ruine d'un prince.

En effet, celui qui désire trop se faire aimer, pour peu
qu'il s'écarte des justes bornes, n'obtient que le mépris ;
celui, au contraire, qui ne cherche qu'à se faire craindre,
et qui dépasse le but, devient l'objet de la haine. Marcher entre ces deux excès est une chose absolument impossible, à laquelle la nature même de l'homme se refuse. Il est donc nécessaire de les balancer par des
qualités aussi extraordinaires que celles d'Annibal et de
Scipion.

Cependant on voit que les principes qui dirigeaient leur
conduite leur furent aussi préjudiciables qu'ils leur avaient
été avantageux. Nous avons parlé de la gloire qu'ils leur

obtinrent. C'est en Espagne même que Scipion éprouva les inconvénients de son trop de bonté, lorsque ses soldats et une partie de ses amis se soulevèrent contre lui, uniquement parce qu'ils ne le craignaient pas; car les hommes sont dans une inquiétude tellement continuelle, qu'à la moindre voie ouverte à leur ambition ils oublient soudain l'affection que la bonté d'un prince devrait leur inspirer; comme le montre la conduite des soldats et des amis de Scipion. Aussi ce grand homme, pour arrêter le mal, fut contraint d'employer la rigueur qu'il avait voulu fuir jusqu'alors.

On ne peut spécifier aucun fait particulier où Annibal ait été victime de sa cruauté ou de sa mauvaise foi; mais on peut supposer que c'est la crainte seule qu'elle leur inspirait qui retint Naples et beaucoup d'autres villes dans l'alliance des Romains : seulement on voit évidemment que sa conduite impie le rendit plus exécrable aux Romains qu'aucun des autres ennemis qu'ait jamais eus cette république. Tandis qu'ils avaient découvert à Pyrrhus le traître qui voulait l'empoisonner, quoiqu'il fût encore en Italie à la tête de son armée, ils ne voulurent jamais pardonner à Annibal; et, bien qu'errant et désarmé, ils le poursuivirent jusqu'à ce qu'ils l'eussent fait mourir. Tels sont les désavantages qu'attira à ce général sa réputation d'homme cruel, sans foi et contempteur des dieux. Mais, d'un autre côté, il en tira un avantage immense que tous les historiens ont admiré : c'est que son armée, quoique composée d'une foule de nations différentes, ne vit jamais naître le moindre soulèvement ni parmi les troupes ni contre le général; ce qui ne peut provenir que de la terreur qu'inspirait sa personne. Cette terreur, jointe à la renommée que son courage lui avait acquise, suffisait pour tenir ses soldats unis dans l'obéissance.

Ainsi donc je conclus qu'il importe peu de quelle manière un chef d'armée se conduit, pourvu que ses qua-

43

lités soient assez éminentes pour corriger les excès de l'une ou de l'autre de ces manières de se conduire. Ainsi que nous l'avons dit, toutes deux offrent des dangers et des inconvénients, lorsqu'elles ne sont pas tempérées par un courage et un talent extraordinaires.

Si Annibal et Scipion, l'un par des actions dignes de louanges, l'autre par une conduite odieuse, obtinrent les mêmes résultats, je ne crois pas devoir négliger de parler encore de deux citoyens romains, qui, en suivant une marche différente, quoique également louable, méritèrent tous deux la même gloire.

CHAPITRE XXII.

Comment la dureté de Manlius Torquatus et la modération de Valerius Corvinus leur acquirent à tous deux une gloire semblable.

Rome posséda en même temps deux généraux habiles, Manlius Torquatus et Valerius Corvinus. Tous deux vécurent dans cette ville, égaux en courage, en triomphes et en gloire ; tous deux, à l'égard de l'ennemi, durent ces avantages à une valeur semblable ; mais, quant à la manière de diriger leur armée et de traiter leur soldats, ils suivirent une marche entièrement différente. Manlius, déployant en toute occasion une sévérité sans bornes, accablait sans cesse les troupes de travaux pénibles ; Valerius, au contraire, rempli de douceur envers elles, se plaisait à leur témoigner la familiarité la plus affable. L'un, pour maintenir la discipline dans son armée, livra son propre fils à la mort ; l'autre n'offensa jamais le moindre citoyen ; cependant chacun retira les mêmes fruits d'une conduite si opposée, à l'égard de l'ennemi, de la république et de soi-même. En effet, jamais aucun soldat ne refusa de marcher au combat, ne se souleva contre eux, ou ne se montra opposé à leurs

commandements, quoique ceux de Manlius fussent tellement rigoureux, que l'on nomma *Manliana imperia* tous
les ordres qui se faisaient remarquer par leur excessive
sévérité.

Il faut donc examiner d'abord ce qui obligea Manlius
à déployer une si grande sévérité, et pourquoi Valerius,
au contraire, put s'abandonner à sa douceur naturelle ;
ensuite comment il se fait que des procédés si divers
aient obtenu les mêmes résultats ; et enfin quel est
celui qu'il est plus désirable et plus avantageux d'i-
miter.

Si l'on examine avec attention le caractère de Manlius, du moment où Tite-Live commence à parler de
lui, on verra en lui un homme doué du plus ferme
courage, plein de tendresse pour son père et pour sa
patrie, de respect pour ses supérieurs. Il fit éclater ces
vertus dans le combat où il donna la mort à un Gaulois, et dans la défense de son père, qu'il entreprit contre un des tribuns. Avant d'aller combattre ce Gaulois,
il vint trouver le consul et lui dit : *Injussu tuo adversus hostem nunquam pugnabo, non si certam victoriam
videam.* Un homme de cette trempe, parvenu au commandement, doit vouloir que tous les hommes lui ressemblent ; son âme sans faiblesse lui dicte des ordres
rigoureux ; et lorsqu'il a fait connaître ses volontés, il
ne souffre pas qu'on les enfreigne. Une règle sans exception, c'est que si l'on donne des ordres pleins de
sévérité, il faut les faire exécuter impitoyablement,
lorsqu'on ne veut pas en être soi-même la victime ; d'où
il faut conclure que, quand on veut être obéi, il faut
savoir commander. Et ceux-là seuls savent commander,
qui comparent leurs qualités à celles des hommes qui
doivent leur obéir ; qui ne donnent des ordres que lorsqu'ils y voient de la proportion, et qui, lorsqu'elle
n'existe pas, se gardent bien de rien prescrire. C'est ce
qui faisait dire à un sage que, lorsqu'on voulait gou-

verner un État par la violence, il fallait qu'il y eût proportion entre celui qui l'employait et le peuple qui la
souffrait; que, lorsque cette balance existait, il était à
présumer que la violence pourrait être durable; mais
que, lorsque l'opprimé était plus fort que l'oppresseur, on
pouvait s'attendre chaque jour à voir cesser cette violence.

Pour en revenir à mon sujet, je dis que lorsque l'on
donne des ordres pleins de vigueur, il faut être fort
soi-même; et celui qui, doué de cette force d'âme,
donne des ordres rigoureux, ne peut ensuite descendre
à la douceur pour les faire exécuter. Celui qui ne possède point une âme de cette trempe doit éviter les
ordres extraordinaires; mais dans ceux qui ne sortent
point de la classe ordinaire, il peut s'abandonner à
toute la douceur de son caractère, attendu que les châtiments ordinaires s'imputent seulement aux lois et à
la raison d'État, et jamais au prince.

Il faut donc croire que Manlius fut contraint d'agir
avec autant de rigueur par la nature de son caractère,
qui l'inclinait aux ordres sévères. Ces ordres sont utiles
dans une république; car ils en ramènent les institutions à leur principe et la rappellent à son antique
vertu. Si une république était assez heureuse pour voir
souvent naître dans son sein des hommes dont l'exemple, ainsi que je l'ai dit, rendît la vigueur à ses lois, et
qui non-seulement la retinssent sur le penchant de sa
ruine, mais pussent la faire revenir sur ses pas, elle
serait sans doute éternelle. Ainsi Manlius fut un de ces
mortels dont la rigidité et le caractère absolu conservèrent dans Rome la discipline militaire : d'abord, il
fut entraîné par la nature de son caractère; et ensuite
par le désir de faire observer les ordres que lui avaient
dictés ses inclinations naturelles.

D'un autre côté, Valerius, à qui il suffisait de maintenir les règles de la discipline en vigueur dans les
armées romaines, put s'abandonner à toute sa douceur.

Comme cette discipline était bonne, il n'avait besoin que de la faire observer pour obtenir de la gloire ; d'ailleurs, comme elle était facile à suivre, elle n'obligeait point à sévir contre les transgresseurs, soit qu'il n'en existât pas, soit que, s'il s'en fût trouvé quelques-uns, c'eût été, comme nous l'avons dit, aux règlements qu'ils auraient imputé leur châtiment, et non à la cruauté de leur chef. Ainsi Valerius pouvait suivre sans obstacle son penchant à la douceur, de manière à mériter l'amour de ses soldats, et à les rendre satisfaits de leur sort. Il en résulta que Valerius et Manlius, ayant su se faire obéir tous deux, quoique par des voies différentes, purent obtenir les mêmes effets.

Toutefois ceux qui voudraient imiter ces deux grands hommes pourraient encourir cette déconsidération et cette haine dont j'ai dit que Scipion et Annibal furent l'objet ; et ce n'est que par des qualités pour ainsi dire surnaturelles que l'on peut échapper à ce double inconvénient.

Il me reste maintenant à examiner lequel de ces deux modes de se conduire mérite le plus de louanges. Ce point peut être sujet à discussion ; car les écrivains ont fait de tous deux l'objet de leurs éloges ; néanmoins ceux qui ont écrit sur la conduite que doivent suivre les princes paraissent plus pencher pour Valerius que pour Manlius. Xénophon, que j'ai déjà cité, racontant plusieurs traits d'humanité de Cyrus, se rapproche infiniment de ce que dit Tite-Live touchant Valerius, qui, ayant été fait consul dans la guerre contre les Samnites, parla à ses soldats, le jour même du combat, avec cette douceur et cette affabilité qui le dirigeaient dans toutes ses actions. Après cette harangue, Tite-Live ajoute ces paroles : *Non alias militi familiarior dux fuit, inter infimos militum omnia haud gravate munia obeundo. In ludo præterea militari, cùm velocitatis viriumque inter se æquales certamina ineunt, comiter facilis vincere ac*

*vinci, vultu eodem; nec quemquam adspernari parem,
qui se obferret; factis, benignus pro re ; dictis, haud
minus libertatis alienæ, quam suæ dignitatis memor;
et , quo nihil popularius est, quibus artibus petierat
magistratus iisdem gerebat.*

Tite-Live parle de Manlius d'une manière également
honorable, en faisant voir que la sévérité qu'il déploya
dans la mort de son fils rendit l'armée tellement soumise
au consul, qu'elle fut cause de la victoire que le peuple
romain remporta sur les Latins ; il pousse la louange
au point, qu'après avoir décrit cette victoire et les dispositions du combat, et mis sous les yeux du lecteur tous
les dangers que les Romains coururent, ainsi que tous
les obstacles qu'ils durent surmonter pour triompher,
il conclut en disant que c'est à la seule valeur de Manlius que Rome fut redevable de la victoire. Il établit ensuite une comparaison entre les forces des deux armées,
et il affirme que celle-là eût été victorieuse, qui aurait
eu Manlius pour consul.

En examinant les différentes opinions des écrivains
qui ont traité cette question, il serait difficile de porter
un jugement définitif. Néanmoins, pour ne point la laisser indécise, je pense que, dans un citoyen vivant sous
les lois d'une république, la conduite de Manlius mérite
plus de louanges et présente moins de dangers, parce
qu'elle est toute en faveur de l'État, et n'est nullement
dictée par l'ambition personnelle ; car, ce n'est pas en
se montrant dur envers tout le monde, et uniquement
touché du bien public, que l'on obtient des partisans.
Par cette conduite, on ne peut acquérir de ces amis
particuliers, auxquels nous donnons, comme je l'ai dit
précédemment, le nom de partisans. Cela est si vrai,
qu'une république ne saurait trop honorer une conduite
qui lui présente de si grands avantages, et qui, ne ten-
dant qu'à l'utilité commune, ne peut être suspecte de
vues personnelles et intéressées.

La manière d'agir de Valerius, au contraire, quoique
ses résultats soient les mêmes relativement au bien de
l'État, doit enfanter de nombreux soupçons, par la bienveillance particulière qu'elle fait naître dans le cœur du
soldat, bienveillance capable, après un long commandement, de produire des résultats funestes à la liberté. Si
la popularité de Valerius n'eut point de suite dangereuse, c'est que les mœurs de Rome n'étaient pas encore
corrompues, et que le pouvoir qu'on lui confia ne fut ni
perpétuel ni même de longue durée.

Mais s'il était question d'un prince, comme dans Xénophon, nous pencherions entièrement pour Valerius, et
Manlius serait rejeté ; car, ce que doit surtout rechercher un prince dans ses sujets et ses soldats, c'est l'o-
béissance et l'amour. Il obtient l'obéissance, parce qu'il
observe lui-même les lois et que l'on croit à ses vertus.
Il doit leur amour à l'affabilité, à l'humanité, à la douceur, et à toutes ces qualités que l'on révérait dans Valerius, et qui, selon Xénophon, éclataient également
dans Cyrus. L'affection particulière pour le prince, le
dévouement de ses armées, sont parfaitement en harmonie avec toutes les autres institutions d'un gouvernement monarchique ; mais, lorsqu'un citoyen ne compte
dans une armée que des partisans, il s'écarte en cela de
ses autres devoirs, qui l'obligent à vivre sous l'empire
seul des lois et à obéir à ses magistrats.

On lit dans les anciennes histoires de Venise que les
galères de cette ville étant rentrées dans le port, il s'é-
leva quelques différends entre les matelots et le peuple ;
on s'ameuta et l'on prit les armes ; le désordre était si
grand que ni la force publique, ni le crédit des principaux citoyens, ni la crainte des magistrats, ne pouvaient
parvenir à l'apaiser. Soudain se présente devant les matelots un gentilhomme qui, l'année précédente, avait été
leur capitaine ; et, apaisés par l'affection qu'ils lui portaient, ils se retirèrent en abandonnant le combat. Cette

prompte obéissance inspira de tels soupçons au sénat, que quelque temps après les Vénitiens s'assurèrent de ce gentilhomme en le plongeant en prison ou en le faisant mourir.

Je conclus donc que la conduite de Valerius est utile dans un prince, mais que, dans un citoyen, elle est dangereuse, non-seulement pour la patrie, mais encore pour lui-même ; pour la patrie, parce que c'est ainsi que l'on prépare les voies à la tyrannie ; pour lui-même, parce que l'État, pour se mettre à couvert des soupçons qu'il a conçus, est contraint d'employer, pour s'assurer de lui, des mesures qui lui sont funestes. Le procédé de Manlius, au contraire, ne peut dans un prince produire que du mal ; mais il est utile dans un citoyen, et surtout pour la patrie. Il est cependant des cas où il cause quelque mal : c'est lorsque cette haine qu'enfante la sévérité se trouve augmentée encore par les soupçons qu'inspirent les autres vertus qui vous ont acquis tant de considération ; comme nous allons le voir dans le chapitre suivant, au sujet de Camille.

CHAPITRE XXIII.

Par quels motifs Camille fut banni de Rome.

La conclusion du chapitre précédent a été, qu'en se conduisant comme Valerius, on nuit à la patrie et à soi-même, et qu'en suivant l'exemple de Manlius on se rend utile à l'État, mais qu'on se nuit aussi quelquefois. Je citerai, à l'appui de cette assertion, l'exemple de Camille, qui, dans sa conduite, ressemblait plutôt à Manlius qu'à Valerius. Aussi Tite-Live, en parlant de lui, dit-il que « ses soldats admiraient et haïssaient tout à « la fois son courage, » *ejus virtutem milites oderant et mirabantur*. Les qualités qui lui attiraient l'admiration étaient sa sollicitude, sa prudence, sa grandeur d'âme, les bonnes dispositions qu'il savait déployer dans l'emploi et le commandement des armées; la haine avait sa source dans son penchant à se montrer plus sévère dans les châtiments que libéral dans les récompenses.

Tite-Live attribue cette haine aux motifs suivants : le premier, c'est qu'il appliqua aux besoins de l'État le produit de la vente des terres des Véïens, au lieu d'en faire le partage avec le reste du butin; le second, que, lors de son triomphe, il avait fait tirer son char par quatre chevaux blancs, ce qui faisait dire que, dans son orgueil, il avait voulu s'égaler au soleil; le troisième, qu'ayant fait vœu de donner au temple d'Apollon la dixième partie du butin fait sur les Véïens, il avait fallu, pour satisfaire à ce vœu, la retirer des mains des soldats qui se l'étaient déjà partagée.

On voit clairement, par cet exemple, quelles sont les actions qui rendent un prince odieux au peuple, et dont la principale est de lui ravir un avantage qu'il possède déjà : ce point est d'une grande importance. L'homme que l'on prive d'un avantage quelconque n'en perd jamais le souvenir : le moindre besoin suffit pour en ranimer la mémoire; et comme ces besoins renaissent chaque jour, chaque jour aussi la réveille.

L'orgueil et la vanité sont encore une des sources les plus fécondes de la haine des peuples, surtout parmi les hommes libres. Quoiqu'il ne résulte pour eux rien de funeste de cet orgueil et de cette ostentation, néanmoins ils n'en détestent pas moins ceux qui s'y livrent : c'est ce que les princes doivent craindre comme un écueil; car, se rendre l'objet de la haine universelle sans y trouver son profit, c'est une conduite tout à fait imprudente et téméraire.

CHAPITRE XXIV.

La prolongation des commandements rendit Rome esclave.

Si l'on examine attentivement la manière de procéder de la république romaine, on apercevra que sa dissolution doit être attribuée à deux causes : la première, les dissensions que la loi agraire fit naître ; la dernière, la prolongation des commandements. Si ces deux causes avaient été bien connues dès le principe, et qu'on y eût opposé les remèdes voulus, la liberté aurait vu son existence prolongée, et peut-être même plus tranquille. Et, quoique la prolongation du commandement n'ait jamais en apparence occasionné de troubles dans Rome, on voit cependant, en effet, combien devint nuisible à la république l'autorité que les citoyens y usurpèrent par ce moyen.

Si les autres citoyens dont les magistratures furent prorogées avaient été aussi sages et aussi vertueux que Lucius Quintius, on n'eût point été exposé à de pareils dangers. Sa vertu offre un exemple remarquable. Le peuple ayant fait un accommodement avec le sénat et prolongé d'une année le pouvoir des tribuns, parce qu'il les croyait propres à résister à l'ambition des nobles, le sénat, pour rivaliser avec le peuple et ne pas lui paraître inférieur, voulut continuer L. Quintius dans son consulat ; mais Quintius rejeta cette proposition et dit qu'il fallait s'efforcer de détruire les mauvais exemples, et non les accroître par de plus mauvais encore ; et il exigea que l'on nommât de nouveaux consuls.

Si tous les citoyens de Rome avaient eu la même sagesse et la même vertu, on n'aurait point laissé s'introduire dans l'État cette coutume de continuer les magistrats dans leurs fonctions, et l'on n'en serait pas venu à prolonger également le commandement des armées; usage qui, avec le temps, entraîna la ruine de la république. Le premier pour qui le commandement fut prorogé est Publius Philo. Il assiégeait la ville de Palæpolis; son consulat touchait à son terme; et le sénat, qui craignait que la victoire ne lui échappât des mains, ne lui envoya pas de successeur, mais le nomma proconsul, et il est le premier qui fut revêtu de cette dignité. Une telle innovation, quoique dictée au sénat par l'intérêt de l'État, fut celle qui, avec le temps, amena l'asservissement de Rome. Plus les armées romaines s'éloignèrent du centre de l'empire, plus cette prorogation parut nécessaire, et plus on en fit usage. Il en résulta deux inconvénients : le premier, c'est qu'un plus petit nombre de citoyens s'exercèrent au commandement, et de là vint que quelques-uns d'entre eux seulement obtinrent toute la considération ; le dernier, c'est qu'un général, après avoir commandé pendant un assez long espace de temps une armée, gagnait l'affection de ses soldats, dans chacun desquels il trouvait autant de partisans ; et à la longue l'armée, oubliant le sénat, ne connaissait plus que son chef. C'est ainsi que Sylla et Marius parvinrent à trouver des soldats qui ne balancèrent pas à les suivre pour opprimer la république ; c'est ainsi que César put asservir sa patrie. Si jamais les Romains n'avaient prolongé ni les magistratures, ni les commandements ; si leur élévation n'eût point été aussi rapide ; si leurs conquêtes eussent été plus lentes, ils seraient aussi tombés plus tard dans la servitude.

CHAPITRE XXV.

De la pauvreté de Cincinnatus, et de celle d'un grand nombre de citoyens

Nous avons exposé ailleurs comment une des institutions les plus utiles à un gouvernement libre était de maintenir les citoyens dans la pauvreté. Quoiqu'on n'aperçoive pas quelle a été dans Rome l'institution destinée à obtenir ce résultat, puisque la loi agraire éprouva une opposition aussi acharnée, cependant on voit que, quatre cents ans après sa fondation, la plus grande pauvreté régnait dans la république; et il y a lieu de croire que, sans qu'il fût besoin d'aucun règlement pour obtenir cet effet, il suffisait d'être convaincu que la pauvreté n'interdisait à aucun citoyen le chemin des honneurs et des dignités, et qu'on allait toujours trouver la vertu sous quelque toit qu'elle habitât.

Ces mœurs austères rendaient moins vif le désir des richesses. On en trouve une preuve évidente dans la conduite que tinrent les Romains lorsque l'armée du consul Minutius se trouva enveloppée par les Éques. A cette nouvelle, Rome, craignant la perte de son armée, eut recours à la création d'un dictateur, dernier remède dans ses derniers malheurs. On décerna cette dignité à L. Quintius Cincinnatus, qui se trouvait alors dans une petite ferme qu'il cultivait lui-même de ses mains. Tite-Live célèbre ce trait par ces paroles d'or : *Operæ pretium est audire, qui omnia præ divitiis humana spernunt, neque honori magno locum, neque virtuti putant esse, nisi effuse affluant opes.*

Cincinnatus labourait lui-même son petit héritage, qui n'avait pas plus de quatre arpents d'étendue, lorsque les envoyés du sénat arrivèrent de Rome pour lui annon-

cer son élévation à la dictature, et lui faire connaître
dans quel péril imminent se trouvait la république. Il
prit aussitôt sa toge, se rendit à Rome; et, rassemblant
une armée, il courut délivrer Minutius; mais, après
avoir battu et dépouillé les ennemis et sauvé le consul,
il ne voulut pas que l'armée délivrée participât au butin,
et lui adressa ces paroles : « Je ne veux pas que tu par-
« tages les dépouilles de ceux dont tu as failli devenir la
« proie. » Il priva Minutius du consulat, et le fit simple
lieutenant, en lui disant : « Tu resteras dans ce grade
« jusqu'à ce que tu aies appris à savoir être consul. » Il
avait nommé maître de la cavalerie L. Tarquinius, que
sa pauvreté obligeait de combattre à pied. Et remarquons
combien dans Rome la pauvreté était en honneur, et
comment un homme illustre et vertueux, tel que Cincinnatus, n'avait besoin que de quatre arpents de terre
pour se nourrir. On voit encore cette pauvreté subsister du temps de Marcus Regulus; et ce général, qui se
trouvait en Afrique à la tête des armées romaines, demanda au sénat la permission de venir soigner sa mé-
tairie, dont ses fermiers avaient négligé la culture.

On doit ici faire attention à deux considérations bien
importantes : l'une est de voir les citoyens, satisfaits au
sein de la pauvreté, se contenter de la gloire que leur
procurait la guerre, et en abandonner tous les autres
avantages à l'État. S'ils avaient pensé, en effet, à s'enrichir par la guerre, que leur aurait importé de voir leurs
propres champs dégradés?

L'autre est d'examiner la grandeur d'âme de ces citoyens. A peine placés à la tête d'une armée, leur magnanimité les élevait au-dessus des princes : méprisant
la puissance des rois et des républiques, rien ne pouvait
ni les éblouir ni les épouvanter; mais à peine étaient-ils
rentrés dans la vie privée, ils devenaient économes,
modestes, cultivateurs de leurs humbles possessions,
soumis aux magistrats, respectueux envers leurs supé-

rieurs ; de manière qu'il semble presque impossible que le caractère d'un homme puisse se plier à un tel changement.

Cette pauvreté dura encore jusqu'aux temps de Paul Émile, derniers jours heureux de la république, où l'on vit un citoyen, dont le triomphe enrichit la ville de Rome, demeurer lui-même dans l'indigence. Cette pauvreté était encore tellement en honneur à cette époque, qu'une coupe d'argent que Paul Émile avait donnée à son gendre, dans la distribution des récompenses décernées aux citoyens qui s'étaient distingués à la guerre, fut le premier argent qui entra dans sa maison. On pourrait prouver longuement combien les fruits que produit la pauvreté sont supérieurs à ceux de la richesse ; et comment la première a honoré les républiques, les royaumes, les religions mêmes, tandis que l'autre a été cause de leur perte, si ce sujet n'avait été traité un grand nombre de fois par d'autres écrivains.

CHAPITRE XXVI.

Comment les femmes ont été quelquefois cause de la perte d'un État.

Il s'éleva entre la noblesse et le peuple de la ville d'Ardée une sédition enfantée par un mariage. Il s'agissait d'établir une riche héritière recherchée en même temps par un plébéien et un noble : comme elle avait perdu son père, ses tuteurs voulaient la marier au premier ; mais la mère préférait le dernier. Il en résulta un tel désordre qu'on en vint aux armes : toute la noblesse les prit en faveur du noble ; le peuple s'arma pour soutenir le plébéien : le peuple ayant succombé, fut obligé de quitter Ardée, et implora le secours des Volsques ; les nobles s'adressèrent à Rome. Les Volsques, ayant prévenu les Romains, arrivèrent les premiers devant

Ardée et en formèrent le siége. A leur arrivée, les Romains resserrèrent les Volsques entre la ville et leur armée, et les contraignirent par la famine à se rendre à discrétion : ils entrèrent alors dans Ardée, livrèrent au supplice les chefs de la sédition, et rétablirent l'ordre dans la ville.

Ce texte donne lieu à plusieurs réflexions. D'abord on peut remarquer que les femmes ont été la cause d'une foule d'événements funestes, l'occasion de grands malheurs pour ceux qui gouvernaient une cité, et qu'elles y ont fait naître de nombreuses divisions. Comme on a vu dans cette même histoire que l'outrage fait à Lucrèce renversa du trône les Tarquins, de même celui que subit Virginie précipita les décemvirs de leur puissance. Aussi Aristote regarde comme une des principales causes de la ruine de la plupart des tyrans les outrages commis envers les femmes, soit en les déshonorant, soit en les violant, soit en corrompant la sainteté du mariage ; matière sur laquelle nous nous sommes étendu dans le chapitre où nous avons traité des conjurations.

Je dirai donc que les princes absolus et les magistrats d'une république ne doivent pas attacher peu d'importance à cet objet ; ils ne sauraient trop réfléchir à tous les accidents qui peuvent en résulter, afin d'y remédier lorsqu'il en est temps encore, et sans qu'il en résulte de la honte ou du dommage pour l'État ou pour la république, comme il arriva aux Ardéates, qui, pour avoir laissé grandir la discorde élevée entre les citoyens, en vinrent à une rupture ouverte, et furent obligés, pour rétablir la concorde, d'avoir recours à l'appui des étrangers : conduite qui est la cause la plus immédiate d'une prochaine servitude.

Mais il est temps d'examiner ce qu'il y a encore de remarquable dans les moyens de rétablir l'union dans une ville : ce sera l'objet du chapitre suivant.

CHAPITRE XXVII.

Quelle est la conduite qu'on doit suivre pour rétablir l'union dans une ville où règne la discorde, et combien est fausse l'opinion que, pour se maintenir dans une ville, il faut y entretenir la désunion.

La manière dont les consuls romains réconcilièrent les habitants d'Ardée indique la conduite qu'on doit suivre pour rétablir le calme dans une ville où règne la discorde, et qui n'est autre que d'exterminer les chefs de la révolte. Il n'y a pas d'autre remède. On ne peut employer en effet qu'un des trois moyens suivants : ou se défaire sans pitié des coupables, comme firent les Romains, ou les bannir de la cité, ou les contraindre à faire la paix entre eux, en contractant l'obligation de ne plus s'outrager. De ces trois moyens, le dernier est le plus dangereux, le plus incertain et le plus inutile. Il est impossible, lorsque le sang a coulé, ou que des outrages de cette espèce ont été commis, qu'une paix imposée par la force puisse durer longtemps, surtout lorsque chaque jour des ennemis se revoient en face. Il est difficile de les empêcher de s'injurier de nouveau, lorsqu'à chaque parole un nouveau sujet de querelle peut s'élever entre eux.

On ne peut citer sur cette matière un exemple plus frappant que celui de la ville de Pistoja. Cette ville était partagée, il y a quinze ans, comme aujourd'hui, entre les deux factions des Panciatichi et des Cancellieri ; mais à cette époque elle avait en mains les armes qu'elle a déposées maintenant. Après de longues querelles, on en vint à s'égorger, à détruire les maisons, à piller les propriétés, et à toutes les extrémités dont on use envers des ennemis. Les Florentins, qui avaient entrepris d'apaiser ces troubles, avaient toujours usé du troisième moyen, et sans cesse on voyait renaître de nouveaux tumultes, et de plus grands désordres. Las enfin de leurs efforts inutiles, ils résolurent de se servir du second moyen, en éloignant les chefs des deux partis ; en conséquence, ils en plongèrent plusieurs en prison, et exilèrent les autres en divers endroits : c'est alors seulement que la concorde qu'ils rétablirent dans la ville, et qui a duré jusqu'à ce moment, put se consolider. Cependant il est hors de doute que le premier parti eût été le plus sûr. Mais comme de semblables exécutions ont en elles quelque chose de grand et de hardi, une république faible n'ose les employer ; elle en est même si éloignée qu'à peine a-t-elle la force d'arriver jusqu'au second.

Voilà une des erreurs dans lesquelles j'ai dit en commençant que les princes de nos jours se laissaient entraîner, lorsqu'ils ont à juger d'une affaire importante. Il faudrait qu'ils voulussent connaître d'abord la manière dont se sont conduits, dans l'antiquité, ceux qui se sont trouvés dans les mêmes circonstances ; mais le manque d'énergie des hommes de nos jours, produit par la faiblesse de leur éducation et le peu de connaissance des affaires, est cause que l'on regarde en partie les jugements rendus par les anciens comme contraires à l'humanité, et en partie comme impraticables. Ils ont donc adopté dans ces temps modernes des maximes entièrement erronées : telle est celle qu'avançaient encore tout récemment les citoyens de notre ville réputés les plus sages, *Qu'il faut maintenir Pistoja par les factions, et Pise par des forteresses*; sans s'apercevoir combien l'une et l'autre de ces mesures est inutile.

Je ne parlerai pas des forteresses, parce que j'ai déjà traité fort au long ce sujet dans un chapitre précédent ; je me bornerai à démontrer combien est vain le moyen d'entretenir les divisions dans une ville dont on a le gouvernement, pour y maintenir son autorité.

D'abord, que ce soit un prince ou une république qui

gouverne, il est impossible d'obtenir à la fois l'amitié des
deux factions. Il est dans le caractère de l'homme de
prendre un parti quelconque dans tout ce qui offre diversité d'opinion, et de le préférer à l'autre : d'où il résulte qu'une portion des sujets étant mécontente, vous
perdez l'État à la première guerre qui vient à s'allumer ;
parce qu'il est impossible de conserver un État qui a des
ennemi au dedans et au dehors.

Si c'est une république qui gouverne, il n'est pas de
meilleur moyen de corrompre ses propres citoyens, et
d'introduire les dissensions parmi eux, que d'avoir à gouverner une cité partagée entre les factions, et dans laquelle chaque parti, s'efforçant d'obtenir la faveur, emploie toutes les ressources de la corruption pour acheter
des amis ; de sorte qu'il en résulte deux immenses inconvénients : le premier, c'est de ne pouvoir jamais se faire
un ami du peuple, parce qu'il est impossible de le bien
gouverner lorsque le gouvernement varie à chaque instant, suivant que l'une ou l'autre faction triomphe ; le
dernier, c'est que cette attention à entretenir les divisions divise nécessairement aussi votre république. C'est
ce qu'atteste le Biondo, lorsqu'en parlant des Florentins
et des habitants de Pistoja, il s'exprime en ces termes :
*Tandis que les Florentins s'efforçaient de rétablir la con-
corde dans Pistoja, ils se divisaient eux-mêmes.* On
peut donc juger par cet exemple des suites funestes qu'entraînent les divisions.

Lorsqu'en 1501 Florence perdit Arezzo et toute la Val-
di-Tévere et la Val-di-Chiana, qu'occupaient les Vitelli et
le duc de Valentinois, un seigneur de Laon, envoyé par le
roi de France, arriva pour faire restituer aux Florentins
toutes les places qu'ils avaient perdues. Lors de la visite
qu'il fit des forteresses, il trouva dans chacune d'elles
des habitants qui lui dirent qu'ils étaient du parti de
Marzocco. Il blâma vivement ces divisions, et ajouta que
si en France quelques sujets osaient avancer qu'ils sont

du parti du roi, ils seraient punis soudain, parce que ces mots ne pourraient signifier autre chose, sinon qu'il existerait dans le royaume des ennemis du roi, et que son maître prétendait que toutes les villes soumises à son obéissance lui fussent attachées, et vécussent entre elles unies et sans factions.

Mais cette conduite, et ces principes si éloignés de la vérité, ne prennent leur source que dans la faiblesse de ceux qui gouvernent, et qui, convaincus qu'ils ne peuvent conserver leurs États par la vigueur et le courage, se livrent à cette lâche industrie, qui peut être quelquefois utile dans des jours de calme, mais qui, lorsqu'arrivent l'adversité et les temps difficiles, en découvre soudain toute la vanité.

CHAPITRE XXVIII.

On doit surveiller avec soin les actes des citoyens, parce qu'il arrive souvent que les commencements de la tyrannie se cachent sous une action vertueuse.

Rome se trouvait accablée par la famine, et les approvisionnements publics ne pouvaient la faire cesser : un certain Spurius Melius, possesseur de richesses assez considérables pour ce temps, résolut de faire à ses frais des provisions de blé, et de les distribuer gratuitement au peuple. Cette conduite lui attira à tel point l'affection de toute la population, que le sénat, redoutant les suites qui pourraient résulter d'une telle libéralité, créa, pour en étouffer les dangers avant qu'ils devinssent plus grands, un dictateur uniquement contre Melius, et fit mourir ce dernier.

Cet événement remarquable prouve que bien souvent les actions qui paraissent vertueuses et non susceptibles d'être blâmées avec raison, deviennent funestes, et exposent une république aux plus graves dangers, lorsqu'on n'y remédie pas de bonne heure. Pour développer ma pensée j'ajouterai qu'une république ne peut subsister sans citoyens recommandables, et se gouverner heureusement sans leur concours. Mais, d'un autre côté, c'est à la célébrité des citoyens que la tyrannie doit sa naissance Afin de prévenir ce malheur, il faut établir des institutions telles, que la réputation d'un homme illustre soit utile sans jamais être nuisible à l'État ou à la liberté. Il faut donc examiner les chemins que suivent les citoyens pour se mettre en crédit. Il y en a deux en effet : la conduite privée, et la conduite publique. On arrive à la considération par la conduite publique, en donnant de bons conseils, et mieux encore, en agissant pour l'intérêt commun. Ces chemins doivent toujours être ouverts aux citoyens ; et il faut présenter à ceux qui y marchent de telles récompenses, qu'ils puissent tout à la fois y trouver l'honneur et la satisfaction ; et quand la renommée acquise par ces voies est pure et sans détour, elle ne peut occasionner aucun danger.

Mais quand la réputation est le fruit de la conduite privée, qui est le second chemin dont nous avons parlé, elle est extrêmement dangereuse et nuisible sous tous les rapports. La conduite privée consiste à rendre des services à tous les citoyens indistinctement, soit en leur prêtant de l'argent, soit en mariant leurs filles, soit en les défendant contre les magistrats, soit enfin en les comblant de tous ces bienfaits qui font les partisans, et qui donnent la hardiesse à celui qui a obtenu par ces voies la faveur du peuple de le corrompre et de violer les lois.

Ainsi une république bien ordonnée doit, comme on l'a dit, ouvrir tous les chemins à celui qui recherche la faveur du peuple par les voies publiques ; mais elle doit les fermer devant ceux qui la poursuivent par les voies privées. C'est ainsi que Rome se comporta, en instituant pour ceux dont les actions étaient utiles au public ces triomphes et tous ces autres honneurs qu'elle prodiguait à ses citoyens ; tandis qu'elle avait établi les accusations contre ceux qui, sous divers prétextes, cherchaient à s'agrandir par leurs actions privées. Et, lorsque ces accusations ne suffisaient pas pour dessiller les yeux du peuple, aveuglé par l'apparence d'un faux bien, elle avait institué le dictateur, dont le bras royal faisait rentrer dans les bornes celui qui s'en était écarté ; comme on voit qu'elle le fit pour punir Spurius Melius. Une seule action de cette espèce, demeurée impunie, est capable de renverser une république, parce qu'il est difficile, après un tel exemple d'impunité, de remettre l'État dans sa véritable route.

CHAPITRE XXIX.

Les fautes des peuples naissent des princes.

Que les rois ne se plaignent plus d'aucune des fautes que commet un peuple dont le gouvernement leur est confié ; car elles ne proviennent jamais que de leur négligence ou de ce qu'eux-mêmes sont entachés des mêmes erreurs. Si l'on parcourt l'histoire des peuples qui de nos jours se sont signalés par leurs rapines et d'autres vices semblables, on verra que tout est né de ceux qui gouvernaient, et dont le caractère était semblable au leur.

La Romagne, avant que le pape Alexandre VI y eût détruit cette foule de seigneurs qui y commandaient, offrait l'exemple de toutes les scélératesses : la plus légère cause servait de prétexte aux assassinats et aux plus affreux brigandages. Ces désordres avaient leur source dans la méchanceté des princes, et non dans la corruption des peuples, comme ils osaient l'avancer, parce que ces princes, quoique pauvres, voulaient vivre dans le faste ; et, contraints de se livrer à de nombreuses exactions, ils les multipliaient sous toutes les formes. Une de leurs pratiques les plus perfides consistait à faire des lois pour prohiber certaines actions ; ensuite ils étaient les premiers à fournir des facilités pour les enfreindre, et laissaient les coupables dans l'impunité, jusqu'à ce qu'ils eussent vu leur nombre se multiplier : alors ils prenaient le parti de venger l'outrage fait aux lois, non par zèle pour la justice, mais dans l'espoir d'assouvir leur cupidité en s'enrichissant par des amendes.

De là une foule de désordres : les peuples s'appauvrissaient sans se corriger, et ceux qui se trouvaient ainsi appauvris cherchaient à s'en dédommager aux dépens des peuples moins puissants qu'eux ; de là tous ces crimes dont nous avons parlé, et qu'on ne peut attribuer qu'à la conduite du prince.

Tite-Live vient à l'appui de cette opinion, lorsqu'il rapporte que les ambassadeurs romains chargés de porter les dépouilles des Véïens au temple d'Apollon furent pris par des corsaires de Lipari, en Sicile, et conduits dans ce port. Timasithée, qui gouvernait la ville, ayant appris la nature de ce don, le lieu de sa destination, et par qui il était envoyé, se conduisit, quoique né à Lipari, comme l'aurait pu faire un Romain : il représenta au peuple combien il serait impie de s'emparer de ce don sacré ; et il fit tant, que, d'un consentement unanime, on permit aux ambassadeurs de s'éloigner avec tout ce qui leur appartenait. Voici les paroles dont se sert l'historien : *Timasitheus multitudinem religione implevit, quæ semper regenti est similis.* Et Laurent de Médicis confirme cette maxime, lorsqu'il dit :

« E que che fa il signor fanno poi molti,
« Che nel signor son tutti gli occhi volti [1]. »

[1] « Les peuples ont toujours les yeux tournés vers ceux qui gouvernent, et leur exemple est une loi pour eux. »

CHAPITRE XXX.

Un citoyen qui veut user de son crédit pour opérer quelque entreprise utile à sa patrie doit d'abord étouffer l'envie. Comment, à l'approche de l'ennemi, on doit pourvoir à la défense de l'État.

Le sénat de Rome ayant appris que toute la Toscane s'était levée en armes pour venir attaquer Rome, et que les Latins et les Herniques, qui jusqu'alors avaient été les alliés du peuple romain, s'étaient réunis aux Volsques, ses ennemis perpétuels, jugea que cette guerre présenterait de grands dangers. Camille, à cette époque, était un des tribuns consulaires ; et l'on pensa qu'il serait inutile de créer un dictateur si ses collègues consentaient à remettre entre ses mains le suprême commandement ; ce que ces tribuns firent volontiers : *Nec quicquam*, dit Tite-Live, *de majestate sua detractum credebant, quod majestati ejus concessissent.* Camille profita avec empressement de cette déférence et prescrivit la formation de trois armées. Il arrêta qu'il commanderait la première, destinée à combattre les Toscans ; il nomma Quintius Servilius chef de la seconde, et lui ordonna de se tenir aux environs de Rome, afin de s'opposer aux Latins et aux Herniques, s'ils remuaient ; il mit Lucius Quintius à la tête de la troisième, et lui confia la garde de la ville et la défense des portes et de la curie, selon que les circonstances l'exigeraient. Il ordonna en outre qu'Horatius, un de ses collègues, veillerait aux approvisionnements d'armes et de vivres, et à tout ce qui est indispensable dans les temps de guerre ; enfin, il proposa au sénat et à l'assemblée du peuple Cornelius, également son collègue, pour diriger la délibération et les mesures qu'il y aurait journellement à prendre et à faire exécuter. C'est ainsi que les tribuns, à cette époque, se montraient disposés, pour le salut de la patrie, à commander et à obéir.

Ce récit nous enseigne ce que peut faire un homme sage et prudent; de quel bien il est la source, et quels avantages il peut procurer à sa patrie, lorsque ses vertus et son courage sont parvenus à étouffer l'envie, ce vice qui trop souvent est cause que les hommes vertueux ne peuvent rendre leurs vertus utiles, en les empêchant d'avoir cette autorité qu'il est nécessaire de posséder dans les circonstances difficiles.

L'envie est surmontée de deux manières : elle l'est, ou par un danger imminent et redoutable, dans lequel chacun, se voyant périr, fait abnégation de toute ambition personnelle et court se soumettre volontairement à celui qu'il croit le plus capable de le sauver par son courage : c'est ce qui arriva à Camille. Il avait donné tant de preuves éclatantes de sa supériorité; et, nommé trois fois dictateur, il avait tellement gouverné à l'avantage de la république, sans jamais songer à son intérêt particulier, que ses concitoyens ne redoutaient nullement sa grandeur, et que, dans le rang où l'avaient élevé ses vertus et son courage, personne ne regardait comme une honte de s'abaisser devant lui. C'est donc avec raison que Tite-Live a fait la réflexion que nous avons citée.

L'envie est encore surmontée lorsqu'une mort violente ou naturelle ravit le jour à ceux qui courent avec vous la carrière de la gloire ou des honneurs, et qui, à l'aspect d'une réputation plus éclatante que la leur, ne peuvent ni demeurer en repos, ni supporter patiemment cette élévation. Si ce sont des hommes accoutumés à vivre dans un gouvernement corrompu, où l'éducation ne leur ait inspiré nulle vertu, il est impossible qu'aucun événement puisse jamais les ramener; car, pour obtenir l'objet de leurs désirs et satisfaire la perversité de leur âme, ils verraient d'un œil content la ruine de leur propre patrie. Pour vaincre cette envie, il n'existe qu'un seul remède : c'est la mort de ceux qu'elle possède. Si la fortune est tellement propice à un homme vertueux, qu'elle lui enlève ses rivaux par une mort naturelle, il peut alors monter sans opposition au faîte de la gloire, puisqu'il peut faire éclater sans obstacle une vertu qui ne saurait plus offenser personne. Mais quand il n'a pas ce bonheur, il faut qu'il cherche à se défaire de ses rivaux par tous les moyens; et avant de rien entreprendre, il doit n'en épargner aucun pour surmonter cette difficulté.

Quiconque lira la Bible dans le sens propre verra que Moïse fut contraint, pour affermir ses lois et ses institutions, de massacrer une foule d'individus qui, par envie seulement, s'opposaient à ses desseins.

Le frère Jérôme Savonarola était convaincu de cette nécessité; Pierre Soderini, gonfalonier de Florence, ne la connaissait pas moins. Cependant Savonarola ne put parvenir à la surmonter, parce qu'il n'avait point l'autorité nécessaire, et qu'il ne fut pas compris par ceux qui le suivaient, et qui en auraient eu le pouvoir. Il fit bien tout ce qui dépendait de lui; et ses prédications sont remplies d'accusations et de reproches contre les sages de ce monde, appelant ainsi les envieux et ceux qui s'opposaient à ses plans de réforme.

De son côté, Soderini s'imaginait que le temps, que sa bonté, que ses richesses, qu'il prodiguait à chacun, parviendraient enfin à éteindre cette envie; car il se voyait encore à la fleur de l'âge, et les faveurs que lui attirait chaque jour sa conduite lui persuadaient qu'il s'élèverait enfin sans aucun scandale, sans violence et sans désordre, au-dessus de tous ceux qui, par jalousie, s'opposaient à ses desseins : ne sachant pas qu'il ne faut rien attendre du temps; que la bonté ne suffit point; que la fortune varie sans cesse, et que la méchanceté ne trouve aucun don qui l'apaise. Aussi tous deux succombèrent, et leur ruine n'eut d'autre cause que de n'avoir pu ni su vaincre l'envie.

Une autre chose digne de remarque est l'ordre qu'établit Camille au dedans et au dehors pour la défense et le salut de Rome. Sans doute ce n'est pas sans dessein que les historiens éclairés, tels surtout que Tite-Live, sont entrés dans les détails de certains événements; c'était afin que les descendants pussent apprendre par des exemples la manière dont ils ont à se défendre en de pareilles circonstances. On doit remarquer dans ce texte que la défense qui offre le plus de danger et le moins d'utilité est celle où tout se fait avec désordre et précipitation : c'est ce que démontre surtout cette troisième armée que Camille fit lever pour rester dans Rome à la garde de la cité. Un grand nombre regarderait et regarde peut-être encore cette disposition comme tout à fait superflue chez un peuple belliqueux et toujours sous les armes, par cette raison qu'il paraissait inutile de faire des enrôlements, et qu'il suffisait d'armer les citoyens quand le besoin s'en ferait sentir.

Mais Camille, comme l'eût fait tout autre général aussi expérimenté, pensa au contraire qu'il ne faut jamais permettre à la multitude de prendre les armes sans un certain ordre et quelques précautions. Ainsi, d'après cet exemple, tout chef préposé à la défense d'un État doit éviter, comme un écueil funeste, d'armer tumultueusement le peuple : il faut qu'il choisisse et qu'il désigne d'abord les hommes qu'il veut appeler sous les armes, les chefs auxquels ils doivent obéir, le poste où ils se réuniront, celui où ils doivent se rendre, et ordonner à ceux qui ne doivent point marcher de se tenir dans leurs maisons, pour veiller à leur défense. Ceux qui, dans une ville assiégée, se conformeront à cette conduite parviendront facilement à se défendre; celui qui agirait d'une manière opposée n'imitera point Camille, et ne se défendra pas.

CHAPITRE XXXI.

Les républiques vigoureuses et les hommes d'un grand caractère conservent, dans toutes les situations, la même force d'âme et la même dignité.

Parmi les actions et les paroles admirables que notre historien rapporte de Camille, pour retracer le portrait d'un grand homme, il lui met ces mots dans la bouche : *Nec mihi dictatura animos fecit, nec exilium ademit.* Ces paroles montrent que les grands hommes sont toujours les mêmes, quelle que soit leur fortune : si elle varie, soit en les exaltant, soit en les opprimant, eux seuls ne changent point, et conservent toujours une âme également ferme et tellement unie avec leur manière ordinaire de vivre, que chacun s'aperçoit sans peine que la fortune n'a pas de prise sur eux.

Les hommes sans force d'âme se conduisent d'une manière toute différente. La bonne fortune les enfle et les enivre, et ils attribuent tous les avantages qu'ils possèdent à des vertus qu'ils ne connurent jamais ; aussi deviennent-ils bientôt insupportables et odieux à tous ceux qui les entourent : de là ces prompts changements de fortune. A peine ont-ils vu l'adversité en face, qu'ils tombent dans l'excès opposé, et deviennent vils et bas. Il en résulte que les princes de ce caractère songent bien plus, dans le malheur, à se fuir eux-mêmes qu'à se défendre, comme des hommes qui, pour avoir mal usé de la bonne fortune, ne sont jamais préparés à la défense.

Ce courage et cette lâcheté, que j'ai dit se trouver dans un seul homme, se rencontrent également dans une république ; et Rome et Venise en sont un exemple. La première ne se laissa jamais ni abattre par l'adversité, ni enorgueillir par le succès, comme le prouvent évidemment sa conduite après la défaite de Cannes et la victoire remportée sur Antiochus. La défaite de Cannes, quoique extrêmement désastreuse pour Rome, puisqu'elle était la troisième qu'elle eût éprouvée, ne put triompher de sa constance et l'empêcher de lever de nouvelles armées, ni la forcer à violer les institutions de la république en rachetant les prisonniers : elle n'envoya ni à Carthage ni près d'Annibal pour implorer la paix ; mais, rejetant loin d'elle toute mesure lâche et déshonorante, elle tourna toutes ses pensées vers la guerre ; et, à défaut d'hommes en âge de servir, elle arma jusqu'aux vieillards et aux esclaves. Lorsque le Carthaginois Hannon, ainsi que je l'ai dit précédemment, eut connu ces résolutions, il fit sentir au sénat de Carthage le peu d'espoir qu'il fallait fonder sur la défaite de Cannes. On voit ainsi que les temps difficiles n'étonnèrent point les Romains et ne purent les abaisser.

D'un autre côté, la prospérité ne les rendit jamais insolents, puisque Antiochus ayant envoyé des ambassadeurs à Scipion, pour lui proposer un arrangement avant de livrer la bataille et d'avoir été vaincu, Scipion lui dicta, pour condition de la paix, de se retirer au fond de la Syrie, et de laisser le reste à la générosité des Romains. Antiochus refusa et livra bataille ; mais, ayant été défait, il envoya de nouveaux ambassadeurs à Scipion, avec ordre d'accepter toutes les conditions qui leur seraient imposées par le vainqueur. Celui-ci n'en proposa point d'autres que celles qu'il avait offertes avant de triompher ; et il ajouta ces paroles : *Quod Romani si vincuntur non minuuntur animis, nec si vincunt insolescere solent.*

Les Vénitiens, au contraire, ont suivi une marche entièrement opposée. Enivrés de leur bonne fortune, et croyant ne la devoir qu'à un courage qu'ils ne possédaient nullement, ils avaient poussé si loin l'insolence, qu'ils n'appelaient le roi de France que le fils de saint

Marc ; méprisant l'Église, trouvant l'Italie trop res-
serrée pour eux, et s'abusant jusqu'à vouloir obtenir
une domination aussi vaste que celle des Romains.
Mais lorsque le sort les eut abandonnés et que le roi
de France les eut à demi battus à Vaila, non-seulement
ils perdirent tout l'État par la révolte, mais ils en abandonnèrent une grande partie au pape et à l'Espagne,
par lâcheté et bassesse de courage. Ils poussèrent même
l'abjection au point d'envoyer des ambassadeurs à l'empereur, pour s'offrir à lui comme tributaires ; et les
lettres qu'ils écrivirent au pape, pour exciter sa pitié
en leur faveur, sont des monuments de honte. Ainsi,
quatre jours et une demi-défaite suffirent pour les plonger dans cette ignominie. Leur armée, après un premier combat, fut obligée, en faisant sa retraite, d'en
livrer un nouveau, dans lequel la moitié des troupes à
peu près furent battues ; l'un des provéditeurs prit la
fuite avec le reste, et ramena dans Vérone plus de
vingt-cinq mille hommes, tant d'infanterie que de cavalerie ; de sorte que, s'il y avait eu dans Venise et dans
ses institutions quelque ombre de vertu, elle eût pu
facilement réparer ce désastre, montrer de nouveau le
front à la fortune et se trouver encore en état de vaincre,
ou de succomber avec gloire, ou d'obtenir des conditions moins déshonorantes. Mais la lâcheté de ses citoyens, produite par les vices de ses institutions, en ce
qui concernait la guerre, lui fit perdre à la fois et la
puissance et le courage.

Tel est le sort qui attend tous ceux qui se compor-
teront de la sorte ; parce que cette insolence dans la
bonne fortune et cette bassesse dans l'adversité naissent de la manière de vivre et de l'éducation que l'on a
reçue ; éducation qui, si elle est lâche ou frivole, produit des hommes qui lui ressemblent, mais qui, si elle
est différente, donne également des hommes différents,
et, en leur procurant une connaissance plus vraie des

choses de ce monde, les empêche de se laisser trop réjouir par le bien ou trop attrister par le mal.

Ce que je dis d'un seul homme s'applique à tous ceux qui vivent dans un même gouvernement, et dont la perfection est toujours égale à celle qui existe dans la manière dont on y vit.

Quoique j'aie déjà dit ailleurs que le fondement de tous les États était une bonne milice, et que là où elle n'existe pas il ne saurait y avoir ni bonnes lois ni aucune autre bonne chose, je crois nécessaire de le répéter; parce qu'à chaque pas que l'on fait dans la lecture de cette histoire on voit apparaître cette nécessité; on voit comment la milice ne peut être bonne si elle n'est continuellement exercée; et comment il est impossible de l'exercer si elle n'est composée de vos propres sujets, parce qu'on n'est pas toujours en guerre et qu'on ne peut toujours y rester. Il faut donc pouvoir exercer une armée en temps de paix; et si elle n'est composée de vos propres sujets, cet exercice ne saurait avoir lieu à cause de la dépense.

Camille, ainsi que nous l'avons dit, avait marché avec son armée à la rencontre des Toscans : ses soldats s'effrayèrent à l'aspect du grand nombre de leurs ennemis, se croyant trop inférieurs pour soutenir leur attaque. Cette fâcheuse disposition des troupes étant parvenue aux oreilles de Camille, il parut devant elles et parcourut le camp en parlant à chaque soldat : il parvint à effacer de leur esprit cette dangereuse idée; et enfin, sans ordonner d'autres dispositions, il se contenta de dire : *Quod quisque didicit, aut consuevit, faciat.*

Si l'on réfléchit bien à cette conduite et aux paroles qu'il prononça pour exciter ses troupes à marcher contre l'ennemi, on sera convaincu qu'on ne pouvait dire et faire exécuter une chose semblable qu'à une armée également instituée et exercée dans la paix et dans la guerre. Un général ne peut se confier à des soldats ignorants, ni se persuader qu'ils rempliront bien leur devoir ; et, dût un nouvel Annibal les conduire, il succomberait lui-même sous un pareil fardeau ; car, dans un jour de bataille, un général ne pouvant se trouver sur tous les points à la fois, si d'abord il n'a pas pourvu à ce que tous les soldats de son armée soient pénétrés de son esprit, et connaissent ses dispositions et sa manière de se conduire, il court évidemment à sa perte.

Si donc un État s'arme et s'organise comme Rome ; si chaque jour ses citoyens, et en particulier et en public, doivent faire l'expérience de leur courage et du pouvoir de la fortune, on les verra toujours, dans quelques circonstances qu'ils se trouvent, conserver le même courage et garder la même dignité. Mais, s'ils ne sont point armés, et qu'ils ne s'appuient que sur les caprices de la fortune et non sur leur propre courage, ils subiront tous les changements auxquels elle est sujette, et ne donneront d'eux que l'exemple que nous ont offert les Vénitiens.

CHAPITRE XXXII.

Quels sont les moyens qu'ont employés quelques individus pour troubler une paix.

Circé et Vélitra, deux colonies romaines, s'étaient révoltées contre la métropole, dans l'espoir d'être secourues par les Latins ; mais ce peuple ayant été vaincu, leurs espérances s'évanouirent, et un assez grand nombre de citoyens conseillèrent alors d'envoyer à Rome des ambassadeurs pour se recommander à la clémence du sénat. Cet avis fut rejeté par les auteurs de la révolte, qui craignaient que tout le châtiment ne retombât sur leur tête ; et pour éloigner entièrement toute proposition pacifique, ils excitèrent la multitude à prendre les armes et à faire une incursion sur les terres de Rome.

En effet, quand on veut ou qu'un peuple ou qu'un prince rejette tout accommodement, il n'est pas de moyen plus sûr ni plus solide que de l'exciter à quelque grave perfidie envers celui avec lequel on ne veut pas qu'il se réconcilie : son éloignement pour la paix sera d'autant plus grand, qu'il redoutera davantage la peine que son outrage semble lui mériter.

Après la première guerre punique, les troupes que les Carthaginois avaient employées contre les Romains, en Sicile et en Sardaigne, retournèrent en Afrique dès que la paix fut conclue : mécontentes de leur solde, elles se soulevèrent contre Carthage, mirent à leur tête Matho et Spendius, s'emparèrent de beaucoup de villes de la république, et en dévastèrent un grand nombre. Les Carthaginois, résolus de tenter toutes les voies avant d'en venir à une bataille, envoyèrent vers eux, comme ambassadeur, Asdrubal leur concitoyen, qu'ils jugeaient devoir conserver quelque autorité sur ces troupes, pour avoir été autrefois leur général. A peine était-il arrivé, que Spendius et Matho, dans l'espoir d'obliger tous leurs soldats à ne plus compter sur la paix avec Carthage, et pour les contraindre au contraire à la guerre, leur persuadèrent qu'il était bien mieux d'égorger Asdrubal, ainsi que tous les Carthaginois qui se trouvaient prisonniers entre leurs mains. Non-seulement ces furieux les massacrèrent, mais ils les livrèrent auparavant aux tourments les plus affreux ; et, pour ajouter à leur barbarie, ils publièrent un édit qui menaçait du même supplice tout Carthaginois qui, à l'avenir, tomberait en leur pouvoir. Cette résolution, et les massacres qui en furent le résultat, portèrent à leur comble la rage et l'obstination dont cette armée était animée contre Carthage.

CHAPITRE XXXIII.

Il faut, pour remporter une victoire, que l'armée ait confiance en elle-même et dans son général.

Lorsqu'on veut qu'une armée soit victorieuse, il faut lui inspirer une si grande confiance, qu'elle soit persuadée que rien ne l'empêchera de vaincre. Ce qui lui donne cette assurance, c'est d'être bien armée, bien disciplinée, et composée de troupes qui se connaissent entre elles. Mais cette confiance ou cette discipline ne peut naître que parmi des soldats du même pays, et accoutumés à vivre ensemble.

Il est indispensable que le général jouisse de l'estime, de manière que l'armée se confie en sa prudence; et toujours elle s'y confiera, si elle le voit ami de la discipline, plein de sollicitude et de courage, soutenant avec dignité la majesté de son rang; et il la soutiendra sans peine, quand il les punira de leurs délits, sans les fatiguer inutilement; qu'il tiendra exactement ses promesses; qu'il leur fera voir que le chemin de la victoire est facile; qu'il leur cachera les objets qui de loin sembleraient présenter des dangers, et qu'il les atténuera à leurs yeux. Toutes ces conditions, bien observées, sont une des grandes causes de la confiance d'une armée; et la confiance conduit à la victoire.

Les Romains se servaient du secours de la religion pour inspirer cette confiance à leurs armées; d'où il résultait que c'était par le moyen des auspices et des aruspices qu'ils procédaient à la nomination des consuls, à la levée des troupes, au partage de l'armée, et qu'ils livraient bataille. Un bon capitaine n'eût jamais tenté la moindre entreprise sans avoir rempli toutes ces formalités, persuadé qu'il aurait échoué sans peine si les

soldats n'avaient pas entendu dire d'abord que les dieux
étaient de leur côté. Et si un consul, ou quelque autre
général, avait combattu malgré les auspices, ils l'auraient
puni comme ils punirent Claudius Pulcher.

Quoique cette conduite se fasse voir dans tout le cours
de l'histoire romaine, cependant on en trouve une preuve
particulière dans les paroles que Tite-Live met dans la
bouche d'Appius Claudius. Il se plaignait au peuple de
l'orgueil et de l'impudence de ses tribuns, en lui exposant qu'eux seuls étaient cause que les auspices, ainsi
que toutes les autres institutions religieuses, perdaient
de leur influence ; et voici ce qu'il lui dit : *Eludant nunc
licet religionem. Quid enim interest, si pulli non pas-
centur, si ex cavea tardius exierint, si occinuerit avis ?
Parva sunt hœc ; sed parva ista non contemnendo,
majores nostri maximam hanc rempublicam fecerunt.*
Ces petites choses, en effet, possèdent la force d'entretenir l'union et la confiance parmi les troupes ; ce qui
est la première cause de toutes les victoires ; cependant
elles doivent toujours être inséparables du courage ; autrement elles ne servent à rien.

Les habitants de Préneste, ayant mis leur armée en
campagne contre les Romains, allèrent asseoir leur camp
sur les bords de l'Allia, à l'endroit où les premiers avaient
été vaincus par les Gaulois : ils l'avaient fait pour inspirer de la confiance à leurs troupes, et épouvanter les
Romains par la fortune du lieu. Quoique ce parti offrît
quelque probabilité, par les raisons que j'ai rapportées
précédemment, néanmoins l'issue fit voir combien le
vrai courage est au-dessus de ces faibles obstacles. Tite-
Live le démontre d'une manière évidente, en mettant
ces paroles dans la bouche du dictateur lorsqu'il donne
ses ordres à son maître de cavalerie : *Vides-ne tu, loci
fortuna illos fretos, ad Alliam consedisse ? At tu, fretus
armis animisque, invade mediam aciem.*

En effet, un véritable courage, une discipline exacte,

cette sécurité que donne l'habitude de la victoire, ne peuvent se laisser vaincre par des incidents de si peu d'importance; et une fausse terreur, un désordre imprévu ne sauraient ni les effrayer ni les abattre. C'est ce que l'on voit dans la circonstance suivante. Les deux Manlius, consuls du même nom, se trouvaient en présence des Volsques : ils envoyèrent imprudemment une partie du camp au butin, de sorte que ceux qui étaient sortis et ceux qui étaient restés au camp se trouvèrent assiégés; et ce ne fut pas l'habileté des consuls qui sauva l'armée de ce danger, mais le courage seul de leurs soldats. C'est ce qui fait dire à Tite-Live : *Militum etiam sine rectore stabilis virtus tutata est.*

Je ne veux point passer sous silence un moyen qu'employa Fabius : il venait de rentrer sur le territoire de la Toscane; et, pour inspirer à son armée une confiance qu'il jugeait nécessaire à ses projets dans un pays inconnu, en présence d'ennemis nouveaux, il parlait à ses soldats de la bataille qui allait avoir lieu; après leur avoir exposé les motifs qu'ils pouvaient avoir d'espérer la victoire, il ajouta : « Je pourrais bien vous dire en- « core beaucoup d'autres bonnes raisons, et où vous « verriez une victoire certaine; mais il serait dangereux « de les découvrir. » Cet expédient, dont il usa avec sagesse, mérite d'être imité.

CHAPITRE XXXIV.

Quelle renommée, quelle voix publique, quelle opinion, font qu'un peuple commence à favoriser un citoyen; et s'il accorde les magistratures avec plus de discernement qu'un prince.

Nous avons rapporté précédemment comment Titus Manlius, qui fut depuis surnommé Torquatus, sauva son père L. Manlius d'une accusation qu'avait dirigée contre lui Marcus Pomponius, tribun du peuple. Quoique la manière dont il le sauva eût en elle-même quelque chose de violent et d'extraordinaire, néanmoins la piété filiale qu'il fit éclater charma si fort la multitude, que, loin d'encourir la moindre réprimande lorsque l'on procéda à l'élection des tribuns des légions, il fut nommé le second.

Le succès qu'il obtint en cette circonstance m'a conduit à examiner sur quels fondements le peuple appuie le jugement qu'il porte des hommes pour la distribution de ses faveurs, et si, comme je l'ai avancé précédemment, il les accorde avec plus de discernement qu'un prince. Je dis donc que le peuple, lorsqu'il s'agit de fixer son choix sur un citoyen que ses actions n'ont point encore fait connaître, interroge la voix publique et la renommée, qui se forment, ou par conjecture, ou d'après l'idée que ce citoyen donne de lui. Cette double opinion a sa source dans la renommée des ancêtres, qui, dans leur temps, ayant par leur valeur illustré la cité, font présumer que leur fils leur sera semblable, jusqu'à ce que ses actions aient prouvé le contraire; ou elle résulte de la conduite qu'adopte lui-même ce dernier. La meilleure qu'il puisse tenir est de fréquenter la compagnie des hommes graves, de bonnes mœurs, et dont la sagesse est généralement reconnue. Comme le plus sûr indice qu'on puisse avoir du caractère d'un homme est de connaître les personnes qu'il fréquente, il est évident que celui qui ne voit qu'une compagnie vertueuse ne peut manquer d'acquérir une excellente renommée, parce qu'il est impossible qu'il ne ressemble point par quelque endroit à ceux avec lesquels il vit. On acquiert encore la publique estime par quelque action extraordinaire et éclatante, quoique privée, et dont l'issue vous couvre de gloire et d'honneur.

De ces trois manières d'agir, propres à commencer la réputation d'un citoyen, il n'en est aucune qui en donne

une plus grande que cette dernière, parce que celle
qui dépend des ancêtres est si trompeuse, que les
hommes ne s'y confient que faiblement ; et elle s'évanouit bientôt quand la vertu personnelle de celui sur
lequel s'exerce le jugement de ses concitoyens ne l'accompagne pas.

La seconde, c'est-à-dire celle qui vous fait connaître
par la société que vous fréquentez, est meilleure que la
première ; mais elle est bien inférieure à la troisième,
parce que tant qu'on ne voit de vous aucun acte qui
naisse de votre propre vertu, votre réputation repose
simplement sur l'opinion d'autrui, qu'il est extrêmement
facile d'effacer. Mais la troisième, commencée et fondée
par vos belles actions, vous donne dès le principe un tel
renom, qu'il faut le démentir par bien des actions contraires avant de parvenir à le détruire.

Ceux qui naissent dans une république doivent donc
suivre cette route, et chercher à s'illustrer d'abord par
quelque action d'éclat. C'est ainsi qu'agirent une foule
de jeunes Romains, soit en faisant rendre un décret
avantageux au public, soit en dirigeant une accusation
contre quelque citoyen puissant, comme transgresseur
des lois, soit en faisant quelque autre action éclatante
et nouvelle qui faisait parler d'eux. Non-seulement cette
conduite est nécessaire pour commencer à se mettre en
crédit, elle est indispensable pour le conserver et l'accroître.

Mais, pour réussir de cette manière, il faut renouveler
les actions d'éclat, comme le fit Titus Manlius durant
tout le cours de sa vie. En effet, à peine eut-il défendu
son père d'une manière si courageuse et si extraordinaire, et par cette conduite obtenu sa première renommée, qu'on le vit, quelques années après, combattre et
tuer ce Gaulois auquel il arracha le collier d'or qui lui fit
décerner le nom de Torquatus. Mais cela ne lui suffit
pas ; et, dans la maturité de l'âge, il fit mourir son fils

pour avoir combattu contre son ordre, quoiqu'il eût cependant triomphé de son ennemi. Ces trois actions lui acquirent alors plus de célébrité, et l'ont fait plus connaître de la postérité que ses victoires et les triomphes dont il fut orné autant qu'aucun autre Romain. La raison en est que, dans la victoire, Manlius eut beaucoup de rivaux, tandis qu'il n'en eut que très-peu, si toutefois il en eut, dans ces actions qui n'appartiennent qu'à lui seul.

Le grand Scipion acquit moins de gloire par ses triomphes que lorsque, jeune encore, il défendit son père sur les bords du Tésin, ou qu'après la défaite de Cannes, tirant courageusement son épée, il fit jurer à tous les jeunes Romains de ne jamais abandonner l'Italie, quoiqu'ils eussent déjà formé ce projet entre eux. Ces deux actions furent le fondement de sa réputation, et lui servirent de degré pour s'élever aux triomphes de l'Espagne et de l'Afrique. Mais il mit le comble à sa gloire lorsqu'en Espagne il renvoya la fille à son père et l'épouse à son mari.

Une semblable conduite est celle que doit nécessairement tenir non-seulement le citoyen qui ne poursuit la renommée que pour obtenir des honneurs dans la république, mais même le prince qui veut conserver toute sa réputation dans ses États. Rien n'est plus propre à lui concilier l'estime que des actions ou des paroles extraordinaires et remarquables, ayant pour objet le bonheur du peuple, et qui le fassent connaître comme un souverain magnanime, juste et libéral, dont la conduite soit telle qu'elle passe en proverbe parmi ses sujets.

Mais, pour en revenir au point par lequel nous avons commencé ce chapitre, je dis que le peuple ne peut se tromper lorsque, s'appuyant sur un des trois motifs que je viens d'énoncer, il commence à donner un emploi à un de ses concitoyens; mais il est encore moins sujet à l'erreur quand, par la suite, celui qu'il a choisi d'abord

accroît sa réputation par des actes de vertu souvent ré-
pétés, parce que, dans ce cas, il est presque impossible
que son jugement s'égare. Je ne parle ici que de ces emplois que l'on donne à un homme dès ses premiers pas
dans la carrière, et avant qu'il se soit fait connaître par
une constante expérience, ou qu'il ait passé d'une conduite
à une autre tout à fait contraire : d'où il résulte que le
peuple, et quant aux fausses opinions et quant à la corruption, est bien moins sujet à l'erreur que les princes.

Il peut arriver, il est vrai, que les peuples se laissent
tromper, séduits par la renommée, par l'opinion, ou par
des actions qui lui paraissent plus grandes qu'elles ne
sont en réalité ; ce qui n'arriverait point à un prince,
parce que ses conseillers ne tarderaient pas à lui ouvrir
les yeux. Cependant, pour que les peuples ne manquent
pas non plus de conseils, les sages fondateurs de républiques ont établi que, lorsqu'il s'agirait de remplir les
emplois suprêmes de l'État auxquels il serait dangereux
de mettre des hommes inexpérimentés, et que l'on verrait le peuple incliner vers quelqu'un d'incapable, il serait permis, il serait même glorieux à tout citoyen de
manifester en public les défauts de ce candidat, afin que
le peuple, mieux instruit sur son compte, pût asseoir un
jugement plus sain.

Et que cet usage fût en vigueur à Rome, c'est ce que
témoigne le discours que Fabius Maximus prononça devant le peuple, durant la seconde guerre punique,
lorsqu'il s'aperçut que les suffrages du peuple désignaient
pour consul Titus Octacilius. Fabius, ne croyant pas que,
dans ces circonstances, un pareil candidat pût remplir
convenablement le consulat, s'éleva contre ce choix, en
fit sentir toute l'insuffisance, et parvint à détourner les
faveurs du peuple sur un citoyen plus digne de les obtenir.

Ainsi les peuples, dans l'élection de leurs magistratures, sont dirigés par les preuves les plus palpables que
les hommes puissent donner de leur capacité ; et, lors-

qu'ils peuvent, comme les princes, être éclairés par de sages conseils, ils sont bien moins qu'eux exposés à l'erreur. Et tout citoyen qui, dès le principe, voudra obtenir les faveurs du peuple doit, comme Titus Manlius, les mériter par quelque action éclatante.

CHAPITRE XXXV.

Quels sont les périls auxquels s'exposent ceux qui, les premiers, conseillent une résolution quelconque; dangers d'autant plus grands qu'elle sort davantage des règles ordinaires.

Il serait trop long et trop difficile d'approfondir ici les dangers auxquels on s'expose en se faisant le moteur d'une entreprise nouvelle qui exige le concours d'un grand nombre de personnes ; combien il est difficile de la diriger et de la conduire à sa fin, et, une fois parvenue à ce terme, de l'y maintenir. Tout en me réservant de traiter cette matière dans un moment plus convenable, je parlerai seulement ici des dangers auxquels s'exposent les citoyens, ou les conseillers d'un prince, en mettant les premiers en avant une résolution sérieuse et importante, de manière à en voir retomber sur eux seuls toutes les conséquences. Les hommes, habitués à juger des événements par les résultats, rejettent sur l'auteur du conseil tout le mal qui en est la suite. Il est vrai que s'il réussit il obtient des louanges; mais cette récompense est bien loin de balancer les suites funestes auxquelles il s'expose.

Le sultan Sélim, qui règne aujourd'hui sur les Turcs, se préparait, à ce que rapportent des voyageurs revenus de ce pays, à tenter la conquête de la Syrie et de l'Égypte; le pacha qui commandait en son nom sur les frontières de la Perse l'encouragea à marcher contre le sofi. Persuadé par ce conseil, il s'avança à cette conquête à la tête d'une nombreuse armée ; mais, arrivé dans un pays d'une étendue sans bornes, où se déploient de vastes déserts, et où les eaux sont extrêmement rares, il rencontra les mêmes obstacles qui jadis avaient causé la perte des armées romaines : réduit à ces funestes extrémités, et quoiqu'il eût battu ses ennemis, il perdit la plus grande partie de son armée par la peste et par la famine. Dans son courroux contre l'auteur de ce conseil, il le tua.

Les histoires sont remplies d'exemples de citoyens envoyés en exil pour avoir conseillé des entreprises dont le résultat fut malheureux. Quelques citoyens romains s'é-taient mis à la tête de ceux qui voulaient un consul plé-béien : le premier qui obtint cette dignité fut battu la première fois qu'il conduisit les armées à la guerre. Ceux qui avaient conseillé cette innovation en auraient sans doute été punis si le parti en faveur duquel elle avait été introduite n'avait pas été aussi puissant.

Il est évident que les hommes placés à la tête des conseils d'une république ou d'un prince se trouvent dans une fâcheuse alternative : s'ils s'abstiennent de conseiller ce qui leur paraît utile au prince ou à la république, ils trahissent leur devoir ; s'ils le conseillent, ils s'exposent à perdre et leur vie et leur état ; les hommes étant tellement aveugles, qu'un conseil, à leurs yeux, n'est bon ou mauvais que par ses résultats.

Quand je réfléchis sur la manière dont on peut se mettre à l'abri d'un tel danger ou d'une pareille honte, il me semble que la voie la plus sûre est de prendre les choses avec modération, de n'en embrasser aucune comme sa propre affaire, de dire son opinion sans passion, de la défendre sans emportement et avec modestie, de manière que si l'État et le prince la suivent, ils le fassent volon-tairement, et ne paraissent pas y avoir été entraînés par vos importunités. En suivant cette conduite, il serait absurde que le prince ou le peuple vous voulût mal d'un conseil qui aurait réuni toutes les volontés. Il n'y a de dangers que là où votre avis a trouvé de nombreux contradicteurs, qui s'empresseront, si le succès vous trahit, à précipiter votre ruine. Si, en agissant ainsi, vous n'avez pas la gloire qui est le partage de celui qui seul, et malgré l'opposition générale, donne un conseil que le succès couronne, vous y trouvez du moins deux avantages : le premier, de ne redouter aucun péril ; le dernier, de voir que si le conseil que vous avez donné avec modestie est rejeté dans la discussion, pour en adopter un autre dont les suites sont funestes, du moins il en résulte pour vous une très-grande gloire. Et, quoiqu'on ne puisse se réjouir d'obtenir la gloire au détriment de son prince ou de sa patrie, ce n'est cependant pas une chose à dédaigner.

Je ne crois pas qu'il y ait d'autre conseil à donner aux hommes sur ce sujet. En leur disant de se taire et de ne point faire connaître leur opinion, ce serait leur conseiller d'être inutiles à la république et au prince ; et ils n'éviteraient même pas le danger, puisqu'en peu de temps leur conduite deviendrait suspecte, et qu'ils pourraient éprouver le sort des amis de Persée, roi de Macédoine, qui, battu par Paul Émile, et fuyant avec un petit nombre de ses amis, leur rappelait tous les événements qui s'étaient passés. L'un d'entre eux osa reprocher à Persée les nombreuses fautes qu'il avait commises, et qui étaient cause de sa perte. Le roi se retournant alors vers lui : « Traître, lui dit-il, fallait-il attendre pour me » parler ainsi de me voir sans ressources ? » Et à ces mots il le tua de sa propre main.

C'est ainsi que ce courtisan fut puni d'avoir gardé le silence quand il devait parler, et d'avoir parlé quand il devait se taire ; et il ne sut point éviter le péril auquel il avait cru échapper en ne donnant pas de conseil. Je pense donc qu'il faut se borner à suivre la marche que j'ai indiquée.

CHAPITRE XXXVI.

Pourquoi les peuples de la France ont eu et ont encore la réputation d'être plus que des hommes au commencement du combat, et moins, ensuite, que des femmes.

L'intrépidité de ce Gaulois, qui, sur les bords du fleuve Anio, défiait les plus braves Romains, et son combat avec T. Manlius, me rappellent ce que dit plusieurs fois Tite-Live, que les Gaulois, au commencement de la bataille, sont plus que des hommes; mais qu'en continuant de combattre, ils deviennent moins que des femmes.

En réfléchissant d'où cette opinion peut provenir, on est généralement porté à penser qu'elle tient à leur nature même; ce que je crois fondé. Cependant, il n'en résulte pas nécessairement que ce naturel, qui leur inspire d'abord tant d'intrépidité, ne puisse être discipliné de manière à leur conserver le même courage jusqu'à la fin du combat.

Pour prouver ce que j'avance, je dirai qu'il y a des armées de trois espèces : l'une, dans laquelle éclatent également le courage et le bon ordre, qui est la véritable source du courage. Telles étaient les armées romaines, chez lesquelles on voit, par toute leur histoire, qu'il existait un ordre excellent, introduit depuis longtemps par la discipline militaire. En effet, dans une armée bien ordonnée, personne ne doit rien faire qui ne soit réglé. Aussi voit-on que, dans les armées romaines, dignes sous ce rapport de servir de modèle à toutes les autres nations, puisqu'elles ont vaincu l'univers, on ne mangeait, on ne dormait, on ne vendait, on n'achetait, on ne formait enfin aucune entreprise militaire ou domestique sans la permission du consul. Les armées qui agissent différemment ne sont pas de véritables armées ;

et si elles viennent à en donner quelque marque, c'est par emportement, par impétuosité, et non par un véritable courage.

Mais là où le courage lui-même est réglé, le soldat développe son ardeur selon les temps et les circonstances; aucun obstacle ne peut l'avilir ni lui faire manquer de cœur; le bon ordre, au contraire, ranime sans cesse sa vaillance et cette ardeur qu'alimente encore l'espoir de la victoire, espoir qui ne l'abandonne jamais tant que le bon ordre subsiste.

Le contraire arrive dans ces armées où il n'y a que de la fureur et point d'ordre, comme étaient celles des Gaulois, dont l'impétuosité se démentait souvent pendant la durée du combat. Lorsque la victoire résistait à leur premier choc, comme cette impétuosité, sur laquelle ils fondaient toute leur espérance, n'était pas soutenue par un courage bien réglé, et qu'ils ne voyaient au delà aucune autre ressource sur laquelle ils pussent compter, ils devaient être vaincus lorsque cette ardeur venait à se refroidir.

Les Romains, au contraire, rassurés par la bonté de leurs dispositions, redoutant peu les périls, ne se défiant point de la victoire, mais fermes et inébranlables à leur rang, combattaient à la fin de la bataille avec le même courage qu'au commencement, et, sans cesse animés par le bruit des armes, ne faisaient que s'enflammer de plus en plus.

La troisième sorte d'armée est celle où il n'existe ni valeur naturelle, ni discipline accidentelle, comme sont de nos jours les armées d'Italie : elles sont même entièrement inutiles, et ne sauraient ce que c'est que la victoire, si le hasard ne les faisait tomber sur une armée que quelque événement imprévu met en fuite; et, sans qu'il soit nécessaire d'en rapporter des exemples particuliers, on voit chaque jour les preuves qu'elles donnent de leur lâcheté.

Pour que l'autorité de Tite-Live puisse faire comprendre à chacun comment doit être faite une bonne milice, et comment est faite une mauvaise, je rapporterai les paroles de Papirius Cursor, quand il voulut punir Fabius, maître de la cavalerie : *Nemo hominum, nemo deorum verecundiam habeat : non edicta imperatorum, non auspicia observentur : sine commeatu vagi milites in pacato, in hostico errent; immemores sacramenti, licentia sola se, ubi velint, exauctorent; infrequentia deserantur signa; neque conveniatur ad edictum, nec discernatur interdiu, nocte, æquo, iniquo loco, jussu, injussu imperatoris pugnent ; et non signa, non ordines servent; latrocinii modo, cœca et fortuita, pro solemni et sacrata militia sit.*

On peut facilement juger, d'après ce passage, si la milice de nos jours est une institution solennelle et sacrée, ou seulement un attroupement aveugle et fortuit : on peut voir tout ce qui lui manque pour ressembler à ce qui mérite le nom d'armée, et combien elle est éloignée d'unir, comme les Romains, la discipline au courage, et même de n'avoir, comme les Gaulois, que la seule impétuosité.

CHAPITRE XXXVII.

S'il est nécessaire d'en venir à des engagements partiels avant de livrer la bataille générale, et comment il faut s'y prendre pour connaître un ennemi nouveau lorsqu'on veut éviter ces engagements.

Ainsi que je l'ai déjà dit, il semble que, dans toutes les actions des hommes, outre les difficultés qu'on rencontre pour les faire réussir, il y ait toujours auprès du bien quelque mal qui lui est si fortement uni, qu'il paraît impossible de jouir de l'un sans subir les inconvénients de l'autre. On en a la preuve dans toutes les entreprises des hommes. Aussi n'est-ce qu'avec peine que le bien s'obtient, à moins que la fortune ne vous favorise au point que sa puissance surmonte cet inconvénient ordinaire et naturel.

C'est ce que m'a rappelé le récit que fait Tite-Live du combat de Manlius Torquatus et du Gaulois, et qu'il termine par ces mots : *Tanti ea dimicatio ad universi belli eventum momenti fuit, ut Gallorum exercitus, relictis trepide castris, in Tiburtem agrum, mox in Campaniam transierit.*

Je considère, d'un côté, qu'un capitaine habile doit éviter par-dessus tout de rien faire qui, par son peu d'importance, produise un mauvais effet dans l'armée : commencer une bataille où l'on n'emploie pas toutes ses forces, mais où l'on expose toute sa fortune, est une conduite des plus téméraires, comme je l'ai dit précédemment, en blâmant la défense des défilés.

D'un autre côté, je pense qu'un général prudent, lorsqu'il a en tête un ennemi nouveau, qui jouit d'une grande réputation de courage, est obligé, avant d'en venir à une bataille générale, d'essayer ses soldats contre les ennemis, par de légères escarmouches, afin qu'ayant commencé à les connaître par cette épreuve, ils perdent cette terreur que leur avaient inspirée la renommée et la réputation de courage de leurs adversaires. C'est là une chose extrêmement importante pour un général, parce qu'il y a pour ainsi dire une nécessité d'en agir ainsi, sans quoi les troupes croiraient marcher à une perte certaine, si, par de légers engagements, on n'avait chassé d'abord de leur esprit la crainte que la réputation de l'ennemi aurait pu y répandre.

Valerius Corvinus avait été envoyé par les Romains avec une armée contre les Samnites, ennemis nouveaux et contre lesquels ils n'avaient point jusqu'alors mesuré leurs armes. A cette occasion Tite-Live dit que Vale-

rius engagea quelques légères escarmouches avec les
Samnites, *ne eos novum bellum, ne novus hostis ter-*
reret.

C'est s'exposer cependant au plus grand danger, parce
que si vos soldats restent vaincus dans ces combats,
leur effroi et leur lâcheté prennent un nouvel accroissement, et il en résulte un effet entièrement opposé à
vos desseins ; c'est-à-dire, qu'au lieu de les rassurer,
vous les effrayez davantage. C'est donc là une de ces
mesures où le mal est si près du bien, où ils sont même
tellement confondus, qu'il est aisé de rencontrer l'un
en croyant embrasser l'autre.

Sur quoi je dis, qu'un habile général doit avoir le
plus grand soin qu'il ne s'élève aucun accident qui
puisse porter le découragement dans son armée. Ce
qui ôte le courage aux soldats, c'est de commencer par
éprouver un échec ; aussi doit-il éviter toutes les actions partielles, et ne les permettre que lorsqu'on peut
le faire avec un grand avantage, et l'espoir certain de
la victoire : il ne doit point tenter de garder les passages où il ne peut réunir toute son armée ; il ne doit
défendre que les places dont la perte entraînerait inévitablement la sienne ; quant à celles qu'il garde, il
faut qu'il s'arrange de manière qu'au moyen de leurs
garnisons et de son armée il puisse, dans le cas où ces
places viendraient à être assiégées, disposer de toutes
ses forces ; quant aux autres, il doit les laisser sans défense. Toutes les fois, en effet, qu'on ne perd qu'une
chose abandonnée et que votre armée est encore in-
tacte, elle ne perd ni sa réputation dans la guerre ni
l'espérance de la victoire. Mais quand l'ennemi vous
arrache un point que vous projetiez de défendre, et
dont chacun est convaincu que vous aviez entrepris la
défense, c'est alors que le dommage se joint à la perte,
et un événement de peu d'importance vous enlève comme
aux Gaulois tout le succès de la guerre.

Philippe de Macédoine, père de Persée, prince belliqueux et d'une grande réputation dans son temps, attaqué par les Romains, abandonna une partie de ses États, qu'il croyait ne pouvoir défendre après les avoir entièrement ravagés. Sa prudence lui avait fait voir qu'il y avait un danger plus réel à perdre sa réputation en défendant inutilement ce qu'il aurait voulu préserver, que de l'abandonner en proie à l'ennemi comme une chose qu'on néglige.

Quand les Romains, après la défaite de Cannes, virent leurs affaires presque entièrement ruinées, ils refusèrent leurs secours à la plupart de leurs protégés et de leurs sujets, leur recommandant seulement de se défendre du mieux qu'ils pourraient. Un tel parti est bien meilleur que d'entreprendre la défense d'une chose, et de ne pouvoir ensuite la défendre, parce que, dans ce dernier cas, on perd tout à la fois ses amis et ses forces ; dans le premier, on perd ses amis seulement.

Mais, pour en revenir aux engagements partiels, il faut, si un général est forcé d'en venir à cette extrémité par la nouveauté de l'ennemi, qu'il le fasse avec un tel avantage, qu'il ne puisse même craindre le danger d'être vaincu, ou plutôt qu'il se comporte comme Marius ; ce qui est le plus sage parti. Ce général allait combattre les Cimbres, peuple féroce, qui menaçaient d'inonder l'Italie entière pour la livrer au pillage. Leur barbarie et leur multitude répandaient partout la terreur, qu'augmentait encore la défaite d'une armée romaine vaincue par eux. Marius, avant de leur livrer bataille, jugea qu'il était nécessaire de prendre des mesures propres à bannir de l'armée la terreur qu'y avait imprimée la renommée de l'ennemi, et, en général expérimenté, il fit camper plusieurs fois ses troupes dans des lieux où les Cimbres devaient passer avec toute leur armée. Il voulait que ses soldats, renfermés dans leurs retranchements, pussent les voir et accoutumer leurs yeux à la vue de l'ennemi, afin qu'apercevant une multitude sans ordre, embarrassée par ses bagages, couverte d'armes inutiles, en partie même désarmée, ils reprissent courage et demandassent eux-mêmes le combat.

Ce parti, où Marius fit éclater toute son habileté, doit être pour tous un exemple utile, et qu'on doit imiter avec empressement, si l'on ne veut tomber dans les dangers que j'ai signalés plus haut, et n'être point obligé d'imiter les Gaulois, *qui ob rem parvi ponderis trepidi in Tiburtem agrum et in Campaniam transierunt.*

Puisque j'ai cité dans ce chapitre Valerius Corvinus, je veux, dans le chapitre suivant, m'appuyer de ses paroles, pour faire voir quelles doivent être les qualités d'un général.

CHAPITRE XXXVIII.

Quelles sont les qualités nécessaires à un général pour qu'il puisse inspirer la confiance à ses soldats.

Ainsi que nous venons de le dire, Valerius Corvinus commandait l'armée destinée à s'opposer aux Samnites, ennemis nouveaux des Romains. Pour augmenter la confiance de ses troupes et leur faire connaître leurs ennemis, il commença par livrer de légères escarmouches ; mais ces épreuves ne lui paraissant pas suffisantes, il voulut les haranguer avant le combat, et il s'efforça de leur prouver combien peu de cas elles devaient faire de pareils ennemis, en leur alléguant et leur propre courage et celui qu'il possédait lui-même. Les paroles que Tite-Live met dans sa bouche peuvent servir à faire connaître quelles sont les qualités nécessaires à un général pour mériter la confiance de ses troupes : *Tum etiam intueri cujus ductu auspicioque ineunda pugna sit : utrum*

47

qui audiendus duntaxat magnificus adhortator sit, ver-
bis tantum ferox, operum militarium expers; an qui, et
ipse tela tractare, procedere ante signa, versari media in
mole pugnæ sciat. Facta mea, non dicta, vos, milites,
sequi volo, nec disciplinam modo, sed exemplum etiam
à me petere, qui hac dextra mihi tres consulatus sum-
mamque laudem peperi.

Si l'on pèse bien ces paroles, elles apprendront quelles
sont les qualités que doit posséder quiconque voudra
bien remplir le grade de général : celui qui ne les aura
pas trouvera avec le temps que cette dignité, à laquelle
la fortune ou l'ambition l'aura fait monter, lui enlèvera
sa réputation, loin de lui en donner ; car ce ne sont pas
les titres qui honorent les hommes, mais les hommes
qui honorent les titres.

On doit encore tirer une autre conséquence de ce que
j'ai dit au commencement de ce chapitre : c'est que si
les capitaines les plus célèbres ont usé de moyens extraordinaires pour affermir le courage d'une armée de vieux
soldats prêts à combattre avec des ennemis inaccoutu-
més, à plus forte raison doit-on les employer lorsque
l'on commande une armée nouvelle, qui n'a jamais vu
l'ennemi en face. Si un ennemi inusité peut inspirer la
terreur à de vieux soldats, combien n'en doit pas causer
un ennemi quelconque à une armée novice !

Cependant on a vu souvent toutes ces difficultés prudemment surmontées par des capitaines expérimentés,
tels que le Romain Gracchus, et le Thébain Épaminondas, dont j'ai déjà parlé, qui, avec des troupes novices,
parvinrent à vaincre des vétérans habitués depuis longtemps aux combats. Les moyens qu'ils employèrent
consistaient à les exercer pendant plusieurs mois dans
des combats simulés, à les plier à l'obéissance et à la
discipline, et à les employer ensuite avec confiance à de
véritables combats. Un homme de guerre ne doit donc
jamais désespérer de créer une bonne armée, lorsque les

hommes ne lui manqueront pas ; et le prince qui manque de soldats, quoique ses États soient très-peuplés, ne doit se plaindre que de sa faiblesse et de son imprudence, et non de la lâcheté des hommes.

CHAPITRE XXXIX.

Un capitaine doit connaître le pays où il fait la guerre.

Parmi les connaissances nécessaires à un chef d'armée, une des plus importantes est celle des sites et des pays, parce que, sans cette connaissance générale et particulière, on ne peut former aucune bonne entreprise militaire. Et si toutes les sciences demandent une longue pratique pour les posséder parfaitement, celle dont il s'agit en exige une bien plus grande encore. Cette pratique, ou plutôt cette connaissance particulière des lieux, s'acquiert par la chasse plus que par tout autre exercice. Aussi les historiens de l'antiquité rapportent que ces héros, qui dans leur temps gouvernèrent le monde, passaient leur vie dans les forêts et à la chasse, parce que ce délassement, outre la connaissance particulière des lieux, donne une infinité d'autres notions indispensables à la guerre.

Xénophon, dans la Cyropédie, rapporte que Cyrus, se mettant en marche pour aller combattre le roi d'Arménie, rappela à ses capitaines, après leur avoir donné à chacun ses instructions, que ce qu'ils allaient entreprendre n'était autre chose qu'une de ces chasses qu'ils avaient si souvent faites ensemble. Il rappela à ceux qu'il envoyait en embuscade sur les montagnes qu'ils étaient semblables aux chasseurs qui vont tendre des rets dans les lieux escarpés ; et à ceux qui devaient parcourir la plaine, qu'ils ressemblaient aux chasseurs qui font lever la bête de son fort pour la lancer et la faire tomber dans les filets.

Je rapporte cet exemple pour faire voir que, selon Xénophon lui-même, la chasse est une image de la guerre. Aussi les grands ne peuvent-ils se livrer à un exercice plus honorable et plus utile. Rien d'ailleurs n'est plus propre à donner une connaissance intime d'un pays : la chasse fait connaître à celui qui s'y livre jusqu'aux moindres détours des lieux où il l'exerce. Lorsqu'on s'est rendu familière la connaissance d'un pays, on se forme aisément une idée des contrées nouvelles ; car chaque pays, et chaque site en particulier, ont entre eux des ressemblances qui font que l'on passe facilement de la connaissance de l'un à celle d'un autre. Mais celui qui n'a point l'expérience particulière d'un pays ne parvient que difficilement et par une longue étude, si même il réussit jamais, à connaître une nouvelle contrée. Celui au contraire qui possède cette habitude voit d'un coup d'œil de quelle manière une plaine s'étend, comment s'élève une montagne, par où s'ouvre une vallée, et mille autres détails semblables, dont il a, par le passé, acquis une connaissance solide.

Tite-Live me fournit un exemple à l'appui de cette assertion. Publius Decius était tribun légionnaire dans l'armée que le consul Cornelius conduisait contre les Samnites : le consul s'étant engagé dans une gorge où les Romains pouvaient être facilement enveloppés par les Samnites, Decius s'aperçut d'un aussi grand danger, et, s'adressant au consul, il lui dit : *Videsne tu, Aule Corneli, cacumen illud supra hostem? Arx illa est spei salutisque nostræ, si eam (quam cæci reliquere Samnites) impigre capimus.* Tite-Live avait déjà dit lui-même, avant de rapporter ce discours de Decius : *Publius Decius, tribunus militum, conspicit unum editum in saltu collem, imminentem hostium castris, aditu arduum impedito agmini, expeditis haud difficilem.* Le consul l'ayant envoyé en effet, avec trois mille soldats, pour s'emparer de cette colline, il sauva de cette manière l'armée romaine ; mais, à l'approche de la nuit, voulant à son tour s'éloigner et se sauver lui et les siens, il tint ce discours à ses soldats : *Ite mecum, ut dum lucis aliquid superest, quibus locis (hostes) præsidia ponant, qua pateat hinc exitus, exploremus. Hæc omnia sagulo gregali amictus, ne ducem circumire hostes notarent, perlustravit.*

Si l'on examine attentivement ce récit, on verra combien il est utile et nécessaire qu'un capitaine connaisse la nature des pays. Si Decius, en effet, n'avait connu les localités, il n'aurait pu savoir combien il importait aux Romains de se rendre maîtres de cette colline, ni juger de loin si elle était accessible ou non ; et lorsqu'il fut parvenu à son sommet, et qu'il entreprit de s'en éloigner pour rejoindre le consul, entouré d'ennemis comme il l'était, il n'aurait pu de loin explorer les chemins ouverts à son passage, et ceux que gardaient les ennemis. Il fallait donc que Decius eût une connaissance si parfaite du terrain, qu'elle lui fournît le moyen, en s'emparant de cette colline, de sauver l'armée romaine ; et, quoiqu'il fût environné de toutes parts, d'échapper ensuite à l'ennemi, lui et tous ceux qui l'avaient suivi.

CHAPITRE XL.

Se servir de la ruse dans la conduite de la guerre est une chose glorieuse.

Quoique ce soit une action détestable d'employer la fraude dans la conduite de la vie, néanmoins, dans la conduite de la guerre, elle devient une chose louable et glorieuse ; et celui qui triomphe par elle de ses ennemis ne mérite guère moins de louanges que celui qui en triomphe par les armes. C'est le jugement que portent ceux qui ont écrit l'histoire des grands hommes : ils louent Annibal et tous les capitaines qui se sont fait remarquer par une semblable manière d'agir. Les exemples en sont trop nombreux pour que j'en rapporte aucun.

Je ferai observer seulement que je ne regarde pas comme une ruse glorieuse celle qui nous porte à rompre la foi donnée et les traités conclus ; car, bien qu'elle ait fait quelquefois acquérir des États et une couronne, ainsi que je l'ai exposé précédemment, elle n'a jamais procuré la gloire : je parle seulement de ces tromperies dont on use envers un ennemi qui ne se repose point sur votre foi, et qui consistent proprement dans la conduite de la guerre. Telle est celle d'Annibal, lorsqu'arrivé près du lac Trasimène, il feignit de prendre la fuite pour renfermer le consul et l'armée romaine ; et lorsque, pour échapper des mains de Fabius Maximus il mit des brandons enflammés aux cornes d'un troupeau de bœufs.

C'est d'une ruse semblable que se servit Pontius, général des Samnites, pour renfermer les Romains dans les *Fourches Caudines*. Après avoir caché son armée sur le revers de la montagne, il envoya un certain nombre de soldats déguisés en bergers conduire dans la plaine de nombreux troupeaux ; les Romains, s'en étant emparés, demandèrent où était l'armée des Samnites : tous les prisonniers, conformément aux instructions de Pontius, répondirent uniformément qu'elle était occupée à faire le siége de Nocera. Ce rapport, cru aisément par les consuls, fut cause qu'ils s'engagèrent sans crainte dans les défilés de Caudium ; mais à peine y furent-ils entrés, qu'ils se trouvèrent soudain enveloppés par les Samnites.

Cette victoire, obtenue par la ruse, eût été bien plus glorieuse encore pour Pontius, s'il avait voulu suivre

les avis de son père, qui lui conseillait, ou de renvoyer
librement les Romains, ou de les massacrer tous, et de
ne point s'arrêter à une de ces demi-mesures qui n'ont
fait jamais ni acquérir un ami, ni perdre un ennemi,
quæ neque amicos parat, neque inimicos tollit; mesures
qui, ainsi que je l'ai dit ailleurs, ont toujours été dangereuses dans les affaires d'État.

CHAPITRE XLI.

La patrie doit se défendre par la honte ou par la gloire, et, dans l'un et l'autre
cas, elle est bien défendue.

Le consul et l'armée romaine, ainsi que je viens de
le dire, se trouvaient assiégés par les Samnites, qui
leur proposèrent les conditions les plus ignominieuses,
entre autres de les faire passer sous le joug, et de les
renvoyer à Rome, après les avoir désarmés. A ces propositions, les consuls restèrent frappés d'étonnement,
et toute l'armée tomba dans le désespoir; mais Lucius
Lentulus, l'un des lieutenants, représenta qu'il ne pensait pas qu'on pût rejeter un parti auquel était attaché
le salut de la patrie, puisque l'existence de Rome reposait sur celle de l'armée; qu'il fallait donc la sauver à
tout prix; que la patrie est toujours bien défendue, de
quelque manière qu'on la défende, soit par la gloire,
soit par la honte; qu'en préservant l'armée de sa perte,
Rome serait toujours à temps d'effacer son ignominie;
mais qu'en ne la sauvant point, encore qu'on mourût
glorieusement, Rome et la liberté étaient également
perdues. Le conseil de Lentulus fut suivi.

Ce fait est digne d'attention et mérite de servir de
règle à tout citoyen qui serait appelé à donner des conseils à sa patrie. Partout où il faut délibérer sur un parti
d'où dépend uniquement le salut de l'État, il ne faut être

arrêté par aucune considération de justice ou d'injustice, d'humanité ou de cruauté, de gloire ou d'ignominie; mais, rejetant tout autre parti, ne s'attacher qu'à celui qui le sauve et maintient sa liberté.

Les Français ont toujours imité cette conduite, et lans leurs actions et dans leurs discours, pour défendre ι majesté de leurs rois et la puissance de leur royaume : ϊls ne peuvent entendre dire patiemment que tel parti est ignominieux pour leur roi. Le roi, disent-ils, ne saurait être exposé à la honte, quel que soit le parti qu'il prenne, soit dans la bonne, soit dans la mauvaise fortune, parce que, vainqueur ou vaincu, ses résolutions sont toujours d'un roi.

CHAPITRE XLII.

On ne doit pas tenir les promesses arrachées par la force.

Après l'affront qu'elle avait reçu, l'armée, dépouillée de ses armes, rentra dans Rome avec les consuls. Le premier qui décida dans le sénat que l'on ne devait point observer la paix conclue à Caudium, fut le consul Spurius Posthumius, en disant que ce traité ne liait en rien les Romains; qu'il n'était obligatoire que pour lui seul et pour tous ceux qui avaient juré la paix; que, par conséquent, si le peuple voulait s'affranchir de toute obligation, il n'avait qu'à livrer entre les mains des Samnites lui et tous ceux qui avaient pris part à ce traité. Il soutint sa proposition avec tant de vigueur que le sénat l'adopta et envoya le consul et ses compagnons prisonniers à Samnium, où ils déclarèrent aux Samnites que la paix n'était pas valable. La fortune, dans cette circonstance, favorisa tellement Posthumius, que les Samnites le laissèrent partir, et que, de retour à Rome, sa défaite lui acquit plus de gloire aux yeux des Romains que la victoire n'en avait mérité à Pontius parmi les Samnites.

Il faut ici remarquer deux choses : l'une, que la gloire s'acquiert par toutes sortes d'actions, et que si la victoire la donne ordinairement, on peut la trouver encore dans la défaite, soit en montrant qu'on ne peut vous en imputer la faute, soit en se hâtant d'en effacer la honte par quelque acte éclatant de courage ; l'autre, qu'il ne peut y avoir d'ignominie à ne point observer les promesses imposées par la force ; et toujours les promesses forcées, lorsqu'elles intéressent la chose publique, se rompront sans que la honte atteigne celui qui les aura rompues, dès que la force qui les maintenait cessera d'exister. Les histoires de l'antiquité sont pleines de pareils exemples ; et de notre temps il n'est pas de jour qu'on n'en voie quelques-uns. Non-seulement, entre les princes, on n'observe pas les promesses dictées par la force, lorsque cette force a disparu ; mais ils n'observent pas davantage les autres promesses, lorsque les motifs qui les avaient dictées n'existent plus à leur tour. J'ai examiné en détail, dans mon *Traité du prince*, si cette conduite est louable ou non, et si un souverain doit se croire enchaîné par de pareils traités ; en conséquence, je n'en dirai pas ici davantage.

CHAPITRE XLIII.

Les hommes nés dans un même pays conservent presque dans tous les temps le même caractère.

Ce n'est ni au hasard ni sans raison que les sages ont coutume de dire que pour connaître ce qui doit arriver il suffit de considérer ce qui a été, parce que tous les événements de ce monde ont dans tous les temps des rapports analogues avec ceux qui sont déjà passés : cela

provient de ce que toutes les affaires humaines étant
traitées par des hommes qui ont et qui auront toujours
les mêmes passions, il faut nécessairement qu'elles offrent les mêmes résultats. Il est vrai que leurs actions
sont plus éclatantes, tantôt dans un pays, tantôt dans
un autre; mais cela dépend de l'éducation dans laquelle
ces peuples ont puisé leur manière de vivre.

Il est encore facile de connaître l'avenir par le passé,
lorsque l'on voit une nation vivre longtemps sous l'empire des mêmes mœurs, se montrant continuellement
avare ou continuellement perfide, ou livrée à quelque
autre vice ou vertu semblable. Quiconque lira les événements qui se sont passés dans notre ville de Florence
et examinera en outre ceux qui ont eu lieu dans ces derniers temps, verra que les Français et les Allemands se
sont montrés, dans toutes les circonstances, pleins d'a-
varice, d'orgueil, de cruauté et de mauvaise foi; car
notre république, à presque toutes les époques, a été de
leur part la victime de ces quatre défauts.

Quant à la mauvaise foi, qui ne sait à combien de reprises on a donné de l'argent au roi Charles VIII, qui
promettait de restituer les citadelles de Pise, sans que
jamais il les rendît; en quoi ce prince a fait voir son peu
de bonne foi et son excessive avidité. Mais laissons de
côté les exemples trop récents.

Chacun peut avoir appris ce qui arriva dans la guerre
que le peuple florentin entreprit contre les Visconti,
ducs de Milan. Florence, dénuée de toute autre ressource, forma le projet d'attirer l'empereur en Italie et
de le décider à attaquer la Lombardie avec toute sa réputation et toutes ses forces. L'empereur promit de venir
avec une armée considérable, de déclarer la guerre aux
Visconti et de défendre les Florentins contre la puissance
de ces princes, à condition qu'on lui donnerait cent mille
ducats pour se mettre en marche, et cent mille autres
dès qu'il serait arrivé en Italie. Les Florentins acceptè-

rent ces conditions ; ils lui payèrent la première somme, et bientôt après la dernière ; mais à peine était-il parvenu à Vérone qu'il retourna sur ses pas, sans rien opérer en leur faveur, alléguant pour excuse de sa conduite que les Florentins n'avaient pas observé toutes les clauses du traité conclu avec lui.

Si Florence n'avait pas été contrainte par la nécessité, ou aveuglée par les passions, et qu'elle eût voulu se rappeler l'ancienne conduite des barbares, elle ne se serait laissé tromper par eux, ni dans cette circonstance, ni dans mille autres : elle aurait vu qu'ils avaient toujours été les mêmes ; que partout où on les avait appelés, ils s'étaient conduits de la même manière ; elle aurait considéré qu'ils en agirent de la sorte autrefois envers les anciens Toscans, qui, opprimés par le peuple romain, qui les avait plusieurs fois mis en fuite et battus, et voyant que leurs forces étaient insuffisantes pour résister à ce peuple, convinrent avec les Gaulois, qui occupaient alors cette partie de l'Italie située en deçà des Alpes, de leur donner une forte somme d'argent, sous la condition qu'ils réuniraient leurs forces aux leurs, et marcheraient contre les Romains. Il arriva que les Gaulois reçurent l'argent, mais refusèrent de prendre les armes en faveur des Toscans, disant qu'ils l'avaient reçu non pour faire la guerre à leurs ennemis, mais pour s'abstenir de ravager le territoire de la Toscane.

C'est ainsi que l'avarice et la mauvaise foi des Gaulois privèrent en même temps les Toscans et de leur argent et des secours qu'ils comptaient se procurer par ce moyen. L'exemple des anciens Toscans et des Florentins de nos jours démontre que les Gaulois et les Français ont toujours suivi les mêmes principes ; et l'on peut juger par là de la confiance qu'ils doivent inspirer aux princes.

CHAPITRE XLIV.

On emporte souvent, par la violence et l'audace, ce qu'on n'obtiendrait jamais par les moyens ordinaires.

Les Samnites, attaqués par l'armée romaine, ne pouvant tenir campagne et résister en face aux Romains, prirent le parti de mettre de fortes garnisons dans toutes les villes du Samnium, et de passer avec toute leur armée dans la Toscane, qui était alors en trêve avec les Romains, pour voir si leur passage et la présence de leur armée pourraient engager les Toscans à prendre les armes ; ce qu'ils avaient refusé à leurs ambassadeurs. Dans le discours que les Samnites adressèrent aux Toscans, pour leur faire mieux sentir les motifs qui leur avaient mis les armes à la main, ils se servirent de ces expressions bien remarquables : *Rebellasse, quod pax servientibus gravior, quàm liberis bellum esset.* C'est ainsi que, moitié par persuasion, moitié par la présence de leur armée, ils les excitèrent à prendre les armes.

On doit tirer de ce fait la conclusion que, quand un prince désire obtenir quelque chose d'un autre, il doit, si l'occasion le permet, ne pas lui laisser le temps de réfléchir, et faire en sorte qu'il sente lui-même la nécessité d'une prompte résolution ; ce qui arrive toutes les fois que celui qu'on sollicite s'aperçoit que son refus ou ses retards peuvent faire naître contre lui un prompt et dangereux ressentiment.

Nous avons vu de nos jours un exemple frappant de cette conduite entre le pape Jules et les Français, et entre monseigneur de Foix, général des armées du roi de France, et le marquis de Mantoue. Le pape Jules II avait l'intention de chasser les Bentivogli de Bologne : jugeant que les forces des Français pourraient le servir, et que les Vénitiens resteraient neutres, il les sollicita les uns et les autres ; mais n'en ayant tiré que des réponses évasives et ambiguës, il résolut de les amener à ses desseins en ne leur laissant pas le temps de délibérer : il partit soudain de Rome avec toutes les troupes qu'il put réunir, s'avança vers Bologne, et fit dire aux Vénitiens de garder la neutralité, et au roi de France de mettre ses forces à sa disposition : de sorte que ces deux puissances, pressées par le peu d'espace de temps, et voyant que le pape éprouverait une indignation manifeste si elles différaient ou si elles refusaient, cédèrent à ses désirs ; le roi lui envoya des secours, et les Vénitiens restèrent neutres.

Gaston de Foix se trouvait encore à Bologne avec son armée lorsqu'il apprit la révolte de Brescia. Deux chemins s'offraient à lui pour aller reconquérir cette ville : l'un, à travers les possessions du roi, était long et fatigant ; l'autre, plus court, traversait les États de Mantoue ; non-seulement il fallait passer sur ce territoire, mais on était obligé d'y pénétrer par des chaussées élevées entre des marais et des lacs, que le marquis gardait par des forteresses et d'autres moyens de défense. Gaston, résolu de prendre le chemin le plus court, et ne voulant être retardé par aucun obstacle, ni par l'incertitude du marquis, se mit en marche de ce côté, et fit en même temps signifier au marquis de lui envoyer les clefs du passage. Ce prince, déconcerté par cette subite résolution, les lui envoya sur-le-champ : ce qu'il n'eût jamais fait si le duc de Foix s'était conduit avec moins de chaleur et d'activité ; car le marquis était allié avec le pape et les Vénitiens ; il avait même un fils en otage auprès du pape, et c'étaient autant de prétextes plausibles pour un refus. Mais, surpris par une résolution subite, les raisons que nous avons exposées plus haut le déterminèrent à céder. C'est ainsi que les anciens Toscans en agirent avec les Samnites, lorsque ces derniers les décidèrent, par la présence de leur armée, à saisir les armes qu'ils avaient précédemment refusé de prendre.

CHAPITRE XLV.

Quel est le parti le plus avantageux dans une bataille, ou de soutenir le premier choc des ennemis et de les attaquer ensuite, ou de tomber d'abord sur eux avec impétuosité.

Les consuls Decius et Fabius étaient allés avec deux armées romaines à la rencontre de celles des Samnites et des Toscans : ils leur livrèrent bataille en même temps ; et il est nécessaire d'examiner, dans cette opération, quelle est, des deux manières opposées de se conduire, suivies par chaque consul, celle qu'on doit regarder comme la meilleure.

Decius, plein d'impétuosité, se jeta avec toutes ses forces sur l'ennemi ; Fabius se contenta de soutenir le premier choc, persuadé qu'il valait mieux attaquer avec lenteur, et réserver toute sa vigueur pour la fin du combat, quand l'ennemi a perdu sa première chaleur, ou, comme nous le disons, toute sa fougue. L'issue de la bataille prouva que la conduite de Fabius était plus sage que celle de Decius, qui s'épuisa tellement dans sa première attaque, que, voyant son armée près, pour ainsi dire, d'être mise en déroute, et voulant acquérir par son trépas la gloire que la victoire ne pouvait lui donner, il résolut, à l'exemple de son père, de sacrifier sa vie pour le salut des légions romaines. Fabius, ayant appris cette résolution, et ne voulant pas obtenir moins de gloire en vivant, que son collègue n'en avait acquis par sa mort, poussa en avant toutes les forces qu'il avait mises en réserve pour ce moment difficile, et obtint par ce moyen la victoire la plus décisive. On voit par cet

exemple que le parti que suivit Fabius est le plus certain
et le plus digne d'être imité.

CHAPITRE XLVI.

D'où vient que certaines familles, dans un État, conservent longtemps
les mêmes mœurs.

Non-seulement il semble que les diverses cités ont
des mœurs et des institutions différentes, et produisent
des hommes plus robustes ou plus efféminés; mais que
la même diversité se fait remarquer, dans chaque ville,
entre les familles qui la composent. Cette vérité se manifeste dans toutes les cités; mais c'est particulièrement dans Rome qu'on en trouve une foule d'exemples.
On y voit que les Manlius avaient un caractère dur et
inflexible; que les Publicola étaient humains et populaires; les Appius, ambitieux et ennemis du peuple;
et de même d'un grand nombre d'autres familles qui
avaient chacune leurs qualités particulières et distinctes.
Ces différences ne pouvaient être seulement l'effet du
sang, qui se mélange nécessairement par les mariages :
il fallait donc qu'elles vinssent de la diversité de l'éducation que recevait chacune de ces familles. Il suffit
qu'un adolescent ait commencé à entendre dire, dès ses
premières années, que telle chose est bonne ou mauvaise,
pour que cette opinion s'imprime dans son âme, et lui
serve à l'avenir de règle pour diriger toutes les actions de
sa vie. S'il n'en était point ainsi, comment la même volonté eût-elle semblé diriger tous les Appius? comment
se seraient-ils en tous temps abandonnés aux mêmes
passions, comme le remarque Tite-Live à l'égard de la
plupart d'entre eux, et, en dernier lieu, de celui qui
avait été nommé censeur? Son collègue, obéissant à la
loi, avait déposé sa magistrature au bout de ses dix-huit

mois d'exercice. Appius refusa de suivre cet exemple, et
prétendit qu'il avait le droit de demeurer en charge
pendant cinq ans, suivant la loi primitive proclamée
par les censeurs. Quoique ce refus donnât lieu à une
foule de discussions, et engendrât des troubles sérieux,
il n'y eut pas moyen de le faire abdiquer, et il résista à
la volonté du peuple et de la majorité du sénat.

Si on lit le discours que prononça contre lui Publius
Sempronius, tribun du peuple, on y verra en même temps
le tableau de toute l'insolence des Appius, et du respect et de la douceur avec lesquels la foule des citoyens
se soumettait aux lois et aux auspices de la patrie.

CHAPITRE XLVII.

Un bon citoyen doit, par amour pour la patrie, oublier ses injures
particulières.

Le consul Manlius dirigeait la guerre contre les Samnites, et fut blessé dans le combat qu'il leur livra. Son
armée se trouvant, par cet accident, exposée à de grands
dangers, le sénat jugea nécessaire d'y envoyer, comme
dictateur, Papirius Cursor, afin de suppléer à l'absence
forcée du consul. Comme il était indispensable que le
dictateur fût nommé par Fabius, qui se trouvait en Toscane avec son armée, et que l'on connaissait son inimitié
contre Papirius, les sénateurs, qui craignaient qu'il n'y
voulût pas consentir, lui envoyèrent deux députés pour
le supplier de déposer tout sentiment de haine particulière et de le nommer pour le salut de l'État. Fabius,
touché de l'amour de la patrie, se rendit à cette prière,
quoique son silence et plusieurs autres indices témoi-
gnassent assez combien cette nomination lui était pénible.

Voilà l'exemple sur lequel devraient se régler tous

ceux qui ambitionnent la réputation de citoyen vertueux.

CHAPITRE XLVIII.

Lorsqu'on voit son ennemi commettre une erreur manifeste, on doit
soupçonner qu'elle cache quelque piége.

Le consul, obligé de quitter la Toscane et de se rendre
à Rome pour assister à quelques cérémonies religieuses,
avait laissé le commandement de l'armée à Fulvius, son
lieutenant. Les Toscans, voulant essayer de l'attirer
dans un piége, placèrent une embuscade près du camp
des Romains, et envoyèrent alors de nombreux troupeaux sous la conduite de quelques soldats déguisés en
bergers; ces derniers vinrent en vue de l'armée romaine, et, ainsi travestis, ils s'approchèrent des retranchements du camp. Fulvius, étonné de leur audace, ne
la jugea pas naturelle : il s'y prit de manière à découvrir le piége; et c'est ainsi que le projet des Toscans fut
déjoué.

Il est facile de voir, par cet exemple, qu'un général
d'armée ne doit pas se laisser séduire par une erreur manifeste qu'il voit commettre à son ennemi : il doit y
soupçonner quelque fraude; car il n'est pas croyable
que les hommes poussent l'imprudence aussi loin. Mais
souvent le désir de vaincre aveugle les esprits qui ne
voient ordinairement que ce qui leur paraît être avantageux.

Les Gaulois, après avoir vaincu les Romains sur les
bords de l'Allia, marchèrent sur Rome, dont ils trouvèrent les portes ouvertes et sans gardes : ils restèrent
tout le jour et toute la nuit sans oser y entrer, redoutant
quelque piége, et ne pouvant croire que les Romains

fussent assez lâches ou assez imprudents pour leur abandonner la patrie.

Lorsqu'en 1508 les Florentins allèrent mettre le siége
devant Pise, Alfonso del Mutolo, habitant de cette ville,
tomba entre les mains des ennemis. Il promit, si l'on
voulait lui rendre la liberté, de livrer une des portes de
la ville à l'armée de Florence : il fut délivré. Pour pra-
tiquer ensuite cette trame, il vint plusieurs fois au camp
s'entretenir avec les délégués des commissaires : il ne venait jamais en secret, mais toujours publiquement, et
accompagné de plusieurs de ses concitoyens, qu'il laissait à l'écart toutes les fois qu'il parlait avec les Florentins. Il était aisé de voir dans cette conduite toute la
duplicité de son âme ; car il n'était pas probable, si cette
pratique avait été fidèle, qu'il eût mis tant de publicité
dans ses démarches. Mais le désir de s'emparer de Pise
aveugla tellement les Florentins, que, se laissant conduire par lui à la porte de Lucques, ils y perdirent honteusement une foule de chefs et de soldats, victimes de
la double trahison d'Alfonso.

CHAPITRE XLIX.

Une république qui veut conserver sa liberté a besoin chaque jour de mesures
nouvelles. Quels sont les services qui méritèrent à Quintius Fabius le
surnom de Maximus ?

C'est une nécessité, comme je l'ai dit autrefois, qu'il
survienne chaque jour dans une cité des accidents qui
aient besoin du médecin, et qui, suivant qu'ils sont plus
graves, exigent une main plus habile. Si jamais cité vit
naître de pareils accidents, c'est surtout dans Rome
qu'ils furent inouïs et imprévus : comme lorsqu'on découvrit que toutes les femmes romaines avaient formé
le complot de faire périr leurs maris ; tant on en trouva

qui avaient déjà empoisonné les leurs, ou qui avaient préparé le poison destiné à leur ôter la vie.

Telle fut encore la conjuration des Bacchanales, que l'on découvrit du temps de la guerre de Macédoine, et dans laquelle se trouvaient déjà impliqués plusieurs milliers d'hommes et de femmes. Elle eût exposé l'État aux plus grands dangers si elle n'eût pas été découverte, ou si Rome n'eût pas été accoutumée à châtier des multitudes d'hommes lorsqu'ils se rendaient coupables; et si la grandeur de cette république ne se manifestait par une infinité de signes et par la force qu'elle mettait dans tout ce qu'elle exécutait, on la verrait éclater dans la manière dont elle sévissait contre ceux qui s'étaient égarés.

Elle ne balance pas à faire mourir des mains de la justice une légion entière, ou même toute une ville, ou à bannir huit ou dix mille hommes en leur imposant des conditions tellement extraordinaires, que leur observation paraît impossible, non-seulement de la part d'une multitude, mais même d'un seul homme : comme il arriva aux soldats qui avaient combattu si malheureusement à Cannes, et qui furent exilés en Sicile, en leur imposant la défense d'habiter dans des villes, et de manger autrement que debout.

Mais de tous leurs châtiments, le plus terrible était de décimer les armées, c'est-à-dire de livrer à la mort, par la voie du sort, sur toute l'armée, un homme par chaque dix hommes. Il était impossible de trouver, pour châtier une multitude, une punition plus épouvantable. En effet, lorsque toute une multitude se rend coupable, et que l'auteur du crime est incertain, on ne peut punir tout le monde, parce que le nombre est trop grand : en châtier une partie, et laisser l'autre impunie, serait injuste envers ceux que l'on punirait, et ce serait encourager ceux que l'on aurait épargnés à se rendre coupables une autre fois. Mais en massacrant la dixième partie des coupables par la voie du sort, lorsque tous méritent la même peine, celui qui est puni se plaint du sort; celui qui ne l'est pas a peur qu'une autre fois il ne l'atteigne, et il se garde d'errer de nouveau. Les empoisonneuses et ceux qui étaient entrés dans la conjuration des Bacchanales furent donc punis selon que le méritait l'énormité de leur crime.

Quoique ces épidémies produisent des effets funestes dans une république, elles ne sont jamais mortelles, parce qu'on est presque toujours à temps de les extirper; mais celles qui menacent le gouvernement sont presque toujours cause de sa ruine, si la sagesse d'un homme éclairé n'y apporte un remède.

La générosité avec laquelle les Romains accordaient aux étrangers le droit de bourgeoisie avait introduit dans Rome une telle foule d'hommes nouveaux, et leur influence sur les élections était devenue si puissante, que le gouvernement commençait à s'altérer, et s'éloignait des institutions et des hommes qu'il était accoutumé à suivre. Quintus Fabius, qui à cette époque était censeur, s'étant aperçu des dangers de l'État, réunit sous quatre tribus ces familles nouvelles, source de tous les désordres, afin que, resserrées dans des limites étroites, elles ne pussent corrompre Rome entière. Cette mesure fut parfaitement sentie par Fabius: sans rien altérer, il apporta au mal le véritable remède, et la république en fut tellement reconnaissante, qu'elle ne le nomma plus que *Maximus*, ou *très-grand*.

APPENDICE

Nous avons eu occasion de citer dans notre Introduction le travail critique de M. J. Ferrari sur Machiavel. Nous croyons faire plaisir à nos lecteurs en mettant sous leurs yeux deux fragments extraits de cette belle étude. L'un se rattache à un point fort controversé, *la Religion de Machiavel;* l'autre, entièrement neuf, est une application des théories du publiciste de Florence aux événements de l'histoire moderne.

LA RELIGION DE MACHIAVEL.

Quelques idées très-simples sur la destinée universelle des hommes et des choses dominent Machiavel tout entier. Il les expose rarement, mais il les suppose toujours. Contemporain de Pomponat, le secrétaire de Florence se trouve évidemment sous l'influence d'une sorte d'astrologisme qui supplante la théologie chrétienne et détruit Dieu lui-même. Son premier principe, c'est le mouvement des sphères; il ne veut point s'élever au-dessus de ce principe visible et matériel. D'après lui, la marche des astres, le cours des saisons, le passage de la vie à la mort, tout est déterminé par l'évolution circulaire de l'univers. L'homme même lui est soumis : il se multiplie aveuglément, il envahit la terre; et quand le monde regorge d'habitants, les sphères le dépeuplent par les pestes, les famines et les inondations, pour que l'humanité recommence son travail. Le mouvement universel se répète au sein des sociétés : les États s'organisent et se corrompent comme les individus; tous les corps politiques passent de la monarchie à l'aristocratie, à la démocratie, pour revenir circulairement à la monarchie. Les sphères emportent tout, les hommes et les choses, sans que jamais l'on puisse deviner le but définitif de l'univers [1]. Au-dessous des sphères, il y a un nouveau principe entièrement secondaire dominé par les astres, et c'est ici que Machiavel trouve sa religion, ou plutôt une sorte de magie; Il croit que « tous les grands événements sont annoncés par des prophéties, « par des révélations ou par des prodiges. » Suivant lui, l'invasion française de Charles VIII a été précédée par des armées aériennes.

[1] Discours sur Tite-Live, l. I, 2. L. II, préf. et ch. 5.

« Il est probable, dit-il, que l'atmosphère est remplie d'intelligences
« qui annoncent l'avenir par commisération pour les mortels. Il est
« certain que très-souvent les poëtes sont agités par un esprit divin
« et prophétique qui conseille les vœux les plus utiles à l'huma-
« nité [1]. » Tel est le sentiment religieux de Machiavel. C'est là une
anticipation surnaturelle sur les événements, un pressentiment
mystérieux, quelque chose d'intermédiaire entre l'astrologie et la
physique. Ce pressentiment impose-t-il des dogmes, des devoirs ?
Non, c'est un avis ; on peut en profiter, le négliger : comme les
sphères, il n'impose rien ; il ne révèle qu'une fatalité aveugle et
sans but.

C'est au milieu de ce monde, moitié astrologique, moitié ma-
gique, que Machiavel trouve l'homme. Seul, abandonné à lui-même,
l'homme doit se créer un but ; sa destinée doit sortir tout entière
de son être. Tant qu'il obéit aveuglément à l'instinct, il n'est que
l'instrument des sphères ; mais l'homme est intelligent, et ce principe de l'intelligence lui donne la faculté de maîtriser les événements. Sans briser la loi universelle, l'intelligence peut accélérer
ou retarder le mouvement des choses ; elle peut intervenir dans
l'organisation et la désorganisation circulaire des sociétés. Lycurgue
a retardé ou fixé les destinées de Sparte pendant huit cents ans ;
tout homme est maître de ses actions [2]. Qu'il se serve donc de son
intelligence, qu'il se propose un but possible, il pourra l'atteindre,
et sa destinée sera accomplie. Quel sera ce but ? Le choix est libre,
et cette liberté est moralement infinie. Ainsi Machiavel se dégage
de l'astrologie et de la magie par l'intelligence ; il laisse derrière
lui les sphères, les mystères de la puissance fatidique ; il s'avance
seul avec sa raison, maître de sa propre destinée.

La liberté de l'intelligence se manifeste aussitôt que Machiavel se
trouve en présence des religions. Il rejette tous les dogmes. Suivant lui, les religions sont fondées par les prophètes, et le secrétaire de Florence explique les religions et les prophètes par l'exemple
de Savonarole. Il y a là pour lui un prodige et une force intelli-
gente. Nul doute que Savonarole n'eût le don d'une prévision mi-
raculeuse : Florence l'avait entendu prophétiser mille fois la descente de Charles VIII. Là était le miracle. Savonarole en profita ;

---

[1] Discours sur Tite-Live, l. I, 56. Hist. de Flor. Vers l'an 1452, « Étienne
(Porcari) savait que les poëtes sont très-souvent agités par un esprit divin et
prophétique, et il croyait que la prophétie de Pétrarque devait s'accomplir »

[2] Prince, ch. XXV, Discours sur Tite-Live, l. II, ch. 29.

il donna à entendre que Dieu lui parlait; il représentait ses ennemis comme des envoyés du diable; bref, avec les fables les plus
grossières, il fanatisa le peuple, et pendant quelques années il dirigea la république. Ici le miracle cesse; c'est l'intelligence de
l'homme qui agit, qui invente, qui gouverne; c'est le dogme, c'est
la religion qui se forme. Le miracle est absolument séparé du
dogme; il n'a pas de pensée, pas de sens, et par sa fatalité il rentre
dans la sphère des phénomènes naturels. Le dogme c'est le mensonge. On le façonne à plaisir; il flotte au gré des circonstances,
de la crédulité : païen ou chrétien, il est entièrement livré à l'habileté des révélateurs. Achevons la pensée de Machiavel par Pomponat : Le thaumaturge n'est qu'un imposteur ; il ne fait pas les
miracles, il les prévoit, et il donne ainsi à ses ordres toute l'autorité du prodige, comme s'il pouvait disposer de la création. Donc
la religion n'arrête pas l'intelligence, c'est l'intelligence au contraire qui la crée; elle peut inventer le paganisme, le christianisme,
Dieu lui-même. Dans cette création, l'intelligence ne rencontre d'autres limites que celles tracées par le mouvement des sphères. Quand
une religion est irrésistiblement fixée par ses prophètes et par ses
pontifes, il faut céder à la fortune qui la consacre, et qui, au reste,
la voue, comme toute chose, à une corruption inévitable. Lorsque
les prodiges cessent, lorsque les fables religieuses exploitées par les
pontifes se déconsidèrent, alors l'imposture se dévoile, la religion
tombe, et l'intelligence de l'homme peut fonder de nouvelles religions prédestinées à leur tour à des catastrophes nouvelles.

La loi morale est écartée par Machiavel aussi nettement que les
dogmes religieux. Jamais il ne tient compte du sentiment du droit.
Quand il parle de la royauté, il n'y voit que l'œuvre de l'habitude,
il ne soupçonne jamais un pacte entre un peuple et une famille.
Quand il parle de la liberté, c'est la fierté individuelle, ce sont les
avantages de l'indépendance qu'il défend. S'agit-il des traités, des
droits d'une nation envers l'autre, Machiavel ne comprend que la
volonté de dominer. Les couronnements, les traditions, les sym-
boles des droits n'ont pour lui aucun sens. Rien ne nous oblige
donc : les sphères sont inexorables, les miracles expriment la fatalité des sphères, le dogme est menteur, l'intérêt absolument libre
est la vraie divinité de la terre, et l'intelligence au service de l'é-
goisme est la vertu de Machiavel. Peu importe le but. L'homme
peut transporter son égoïsme dans la gloire comme Lycurgue, dans
la fondation d'une ville comme Romulus, dans une conquête comme

Alexandre : pourvu que le but soit atteint, la vertu se manifeste, et les peuples ne manquent jamais de l'applaudir. En apparence, Machiavel semble croire à une sorte de morale naturelle : il célèbre l'héroïsme, il attaque le vice; en réalité, ce sont là des phrases où il adopte les jugements les plus contradictoires de la foule qui se prosterne devant tous les succès en maudissant les échecs. Les mêmes hommes sont tour à tour blâmés ou loués par le secrétaire de Florence, parce que la vertu devient le vice, et le vice la vertu, selon le point de vue auquel on se place. Quelque part François Sforza est un indigne usurpateur; ailleurs c'est un héros, suivant que Machiavel s'identifie avec l'intérêt de la république de Milan ou avec l'intérêt du condottiere. En un mot, Machiavel appelle *vertu* le triomphe de l'intelligence, quel qu'il soit. Ce triomphe le préoccupe si exclusivement, qu'il traite la morale et les intérêts secondaires comme des obstacles à supprimer. Faut-il commettre un grand crime, on n'ose point, on recule. Faut-il conquérir la gloire d'un grand sacrifice, on hésite et on échoue. Voilà le vice; et c'est un vice pour Machiavel que les hommes *ne soient ni entièrement bons, ni entièrement mauvais* [1]; car, entravés par de petits obstacles, ils manquent les plans que l'intelligence conçoit et peut réaliser avec une précision géométrique. C'est donc l'intelligence qui doit faire le droit et la loi, comme elle fait la religion, et ici encore elle n'est soumise qu'à la fatalité supérieure déterminée par la marche des sphères.

LA RÉVOLUTION FRANÇAISE,

D'APRÈS MACHIAVEL.

A partir de 89, les principes s'emparent des événements, et on dirait que Machiavel dicte les paroles, même des hommes qui paraissent sur la scène de la révolution. Le peuple débute par la déclaration des droits de l'homme : le noble et le prêtre se croient plus que des hommes on dépossède donc la noblesse et le clergé. Le cri : *Guerre aux châteaux, paix aux chaumières*, retentit dans toute la France; c'est la révolution qui *colonise. Les hommes de* Machiavel *oublient plutôt la mort de leurs parents que la perte de leurs biens* : donc les conspirations aristocratiques éclatent furieuses et indomptables. Le roi se résignera-t-il à ne plus être qu'un

[1] Disc. sur Tite-Live, l. I, 26, 27, 3e.

citoyen? *Il est contre la nature humaine*, dit Machiavel, *qu'on se résigne à tomber de si haut.* Voilà le roi, la noblesse et le clergé qui risquent tout pour se défendre; ils appellent l'étranger : il marche sur Paris. Pour vaincre une pareille opposition, poursuit Machiavel, *il n'y a que le fer.* L'indignation de la France obéit à Machiavel : de là les journées de septembre. Danton *regarde son crime en face, et il le commet.* Pour rendre la France libre, s'écrie Marat, il faut abattre cinq cent mille têtes. — Chalier demande à poignarder vingt mille Lyonnais. — Lanssel veut *que tout le monde soit bourreau.* — Tous répètent *que notre mémoire périsse et que la patrie soit sauvée;* c'est le mot de Machiavel, *il faut que la patrie soit sauvée avec gloire ou avec infamie.* Ouvrons Marat. « Il s'agit, dit-il, du salut du peuple ; devant cette loi suprême, « toutes les autres doivent se taire, et pour sauver la patrie tous les « moyens sont bons, tous les moyens sont justes, tous les moyens « sont méritoires[1]. » Ouvrons Machiavel : « Quand il s'agit du « salut de la patrie, écrit-il, il n'y a ni justice ni injustice, ni pitié « ni cruauté, ni éloge ni honte; ce sont là des considérations qu'il « faut sacrifier[2]. » Toute la révolution se développe à travers le grand dilemme de Machiavel; à chaque phase c'est toujours l'alternative de la monarchie et de la république qui se présente; d'après Machiavel il faut être républicain ou tyran, point de milieu; si l'on veut réussir, point de demi-mesure, il faut de la décision et de la hardiesse. Tous les hommes de la révolution ne cessent de répéter qu'il faut de *l'énergie,* du *courage,* de la *foi. Il faut de l'audace,* dit Danton, *encore de l'audace, toujours de l'audace.* Le roi ne sait être ni citoyen, ni tyran, et il tombe; la Gironde tergiverse, et elle glisse dans le sang ; Danton hésite à son tour, et sa tête tombe. La révolution seule marche droit et toujours, et la république triomphe. Le passage de la monarchie à la république, avait dit Machiavel, n'est que le passage de l'*inégalité* à l'*égalité,* de la *corruption* à la *probité :* c'est là l'idée qui domine tous les hommes de la révolution. « Nous n'avons d'autres ennemis, dit « Saint-Just, que les riches et les vicieux. Il faut faire une ville « nouvelle; il faut faire comprendre que le gouvernement révolu- « tionnaire n'est que le passage du mal au bien, de la corruption à « la probité, des mauvaises maximes aux maximes honnêtes; n'en

[1] Ami du peuple, 28 février 1791.
[2] Disc. sur les Décades de Tite-Live, l. 3, ch. 41.

« doutez pas, tout ce qui est autour de nous doit finir, parce que
« tout ce qui existe autour de nous est injuste. » Quelle est la conclusion de l'homme qui demande l'égalité et la vertu au milieu des
débris de la monarchie? « Je conclus, dit Machiavel, que l'homme
« qui veut faire une république là où il y a beaucoup de gentils-
« hommes ne pourra réussir, si auparavant il ne tue tous les
« gentilshommes. » De là l'organisation de la terreur. La forme
gréco-romaine de Machiavel se manifeste avec la république. La
France s'appelle la *patrie*, le toi antique reparait, le *salut public*
de l'ancienne république organise son comité. . . . .

Napoléon s'empara de la dictature qui avait échappé à Robespierre. Qu'est-ce que Napoléon? Qu'on interroge Machiavel. C'est
la décision, c'est l'audace irrésistible; c'est le général qui marche
sur la patrie au moment où il vient de remporter ses victoires;
c'est le condottiere qui prévient, par la promptitude, le soupçon de
la république, qui, d'après Machiavel, aurait dû être *ingrate*, d'a-
près Sieyès *aurait dû le faire fusiller*. « Pour rendre le peuple
« paisible et obéissant au bras royal (je copie Machiavel), il juge
« nécessaire de lui donner un bon gouvernement... Il se fait aimer
« et craindre par les populations, suivre et vénérer par les soldats;
« il étouffe ceux qui peuvent l'offenser; il est sévère et reconnais-
« sant, magnanime et libéral [1]. » — Quels sont ses conseillers?
« Des hommes éclairés, dit Machiavel; il leur donne le franc-
« parler, mais seulement quand il les interroge; il les interroge sur
« l'état, mais il délibère toujours de son chef. Une fois la détermi-
« nation prise, elle est irrévocable [2]. » C'est là le prince nouveau,
c'est là Napoléon; quels sont ses hommes? « Ce sont des hommes
« qu'il élève, dit Machiavel, qu'il enrichit, et qu'il oblige en les
« associant à son élévation; ils relèvent si exclusivement de lui,
« que, pour se maintenir, ils doivent toujours songer à lui et à ja-
« mais à leur propre intérêt [3]. » Quel sera le rôle de Napoléon? Il
est déterminé par la situation, et Machiavel consacre quatre chapitres à cette situation [4]. Napoléon parait au milieu d'un peuple
habitué à la principauté et devenu tout à coup libre. « Rien
« n'est plus difficile, dit Machiavel, que de défendre cette répu-
« blique. Ses hommes sont entourés d'ennemis, c'est-à-dire

[1] Prince, ch. 7.
[2] Prince, chapitre 23.
[3] Prince, chap. 17.
[4] Disc. sur les Décades de Tite-Live, I. I, ch. 16-18, 55.

« d'hommes corrompus et intéressés à l'ancienne monarchie. Ils
« n'ont point d'amis, car ils ne récompensent que le mérite, et le
« mérite récompensé *n'est l'obligé de personne*; ils ne donnent
« que des franchises, et on ne peut être *l'obligé de celui qui ne*
« *nous offense pas.* » Les hommes de la république manquent
donc de *partisans*; ils n'ont que des ennemis. Veulent-ils poursuivre l'œuvre de la liberté, ils doivent exterminer jusqu'au dernier les gentilshommes, et, dans ce but, il faut qu'ils s'emparent
de la république par la force, qu'ils la gouvernent en princes, et
des hommes qui débutent par le mal ne voudront pas aboutir au
bien; ils deviendront des tyrans. « Il est difficile, il est impossible,
« conclut Machiavel, que l'on maintienne la république improvisée,
« et même pour la maintenir il faut la faire pencher vers la mo-
« narchie; de cette manière on contiendra l'insolence de ses enne-
« mis par une autorité quasi-royale, tandis que si on la corrigeait
« par d'autres moyens, ce serait là une entreprise très-cruelle et
« impossible[1]. » Donc les hommes de la république n'ont pas de
partisans. Napoléon, par un coup d'État, sera un *maître*; l'intérêt
même de la liberté nouvelle lui confère une autorité quasi-royale :
la situation est nette, son rôle est tracé, Napoléon avancera en
combattant à la fois l'ancienne monarchie et la nouvelle république. Voyons-le à l'œuvre. « Pour combattre l'ancien gouverne-
« ment (je copie Machiavel), le meilleur moyen est de tout renou-
« veler, de faire un gouvernement nouveau, avec de nouveaux
« noms, une autorité nouvelle, des hommes nouveaux, en enri-
« chissant les pauvres, en dépouillant les riches[2]. » Voilà Napoléon qui dicte le Code, organise la liberté, réalise les projets de la
convention. Comment pourra-t-il vaincre la république nouvelle?
« Elle n'a que deux classes d'amis (je copie toujours Machiavel) : les
« uns, en très-petit nombre, l'aiment pour commander; les autres,
« et ils forment l'immense majorité, ne l'aiment que pour vivre
« sûrs. Quant aux premiers, attendu leur nombre fort restreint, il
« est facile de les contenter par des honneurs ou de les supprimer. »
Voilà Sieyès contenté, Fouché absorbé, le tribunat supprimé, Mo-
reau brisé (*levato via*). « Le plus grand nombre, poursuit Ma-
« chiavel, n'aime la nouvelle liberté que pour vivre rassuré, et on
« peut aisément le satisfaire par des institutions et des lois où le

[1] Disc. sur les Décades de Tite-Live, l. I, ch. 18.
[2] Disc. sur les Décades de Tite-Live, l. I, ch. 26.

« prince rassurera en même temps sa puissance et la tranquillité
« universelle. » Quel sera le modèle de ces institutions? Machiavel
le cite dans la même page, c'est la monarchie française entourée de
ses mille lois. Napoléon relève donc l'ancienne monarchie. Ainsi il
combat le royalisme par les lois de la révolution; il combat la révolution par la forme de la monarchie, et cette quasi-royauté, avec de
nouveaux noms, de nouveaux hommes et une aristocratie nouvelle,
s'appelle l'empire. Qu'arrivera-t-il au premier échec? Laissons parler
Machiavel : « Il a contre lui l'ancien ordre de choses; les hommes
« intéressés au nouvel ordre le défendront avec tiédeur, car ils
« croient peu aux choses nouvelles, et ils redoutent chez les ad-
« versaires l'autorité de l'ancienne loi. Ses ennemis extérieurs
« l'attaqueront donc par une guerre de partisans (*partigianamente*);
« il sera défendu sans zèle par ses amis, et ils courront le plus
« grand danger avec lui [1]. » Donc, avec le désastre de la Russie,
les traités sont déchirés, les parentés royales ne retiennent personne, la coalition est universelle. En même temps la guerre de
partisans éclate partout dans les provinces conquises; c'est une
guerre républicaine et monarchique, démocratique et royaliste
contre l'homme qui n'est ni républicain ni tyran. . . . . La
guerre, la sédition, sont avant tout monarchiques; elles gagnent la
France où le bonapartisme est faible, intimidé, à moitié rebelle. Il
reste une armée nationale, la seule force qui soit consacrée par
l'audace de Napoléon et par la théorie de Machiavel, et une fois
cette armée écrasée à Waterloo, Napoléon disparait de la scène politique, comme la gironde, comme Danton, comme Robespierre.
Quel est donc le maitre absolu, le prince abstrait auquel on sacrifie
de si grandes victimes? c'est la révolution : toutes les fois qu'un
instrument est devenu odieux, elle le brise d'après le précepte de
Machiavel, pour que les peuples restent stupéfiés et satisfaits (*stu-
pidi e soddisfatti*).

[1] *Prince*, ch. 6.

FIN DE L'APPENDICE.

TABLE DES MATIÈRES

FIN DE LA TABLE DES MATIÈRES

Paris. — Imp. E. CAPIOMONT et V. RENAULT, rue des Poitevins, 6.

BIOTHÈQUE-CHARPENTIER, à 3 fr. 50 le volume

LITTÉRATURE FRANÇAISE

DU XIIᵉ AU XIXᵉ SIÈCLE

Paris. — Imp. E. CAPIOMONT et V. RENAULT, rue des Poitevins, 6.